U0949005

清季外交史料 1

王彦威 王亮 辑编
李育民 刘利民
李传斌 伍成泉 点校整理

湖南师范大学出版社

黃巖王弢夫先生纂

清季外交史料

水竹邨人

整理前言

李育民

《清季外交史料》是研究晚清中外关系不可或缺的基本文献，具有极为重要的史料价值。该书由王彦威、王亮父子辑编，民国二十一年（1932）付印，二十四年（1935）由外交史料编纂处出版全书。全书包括六部分，即《清光绪朝外交史料》（原书冠名为《清季外交史料》）218卷暨卷首、《清宣统朝外交史料》24卷、《西巡大事记》11卷暨卷首、《清季外交史料索引》12卷（卷12后附有《清光宣两朝条约一览表》1卷）、《清季外交年鉴》4卷（卷4后附有《清代约章分类表》1卷），以及《边疆划界中日战争图》16帧，共273卷、164册，点校整理本凡800余万字。该书载录光绪元年（1875）至宣统三年（1911）间清朝官方档案文件，诸如谕旨、廷寄、条奏、电报、信函、照会、条约、章程、合同、草案、会议录、节略、觉书、证明书、宣言书，等等，约计8700余件。该书出版，承接道、咸、同三朝《筹办夷务始末》①，使晚清外交的官方档案文献得以合成完璧，“于是清代外交史料粲然大备矣”。②

一、近半个世纪的成书历程

这部鸿篇巨帙的问世，经过了王氏祖孙三代，尤其是王彦威、王亮父子的艰辛辑录编纂，以及亲友十余人参与编校或提供材料，耗时近半个世纪。

据辑编者自述，自光绪十二年（1886）始，担任军机处领班章京的王彦威入值枢垣，在大库觅得道、咸、同三朝钦定《筹办夷务始末记》，决意接续这一工作。于是在当值余暇之时，搜集交涉文献，“摘取事由，记明月日”。凡属旧事，“则由大库调取案卷”，而新事，“则皆承直时逐日所寓目者”，均“按年编次，分别纂录”。由于卷帙纷繁，纂录工作非常辛苦，“往往夜以达旦”。光绪二十年（1894），因家遭大故，出京奔丧，遂中辍几年。服阕后，又“复将数年来未钞各稿从事补苴”。庚子事变，西太后西

① 道光、咸丰、同治三朝《筹办夷务始末》于1929—1930年由故宫博物院影印出版，又分别于1964、1979、2008年由中华书局整理出版。

② 袁同礼：《袁序》，民国二十二年（1933），王彦威辑、王亮编：《清季外交史料》卷首。

逃，王彦威随行西安，“见闻所及，复逐日笔之于书”。回京后，“始复其初”，继续辑录。前后“櫜笔枢垣”垂二十载，积累光绪元年（1875）至三十年（1904）间“朝章国故”的珍贵史料，名曰《筹办洋务始末记》。又将随扈西行所书见闻，另行编为《西巡大事记》。王彦威不幸于光绪三十年（1904）逝世，未竟其功，临终前留下遗言：“他日者赓续成编，与夫校雠之役、刊印之举，则冀子若孙勉承余志，毋废半途，俾一朝文献不至湮没，是尤私衷所深幸也夫。”①

其子王亮没有辜负乃父嘱托，赓续完成史料辑录，并最终编辑成书，付梓出版。其时，王亮“述职秘鲁”，返国后又“浮沉部署，无暇及此”。及往欧美，“盱衡异邦谣俗、政治，益叹盛衰之原系乎外交者至巨”，于是“闭门却扫，屏除尘俗，誓竭棉力蕲竟前业，阅时十稔乃克告成”。他继续搜集补充王彦威未辑录的文献，包括自光绪三十年（1904）五月至宣统三年（1911）间的外交史料。另外，王亮“以事实为经、年月为纬”，编为《史料索引》一书；又“以时日为主、文件为从”，编为《外交年鉴》一书；并将王彦威所撰《西巡大事记》“另编成卷”，原稿中“有见闻未备者，则采访增补之”。②出国期间，王亮曾委托亲友“检校”，袁守龢、徐元含、寿桀林、秦墨哂、胡馨吾、麦曼宣、杨吉三、李翰章、杨鼎甫、王钦尧、袁忻吾，以及表兄朱劼丞、族侄毅侯等，“努力指导，或任编校，或给材料”，“乃克有成”。③

除了王氏父子的努力，《清季外交史料》的问世，又反映了中国社会总结外交经验的迫切需要。当时，研究者常“借稿录副”，又有“中西友人先后踵门而请”，以此举“传千秋之鉴，史家《鸿宝》，孰过于斯”，表示“愿任梨枣，公诸宇内”。④ 在中外友人的推动下，王亮决定将书稿委托北平北海图书馆代为编辑整理，然后出版刊印。⑤ 正在整理之际，北平政分会1928年11月21日召开常会，通过了影印故宫博物院所藏的道、咸、同、光四朝《筹办夷务始末》的建议案；其后又决议请财政、外交两部拨款，并饬令各省政府、市政府、县政府、市县国民党部各订一部，以资参考。接着，故宫博物院亦于12月26日专门开会讨论影印之事，决定光绪一朝史料仍由北海图书馆整理刊印。⑥整理过程中，王氏孙辈王敬立亦“继承有志”，“竭朝斯夕斯之心力，从事校雠”。⑦

该书出版之际，蒋廷黻为之作序，谓：“《清季外交史料》与《筹办夷务始末》有

---

① 王彦威：《自序》，光绪三十年（1904）三月，王彦威辑、王亮编：《清季外交史料》卷首；王亮：《清季外交史料述略》，王彦威辑、王亮编：《清季外交史料》卷首。

② 王亮：《清宣统朝外交史料·跋》，民国二十三年（1934）一月，王彦威辑、王亮编：《清宣统朝外交史料》。

③ 王亮：《清季外交史料例言》，民国二十三年（1934）一月，王彦威辑、王亮编：《清季外交史料》卷首。

④ 王敬立：《清光绪朝外交史料跋》，民国二十二年（1933）二月，王彦威辑、王亮编：《清季外交史料》。

⑤ 参见朱梅光：《近代中国外交史学研究》，华东师范大学博士论文，2008年，第62页。

⑥ 引玉：《影印道咸同光四朝夷务始末之建议》，《世界日报》1928年12月10日，转引自朱梅光：《近代中国外交史学研究》，华东师范大学博士论文，2008年，第63页。

⑦ 王敬立：《清光绪朝外交史料跋》，民国二十二年（1933）二月，王彦威辑、王亮编：《清季外交史料》。

一个大不同。"《筹办夷务始末》"是官书，是以政府的人力、财力编成的"；《清季外交史料》"是私人的编纂，是黄岩王弢夫先生及王希隐先生父子二人，数十年继续努力而成的"。① 也就是说，与道、咸、同三朝《筹办夷务始末》官修性质不同，《清季外交史料》属私家编纂，主要由王氏父子编纂而成。时隔半个世纪，台北学者冯明珠对此提出新的看法，认为该书大部分内容具官修性质。20 世纪 80 年代初，台北"故宫博物院"整理该院所藏清代文献，出版《清代文献档案总目》。在整理过程中，以及从事《清史稿·邦交志》校注时，该院学者冯明珠发现，继道、咸、同三朝《筹办夷务始末记》后，由清国史馆（后文又谓清实录馆）续修光绪元年（1875）至二十八年（1902）《筹办夷务始末记》，共 99 册。台北"故宫博物院"现藏有其中的 62 册（另说 69 册），包括"复抄本"、"复抄未完本"、"全清本"及"批阅本"等四类稿本。经过将该院所藏光绪朝《筹办夷务始末记》稿本内容及编排次序和方式等与《清季外交史料》比较，以及分析某些折件被删除的原因，冯明珠得出以下结论：第一，清实录馆早已修缮妥当光绪元年（1875）至二十八年（1902）《筹办夷务始末记》；第二，《清季外交史料》前 182 卷，是本官修光绪朝《筹办夷务始末记》复辑而成，王彦威只是重抄者，并非原编者；第三，由于该院所藏光绪朝《筹办夷务始末记》并非清代史官编撰妥当的定本或已校本，又兼王亮做了删辑，因此与《清季外交史料》并不全同，但两书之间存在某种关系。作者断定："《清季外交史料》前一百八十二卷是本《光绪朝筹办夷务始末记》重辑而成，王彦威隐瞒了这个真相，将官修的成果纳于自己名下。"2005 年，因撰写《故宫博物院与〈清史稿〉》一文，冯明珠再次大量翻阅档案史籍，发现王亮向清史馆借阅光绪朝《筹办夷务始末记》的 4 件档案。档案显示王亮借阅光绪朝《筹办夷务始末记》共记 106 本，归还者仅 21 本。冯明珠据此认为，这几件档案，更有力地证明《清季外交史料》前 182 卷是部官修史书。因为，王亮向清史馆借阅光绪朝《筹办夷务始末记》，"当然更清楚该书是存在的，但他却在《清季外交史料》序言中隐瞒真相"。②

这一发现，对《清季外交史料》的形成，包括文献来源、辑录过程，以及修书性质等，提出了新的见解，在某种程度上否定了蒋廷黻的判断。不过，冯明珠之说仍存在某些令人疑惑之处，冯本人亦提出"有待查考"的问题，谓："《清季外交史料》于 1933—1935 年由北平外交史料编纂处铅印出版，时间离清史馆闭馆不远，何以没有人指出王亮的隐私呢？清史馆的纂修者何在？"经初步分析，认为是由于"清史馆在 1928 年 6 月 28 日由故宫博物院接收，随后国民政府与故宫博物院之间发生清史馆馆藏之争，清史馆原有馆藏便开始分散"。日本侵华战争爆发以后，"故宫档案封存箱底，《清季外交

① 蒋廷黻：《蒋序》，民国二十二年（1933）十月，王彦威辑、王亮编：《清季外交史料》卷首。

② 冯明珠：《故宫博物院藏〈光绪朝筹办夷务始末记〉述介》，《故宫学术季刊》1987 年第 2 期；《〈清季外交史料〉作者质疑》，《故宫文物》1988 年第 6 期；《再论〈清季外交史料〉原纂者》，中国第一历史档案馆编：《明清档案与历史研究论文集》上册，新华出版社，2008 年。

史料》于此时出版，除非当事人明言，是极难察觉的”。①这一解释不无道理，但仅系分析推断，尚无实证疏解其中所含疑问，如光绪朝《筹办夷务始末记》稿本是如何产生的？由谁纂修？为何未见记载？1928年12月，故宫博物院为影印晚清外交史料，专门开会讨论。讨论时似不知有此稿本，而以官纂光绪一朝史料阙如，尚无底本，决定借用王彦威遗稿加以整理，而后付印。②另外，冯文又谓，“清实录馆早已修缮妥当光绪元年至二十八年《夷务始末记》”③，此说亦有待做进一步探究。各朝实录及道、咸、同三朝《筹办夷务始末》并非当朝纂修，而是新皇继位后始行启动，两者纂修是同步的。事实上，光绪朝实录馆并未在当朝启动，而于宣统元年（1909）“特敕开馆”，任命世续、那桐、张之洞等为监修总裁官和总裁官。④如果按照常规，光绪朝《筹办夷务始末记》在宣统朝纂修，王彦威逝世于光绪三十年（1904），肯定不能看到这一稿本，也无法“重抄”。诸如此类，不一而足。显然，台北“故宫博物院”所藏光绪朝《筹办夷务始末记》稿本的成书过程，王彦威与此稿本的关系，王氏父子是否刻意隐瞒真相及其原因等问题，还存在继续探寻的空间，有待进一步探讨和解析。该问题的探讨，无疑具有学术意义，不仅有助于客观准确地揭示《清季外交史料》形成的真相，且可促进中国近代外交史料编纂史的研究。

不可否认，即使《清季外交史料》含有部分官修内容，王氏父子亦做出了巨大的努力和贡献，功不可没。近半个世纪中，王氏父子及家人有感于国家民族的衰弱，力图通过整理外交史料，对改变日趋低落的国际地位有所助益。王彦威痛心于“国家之尊严渐形坠落，交涉之运用益感因〔困〕难”，于是“纂辑是书，冀供邦人之参考”。王亮阅看相关档籍，“私衷愈形愤激，盖痛内政之杌陧，致挟帝国主义而来者无往不利”，因而“深冀邦人君子，怵外患之凭凌，惘国权之丧失，卧薪尝胆，努力建设，则灿烂庄严之史料，自可期诸异日矣”。⑤正是秉持国家兴亡的匹夫之责，他们主动承揽，力任艰巨，且父子相继，三代合力，终于完成了这一外交文献巨编。

史料的收集与整理，是一项极为艰苦的工作，王氏一家为此殚精竭虑，不遗余力，三代人为此付出了大量心血。据他们自己介述，王彦威“以事关典要，力任巨艰，昕夕不遑，颠危罔顾，竭廿年之精力，齿豁头童”。王亮“秉承遗训，搜检残篇，虑典型之失坠，冀文献之常存，不计饥寒，勉承先志”。于是，“力谋貂续，技效蝇钻，穷搜万卷

① 冯明珠：《再论〈清季外交史料〉原纂者》，中国第一历史档案馆编：《明清档案与历史研究论文集》上册，新华出版社，2008年。

② 引玉：《影印道咸同光四朝夷务始末之建议》，《世界日报》，1928年12月10日。转引自朱梅光：《近代中国外交史学研究》，华东师范大学博士论文，2008年，第63页。

③ 冯明珠：《故宫博物院藏〈光绪朝筹办夷务始末记〉述介》，《故宫学术季刊》1987年第2期。

④ 《德宗景皇帝实录》首卷四《进实录表》，“宣统十三年”十二月初十日（1922年1月7日），《清实录》第52册，中华书局，1987年，第62—64页；《宣统政纪》卷8，宣统元年（1909）二月壬子，《清实录》第60册，中华书局，1987年，第140页。

⑤ 王亮：《清季外交史料述略》，王彦威辑、王亮编：《清季外交史料》卷首。

之藏，时获一瓻之借，终朝伏案，深虞学坠青箱，九转还丹”。在这一过程中，“历尽祁寒酷暑，常继晷以焚膏，缮成细字密行，仿聚珍之排版”，终于“窃喜功成金鼎”。孙辈王敬立亦“继承有志”，效仿祖、父之勤劳，“竭朝斯夕斯之心力，从事校雠”。[①]正是由于他们一家三代的孜孜不懈，给我们留下了这一部珍贵的晚清外交巨典。即使其中存有官修内容，若无王氏如此有心之人搜罗发掘，或重新辑选抄录，爬梳整理，在有清衰亡、民初动乱的环境之下，终将为深藏尘封的一堆故纸。冯明珠也认为，“王亮的功劳是使这部官书提早了70年问世”。[②]在他们身上，体现了难能可贵的精神和眼光，如胡适所言，“在那国家危亡之际，流离困顿之中，他还有那样的细心苦功，为后世史家掇拾那些很容易散失的文献。这种精神，这种远见，都是最可以使我们追思敬礼的”。[③]

二、外交内政的丰富内容与重视约章

从所辑档籍的范围来看，该书包含光绪、宣统两朝各种外交事件的丰富内容，且涉及相关的重要内政。其中，编纂者尤为重视约章，将此作为纂辑宗旨的首要，这一不同于《筹办夷务始末》的特点，反映了该时期中外条约关系的变化和时代需要。

晚清时期交涉繁巨，涉及各个领域，相关史料汗牛充栋，如何选编最为重要的基本档籍，该书确立了纂辑宗旨。一曰娴约章之颠末，二曰详界务之变迁，三曰明利权外溢之故，四曰知新政递嬗之由，五曰考当局措置之得失，六曰辨私人著述之是非。[④]以上六端，“胥关要旨”，反映了晚清时期中外关系和外交中的主要问题。尤其是将“娴约章之颠末”放在首位，与先已出版的三朝《筹办夷务始末》不同，揭示了晚清外交及中外关系最重要的内容，尤其反映了光绪朝之后条约关系的繁杂。在国际关系中，条约关系属法律关系，亦是新的国际秩序形式。中外战争的肇启和议和，各种对外交涉的依据及其结局，等等，无不与条约密切相关。自鸦片战争之后，西方列强将不平等的条约关系强加给中国，从根本上改变了中国的对外关系。此后，条约关系成为中国近代史的一个基本问题，影响所及，不仅仅限于中外关系领域，还涉及晚清政治、经济和文化的变化。

在档籍辑录和编纂体例上，《清季外交史料》均体现了以条约为重的思想。《例言》专就晚清约章做出说明，指出：“约章为外交重要文件，其中有条约、条款、章程、专条、附款之分。”相关文件的选择辑录，力求全面完整。“凡关订约之折片、谕旨、重要

---

① 王敬立：《清光绪朝外交史料跋》，民国二十二年（1933）二月，王彦威辑、王亮编：《清季外交史料》。

② 冯明珠：《再论〈清季外交史料〉原纂者》，中国第一历史档案馆编：《明清档案与历史研究论文集》上册，新华出版社，2008年。

③ 胡适：《胡序》，民国二十三年（1934）一月六日，王彦威辑、王亮编：《清季外交史料》卷首。

④ 王亮：《清宣统朝外交史料·跋》，民国二十三年（1934）一月，王彦威辑、王亮编：《清宣统朝外交史料》。

条文，或草案足资参证者，均照详录。”以及“会议录、节略、觉书、证明书、宣言书及合同等，亦一并列入”。倘若“一案而两次议订，或一约而有附件者，则分别汇录，其纪年以正件为序”。① 在其他编目中，亦特别突出约章，与其他事项有所区别。如《外交年鉴》体例，“按月所纪之事，皆照日期先后，依次编辑，衔接缮写”，各事之间空一格，以相区隔。“惟于订定条约、章程、合同等件，俱提行另起，汇载是月之末，用昭慎重。”②该书还编列两个条约表，一为《清季外交史料索引》中的《清光宣两朝条约一览表》，按国别胪列光绪、宣统两朝所订中外约章；二为《清季外交年鉴》中的《清代约章分类表》，按国别并分类胪列《南京条约》以来所有晚清各朝所订中外约章。此前清政府编印了各朝条约，王亮历年又“加意搜访”，补充了“所无者”，“力求赅备”，“用便检览”。③ 从中外关系的发展来看，“今日之局势，多从昔年条约嬗演而来”，言外交者，“非追踪往事，无由得其本末而用为根据”。由此而言，光宣之前的清代约章，“不得视为陈迹，而有汇集分类之必要”。因此，一方面，王亮在编印先父手抄稿件之时，“对于议约文电，不惮从详”。另一方面，考虑到中外通商，由来已久，曩时所订约章，与光宣“史料所纪，皆有前因后果，其关系国势安危，亦至重要”。“为贯穿始末，力求完备计，则从前成约，未宜阙如。”于是上溯康熙，以迄宣统，仿《约章分类辑要》《约章大全》及英之蓝皮、美之红皮、法之黄皮等书，历举成案，编为《清代约章分类表》，附于年鉴之后。④两个列表，可说钩玄提要，呈现了晚清外交的大体脉络和大体内容，反映了该书重视条约关系的编纂思路。

除“娴约章之颠末”之外，其他方面，如界务变迁、利权外溢、当局措置，均系中外关系中与条约密切相关的主要事项。新政递嬗，如中法战后筹办海军、电报、铁路等事，中日战后提倡教育、财政、陆军、实业、交通等事，庚子后力图自振，尽管不属外交范畴，然“恒有因对外而改革内政者”，亦与中外约章存在不可割裂的关系。这几个方面，虽非约章议订本身之事，但却从各个角度反映了晚清中外条约关系的内容和影响。至于“辨私人著述之是非”，旨在说明该书所辑史料来源可靠，并非外交史料内容类别。即王亮所言，“皆采集当时文告”，系“欧美史学家所谓第一等资料者”。⑤

该书辑录了上述各方面的大量案卷，涉及光绪、宣统两朝各种外交及内政事件，内容非常丰富。重大事件如马嘉理案和《烟台条约》、归还伊犁交涉、中法战争和《越南条款》、中日战争和《马关条约》、割让台湾和朝鲜“自主”、三国干涉还辽和《中俄密约》、德国出兵胶州湾与瓜分狂潮、抢夺租借地和势力范围、列强对华资本输出与争夺

① 王亮：《清季外交史料例言》，民国二十三年（1934）一月，王彦威辑、王亮编：《清季外交史料》卷首。

② 《清季外交年鉴凡例》，王亮辑：《清季外交年鉴》。

③ 王亮：《清光宣两朝条约一览表》，王亮辑：《清季外交史料索引》。

④ 王亮：《清代约章分类表・序》，王亮辑：《清季外交年鉴》。

⑤ 王亮：《清宣统朝外交史料・跋》，民国二十三年（1934）一月，王彦威辑、王亮编：《清宣统朝外交史料》。

路矿权益、八国联军侵华和《辛丑条约》、庚子西巡、20 世纪初年商约修订交涉，等等。除了该时期的重大事件，还有其他各种外交事案，如界务交涉、琉球交涉、澳门交涉、藏印交涉、英占缅甸交涉、各种教案交涉，以及寓美华工问题，租界事宜，片马案，香港及九龙、长崎、二辰丸、延吉、东沙岛、天宝山、东三省各案，日僧传教，电报、木植、北海渔船、四明公所、交还东三省、松花江贸易、华人改籍、三门湾、萨摩岛招工、夹板船失事等事案。还包括清政府融入国际社会、维护本国权益的举措，如遣使设领、华侨保护、参加国际公约和公断专约，以及种种涉外的内政事件，如变通政治、革命运动、职官进退、审判事宜、藩封觐贡，以及教育、财政、军事、边防、交通、邮电、商务、实业事宜，等等。此外，还涉及与中国相关的重要事件，如日俄战争、日韩合并、刚比归并，等等。涉及的国家，除了英、美、日、俄、法、德等主要列强之外，还有其他各国，如意、荷、比、西、奥、葡、丹、瑞（典）、挪（威）、暹（罗）、韩、古（巴）、巴（拿马）、阿（根廷）、智（利）、刚（果）等国。较之道光、咸丰、同治三朝，晚清外交“以光绪朝为最繁而最要”，且引致内政发生深刻变化。当时“因外患日亟，知非变法不足以图存，乃锐意更张，整理庶政”。由于“人力财力诸形短绌，凡有兴革，借才异域，任用客卿，权利所在，交涉随之”。因此“清代之新政，悉发生于光绪一朝，而外交因之繁重”。[①]总之，该书辑录的大量档案文件，囊括了光绪、宣统两朝各类外交事案和与之相关的重要内政，记载了该时期中外关系的深刻变动及其影响，其价值不言而喻。

需要指出，重视中外约章，体现了《清季外交史料》显著的编纂特点，也是该书较《筹办夷务始末》更胜一筹之处。这一特点，反映了光、宣两朝中外条约关系的发展，以及由此引致中外交涉的繁杂和中外矛盾的尖锐。据王铁崖编《中外旧约章汇编》所载，截至 1912 年 2 月 12 日清帝退位，清代共订立各种约章 540 个，包括康熙、雍正、乾隆三朝 7 个。鸦片战争之后，道光、咸丰、同治三朝共 35 年，订立约章 82 个，光绪、宣统两朝共 37 年，则达 451 个，占晚清约章总数的 84.6%。[②] 就数量而言，在中外条约关系史上，光、宣两朝无疑具有重要地位。从内容类别来看，这个时期更为完整丰富，各类约章应有尽有。除了正式条约，还有大量“准条约”性质的章程、合同等，以及中国参与的国际公约，等等。而且，在条约关系发展史上，这个时期列强以前所未有的强权暴力巩固和强化了这一关系。王亮深悉中外约章之重要，认为“约章为确定国际权利义务之证书，效果所及，往往一语之微，关系国家百年大计。谋国者所宜审慎，莫此若矣”，“凡研究外交者所宜深考”。[③] 鉴于此，王亮“加意搜访”，所集之稿，间有为外务

① 王亮：《清季外交史料述略》，王彦威辑、王亮编：《清季外交史料》卷首。

② 参见王铁崖编：《中外旧约章汇编》第 1 册，生活·读书·新知三联书店，1957 年；《中外旧约章汇编》第 2 册，生活·读书·新知三联书店，1959 年。

③ 王亮：《清代约章分类表·序》，王亮辑：《清季外交年鉴》；王亮：《清光宣两朝条约一览表》，王亮辑：《清季外交史料索引》。

部编印之光、宣两朝条约所无者，进一步做了补充。又因“时移世易，档案丛残”，深望后人继续“补阙拾遗”。[①] 显然，编纂者将“娴约章之颠末”列为首位，扣住了晚清外交的最重要的环节。

对约章的重视，适应了中国争取民族独立的时代要求，揭橥了废除不平等条约的历史使命。不平等条约是中国半殖民地地位的主要体现，为解除它的束缚，中华民族进行了艰苦卓绝的反抗斗争。第一次世界大战结束后，经过巴黎和会与五四运动，这一斗争走向高涨，至20世纪20年代废约反帝运动勃然而兴。修改和废除不平等条约成为中国外交的基本方针，也是理论界和学术界关注的重要议题，该书编纂宗旨反映了这一形势需要。编辑此书的王亮指出，“我国受劣约束缚，已形成半殖民地现象，且于定约以外，另有习惯上之不平等事实，皆由地方有司未谙交涉颠末，漠视轻忽，历时既久，积弊愈深，演变无穷，成为惯例”。甚至“有逾越范围之事，而公然要求法律上之追认”。而“欲图补救，必须依据一切成案，分别事实，详加探讨，则非有外交史料不为功，此先公所以纂辑是书，冀供邦人之参考者耳”。[②]蒋介石在序中说，我中国四万万人民受不平等条约羁缚，“失其自由，谁实厉阶，至今为梗？不能不太息于当日谋国者之不臧也”。王彦威“悯国步之阽危，愤列强之侵削，曾将光绪元年至三十年所缔结之不平等条约，及一切重要文电，手自甄录，珍同《鸿宝》”，“可谓有心人”。[③]其“有心”，正是中华民族要求解除不平等条约的强烈心愿。

三、有助外交和治史的重大价值

《清季外交史料》所辑文件为官方档籍，系原始资料，其编辑出版，不仅对当时的中国外交有着现实的资鉴作用，且在学术上对研究晚清中外关系史具有极高的文献史料价值。

这一价值在于该书所辑史料完全可“信”的“原料”性质，以及秉具“新”、“详”特色的丰富内涵。外交史专家蒋廷黻将史的编撰分为四类，第一类是历史原料的编撰。他说，“就外交史论，国与国交换的一切的文件，一个政府计议外交的记录，外交部与其驻外代表往来的文件，外交部给国会或国王的报告，以及外交官的信札和日记，皆是外交史的原料”，而《清季外交史料》“就是这种原料的编撰”。[④] 他提出辑录、编纂史料的基本准则，即“信”、“新”、“要”。所谓“信”，即史料的真实可信；所谓“新”，

---

① 王亮辑：《清光宣两朝条约一览表》，王亮辑：《清季外交史料索引》。

② 王亮：《清季外交史料述略》，王彦威辑、王亮编：《清季外交史料》卷首，

③ 蒋介石：《蒋序》，民国二十年（1931）九月，王彦威辑、王亮编：《清季外交史料》卷首。

④ 蒋廷黻：《外交史及外交史料》，《大公报》文学副刊第249期，1932年10月10日。

“即文件是新的，是未出版过的”；所谓“要”，“即文件有关紧要”，而不是“绝无出版的价值”，如“公使的任书及辞书，都是应酬之语”。①根据这些准则，蒋廷黻编撰了《近代中国外交史资料辑要》一书。在此基础上，王亮提出稍有不同的“信”、“详”、“新”，作为《清季外交史料》编纂的三条准则，谓：“所堪自信者，亮于此书，殚精竭虑，本信、详、新三字之原则，黾勉以求，决不敢淆乱是非，贻误来哲。”②这三条准则，体现了该书的编纂特点，亦是其有助外交和治史的重大价值所在。

关于“信”，该史料汇编虽属私人编纂，但录自清政府的官方档案，其性质无疑属于外交史料中最重要的“原料”。该书出版之初，蒋廷黻撰文认为，“信”这一层，《清季外交史料》“遗憾很多”。“更令读者不满意”的是，“原辑者王彦威及新编者王希隐先生皆系私人，并不代表任何学术或政府机关。那末，私人何能得到若干外交文件？编撰者于已出版的六十册中，一字不提。若说录自衙门档案，政府信用何在？私人道德又何在？以后外国人尚敢与我国交换文件吗？”③蒋廷黻关于史料来源的疑问，其实王彦威《自序》有所说明，王亮《述略》和《例言》，尤其是后者，做了详细交代，指出这些文件来源于清政府的外交档案。其中光绪元年（1875）至三十年（1904）四月之史料，系王彦威僳直枢垣时搜罗军机处档案，“辑录成稿”。后来又经王亮“借阅原档名目”，录自“上谕档、洋务档、折单档、议复档、交发档、奏单奏片档、随手登记档、电寄档、电报档、商约收发电档、教案收发电档、东事收发电档等”。鉴于王彦威原稿“既未分注，即亦不敢妄事增加”。光绪三十年（1904）五月至三十四年（1908）之史料，由王亮补编，“悉遵先严遗稿体例”，未注明原档名目。宣统朝文件，系王亮“采集前外务部档案，及当日驻外各使领存稿，并各项重要出版品，赓续编辑”，且“凡所引据，均分别注录档名”。由于处理方式有别，宣统朝与光绪朝两朝史料体例，“间有不同”。④

宣统朝史料所辑原档，名目繁多，有：谕旨档、折件档、出使美国档、出使比国档、出使日本档、出使和国档、出使义国档、出使德国档、出使英国档、出使葡国档、出使奥国档、出使法国档、中美交涉档、中越档、中国巴西交涉档、中俄商约档、中暹通商档、中法对汛档、韩侨档、韩民越垦档、美国赔款档、各国军队保护京奉铁路档、俄理事会勒捐华商封闭铺户档、俄人在东省铁路设立自治会档、中国在韩租界档、塘沽打靶场档、鸭绿江建桥档、松花江行船档、延吉边务档、廷吉界务档、中俄界务档、片马界务档、滇缅界务档、东省铁路档、新法铁路档、安奉铁路档、孤庄铁路档、开海铁路档、吉长铁路档、锦齐铁路档、锦瑗铁路档、滇越铁路档、滇桂铁路档、粤川汉铁路档、海龙铁路档、哈海铁路档、津浦铁路档、胶济铁路档、南满铁路档、京奉铁路档、

① 蒋廷黻：《外交史及外交史料》，《大公报》文学副刊第249期，1932年10月10日。

② 王亮：《清季外交史料述略》，王彦威辑、王亮编：《清季外交史料》卷首。

③ 蒋廷黻：《外交史及外交史料》，《大公报》文学副刊第249期，1932年10月10日。

④ 王亮：《清季外交史料例言》，民国二十三年（1934）一月，王彦威辑、王亮编：《清季外交史料》卷首。

吉长铁路档、胶沂铁路档、苏杭甬铁路档、奉海铁路档、徐通铁路档、烟潍铁路档、澳门档、香河档、上海租界档、东三省档、河口档、西藏档、蒲岛档、东省电报档、金州档、长沙案档、矿务档、税务档、盐务档、法律档、禁烟档、商务档、商约档、行船档、商埠档、渔业档、铁路档、教育档、设领档、华侨档、木植档、禁令档、财币档、赔款档、国籍档、防务档、界务档、招工档、词讼档、黄秋档、租界档、禁物档、赈务档、借款档、聘用洋员档、圜法档、银行档、军火档、邮政档、交通档、航务档、厘捐档、教务档、协约档、防疫档、萨岛招工档、游历档、修约档、本署职官档、捐款档、职官档、船政档、浚浦档、赛会档、各国领事档、外人游学档、杂项档、保和会档，以及日俄战争档、日韩合并档，等等。光绪朝史料虽未注明原档名目，但无疑来自清朝档籍，除王彦威、王亮父子所做说明之外，前述台北学者冯明珠的研究成果，从另一角度给予了印证。显然，尽管《清季外交史料》系私人辑录，但内容属于官方档案，来源真实可靠，有着无可置疑的可“信”度。

关于“新”，从整体上而言，这是一部新的外交档案史料汇集，具有全新的史料价值。由于当时先出版了其他相关史料，内容存在相互重叠的部分，不免在一定程度上降低了该书的“新”价值。蒋廷黻当时根据已出版的前5册共209件公文估算，“其中最初出版的有138件。若以此为标准，则全书的新材料约占百分之六十”。这一估算所据数值取自前5册，仅占全书164册的3%，显然不是十分准确，有可能低估其中所含新材料的比例。但就这一“新”的程度而论，亦有着极其重要的价值，“有这些新材料，就是研究中国外交史者所不能不备之书”。①时至今日，又陆续新出版了大量相关史料，包括各种约章和资料汇编、人物文集，等等，内容重叠者更多，其“新”的价值不免更有减损。但是，《清季外交史料》作为一部综合性的档案文献，其所具有的史料价值，是其他资料汇编或人物文集不可替代的。该书不仅辑有其他文献未载的种种资料，包括各重要部门的文电、交涉中外国方面的外交文件，以及不少尚无文集的外交人物的奏折、电稿等，且载录重要外交事件的各类档籍，为从整体了解这些事件提供了综合研判的史料文献。

关于“详”，该准则有异于蒋氏之“要”，体现了《清季外交史料》重视对外交涉完整过程的编辑宗旨及特点。作为承续道、咸、同三朝《筹办夷务始末》的官方档案汇编，该书“蕲为研讨交涉始末，故纪述较详，采摭较富”。②例如，对于该时期订立的“重要外交文件”约章，“凡关订约之折片、谕旨、重要条文，或草案足资参证者，均照详录”。其他如“会议录、节略、觉书、证明书、宣言书及合同等，亦一并列入”。如果一案而两次议订，或一约而有附件者，“则分别汇录，其纪年以正件为序”。③ 此外，对

① 蒋廷黻：《外交史及外交史料》，《大公报》文学副刊第249期，1932年10月10日。

② 王亮：《清季外交史料述略》，王彦威辑、王亮编：《清季外交史料》卷首。

③ 王亮：《清季外交史料例言》，民国二十三年（1934）一月，王彦威辑、王亮编：《清季外交史料》卷首。

于议约文电，亦“不惮从详”。又考虑到“中外通商，由来已久，曩时所订约章，与本史料所纪，皆有前因后果，其关系国势安危，亦至重要”。因此，“为贯穿始末，力求完备计，则从前成约，未宜阙如”，该书还编纂了有清一代所有约章的分类表。①力求翔实完备，是编者的目标，凡涉及相关交涉的文电等史料，均不嫌其烦。例如，在随两宫“西狩”的一年半时间里，王彦威辑有《西巡大事记》12卷，“每日详记政府与议和全权大臣及各省大吏往来的文电”。② 这一“详”的编纂准则，其目的在于保存相关外交史料，使得这一史料汇编具有了系统完整的特点。胡适说，从王彦威编制《西巡大事记》的方法，“可以看出他的主要兴趣全在材料的保存”，“为后世史家掇拾那些很容易散失的文献”。③根据这一“详”的准则，编纂者广泛汇辑相关文献，“内容详瞻〔赡〕丰富，较近刊之《中日交涉史料》《中法交涉史料》等书尤为完善”，④ 为后人留下了晚清外交的详备史料。

这一外交巨典的重大价值，自20世纪30年代出版伊始，即为世人所称道。付梓之际，政、学界名流，如徐世昌、蒋介石、蔡元培、顾维钧、胡适、蒋廷黻、袁同礼、章梫等，纷纷应邀致序，无不为之击节赞誉。

从政治、外交而言，该书的出版，给国家提供了历史的借鉴，对当时的对外交涉大有裨助。徐世昌谓：“其时官京朝者类多帖括之儒、簿牍之吏，瀛海以外置诸不论，而独有是人焉，疚心国难，手拾丛残，使后之谋国者，一览而知其得失兴衰之概，且有所借鉴焉，岂非《春秋》之志哉！”这正是他“乐为之序”的原因。⑤蒋介石从继承孙中山废除不平等条约的遗志这一角度，指出该书的重要价值，谓：“夫废除不平等条约，先总理于弥留之际，曾谆谆举以诏吾党者，吾党无一日而恝诸怀。谁知当缔结此不平等条约时，独能不忘国耻，手成秘稿，留为我民族沉痛之历史者，竟大有人在耶？荀子曰：前事之不忘，后事之师也。则是书也，其可忽乎哉！”⑥作为教育家的蔡元培，除了肯定该书为“藉知不平等条约成立程序，共筹挽救计画，维国权而纾国难”之要举外，还看到其提高全民外交素质的意义，谓：该书“有助于国民外交常识之普及”，“吾人手此一编，藉知不平等条约成立程序，共筹挽救计画，维国权而纾国难，亦今日之要举也”。⑦作为外交家的顾维钧尤对其借鉴作用做了详细阐析，谓：“中国近百年来，外交局势波谲云诡，机缄互用，实吾国往史所未觏，欲持畴昔之论以驭方新之变，事等刻舟，人皆知其不可。”他从“操之在我”的外交主旨，追咎以往中国外交“狃于自大之见以召祸

① 王亮：《清代约章分类表·序》，王亮辑：《清季外交年鉴》。
② 胡适：《胡序》，民国二十三年（1934）一月六日，王彦威辑、王亮编：《清季外交史料》卷首。
③ 胡适：《胡序》，民国二十三年（1934）一月六日，王彦威辑、王亮编：《清季外交史料》卷首。
④ 袁同礼：《袁序》，民国二十二年（1933），王彦威辑、王亮编：《清季外交史料》卷首。
⑤ 徐世昌：《徐序》，民国二十一年（1932）秋，王彦威辑、王亮编：《清季外交史料》卷首。
⑥ 蒋介石：《蒋序》，民国二十年（1931）九月，王彦威辑、王亮编：《清季外交史料》卷首。
⑦ 蔡元培：《蔡序》，民国二十年（1931）九月，王彦威辑、王亮编：《清季外交史料》卷首。

变”，或“怵于积威之胁而甘屈辱”，以及“别思以空言取胜，平时则取忌邻邦，有事则旁皇歧路”等“失宜”之处。认为，“膺外交之责者，则贵能审度其所恃之后盾，而善为运用”，可“无往不利”。《清季外交史料》告成，对于“慎操在我之主旨，而善求运用之宜”，“庶几为不负也已”。①

在学术上，《清季外交史料》辑录了大量弥足珍贵的档案文献，具有重大史料价值。蔡元培认为，该书“供给历史家以多量正确之史料”。前清外交文件，“从未闻有系统之刊行”，各档案“大率散佚不全”。学者亦“不获实地检阅整理之机会，因之编国史者，涉及对外关系，常至于不得不依赖外籍辗转译述，辄多失实”。王氏父子辑录编成《清季外交史料》及《西巡大事记》，复辑《史料索引》《外交年鉴》等书，“诚空前之外交巨帙”，“深喜其必能供给历史家以外交上贵重资料，而补国内学界之阙憾”。②胡适将它与最近四十年的八大发现相媲美，谓：周口店北京猿人、古石器时代文化、新石器时代文化、安阳殷墟器物文字、西域汉晋木简、敦煌石室藏的六朝唐五代写本，以及日本旧藏中国古籍和北京宫廷各处档案的公开这八大发现之外，《清季外交史料》的出版，“可算是近年史学界搜求材料运动中的第九件大事”。③蒋廷黻肯定该书和《筹办夷务始末》对外交史研究的重要意义，认为“是中国外交史的学术革命”，晚清外交由此“几全成为公开的事实”，这段外交史的研究，“在资料上不应再感缺乏了”。有了《筹办夷务始末》和《清季外交史料》二书，“以前的著作均须大加修改”，而且，两书“已引起全世界的学者注意，此后他们将逐渐知道中国材料的重要”。④袁同礼亦指出，晚近国人治近代外交史者，“取材每有钞袭旧著或节译外籍，人云亦云，以讹传讹”，“其书之声价从可知矣”。前岁故宫博物院影印《筹办夷务始末》，“为外交史学界别开一新生路”，然“仅限于道、咸、同三朝”。该书出版，“于是清代外交史料粲然大备”，“后之治史者，得以藉此辨正世传之谬说，与夫外籍之附会，使当年史实之真相，复昭示于来兹”。⑤ 章梫亦认为，该书出版，可以“得一朝外交之近史”，“完最近外交之全史”。该书“饷我邦人之办外事者甚大，若以为掌故之巨编，则犹有未尽也”。⑥

由于该书对现实外交和历史研究具有重要的学术价值和借鉴意义，民国二十一（1932）年十月间，国民政府行政院通行各部、会和省、市政府转各机关“酌订”。当全书出版之际，蔡元培特地发出通函，推介《清季外交史料》，谓：该书“翔实赅洽，诚为参考必备之书”，希望大力提倡，“量予订购，俾是书得以推广风行”。⑦

① 顾维钧：《顾序》，民国二十一年（1932）八月，王彦威辑、王亮编：《清季外交史料》卷首。

② 蔡元培：《蔡序》，民国二十年（1931）九月，王彦威辑、王亮编：《清季外交史料》卷首。

③ 胡适：《胡序》，民国二十三年（1934）一月六日，王彦威辑、王亮编：《清季外交史料》卷首。

④ 蒋廷黻：《蒋序》，民国二十二年（1933）十月，王彦威辑、王亮编：《清季外交史料》卷首。

⑤ 袁同礼：《袁序》，民国二十二年（1933），王彦威辑、王亮编：《清季外交史料》卷首。

⑥ 章梫：《章序》，王彦威辑、王亮编：《清季外交史料》卷首。

⑦ 蔡元培：《介绍〈清季外交史料〉通函》，1936 年 4 月 20 日，高平叔编：《蔡元培全集》第 7 卷，中华书局，1989 年，第 62 页。

四、独具一格的体例特色

在编纂体例上，《清季外交史料》既有继承，又有新创，具有独具一格的鲜明特色。一方面，该书仿照《筹办夷务始末》，在主体史料即光绪朝外交史料和宣统朝外交史料，以及《西巡大事记》的编纂上，采取编年体或实录体的方式，按时间顺序，逐年逐月逐日载录谕旨、奏折、照会、电报，以及约章等档案文件。另一方面，该书又力图弥补编年体的缺陷，借鉴西方史学体裁，增加了新的表述形式。

编年体的记叙方式，是以事系日，以日系月，以月系年，给人以明确的时间概念，有助于了解一代兴亡大势。但是，这种方式存在极大局限，难以使人们对某一历史事件获得整体认识。任何一个事件都有酝酿发生、发展演变，直至完结的过程，而编年体则在同日之内诸事杂陈，不能稽其首尾，将历史事件割裂为杂乱的碎片。在编年体史书中，要把握一个事件的完整脉络，须通览全书，方可从中爬梳、勾勒大体始末。有鉴于此，王亮又另增添“索引”和“年鉴”，使读者易于检阅，从纷繁的档案公文中洞悉各外交事件的真相。

所谓索引，“指示也”，即简要提示全书内容。王亮认为，中国古代的目录学与之“颇为相近，而名称各殊”，但“今之所谓索引，实源流于欧美”。其意义在于：“胪列全书内容，以提纲撮要之方法，为依类列表之目录，散者综之使聚，繁者约之使简，参互考证，用便钩稽。”西方非常重视索引，称为“全书之锁钥”，有人甚至建议，“如续出书而不附索引者，剥夺其版权”。受到这一启示和影响，王亮将索引视为纠补编年体缺陷的良方，认为：编年体遇事按日记载，“仅为平面之叙列”，如果一个事件经历数月或数年尚未结束，“无由知其究竟”。而编撰索引，“则事实毕备”，“不必翻检全书，即可窥见涯略”。于是，“以平面之事实，成为立体之史料”，极大地“便利”读者对历史的认识。①如道、咸、同三朝《筹办夷务始末》，“全书均未标明子目，翻检维艰”。《清季外交史料》大大改进了这一落后的编纂方式，不仅“每件悉有标题，每册皆列目录”，又“另编《索引》，为全书纲领”。②

与其他书籍不同，外交史料有其自身特点，“外交之运用因事而异，索引之编辑亦须变通”。据此，王亮将西方索引与中国传统目录学的方法结合起来，确立了索引编辑的宗旨。关于编辑索引的必要性，他认为，外交事案有普通交涉和重要交涉，“凡此外交之胜败，动止之窍要，以至演变之现象，非得索引以贯通之，则头绪纷纭，猝难得其要领”。尤其是光、宣两朝，“交涉频仍，记载既多，检查匪易”，因此“以事实为纲，

① 王亮：《清季外交史料索引述略》，王彦威辑、王亮编：《清季外交史料索引》。

② 王亮：《清季外交史料例言》，民国二十三年（1934）一月，王彦威辑、王亮编：《清季外交史料》卷首。

时日为序，各以类从，自为本末，另编索引”。其具体做法，主要是分门别类，以事为纲。先以国别为门类，门类之下以不同事项为纲目，“注明年月及卷数、页数”。又于各国交涉之首，撰有《述略》，“述其梗概，略明内容”，以便读者“无事搜索，开卷可得”。由此“吾国外交得失，列强侵略状况，与夫因应之策画，防备之筹布，一目了然”。同时，鉴于清政府“懵于外情，应付失宜，匪独无完善之外交，即内政亦受牵制”，又“编列内政等门，冀详事实之原委”。①

值得指出，其所撰《述略》，类似中国目录学中的提要，旨在对该类索引做扼要介述。介述中，王亮总结了中国与各国交涉的主要过程和基本内容，包括各国对华外交的基本特点，以及对中国政府提出的相应外交建议。虽然其中某些认识和见解存在谬误之处，但就索引体例而言，体现了王亮的新创。蒋廷黻所编《近代中国外交史资料辑要》，各章节撰有“引论”，既借鉴了传统目录学的提要，又反映了将外交史研究与外交史料编辑融为一体的倾向。王亮将这一做法引入到索引编撰之中，有助于促进两者的交融，完善外交史料编撰的体例和方法。总之，索引的编辑，大大提升了该外交史料的利用价值，如秦墨哂序中所言：“历代史书浩如烟海，一望无际，不为之分门别类，执简驭繁，则读者苦无津梁，茫然不知所措。”各以类从，“可按图索骥，开卷了然，庶不至耗光阴而费神志”。尤其是清季外交，“事类殷繁，自宜探赜索隐，斯能钩深致远”。有此索引，“于是有清光、宣两朝文献蔚成信史，而全书要旨亦粲然大备矣。是编于当时国难之纷乘、应付之程序，提纲挈领，一一毕具。求之近代外交著述，无出其右者”。②

除索引之外，王亮又仿司马光《资治通鉴目录》和欧美各国年鉴之例，撰为《清季外交年鉴》4卷。年鉴之书盛行欧美，但司马迁撰《史记》，于纪传之外别列诸表，内容相似。其表“以明时代年月之后先，使二千余年史迹，若网在纲，粲然各有系统”，“实为年鉴权舆”。宋代史学家郑樵赞颂云：“《史记》一书，功在八表。”其后司马光撰《资治通鉴目录》，承袭这一体例，亦以时间为经，“各标通鉴卷数于下，复撮书中精要之语”，“名为目录，实则表体”。西方各国编写“记载政治成绩之书，辄称年鉴”，或分门类纂，或按年成书，体裁更为完备。其时，“我国公私各界，编辑年鉴者，亦实繁有徒”，惟无《外交年鉴》。鉴于《清季外交史料》达两百余卷，“检阅一周，颇费目力，而头绪冗杂，记忆为难”，于是仿中外年鉴之体，“别为《清季外交年鉴》”。以时间为序，“系年缀月，分别胪列，事详而确，文简而赅”。③ 时间范围，始于光绪元年（1875），终于宣统三年（1911）。该编“以年月为经，事实为纬”，将光、宣两朝外交史料及《西巡大事记》所记文件，“举其事关重要者，摘叙大略，以便查考”，选择内容

---

① 王亮：《清季外交史料索引述略》，王彦威辑、王亮编：《清季外交史料索引》；王亮：《清季外交史料例言》，民国二十三年（1934）一月，王彦威辑、王亮编：《清季外交史料》卷首。

② 秦墨哂：《清季外交史料索引序》，民国二十年（1931）双十节，王彦威辑、王亮编：《清季外交史料索引》。

③ 王亮：《清季外交年鉴序》，民国二十四年（1935）一月，王亮辑：《清季外交年鉴》。

则事重交涉。由于交涉“必几经商榷，几费辩论，始能定议”，“文件往来，纪不胜纪”，因此仅“就其事之起讫，及中间紧要节目，撮要叙述”。①年鉴与索引，可说是“一纬一经，互相为用，庶陈纲挈领，用便检寻”。②“年鉴为史料缩写之纵体，而索引则史料分类之抽像”，从后者“则知史料中所包含之节目”，从前者“则知史事中之纲要”。两者作用各有不同，弥补了编年体的局限，“胥足供读史料者之参助”。③由此检校史料原书，“可以觇当日国势盛衰强弱之原，交涉演进得失之迹，与夫国际情势之变化，列强利害关系之竞争”。现今“国难方殷，前车未远”，若“据往事以为权衡”，“当谋所以自强之道”。④

此外，该书重视图表运用，除了在卷首和《西巡大事记》中刊有相关照片之外，还附有地图和表格。最后一部分为“边疆划界中日战争图”16 帧，包括甲午之战奉天地图（共两帧）、奉省沿海地势炮台营垒图、中俄中段界址图、清光绪八年中俄分界图、清光绪九年勘定俄国借地界图、续勘喀什噶尔界图、松花江图、科塔边界图、秦晋陇三省边界图、新疆全境图、中法战时滇越边界驻兵图、长江炮台总图、内兴安岭鄂伦春营制衙署图、浙江沿海图、全蒙道路略图。鉴于我国陆地与各国“犬牙相错”，然所立界牌“或年久遗失，或并未划清”，“于划界，立碑等事最为注意”的王亮，因此“附刊当日进呈地图十六帧，以资印证”。⑤表的编制，如前面所说的两种约章表，与史料正文相互映照，既有助于掌握条约的整体概貌，又可了解光、宣两朝，以及各国各类约章订约的相关信息。图表的运用，以及索引、年鉴的编纂，在 20 世纪 30 年代出版的外交史料中，别具一格，堪称新创。

由上可见，在编纂体例上，《清季外交史料》既承袭了传统体裁，又借鉴了西方史书的优长之处，可说是中西合璧，相得益彰。更兼其独具的重要史料价值，在中外关系研究领域，该书为不可或缺的基本文献，为学界所广泛引用，推进了晚清外交史研究。

总的来看，该书在各方面显示其特色和价值，在近代外交史料中具有不可或缺的重要地位。毋庸讳言，作为一部史料汇编，该书亦存在种种不足之处。蒋廷黻论及史料的“信”，认为标准有三：一是“必须注明出处，俾读者能于较短时间内覆按原文”。二是“必须注明年月日”，包括文件发出和接收的年月日，电报甚至还有注明“收发的时分”。“这些均不可缺，缺了则文件就丧失其作用了。”三是“必须保存其原来面目”，应竭力避免无意的校对错误，而“有意的删改简直是史界的罪恶”。⑥这三条标准有可取之处，据此衡量，《清季外交史料》显然未达到要求。例如，光绪朝外交史料部分没有注明出

① 《清季外交年鉴凡例》，王亮辑：《清季外交年鉴》。

② 王亮：《清季外交年鉴序》，民国二十四年（1935）一月，王亮辑：《清季外交年鉴》。

③ 《清季外交年鉴凡例》，王亮辑：《清季外交年鉴》。

④ 王亮：《清季外交年鉴序》，民国二十四年（1935）一月，王亮辑：《清季外交年鉴》。

⑤ 王亮：《清季外交史料例言》，民国二十三年（1934）一月，王彦威辑、王亮编：《清季外交史料》卷首。

⑥ 蒋廷黻：《外交史及外交史料》，《大公报》文学副刊第 249 期，1932 年 10 月 10 日。

处，尽管王亮查阅过原档，知其所据，但终未标注，不能不说是一遗憾。再者，关于时间的标注，仍承袭封建王朝处理事情的惯例，待查明办结后，“始明降谕旨，发钞原折，乃为正式公布”。因此，“凡折片以奉旨日期为准”，而文电则“以收到时日为序”。此外，“原稿月日有未符者”，因“不便更改”，亦未核查纠正，等等。①又如，原书存在抄写或校对错误，甚至“故意删改之处”，如“伯理玺天德”多改为“总统”，“倭酋”多改为“日本使臣”。②

从该书所反映的史学观点来看，由于时代的局限，亦存在某些不当之处。例如，关于各国列强本质的分析，对某些国家的侵略性质缺乏认识，如认为美国对华交涉，“以平等互惠之精神为原则”，“以振兴我国教育为标准”，“迥然别于他国”。③又如，关于不平等条约的发端，认为光绪朝外交“最繁而最要”，其大者如“中法之役、中日之战、拳匪之乱等，悉于挫败后订立条约，近于城下之盟，割地偿款，委曲求全，于是不平等之约悉肇于此”。④实际上，自鸦片战争开始，列强便给中国套上了不平等条约的绳索，并非始于光绪朝。书中认为不平等条约肇于光绪时期，显然与史实不符，反映了时代局限。在编者所处的时代，对不平等条约的了解有欠完整的人比比皆是，甚至蒋介石亦认为，“甲午一役，为惟一缔结不平等条约之祸胎也”。⑤ 此外，书中所辑史料反映了晚清时期中外人士对各种历史问题的看法，其中存在失实和错谬之处，在阅读和征引时须予以甄别和辨析。

五、整理由起及凡例

该书自民国年间出版之后，仅影印重版，查阅引用多有不便，在某种程度上限制了它的充分利用。有鉴于此，笔者在从事中外关系研究的过程中，产生了重新整理出版的想法，2000 年申请获准列为全国高校古籍整理项目。项目启动之后，刘利民、李传斌、伍成泉等先后参与整理，分别承担点校任务。由于卷帙浩繁，字逾八百万，又因其他研究任务颇重，点校整理时续时断，不知不觉中延及十余年。当粗有眉目之时，承蒙湖南师范大学出版社刘苏华副编审关注垂重，列为重大选题，并获该社各级领导支持，纳入出版计划；又于 2005、2011 年先后申报湖南省“十一五”重点图书出版规划项目和国家出版基金资助项目，均获批准。几年来，进一步校点梳理，查错纠误，终于完稿付梓，心中多年重负如石头落地。在这一过程中，为训练学生查寻、阅读原始文献之能

① 王亮：《清季外交史料例言》，民国二十三年（1934）一月，王彦威辑、王亮编：《清季外交史料》卷首。

② 蒋廷黻：《外交史及外交史料》，《大公报》文学副刊第 249 期，1932 年 10 月 10 日。

③ 《中美交涉序略》，王亮辑：《清季外交史料索引》卷 2。

④ 王亮：《清季外交史料述略》，王彦威辑、王亮编：《清季外交史料》卷首。

⑤ 蒋介石：《蒋序》，民国二十年（1931）九月，王彦威辑、王亮编：《清季外交史料》卷首。

力，曾陆续布置数届本科生和硕士研究生参与其事，或断句标点，或校对书稿，他们为该书的整理出版亦做了努力。编辑排印过程中，出版社各部门相关人员设计编排、检校核查，认真细致，精益求精，付出了艰辛的劳动。本书所获各种支持、帮助和关心，值此杀青面世之际，谨一并表示由衷的谢忱！限于学识水平，本书不免存在疏漏错谬之处，恳祈方家和读者不吝指正。

发凡言例，为古籍整理之常制，兹就本书编纂要旨和体例格式，做如下说明。

（一）本书整理，旨在更好地保存这一重要文献，为晚清尤其是光、宣两朝中外关系和外交史研究，提供基本史料。为方便研究者利用，整理本采用简体横排。

（二）原书未标点断句，基本上没有分段。整理本则按现代语言规范，对全书加以标点、分段，力求义显意明。鉴于某些文件前后文意笼统牵连，梳析不易，故于所涉言说之语句，未用引号予以区分。某些常用书简名如《史》《汉》等，亦循惯例标注书名号；标题概不标点断句，其间若有书名之类，亦不用书名号。

（三）原书各文件均有标题，各卷分列目录。为便于检索查阅，统编总目，置于全书之首，各分册又另编该册目录。为方便读者计，依据原书目录与正文所示，本书目录保留了文件日期，若两者不一致，在正文中做必要的注释说明。

（四）原书辑录编纂，自有体例，整理中基本上予以保留，尽可能呈现这部鸿篇巨帙的原始状貌，包括编纂思想和风格，以及主要框架和格式。例如，原书第一部分“清光绪朝外交史料”与书名同，亦冠之为“清季外交史料”，本书未做改易，其各卷题头仍沿其例。又如，目录标题标示文件日期，正文则列于文尾；原书目录未标示日期者，亦维持原貌，不做添补。

原书对同一书或书稿名称表述不一致之处，一概保留原貌。如卷首各篇述及本书第一部分《清季外交史料》，又称为《光绪朝外交史料》，或简称为《外交史料》；介述王彦威所辑档籍原稿，亦有《洋务始末记》《光绪朝洋务始末记》《筹办洋务始末记》等名称。诸如此类，均未做校改。

原书存在个别缺漏情况，目录有标题，正文却无相应标题和内容。如卷 94 目录中有“旨寄李鸿章据叶志超奏牙山战败请议处着宽免电”之件，但正文既无标题又无电文内容，则新编目录予以删除。

原书某些文件中存在空白之处，或用括号（　）所做文字说明，均保留原状。

同一人名、地名、国名，尤其是外国人名、地名，有各种不同音译者，均保留原状，如麻克蕾、马科蕾、马高蕾、麻克雷；欧格纳、欧格讷；新嘉坡、新加坡；意大利、义大利；俄古柏、阿古柏；图尔齐、土耳其；等等。

（五）原书目录标题和正文标题存在不一致之处，则视文件内容和具体情况做了不同处理。其中，《清光绪朝外交史料》和《清宣统朝外交史料》两部分，目录标题与正文标题不一致之处，根据内容做了校改，使两者保持统一。如正文标题为“东省”，目

录标题为“奉省”，照正文标题校改。又如，正文标题无“安奉事”而另有“谓安奉”三字，目录标题则分别做了删、增。此外，目录和正文标题中的错漏之处，亦做相应校改。为保持目录和正文标题的一致，以上情况均径改而不出校记。

另外，《清季外交史料索引》中的文件名与正文标题不一致之处，除错字做校改外，其他维持原貌。《清季外交史料索引》卷12原刊目录标题“清季条约一览表”，正文标题则为“清光宣两朝条约一览表”，其不同之处，仍照录原书正文。

（六）原书中的错字、避讳字、通假字，一律用〔 〕予以订正，衍文用［ ］，增补脱漏用〈 〉，原空缺处用□，有疑问者于订正内容旁加?。

（七）原文双行排小字，改用单行排小字。原文层级序数混同者，做相应的区分处理，如两级序数均为“一”者，低级序数加一括号，即（一）。

（八）该书所辑档案文件中的附件，为示区别，标题顶格，正文用仿宋字体。

（九）同一人有多个官衔，各官衔间用圆点。如：邮传部会勘安奉路线委员·候选同知黄国璋、会勘安奉路线委员·奉天工程司总办·花翎存记道沈琪。

（十）全书文字改繁体为简体，国名、地名、人名无简体字者，保持原字。人名偏旁繁体改简体，如訢改䜣。人名中的异体字未做处理，余皆径改，不用括号。同一异体字有不同写法者，选取其中较常见的字体。某些古今用法不同的字词，因其不影响词意，故未校改，如分（份）、圆（元）、枝（支）、朦（蒙）、材（才）等；部分古今意义相同的字词，亦予以保留，如属（嘱），少（稍）等；按照通例，曰日、已己巳、戊戌戍等明显刊刻印刷错误，均径改而不出校记。

（十一）《西巡大事记》中的折、电文档，其标题在原书各卷目录中列出，正文则以眉批注明。为使各折、电更为明晰，校改本做了相应的改动，取消正文中的眉批，直接在该文档前列出标题。

（十二）原书所附勘误表，如《清光绪朝外交史料校勘记》《清宣统朝外交史料校勘记》《西巡大事记勘误表》《清季外交史料索引校勘记》《清代约章分类表校勘记》等，已照表在书中纠改，原表删去不列。

本书《清季外交史料》由李育民组织整理，统筹全书规划及点校等事宜。卷首至卷61，由伍成泉整理；卷62至卷218，由刘利民整理；《清宣统朝外交史料》卷1至卷17，由李育民整理；卷18至卷24，以及《西巡大事记》《清季外交史料索引》《清季外交年鉴》，由李传斌整理；所附照片和地图，由李育民复制整理。

二〇一五年五月

本書纂者弢夫王彥威

清季外史料相片一

本書編者希隱王亮

清季外交史料相片二

本書校者孝章王敬立

清季外交史料相片三

清孝欽顯皇后

清季外交史料相片四

清光緒皇帝

清季外交史料相片五

清攝政王載灃

清宣統皇帝　　清醇親王溥傑

清季外交史料相片六

清軍機大臣協辦大學士菊人徐世昌

清季外交史料相片七

清出使美國大臣秩庸伍廷芳

清季外交史料相片八

清出使法國大臣慕韓孫寶琦

清季外交史料相片九

清出使英國大臣伯棠汪大燮

清季外交史料相片十

清出使義國大臣念劬錢恂

清出使和國大臣子忻陸徵祥

清季外交史料相片十一

清出使俄國大臣馨吾胡惟德

清季外交史料相片十二

清出使德國大臣鎮東梁誠

清季外交史料相片十三

清出使日本國大臣柳溪李家駒

清季外交史料相片十四

清總稅務司鷺賓赫德

清季外交史料相片十五

清光緒壬寅中英商約大臣及隨員等攝影

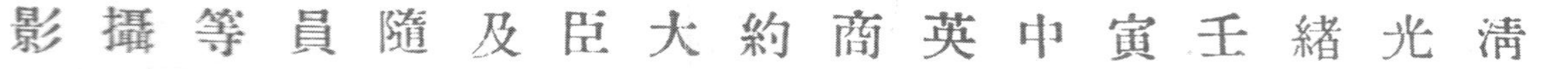

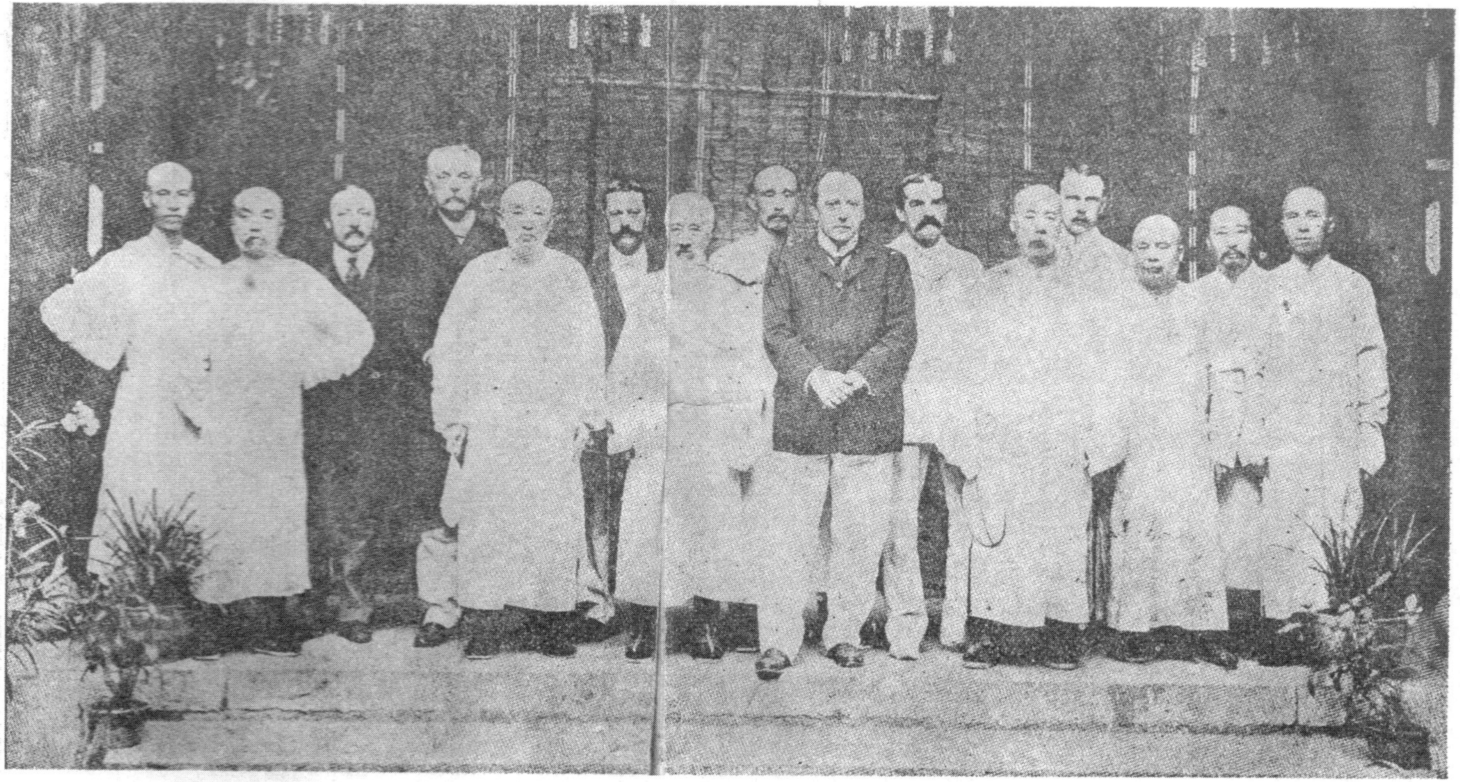

由右而左
温宗堯
錢恂
陳善言
傑彌遜（英參贊）
呂海寰
德貞（英隨員）
馬凱
梁敦彥
張之洞
賀璧理
盛宣懷
裴式楷
覓克（裴之書記）
楊文駿
鄭孝胥

清光緒二十八年六月攝於武昌紡紗廠

清季外交史料相片十六

清光緒丙午中日議約大臣合影

前排 瞿鴻禨 小田切 奕劻 日置益 袁世凱

清季外交史料相片十七

東沙島圖

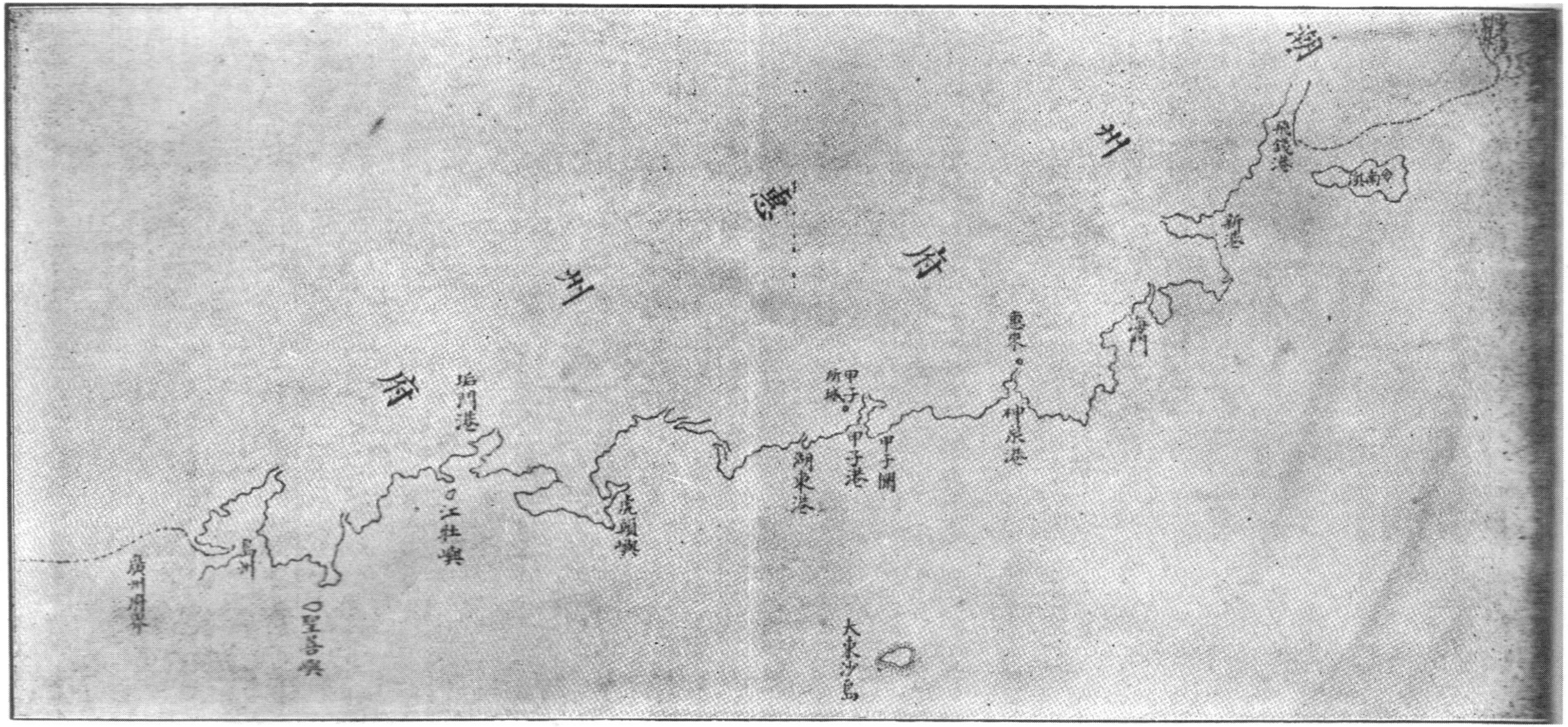

說明

此島爲廣東惠州府所轄，正北距甲子欄約百二十英里，東北對潮州之神泉港，西北對聖善嶼，又西北爲廣州府界。島之周圍，有大沙環之，西人稱爲蒲拉他士島。見清宣統朝史料一至四卷各電。

清光緒二十七年駐京各國公使合影

上層由右至左

美國特派議和公使柔克義
法國參贊官阿薩特
日本國參贊官丸毛直利
荷蘭國公使克羅伯
俄國公使格爾思
德國公使穆默
義國公使薩爾瓦格

下層自右至左

法國駐瓊州領事凱恩
英國公使薩道義
日本國公使小村壽太郎
西班牙國公使·葛絡幹
法國公使畢盛
奧國公使齊幹
比國公使姚士登

西巡大事記照片一

清恭親王奕訢

西巡大事記照片二

清慶親王奕劻

西巡大事記照片三

清外務部尚書夔石王文韶

西巡大事記照片四

清外務部侍郎少川唐紹儀

西巡大事記照片五

清南洋大臣兩江總督峴莊劉坤一

西巡大事記照片六

清湖廣總督香濤張之洞

西巡大事記照片七

清北洋大臣直隸總督慰庭袁世凱

西巡大事記照片八

总目录

清光绪朝外交史料

卷首 ……………………………………………………………………………… Ⅰ
清季外交史料序言 ……………………………………………………………… Ⅰ
清故太常寺卿王公弢夫墓志铭 并序 ………………………………………… Ⅶ
清太常寺卿黄岩王公弢夫家传 ……………………………………………… Ⅸ
从叔父太常公行状 ……………………………………………………………… Ⅹ
清季外交史料述略 ……………………………………………………………… Ⅺ
清季外交史料例言 ……………………………………………………………… ⅩⅢ

清季外交史料卷之一 光绪元年正月至六月 ………………………………… 1
鲁抚丁宝桢奏日俄窥伺情形片（正月初五日） ……………………………… 1
苏抚吴元炳奏请防俄片（正月初六日） ……………………………………… 2
谕左宗棠等俄据伊犁宜以全力注重西北（二月初三日） …………………… 3
总署奏英法美三国迭次照会夔关扣留货船索取赔偿谨陈大概折 附上谕
（二月初四日） …………………………………………………………………… 4
直督李鸿章奏日使大久保抵琅琊约期撤兵并请遣使驻日本片（二月初八日） …… 5
总署奏英员马嘉理被戕一案英使词意叵测请加意边防海防折 附上谕
（二月十四日） …………………………………………………………………… 6
总署奏英员马嘉理在云南被戕一案与该国使臣续行辩论折 附上谕
（三月二十七日） ………………………………………………………………… 8
滇督岑毓英奏英员马嘉理被戕一案派员查办折 附上谕（四月初六日） ………… 9
滇督岑毓英奏严防英人藉端扰滇折（四月十九日） ………………………… 11
滇督岑毓英奏英员马嘉理案请敕总署照会英使转达印度官员毋庸派员由缅来
滇观审片 附上谕（四月十九日） ……………………………………………… 11
滇督岑毓英奏查核威妥玛所指戕杀马嘉理凶犯据实核奏折（五月十七日） …… 12
滇督岑毓英奏滇省地瘠民贫暂难通商请慎之于始片 附上谕（五月十七日）
……………………………………………………………………………………… 13

鄂督李瀚章奏赴滇查办英员马嘉理被戕案请饬钞发卷宗折（六月初八日） …… 14
滇督岑毓英奏英员马嘉理在缅滇交界被戕一案现在拿办情形折（六月十二日） …… 14
滇督岑毓英奏闻英使带兵来滇片 附上谕（六月十二日） …… 16
谕桂抚刘长佑著派员护送越南贡使来京（六月十二日） …… 17
直督李鸿章奏秘鲁国公使抵津请将议定通商和约并查办华工专条及时互换折 附秘鲁国总统令稿三件（六月十三日） …… 17
直督李鸿章奏请派丁日昌互换秘鲁条约片 附上谕（六月十三日） …… 18
总署奏英员马嘉理被戕一案当随时达知李瀚章等片（六月二十三日） …… 19
总署奏李瀚章赴滇查办马嘉理案拟调刑部主事陈兰彬碍难前往片（六月二十三日） …… 19

清季外交史料卷之二 光绪元年七月上 …… 20
伊犁将军荣全奏塔尔巴哈台蒙民被俄勒索设法拯救折（七月初一日） …… 20
总署奏英员马嘉理被戕一案英使请令李珍国听候质证折 附照会四件（七月初六日） …… 21
前苏抚丁日昌咨呈总署遵办秘鲁国换约事竣缴还谕旨文 附凭单及照会二件（七月初八日） …… 24
滇督岑毓英奏缅英尚未开仗遵谕整顿滇边吏治军政片 附上谕（七月初九日） …… 25
甘督左宗棠奏俄员过境察看情形无他折（七月初九日） …… 26
直督李鸿章等奏秘鲁国换约事竣折（七月初十日） …… 28
直督李鸿章等奏请设驻秘鲁使臣保护华工片（七月初十日） …… 29
直督李鸿章等奏请保护秘鲁华工谨防诱拐片 附上谕（七月初十日） …… 29
英使致总署各口滋事案件未妥情形请催令办理照会 附总目（七月十六日） …… 30
英使致总署李瀚章查办滇案当经晤商意见不甚融洽照会（七月十六日） …… 31
英使致总署有人击伤馆员照会（七月十六日） …… 32
英使致总署声明英国与中国办理外交手续颇见相异照会（七月十六日） …… 33
总署复英使各口滋事案件办理情形逐条详复照会（七月二十二日） …… 34
总署复英使中外体制不能无异照会（七月二十二日） …… 35
总署复英使馆员被击已惩办滋事之人照会（七月二十二日） …… 36
总署复英使此后游滇官员请先知照照会（七月二十二日） …… 37

清季外交史料卷之三　光绪元年七月至八月 …… 39
鄂督李瀚章奏奉谕查办马嘉理案赴滇日期折（七月二十四日） …… 39
鄂督李瀚章奏英员马嘉理被戕一案俟到滇后妥筹办理片（七月二十四日） …… 39
滇督岑毓英奏调李珍国来省候讯片（七月二十四日） …… 40
总署奏请饬李瀚章迅速赴滇查办折（七月二十八日） …… 40
总署奏请饬李鸿章在津与威妥玛商办滇案片（七月二十八日） …… 41
总署奏英使在津向李鸿章提出滇案六条藉端要挟片　附节略二件（七月二十八日） …… 41
总署奏英使曾面递照会已分别照复片　附咸丰十年九月上谕（七月二十八日） … 45
总署奏请派驻英国公使片　附上谕（七月二十八日） …… 46
总署奏出使英国照会可否照出使法国原案办理片（八月初一日） …… 47
总署奏驻京使臣与部院大臣往来礼节未便置之不议片（八月初一日） …… 48
直督李鸿章等奏恳将前派出使英国及责问岑毓英谕旨酌量明发折　附廷寄（八月初八日） …… 48
鲁抚丁宝桢奏英法等国兵船来烟台片（八月十四日） …… 49
滇督岑毓英奏英员马嘉理被戕一案已获凶犯赃物折（八月十六日） …… 50
滇督岑毓英奏请饬总署照会英使转饬柏郎等稍缓来滇游历片（八月十六日） … 50
总署复英使声明中国于滇案确系持平办理照会（八月二十三日） …… 51
总署奏英员马嘉理被戕一案请饬李瀚章迅查复奏折（八月二十九日） …… 52
总署奏陈中外交际往来情形请旨明白宣示折（八月二十九日） …… 52
鄂督李瀚章奏赴滇查办英员马嘉理被戕一案途次筹办情形折　附上谕（八月二十九日） …… 53

清季外交史料卷之四　光绪元年九月至十二月 …… 55
总署致英使请派员往滇会查通商事宜照会（九月初八日） …… 55
总署奏请申明各国条约饬令各省照办折　附上谕（九月十二日） …… 55
英使复总署云南一案本国期在澈究并格参赞赴滇请保护照会（九月十二日） … 56
滇督岑毓英奏拿获凶杀英官案犯并赃物折（九月二十四日） …… 57
粤督英翰奏秘鲁换约事竣闽粤拐卖人口应按约严禁片（九月二十九日） …… 57
总署奏马嘉理案与英使往来辩论情形折（十月初七日） …… 58
闽督李鹤年奏福州厦门电报买回自办折（十月初九日） …… 60
兵部左侍郎郭嵩焘奏参岑毓英不谙事理酿成戕杀英官重案折　附上谕（十一月初八日） …… 61
鄂督李瀚章等奏查办英员马嘉理被戕一案请将办理不善之文武官革审折

附上谕（十一月十二日）…… 62
总署复英使声明中国明发上谕及寄谕办法照会（十一月十二日）…… 63
英使致总署此次拿讯滇案凶犯怀疑甚重照会（十一月十三日）…… 63
总署奏请派员出使美日秘国保护华工折　附上谕（十一月十四日）…… 64
总署奏闻美西两国有在古巴用兵之事由陈兰彬探明片（十一月十四日）…… 65
英使致总署李瀚章等查办滇案折奏极不妥协照会（十一月十五日）…… 66
英使致鄂督李瀚章马嘉理案英国君民异常不平函（十一月十五日）…… 67
总署复英使李瀚章查办滇案尚有薛焕岑毓英帮同办理照会（十一月十六日）…… 68
总署致英使条复李瀚章等查办滇案情形并经转致滇督照会（十一月二十日）…… 68
总署奏英使回京并驳辩滇案情形折（十二月初十日）…… 69
总署奏各国驻京使臣新年拟与各部院大臣互相道贺片（十二月初十日）…… 70
总署奏西班牙国更换使臣片（十二月初十日）…… 71
日使复总署朝鲜虽中国属邦其地不隶中国照会（十二月十九日）…… 71
鄂督李瀚章等奏查办滇案审讯情形折（十二月二十日）…… 72
鄂督李瀚章等奏遵谕严切查讯片　附上谕（十二月二十日）…… 72
总署奏日本使臣来称欲与朝鲜修好折　附节略（十二月二十一日）…… 73
总署奏与日本交涉朝鲜事情片（十二月二十一日）…… 74
总署复日使声明朝鲜为我属国照会（十二月二十二日）…… 75
日使复总署朝鲜虽中国属邦徒系空名照会（十二月二十三日）…… 75

清季外交史料卷之五　光绪二年正月至四月 …… 76
总署奏日使因朝鲜事辩论拟请照会咨送礼部续行该国折　附照会及节略（正月三十日）…… 76
总署奏酌定开办琼州通商日期折（二月十五日）…… 80
总署致英使英商在上海筑路请细核条约照会（二月二十七日）…… 82
朝鲜国王咨礼部谢与日本国使臣交涉事宜文（二月二十九日）…… 83
总署致英使上海筑路请转领事与关道商酌照会（三月十三日）…… 83
桂抚严树森奏越南国王正贡届期请示何时进关折　附上谕（三月十五日）…… 84
总署奏上海英商就旧租马路擅筑铁路拟论辩禁阻折　附上谕（三月十九日）…… 84
总署奏上海吴淞铁路须妥筹归宿之法片（三月十九日）…… 86
总署奏滇省马嘉理案英使派人往查请饬李瀚章切实拟议以资结束折　附上谕（三月十九日）…… 86
川督李瀚章等奏查明英员马嘉理在滇被戕情形折　附函（三月二十六日）…… 87
川督李瀚章等奏英使馆参赞离滇情形片（三月二十六日）…… 91

川督李瀚章等奏马嘉理案请就近与英使妥议片（三月二十六日） …………………… 91
川督李瀚章奏遵旨查复郭嵩焘奏参岑毓英酿成事端折（三月二十六日） ……… 92
川督李瀚章奏马嘉理案拟原情酌理核办片（三月二十六日） ………………………… 93
直督李鸿章奏请派员赴德国学习陆军片（三月二十九日） …………………………… 93
朝鲜国王咨礼部与俄国尚无战事文（三月二十九日） ………………………………… 94
朝鲜国王咨礼部报遣使日本修好文（三月二十九日） ………………………………… 94
总署奏日本已与朝鲜换约折（四月初六日） ……………………………………………… 95
驻藏大臣松溎奏披楞人欲来藏通商设法禁阻折　附上谕（四月十二日） ………… 95
驻藏大臣松溎奏廓尔喀禀请进贡请旨示遵片（四月十二日） ………………………… 96
闽督抚文煜丁日昌奏德国安纳船主及大伙被人谋杀获审片（四月十三日） …… 97

清季外交史料卷之六　光绪二年五月至六月 …………………………………………………… 98
川督李瀚章侍郎薛焕奏密陈英员马嘉理被戕情形折（五月初三日） ……………… 98
总署奏德国船主在闽洋被戕案业已办结请饬各省照章保护中外船只折
（五月初四日） ……………………………………………………………………………………… 99
闽督文煜等咨呈军机处闽省电线买归自办文（五月初七日） ……………………… 100
总署奏英使对于办理马嘉理案均不同意折　附旨寄（五月二十七日） ………… 101
直督李鸿章奏英使过津不允续议马嘉理案业已南下折　附上谕（闰五月初一日）
…… 104
顺天府府丞王家璧奏马嘉理一案请明白宣示俾知是非所在折（闰五月十一日）
…… 105
总署奏中英交涉不能预料请整顿江海防务折　附上谕（闰五月二十三日） …… 106
总署奏西班牙国更换公使已到京接见片（闰五月二十六日） ……………………… 107
直督李鸿章奏英使因滇案要索不遂出京接据赫德由沪来函奏明请旨折
附函及上谕各二件（六月初八日） …………………………………………………………… 108
直督李鸿章奏中国人才财政均无把握不宜因滇事与英国失和片（六月初八日）
…… 110
左都御史景廉奏天津绅民因李鸿章赴烟台人心惶恐请另简员折（六月十七日）
…… 110
旨寄李鸿章著赴烟台会商滇案并择要宣示以释群疑（六月十七日） …………… 111
直督李鸿章奏遵旨赴烟台会商滇案倘有要求请预示应付办法折　附上谕
（六月二十三日） ………………………………………………………………………………… 112
粤督刘坤一等奏请于小马滘洲地方设关征税折（六月二十四日） ………………… 113
总署奏遵议李鸿章赴烟台会商滇案预筹办法折　附上谕（六月二十五日） …… 114

直督李鸿章奏驰赴烟台与威妥玛会商一切折（六月二十九日）……………… 116

清季外交史料卷之七　光绪二年七月至八月 ……………………………………………… 117

驻藏大臣松溎奏委员阻回披楞藏边一律安堵折　附廷寄（七月初四日）……… 117

直督李鸿章奏与英使在烟台议结滇案折　附改定条款原议条款并照会函稿（七月三十日）…………………………………………………………………… 118

直督李鸿章奏滇案拟结情形并请出示保护远人折（七月三十日）…………… 128

直督李鸿章奏上海铁路拟由关道及中外官员妥定办法片（七月三十日）……… 129

直督李鸿章奏请饬各省讲求条约遇有交涉事件勒限办结片（七月三十日）…… 129

直督李鸿章奏滇边通商请饬妥订章程片（七月三十日）………………………… 130

直督李鸿章奏英使请宽宥李珍国等罪名片　附廷寄（七月三十日）…………… 130

总署致英使奉谕马嘉理案已结嗣后当照约保护照会（八月初一日）…………… 131

英使致总署在烟台议定各款请恭录照知以便咨回本国照会（八月初四日）…… 132

总署复英使烟台议定各款业经奉旨允准恭录照会（八月初六日）……………… 132

总署致各国公使送优待通商条款函（八月初六日）……………………………… 133

总署致英使钞送告示底稿希见复照会（八月初六日）…………………………… 133

大清国皇帝致大英国后帝惋惜马嘉理国书（八月初六日）……………………… 133

总署致英使出使大臣郭嵩焘起程日期照会（八月初八日）……………………… 134

英使致总署关于英人命盗案件派员观审一节请见复照会（八月初八日）……… 134

总署复英使嗣后遇有英人案件当照约办理照会（八月初八日）………………… 134

总署致英使滇案恤款二十万两请派员支取照会（八月初八日）………………… 135

总署致英使关于礼节条款及承审章程应会同商办照会（八月初八日）………… 135

英使复总署会议条款列入告示甚为妥洽照会（八月初九日）…………………… 136

总署致各国公使中外会审案件请各国会商划一章程照会（八月初九日）……… 136

总署致各国公使往来礼节条款请会商见复照会（八月初九日）………………… 137

总署致各国公使租界免收洋货厘金洋药税厘两款俟各国会商妥协后见复照会（八月十一日）…………………………………………………………………… 137

总署奏滇案议结拨给恤款折（八月十三日）……………………………………… 138

总署奏英员马嘉理被戕一案各官犯既经宽免会同刑部定议之处勿庸置议片（八月十三日）…………………………………………………………………… 138

英使致总署滇案了结已电达外部请饬京外将应办事宜切实遵行照会（八月十五日）…………………………………………………………………… 139

英使致总署英国君主议加隆号函　附照会（八月二十六日）…………………… 140

清季外交史料卷之八　光绪二年九月至十二月 …… 141
礼部奏朝鲜与日本商办开埠通商据咨转奏折　附咨文二件（九月初二日） …… 141
总署奏议结滇案按照烟台会议条款分别次第办理折（九月初四日） …… 143
总署奏英使请嗣后中国致英国御书加缮五印度大后帝字样片（九月初四日） …… 144
总署奏川省民教滋事请饬迅速持平办结折　附上谕（九月十二日） …… 144
总署奏日本欲由朝鲜来往中国与日使面论情形饬转行朝鲜折（九月十二日） …… 145
桂抚涂宗瀛奏报越南国使臣进关日期折（九月二十日） …… 146
驻藏大臣松溎奏廓尔喀王呈递表文译缮代奏折　附表文（九月二十四日） …… 146
甘督左宗棠奏俄新交涉请暂由新疆主办片（九月三十日） …… 147
德使致总署提出免除厘金复出口税禁运现钱三事请饬遵行照会（十月十六日） …… 148
总署复德使所提三事俟酌定后即行知照各国照会（十月二十一日） …… 148
德使致总署来文所提三事均甚妥协照会（十月二十二日） …… 149
使英郭嵩焘奏办理洋务宜以理势情三者持平处理折　附乾隆四十一年上谕（十月二十七日） …… 149
使英郭嵩焘奏举使才片（十月二十七日） …… 152
总署致英使租界免厘及存票限期定为三年照会（十月二十七日） …… 152
总署致德使租界免厘及存票立限换银两节定期开办照会（十月二十七日） …… 153
总署致各国公使上海租界免厘存票定限换银已饬属遵办照会（十月二十七日） …… 153
谕古尼音布著派员会同俄国委员补立界牌（十月二十八日） …… 154
总署奏租界免厘存票立限议定开办日期折（十月二十八日） …… 154
直督李鸿章等奏买回上海铁路折（十二月初五日） …… 155
江督沈葆桢奏美国旗昌公司愿并归招商局折　附上谕（十二月初五日） …… 156
谕礼部奉天沙河子地方逼近朝鲜边境现在筑城建署著崇厚等严禁越界（十二月初六日） …… 158
闽督文煜等奏审明谋毙英人各犯分别定拟折（十二月十五日） …… 158
谕刘长佑等着将滇省通商事宜妥为筹画（十二月二十日） …… 159
直督李鸿章奏查明天津英法租界占用内务府差地租项分别津贴豁征折（十二月二十二日） …… 160
闽抚丁日昌奏西班牙因有船在台搁浅破坏调兵来华筹议对付办法片（十二月二十二日） …… 161

总署奏西班牙调兵来华陈明筹办情形折（十二月二十五日）…… 162
总署奏四川民教滋事请饬该省大吏迅查结案折　附上谕（十二月二十五日）… 162

清季外交史料卷之九　光绪三年正月至三月 …… 164
江督沈葆桢奏研讯皖南教案分别示惩折（正月初六日）…… 164
江督沈葆桢奏皖南教民滋事立予正法以安良善片（正月初六日）…… 166
鄂督翁同爵奏宜昌添开通商口岸应设税关监督折（正月初十日）…… 166
盛京将军崇厚等奏遵筹奉边与朝鲜交界处所严禁越垦折（正月十一日）…… 167
闽抚丁日昌奏西班牙将派兵船来台请调兵预防片　附上谕（正月二十二日）… 168
总署议复鄂督翁同爵奏宜昌添开通商口岸请将荆宜施道移扎兼办折（正月二十七日）…… 169
总署奏宜昌等关新开口岸开办日期片（正月二十七日）…… 170
总署奏秘鲁国呈递国书请予复书折　附国书及照会（正月二十七日）…… 170
谕着沈葆桢派员密查道员许厚如有无在沪议借洋款招摇撞骗情事（二月初四日）…… 172
总署奏福建前借洋款未成原立用印议单并未收回应由原办各员理处赔偿折（二月二十四日）…… 172
总署奏议复新疆俄商课税章程片（二月二十四日）…… 173
总署奏颁给出使美日秘等国使臣国书折（二月二十四日）…… 174
闽抚丁日昌奏西班牙窥伺台湾情形片（二月二十八日）…… 175
使英郭嵩焘等奏报抵英呈递国书折（二月二十八日）…… 176
使英郭嵩焘奏国书并无充当公使文据请改正颁发折（二月二十八日）…… 176
副使刘锡鸿奏辞驻英副使折（二月二十八日）…… 177
西班牙公使致总署因夹板船失事请设法赞助照会（三月十一日）…… 177
总署复西国公使夹板船失事业经切实查办照会（三月十四日）…… 178
总署奏请补发使英郭嵩焘等敕书折　附上谕（三月十七日）…… 179

清季外交史料卷之十　光绪三年四月至七月 …… 180
使英郭嵩焘等奏请禁止鸦片折　附上谕（四月初二日）…… 180
使英郭嵩焘等奏请饬总署会商驻京公使严订神甫资格以免发生教案片（四月初八日）…… 182
浙抚谭钟麟奏温州通商征收事宜已遵章办理片（四月初八日）…… 183
滇督刘长佑等奏借款开矿购器铸钱折（四月十二日）…… 184
滇督刘长佑等奏滇省办矿雇用矿师有五可虑片（四月十二日）…… 185

闽抚丁日昌奏拟将省城电线移至台湾片（四月十四日） ………………………… 186
总署奏请将条约发交州县各官以凭交涉折　附上谕（五月初七日） ………… 187
总署奏德国议修条约未能就绪德使业已出京折（五月十二日） ……………… 188
使英郭嵩焘等奏保荐伍廷芳折（五月十二日） ………………………………… 188
闽督何璟等奏琉球遣使入贡日本梗阻请旨办理折　附上谕（五月十四日） …… 189
总署奏塔城讯办俄属哈萨克办理未协请饬妥筹折　附上谕（六月初二日） …… 190
总署奏德使巴兰德被劝回京修约情形片　附照会三件（六月初二日） ……… 191
甘督左宗棠奏借定洋款请饬总署分别知照折（六月十一日） ………………… 193
总署奏定出使日德等国大臣薪俸片（六月十五日） …………………………… 194
粤督刘坤一等奏北海开设通商口岸折（六月二十二日） ……………………… 194
总署奏请派左宗棠专办新疆中俄交涉片　附上谕（七月初三日） ………… 195
总署奏请饬左宗棠等办理接收伊犁并西北边界交涉事宜折　附上谕
（七月初三日） ………………………………………………………………… 196
总署奏英国与喀什噶尔互相遣使折　附照会（七月二十六日） …………… 198
总署奏议复左宗棠奏派员确查处治行劫哈萨克片（七月二十六日） ……… 199

清季外交史料卷十一　光绪三年八月至九月 ………………………………… 201
使英郭嵩焘奏英外相调处喀什噶尔情形折（八月十三日） ………………… 201
使英郭嵩焘奏喀什噶尔剿抚事宜请饬左宗棠斟酌核办片　附上谕
（八月十三日） ………………………………………………………………… 203
使英郭嵩焘奏续陈禁止鸦片事宜折　附上谕（八月十三日） ……………… 204
使英郭嵩焘奏请纂成通商则例折（八月二十七日） ………………………… 206
使英郭嵩焘奏新嘉坡设立领事片（八月二十七日） ………………………… 207
使英郭嵩焘奏请派员赴万国刑罚监牢会片（八月二十七日） ……………… 209
闽抚丁日昌奏闽省乌石山名胜俯瞰全城拟令教堂他徙片（九月初一） …… 209
甘督左宗棠奏道员胡光墉息借汇丰银行款项折　附函及文稿（九月初二日） … 210
甘督左宗棠奏英人以保护安集延为词图占边疆万不可许折（九月十六日） …… 211
吉林将军铭安玉亮奏宁古塔三姓副都统会同俄官补修界牌分别勘立折
（九月十六日） ………………………………………………………………… 212
御史董儁翰奏轮船招商局关系紧要急须实力整顿折　附上谕（九月十八日） … 214
总署奏拟纂通商则例以资信守折（九月二十五日） ………………………… 215
总署奏议复郭嵩焘奏请于新嘉坡设立领事片（九月二十五日） …………… 217
总署奏议复郭嵩焘奏请派员赴万国刑罚监牢会片（九月二十五日） ……… 218
总署奏议复郭嵩焘奏英外相调处喀什噶尔片（九月二十九日） …………… 218

清季外交史料卷十二　光绪三年十月至十二月 …… 220
谕李鸿章查明李凤苞能否胜出使之任（十月初三日） …… 220
总署奏与西班牙公使订定古巴华工条款折　附条款（十月十六日） …… 220
总署奏与西班牙公使换约缮写全权大臣字样片（十月十六日） …… 223
总署奏西班牙商船被抢与古巴换约案同时办结片　附照会二件（十月十六日） …… 224
总署奏请赏给德国翻译官阿恩德二等宝星片（十月十六日） …… 226
粤督刘坤一奏捐资生息储养洋务人才折　附上谕（十月二十五日） …… 226
川督丁宝桢奏英人吉为哩等由川赴藏番夷阻回片（十月二十七日） …… 227
川督丁宝桢奏英人入藏探路用意狡谲请密饬驻藏大臣修好于布鲁克巴以固藩篱片（十月二十七日） …… 228
总署奏俄国官员迭被喇嘛库伦地方人民欺侮请饬甘督查究办理折　附俄员日记及上谕（十月二十七日） …… 230
吉林将军铭安等奏会同俄官补修宁古塔珲春界牌一律修立完竣片（十月三十日） …… 233
使英郭嵩焘奏办理洋务横被构陷折（十月三十日） …… 234
驻藏大臣松溎等奏廓尔喀国王遣使抵藏例派护送起程日期折　附译表文（十一月初九日） …… 236
谕总署湖北武童殴伤英人着李瀚章妥筹办理（十一月二十八日） …… 237
使英郭嵩焘奏奉颁国书照会英外部订期呈递折（十二月十八日） …… 237
总署议复丁宝桢奏英人西藏探路用意狡谲情形折（十二月二十一日） …… 237
总署奏洋商船只在不通商地方起卸照约禁阻片（十二月二十二日） …… 239

清季外交史料卷十三　光绪四年正月至七月 …… 240
甘督左宗棠奏遵查塔尔巴哈台中俄交涉情形折　附清单（正月二十六日） …… 240
使德刘锡鸿奏抵德呈递国书情形折（正月三十日） …… 242
总署代奏郭嵩焘出使英国呈递国书情形折　附函及照会（二月十四日） …… 243
甘督左宗棠等奏白逆彦虎等逃入俄境请交涉引渡折（二月二十二日） …… 244
总署奏与俄国交涉引渡逆回白彦虎情形折　附照会二件（二月二十二日） …… 245
总署奏议复左宗棠奏查办伊犁俄人交涉各案折（二月二十二日） …… 248
总署奏据使英郭嵩焘咨太古洋行趸船移泊情形片（三月十七日） …… 249
谕丁日昌据奏称香港总督及巫来由王捐赈应否致谢一折着查复具奏（四月初六日） …… 250
总署奏法使请行令朝鲜将被拿教士理若望释放折（四月十五日） …… 250

塔尔巴哈台参赞锡纶奏密陈边事并俄人寻衅情形折 附上谕（四月十九日） … 251
驻藏大臣松溎等奏办理边防联络哲孟雄廓尔喀部落折（四月二十四日） ……… 252
谕禁止外人入内地放赈及贩卖灾民妇女（四月二十四日） …………………… 253
总署奏议复丁宝桢奏派黄茂材赴印度游历片（五月初七日） ………………… 253
总署奏俄日德使先后出京所有公务均派员署理片（五月初七日） …………… 254
谕崇厚派充使俄大臣又谕作为全权大臣便宜行事（五月二十二日） ………… 255
使英郭嵩焘奏报兼使法国呈递国书情形折（六月初三日） …………………… 255
总署奏日本梗阻琉球入贡现与使臣何如璋相机筹办折（六月初五日） ……… 256
塔尔巴哈台参赞锡纶奏查结喇嘛库伦欺凌俄国使臣一案折 附上谕
（六月十一日） ……………………………………………………………… 257
总署奏议复刘锡鸿奏德国修约可成及时制治保邦折（七月十八日） ………… 258
谕派曾纪泽李凤苞充出使英法德等国大臣四件（七月二十七日） …………… 261

清季外交史料卷十四　光绪四年八月至十二月 ……………………………… 262
直督李鸿章奏请以李凤苞仍兼管出洋学生及采购军火各事片（八月二十一日）
………………………………………………………………………………… 262
总署奏闽垣英教士洋楼被众焚毁请饬该督抚妥速办结折 附上谕照会及节略
（八月二十二日） …………………………………………………………… 263
总署奏酌议出使大臣崇厚曾纪泽薪俸折（八月二十三日） …………………… 265
侍讲张佩纶奏请勿给崇厚全权及便宜行事字样折（九月初七日） …………… 266
侍讲张佩纶奏棍楚札楞参俄人所惮请假以事权片（九月初七日） …………… 267
闽督抚何璟等奏英教士侵占乌石山激成众愤查办情形折 附上谕
（九月初八日） ……………………………………………………………… 267
总署奏闽省焚毁英教士洋楼请旨办理折 附上谕及函二件（九月十四日） ……… 268
西使致总署中国驻古巴领事等官请派中国人照会（十月十二日） …………… 271
总署复西使古巴设领事等官当专派中国人照会（十月十三日） ……………… 271
总署致西使赴古巴华工如有临时不往者借垫款项由关道取保俾得有着照会
（十月十三日） ……………………………………………………………… 271
西使复总署华工赴古巴如有船主垫款由关道取保于条款易于得手照会
（十月十三日） ……………………………………………………………… 272
使英法曾纪泽奏调用人员折（十月二十日） …………………………………… 272
总署奏新加坡设总领事经费薪俸办法折（十一月初八日） …………………… 273
总署奏与西使互换华民赴古巴条约折（十一月十一日） ……………………… 274
总署奏与西使通融互换古巴条款片 附条款正文（十一月十一日） ………… 275

前闽抚丁日昌奏条议乌石山教案办法折（十一月十二日）………………………… 276
前闽抚丁日昌奏闽省乌石山教案拟就案结案酌拟办法密陈片 附上谕及办法九条（十一月十二日）…………………………………………………………………… 278
使美日秘陈兰彬等奏报抵美呈递国书折（十一月十五日）………………………… 279
使美日秘陈兰彬等奏应派驻美中国领事以资保护侨民片（十一月十五日）…… 280
使日何如璋等奏分设驻日本各埠理事折（十一月十五日）………………………… 280
粤督刘坤一等代递越南王阮福时告急疏折 附越南王疏（十二月十四日）…… 281
甘督左宗棠奏请饬科布多库伦大臣禁阻俄商擅往巴里坤哈密贸易片（十二月二十日）…………………………………………………………………… 282
谕总署中外人等领照由藏行走着驻藏大臣依约保护（十二月二十四日）……… 282

清季外交史料卷十五　光绪五年正月至六月 ………………………………………………… 284
谕何璟等乌石山教案着迅速筹办完结（正月初三日）………………………… 284
总署奏据朝鲜王咨日本不认朝鲜为中国属国请由朝鲜自行酌复折（正月十八日）…………………………………………………………………… 284
驻藏大臣松溎等奏办理哲孟雄边界事务完结折 附信字（二月初七日）……… 285
使俄崇厚奏行抵俄京并谒见外部折（二月二十三日）…………………………… 286
总署致俄使请勿发给白彦虎伙党路票照会（二月二十三日）…………………… 287
总署奏檀香山拟设商董由驻美公使发给谕帖折（二月二十三日）……………… 287
总署奏俄使照复安集延纠众扰边事已设法禁止片（二月二十三日）…………… 288
使英法曾纪泽奏报抵法呈递国书折（二月二十三日）…………………………… 289
使英法郭嵩焘奏报交卸出使事务遵旨回京折（三月初四日）…………………… 289
总署奏据桂抚杨重雅奏伏莽未净洋人遽难通商片（三月十三日）……………… 290
总署奏议复何如璋函述日本阻梗琉球入贡一案相机酌办折（三月十九日）…… 290
闽督何璟等奏办结乌石山教案折（三月二十二日）……………………………… 291
闽督何璟等奏英使威妥玛到闽言教士愿将被毁洋楼拆去片 附上谕（三月二十二日）…………………………………………………………………… 292
旨寄沈葆桢等日本阻琉球入贡情殊叵测应妥速筹画以固藩篱（三月二十八日）…………………………………………………………………………… 293
总署奏据使俄崇厚电报商办交收伊犁折（闰三月初一日）……………………… 293
闽督何璟等奏英教士翻悔乌石山换地片（闰三月初四日）……………………… 294
总署奏日阻琉球入贡请饬使臣何如璋暂勿归国折（闰三月初五日）…………… 294
川督丁宝桢等奏会筹藏中应办事宜折 附廷寄（闰三月二十三日）…………… 295
前闽抚丁日昌奏英教士侵占乌石山一案该教士翻悔前议折 附廷寄

（闰三月二十三日）…………………………………………………………… 297
使俄崇厚奏俄国允将越界滋事之人听中国惩办折 附廷寄（闰三月二十四日）
…………………………………………………………………………………… 298
总署奏俄人允还伊犁请派大员接收折 附廷寄（四月初七日）……………… 299
总署奏法使呈递国书请照案给予复书折（四月初七日）…………………… 300
甘督左宗棠奏俄国哈萨克人来著勒土斯山游牧陈明办法片（四月十二日）…… 300
使俄崇厚奏与俄外部商办收还伊犁事宜折（四月二十九日）………………… 301
总署奏请将交收伊犁办法议妥后再行弛禁通商折（六月初五日）…………… 302
总署奏请饬崇厚妥商俄国交还伊犁片 附上谕（六月初五日）……………… 303
使美日秘国陈兰彬奏报抵任呈递国书折（六月十七日）……………………… 304
桂抚张树声奏统筹越南剿匪事宜折（六月二十一日）………………………… 305
使英法曾纪泽奏法国新铸银圆甚愿通行中国据情上陈折 附咨文
（六月二十四日）………………………………………………………………… 306

清季外交史料卷十六　光绪五年七月至八月 …………………………………… 308
总署奏朝鲜拿禁法国教士请饬查明释放折（七月初四日）…………………… 308
总署奏与俄外部商议交收伊犁事宜折 附复函界说及节略（七月初十日）……… 309
总署奏俄国交还伊犁请将边界地方先照旧例通商以便定议折（七月初十日）
…………………………………………………………………………………… 313
直督李鸿章奏遵旨函劝朝鲜与各国立约通商折 附函稿二件（七月十六日）… 313
川督丁宝桢奏保护马加国游历官入藏情形片（七月二十日）………………… 316
总署奏美国前总统在日本调处琉球事拟有办法折（七月二十一日）………… 318
总署奏准美国前总统函称在日本商办球事折 附来函（八月初五日）………… 318
旨寄驻藏大臣松溎等晓谕藏番照约许洋人入藏游历（八月二十一日）……… 320
总署奏准使俄崇厚电称已与俄立约签押折（八月二十三日）………………… 321
总署奏俄约界务商务请饬左宗棠统筹全局片 附上谕（八二十三日）………… 322
总署奏请派邵友濂暂署俄使片（八月二十四日）……………………………… 324

清季外交史料卷十七　光绪五年九月至十月 …………………………………… 325
甘督左宗棠奏陈收回伊犁事宜折 附上谕（九月初一日）……………………… 325
江督沈葆桢奏议复崇厚丧失国权条约各款万不可行折（九月初五日）……… 328
总署奏琉球官员到京乞援折 附原禀（九月十三日）…………………………… 329
甘督左宗棠奏查明俄民寄居喀什噶尔并无驱逐出境情事片（九月十七日）…… 330
使俄崇厚奏议结中俄交涉各事宜折（九月二十一日）………………………… 331

川督丁宝桢奏设法阻止洋员入藏游历片（九月二十九日）…… 331
礼部奏朝鲜国王咨报与日本商订开港事竣折 附咨文（十月初二日）…… 333
直督李鸿章奏遵议交收伊犁补救崇厚订约失败事宜折（十月初二日）…… 333
使俄崇厚奏与俄国修约完竣回京复命请派邵友濂代理公使折（十月十九日）…… 335
使俄崇厚奏与俄国议明交收伊犁修定约章谨陈办理情形折 附照会（十月十九日）…… 335
总署奏遵议崇厚与俄定约损失国权折（十月二十七日）…… 338

清季外交史料卷十八 光绪五年十一月至十二月 …… 340
使俄崇厚奏与俄定约后由南洋回京折（十一月初三日）…… 340
甘督左宗棠奏遵议伊犁交涉应付事宜折 附上谕（十一月初五日）…… 340
甘督左宗棠奏遵议李鸿章对俄交涉意见折（十一月十四日）…… 344
翰林院侍读学士黄体芳奏崇厚专擅误国请议罪折（十一月二十一日）…… 344
谕出使俄国大臣崇厚先行交部议处所议条约等件着各臣工妥议具奏（十一月二十一日）…… 345
总署奏俄署使凯阳德因议处崇厚谕旨提出抗议折 附节略（十一月二十七日）…… 345
总署奏定内港江河行船免碰及救护赔偿审断专章（十一月二十七日）…… 346
司经局洗马张之洞奏要盟不可曲从宜早筹御侮折（十二月初五日）…… 349
谕出使俄国大臣崇厚着革职拿问交刑部治罪（十二月初六日）…… 352
直督李鸿章等奏遵议崇厚所订俄约应准应驳及各条利弊折（十二月初十日）…… 352
司经局洗马张之洞奏驭俄之策宜先备后讲折（十二月二十六日）…… 353
伊犁将军金顺奏遵议崇厚议约失败补救办法折（十二月二十九日）…… 357

清季外交史料卷十九 光绪六年正月至二月 …… 359
礼亲王世铎等奏军机处等会议崇厚与俄所订约章专条窒碍难行请遣使前往转圜折 附懿旨（正月初十日）…… 359
大清国大皇帝致俄国声明崇厚所议条约违训越权窒碍难行国书（正月初十日）…… 360
少詹宝廷奏使事宜慎请饬曾纪泽来京请训折（正月初十日）…… 360
庶吉士樊增祥奏崇厚使俄违训越权请亟正典刑折（正月十七日）…… 361
礼亲王世铎等奏曾纪泽使俄议约应随时请旨遵行片（正月二十一日）…… 362

旨寄左宗棠李鸿章曾国荃刘坤一等伊犁事俄国多所要求着筹备防务 计七件
（正月二十一日）………………………………………………………………… 363
谕出使俄国大臣崇厚着定为斩监候（正月二十三日）……………………… 365
谕曾纪泽到俄后必须力持定见妥慎办理以全大局（二月初一日）………… 365
川督丁宝桢奏伊犁事件关系大局自请赴俄交涉折（二月初四日）………… 365
总署奏巴西遣使来华议约请饬南北洋大臣会商折（二月十四日）………… 367
总署奏与德国议修条约请旨派全权大臣折（二月十四日）………………… 368
塔尔哈巴台参赞锡纶奏密陈应付俄边机宜折（二月十四日）……………… 368
塔尔哈巴台参赞锡纶奏统筹办理接收伊犁事宜片（二月十四日）………… 370
川督丁宝桢奏俄约多不能准请筹东北边防片 附上谕（二月十七日） ………… 370
司经局洗马张之洞奏谨议改使改约办法片（二月二十一日）……………… 371
司经局洗马张之洞奏请改致俄国国书词句片（二月二十一日）…………… 371
总署奏俄国分界通商各事经审订签注拟议办法折 附签注条约陆路通商章程专条
附议专条及约章总论（二月二十二日） ………………………………………… 372

清季外交史料卷二十 光绪六年三月至四月 ……………………………………… 386
总署奏德国修约已成谨将前后办理情形专折具陈折 附条约善后章程及照会凭单
（三月初四日）………………………………………………………………… 386
甘督左宗棠奏遵复中俄外交事宜并边防布置情形折 附上谕（三月初八日） … 390
前粤督刘坤一奏遵议与俄国交涉失败后防守事宜片（三月初八日）……… 392
前兵部侍郎郭嵩焘奏俄人构患已深遵议补救之方折 附上谕（四月初五日） … 394
试用道王之春条陈俄事折（四月三十日）……………………………………… 397

清季外交史料卷二十一 光绪六年五月至六月 …………………………………… 401
使美日秘国陈兰彬奏由西班牙起程赴秘鲁日期折（五月初四日）………… 401
总署奏崇厚获罪英法德等国使臣来函请加宽免折（五月初八日）………… 401
总署奏变通废约即不足抑俄实足结英法之好片（五月初八日）…………… 403
少詹黄体芳奏不宜徇各国之请轻释崇厚折（五月十一日）………………… 404
太仆寺少卿钟佩贤奏陈处分崇厚罪名意见折（五月十六日）……………… 404
内阁侍读学士胡聘之等奏请俟俄约挽回就绪再赦崇厚折（五月十六日）……… 405
醇亲王奕譞奏请乘英法调停之际以赦崇厚为条件挽回俄约折（五月十六日）
……………………………………………………………………………………… 405
修撰王仁堪奏崇厚不宜减罪疆臣宜图奋勉折（五月十九日）……………… 406
礼亲王世铎等奏遵议崇厚罪名应徇外使之请予以减免折（五月十九日）……… 407

翰林院侍读学士张之洞奏陈经权二策应付俄事折（五月十九日）…… 408
旨寄曾纪泽着将崇厚暂免斩罪知照俄国并应修条约妥慎办理（五月十九日）…… 409
谕李鸿章等此次宽免崇厚之罪实因海防不足恃嗣后务当各就地方情形预筹备御（五月二十日）…… 409
直督李鸿章奏巴西遣使来华议立通商条约折 附上谕（六月初八日）…… 410
使俄曾纪泽奏谨就收回伊犁事宜敬陈管见折（六月十五日）…… 411
使俄曾纪泽奏缓索伊犁并非退让请照西例交噌噜太司特公议片 附上谕（六月十五日）…… 413
总署奏日本废灭琉球一案美国前总统拟加调停事已中变请派大员商办折（六月二十日）…… 414
总署奏探访俄国情形意在启衅折（六月二十四日）…… 415
总署奏闻俄国将以四铁甲船十余兵船封锁辽海片 附函报及上谕（六月二十四日）…… 416

清季外交史料卷二十二　光绪六年七月至八月 …… 418
少詹宝廷奏外患渐迫乞召知兵重臣入朝以定危疑折（七月初二日）…… 418
总署奏俄国未立新约以前交涉未结各案择要商办完结折（七月初三日）…… 419
总署奏俄国派兵增舰拟赶办车隆等五案与大局不无裨益片（七月初三日）…… 420
谕左宗棠现在时事孔艰俄人启衅着来京陛见以备朝廷顾问（七月初六日）…… 421
谕鲍超俄国派兵来华着募勇成军于天津山海关两处适中之地择要驻扎（七月初六日）…… 421
谕崇厚加恩开释着曾纪泽妥议条约（七月初七日）…… 421
谕金顺奏拟诱致白彦虎一节不可轻率从事（七月初八日）…… 422
右庶子张之洞奏解释俄约条文请寄曾纪泽为辩论之助片（七月初十日）…… 422
右庶子张之洞奏因俄事条陈应防各要地事宜片（七月初十日）…… 423
总署奏议复定边将军春福拟设科布多卡伦折（七月十九日）…… 424
总署奏德国续修条约展期互换折（七月十九日）…… 425
使俄曾纪泽奏报赴俄日期折（七月二十四日）…… 425
谕李鸿章等闻俄国兵船至大连湾着严防海口边界（七月二十六日）…… 426
总署奏接曾纪泽电俄以兵船挟华遵照前约请谕曾纪泽与俄交涉要旨折 附电及上谕（七月三十日）…… 426
总署奏美国修约使臣来华请派大员与之商议片（七月三十日）…… 428
右庶子张之洞奏陈与俄议约迫促急图补救折（七月三十日）…… 428

右庶子张之洞奏闻崇厚不知杜门悔罪请予防范片（七月三十日）……………… 429
总署奏据曾纪泽电称俄外部拒绝交涉另派使赴北京商订折　附原电及上谕
（八月初五日）………………………………………………………………… 430
直督李鸿章奏与巴西使臣议立通商条约竣事折（八月初六日）……………… 431
总署奏中俄换约日期已届请饬曾纪泽和衷商办片（八月十七日）…………… 433
总署奏接曾纪泽电称俄已派布策来华应俟其到日再议片　附懿旨
（八月二十日）………………………………………………………………… 434
左庶子张之洞奏陈俄使将来预筹应付办法折（八月二十四日）……………… 434
工部尚书翁同龢奏俄事交涉步骤折（八月二十五日）………………………… 435
礼部奏朝鲜国王咨明遣使驻日本折　附咨文（八月二十七日）……………… 436
编修许景澄奏俄事应先筹定讲约事宜以保和局折（八月二十九日）………… 437
编修许景澄奏拟将俄约择要驳改及补救条陈片（八月二十九日）…………… 437

清季外交史料卷二十三　光绪六年九月 ………………………………………… 440
直督李鸿章奏朝鲜讲求武备恳准该国工匠来津学造器械折　附函
（九月初六日）………………………………………………………………… 440
左庶子张之洞等奏俄事机有可乘宜筹抵制折（九月初十日）………………… 442
帮办新疆军务刘锦棠奏新疆边防情形折　附上谕（九月十三日）…………… 443
左庶子张之洞奏挽救俄约折　附上谕二件（九月十五日）…………………… 444
左庶子张之洞奏陈西防东防津防事宜以备采择片　附上谕（九月十五日）…… 446
使俄曾纪泽奏谒见俄皇呈递国书折（九月二十五日）………………………… 447
谕李鸿章关于俄国议约发曾纪泽电信着先奏闻（九月二十五日）…………… 447
总署奏日本废琉球一案已商议办结折（九月二十五日）……………………… 448
总署奏琉球南岛名属华实属日不定议无以善后片　附球案条约凭单拟底
（九月二十五日）……………………………………………………………… 449
右庶子陈宝琛奏琉案日约不宜遽订折（九月二十五日）……………………… 450
右庶子陈宝琛奏俄事既可坚持日事无庸迁就片（九月二十五日）…………… 452
直督李鸿章奏议复朝鲜派匠来学制造事宜折　附上谕（九月二十九日）……… 452
直督李鸿章奏朝鲜学员令其自备资斧暂从海道不得多派从人片
附章程笔谈清折（九月二十九日）…………………………………………… 453
直督李鸿章奏朝鲜与西人通商系谋国要图亦为盛吉直鲁之屏蔽片
（九月二十九日）……………………………………………………………… 459

清季外交史料卷二十四　光绪六年十月至十二月 …… 460
左庶子张之洞奏琉球案宜审缓急折　附上谕（十月初一日） …… 460
直督李鸿章奏日本议结琉球案牵涉改约暂宜缓允折（十月初九日） …… 461
谕各督抚俄国议约请展限其意叵测着及时布置严密备防（十月十二日） …… 463
总署奏美国修约提出限制华工条款折（十月十四日） …… 464
总署奏华商船往美额外征税应与美使及时议定片　附条约二件（十月十四日） …… 465
祭酒王先谦奏俄人在华购茶自运茶商多歇业请以轮船运货出洋片（十月二十六日） …… 467
江督刘坤一奏球案宜速结日约宜慎重图维折（十月二十八日） …… 467
江督刘坤一奏东三省缓急有备俄无能为片（十月二十八日） …… 470
甘督左宗棠奏陈中俄交涉方针及防务情形片（十一月初四日） …… 470
浙抚谭钟麟奏琉球案宜速结对日须战守均有实力折（十一月十六日） …… 471
粤督张树声等奏球案不必急议日约未便牵连折（十一月二十五日） …… 472
直督李鸿章奏在英订购兵轮派员管带来华片（十一月二十九日） …… 474
御史萧韶奏请严禁各国轮船凡不挂旗者不准入口折（十一月二十九日） …… 475
库伦办事大臣奕榕等奏俄人经商库伦者颇多请于张家口外扼要驻兵折（十二月初十日） …… 475

清季外交史料卷二十五　光绪七年正月至闰七月上 …… 477
总署奏朝鲜宜联络外交变通旧制折（正月二十五日） …… 477
桂抚庆裕奏越南王请代递奏疏沥陈边务情形折　附奏疏（正月二十八日） …… 478
直督李鸿章奏朝鲜委员来津请示斟酌答复折（二月初四日） …… 479
军机大臣左宗棠奏办理琉球案说帖　附上谕二件（二月初六日） …… 480
帮办吉林军务吴大澂奏苏城沟等处拟设官理事片（二月初九日） …… 481
使俄曾纪泽奏中俄改订条约盖印画押折　附上谕（二月十五日） …… 482
使俄曾纪泽奏中俄改约情形折（二月十五日） …… 485
粤督张树声奏拟订中外交涉行文仪式以资遵守片（三月十五日） …… 487
朝鲜国王致礼部遣使日本咨请转奏文（三月十五日） …… 488
总署奏檀香山设领事片（三月十六日） …… 488
谕喜昌着酌带新军赴库防边（四月初八日） …… 489
新疆督办刘锦棠奏向俄索交白彦虎折　附上谕（四月十七日） …… 489
谕刘锦棠等着办理中俄界务（五月十六日） …… 491
总署奏请将续修美约钤用御宝折（六月十六日） …… 491

总署奏中俄新订条约请预筹以备开办折（五月二十八日） …………………… 491
总署奏俄国新君嗣位寄到国书片　附国书（六月十六日） …………………… 492
总署奏会同俄国大员接收伊犁折（闰七月初九日） ……………………………… 493
总署奏中俄换约日期折　附改订条约陆路通商章程及卡伦单（闰七月初九日） …… 493

清季外交史料卷二十六　光绪七年闰七月下至十二月 …………………………………… 501
谕刘锦棠等着办理中俄伊犁分界事宜（闰七月初十日） ……………………………… 501
直督李鸿章奏巴西修约情形折　附条约及节略（闰七月初十日） ……………………… 501
总署奏接曾纪泽电法人谋越通滇拟预筹办法折（十月十五日） …………………… 506
总署奏越南积弱已甚中国为藩篱计不能置之度外片　附上谕（十月十五日） … 507
谕张树声等着预防李玉墀为法图越（十一月初九日） ………………………………… 507
直督李鸿章奏朝鲜陪臣金允植密陈该国王议商外交情形相机开导折
附朝鲜密书语录及上谕（十二月初四日） ………………………………………… 508
直督李鸿章奏朝鲜匠徒学习制器情形折　附咨文二件及名单（十二月初四日）
……………………………………………………………………………………………… 513
伊犁将军金顺奏接俄土尔吉斯坦总督回文定期交还伊犁折（十一月二十日）
……………………………………………………………………………………………… 515
伊犁将军金顺奏接收伊犁并分界事宜折　附上谕（十二月初九日） ……………… 515
桂抚庆裕奏法人谋占越南北境遵旨预筹办法折　附上谕（十二月十三日） …… 517
总署奏厘定奖给洋员宝星章程折　附章程（十二月十九日） ……………………… 518

清季外交史料卷二十七　光绪八年正月至四月 ……………………………………………… 520
直督李鸿章奏请派员与巴西换约折　附上谕（正月初六日） ……………………… 520
使俄曾纪泽奏白彦虎窜入俄境俄国允加禁锢折（正月十八日） …………………… 520
伊犁将军金顺等奏预筹西北边界分段查勘折（正月二十二日） …………………… 521
新疆督办刘锦棠奏俄商来新贸易应遵章查验不得行销中国土货折
（正月二十七日） ……………………………………………………………………… 522
吉林将军铭安等奏朝鲜贫民占种吉林边地妥议复陈折（二月初六日） ………… 522
总署奏遵议设所管理海参崴俄界华民折（二月初八日） ……………………………… 523
使俄曾纪泽奏法人谋占越南北境拟筹办法折（三月初三日） ……………………… 524
桂抚庆裕奏预防法人侵越一事已开导越使转达国王片（三月初三日） ………… 525
直督李鸿章奏筹办朝鲜与美国议定约稿请派员会办折　附条约（三月初八日）
……………………………………………………………………………………………… 525
桂抚庆裕奏法人图占越南北圻以侵滇疆折（三月十三日） ………………………… 529

谕各省督抚法越兵端已起着妥议复奏（三月二十五日）…………………………530
直督张树声奏法越交兵通筹边备折　附上谕（四月十四日）…………………………531
直督张树声奏请命岑毓英经理越南南圻片（四月十四日）…………………………532
代理粤督裕宽奏越南与法交涉请勿预其事片（四月十六日）…………………………532
总署奏新疆开埠中俄一律免税折（四月十八日）…………………………533
谕金顺等向俄索还索伦右翼四旗等地方（四月二十日）…………………………534
礼部奏朝鲜与英国订立修好通商条规折　附咨文约章及照会（四月二十二日）…………………………534
直督张树声奏英商包揽洋药章程请饬总署核议折　附章程（四月二十二日）…538
总署奏议复英商揽办洋药事宜折（四月二十六日）…………………………540
科布多办事大臣清安额尔庆额奏俄兵入科先事筹备折（四月二十六日）………541
直督张树声奏朝鲜与美国立约事竣折（四月二十六日）…………………………543
谕朝鲜请派使驻京着不准行（四月二十九日）…………………………544

清季外交史料卷二十八　光绪八年五月至七月…………………………545
德使致总署咨请将粤海关议订土货三联单及洋货入内地税单章程酌量核改照会　附照会六件章程二件（四月二十日）…………………………545
直督张树声奏朝鲜与英德议约事竣折（五月初十日）…………………………550
谕李鸿章张树声朝鲜乱党滋事着派员前往相机办理电三件（六月十五日，二十九日，三十日）…………………………551
直督张树声奏朝鲜援师起程并查探情形驰报折（七月初十日）…………………………552
直督张树声奏接朝鲜国王咨文乘机答复冀引就范围折　附咨文（七月十三日）…………………………553
直督张树声奏陆师抵韩登陆情形片（七月十六日）…………………………554
前兵部侍郎郭嵩焘奏法扰越南宜循理处置折（七月十八日）…………………………554
前兵部侍郎郭嵩焘奏请振励人心奠安朝鲜片（七月十八日）…………………………556
直督张树声奏获致朝鲜乱首解送来津折　附上谕（七月二十三日）…………………………557
盛京将军崇绮奏探明朝鲜情形折（七月二十六日）…………………………558
北洋大臣李鸿章奏官军捕治朝鲜乱党及该国派员抵津妥商善后折（七月二十八日）…………………………559

清季外交史料卷二十九　光绪八年八月至九月…………………………561
科布多办事大臣清安额尔庆额奏科布多边界复行勘分困难情形折　附廷寄（八月初三日）…………………………561

谕刘长佑等法人拟据北圻着相机因应（八月十一日） …………………………… 563
北洋大臣李鸿章等奏究问朝鲜乱首李昰应情形折（八月初十日） ……………… 563
北洋大臣李鸿章等奏朝鲜派员筹商善后片 附咨文及上谕各二件（八月十二日）
…………………………………………………………………………………… 565
总署奏遵议发给洋人游历内地护照请仍照旧章片（八月二十日） ……………… 567
北洋大臣李鸿章奏朝鲜与日本续订约款折 附条约（八月二十四日） ………… 568
北洋大臣李鸿章奏妥议朝鲜通商章程折 附章程（九月初一日） ……………… 569
北洋大臣李鸿章奏自强要图宜先练水师再图东征折（九月初二日） …………… 573
桂抚倪文蔚奏防军到越布置情形折（九月初八日） …………………………… 574
桂抚倪文蔚奏法人增调师船胁越片 附上谕（九月初八日） …………………… 575
总署奏议复朝鲜通商章程折（九月十二日） …………………………………… 575
总署奏议复中外税厘各事折（九月十二日） …………………………………… 576

清季外交史料卷三十　光绪八年十月至十二月 …………………………………… 578
滇督岑毓英等奏会筹越边防务折（十月初六日） ……………………………… 578
滇督岑毓英等奏据藩司唐炯禀越事出境兴师甚非长策据实密陈片 附上谕
（十月初六日） …………………………………………………………………… 579
北洋大臣李鸿章奏议复朝鲜事宜折（十月初七日） …………………………… 580
北洋大臣李鸿章奏与朝鲜陪臣妥议善后片（十月初七日） …………………… 583
北洋大臣李鸿章奏接朝鲜王咨文酌量答复折 附咨文等共六件（十月十四日）
…………………………………………………………………………………… 584
使俄曾纪泽奏中俄界务重勘情形折（十月十四日） …………………………… 586
使俄曾纪泽奏请变通边疆人随地归之例片 附上谕（十月十四日） ………… 587
科布多办事大臣清安额尔庆额奏中俄界务重勘情形折（十月二十七日） ……… 588
滇督岑毓英等奏越防换防情形折（十一月初四日） …………………………… 589
盛京将军崇绮等奏朝鲜边民交易严定限制折 附上谕（十一月十四日） ……… 590
伊犁将军金顺等奏中俄界务重勘竣事折 附伊犁界约（十一月二十三日） …… 591
伊犁将军金顺奏勘分科境边界事宜折（十一月二十三日） ……………………… 594
伊犁将军金顺奏分段勘分伊境界址片（十一月二十三日） ……………………… 595
北洋大臣李鸿章奏朝鲜国王咨请派员勘界折 附咨文二件（十二月初十日） … 595
总署奏法人欲与中国会商越事折 附上谕及条文（十二月初十日） …………… 597

清季外交史料卷三十一　光绪九年正月至二月 …………………………………… 599
总署奏洋药厘税并征载在会议条款请饬驻英使臣与英外部商办折 附上谕

（正月十二日）……………………………………………………………… 599
新疆督办刘锦棠奏新疆南界之贡古鲁克地方宜趁划界未定据约索还折
附上谕二件（正月十四日）…………………………………………………… 600
北洋大臣李鸿章奏查明常胜军旧欠美商洋行账目筹款议结折（正月二十二日）
……………………………………………………………………………… 603
伊犁将军金顺奏与俄国勘分伊犁南段界务情形折　附喀什噶尔界约
（正月二十八日）……………………………………………………………… 604
滇督岑毓英等奏法越交涉法愿调停请预筹善法折　附上谕（二月初二日）…… 606
桂抚倪文蔚奏遵筹法越交涉事宜折（二月初六日）…………………………… 607
桂抚倪文蔚奏法越分界事俟派大臣来粤再行定议片（二月初六日）………… 609
桂抚倪文蔚奏越藩横征暴敛民怨甚深片　附上谕（二月初六日）…………… 609
总署奏伊犁交涉俄人案件亟应查办完结以免藉口折（二月初十日）………… 610
使美郑藻如奏美国纽约地方请设领事折（二月初十日）……………………… 610
左庶子张佩纶奏越事趋重粤西请简边材折　附上谕（二月十五日）………… 611
侍讲学士何如璋奏越南危急请派统兵大员出关筹办以保属土折（二月十九日）
……………………………………………………………………………… 612
中英会议上海至香港电报办法合同（二月二十三日）………………………… 613
伊犁将军金顺等奏勘分科界必先安插蒙哈请款抚恤折（二月二十七日）……… 614
伊犁将军金顺等奏请收回乌梁海属之阿尔泰山一带游牧地片（二月二十七日）
……………………………………………………………………………… 615
中俄议定塔城俄属商人贸易地址条约（九年二月二十七日）………………… 616
中俄议定管理塔城各属缠头商民条款（九年二月二十七日）………………… 617
直督张树声奏驻韩官军请缓撤退以顺藩情折　附上谕（二月二十七日）……… 618
粤督曾国荃等奏遵旨详议法越交涉事宜折（二月二十七日）………………… 618

清季外交史料卷三十二　光绪九年三月至四月 ……………………………… 620
新疆督办刘锦棠奏安集延商人赴新贸易恐开衅端并汉缠各回越界滋事亟应
阻止折（三月初二日）………………………………………………………… 620
总署奏法使请会商越南事宜现有变局亟应筹防折　附上谕（三月初八日）…… 622
谕岑毓英着将浪穹县教案及早妥办（三月初八日）…………………………… 623
谕李鸿章着迅往广东督办越南事宜（三月初九日）…………………………… 623
旨寄左宗棠法破南定防务紧要着妥筹具奏（三月初九日）…………………… 623
桂抚倪文蔚奏遵旨严申边备并陈越南近日军情折　附旨（三月二十六日）…… 623
桂抚倪文蔚奏越南军情日亟藩司遵旨出关折（三月二十八日）……………… 624

中国电报局英国大东公司续订上海香港电报章程（四月初一日） ……………… 625
北洋大臣李鸿章奏预筹越南边防事宜折（四月初一日） ………………………… 626
北洋大臣李鸿章奏赴越督军恐启兵端请熟筹饬遵片 附上谕（四月初一日） … 627
伊犁将军金顺等奏俄兵撤回并筹办边防折 附上谕（四月初九日） ……………… 628
滇督岑毓英等奏越南南定省失守督饬各镇严防折 附旨（四月初九日） ……… 629
滇督岑毓英等奏遵旨密筹越南防务折 附上谕（四月二十四日） ……………… 629
滇督岑毓英奏援越军队扼要防守片（四月二十四日） ……………………………… 630
伊犁将军金顺等奏安抚蒙哈并勘分边界情形折 附旨（四月二十五日） ……… 631
桂抚倪文蔚奏密陈越南近日军情折（四月二十七日） ……………………………… 632
粤督曾国荃等奏粤船巡海无益事机折（四月二十七日） ………………………… 632

清季外交史料卷三十三 光绪九年五月至六月 ……………………………………… 634
滇督岑毓英等奏藩司统率防军扼守越边折 附旨（五月初二日） ……………… 634
桂抚倪文蔚奏越将力战大捷折（五月初七日） ……………………………………… 635
北洋大臣李鸿章奏法越交涉统筹全局折（五月十七日） ………………………… 635
北洋大臣李鸿章奏越事方亟滇粤防务宜责成疆臣备御法廷如有转机请派专使
与议片 附上谕（五月十七日） ……………………………………………………… 637
旨寄倪文蔚丁宝桢岑毓英等关于法越战事 三件（五月二十一日） …………… 639
北洋大臣李鸿章等奏美韩换约折 附咨文二件（五月二十五日） ……………… 639
滇督岑毓英等奏越南官军进攻河内连获胜仗折 附上谕（六月初三日） ……… 641
北洋大臣李鸿章奏定期赴津筹备与法使交涉折 附上谕（六月初十日） ……… 642
桂抚倪文蔚奏藩司到越边布防情形折 附上谕（六月十三日） ………………… 643
哈密帮办大臣长顺奏中俄勘分贡古鲁克界务折（六月十五日） ……………… 643
粤督曾国荃等奏筹备边防折 附上谕（六月十七日） …………………………… 644
桂藩徐延旭奏遵旨出关相机筹办越事折（六月二十日） ………………………… 646
桂藩徐延旭奏留唐景崧商酌防务片（六月二十日） ……………………………… 648

清季外交史料卷三十四 光绪九年七月至八月 ……………………………………… 649
桂抚倪文蔚奏据藩司探禀法越军情并增募军勇折 附上谕（七月初二日）
…………………………………………………………………………………………… 649
哈密帮办大臣长顺奏复勘新疆南界及查明南北路径情形折 附上谕
（七月初八日） ……………………………………………………………………… 650
哈密帮办大臣长顺奏伊犁著勒土斯山设卡防守片（七月初八日） …………… 651
桂藩徐延旭奏报法越军情随时会筹布置折 附上谕（七月初八日） ………… 651

桂抚倪文蔚奏陈近日边报暨增军提饷情形折（七月初八日）…………………… 652
伊犁将军金顺参赞升泰等奏行抵哈巴河与俄使晤商勘界折（七月十三日）…… 653
总署奏议复朝鲜商务委员章程折（七月二十日）………………………………… 654
使俄曾纪泽奏与俄国外部商议界务折（七月二十日）…………………………… 655
北洋大臣李鸿章等奏会商奉天与朝鲜边民交易章程折 附章程
（七月二十二日）…………………………………………………………………… 655
桂抚倪文蔚奏收复南圻之安江河仙两省折 附上谕（八月初四日） ………… 659
桂藩徐延旭奏募勇出关密陈筹办情形折 附上谕（八月初五日） …………… 659
旨寄李鸿章闻法舰来津着通盘筹画具奏（八月十一日）………………………… 661
桂抚倪文蔚奏报越兵战胜法人片 附上谕（八月十五日） …………………… 662
伊犁将军金顺等奏勘分科塔界务议定中俄新界折 附中俄科塔界约二件
科布多新界牌博记一件（八月十七日）…………………………………………… 662
谕李鸿章张树声法使到津着与交涉并严密戒备（八月十七日）………………… 669
旨寄李鸿章北洋防务是否足恃着即具奏（八月十八日）………………………… 670
谕彭玉麟左宗棠等法以兵船寻衅着实力筹办（八月二十二日）………………… 670
粤督张树声奏察看粤东海防情形密筹布置折 附上谕（八月二十五日） ……… 670
桂抚倪文蔚奏报越兵再战获捷情形折 附上谕（八月二十八日） …………… 673
桂藩徐延旭奏法人迭被越军击败折 附上谕（八月二十九日） ……………… 674
桂藩徐延旭奏法人决堤以淹刘团转以自害片（八月二十九日）………………… 675
桂藩徐延旭奏越南海阳为法人所袭现正防御片（八月二十九日）……………… 675
北洋大臣李鸿章奏与法使会议及筹办北洋防务折 附上谕（八月三十日） …… 676

清季外交史料卷三十五 光绪九年九月 ……………………………………………… 678
谕岑毓英等法人迫胁越南着督饬防军严密扼守电（九月初一日）……………… 678
总署奏颁给巴西总领事等官文凭折（初一日）…………………………………… 678
桂抚倪文蔚奏越南王遣使赍表由海道进京折 附越南王弟即位禀（初三日） …… 679
桂抚倪文蔚奏法越和议有成据报奏陈折 附上谕（初九日） ………………… 680
桂抚倪文蔚奏法越和约已订谨陈详细情形折 附廷寄及和约（初九日）………… 681
桂藩徐延旭奏法人力扑越军迭被击败退回现拟规复河内折 附上谕（初十日）
…………………………………………………………………………………………… 683
桂藩徐延旭奏报越人不以议和为是请力图恢复河内片（初十日）……………… 686
谕唐炯法兵退回河内着赴防所认真筹办（十七日）……………………………… 687
总署奏俄使布策到任视事片（十七日）…………………………………………… 687
广东提督吴长庆奏留防朝鲜难于措置请陛见折 附上谕（十八日） ………… 688

桂抚倪文蔚奏法越议和防务愈棘折（二十日） …… 689
滇督岑毓英等奏密筹越南边防折（二十日） …… 690
桂藩徐延旭奏法越议和已见明文法兵仍向刘团寻衅折（二十二日） …… 690
谕彭玉麟法人逼越立约局势已异着妥筹办理（十月初四日） …… 692
谕李鸿章左宗棠等法人侵我藩属着力筹防御（三十日） …… 693

清季外交史料卷三十六　光绪九年十月 …… 694
滇督岑毓英等奏近日法越尚无战事并筹商布置情形折（十月初七日） …… 694
粤督张树声奏法越议和北圻人心涣散谨陈愚虑折（初七日） …… 695
伊犁将军金顺等奏会同俄官勘分科塔新界安设牌博折（初八日） …… 697
伊犁将军金顺等奏择地安插蒙哈以资游牧片（初八日） …… 698
桂藩徐延旭奏越势难与图存北圻必须力保折（初十日） …… 698
桂抚倪文蔚奏徐延旭奉命赴越督师边事当有起色折　附旨（十四日） …… 700
旨寄左宗棠着速拨军械交倪文蔚派员解往前敌电（十四日） …… 700
伊犁将军金顺等奏塔属西南界段已按图约议定建立牌博并互换条约折
附塔尔巴哈台西南段界约二件（十五日） …… 700
桂抚倪文蔚奏据近日探报边情请进规河内全复北圻折（十八日） …… 705
总署奏议复朝鲜边民交易章程折（二十日） …… 706
总署奏德副领事强占汕头官地案酌拟办法片（二十日） …… 707
总署奏英使威妥玛回国及巴夏礼到任片（二十日） …… 707
谕沿江沿海各督抚着选将领调兵勇修炮台筹军械俾免法人逞兵（二十一日） …… 708
新疆帮办张曜奏喀什噶尔西边界务应照条约现管之界办理折（二十二日） …… 708
哈密帮办大臣长顺奏勘分新疆南段界务折（二十二日） …… 709
桂藩徐延旭奏奉旨恢复河内以固北圻应俟越军分途并进即出关调度折　附旨（二十四日） …… 710
驻藏大臣色楞额等奏派员办理济咙边界商民失物偿款折（二十六日） …… 711
桂抚倪文蔚奏请饬徐延旭乘势恢复北圻折（二十九日） …… 713
滇督岑毓英奏密筹恢复越南事宜折（二十九日） …… 713
谕彭玉麟法兵船至粤寻衅宜持以镇静（三十日） …… 714
滇督岑毓英等奏法越情形布置边防折　附旨（三十日） …… 715

清季外交史料卷三十七　光绪九年十一月 …… 716
粤抚倪文蔚奏越南义兵战胜折　附上谕（十一月初三日） …… 716

礼部奏据琉球官员禀称国灭主辱请复藩邦折 附琉球国陪臣禀（十一日）……… 716
滇督岑毓英等奏刘永福退守山西并添派官兵出关折 附上谕（十一日）……… 717
桂抚徐延旭奏关外刘团募兵未齐请暂缓出关折（十二日）……… 718
哈密帮办大臣长顺奏中俄南路划界毫无舛错折（十二日）……… 719
粤抚倪文蔚奏越边各军筹备情形折（十六日）……… 720
谕张树声等越南民变戕王着前往戡定（十八日）……… 721
桂抚徐延旭奏关外义兵获胜分别进规严防折（二十日）……… 722
桂抚徐延旭奏遵饬两路统领联络刘团相机拨应片（二十日）……… 723
谕海防紧要着南北洋大臣及各督抚实力筹防（二十日）……… 723
滇抚唐炯奏赴越布置防务折 附旨（二十日）……… 724
滇抚唐炯奏刘永福募勇尚未成营暂难进取片（二十日）……… 724
谕张树声等法破越南山西省城着严饬各军不得松懈（二十一日）……… 725
总署奏喀什噶尔西边界务应照现管之界办理折（二十五日）……… 725
粤抚倪文蔚奏法人阻越贡使据情上陈折（二十七日）……… 727
粤抚倪文蔚奏越南嗣王迟遣贡使恐与法人暗订盟好片（二十七日）……… 728
科布多办事大臣清安等奏塔城北段牌博建立完竣并中俄互换条约折
附塔尔巴哈台北段牌博记二件（二十八日）……… 728

清季外交史料卷三十八 **光绪九年十二月** ……… 732
粤抚倪文蔚奏法在越南北圻各省设官折 附越南国王咨文（十二月初一日）…… 732
直督李鸿章奏遵旨妥筹法越事宜折 附旨（初一日）……… 733
直督李鸿章奏责成岑毓英节制前敌各军并由津匀拨枪炮片（初一日）……… 733
吉林将军希元奏会议朝鲜贸易章程折 附章程（初一日）……… 734
谕彭玉麟张树声法攻北宁闻将犯琼州着扼要严守（初四日）……… 737
桂抚徐延旭奏出关暂驻谅山并越南义兵得胜折（初五日）……… 737
桂抚徐延旭奏据报告各处义民响应遇敌敢战片（初五日）……… 739
桂抚徐延旭奏法人增兵运械事机日紧拟分路并进使其四面受敌片 附旨
（初五日）……… 740
滇督岑毓英奏带兵出关折 附旨（十七日）……… 741
桂抚徐延旭奏法兵攻破越南山西请饬滇粤出兵匡复折（二十三日）……… 742
桂抚徐延旭奏请饬闽抚及船政大臣派拨大轮船十数艘分扼海口断敌归路片
（二十三日）……… 744
总署奏法人吞越显背公法请筹饷备械以遏外侮折（二十四日）……… 745
滇抚唐炯奏扼守家喻关以图进取折（二十七日）……… 746

清季外交史料卷三十九　光绪十年正月至三月 …… 747
粤抚倪文蔚奏法陷山西粤军失利当奖率将士力图绥靖折（正月初十日） …… 747
桂抚徐延旭奏布置北宁各路防军迅图恢复折　附上谕（十三日） …… 747
旨寄岑毓英着节制诸军和衷商办电（十八日） …… 749
旨寄徐延旭调度乖方致北宁失陷着革职留任并收集败军尽力抵御电（十九日） …… 749
滇督岑毓英奏筹画防御情形折　附旨（二十一日） …… 750
桂抚徐延旭奏法人窥犯北宁官军添募勇营竭力抵御折（二十二日） …… 750
桂抚徐延旭奏越南山西失陷后教民蜂起当加意严防片（二十二日） …… 752
直督李鸿章奏改订朝鲜贸易章程折　附朝鲜国王咨文（二月十九日） …… 753
谕彭玉麟等北宁失陷官军退至太原着筹备海防电（十九日） …… 754
桂抚徐延旭奏北宁失陷情形折（二十一日） …… 754
桂抚徐延旭奏法据郎甲现饬唐景崧等驻扎长庆府以遏凶锋片（二十一日） …… 756
桂抚徐延旭奏北宁守御尚可无虞现调营勇西联滇军东防江口折　附旨（二十四日） …… 756
彭玉麟张树声倪文蔚奏钦灵山险不便进兵折（二十七日） …… 758
谕彭玉麟等着派兵援越并固琼防电（二十八日） …… 759
谕彭玉麟张树声倪文蔚法攻太原着速筹备御电（二十九日） …… 759
旨寄潘鼎新太原失守徐延旭拿问桂抚着潘鼎新署理电（二十九日） …… 759
谕张凯嵩署理滇抚并将唐炯革职拿问电（二十九日） …… 759
滇督岑毓英奏法攻北宁派兵往援折　附上谕（三月初一日） …… 760
桂抚徐延旭奏法兵犯芹驿关现饬各军竭力堵御折（初十日） …… 761
桂抚徐延旭奏法兵攻破扶良业经竭力堵击并请交部严议折　附旨（三月十二日） …… 762
滇督岑毓英奏遵旨增募勇营分道进取请拨协饷折（十三日） …… 763

清季外交史料卷四十　光绪十年三月下至四月 …… 764
粤督张树声致枢垣北宁失陷退驻谅山电（三月十五日） …… 764
滇抚唐炯奏缅属猛拱蛮幕等处夷匪滋事现饬永昌腾越沿边防范折（十六日） …… 764
旨寄潘鼎新着解办失守人员电（十九日） …… 765
滇督岑毓英奏派兵驰往北宁击散教匪并据报北宁失守折　附上谕（二十二日） …… 765
直督李鸿章致枢垣兴化失守法水师提督拟据中国口岸为质电（二十三日） …… 766

使英法曾纪泽致总署我战虽不利不应赔费请拒法索偿电（二十四日）………… 767
总署复曾纪泽坚持不偿法国兵费电（二十五日）………………………………… 767
直督李鸿章致总署中法交涉事宜据德璀琳述法总兵福禄诺意见密函
附福禄诺致李鸿章函及曾纪泽致德国报馆函（二十五日）………………… 767
直督李鸿章致枢垣法提督带兵船八艘过厦门向北开驶电（二十六日）………… 770
谕沿海各督抚法以兵船来华恫喝着督饬将领实力筹防电（二十六日）………… 770
滇督岑毓英奏越事万难补救乘此全师撤回免伤精锐折（三十日）…………… 771
苏抚卫荣光直督李鸿章致枢垣法船进沪情形电 共二件 （四月初一日）…… 772
谕各大臣中法和战事宜着详审陈奏（四月初二日）…………………………… 772
伊犁将军金顺等奏会同俄使勘分新疆南界折（初三日）……………………… 773
直督李鸿章致总署调开曾侯已密告福禄诺电（初五日）……………………… 775
直督李鸿章致枢垣东来法舰月内保无动静电（初六日）……………………… 775
直督李鸿章奏中法交涉请预为审定折 （初六日）…………………………… 775
直督李鸿章奏请抽撤驻韩防营并委袁世凯会办朝鲜防务片（初六日）………… 777
谕各疆臣通饬边海各军严防备战以杜法人要盟（初八日）…………………… 778
谕曾国荃着督饬在防各军竭力守御电（初八日）……………………………… 779
谕李鸿章办理中法和议电（初十日）…………………………………………… 779
粤督张树声致枢垣法于太原破后弃城而去电（初十日）……………………… 780
直督李鸿章致枢垣越南收复太原富平电（初十日）…………………………… 780
直督李鸿章致总署据李凤苞电法廷谓新旧使均须国书电（初十日）………… 780
总署致李鸿章使法只给照会毋须国书电（初十日）…………………………… 780
总署致曾纪泽派李凤苞兼署法使电（初十日）………………………………… 781
直督李鸿章致枢垣粤西匪徒连结贵州散勇电（十一日）……………………… 781
粤督促张树声致枢垣兴化粮尽难守陆续退兵电（十二日）…………………… 781
使法李凤苞致总署已到法京须谢使电方接见电（十二日）…………………… 781
直督李鸿章致总署法外部电云兵费可免但求商务有益电（十三日）………… 781
直督李鸿章致总署法国提出简明条款函 附钞册及简明条款（十三日）………… 782
谕李鸿章法人居心叵测务当切实辩论力杜狡谋电（十四日）………………… 785
醇亲王奕譞等奏简明条约意尚明晰无庸询问折（十四日）…………………… 785
谕派吴大澂陈宝琛张佩纶会办南北洋闽海疆事宜（十四日）………………… 786
旨寄岑毓英潘鼎新法人与李鸿章讲解略有端倪滇桂防军着扼扎原处电
（十五日）……………………………………………………………………… 786
谕会议诸臣法越事务诸须惧重不应漏泄谕旨电（十五日）…………………… 786
谕派李鸿章与法使办理条约事务电（十六日）………………………………… 786

直督李鸿章致总署法外部复电允和电（十八日） …………………………… 787
谕李鸿章中法议和细目务须详明（十九日） ……………………………… 787
谕彭玉麟等法越构衅着切实筹练勿稍松劲（十九日） …………………… 787
粤督张树声复奏援越各军情形并催冯子材出关片（二十七日） ………… 788

清季外交史料卷四十一　光绪十年五月至闰五月上 ………………………… 789
滇督岑毓英奏据险设防力保红江上游折　附上谕（五月十七日） ……… 789
粤督张树声致枢垣岑督回守险要刘团获胜电（二十三日） ……………… 790
谕都察院据奏朝鲜李昰应呈请释放暂难照准（二十三日） ……………… 790
滇督岑毓英奏严防备战并击退法兵情形折　附上谕（闰五月初一日） …… 790
谕李鸿章陈宝琛吴大澂等着预筹中法和议细目（初四日） ……………… 792
桂抚潘鼎新奏条陈中法和议电（初四日） ………………………………… 792
兵部尚书彭玉麟奏请奖护刘永福片　附上谕（初四日） ………………… 792
桂抚潘鼎新致总署法兵进谅山不退电（初五日） ………………………… 793
粤督张树声致枢垣据潘鼎新报法人寻衅开炮电（初五日） ……………… 793
粤督张树声致枢垣潘鼎新在观音桥大捷电（初六日） …………………… 793
谕沿海各督抚法人不得志于北圻必扰中原着严密防范电（初七日） …… 794
谕彭玉麟现张树声交卸广东防务着妥筹兼顾（初七日） ………………… 794
谕丁宝桢酌拨川军五营交鲍超带滇与岑毓英和衷会办（初七日） ……… 794
谕潘鼎新会同岑毓英筹备设防北宁电（初七日） ………………………… 795
法使致总署请饬华兵回复交界退出北圻全境照会（初七日） …………… 795
总署复法使请派员来华商议约款照会（初七日） ………………………… 795
谕总署着照前日照会与法议和毋出范围（初七日） ……………………… 796
总署复法使彼此各军均勿前进静候会议照会（初七日） ………………… 796
法使致总署请将北圻戍兵撤回华界照会（初七日） ……………………… 797
旨着曾国荃传知黄少春带营赴越严防法军电（初七日） ………………… 797
军机处奏总署奕劻与法使问答情形折（初八日） ………………………… 798
直督李鸿章致总署与法副将日格密问答节略（初八日） ………………… 799
直督李鸿章致总署法将派舰来华电　二件（初八日） …………………… 800
总署吴廷芬张荫桓与赫德谈论谅山交涉语录（初九日） ………………… 800
谕李鸿章等法如来犯惟有接仗着力筹战备电　二件（初九日） ………… 801
旨寄岑毓英严饬各营仍扎原处并传知刘永福率部来归电（初九日） …… 801
法使致总署请饬越边防兵退回华界照会（初十日） ……………………… 802
旨寄潘鼎新法兵分路图犯着懔遵前旨竭力防御电（初十日） …………… 802

旨寄李鸿章法以兵船北来意图要挟着竭力筹备电（初十日） …………………… 802
直督李鸿章奏朝鲜国王咨请转达谢忱折 附原咨（初十日） …………………… 803
旨寄沿海各将军督抚等严申警备奋力御法电（初十日） ………………………… 804
旨寄潘鼎新前敌各营着调回谅山岑毓英军仍扎保胜电（十一日） ……………… 804
直督李鸿章奏福禄诺以限期退兵为要挟曾正言辩驳片（十六日） ……………… 804
使法李凤苞致总署法外部欲以兵船北扰请速复电（十六日） …………………… 805
总署致李凤苞奉旨与法交涉不可许者勿擅许电（十六日） ……………………… 805
桂抚潘鼎新奏请敛兵关外以顾后路而免口实片（二十日） ……………………… 806
使法李凤苞致总署与法外部商撤兵电（二十日） ………………………………… 806
闽海疆会办张佩纶致总署法有兵轮进口应否拦阻候示电（二十二日） ………… 807

清季外交史料卷四十二　光绪十年闰五月至六月上 …………………………………… 808
军机处奏照会法使赴烟台会议折 附照会（闰五月二十二日） ………………… 808
直督李鸿章致总署与法议和请言谅山非我咎以免赔费电（二十三日） ………… 809
旨寄李鸿章曾国荃如法开衅着拨船牵制以固闽防电（二十三日） ……………… 809
法使致总署撤兵赔款二项请于七日内见复照会（二十三日） …………………… 809
总署复法使自取赔款有背条约断难承认照会（二十四日） ……………………… 810
军机处奏在越官军因瘴调回关内休息折 附上谕（二十四日） ………………… 810
旨寄沿海各督抚法有据地为质之说着严防海疆电（二十四日） ………………… 810
旨寄黄少春着留防江南暂勿赴粤电（二十四日） ………………………………… 811
税司赫德致总署请电沪道言明北圻撤兵日期电（二十五日） …………………… 811
总署复赫德如法愿和当奏派江督赴沪会商电（二十五日） ……………………… 811
直督李鸿章致枢垣法欲攻马尾为质电（二十六日） ……………………………… 812
沪道邵友濂致李鸿章报告事机紧急电（二十六日） ……………………………… 812
直督李鸿章致总署法请赔款否则据福州电（二十六日） ………………………… 812
税司赫德致总署据法使言军费不能请他国议论电（二十六日） ………………… 812
军机处致李鸿章据探法船雇人引水请转各省暗阻电（二十六日） ……………… 813
福州将军穆图善致枢垣法人包藏祸心空言难阻电（二十六日） ………………… 813
总税司赫德致总署请照会法使展限七日并略偿恤款电（二十六日） …………… 813
沪道邵友濂致总署法使代拟罢兵照会如允照办展限八日电 附代拟照会稿（二十六日） ……………………………………………………………………………… 813
谕曾国荃着充全权大臣赴沪与法使办理和约电（二十七日） …………………… 814
桂抚潘鼎新奏法人违约来犯迎击获胜折 附旨（二十七日） …………………… 814
旨寄穆图善等法舰驶至马尾倘有肆扰即行抵御电（二十七日） ………………… 815

旨授曾国荃议和机宜电（二十七日）…… 815
江督曾国荃奏辞议和全权电 附旨（二十八日）…… 816
税司赫德致总署商酌议和赔款电（二十八日）…… 816
直督李鸿章致总署法使已允知照孤拔不妄动电（二十九日）…… 816
江督曾国荃致总署定期赴沪议和电（二十九日）…… 817
总署复法使奉旨派曾国荃为全权大臣赴沪商议和约照会（三十日）…… 817
总署复赫德调处和议电（三十日）…… 817
总署复李凤苞向法外部详剖电（三十日）…… 818
英使复总署中法倘有启衅请约束刁民以免意外照会（三十日）…… 818
德使复总署请中国设法保护各口德人照会（三十日）…… 819
法使致总署若不如期议妥赔款必速进兵照会（三十日）…… 819
总署复法使动兵一节迹近要盟仍望妥议照会（三十日）…… 819
直督李鸿章致总署请电各省通告堵口电（六月初一日）…… 820
旨寄曾国荃着赴沪与法议和兵费恤款万不能允电（初一日）…… 820
江督曾国荃奏赴沪会议商约并布置前路战守事宜折 附上谕（初二日）…… 820
总税司赫德致总署和议必须偿款电（初二日）…… 821
张佩纶何如璋致枢垣速请南北洋拨船电（初二日）…… 822
浙抚刘秉璋致枢垣浙防亦紧轮船碍难调闽电（初二日）…… 822
旨寄彭玉麟张之洞倪文蔚刘秉璋着拨船援闽电（初二日）…… 822
旨寄沿海统兵大员断绝法人接济电（初二日）…… 822
旨寄李鸿章据张佩纶电请拨船着北洋速拨两轮电（初三日）…… 823
江督曾国荃致总署请示和议办法电（初三日）…… 823
会办南洋事宜陈宝琛辞议和会办电（初四日）…… 823
闽海疆会办张佩纶致枢垣请拨兵船电（初四日）…… 823
直督李鸿章致枢垣防务北重于南北洋无船拨闽电（初四日）…… 823
江督曾国荃奏赴沪议约请添派会办人员折（初五日）…… 824
福州将军穆图善致枢垣法船进闽港闽防困难请代奏电（初六日）…… 824
全权大臣曾国荃致总署请电李凤苞商法廷会议不拘期限电（初六日）…… 825
直督李鸿章致总署与法议和请予恩恤无伤国体电（初六日）…… 825
粤督张之洞致枢垣接岑毓英电已遵旨严备战守电（初六日）…… 825
总署致张佩纶统筹全局出奇制胜电（初六日）…… 825
总署致李凤苞诘致法国照会中舛误字句即复电（初六日）…… 826
使法李凤苞致总署法外部已饬巴使接见曾全权电（初六日）…… 826
总署致李凤苞商法外部展缓限期电（初六日）…… 826

全权大臣曾国荃致总署请邀三国公议结束办法电（初六日）…………………… 826
直督李鸿章致李凤苞请美国主评论电（初六日）…………………………………… 827
总署奏洋情叵测谨按事实妥筹办法折（初六日）…………………………………… 827
旨寄曾国荃议和勿稍诿卸电（初六日）……………………………………………… 829
使法李凤苞致总署法使捏旨请驳斥电（初七日）…………………………………… 829
闽海疆会办张佩纶致枢垣请旨拨南洋兵船赴闽电（初七日）…………………… 830
闽督何璟等致枢垣法大铁甲船停芭蕉口电（初七日）……………………………… 830
粤督张之洞致总署报汇丰借款电（初七日）………………………………………… 830
全权大臣曾国荃致总署与法使会议索费情形电（初八日）……………………… 830
福州将军穆图善致枢垣法船环集迫我开衅电（初九日）………………………… 831
闽海疆会办张佩纶致枢垣法兵船注意罗星塔电（初九日）……………………… 831
全权大臣曾国荃致总署偿款法使嫌少电（初十日）……………………………… 831
直督李鸿章致总署法外部谓允偿始可展期电（初十日）………………………… 831
直督李鸿章致枢垣宜令闽腾空船厂以免轰炸电（初十日）……………………… 831
旨申斥曾国荃陈宝琛遽许偿银不知大体已请美使调处电（初十日）………… 832
军机处奏总署与美参赞问答调处中法情形折 附语录及电稿（初十日）……… 832
总署致美使请评中法曲直照会（初十日）…………………………………………… 834
谕岑毓英着扼要严防并接济刘永福一军（十一日）……………………………… 835
总署与美国何参赞因中法和议事问答语录（十一日）…………………………… 835
谕曾国荃着派兵船二艘赴闽电（十一日）…………………………………………… 836
滇督岑毓英奏奉旨调兵入关训练密陈情形折（十二日）………………………… 836
谕曾国荃与法议约未定沿海各省防务不得松懈（十二日）……………………… 837

清季外交史料卷四十三　光绪十年六月中 ………………………………………………… 838
军机处奏法不允美国评论拟晤美使时妥议办法折 附电信六件（十三日） …… 838
总署致曾国荃与法切勿议款待美调停电（十三日）……………………………… 839
总署致赫德望即来京电（十三日）…………………………………………………… 839
直督李鸿章致总署复李凤苞云巴使自知理屈愿转圜电（十三日）…………… 839
全权大臣曾国荃致枢垣议和无人调处空言实难羁縻请示电（十三日）………… 840
曾国荃陈宝琛许景澄致枢垣和议不成应否回宁电（十三日）…………………… 840
粤督张之洞致枢垣闽省危急请速派船往援电（十三日）………………………… 840
曾国荃陈宝琛许景澄致总署接巴使照称如不允偿将有举动电（十三日） ……… 840
法谢使致总署中国拟给恤银为数过少请与巴使议定照会（十三日）………… 841
会办南洋事宜陈宝琛致枢垣和议请归李办电（十三日）………………………… 841

军机处奏据曾国荃等请派李鸿章议和一节应毋庸议折（十三日） …………………… 841
直督李鸿章致总署巴使意不提兵费限十年内岁给百万电（十四日） …………… 842
总署奕劻等赴美使馆请调停中法交涉问答语录（十四日） ……………………… 842
总署致曾国荃如美使未与巴接议仍当驻沪羁縻电（十四日） …………………… 843
总署致邵友濂催赫德北来电（十四日） ………………………………………… 844
闽海疆会办张佩纶致总署法船入口我宜塞河电（十四日） ……………………… 844
南洋会办陈宝琛致总署闽若开仗宜电滇粤两军以牵其势电（十四日） ………… 844
旨寄彭玉麟闽防日紧着预备二万人听候调遣电（十四日） ……………………… 845
旨寄李鸿章曾国荃吴大澂等着商制敌之策电（十四日） ………………………… 845
总署致李鸿章和议请美调停较为得体电（十五日） ……………………………… 845
旨寄穆图善等英船调队上岸已由总署请巴夏礼阻止着谕居民安堵无恐电（十五日） …………………………………………………………………………… 845
旨寄刘铭传台北防务吃重着电呈布置情形电（十五日） ………………………… 846
直督李鸿章致枢垣拨船赴闽适以饵敌电（十六日） ……………………………… 846
南洋会办陈宝琛致枢垣请派李相议和并曾督不可去沪电（十六日） …………… 846
闽海疆会办张佩纶致枢垣闽已失势请代奏电（十六日） ………………………… 846
旨寄张佩纶塞河事须慎重电（十六日） ………………………………………… 847
美参赞来总署言法如开仗亦当告知美国语录（十七日） ………………………… 847
军机处致曾国荃李鸿章法既不愿美调处须明定战期电（十八日） ……………… 848
彭玉麟张之洞等致枢垣请派勇援闽相机前进电（十八日） ……………………… 848
张佩纶何如璋等致枢垣筹商防法电（十八日） …………………………………… 849
总署致李凤苞请告法外部公请美主评断电（十八日） …………………………… 849
贺璧理来总署言如偿兵费四百万即可了结语录（十八日） ……………………… 849
美参赞来总署言法国不允美主评断语录（十八日） ……………………………… 849
总署致法使询和议如何进行照会（十八日） ……………………………………… 850
直督李鸿章致总署报法攻基隆甚危电（十九日） ………………………………… 851
直督李鸿章致总署法使照称攻取基隆允赔仍和电（十九日） …………………… 851
滇督岑毓英奏密陈筹办边防情形折　附上谕（十九日） ………………………… 852
江督曾国荃致总署据刘铭传电法毁基隆炮台电（二十日） ……………………… 853
旨寄卞宝第着传知程文炳募勇援闽电（二十日） ………………………………… 853
旨寄穆图善刘铭传张佩纶等设法御敌不为遥制电（二十日） …………………… 853
总署致法使阳为会商阴谋据地商民损失惟贵国是问照会（二十日） …………… 853
总署致美使法国甫经回复不允调处即取基隆无以对贵国照会（二十日） ……… 854
总署致各国公使偿款正在会商法辄攫基隆请秉公评论照会（二十日） ………… 855

贺璧理来总署言接赫德电法人谓如增赔款即退还基隆语录 二件（二十日） …… 855
闽海疆会办张佩纶等奏闽防布置情形折 附上谕（二十一日） …… 856
闽海疆会办张佩纶等奏请令各省严禁引水片 附上谕（二十一日） …… 857
闽海疆会办张佩纶等奏厦门布防情形片（二十一日） …… 858
督办船政何如璋奏法船聚泊马江请调各省兵船协防折（二十一日） …… 858

清季外交史料卷四十四　光绪十年六月下 …… 859
闽海疆会办张佩纶奏出省防护船局并陈省防情形折（六月二十一日） …… 859
总署致曾国荃促赫德回京电（二十一日） …… 860
总署致曾国荃优待巨富广招练勇防台电（二十一日） …… 860
总署致张佩纶法如攻我可立轰船厂以免资敌电（二十一日） …… 861
总署与美国参赞何天爵问答语录（二十一日） …… 861
直督李鸿章致枢垣法船窥闽倘战必败应言和电（二十一日） …… 862
直督李鸿章致总署据李凤苞电如允偿款法廷可令巴赴津商议电（二十一日） …… 862
总署致李凤苞暂止发各使公评文电（二十一日） …… 862
旨寄李鸿章刘铭传着妥筹台防电（二十一日） …… 862
全权大臣曾国荃致枢垣派船往闽必被法抢去电（二十二日） …… 863
直督李鸿章致枢垣法拟以大军来攻请向法廷妥议庶偿费较少电（二十二日） …… 863
彭玉麟张树声张之洞倪文蔚致枢垣华军在越瘴故甚多请封刘永福为越王以资牵制电（二十二日） …… 863
南洋会办陈宝琛致枢垣法图闽亟请令李相办理使自转圜电（二十二日） …… 863
彭玉麟张之洞倪文蔚致枢垣闽危请速决和战电（二十二日） …… 864
旨寄李鸿章法须先撤水陆各营始可详议细约电（二十二日） …… 864
谕廷臣和战须策万全着熟权利害妥议具奏（二十二日） …… 864
军机处奏请电穆图善等保护各国商民折（二十二日） …… 865
闽海疆会办张佩纶奏详陈到防布置情形折 附上谕（二十二日） …… 865
总署致各国公使请将法人违约之处转报各本国照会（二十二日） …… 867
旨寄张佩纶等着就现有兵勇实力固守电（二十三日） …… 868
直督李鸿章致总署李凤苞电赔款可减如不允难保和局电（二十三日） …… 869
旨着曾国荃速饬开济轮船往闽电（二十三日） …… 869
全权大臣曾国荃致总署法拒美请因我不先商电（二十四日） …… 869
伊犁将军金顺奏查明南路喀什噶尔西边界务情形折（二十四日） …… 870

全权大臣曾国荃致枢垣请告张佩纶勿因调船动曰军前正法以固军心电（二十四日）……871
闽海疆会办张佩纶致枢垣闽饷械均绌客兵云集为病电（二十四日）……871
全权大臣曾国荃致总署不可饬开济船援闽电（二十四日）……871
旨寄彭玉麟等请封刘永福为越王断不可行电（二十四日）……872
旨寄李鸿章闻招商局轮船售与美国着设法收回电（二十四日）……872
旨寄黄少春闽防危急着遴员带兵赴援电（二十四日）……872
旨寄张佩纶等拨船于闽无济着妥商筹办电（二十四日）……872
礼部奏朝鲜与俄国订通商章程据咨转奏折（二十四日）……873
总署致张之洞德款请以宝源借款拨给电（二十五日）……873
全权大臣曾国荃致枢垣请拨王德榜十营由粤入闽助防电（二十五日）……873
粤督张之洞致枢垣法又图台请饬力战固守电（二十五日）……874
军机处致李鸿章筹防京东沿海昌黎乐亭等处电（二十六日）……874
候补道刘麒祥致枢垣法先开衅宜坚持战勿许和电（二十六日）……874
旨寄穆图善等着保护在闽外侨电（二十六日）……874
粤督张之洞致总署请借款充军费电（二十七日）……875
使法李凤苞致总署法议院提议决战当据地挟制电（二十七日）……875
直督李鸿章致枢垣刘铭传抵台后船乏器缺不能再守电（二十七日）……875
直督李鸿章致枢垣淮军分驻乐亭昌黎电（二十七日）……875
闽海疆会办张佩纶致枢垣请拨兵轮未曾争论电（二十七日）……876
南洋会办陈宝琛致枢垣请筹保全台湾之策电（二十七日）……876
津海道盛宣怀致枢垣接刘铭传电请速运兵械援台电（二十七日）……876
旨寄曾国荃巴德诺照会无理已甚着办防备战电（二十七日）……876
总署与美参赞何天爵问答语略（二十七日）……877
总署致美使法议和而备战中国万难受其欺朦照会（二十七日）……877
总署致法使法以兵力从事中国惟有另筹办法照会（二十七日）……878
旨着陈士杰在山东举办团练电（二十七日）……878
旨寄鲍超着赴滇驻扎与岑毓英和衷会办电（二十七日）……878
懿旨据奕譞奏拟派神机营分防畿东着照议办理（二十七日）……879
总署致各国公使法国有意失和无从再与商议照会（二十七日）……879
闽督何璟等致枢垣法如决裂请令南北洋各船来闽夹攻电（二十八日）……879
粤督张之洞致枢垣前派粤勇驻防保胜未奉旨调回电（二十八日）……880
全权大臣曾国荃致枢垣奉旨回宁布置防务电（二十八日）……880
旨寄彭玉麟着拨兵赴台电（二十八日）……880

旨寄李鸿章曾国荃战事方始应否募勇据实具奏电（二十九日） …………………… 880
旨寄陈士杰着妥筹山东防务电（二十九日） ………………………………………… 881
旨寄张佩纶就现有陆军实力防闽并着穆图善会商妥办电（二十九日） ………… 881
旨寄岑毓英法既主战着令刘永福先图规复北圻电（二十九日） …………………… 881
直督李鸿章致总署已饬雇英船运军火赴淡水电（二十九日） ……………………… 881
总署致何璟勿任法兵船出口电（二十九日） ………………………………………… 882
全权大臣曾国荃致枢垣添募炮手布置吴淞江阴炮台电（二十九日） …………… 882
旨钦廉防务紧要着鲍超速趋保乐电（二十九日） …………………………………… 882
闽督何璟等致总署阻止法船出口电（二十九日） …………………………………… 882
直督李鸿章致枢垣潘鼎新电称粤奉旨进兵电（三十日） ………………………… 883
全权大臣曾国荃致枢垣计胁孤拔不放出口然后招降电（三十日） ……………… 883
全权大臣曾国荃致枢垣吴淞地方冲要拟联络水陆各军电（三十日） …………… 883
全权大臣曾国荃致枢垣江南防务甚重如有人弹劾将领请交荃查办电（三十日） …………………………………………………………………………………………… 884
台抚刘铭传奏守护基隆大获胜仗折　附上谕（六月三十日） ……………………… 884

清季外交史料卷四十五　光绪十年七月上 ………………………………………………… 886
军机处致张佩纶等津议不成即与法战并严密布防电（七月初一日） …………… 886
全权大臣曾国荃致枢垣拟调章部援台程部援闽电（初一日） ……………………… 886
闽海疆会办张佩纶致枢垣请令南洋拨船御法电（初一日） ……………………… 886
旨着李鸿章购枪炮运闽电（初一日） ………………………………………………… 887
旨寄陈士杰察看王正起防守烟台能否胜任电（初一日） ………………………… 887
旨着曾国荃专任江南战守事宜电（初一日） ………………………………………… 887
直督李鸿章致枢垣据李凤苞电请雇德人助战电　附旨（初一日） ………………… 887
直督李鸿章致枢垣淞江法船南去闽台海线由我收买电（初一日） ……………… 888
闽海疆会办张佩纶致枢垣无力禁法船出口电（初一日） ………………………… 888
督办船政何如璋致枢垣法使来商有转圜意请勿与决绝电（初二日） …………… 888
总署致李凤苞法如仍议和约可派人来津电（初二日） …………………………… 888
何如璋张佩纶等致枢垣谢议不成法必扰闽请拨快船电　附旨（初二日） ……… 889
粤督张之洞致总署英沙面案赔款完结电（初二日） ……………………………… 889
谕鲍超着会商丁宝桢调派旧部将领迅速募勇电（初二日） ……………………… 889
沪道邵友濂致枢垣中法业经决裂应否令法人出境电（初三日） ………………… 890
直督李鸿章致枢垣中国不允法所请法已送李星使出境电（初三日） …………… 890
闽督何璟致枢垣法船离沪趋台趋闽未定乞速援电（初三日） …………………… 890

旨寄潘鼎新着进兵越南俾法人不敢悉众内犯电（初三日）…………………………… 890
旨寄彭玉麟法谋捣粤饬吴宏洛军勿庸他调电（初三日）…………………………… 891
总署致曾纪泽请商英廷以兵挟法电（初三日）…………………………………… 891
直督李鸿章致枢垣李梅云淞沪保无法兵闽台不能无事电（初四日）……………… 891
直督李鸿章致枢垣法先攻闽我军船沉厂毁电（初四日）…………………………… 891
直督李鸿章致枢垣李凤苞电如法议不行即回德电（初四日）……………………… 891
总署致曾纪泽请探法俄有无协以谋我之约电（初五日）…………………………… 892
总署致李鸿章营口旅顺烟台三处希设旱线电（初五日）…………………………… 892
闽海疆会办张佩纶致枢垣与法交战船焚厂毁请派兵轮赴援电 二件（初五日）
……………………………………………………………………………………… 892
粤督张之洞致枢垣请令唐景崧募勇出关助刘以牵敌电（初五日）………………… 893
谕吴元炳等严防烟台电（初五日）………………………………………………… 893
谕张之洞等禁止粤民充当法兵电（初五日）……………………………………… 893
旨寄沿海各省督抚如有法船进口立即轰击电（初五日）…………………………… 893
旨寄穆图善张佩纶等着严饬陆军力遏敌氛电 二件（初五日）…………………… 894
沪道邵友濂致枢垣法出我不意开炮全军覆没亦毁法船三艘电 二件（初五日）
……………………………………………………………………………………… 894
直督李鸿章致枢垣请赶办营口等处陆线电（初六日）……………………………… 894
使英曾纪泽致总署法先攻我可咨各国勿济煤米电（初六日）……………………… 895
使法李凤苞致总署请以法先开兵布告各国电（初六日）…………………………… 895
闽海疆会办张佩纶致枢垣再请援闽并英领事为法内应电 二件（初六日）……… 895
南洋会办陈宝琛致枢垣闽败请援并运米接济电（初六日）………………………… 895
闽督何璟致总署法用英美旗似系各国暗通电（初六日）…………………………… 896
谕军民人等法国渝盟肇衅不得已而用兵电（初六日）……………………………… 896
直督李鸿章奏法人开衅招商局轮船拟暂售与美国旗昌洋行折（初六日）………… 897
谕鲍超克日成军援闽并着丁宝桢接济饷械电（初六日）…………………………… 898
旨寄何璟张兆栋杨昌濬等着带兵速援闽防电 二件（初六日）…………………… 898
旨闽船厂被焚着赴越各军尽力攻取电（初六日）…………………………………… 899
直督李鸿章致枢垣长门接仗轰沉法船电（初六日）………………………………… 899
全权大臣曾国荃致枢垣拨船援闽恐有不到不如留以自全电（初六日）…………… 899
使英曾纪泽致总署我不可承认先宣战电（初七日）………………………………… 899
闽海疆会办张佩纶致枢垣法船用英旗入口电（初七日）…………………………… 900
闽抚张兆栋致枢垣马江战败人心涣散益难收拾电（初七日）……………………… 900
使英曾纪泽致总署俄不助法电（初七日）…………………………………………… 900

前粤督张树声致枢垣遵旨拨队赴桂边电（初七日） …… 900
旨寄张树声着督师援闽电（初七日） …… 901
旨寄杨岳斌着募军出膺重任电（初七日） …… 901
粤督张之洞致枢垣张树声不宜西行请仍防粤东电（初八日） …… 901
懿旨奖赏前敌各军电（初八日） …… 902
旨寄张兆栋据称大员于危急时出城究系何人着复奏电（初八日） …… 902
总署奏法事日亟拟将有约各国未结各案赶紧清理折（初九日） …… 902
总署奏议结俄侨案件片（初九日） …… 903
闽海疆会办张佩纶致枢垣援船炮械均无望闽恐不支电（初九日） …… 903
闽督抚何璟张兆栋致枢垣法军攻闽甚急电（初九日） …… 903
直督李鸿章致枢垣潘鼎新电桂军守关法难逞虐并饷停军心颇惑电 附旨（初九日） …… 904
全权大臣曾国荃致枢垣勉励将士扼守吴淞江阴等处电（初九日） …… 904
鄂督卞宝第致枢垣福州长门战捷请迅图剿洗电（初九日） …… 904
闽督抚何璟张兆栋等致枢垣英暗助法请与交涉电（初九日） …… 905
漕督杨昌濬致枢垣闽事紧急请准招兵添械以便赴援电（初九日） …… 905
直督李鸿章致枢垣我国兵船皆不及法是以屡请议款电（初十日） …… 905
闽海疆会办张佩纶致枢垣并未败退鼓山电（初十日） …… 906
全权大臣曾国荃致枢垣法船将至吴淞日内必有大战电（初十日） …… 906
沪道邵友濂致总署法领请曾宫保电奏速了一节乞示复电（初十日） …… 906
总署致邵友濂中法已宣战难作转圜电（初十日） …… 906
粤督张之洞致枢垣前在晋定购之枪炮请拨粤电（初十日） …… 907
南洋会办陈宝琛致枢垣闻俄拟派舰来保法民宜审拒电（十一日） …… 907
前粤督张树声致枢垣赴闽无船陆行甚迟留粤援闽请旨电（十一日） …… 907
使法李凤苞致总署中国所购军火未运者甚多暂不告德外部勿济法电（十一日） …… 907
直督李鸿章致枢垣长门炮台门外向不能还击电（十一日） …… 908
使英曾纪泽致总署开战告示未颁不能禁绝接济电（十一日） …… 908
使美郑藻如致总署法用英美旗帜须速告该两国电（十一日） …… 908
旨寄曾国荃巴谢二人如在沪干预军事着即驱逐或拘禁电（十一日） …… 908
旨着张佩纶等仍择要驻扎为省外游击之师电 （十一日） …… 908
谕吴大澂吉林黑顶子地方被俄侵占如何办结查明复奏电（十一日） …… 909
彭玉麟张之洞倪文蔚致枢垣闽粤戒严请用宿将电（十二日） …… 909
全权大臣曾国荃致枢垣请令法国商民一律出境电（十二日） …… 909

旨寄杨昌濬着迅速赴闽电（十一日） …………………………………… 910
全权大臣曾国荃致枢垣拨兵援闽电（十二日） ……………………………… 910
何如璋张佩纶致枢垣长门炮台均坏电（十三日） …………………………… 910

清季外交史料卷四十六　光绪十年七月下 ……………………………………… 911
使日黎庶昌致总署日外部谓必得开战上谕始可宣布禁止接济电（七月十三日） ………………………………………………………………………… 911
粤督张之洞致总署法人背约请商德国力助电（十三日） …………………… 911
旨法船有赴粤之说着张树声暂缓赴闽严密布置电（十三日） ……………… 911
旨法人违背公约着李凤苞等告德主请设法援助电（十四日） ……………… 912
旨寄潘鼎新着知照岑毓英速战与粤军竭力攻击电（十四日） ……………… 912
直督李鸿章致枢垣请筹备畿东防务电（十五日） …………………………… 912
闽海疆会办张佩纶致枢垣如有劾方勋者请勿查免寒军心电（十五日） …… 912
闽海疆会办张佩纶致枢垣留厂无兵回省违旨请示办法电（十五日） ……… 913
漕督杨昌濬奏法船已出闽口片（十五日） …………………………………… 913
兵部尚书彭玉麟奏请商暹罗援越并筹越南善后片（十六日） ……………… 913
全权大臣曾国荃致枢垣如见法船拟即开炮见法兵即攻打电（十六日） …… 914
直督李鸿章致总署德不肯助亦不调停电（十六日） ………………………… 915
沪道邵友濂致总署报告法船在各口数目电（十六日） ……………………… 915
闽督何璟等致枢垣法船泊口外乞令援军速至电（十六日） ………………… 915
旨闽宜坚守长门着穆图善等与张佩纶互商策应电（十六日） ……………… 915
北洋会办吴大澂奏俄国定界一事被参复陈折（十七日） …………………… 916
全权大臣曾国荃致枢垣请令杨昌濬等援闽并拨付行粮电（十七日） ……… 917
穆图善何璟何如璋致枢垣法船来攻我军力拒互有伤亡电（十七日） ……… 917
总税司赫德致总署法国愿得英美德各国调停函（十七日） ………………… 918
直督李鸿章致总署请令大东大北公司勿为法军递电报电　二件（十七日） …… 918
直督李鸿章致总署法人盼我转圜电（十八日） ……………………………… 918
闽将军穆图善致枢垣已离长门督师电（十八日） …………………………… 919
粤督张之洞致枢垣请奏敕彭玉麟勿株守沙角炮台电　附旨（十八日） …… 919
谕左宗棠督办福建军务穆图善杨昌濬帮办军务电（十八日） ……………… 919
闽海疆会办张佩纶致枢垣军败待罪勉图自赎电（十九日） ………………… 920
使美日秘郑藻如奏报赴秘日期折（二十日） ………………………………… 920
旨闻法与葡约协攻粤垣着彭玉麟等严密侦探电（二十一日） ……………… 920
旨寄曾纪泽闻法与俄约侵我边疆着查复电（二十一日） …………………… 920

直督李鸿章致枢垣闻日备军舰乘势决议球案电（二十二日）…………………… 921
总署致张之洞沙面案了结希发给赔款电（二十二日）……………………… 921
闽海疆会办张佩纶致总署法图闽厂乃英领主谋电（二十二日）…………………… 921
全权大臣曾国荃致枢垣拟买大炮八尊分置吴淞江阴各炮台电 附旨
（二十二日）……………………………………………………………………… 921
旨闽防应迅筑炮台着穆图善等设法赶办电（二十二日）…………………… 922
旨闻法将谋威海卫着直鲁两省督抚实力筹办电（二十二日）…………………… 922
旨寄刘秉璋如有法船驶至宁波即行攻击电（二十二日）…………………… 922
总署致何璟误伤英船事希派员慰问并酌予药资电（二十二日）…………………… 922
督办船政何如璋奏法船猝发我军船坏厂伤陆军抵御法兵不敢上岸折
（二十三日）……………………………………………………………………… 923
闽海疆会办张佩纶致总署英济法船煤违背公法电（二十三日）…………………… 924
旨不准张佩纶辞船政电（二十三日）……………………………………… 924
使英曾纪泽致总署英人献策云力战勿和则各国知警电 附旨（二十六日）…… 924
直督李鸿章致枢垣法调兵至涌球麻介我军饷乏兵弱请设法电（二十六日）…… 925
闽海疆会办张佩纶奏马尾失利请旨严议治罪折（二十七日）…………………… 925
闽海疆会办张佩纶奏黄超群等保全船厂片（二十七日）…………………… 926
总署奏遵议喀什噶尔西边界务情形折 附续勘喀什噶尔界约（二十七日）……… 927
总署奏法使函称在华法人请俄国公使代为保护片 附照会五件（二十七日）… 930
旨着曾国荃援台并堵塞吴淞口电（二十九日）…………………………… 932
闽海疆会办张佩纶致总署德商可办军火英船助法宜兼虑电（二十九日）……… 932
南洋会办陈宝琛致总署法议租基隆及造铁路地段均不可允电（二十九日）…… 932
旨寄张之洞转岑毓英着安设滇桂电线电（二十九日）…………………… 932

清季外交史料卷四十七　光绪十年八月 ………………………………………… 933
闽海疆会办张佩纶奏法人攻击船厂炮台我军抵御登岸法船已出口折
（八月初一日）…………………………………………………………………… 933
直督李鸿章致枢垣岑毓英克复宣光电（初一日）…………………………… 934
谕岑毓英着迅赴越南尽心攻取电（初一日）……………………………… 935
谕何璟等分别革职交议仍着穆图善等商办战守事宜电（初一日）…………… 935
总署致何璟张兆栋马尾英领事署被抢希查究电（初三日）…………………… 936
直督李鸿章致总署李凤苞电称雇员驾舰来华实碍公法电（初三日）………… 936
粤督张之洞致枢垣请准刘永福酌保部下将弁电（初四日）…………………… 936
彭玉麟张之洞致枢垣英暗助法电（初四日）……………………………… 937

直督李鸿章致枢垣潘鼎新电保谅山出力各营电（初四日）…………………………937
军机处奏美使来议法事公拟办法呈览折（初五日）……………………………………937
谕左宗棠杨昌濬马尾一役诸臣讳败捏奏着查复电（初七日）…………………………938
全权大臣曾国荃致枢垣分批运兵至台湾电（初八日）…………………………………938
总署致张之洞闻粤省出示煽惑新嘉坡华民希查复电（初八日）………………………939
彭玉麟张之洞致总署英属地新嘉坡粤无派员持示宣布电（初九日）…………………939
直督李鸿章致总署美外部转法意欲和须议兵费电（初十日）…………………………939
使英曾纪泽致总署英外部以粤吏谕新嘉坡华人毁法船有侵英权请旨申饬电
（初十日）……………………………………………………………………………………940
全权大臣曾国荃致李鸿章转总署法败于沪尾声言报复电（初十日）…………………940
闽督何璟致总署与法开战应否明发谕旨电（十一日）…………………………………940
粤督张之洞致枢垣法增兵船窥粤电（十一日）…………………………………………940
彭玉麟张之洞致枢垣粤抽防军八营出关应援电（十一日）……………………………941
直督李鸿章致总署李凤苞电称法廷战志已决电（十一日）……………………………941
总署致曾纪泽粤示一节已奉旨申饬粤省大吏电（十一日）……………………………941
谕粤省督抚告示措词不当着传旨申饬电（十一日）……………………………………941
总督致李鸿章法未悔祸将来归宿办法未可先露电（十二日）…………………………942
直督李鸿章致总署转美外部电法若请美居间美甚愿电（十二日）……………………942
全权大巨曾国荃致枢垣淡水法兵轮追赶华安船电（十二日）…………………………942
使英曾纪泽致总署特旨申饬粤官已照会英外部电（十三日）…………………………942
直督李鸿章致枢垣华安船被法船拖往马祖澳电（十三日）……………………………943
闽抚张兆栋致枢垣请令何璟俟杨昌濬到后交卸电（十三日）…………………………943
使英曾纪泽致总署法外长傲暂难言和电（十三日）……………………………………943
旨寄岑毓英着进规北圻并鲍超迅速赴滇电（十三日）…………………………………943
旨寄曾国荃华安船被法拖往着确查奏闻电（十三日）…………………………………944
直督李鸿章致枢垣闻基隆已失电（十五日）……………………………………………944
全权大臣曾国荃致枢垣请饬闽藩将海关存款送台以救危迫电（十五日）………944
全权大臣曾国荃致枢垣法一意困台地促饷缺万一有失如何收拾请代奏电
（十五日）……………………………………………………………………………………944
旨寄左宗棠着迅速赴闽保台湾电（十五日）……………………………………………945
旨寄穆图善等着堵塞闽江各口电（十五日）……………………………………………945
旨寄曾国荃穆图善等台湾万紧着急筹接济电（十六日）………………………………945
旨寄岑毓英潘鼎新等着攻西贡以缓台祸电（十六日）…………………………………945
旨寄穆图善等着查明英领署被抢事电（十六日）………………………………………946

全权大臣曾国荃致总署华安轮船系暗买明租电（十六日）…………………………946
直督李鸿章致枢垣岑毓英电称已饬刘永福决战电（十七日）…………………………946
粤督张之洞致总署香港华人罢工出自义愤电（十七日）…………………………946
滇督岑毓英奏进兵牵制敌势折 附上谕（十七日）…………………………947
旨寄李鸿章等台防紧急着南北洋赶筹接济电（十八日）…………………………947
闽海疆会办张佩纶致枢垣闽患兵多力分电（十八日）…………………………948
闽海疆会办张佩纶致枢垣接署船政认真必敛怨电（十八日）…………………………948
直督李鸿章致枢垣转岑毓英电法据馆司关即亲到文盘州设法攻取电（十九日）
…………………………948
闽督何璟致枢垣闽海口因有英美兵船不能堵塞电（十九日）…………………………949
闽督何璟致枢垣法若径扑省城各路防兵尚单电（十九日）…………………………949
沪道邵友濂致枢垣法攻淡水电（十九日）…………………………949
旨着杨岳斌帮办福建军务设计渡台迅图逐法电（二十二日）…………………………949
旨寄刘铭传法据基隆着联络刘璈攻剿电（二十二日）…………………………950
闽海疆会办张佩纶致枢垣何如璋汇款至香港提息归公闽人谓何吞款电
（二十二日）…………………………950
旨寄潘鼎新台北紧急着饬王德榜进兵牵制法人电（二十三日）…………………………950
旨寄刘铭传基隆要地着劝台北义团助战电（二十三日）…………………………950
粤督张之洞致枢垣请敕台民起义逐法不吝爵赏电（二十三日）…………………………951
英使巴夏礼致总署温州潮州天主堂被民众拆毁咨文（二十三日）…………………………951
沪道邵友濂致枢垣基隆淡水以空炮台诱敌电（二十四日）…………………………951
旨克复基隆着各省疆臣晓谕居民勿为敌诱勿毁教堂电（二十五日）…………………………951
直督李鸿章致枢垣苏元春连战皆捷惟伤亡多恐难久持电（二十五日）…………………………952
旨越南官军大捷慰恤将士电（二十五日）…………………………952
给事中万培因奏闽省船械在事诸臣坐视沉毁折 附旨（二十六日）…………………………952
旨寄刘铭传克复基隆优奖将士电（二十六日）…………………………953
旨寄潘鼎新着催王德榜迅速援越电（二十六日）…………………………953
旨寄刘铭传法受大创必扰他口着严防电（二十七日）…………………………954
电报局督办盛宣怀与英商大东公司议立福州电线合同（二十八日）…………………………954
直督李鸿章致总署德相与法相结合图占全台电（三十日）…………………………956

清季外交史料卷四十八　光绪十年九月上…………………………957
直督李鸿章致枢垣法船在沪尾被我军战败情形电（九月初一日）…………………………957
旨寄岑毓英着驰赴前敌迅图攻剿电（初一日）…………………………957

旨寄丁宝桢等中俄人士赴藏被阻着督饬保护电（初一日） …………………… 957
全权大臣曾国荃致枢垣报左宗棠率师援闽电（初一日） …………………… 958
闽督杨昌濬致枢垣据刘铭传函称沪尾战败法兵电（初二日） …………………… 958
闽海疆会办张佩纶致枢垣请电属穆图善察看康长庆张成能否胜任电（初二日）
…………………… 958
谕穆图善厦门兵力甚单着劝捐以为团练经费电（初二日） …………………… 958
闽督杨昌濬致总署马尾失物案华人无放枪实证电（初四日） …………………… 959
谕李鸿章据朱一新奏请撤驻韩军队着议奏电（初四日） …………………… 959
粤督张之洞致枢垣刘永福饷械两缺请拨给晋抚所筹饷十万以资激劝电
（初四日） …………………… 959
直督李鸿章致总署英将在香港等处筑办炮台电（初四日） …………………… 960
粤督张之洞致总署德欲助法谋华请饵以租界合谋攻法电（初四日） …………………… 960
使德李凤苞复总署德不助法电（初四日） …………………… 960
粤督张之洞致总署法教堂被毁并无官兵助力事电（初四日） …………………… 960
旨赏刘永福军饷五万两电（初四日） …………………… 961
谕岑毓英据徐承祖奏请饬申明纪律各节着议奏电（初五日） …………………… 961
全权大臣曾国荃致枢垣拟令程文炳六营北上拱卫请代奏电（初五日） …………………… 961
直督李鸿章致枢垣法提督封闭台湾各口电（初五日） …………………… 962
全权大臣曾国荃致枢垣据刘铭传电法添船封口我军饷绌兵单电（初五日） …………………… 962
全权大臣曾国荃致枢垣法封台口无法派周盛波援台电（初五日） …………………… 962
旨台防关系大局着南北洋拨船援台电（初六日） …………………… 962
谕曾国荃程文炳一军如离闽尚远着即北来电（初六日） …………………… 963
桂抚潘鼎新奏会合滇粤各军力图进取折 附旨（初七日） …………………… 963
闽督杨昌濬致枢垣据台道刘璈报中法战争情形电（初七日） …………………… 964
粤督张之洞致枢垣台湾危急请募番人守御电（初七日） …………………… 964
李鸿章曾国荃致枢垣据刘铭传报台危求援电（初七日） …………………… 964
津海道盛宣怀致总署送呈法廷议和条款电（初七日） …………………… 965
直督李鸿章致总署陈中法和议电（初七日） …………………… 965
懿旨着各臣工公同阅看台越军务文件各抒所见（初八日） …………………… 966
谕左宗棠到闽后查明能筹饷若干再行募勇电（初九日） …………………… 966
旨寄许景澄着勘验李凤苞定造铁甲船电（初九日） …………………… 966
谕马建忠张志钧着离开上海电（初九日） …………………… 966
直督李鸿章致总署据法领林椿言法议攻据台湾电（初十日） …………………… 967
法水师提督孤拔致各国公使宣言将封台湾海口函（初十日） …………………… 967

直督李鸿章致枢垣桂军将士患疫并苏军乏饷电（初十日） …………………… 967
粤督张之洞致枢垣越边军情虽屡胜而损多电（初十日） …………………… 967
北洋会办吴大澂致枢垣甘军到直请驻滦乐电（初十日） …………………… 968
直督李鸿章致总署可否由法领林椿密商和议电（初十日） …………………… 968
旨寄曾国荃张之洞着设法接济台防军火电（初十日） …………………… 968
旨派苏元春帮办桂军军务电（十一日） …………………… 969
旨寄沿海各督抚着设法间道接济台防军火电（十一日） …………………… 969
粤督张之洞致枢垣桂边缺饷潘病而贫请代奏电（十二日） …………………… 969
谕沿江沿海各督抚沿海可否多筑长墙以避枪炮着酌办电（十二日） …………… 970
工部尚书翁同龢等奏遵议中法构衅宜乘胜议和折（十三日） …………………… 970
使英曾纪泽致总署询中法和约电（十四日） …………………… 971
粤督张之洞致枢垣法拟结澳扰粤云桂两军均缺军火请拨款购置乞代奏电
附上谕（十四日） …………………… 971
军机处拟复曾纪泽议和电（十四日） …………………… 971
旨着南北洋预备兵轮由杨岳斌统领援台电（十四日） …………………… 972
使美参赞蔡国桢致总署何天爵事有成议电 三件（十五日） …………………… 972
直督李鸿章致枢垣刘永福进兵情形电（十六日） …………………… 972
直督李鸿章致枢垣接南洋电兵轮援台诸多困难电（十六日） …………………… 973
旨复曾纪泽中法议和方略电（十六日） …………………… 973
旨着闽台督抚等设法援剿举办民团电（十六日） …………………… 973
直督李鸿章致总署法廷谓前寄和约四条可以照行请速复电（十七日） ………… 974
旨着曾国荃派兵轮援台并彭玉麟赴闽会商电 二件（十八日） …………………… 974
旨着总署对法议和各事勿伤国体（十九日） …………………… 974
谕刘铭传奖赏台北沪尾战胜诸员弁电（十九日） …………………… 975
直督李鸿章致枢垣续汇款至台电（十九日） …………………… 975
兵部尚书彭玉麟致枢垣无法渡台请代奏电（二十日） …………………… 975
粤督张之洞致枢垣请派船截劫法国煤粮船电（二十日） …………………… 975
直督李鸿章致枢垣曾国荃报预备五船援台电（二十一日） …………………… 976
军机处奏英欲调停战事拟订办法请寄李鸿章曾纪泽核办折 附旨及条款
（二十一日） …………………… 976
使英曾纪泽致总署法廷对和议情形电（二十一日） …………………… 977
督办福建军务左宗棠致枢垣取道江西赴闽电（二十一日） …………………… 977
全权大臣曾国荃致枢垣南洋船俟北船来偕行电（二十二日） …………………… 978
总署致曾国荃英船在江阴被炮击希饬邵道安慰电（二十二日） …………………… 978

闽督杨昌濬致枢垣请暂留程文炳电 附旨（二十三日） …… 978
直督李鸿章致枢垣桂军拟分四道进攻谅山电（二十三日） …… 978
直督李鸿章致枢垣法图谅山牧马等处空虚电（二十五日） …… 979
使英曾纪泽致总署中法事须英调停电 二件（二十五日） …… 979
滇督岑毓英致枢垣刘永福三战小胜请给赏电（二十五日） …… 979

清季外交史料卷四十九　光绪十年九月下至十月上 …… 980
使英曾纪泽致总署中法和议是否候英调停电（九月二十七日） …… 980
直督李鸿章致总署商和议条款电（二十七日） …… 980
直督李鸿章致枢垣租威利英轮装勇赴台电（二十八日） …… 980
军机处奏英国调停和议拟改三条折（二十八日） …… 981
直督李鸿章奏派德国总兵式百龄带船援台折 附上谕（二十八日） …… 981
桂抚潘鼎新奏官军与法人接仗迭获大胜折 附旨（二十九日） …… 982
桂抚潘鼎新奏越境法兵窜扰官军堵剿情形片 附旨（二十九日） …… 984
礼部奏朝鲜变更衣冠折（二十九日） …… 985
粤督张之洞致枢垣密探闽江法船法兵数目及设法与台通信电（十月初一日） …… 985
粤督张之洞致枢垣筹济台湾饷械请代奏电 附旨（初一日） …… 986
使英曾纪泽致总署中法和议条款先由华译法文电（初二日） …… 986
使英曾纪泽致总署中国所购火药不合用请慎之电（初二日） …… 987
闽督杨昌濬等致总署洋将到闽遵谕加意看待电（初二日） …… 987
北洋会办吴大澂致枢垣拟援台十策请代奏电（初三日） …… 987
使英曾纪泽致总署英禁助械拟咨嘱禁煤并报中法商议条款电 二件（初四日） …… 987
旨饬杨昌濬等断法接济及派船绕道援台电（初四日） …… 988
直督李鸿章致枢垣张佩纶病可否回京乞代奏电（初四日） …… 988
旨寄李鸿章着饬采办委员慎购军火抽查试验电（初四日） …… 988
直督李鸿章致枢垣威利船抵台电（初八日） …… 988
直督李鸿章致枢垣台越均战胜法人电（初八日） …… 989
直督李鸿章致总署英国调停中法未成并法廷坚守原议如不允仍战电 二件（初九日） …… 989
闽督杨昌濬致总署马尾失物英领索赔电（初十日） …… 989
使英曾纪泽致总署与法廷磋商和约电（初十日） …… 989
督办福建军务左宗棠奏台北沪尾大战获胜现筹规复基隆折 附旨（初十日） …… 990

粤督张之洞致枢垣法兵船分赴台越现增兵出关电（十一日） …………………… 991
旨饬曾纪泽应付和议办法电（十一日） ………………………………………… 991
旨赏德总兵式百龄宝星（十四日） ……………………………………………… 991
旨寄刘铭传台饷紧急已严催赶办不得饰词推诿电（十六日） ………………… 991
粤督张之洞致枢垣购买军械运滇边电（十七日） ……………………………… 992
直督李鸿章致总署据蔡国桢报划汇柏林款项电（十七日） …………………… 992
使英曾纪泽致总署法侯华出偿款则退台北之兵电（十八日） ………………… 992
直督李鸿章致枢垣桂军应敌情形电（十八日） ………………………………… 992
旨寄张之洞等着接济鲍超军火电（十八日） …………………………………… 993
粤督张之洞致枢垣鲍军宜速战请筹的饷电（十九日） ………………………… 993
直督李鸿章致枢垣龙州官军战胜电（十九日） ………………………………… 993
滇督岑毓英奏官军围攻宣光击散法援折 附上谕（十九日） ………………… 994
旨寄曾国荃据奏北洋快船在沪修理着赶修赴闽电（十九日） ………………… 995
总署奏招商局售船事宜请饬马建忠办理片（二十一日） ……………………… 995
总署奏西班牙博物院请给与中国兵器以资陈列片（二十一日） ……………… 995
旨寄曾纪泽着应付和议电（二十二日） ………………………………………… 996
直督李鸿章致总署咨送吴兆有等函稿文 附函稿七件（二十三日） ………… 996
直督李鸿章致总署日本在韩寻衅请派兵船镇压电（二十三日） ……………… 998
直督李鸿章致总署韩乱党劫王杀妃中日已接仗电 附上谕（二十四日） …… 999
使英曾纪泽致总署法不允改约宜力持镇静电（二十四日） …………………… 999
军机处致黎庶昌密探日人对韩消息电（二十四日） …………………………… 1000
直督李鸿章致总署韩乱党用事恐有挟王叛华之意函 附吴兆有禀（二十五日）
………………………………………………………………………………………… 1000
直督李鸿章致总署日本已电竹添使臣排解韩事电（二十六日） ……………… 1001
直督李鸿章致总署日本尚未添兵我军行不宜急电 附旨（二十六日）………… 1001
旨着徐承祖赴日密探日韩情形电（二十六日） ………………………………… 1002

清季外交史料卷五十　光绪十年十月至十一月上 ………………………………… 1003
直督李鸿章致总署论韩乱原因函 附禀及笔谈（十月二十七日） …………… 1003
使日徐承祖致总署请缓派兵船至韩电（二十七日） …………………………… 1005
直督李鸿章致总署韩人焚日馆竹使回国请迅派兵船电（二十七日） ………… 1005
旨寄李鸿章朝鲜无大波澜北洋快船毋庸调回电（二十七日） ………………… 1006
滇督岑毓英奏官军进攻宣光击退法兵并饷源枯竭请饬各省迅速筹解折
附上谕（二十七日） ………………………………………………………………… 1006

滇督岑毓英奏招抚越民片（二十七日） …………………………………… 1007
直督李鸿章致枢垣韩乱日兵先放枪刻已交战电（二十七日） ………………… 1008
直督李鸿章致枢垣超扬两船由沪赴韩无从折回电（二十七日） ……………… 1008
直督李鸿章致枢垣韩事应由总署电日外部解释电（二十八日） ……………… 1008
直督李鸿章致总署据黎使电日本二舰赴韩电（二十八日） …………………… 1008
全权大臣曾国荃致总署威利船装勇械已立合同电（二十八日） ……………… 1009
谕李鸿章办理韩事勿与日生衅电（二十八日） ………………………………… 1009
直督李鸿章致枢垣报赴韩日船系铁甲须防备电（二十九日） ………………… 1009
直督李鸿章致枢垣据龙州电刘永福军未归队电（二十九日） ………………… 1010
旨寄吴大澂着赴韩查办乱民电（二十九日） …………………………………… 1010
旨宣光败退着潘鼎新设法会剿鲍超星驰出关电（二十九日） ………………… 1010
旨南洋五船着曾国荃饬赴闽省妥筹援台电（十一月初一日） ………………… 1010
直督李鸿章致枢垣岑毓英电连日进攻宣光惟饷缺为难乞代奏电（初二日） … 1011
直督李鸿章致枢垣已令式百龄赴旅顺电（初二日） …………………………… 1011
粤督张之洞致枢垣请派劲兵赴韩如能胜日法人之气自夺电（初二日） ……… 1011
兵部尚书彭玉麟等致枢垣已派兵渡台需饷向港商暂借请敕拨还电（初三日）
………………………………………………………………………………… 1012
旨寄李鸿章枪弹价宜急交着就近挪借汇往电（初三日） ……………………… 1012
旨寄彭玉麟等援台甚是借款奏明由部核办电（初三日） ……………………… 1012
直督李鸿章致总署闽抚刘请饬闽关借二十万不可失信电（初四日） ………… 1012
直督李鸿章致枢垣桂抚潘来电报捷现仍进剿电（初四日） …………………… 1013
全权大臣曾国荃致枢垣法大举兵我不能敌台北一失台南立亡请速派援电
（初四日） …………………………………………………………………… 1013
直督李鸿章致总署竹添率兵入韩宫杀大臣六人电（初四日） ………………… 1013
直督李鸿章致总署日领问中国派兵意答往韩查办乱党电（初四日） ………… 1014
粤督张之洞致枢垣借款济关外军由各海关认还电（初五日） ………………… 1014
使英曾纪泽致总署奏保李兴锐等具有使材并陈汇丰借款情形电（初五日） … 1014
直督李鸿章致枢垣丁汝昌会同式百龄带轮赴韩其留旅顺之鱼雷艇交刘含芳
代管电（初五日） …………………………………………………………… 1015
李鸿章吴大澂奏查办朝鲜事宜折 附上谕（初五日） ………………………… 1015
旨奖励督剿大捷人员电（初五日） ……………………………………………… 1016
总署致黎庶昌吴续二使起程带兵弹压请告井上电（初六日） ………………… 1016
闽督杨昌濬致枢垣吴鸿源自厦带队潜渡台湾电（初六日） …………………… 1016
旨寄曾国荃杨岳斌着调度五船援台电（初六日） ……………………………… 1016

鸿胪寺卿邓承修奏疆臣阻兵台防危急请派重臣速往调度折　附稟二件（初六日）…… 1017
直督李鸿章致枢垣日韩相斗我若为谋必须越俎电（初七日）…… 1019
直督李鸿章致枢垣刘铭传电称川勇由恒春上岸枪亦到电（初七日）…… 1020
旨着程文炳军由江入闽速复基隆电（初七日）…… 1020
旨龚照瑗交刘铭传差委着邵友濂办理援台事宜电（初八日）…… 1020
台道刘璈奏法违公法封禁台口阻碍通商请咨各国理论折（初八日）…… 1020
台道刘璈奏请与德国立互助盟约以保全台片（初八日）…… 1022
军机处奏朝鲜乱事据李鸿章来信录呈御览折　附信稟及节略（初八日）…… 1023

清季外交史料卷五十一　光绪十年十一月至十二月上 …… 1027
使英曾纪泽致总署英人为我探法阴事者可否酌给俸银电（十一月初九日）…… 1027
总署致黎庶昌朝鲜事以定乱弭衅为主电（初九日）…… 1027
直督李鸿章致枢垣刘铭传电称法到七轮攻沪尾并刘璈跋扈请转达电（初九日）…… 1027
谕张曜奉调北来应需枪炮着鹿传霖等拨发电（初九日）…… 1028
使英曾纪泽致总署汇丰借款照镑数计算电（初九日）…… 1028
使日黎庶昌致总署日备兵数千待发宜防电（初九日）…… 1028
直督李鸿章致总署英不准法船在香港修船装粮电（初九日）…… 1028
闽督杨昌濬致枢垣报到任后收支数目及存款电（初十日）…… 1029
直督李鸿章致枢垣据邵友濂电援台各事亟须秘密请留龚照瑗筹办电　附旨（十二日）…… 1029
使日徐承祖致总署晤日外部商递国书电（十二日）…… 1029
粤督张之洞致枢垣报运饷械并法兵病毙过半电（十二日）…… 1029
粤督张之洞致枢垣吴鸿源渡澎募勇拟为力筹饷械电（十二日）…… 1030
直督李鸿章致总署井上愿和平议办韩事电（十三日）…… 1030
直督李鸿章致枢垣潘鼎新生擒法官乞准报效电　附旨（十四日）…… 1030
直督李鸿章致枢垣吴凤典军攻沉法船一艘电（十五日）…… 1030
总署致黎庶昌中国先派钦差正欲速了之意电（十五日）…… 1031
谕穆图善长门御敌出力将弁着加恩奖叙电（十七日）…… 1031
直督李鸿章致枢垣台道刘璈不肯接济台北电（十八日）…… 1031
督办福建军务左宗棠奏抵闽详查台湾防务并筹赴援折　附上谕（十八日）…… 1031
桂抚潘鼎新奏龙州后路紧要调派大员筹办折（十八日）…… 1033
桂抚潘鼎新奏探闻法先攻桂再攻滇片　附上谕（十八日）…… 1033

直督李鸿章致枢垣请派淮勇援台电（二十三日）………………………………… 1034
直督李鸿章致枢垣报谅防各路戒严王德榜战败电（二十五日）……………… 1034
旨着杨昌濬与台湾各官通力合筹电（二十六日）……………………………… 1035
使日黎庶昌徐承祖致总署请嘱韩王向日本索交金玉均电（二十七日）……… 1035
粤督张之洞致总署云桂借款由粤订立合同由各关认还电（二十七日）……… 1035
直督李鸿章致枢垣法于宣光建炮台兵船聚端雄府电（二十七日）…………… 1035
旨寄左宗棠等法船聚泊基沪着各军迅速援台电（二十七日）………………… 1036
直督李鸿章致枢垣王德榜军败退至车里电（二十八日）……………………… 1036
直督李鸿章致总署据井上电日廷谓韩事如愿以偿电（二十八日）…………… 1036
彭玉麟张之洞倪文蔚奏澳门闱姓请暂弛禁藉充军饷电　附旨（二十八日）
……………………………………………………………………………………… 1036
直督李鸿章致总署据丁汝昌函韩日已定约电（二十九日）…………………… 1037
旨寄岑毓英转饬丁槐刘永福等和衷协力电（二十九日）……………………… 1037
旨着吴大澂等确查韩日定约有无关碍电（二十九日）………………………… 1037
粤督张之洞致枢垣法知粤军大举规越欲封北海港电（三十日）……………… 1038
旨寄张之洞等着策励冯子材军电（三十日）…………………………………… 1038
直督李鸿章致枢垣据福州电恪靖营渡台电（十二月初一日）………………… 1038
粤督张之洞致枢垣规越援台饷无所出拟借德款并设廉琼廉钦电线电　二件
（初二日）……………………………………………………………………… 1039
直督李鸿章致枢垣刘铭传电称台北乞援电（初四日）………………………… 1039
北洋会办吴大澂奏确查朝鲜乱党详情折　附上谕及节略（初四日）………… 1040
礼部奏据朝鲜国王咨与德国重订通商条约折　附咨文（初五日）…………… 1043
直督李鸿章致总署日使井上竹添回国电（初六日）…………………………… 1043
旨据杨昌濬电称设道济公栈通台湾文报并刘铭传请调旧部着张之洞筹奏电
（初六日）……………………………………………………………………… 1044
直督李鸿章致枢垣据刘铭传电台北紧急请筹援电（初六日）………………… 1044
粤督张之洞致总署汕头收地案当与德领妥商电（初六日）…………………… 1044
左宗棠杨昌濬致枢垣报援军抵澎并拟借洋款以备援台电　二件（初七日）…… 1045
旨着云桂诸将悉力防剿法兵电（初七日）……………………………………… 1045

清季外交史料卷五十二　光绪十年十二月下……………………………………… 1046
旨寄刘铭传台北增勇添饷着迅图进取电（十二月初七日）…………………… 1046
粤督张之洞致枢垣岑督电称进攻宣光电（初八日）…………………………… 1046
谕奖励在越战胜员弁电（初八日）……………………………………………… 1046

使英曾纪泽致总署洋药税厘现增五两可否定议电（初九日） …………………… 1047
岑毓英张之洞致枢垣各军猛攻宣光电（初十日） ………………………………… 1047
晋抚奎斌奏土达两旗争界谨陈查办情形折（初十日） …………………………… 1047
旨寄曾纪泽郑藻如出使期满着留任半年电（初十日） …………………………… 1048
旨寄徐承祖韩王请留兵驻防着与日廷据理辩论电（初十日） …………………… 1048
总署奏法人游历内地请暂行停止折（十一日） …………………………………… 1048
直督李鸿章致总署日人执公法不交金玉均电（十二日） ………………………… 1049
北洋会办吴大澂奏日韩议增续约现与朝鲜商办善后折 附上谕（十二日）…… 1049
直督李鸿章致枢垣潘鼎新电孤拔抵越调兵渐进电（十三日） …………………… 1051
谕军机大臣等中法之役攻守不力各员严予惩处电（十三日） …………………… 1051
使英曾纪泽致总署华人据缅甸八幕城筹商办法电（十三日） …………………… 1051
使英曾纪泽致总署俄哈萨逃入华地请酌示办法电（十四日） …………………… 1052
旨寄岑毓英法于宣光添兵聚船着严密防范电（十四日） ………………………… 1052
旨着曾纪泽向英声明中国未启边衅电（十四日） ………………………………… 1052
旨着刘铭传迅复基隆电（十四日） ………………………………………………… 1052
北洋会办吴大澂致李鸿章办理朝鲜善后情形电（十五日） ……………………… 1053
旨寄岑毓英查明缅据八幕究系缅匪滋扰抑由华人纠众电（十五日） ………… 1053
滇督岑毓英奏击败法兵收复地方并防剿情形折 附旨（十五日）……………… 1053
使英曾纪泽致总署与英廷议香港对中法购械修船等事电（十七日） ………… 1055
粤督张之洞致总署向德商借款五十万镑电（十九日） …………………………… 1055
直督李鸿章致总署韩王遣员送谢表电（二十日） ………………………………… 1055
直督李鸿章致枢垣威利船载勇械到台请予保奖电（二十日） …………………… 1056
岑毓英张之洞致枢垣官军进攻宣光大获胜仗并唐景崧勇略过人请嘉奖电
附上谕（二十二日） ………………………………………………………………… 1056
粤督张之洞致总署英领禁运兵械请电各使力争电（二十二日） ………………… 1057
直督李鸿章致枢垣边军得炮台宣光可下电（二十三日） ………………………… 1057
闽抚刘铭传奏台北军情紧急请速派援师折 附旨（二十三日）………………… 1057
闽抚刘铭传奏招抚法军越人片 附旨（二十三日）……………………………… 1058
全权大臣曾国荃致枢垣遵查援台各船行程电（二十四日） ……………………… 1059
直督李鸿章致枢垣闻法人拟大股攻夺谅山电（二十五日） ……………………… 1059
全权大臣曾国荃致枢垣援台五船在石浦港法船吃水深不能入电（二十五日）
……………………………………………………………………………………… 1059
粤督张之洞致枢垣法攻苏军互有损伤派营援助电（二十五日） ………………… 1060
使英曾纪泽致总署与英廷议法封台口电（二十五日） …………………………… 1060

直督李鸿章致枢垣法攻苏军粮药断缺谅山吃紧电（二十六日） ……………… 1060
闽督杨昌濬致总署请向英质问代法运饷械电（二十六日） …………………… 1060
粤督张之洞致枢垣法船窥粤请将各船收入虎门应敌电（二十七日） ………… 1061
滇督岑毓英致枢垣官兵复攻宣城将克电（二十七日） ……………………… 1061
粤督张之洞致枢垣桂边战事及布防情形电（二十七日） …………………… 1061
粤督张之洞致枢垣法兵有扰粤信现筹防廉钦电（二十七日） ……………… 1062
督办福建军务左宗棠等奏查复马江失守被参偾事各员情形折 附上谕
（二十七日） ………………………………………………………………… 1062
使法许景澄致总署与法外部力商阻罢查船电（二十八日） ………………… 1066
使英曾纪泽致总署闽中发电法易我难宜禁暗码电（二十八日） …………… 1066
直督李鸿章致总署戈登在埃及被刺请晤英使惋惜电（二十九日） ………… 1066
直督李鸿章致枢垣报告法船东来数目电（二十九日） ……………………… 1066
全权大臣曾国荃致枢垣据报边军败退情形电（二十九日） ………………… 1067
旨着滇桂督抚及王德榜等痛剿法兵电（二十九日） ………………………… 1067
旨法船驶入淞沪着曾国荃即行轰击电（二十九日） ………………………… 1067
总署致曾纪泽希力争洋药税电（三十日） …………………………………… 1068
粤督张之洞致枢垣据王德榜报截法军火并战状电（三十日） ……………… 1068
粤督张之洞致枢垣请调北洋二快船南下电（三十日） ……………………… 1068
闽抚刘铭传致枢垣法添兵连战请派船速援电（三十日） …………………… 1068

清季外交史料卷五十三　光绪十一年正月上……………………………… 1070
江督曾国荃致枢垣报援台各船行踪电（正月初一日） ……………………… 1070
直督李鸿章致枢垣闽抚刘电称台事危迫请运送饷械并拨兵轮电（初二日） … 1070
甘督杨岳斌致枢垣报所带乾军暂扎福州策应长门金牌电（初二日） ……… 1070
直督李鸿章致枢垣接桂抚电谅山大战军情危急电（初二日） ……………… 1071
旨寄李鸿章曾国荃着派南北洋兵轮援台电（初二日） ……………………… 1071
礼部奏朝鲜国王咨送韩乱原委文呈请御览折 附事实册（初三日） ……… 1071
江督曾国荃致枢垣浙海法船围守我船极形危险电（初三日） ……………… 1073
旨着潘鼎新节制越防各军电（初三日） ……………………………………… 1073
旨寄曾国荃等着接济龚照瑗援台电（初三日） ……………………………… 1073
旨寄刘铭传已令左宗棠借洋款济台防电（初三日） ………………………… 1074
旨着刘铭传进攻基隆并查复刘璈致英领事照会电（初三日） ……………… 1074
直督李鸿章致枢垣王德榜电谅山吃重率军往援电（初四日） ……………… 1074
直督李鸿章致枢垣谅山已失非战不力特敌猛电 附旨（初四日） ………… 1074

江督曾国荃致枢垣澄驭两船在石浦被轰电　附旨（初四日）…………………… 1075
督办福建军务左宗棠致总署闽自长门至壶江遍布水雷请转各国船勿来闽电（初四日）…………………………………………………………………… 1075
滇督岑毓英奏派军围攻宣光并收复美良县折　附旨（初六日）…………………… 1075
桂抚潘鼎新奏法兵图犯谷松车里已严加戒备折（初六日）…………………… 1077
粤督张之洞致总署汇丰借款已议定并代鲍军筹饷百万由何处还请代奏电　二件（初六日）…………………………………………………………………… 1077
直督李鸿章致总署日本派伊藤等来议朝鲜事电（初六日）…………………… 1078
粤督张之洞致枢垣云桂台饷械均经分别筹运电（初六日）…………………… 1078
粤督张之洞致枢垣报布置粤边防务请旨行电（初六日）…………………… 1079
粤督张之洞致枢垣请饬筹策勿令香港搜华军械电（初六日）…………………… 1079
左宗棠穆图善杨昌濬致总署借定洋款四百万电（初六日）…………………… 1079
旨着曾国荃刘秉璋严防上海电（初六日）…………………………………… 1080
旨法至巴平着潘鼎新通盘筹画力遏敌氛电（初六日）…………………… 1080
伊犁将军金顺奏俄国情形叵测请缓裁客兵折　附旨（初八日）……………… 1080
旨着刘铭传等速筹方略将基隆克复电（初八日）…………………………… 1081
闽督杨昌濬致枢垣王诗正等援台分期出发电（初九日）…………………… 1082
直督李鸿章致枢垣报桂边军情电（初九日）…………………………………… 1082
旨寄曾国荃刘秉璋开济三船饬回南洋电（初九日）…………………… 1082
旨孤拔知照各国商轮禁运漕米着李鸿章等设法运送电（初十日）…………… 1083
总署致曾纪泽法禁运粮械请告英廷令弛禁电（十二日）…………………… 1083
直督李鸿章致枢垣报粮械不齐越防战败电（十二日）…………………… 1083
旨着张之洞借洋款拨鲍超军饷电（十二日）…………………………………… 1084
旨询刘铭传不令吴鸿源赴前敌意见电（十二日）…………………………… 1084
江督曾国荃致枢垣报开瑞琛三船回沪电（十三日）…………………………… 1084
粤督张之洞致总署借汇丰款请催巴使电港电（十三日）…………………… 1084
使英曾纪泽致总署英未搜械已咨法不准禁米电（十三日）…………………… 1084
岑毓英张之洞致枢垣连日云粤两军猛攻宣光电（十三日）…………………… 1085
直督李鸿章致枢垣潘鼎新电杨玉科阵亡冯王军飞催不至法人镇南关电　二件（十三日）…………………………………………………………………… 1085
使英曾纪泽致总署可否捐金为戈登建坊电　附旨（十四日）…………………… 1085
使法许景澄致总署报法人示意肯退基隆电（十四日）…………………………… 1086
旨寄卞宝第庞际云着统所部赴桂助剿电（十四日）…………………………… 1086
旨慰潘鼎新受伤着王德榜奋迅图功电（十四日）…………………………… 1086

直督李鸿章致枢垣镇海守将杨岐珍电击退法船电（十六日） …………………… 1086
鄂督卞宝第致枢垣湘兵赴桂委谢晋钧署镇篆电（十六日） …………………… 1087
粤督张之洞致枢垣边事重大请查虚实期得军心电（十六日） …………………… 1087
旨寄吴大澂来京复命电（十六日） …………………………………………………… 1087
旨寄曾国荃等严防法船窥伺镇口电（十六日） ……………………………………… 1088
使德许景澄奏勘验在德订购定远镇远铁甲船折 附旨（十七日） …………………… 1088
使德许景澄奏点收济远钢舰片（十七日） …………………………………………… 1090
直督李鸿章致枢垣王德榜与冯子材合力防越电（十七日） ………………………… 1090
兵部尚书彭玉麟致枢垣边事危急诸军须稳打电（十七日） ………………………… 1090
旨着卞宝第转饬廖长明赴桂电（十七日） …………………………………………… 1090
直督李鸿章致枢垣法兵退文龙电（十八日） ………………………………………… 1091
粤督张之洞致枢垣报法轮驶入岳山港电（十八日） ………………………………… 1091
江督曾国荃致枢垣法船在镇口开炮电（十八日） …………………………………… 1091
粤督张之洞致枢垣报台北恶战我军夺回月眉山电（十八日） ……………………… 1091
粤督张之洞奏镇口炮舰击中法船请调北洋快船南下合击电（十九日） ………… 1092
彭玉麟张之洞奏分遣广军大举规越以缓台围折（二十日） ………………………… 1092
旨寄左宗棠杨昌濬着调兵赴宁助剿电（二十日） …………………………………… 1093
滇督岑毓英致枢垣报丁槐等轰城破贼情形电（二十一日） ………………………… 1094

清季外交史料卷五十四　光绪十一年正月下至二月上 ……………………………… 1095
帮办福建军务杨岳斌致枢垣报带队渡台电（正月二十一日） ……………………… 1095
浙抚刘秉璋致枢垣报浙东沿海防守兵数电（二十一日） …………………………… 1095
直督李鸿章致枢垣英不准法禁运米请催美使一体出示电（二十二日） ………… 1095
直督李鸿章致枢垣报法封禁西贡至廉琼口岸并吴续二使抵津电 二件
（二十二日） ………………………………………………………………………… 1096
直督李鸿章致枢垣镇南关已复及各军布置情形电（二十二日） …………………… 1096
浙抚刘秉璋致枢垣请派程文炳来浙防守电（二十二日） …………………………… 1096
直督李鸿章致枢垣法船在浙洋游弋请以兵船与炮台依护电（二十三日） ……… 1096
江督曾国荃致枢垣报法人弃基隆驻普陀电（二十三日） …………………………… 1097
使英曾纪泽致总署英廷谢恤戈登电（二十三日） …………………………………… 1097
滇督岑毓英奏官军连日血战扫除宣光城外敌人折（二十三日） …………………… 1097
使日徐承祖致总署朝鲜乱事系日人串通开议在津为妥电（二十四日） ………… 1098
岑毓英张之洞致枢垣拟令鲍军由开化趋保乐相机进取电（二十四日） ………… 1099
直督李鸿章致枢垣报海运漕米另租别船保兵险电（二十四日） …………………… 1099

直督李鸿章致总署日法勾通接济可否告日本守局外例电（二十四日）……… 1099
直督李鸿章致总署韩使进京乞咨礼部电（二十五日）…………………… 1100
津海道盛宣怀致总署福浦电线均断请通饬保护电（二十五日）……………… 1100
直督李鸿章致枢垣越防各军俟鲍军到齐再进电（二十五日）……………… 1100
直督李鸿章致总署日使伊藤赴京会议并与法使密商互助电 附谕旨二件（二十五日）……………………………………………………………… 1100
旨寄曾国荃漕米北运应与各洋行重申要约电（二十六日）………………… 1101
督办福建军务左宗棠致枢垣派刘倬云五营赴浙电（二十六日）…………… 1101
彭玉麟张之洞致枢垣廉钦水陆并急电（二十六日）………………………… 1101
旨着鲍超军出保乐往防牧马电（二十六日）……………………………… 1102
直督李鸿章致枢垣龙州电越防失败现设法堵御电（二十八日）…………… 1102
浙抚刘秉璋致枢垣法毁萧港炮台请令程文炳援浙电 附旨（二十九日）……… 1102
旨着彭玉麟等会防钦廉并催鲍超兼程趋保乐顾牧马电（二十九日）……… 1103
直督李鸿章致枢垣法兵在基隆前进夺营我兵伤亡千余电（二十九日）……… 1103
礼部奏朝鲜派员恭赍奏本乞代转奏折 附奏呈及上谕（三十日）…………… 1103
使英曾纪泽致总署法外部来问和局可否与商电（三十日）………………… 1105
滇督岑毓英致枢垣报越防战事甚亟并请饷电（三十日）…………………… 1105
左宗棠杨昌濬致总署商借旗昌汇丰款项电（三十日）……………………… 1106
彭玉麟张之洞致枢垣请调郧阳镇龚继昌等赴防电（二月初一日）………… 1106
兵部尚书彭玉麟等奏调陈宝箴李兴锐来粤电（初一日）…………………… 1106
粤督张之洞致枢垣据唐景崧报宣光势难再攻速回牧马助桂为妥电（初一日）……………………………………………………………………… 1107
岑毓英张之洞致枢垣唐景崧饷械并缺暂退图再举电（初二日）…………… 1107
浙抚刘秉璋奏法犯镇海被我军击退情形折 附上谕（初四日）……………… 1107
塔尔巴哈台参赞锡纶奏会同俄领事办理哈萨克各部内附外属情形折 附哈萨克归附条约（初六日）…………………………………………………… 1108
江督曾国荃奏南洋开济南琛南瑞等轮随同浙营抵御法船鏖战情形折 附上谕（初六日）……………………………………………………………… 1111
直督李鸿章致总署日领函称该国大尉等赴津游历殊为叵测电 附旨（初六日）……………………………………………………………………… 1113
谕派李鸿章为全权大臣与法使议约电（初六日）…………………………… 1113
闽抚刘铭传提督孙开华奏台防战胜并战守情形折（初七日）……………… 1113
直督李鸿章致枢垣越防连次苦战胜多败少电（初七日）…………………… 1115
彭玉麟张之洞致枢垣潘鼎新不能驭军请简员督办桂军电（初七日）……… 1116

彭玉麟张之洞致枢垣荐张曜督师李秉衡抚桂请代奏电 附上谕（初八日）…… 1116

清季外交史料卷五十五 光绪十一年二月中…… 1117
谕李秉衡着查冯子材王德榜军情及挫败情形电（二月初八日）…… 1117
总署奏各国使臣来署贺年片（十一日）…… 1117
直督李鸿章致枢垣潘鼎新电称越防大捷为用兵以来所未有电 附谕旨二件（十二日）…… 1117
军机处奏酌核赫德所递法国拟订善后事宜折（十四日）…… 1118
督办福建军务左宗棠致枢垣台军接战失利电（十四日）…… 1119
彭玉麟张之洞等致枢垣报越防军情电（十五日）…… 1119
使英曾纪泽致总署谅山克茹相革宜乘机议和电（十五日）…… 1120
直督李鸿章致总署法复提和议重在通商电（十五日）…… 1120
督办福建军务左宗棠致枢垣向汇丰借款百万镑电（十五日）…… 1120
使英曾纪泽致总署英兵赴阿富汗俄兵集波斯电（十五日）…… 1120
办理援台事宜邵友濂致枢垣谅山克复法统领受伤电（十五日）…… 1121
粤督张之洞致枢垣越防大战法人伤毙颇多电（十六日）…… 1121
谕寄鲍超着赴保乐相机援剿电 二件（十七日）…… 1121
旨着岑毓英等稳扎稳守电（十七日）…… 1122
直督李鸿章致枢垣据潘鼎新报克复谅山电（十七日）…… 1122
粤督张之洞致枢垣王德榜颇勇不可遽罢其兵并战胜情形电 二件（十七日）…… 1122
总署奏照录李鸿章等因日韩事来函呈览折 附函稟七件及韩王咨文井上笔谈（十七日）…… 1123
办理援台事宜邵友濂致枢垣法统领毙命孤拔据澎湖电（十八日）…… 1128
旨寄苏元春等着确查谅山之役王德榜攻战情形电（十八日）…… 1128
桂抚潘鼎新奏杨玉科阵亡及克复南关折（十九日）…… 1129
旨寄左宗棠着将王诗正失事情形据实参奏电（十九日）…… 1130
旨寄苏元春等南关之役王德榜是否身在行间着查复电（十九日）…… 1131
直督李鸿章致枢垣刘铭传杨昌濬报台防危急并澎湖失守电 二件（十九日）…… 1131
使英曾纪泽致总署英据朝鲜济州俄必不服电（二十日）…… 1132
使英曾纪泽致总署询如何方可与法和乞示电（二十日）…… 1132
使法许景澄致总署赫议各条已在巴黎画押电 二件（二十日）…… 1132
滇督岑毓英奏详陈越防胜败情形折 附上谕（二十日）…… 1132

滇督岑毓英奏镇南关失守龙州甚危片（二十日） …………………………… 1134
滇督岑毓英奏我军器械不精粮饷不足情形片（二十日） ………………………… 1135
谕法允修好各路军营着撤回边境电（二十一日） …………………………… 1136

清季外交史料卷五十六　光绪十一年二月下至三月上 ……………………………… 1137
直督李鸿章致枢垣据潘鼎新报越防战胜并准备交卸电　附旨（二月二十一日）
…………………………………………………………………………………… 1137
帮办援台事宜龚照瑗致枢垣报饷械运台电（二十一日） ………………………… 1137
旨寄各督抚法来请和定期停战条款未定之先仍严密整备电（二十二日） …… 1137
旨寄岑毓英着设法安插刘永福军电（二十二日） …………………………… 1138
粤督张之洞致总署询法国是否议和电（二十三日） ………………………… 1138
粤督张之洞致总署厦泉线阻请由大东大北传达电旨电（二十三日） ………… 1138
粤督张之洞致枢垣停战则可撤兵则不可电　附旨（二十四日）………………… 1138
旨寄鲍超着往滇越边界择要驻扎毋庸出关电（二十四日） ……………………… 1139
直督李鸿章致枢垣俄垂涎朝鲜永兴湾英派船伺截俄船电（二十四日） ……… 1139
直督李鸿章致总署法使请明发停战撤兵上谕电（二十五日） ………………… 1139
直督李鸿章致总署法相宣言须照津约议和电（二十五日） ……………………… 1140
兵部尚书彭玉麟致枢垣法狡无信和可许兵不可先撤电　附旨（二十五日）…… 1140
直督李鸿章致总署徐使电日派伊藤来华全权议事函（二十五日） ……………… 1140
粤督张之洞致枢垣报布置越防联络越民电（二十五日） ………………………… 1141
直督李鸿章致总署法使来电言停战并启封口岸电（二十六日） ……………… 1141
直督李鸿章致总署西电俄兵击败阿富汗军电（二十六日） ……………………… 1141
粤督张之洞致枢垣岑毓英大败法兵电（二十六日） …………………………… 1142
直督李鸿章致总署议和字样须两面浑含电（二十六日） ………………………… 1142
直督李鸿章致枢垣报淡水及宣泰均获大胜电（二十六日） ……………………… 1142
直督李鸿章致总署电线中断停战谕旨难速达电（二十六日） ………………… 1142
粤督张之洞致枢垣请力攻北宁并我军在临洮大捷电　附旨（二十六日）……… 1143
滇督岑毓英致枢垣法犯临洮大败之电　附旨　（二十六日）………………… 1143
直督李鸿章致枢垣英据朝鲜哈米敦岛防俄船电（二十七日） ………………… 1144
左宗棠杨昌濬致总署法请和有无翻复殊难逆料电（二十七日） ……………… 1144
直督李鸿章致总署探闻法国议和人员电（二十七日） ………………………… 1144
军机处致杨昌濬张之洞请派员知照台防越防各军停战电　二件（二十八日）
…………………………………………………………………………………… 1145
全权大臣李鸿章致总署与伊藤商订朝鲜撤兵条款函　附旨及条款（二十八日）

………………………………………………………………………… 1145
粤督张之洞致枢垣遵旨知照越防各军停战并法添兵攻谅山请转电勿再进电 二件（二十九日）………………………………………………………… 1146
桂抚李秉衡致枢垣谨将谅山出力各军据实复陈电（二十九日）……………… 1147
闽督杨昌濬浙抚刘秉璋奏镇海击败法船情形折 附旨（三月初一日）………… 1147
吉林将军希元奏俄人日肆侵占不若以兵屯田折（初一日）…………………… 1149
吉林将军希元奏俄人经营伯利海参崴片（初一日）…………………………… 1150
督办福建军务左宗棠奏为要盟宜慎防兵难撤折（初二日）…………………… 1150
全权大臣李鸿章致总署与伊藤订朝鲜撤兵条约函 附条约照会及条议（初三日）
………………………………………………………………………… 1151
全权大臣李鸿章奏与日使商议朝鲜撤兵画押互换折 附上谕（初七日）……… 1154
闽抚刘铭传等奏法兵分攻月眉山我军众寡不敌退守河南布置情形折 附上谕（初八日）………………………………………………………………… 1156
江督曾国荃奏查明澄庆驭远两船失事情形折 附上谕（十一日）……………… 1158

清季外交史料卷五十七 光绪十一年三月下至四月上 …………………………… 1160
滇督岑毓英奏收复缅旺及清水清山两县折（三月十一日）…………………… 1160
滇督岑毓英奏已咨鲍超由开化入保乐力顾牧马片（十一日）………………… 1162
滇督岑毓英奏南官黄相协等勾贼窜扰解发开化府禁锢片（十一日）………… 1162
滇督岑毓英奏刘永福派员赴桂募勇请兑给路费片（十一日）………………… 1163
滇督岑毓英奏法军挫败仓皇失措片（十一日）………………………………… 1163
总署奏吉林中俄界务舛错请派员履勘据约立界折（十四日）………………… 1164
总署奏美国划还商亏银两片（十四日）……………………………………… 1165
督办福建军务左宗棠等奏援台各营苦战获胜因援断退师折（十五日）……… 1166
兵部尚书彭玉麟奏款议虽定仍宜严备折（十五日）…………………………… 1168
滇督岑毓英奏收复越南广威府不拔县折 附旨（二十三日）…………………… 1169
前桂抚潘鼎新奏攻克文渊及谅山省城折（二十三日）………………………… 1170
李鸿章希元奏吉林与朝鲜通商派员督理商务折（四月初一日）……………… 1172
彭玉麟张之洞倪文蔚等奏越防各军克敌情形折（初二日）…………………… 1173
粤督张之洞奏唐景崧军越境会剿及遵旨撤兵折 附译书报三件（初二日）…… 1176
滇督岑毓英奏遵旨停战撤师仍随时严密整备折 附单（初八日）……………… 1180
滇督岑毓英奏条约未定遵旨严防并呈越都路程单片 附单（初八日）………… 1181
督办广西军务苏元春等奏官军在关前隘克复一州一府折（十二日）………… 1182

清季外交史料卷五十八　光绪十一年四月下至五月 …… 1186
北洋会办吴大澂奏吉林东边界牌年久失修请饬总署与俄使商换石牌折（四月十四日） …… 1186
督办广西军务苏元春等奏遵旨停战撤兵此后边防倍关紧要请饬催各省协饷以济要需折　附旨（十五日） …… 1187
滇督岑毓英奏粤督派员来桂咨会停战业已遵办片（二十二日） …… 1188
广西提督苏元春等奏撤兵后边防布置情形折　附旨（二十八日） …… 1189
粤督张之洞奏派员兼办洋务并据理依约办理交涉片　附旨（二十八日） …… 1189
办理广东防务彭玉麟等奏保唐景崧片（二十八日） …… 1191
直督李鸿章等奏与法使商议条约画押竣事折　附中法新约（二十九日） …… 1192
直督李鸿章奏和议成后请向法使索还所掳平安弁兵片（二十九日） …… 1194
直督李鸿章奏请拨款筹办朝鲜至奉天电线折（五月十二日） …… 1195
滇督岑毓英奏撤兵行抵文盘州布置防务折（十二日） …… 1196
滇督岑毓英奏陈唐景崧在越战功片（十二日） …… 1197
总署奏英国拟在花鸟山添设海线引端上岸折　附照会四件（十二日） …… 1197
直督李鸿章奏撤回朝鲜驻兵调扎旅顺以作声援折　附旨（二十一日） …… 1200
直督李鸿章奏请派张曜会同庆裕妥筹东边防务片（二十一日） …… 1200
礼部奏朝鲜国王咨派员前往日本修好事竣折　附咨文（二十一日） …… 1201

清季外交史料卷五十九　光绪十一年六月 …… 1202
总署奏法国使臣到京请饬使法大臣前往驻扎折（六月初三日） …… 1202
总署奏请简派驻比国使臣片（初三日） …… 1202
滇督岑毓英奏现在防次调度并撤兵回界折（初四日） …… 1203
直督李鸿章致总署筹议朝鲜善后函　附函件并密议（初六日） …… 1204
中国代办朝鲜陆路电线合同（初六日） …… 1208
直督李鸿章奏招商局向旗昌洋行收回船产折（初十日） …… 1209
直督李鸿章奏中法因战事被掳兵民互相交还片（初十日） …… 1210
督办福建军务左宗棠等奏查明澎湖失事文武员弁下落请旨惩处折（十六日） …… 1211
直督李鸿章与朝鲜大院君李昰应问答语录（二十一日） …… 1212
朝鲜大院君李昰应与许钤身笔谈录（二十三日） …… 1214
朝鲜大院君李昰应与周馥笔谈录（二十四日） …… 1215

清季外交史料卷六十　光绪十一年七月至八月 …… 1217
滇督岑毓英奏关外各军一律撤竣折　附旨（七月初一日） …… 1217
滇督岑毓英奏滇军阵擒法兵并无存留请与法使理论片（初一日） …… 1218
粤督张之洞奏抚戢教民片（初二日） …… 1218
礼部奏朝鲜国王咨请查勘图们江界务折　附原咨（初六日） …… 1219
礼部奏据朝鲜国王咨称朝使臣所带货物请免税一节应照章办理片（初六日） …… 1220
总署奏请将朝鲜贡使物品免税章程量加变通片（初七日） …… 1222
帮办福建军务杨岳斌等奏澎湖法船撤退并查明失守情形折（初八日） …… 1222
直督李鸿章致总署论朝鲜事宜函　二件　附函稿并笔谈（十五日） …… 1223
总署奏请派员勘定滇越边界折（二十日） …… 1229
总署奏议复朝鲜请查勘图们江拟会同指明确证折（二十日） …… 1229
军机处奏添兵驻边筹护朝鲜片（二十日） …… 1230
礼部奏朝鲜例行公事应照旧章办理折（二十二日） …… 1231
粤督张之洞奏租购洋船以资转运片（二十五日） …… 1232
粤督张之洞奏拦截省河情形片（二十五日） …… 1232
川督丁宝桢等奏整顿西藏不可遽事更张折（二十六日） …… 1233
总署奏请派员会议中法滇粤通商章程折　附上谕（八月十一日） …… 1233
礼部奏朝鲜国王咨请放李昰应回国折　附上谕（十二日） …… 1234
礼部奏朝鲜国王咨吴兆有等驻韩劳苦备至恳加奖赏折　附上谕（十二日） …… 1235
使德许景澄致总署英人包办洋药税各国亦要求电（十二日） …… 1235
直督李鸿章奏遵旨派员护送李昰应归国折（十七日） …… 1235
总署致曾纪泽议洋药税事希照会俄国取其复据电（二十七日） …… 1236

清季外交史料卷六十一　光绪十一年九月至十月 …… 1237
津道周馥致李鸿章英派议西藏通商人员进京电（九月初二日） …… 1237
总署奏俄廷派员履勘边界片（初二日） …… 1237
使德许景澄致总署洋药事咨法德劼侯谓不可作商量语澄见相同电（初三日） …… 1237
谕崧骏等阿城临清一带试办铁路着派员查看有无妨碍电（初七日） …… 1238
谕丁宝桢等英使来议印藏通商着派员开导藏番电（初七日） …… 1238
使英曾纪泽奏与英外部议订洋药税厘并征并李鸿章前定条约缮册呈览折　附专条（初十日） …… 1238
使英曾纪泽奏遵旨与英外部议定洋药税厘并征续增专条画押盖印日期及办理

情形折（十一日） …………………………………………………… 1240
英国印度部致总署陈说西藏通商节略（十一日） …………………… 1242
直督李鸿章致总署据王永胜等禀报护送李昰应回韩情形录请鉴核函　附禀稿三件（十一日） …………………………………………………… 1243
使英曾纪泽致总署英取缅北我宜取八幕电　附旨二件（十四日） ……………… 1245
直督李鸿章致总署袁世凯报朝鲜与俄换商约电（十七日） …………… 1246
直督李鸿章致总署英从印度运兵取缅电（十七日） ……………………… 1246
使英曾纪泽致总署定造快船应否加铁甲请代奏电（十八日） …………… 1247
粤督张之洞奏请调唐景崧随办桂界电　附旨（十八日） ………………… 1247
使美郑藻如致总署报美煤工焚毙华工电（二十二日） …………………… 1247
直督李鸿章奏请派袁世凯总办朝鲜交涉事宜折（二十三日） …………… 1248
直督李鸿章奏袁世凯足智多谋请优予奖擢片　附旨（二十三日） ……… 1248
使英曾纪泽致总署辩阻英人图缅应否提明属国电　附旨（二十三日） ………… 1249
直督李鸿章致总署报法使赴京递国书电（二十三日） …………………… 1249
使法许景澄致总署报法分界员赴北海会齐电（二十三日） ……………… 1249
使法许景澄致总署询新式快船应否照定乞示电　附旨（二十三日） ………… 1250
直督李鸿章致总署许景澄所定快船尚为周密请代奏拨款电　附旨（二十七日） …………………………………………………… 1250
直督李鸿章致枢垣朝鲜请兵拟照约知照日本电（二十七日） …………… 1250
直督李鸿章致总署已遵旨饬敦约翰往罗马电（二十九日） ……………… 1251
谕着李鸿章派兵防卫朝鲜电（十月初一日） ……………………………… 1251
滇督岑毓英奏越南国王遣使请锡封颁发国印折（初一日） ……………… 1251
滇督岑毓英奏请饬商法使退还北圻以存越祀片　附上谕（初一日） ………… 1252
谕周德润邓承修着会同各督抚妥慎分勘越界电（初二日） ……………… 1253
粤督张之洞致枢垣报勘界各员行程电（初二日） ………………………… 1253
使法许景澄致总署越南勘界请与法议宽留瓯脱以杜争衅函　附译报（初五日） …………………………………………………… 1253
使英曾纪泽致总署报缅不允英夺其自主权电（初五日） ………………… 1256
粤督张之洞奏沙面案恤款向汇丰洋行借发片（初六日） ………………… 1256
税司赫德呈总署英国向缅甸提出赔罪办法电（初六日） ………………… 1256
粤督张之洞致总署刘永福俟布置妥洽率部来东电（初十日） …………… 1257
使英曾纪泽因中越界务与法人巴品密谈语录（十一日） ………………… 1257
旨寄李鸿章中法界务紧要着与岑毓英酌办电（十一日） ………………… 1258
旨寄张荫桓着与张之洞预筹护商兵轮劝华侨捐赀购造事宜电（十一日） …… 1258

谕张之洞周德润邓承修中法界务宜妥慎筹办电（十一日） ······ 1258
使英曾纪泽致总署缅贡事英复文感谢电（十二日） ······ 1259
滇督岑毓英奏都竜系云南旧境请于勘界时酌议收回片（十八日） ······ 1259
使美郑藻如致总署洛士丙冷案田使若来剖辩乞严词拒之冀美廷速办电（二十六日） ······ 1260
使英曾纪泽致总署拟请英以八幕为华商埠候示电（二十六日） ······ 1260
直督李鸿章致总署英据缅甸都城缅已求和投降电（二十六日） ······ 1260

清季外交史料卷六十二　光绪十一年十一月至十二月 ······ 1261
总署致李鸿章论中法约款函　附草案及条约（十一月初一日） ······ 1261
邓承修李秉衡致枢垣报旧越王奔广治电（初一日） ······ 1267
邓承修李秉衡致总署瓯脱事俟法使来遵旨力辩并在交界处所会议电　二件（初一日） ······ 1267
粤督张之洞致总署请与英使议据公法禁勿灭缅电（初三日） ······ 1268
粤督张之洞致总署邓李请催法使勘界似宜缓办电（初三日） ······ 1268
粤督张之洞致总署法人畏刘永福屡造诡谋电（初三日） ······ 1268
粤督抚张之洞倪文蔚奏中法界务派员先期查勘片（初三日） ······ 1268
粤督张之洞奏桂越分界宜以文渊州为限片（初三日） ······ 1269
粤督张之洞致总署越南义团战胜请暂缓划界电（初三日） ······ 1269
总署致李秉衡北圻越势稍振界务相机办理电（初四日） ······ 1270
使法许景澄致总署法政府盼和议速成以靖众论电（初五日） ······ 1270
川督丁宝桢奏西藏与英人通商请慎之于始折（初八日） ······ 1270
川督丁宝桢奏藏人傲狠强横通商一事拟先派员开导片（初八日） ······ 1273
川督丁宝桢奏英人因俄官赴藏游历欲与西藏先行通商片　附程站单（初八日） ······ 1273
粤督张之洞致总署法政府不愿弃北圻电（初九日） ······ 1275
直督李鸿章致总署徐使电韩乱党欲在日起事俟查明办理电　二件（初九日） ······ 1275
总署致曾纪泽缅有蛮幕无八幕英专使来议缅事署已拒之电（初九日） ······ 1276
直督李鸿章致总署据袁世凯报日本乱党前往朝鲜电　附旨（初九日） ······ 1276
使英曾纪泽致总署英俟印督到缅始决存灭办法电　附旨（十一日） ······ 1276
税司赫德呈总署中法宜以诚意谈判和议节略（十一日） ······ 1276
使法许景澄致李鸿章越事界务宜多争商务不让电（十一日） ······ 1277
直督李鸿章致总署日人谓朝鲜乱事袁世凯据谣言电闻致惊人心电（十六日）

…………………………………………………………………………………… 1277
使英曾纪泽致总署询乾隆时缅王金印式样电（十六日） ………… 1278
旨寄李鸿章着筹备派兵往朝鲜电（十六日） ………………… 1278
旨寄邓承修滇省勘界需人着唐景崧前往电（十七日） ………… 1278
旨寄许景澄法退北圻意在多占商利勿与开谈电（二十日） ……… 1278
总署致曾纪泽说明缅王金印式样电（二十日） ……………… 1279
直督李鸿章致总署韩乱首朴泳孝赴香港电（二十二日） ……… 1279
勘界大臣邓承修致总署法浦使抵谅山未令入关电（二十二日） …… 1279
直督李鸿章致总署邓承修电浦使不允护抚与议电（二十三日） …… 1279
直督李鸿章致总署戈使以谕旨无桂抚勘界字样欲不承认请疏解电
（二十四日） ………………………………………………… 1280
总署致李鸿章桂抚系奉旨办界务已函戈使电（二十四日） ……… 1280
使英曾纪泽致总署报英废缅王并洋药事请缓议电（二十四日） …… 1280
总署致曾纪泽奉旨缅以地让英未告中国宜预筹电（二十四日） …… 1280
粤督张之洞致总署谅山归粤非口舌能争惟有耀兵抵制电（二十五日） ……… 1281
谕着李鸿章确查朝鲜乱党勿堕诡谋电 二件（二十五日）……… 1281
邓承修张之洞致总署法使欲至龙州请禁阻电 附旨（二十六日）…… 1282
直督李鸿章致总署据德璀琳报俄人阴谋电（二十六日） ……… 1282
总署致张之洞冯苏耀兵无益划界事与邓李商办电（二十六日） …… 1282
粤督张之洞致总署法领事赴越勘界欲经粤桂滇电（二十七日） …… 1282
使英曾纪泽致总署责英未与华议遽灭缅甸为食言电（二十八日） …… 1283
谕岑毓英张凯嵩英扰缅甸着慎重边防电（二十九日） ………… 1283
直督李鸿章奏朝鲜使臣等行李货物酌量蠲征折（十二月初二日） …… 1283
谕李鸿章着续设三姓及黑龙江陆路电线电（初二日） ………… 1285
直督李鸿章致总署徐使电井上允诱金玉均至沪电（初三日） …… 1285
滇督岑毓英等奏商办滇边界务情形折（初四日） ……………… 1286
勘界大臣邓承修奏行抵桂边日期附陈关隘大略情形折（十二月初四日） …… 1287
勘界大臣邓承修致总署与浦使开议界务情形电 附旨（初四日）…… 1288
使英曾纪泽致总署报英廷允商缅事电（初六日） ……………… 1288
粤督张之洞致总署岑督电已饬属前赴腾越扼防电（初八日） …… 1288
使英曾纪泽致总署英允缅另立国王管教不管政电（初九日） …… 1289
总署复曾纪泽缅甸存祀入贡拓界各事得旨照办电（初十日） …… 1289
粤督张之洞致总署报邓李出关开议中法界务电（初十日） ……… 1289
直督李鸿章致总署袁世凯电英如不退巨文岛或议租地电（十一日） ………… 1289

谕杨昌濬刘铭传等台湾建设行省着会商奏办电（十二日） …………………… 1289
滇抚张凯嵩奏英缅已决战并绘进缅边地图折（十二日） …………………… 1290
滇抚张凯嵩奏据探报英兵胜缅正在议和片（十二日） …………………… 1291
邓承修李秉衡等致总署报中法界务开议情形并随员关朝宗病故请恤电
二件 附旨（十二日） …………………… 1291
勘界大臣邓承修等致总署浦使欲以尺地饵我易沿边诸隘当力争电（十四日）
…………………… 1292
勘界大臣邓承修等致总署议界事当遵旨妥办电（十六日） …………………… 1292
直督李鸿章致总署复邓承修等调停划界争执电（十六日） …………………… 1293
粤督张之洞致总署巴黎函法议员愿弃北圻电（十六日） …………………… 1293
直督李鸿章致总署据袁世凯报朝鲜群小持政电（十七日） …………………… 1293
总署致许景澄洋药事德使允照英议电（十九日） …………………… 1294
总署致李鸿章韩事棼乱饬袁世凯确探随时电达电（二十日） …………………… 1294
滇督岑毓英奏英缅兵争拟筹布边防以资警备折 附上谕（二十一日） …………………… 1294
直督李鸿章致总署袁世凯报朝鲜混乱情形电（二十二日） …………………… 1296
张之洞倪文蔚奏钦州与越南地界请及时改正折（二十四日） …………………… 1296
总署致曾纪泽询英议院议案并缅事如何速复电（二十五日） …………………… 1297
闽督杨昌濬致总署派弁缉盗未照会港督致周弁被拘电（二十五日） …………………… 1298
总署致杨昌濬周弁事由闽电港督可望释放电（二十五日） …………………… 1298
总署致邓承修李秉衡勘界事希按约速了电（二十六日） …………………… 1298
使英曾纪泽致总署报近商缅事进行颇顺电（二十六日） …………………… 1298
总署致曾纪泽洋药新约德已允速与英商定办法电（二十七日） …………………… 1299
直督李鸿章致总署华人滋闹韩海关业解押内渡电（二十七日） …………………… 1299
直督李鸿章致总署英外相拟与曾使订洋药新章电（二十七日） …………………… 1299
使英曾纪泽致总署与英外部克雷谈香港洋药税电（二十七日） …………………… 1299

清季外交史料卷六十三　光绪十二年正月 …………………… 1300
粤督张之洞致总署报中法会议界务保乐允归我电（正月初一日） …………………… 1300
直督李鸿章致总署邓李使电保乐等处归我电 附旨（初一日） …………………… 1300
使英曾纪泽致总署拟争回滇边各地英虽未允宜为之备电（初二日） …………………… 1301
直督李鸿章致总署据法使言界务请照新约办理电（初三日） …………………… 1301
直督李鸿章致总署罗马电传教事愿照中国之意办理电（初三日） …………………… 1301
总署致邓承修李秉衡请遵旨照约划界勿再拘执贻误电（初四日） …………………… 1302
旨寄邓承修等粤桂滇三省界务着按约办理电（初四日） …………………… 1302

总署致曾纪泽洋药事拟与英使各派员赴港商办电（初四日） …………………… 1302
直督李鸿章致总署据邓承修等报划界近状电（初四日） ……………………… 1302
总署致邓承修等迅将与法使议界情形电复电（初五日） ……………………… 1303
直督李鸿章致总署邓李如遵旨勘界必可相安电（初五日） …………………… 1303
使英曾纪泽致总署赴港议洋药税之员须慎择电（初五日） …………………… 1303
滇抚张凯嵩奏英人据缅情形折 附上谕及禀（初六日） ……………………… 1303
闽督杨昌濬致总署据福领事述港督电盗案由京办理电（初六日） …………… 1305
总署致曾纪泽若误争怒江之东则腾越转归界外电（初六日） ………………… 1306
使英曾纪泽致总署英约批准已转达洋药事在港会议电（初六日） …………… 1306
军机处代递徐承祖论韩事函 附日人密探各事清册（初九日）……………… 1306
使英曾纪泽致总署俄请派员勘界断不可允电（初九日） ……………………… 1308
滇督岑毓英等奏履勘云南边界折 附上谕（初九日）………………………… 1308
驻藏大臣色楞额等奏派员开导藏番折 附上谕（十二日）…………………… 1309
勘界大臣邓承修等致总署先勘原界有三难二害电（十二日） ………………… 1310
直督李鸿章致总署郑使电美土人戕害华工电（十三日） ……………………… 1311
直督李鸿章致总署伦敦电法派大员往越电（正月十四日） …………………… 1311
旧金山中华会董致总署土人杀害华人求请美廷保护电（十四日） …………… 1311
直督李鸿章致总署法使言北圻有粤兵轮上岸请撤回电 附旨（十六日）……… 1311
总署致曾纪泽商办洋药善后专章电（十七日） ……………………………… 1312
直督李鸿章致总署朝鲜请添设釜山至汉城电线电（十七日） ………………… 1312
直督李鸿章致总署邓使等电划界事中路可先定电（十七日） ………………… 1312
勘界大臣邓承修等致总署法允文渊海宁保乐归我电（十七日） ……………… 1313
使日徐承祖奏添设新泻等处理事折（十七日） ……………………………… 1313
滇抚张凯嵩奏筹办缅甸边防及开矿情形折 附上谕（十九日）……………… 1314
粤督张之洞致总署论钦州九头山形势电（十九日） ………………………… 1315
粤督张之洞致总署兵轮在钦州九头山捕盗并无据地电（十九日） …………… 1316
闽督杨昌濬致总署香港盗犯亟须按约索还电（十九日） …………………… 1316
直督李鸿章致总署郑藻如电洛士丙冷案美交议院议赔电（二十日） ………… 1316
粤督张之洞致枢垣请敕电郑使商美廷保护华工电（二十日） ………………… 1316
直督李鸿章致总署与法使议通商减税电（二十二日） ……………………… 1317
总署致李鸿章九头山捕盗案希告法使勿误会电（二十二日） ………………… 1317
总署致曾纪泽黑龙江之簇粗鲁海图卡系中国地不准外人开矿电（二十二日）
……………………………………………………………………………… 1317
直督李鸿章致总署法使谓商税若五分减一他款皆不必议电（二十三日） …… 1317

总署致李鸿章请对法使坚持减税函（二十三日） …… 1318
直督李鸿章致总署袁世凯电日欲逐金玉均至美电（二十五日） …… 1318
总署奏派赫德赴港会商洋药新章片（二十五日） …… 1318
勘界大臣邓承修等致总署浦使议界悔改前说事迄无成遵旨秋末再议电 附旨（二十五日） …… 1319
使法许景澄致总署欲改界议须宕商务以为牵制电（二十五日） …… 1319
直督李鸿章致总署邓李电称法使划界狡展情形电（二十六日） …… 1319
直督李鸿章致总署李兴锐禀邓承修刚愎拖延事败垂成电（二十七日） …… 1320
直督李鸿章致总署据法领言税则减五分之一必不能允请照俄约办理电 附旨（二十七日） …… 1320
勘界大臣邓承修致总署俟界务可缓拟回龙州就医请代奏电（三十日） …… 1321
直督李鸿章致总署勘界事已电邓承修先立文据电（三十日） …… 1321
总署致李鸿章请转邓承修速办界务电（三十日） …… 1321

清季外交史料卷六十四　光绪十二年二月 …… 1322
直督李鸿章致总署朝鲜诸闵乱政李昰应求来津电（二月初一日） …… 1322
直督李鸿章致总署与法议界务既将歇手商约宕否乞请旨电 附旨（初一日） …… 1322
直督李鸿章致总署云督电法兵胜越及勘界情形电（初一日） …… 1322
滇督岑毓英奏复陈滇缅边务情形折（初二日） …… 1323
滇督岑毓英等奏法人改立越君并接越臣禀函据情代奏折 附原禀（初二日） …… 1324
旨寄曾纪泽着俟英缅事议定后回华电（初二日） …… 1326
使英曾纪泽致总署英缅事决用刚柔二策电 附旨（初二日） …… 1326
直督李鸿章致总署法外部欲进口税减五分一出口税减三分一电（初三日） …… 1326
旨寄张之洞外传该督因美国华工被害将图报复有无此议着电闻电（初四日） …… 1327
旨寄邓承修先勘原界如病重不能往着李秉衡会勘电（初四日） …… 1327
直督李鸿章致枢垣转张之洞电代邓承修疏通电（初四日） …… 1327
勘界大臣邓承修致总署称病势日增已与狄使商缓至秋末勘界电 附旨（初四日） …… 1327
桂抚李秉衡致总署与法通商宜在谅山以北之越地电 附旨（初四日） …… 1328
粤督张之洞致总署美害华工领事来牍道谢西人因惧生讹乞商禁电（初六日） …… 1329

直督李鸿章致总署报法使来议税则将定局电（初七日） …………………… 1329
使英曾纪泽致总署与英议缅甸事倘照例贡献可否了结电 附旨（初九日）…… 1330
滇督岑毓英致总署请饬曾纪泽不可误认潞江电（十一日） …………………… 1330
使英曾纪泽致总署争存祀未得不宜遽定界务商务电（十一日） ……………… 1330
总署致曾纪泽岑电与英议界潞江东地归中国断不可许电（十一日） ………… 1330
谕岑毓英已饬曾纪泽改正潞江之误电（十二日） …………………………… 1331
使英曾纪泽致总署遵旨力争缅祀并潞江下游电（十二日） ………………… 1331
勘界大臣邓承修致总署法使定勘界日期电（十三日） ……………………… 1331
川督丁宝桢奏筹备川省边防折（十四日） …………………………………… 1331
川督丁宝桢奏廓尔喀为西藏屏蔽请予嘉奖片（十四日） …………………… 1332
滇督岑毓英奏缅人赍书备贡求援折 附上谕及原书（二十四日） …………… 1333
总署致曾纪泽嘱争缅祀须给照会并索照复电（二十七日） ………………… 1334

清季外交史料卷六十五　光绪十二年三月上…………………………………… 1335
直督李鸿章致总署徐承祖转伊藤言英赠贵国皇帝宝星系二等请酌量辞却乞
代奏电（三月初九日） …………………………………………………………… 1335
勘界大臣邓承修致总署与法使议由南关起勘电 附旨（十三日）…………… 1335
使英曾纪泽致总署英人谓如各国不占韩地英还巨文岛电（十四日） ……… 1336
使英曾纪泽致总署英议每十年由缅督派员呈贡电（十五日） ……………… 1336
闽督杨昌濬致总署香港盗案请商英使嘱港督照约交犯电（十五日） ……… 1336
旨寄曾纪泽刘瑞芬应否先任俄事俟到后候旨电（十七日） ………………… 1336
勘界大臣周德润等致总署请商法使速勘滇界电 附旨（十八日）…………… 1337
伊犁将军长庚奏陈西北蒙回及俄边情形折（十九日） ……………………… 1337
伊犁将军长庚奏哈萨克诚心向化应编为佐领片（十九日） ………………… 1339
使英曾纪泽致总署陈明交卸赴俄并高丽催英国退安岛电 附旨（二十二日）
…………………………………………………………………………………… 1339
直督李鸿章奏与法使议订滇粤边界通商章程折 附章程（二十四日） ……… 1339
总署奏吉林图们江边界履勘未定请派员复勘折 附咨（二十五日） ………… 1345

清季外交史料卷六十六　光绪十二年三月下至四月 …………………………… 1351
粤督张之洞奏沙面塞河关系海防不宜复开折（二十五日） ………………… 1351
粤督张之洞等奏筹防桂边分营扼扎请拨的饷折（二十六日） ……………… 1352
勘界大臣周德润等奏法兵已到保胜边境安堵折（二十六日） ……………… 1355
粤督张之洞奏请催设香港领事以期安内驭外折（二十六日） ……………… 1355

使英刘瑞芬致总署报到英日期并英催洋药条约电（二十七日） ………………… 1357
粤督张之洞致总署美使来粤晤谈洛士丙冷案允电外部电 附旨（二十八日） ………………………………………………………………………………………… 1357
直督李鸿章致总署袁世凯电法使逼韩先允传教再议通商电（四月初一日） … 1358
直督李鸿章致总署戈使电滇缅界务先从保胜起勘电 附旨（初一日） ………… 1358
总署致李鸿章韩与他国立约未许传教不能允法电（初一日） ………………… 1358
直督李鸿章致总署韩习教人多未易禁止电（初二日） ………………………… 1358
使英刘瑞芬致总署各岛华民捐赀不宜告知外部电（初三日） ………………… 1359
总署致刘瑞芬查岛民为设领事计目前未可宣露电（初四日） ………………… 1359
粤督张之洞致总署法领索赔教堂损失请坚拒电（初五日） …………………… 1359
直督李鸿章致总署已电曾纪泽往阅英机厂电（初八日） ……………………… 1359
粤督张之洞致总署法领事到粤勿提教堂赔款电（十三日） …………………… 1360
总署致张之洞请坦然接见白领事最为得体电（十四日） ……………………… 1360
总署致许景澄请力争法征侨越华民重税电（十六日） ………………………… 1360
奕谖李鸿章善庆奏校阅黄金山等处南北水操电（十八日） …………………… 1360
奕谖李鸿章善庆奏巡视威海烟台大沽炮台电（二十一日） …………………… 1361
粤督张之洞奏领事包庇走私漏税请知照英国设法约禁折（二十六日） ……… 1361
总署奏朝鲜咨称派朴齐纯为驻津通商大员片（二十六日） …………………… 1364
直督李鸿章致总署英人游历西藏请知照川藏勿任拦阻电（二十六日） ……… 1364
使法许景澄致总署法外部言税事俟查看后核减电（二十八日） ……………… 1365
直督李鸿章奏与驻京教士议定移让北堂在西什库改建折 附合同 二件（三十日） ………………………………………………………………………… 1365

清季外交史料卷六十七 光绪十二年五月至六月 ……………………………………… 1368
滇抚张凯嵩奏报英人迭败于缅并筹防情形折 附上谕（五月初一日） ………… 1368
直督李鸿章致总署劝阻英人从缓入藏游历电（初一日） ……………………… 1369
闽督杨昌濬致总署请商英使函港官引渡海盗电（初一日） …………………… 1369
中俄勘界大臣吴大澂等奏赴俄境会商界务日期折（初四日） ………………… 1369
粤督张之洞致总署请饬粤关并总税司缓抽半税电（十一日） ………………… 1369
旨着曾纪泽与英议存缅祀电（十三日） ………………………………………… 1370
旨着邵友濂来京与总署商洋药办法电（十三日） ……………………………… 1370
直督李鸿章致总署韩群小自主斥华情形电 附旨（十四日） ………………… 1370
粤督张之洞奏旧金山华民被害请催美国惩办折（十五日） …………………… 1371
粤督张之洞奏法领事请赔教堂毁失各物业经力驳片（十五日） ……………… 1374

直督李鸿章致总署韩闵党挑拨各国制华电（十九日） …………………………… 1374
总署致李鸿章请转吴大澂中俄以图们江口为界可照办电（二十二日） ……… 1375
直督李鸿章致总署法韩定约声明中国属邦电（二十三日） …………………… 1375
总署致许景澄查岛事英法已允和兰不应阻电（二十五日） …………………… 1375
粤督张之洞致总署请驳英领事会审电（二十五日） …………………………… 1375
粤督张之洞致总署和兰反对查岛请电许使商洽电（二十五日） ……………… 1376
直督李鸿章致总署据吴大澂电图们江一段重绘分图电（二十八日） ………… 1376
滇督岑毓英奏据腾越边报缅人具禀乞援折　附禀及上谕（二十九日） ……… 1376
中俄勘界大臣吴大澂致李鸿章转总署中俄界务展拓旧图电　附旨
（六月初二日） ……………………………………………………………… 1378
使法许景澄致总署和兰外部不准华员访查属岛电（初二日） ………………… 1378
总署致吴大澂如不能争到海滩尽处照旧图定界电（初二日） ………………… 1378
总署致徐承祖盐田修约希查示电（初四日） ………………………………… 1378
驻藏大臣色楞额等奏英人游历西藏派员开导藏番折　附上谕（初六日） ……… 1378
总署致邵友濂港澳洋药事令赫德筹商电（初六日） …………………………… 1380
粤督张之洞致枢垣查岛事请催许景澄速与和兰商妥电（初七日） …………… 1380
沪道邵友濂自港致总署澳门洋药税请派员会查电（初八日） ………………… 1381
直督李鸿章致总署据邵友濂电洋药事请与澳门立约电（初八日） …………… 1381
直督李鸿章致总署据赫德报洋药税拟订办法电（初八日） …………………… 1381
直督李鸿章致总署据吴大澂电报中俄划界立牌电（初九日） ………………… 1382
直督李鸿章致总署邵电澳门洋药订章须先定约电（初十日） ………………… 1382
直督李鸿章致总署据赫德言洋药税事须先立约电（初十日） ………………… 1382
直督李鸿章致总署报俄船窥伺永兴湾丁汝昌等已乘铁舰赴韩电（十三日） … 1383
周德润岑毓英致总署如法使狄隆到保胜当与妥商界务电（十四日） ………… 1383
直督李鸿章致总署据宜昌电重庆民教争闹电　附上谕（十四日） …………… 1383
总署致李鸿章滇越勘界应改处所预立标识希转达电（十五日） ……………… 1384
总署奏与英使订立缅甸条约折　附条款（十七日） …………………………… 1384
直督李鸿章致总署邵友濂报办理洋药税情形电　附旨（十七日） …………… 1385
使法许景澄致总署和兰允华员游历属岛电（十八日） ………………………… 1386
勘界大臣周德润致总署定期会勘滇越边界电（十八日） ……………………… 1386
中俄勘界大臣吴大澂等奏中俄划界经过情形折　附珲春界约及道路记界牌记九件
（二十三日） ………………………………………………………………… 1386
中俄勘界大臣吴大澂等奏与俄勘界员会商图们江及宁古塔界牌片（二十三日）
…………………………………………………………………………………… 1394

总署致刘瑞芬言缅事已与欧使定议画押电（二十四日） …………………… 1394
税司赫德致李鸿章澳门愿办洋药税电（二十四日） ……………………… 1394
直督李鸿章致总署吴大澂报中俄境界已测准电（二十五日） ……………… 1394
护川督游智开奏藏番不允英人游历派员开导被阻折 附上谕（二十六日） …………………………………………………………………………………… 1395
直督李鸿章致总署据邵友濂转赫德电港澳洋药税须一体办理电（二十六日） …………………………………………………………………………………… 1395
总署致李鸿章请询邵友濂澳门洋药税事有无防弊办法电（二十七日） ……… 1396
直督李鸿章致总署据赫德电澳督欲中国允从葡人居用澳门电（二十七日） … 1396
臬司邵友濂致李鸿章洋药税事港督拟回国请示电（二十八日） …………… 1396
直督李鸿章致总署赫德电洋药税事澳人要求自身利益电（二十九日） ……… 1396

清季外交史料卷六十八 光绪十二年七月至八月 …………………………………… 1397
滇督岑毓英奏英人屡被缅兵攻挫关外土司请内附折 附上谕（七月初三日） …………………………………………………………………………………… 1397
总署致李鸿章毋庸商减教堂偿款电（初三日） ……………………………… 1398
礼部奏朝鲜与法国立约情形折 附咨文（初四日） ………………………… 1398
总署奏陈订定英约五条盖印画押日期折（初五日） ………………………… 1399
税司赫德致李鸿章趸船及设税司事澳督均允办电（初五日） ……………… 1399
直督李鸿章致总署据赫德称洋药事澳督提出三节待商电（初六日） ……… 1399
直督李鸿章致总署周德润行抵河口俟界务办有端倪再达电（初八日） …… 1399
直督李鸿章致总署小吕宋等处议设领事请令张荫桓与日廷妥商电（初八日） …………………………………………………………………………………… 1400
使英刘瑞芬致总署报英国枢部调动电（初八日） …………………………… 1400
勘界大臣周德润致总署报与法使查勘滇越界务电（初九日） ……………… 1400
粤督张之洞致总署小吕宋华人被害请电张荫桓设法保护电 附旨（初九日） ……………………………………………………………………………… 1400
总署致赫德澳门办洋药税事应从长计议电（初十日） ……………………… 1401
直督李鸿章致总署据张荫桓称小吕宋设领事无专约电（十一日） ………… 1401
谕刘秉璋游智开川省民教滋事着持平审结电 二件（十四日）……………… 1401
使美张荫桓奏陈旧金山戕害华工案办理情形片（十四日） ………………… 1402
总署致许景澄澳门洋药税事可援西例辩驳电（十四日） …………………… 1403
直督李鸿章致总署法领事来商滇越勘界电（十四日） ……………………… 1403
总署奏日本请修约章拟与酌议折（十四日） ………………………………… 1403

直督李鸿章致总署徐承祖报金玉均被押小笠原电（十五日） …………………… 1404
总署致李鸿章请转周德润改界设埠宜互相抵制电（十五日） …………………… 1404
直督李鸿章致总署吴大澂报中俄界务勘毕回珲春电（十五日） …………………… 1405
使美张荫桓致总署洛款久无消息请属田使确询电（十五日） …………………… 1405
芜湖道致总署华人求领事包庇运烟电（十七日） …………………………… 1405
懿旨饬李鸿章整军严备朝鲜事变电（十八日） ……………………………… 1405
总署致芜湖道查封私运烟土之洋行须见机妥办电（十九日） …………………… 1406
护川督游智开等奏藏番阻英人入藏派喇嘛劝导折（二十二日） ………………… 1406
总署致赫德澳门外厘卡俟洋药新章开办后再定电（二十四日） ………………… 1407
江督曾国荃致总署李鸿章商请派船往韩已照办电（二十四日） ………………… 1407
税司赫德致总署澳督所拟洋药税办法请示复电　二件（二十四日）……………… 1407
直督李鸿章致总署韩求俄保护宜静以待动电　附懿旨（二十六日）……………… 1408
勘界大臣周德润致总署报与法议定勘界办法电（二十八日） …………………… 1408
总署致张之洞澳督欲撤澳外厘卡有无大损希复电（二十八日） ………………… 1409
直督李鸿章致总署吴大澂报图们江口中国行船事宜电（八月初一日） ………… 1409
直督李鸿章致总署据徐承祖电称崎案难即了电（初二日） ……………………… 1410
直督李鸿章致总署俄使言中俄永不取朝鲜土地电（初二日） …………………… 1410
勘界大臣周德润等奏陈会议开勘滇越界务折（初七日） ………………………… 1410
使日徐承祖致总署报向日商订购铜砖价目电　二件（初七日）…………………… 1411
芜湖道致总署私土事领事若转圜可迁就电（初八日） …………………………… 1412
勘界大臣周德润致总署法派员会勘龙膊舟行被劫退回电（初八日） …………… 1412
直督李鸿章致总署滇缅边兵饷匮请催协济电（初八日） ………………………… 1413
直督李鸿章致总署法领来询滇边法兵被戕事电（初九日） ……………………… 1413
税司赫德致总署办理澳门洋药税须裁撤卡子理由电（初九日） ………………… 1413
直督李鸿章致总署与法使晤谈勘路法兵被戕事电（初九日） …………………… 1414
粤督张之洞致总署澳外不能撤卡电（初十日） …………………………………… 1414
直督李鸿章致总署据吴大澂报俄无占巨文岛意电（初十日） …………………… 1415
总署致杨昌濬英使照称港督交出海盗解赴粤电　二件（初十日）………………… 1415
直督李鸿章致总署云桂通商章程法使欲商改电（初十日） ……………………… 1415
勘界大臣周德润致总署游勇攻越并岑督法使皆染病电（十五日） ……………… 1415
周德润岑毓英致总署与法使会议界务俟奉旨允准再行画押电　二件　附旨
（二十日） ……………………………………………………………………… 1415
直督李鸿章致总署法使请展限再勘界乞代奏电（二十三日） …………………… 1416
总署致徐承祖准照价订购铜砖电（二十四日） …………………………………… 1417

直督李鸿章致总署朝鲜请俄保护寻出实据与徐相雨笔谈并函劝该国王书 附函咨及笔谈（二十五日） …… 1417
使日徐承祖致李鸿章担文办理崎案颇得力请支律师费电 二件 附李鸿章与总署来往电（二十八日） …… 1421
直督李鸿章致总署法使电称并无侵界之意请告勘界大臣电（二十九日） …… 1422

清季外交史料卷六十九 光绪十二年九月至十二月 …… 1423
谕总署朝鲜致书通俄系奸人捏造着照会各使作为废纸（九月初二日） …… 1423
总署致李鸿章英议将巨文作为商埠请劝还朝鲜电（初三日） …… 1423
总署致李鸿章转吴大澂在津商办图们江行船事电（初六日） …… 1424
总署奏张之洞不见法领事致滋藉口请令接见折 附旨（初六日） …… 1424
粤督张之洞奏钦州界务前未划清谨列证据以正幅员折 附证据单（初六日） …… 1425
总署致周德润岑毓英中越勘界应通融办理电（初六日） …… 1428
勘界大臣邓承修致总署法使拟穷历粤边请派员偕往电（初六日） …… 1429
直督李鸿章致总署苏元春电越藩举兵高平省颇有杀害已安抚百姓电 二件（初八日） …… 1429
直督李鸿章致总署报与俄使英领商巨文岛事函（十一日） …… 1429
桂抚李秉衡致总署预筹桂越通商应在谅山以北电（十四日） …… 1430
直督李鸿章致总署袁世凯劝韩王仍隶中朝电（十四日） …… 1430
直督李鸿章致总署韩事照会俄使不肯改稿电 附旨及懿旨（十四日） …… 1431
总署致李鸿章图们江行船事请转吴大澂速办电（十六日） …… 1431
直督李鸿章致总署据吴大澂报俄准图们江行船电（十八日） …… 1432
直督李鸿章致总署与俄使商不占据朝鲜土地函（二十五日） …… 1432
直督李鸿章致总署据袁世凯电图们江界韩廷自知有误电（二十七日） …… 1432
直督李鸿章致总署俄允不占韩地并催英退巨文电（二十八日） …… 1433
勘界大臣周德润致总署滇越界务定议画押电（十月初四日） …… 1433
直督李鸿章致总署苏元春电越南游勇败窜电（十三日） …… 1433
粤督张之洞致总署法兵攻据东兴之长村请照会法使禁止电（二十一日） …… 1433
直督李鸿章致总署徐承祖电崎案日本意存延宕请示电（二十一日） …… 1434
总署致李鸿章崎案日本空言搪塞请另筹办法电（二十三日） …… 1434
滇督岑毓英致总署英攻缅甸滇防吃紧回省镇摄电（二十三日） …… 1434
总署致李鸿章据袁世凯电拟允韩水陆税则一律电（二十三日） …… 1435

使法许景澄致总署据佛来言与华商改税则新约电（二十四日） …………………… 1435
总署致李鸿章崎案悬而不办彼当自作转圜电（二十五日） ……………………… 1435
直督李鸿章致总署徐承祖电崎案日人狡逞拟言撤使冀有转圜电（二十六日）
……………………………………………………………………………………… 1435
川督刘秉璋等奏筹商英藏交涉折（二十七日） ……………………………………… 1436
直督李鸿章致总署徐使电崎案日本狡赖拟移京再核请示电 附旨
（十一月初一日） ……………………………………………………………………… 1438
粤督张之洞致总署法越相攻越人愿内附请代奏电 二件 附上谕（初六日） … 1438
粤督张之洞致总署奉旨法越相攻置之不问当恪遵电（十一日） ………………… 1439
总署致李鸿章添派分勘员一节俟法使复到再办电（十一日） …………………… 1439
直督李鸿章致总署俄使拟定永远不占韩地照会电（十一日） …………………… 1440
总署奏议复印藏通商事宜折 附旨（二十一日） …………………………………… 1440
总署致李鸿章狄隆电称定期勘界请转邓承修电 二件（二十三日） ……………… 1442
勘界大臣邓承修奏如期赴界会勘折（十二月初六日） …………………………… 1442
总署奏英人退还朝鲜巨文岛片 附照会（初十日） ………………………………… 1443
勘界大臣邓承修致总署狄使以江平黄竹为越地电（十二日） …………………… 1444
粤督张之洞致总署日人以兵轮失踪为词拟派舰来粤寻访电（十三日） ……… 1444
直督李鸿章致总署与法领事私议中法对越事电（十七日） ……………………… 1445
闽督杨昌濬致总署日领知照不派兵舰到闽寻船电（二十二日） ………………… 1445
总署致各省督抚通告洋药税开办日期电（二十二日） …………………………… 1445
勘界大臣邓承修致总署狄使不愿据旧图划界电（二十四日） …………………… 1445
总署致邓承修询安南沐平是否江平即复电（二十五日） ………………………… 1446
总署致张之洞法使言粤法领署武弁窃木请查究电（二十八日） ………………… 1446
直督李鸿章致总署袁世凯电日使来探巨文岛事告以英退还华不代守电
（二十八日） ……………………………………………………………………………… 1446
沪道龚照瑗致李鸿章万年青轮船在吴淞被美船撞沉请议赔电
（三十日） ………………………………………………………………………………… 1446

清季外交史料卷七十　光绪十三年正月至三月 ……………………………………… 1447
总署致许景澄洋药税事请知照比廷电（正月初一日） …………………………… 1447
使美张荫桓致总署美日秘六署遵示减薪电（初二日） …………………………… 1447
直督李鸿章致总署请厘定洋药税缉私办法电（初三日） ………………………… 1447
直督李鸿章致总署徐承祖办结崎案似可准行电 附旨（初四日） ……………… 1448
勘界大臣邓承修致总署力争江平白龙尾地法使意已稍转电 四件（初八日）

……………………………………………………………… 1448
粤督张之洞致总署江平白龙尾确系华地法虽威胁不能放弃请代奏示遵电
三件 附旨二件（初十日）……………………………………………… 1449
总署致张之洞新得法海部越图白龙尾属华电（十四日）………………… 1451
旨寄李鸿章转徐承祖着全权办结崎案电 二件 附徐承祖电（十八日）……… 1452
总署致李鸿章重庆教案了结请转川督电（二十二日）…………………… 1452
直督李鸿章致总署伦敦电教皇派员赴京议教务电（二十六日）………… 1452
直督李鸿章致总署请勿令法工人阅视旅顺炮台电（二十七日）………… 1452
直督李鸿章致总署万年青船撞沉美按察使断赔电（二月初一日）……… 1453
使美张荫桓奏筹设古巴各埠学堂折（初二日）…………………………… 1453
总署奏出使人员薪俸酌量裁减片（初二日）……………………………… 1454
总署致粤督及粤关监督询港澳各厂货厘数目电（初二日）……………… 1454
使美张荫桓致总署洛案赔款收足转发并订善后约款电 二件（初四日）……… 1454
总署致邓承修法使盼界务速了请先勘无争辩处电（初五日）…………… 1455
勘界大臣邓承修致总署与狄使勘钦西界意稍转电（初五日）…………… 1455
粤督张之洞致总署附近香港五厂请勿裁撤电（初六日）………………… 1455
直督李鸿章奏前在英德定造快船派员驾驶回华折（初八日）…………… 1456
勘界大臣邓承修致总署遵旨续勘钦西地界电（初八日）………………… 1457
总署致张之洞香港各厂巡缉抽收事宜交税司代办葡已允行电（初九日）…… 1457
粤督张之洞致总署江黄流民恐将生变派勇弹压电（初十日）…………… 1457
勘界大臣邓承修致总署边民失业恐致攀辕肇衅电（二十日）…………… 1457
总署致邓承修中越未定之界本署当设法力争电（二十一日）…………… 1458
总署致张之洞赫德申称派定港澳税司电（二十一日）…………………… 1458
勘界大臣邓承修致总署狄使议划海界请代奏电（二十三日）…………… 1458
军机处奏试办天津等处铁路以便商贾而利军用折（二十三日）………… 1459
总署奏澳门屡经议约未成拟办洋药税以一事权折（二十三日）………… 1460
总署奏港澳分关定名为九龙关拱北关片（二十三日）…………………… 1461
勘界大臣邓承修致总署狄使允我展拓钦界电 二件（二十六日）………… 1461
张之洞吴大澂周德润致总署港澳撤卡重课私盐及税厘并征各节均有窒碍请
代奏电 三件 附旨（三月初二日）…………………………………… 1462
粤督张之洞致总署六厂已交税司接办电（初五日）……………………… 1464
江督曾国荃致总署询新章未定以前沪存洋药办法电 二件（十二日）……… 1464
总署致曾国荃规定洋药土膏税厘办法电 二件（十三日）………………… 1464
粤督张之洞致总署请预防偷漏私膏电（十五日）………………………… 1465

总署致张之洞药膏照八折核计电（十六日） …………………………… 1465
总署致邓承修海岛划界何故未便画押电（二十一日） ……………………… 1465
勘界大臣邓承修致总署与法使争议界址电（二十四日） …………………… 1465

清季外交史料卷七十一　光绪十三年四月至五月 ……………………………… 1467
粤督张之洞等致总署请勿许法在龙州通商电（四月初四日） ……………… 1467
直督李鸿章致总署大东大北公司要挟接线请归津议电（初四日） ………… 1467
总署致李鸿章英使所请通商税则可否允行希复电（十四日） ……………… 1467
直督李鸿章致总署通商税则似可允行电（十四日） …………………………… 1467
闽督杨昌濬致总署药膏若不抽厘便宜洋商电（十五日） …………………… 1468
沪道龚照瑗致总署存栈补半厘洋药可否照税司办法乞示电（二十三日） …… 1468
总署致龚照瑗完税存栈洋药照新章办理电（二十三日） …………………… 1468
直督李鸿章致总署袁电俄韩近议陆路通商章程电（二十六日） …………… 1468
总署奏出使兼驻之国宜令附近分隶折（二十六日） …………………………… 1469
总署奏拟订出洋游历人员章程折　附条款（二十六日） ……………………… 1469
使英刘瑞芬致总署报苏彝士河作为局外之地电（闰四月初三日） ………… 1471
直督李鸿章致总署中韩划界各派员确勘江源电（初四日） ………………… 1471
总署致粤关监督增润六厂常税交税司接办电　二件（初九日） …………… 1472
粤督张之洞致总署请勿许洋药自越入口乞钧酌电（十三日） ……………… 1472
勘界大臣邓承修致总署桂边疫盛请暂移驻钦廉电（十九日） ……………… 1472
粤督张之洞致总署粤借洋款应还请饬税司赶办电（十九日） ……………… 1473
使美日秘张荫桓奏兼使日国起程日期折（二十日） …………………………… 1473
使美日秘张荫桓奏小吕宋议设领事片（二十日） ……………………………… 1473
粤督张之洞奏葡国永租广东澳门请审慎立约折（二十一日） ……………… 1474
总署奏中法界务商务续经议定折　附界务商务专条及附章各一件　照会上谕各二件
（五月初三日） ……………………………………………………………………… 1477
谕洪钧刘瑞芬充出使欧洲各国使臣（初三日） ………………………………… 1484
勘界大臣邓承修致总署遵旨与狄隆改正图线电　附旨（初四日） ………… 1484
伊犁将军锡纶等奏议复承化寺僧众迁回塔城折（十二日） ………………… 1484
伊犁将军锡纶奏俄人严惮棍噶札拉参请准照旧住居于疆务有益片（十二日）
…………………………………………………………………………………………… 1486
礼部奏朝鲜与法国订约折　附咨文（三十日） ………………………………… 1486
礼部奏朝鲜因英国还巨文岛奉表称谢并贺亲政折（三十日） ……………… 1487

清季外交史料卷七十二　光绪十三年六月至七月 …………………………… 1488
沪道龚照瑗致总署英人棒毙华人英官只定监禁二年请示电（六月初六日） … 1488
总署致张之洞询关闸以内华民词讼是否归地方官审理电（初八日） ………… 1488
直督李鸿章致总署据袁世凯报韩闵咏翊逃沪电　二件（十三日）……………… 1488
总署致李鸿章闵咏翊潜逃事希确探并令袁谨慎电（十四日） ………………… 1489
直督李鸿章致总署韩臣假王命借日债并咏翊事电（十四日） ………………… 1489
直督李鸿章致总署据盛宣怀报闵咏翊来烟台电　二件（十五日）……………… 1489
总署致李鸿章请召闵咏翊来津详询电（十六日） ……………………………… 1489
总署致张之洞据赫德言六厂税则与新章不符电（十六日） …………………… 1490
粤督张之洞致总署六厂征税重费累民请代奏电（十六日） …………………… 1490
总署致张之洞据赫德言六厂征税不致累商电（十八日） ……………………… 1490
粤督张之洞等致总署新税恐牵动通省全局电（二十日） ……………………… 1491
桂抚李秉衡致总署界务竣事派员筹办界牌电（二十日） ……………………… 1491
中丹英三国会订电报齐价摊分详细合同（二十一日） ………………………… 1492
总署奏与法使商定蚕池口教堂提前迁移并画押折（二十二日） ……………… 1494
直督李鸿章致总署据浙关电赫德定药税专祖沪关致宁关同虚设请准嘉湖
设稽征局电（二十二日） ………………………………………………………… 1495
总署复李鸿章浙关准予设局稽私电（二十三日） ……………………………… 1496
直督李鸿章致总署浙省洋药税稍有转机电（二十四日） ……………………… 1496
总署致张之洞六厂税务无碍粤省现在办法电（二十六日） …………………… 1496
滇督岑毓英等奏陈滇省界务商务防务大概情形折（七月初五日） …………… 1497
滇督岑毓英等奏请于蛮耗地方试办防务片（初五日） ………………………… 1498
总署奏议复张之洞新香六厂补抽税厘预防流弊折（初十日） ………………… 1499
总署奏六厂收税应于凭单注明银数免致偷漏片（初十日） …………………… 1501
总署奏酌议滇省设立关道筹办通商折（初十日） ……………………………… 1501
使英刘瑞芬报缅约互换日期电（初十日） ……………………………………… 1502
总署致张之洞法兵退出白龙尾请派员办理善后电（十一日） ………………… 1502
张之洞吴大澂等致总署拱北关设在我地征税与葡无涉电（十一日） ………… 1503
粤督张之洞致总署九龙税司收火油捐请饬停抽电（十七日） ………………… 1503
总署致张之洞火油捐由商缴捐请奏咨饬遵电（十八日） ……………………… 1503
桂抚李秉衡致总署法兵船违约至龙州请告法公使理阻电（十八日） ………… 1504
粤督张之洞奏香港解匪办法请与英使妥商并量开河道口门以资抵制折
（二十三日） ……………………………………………………………………… 1504
粤督张之洞致总署请催税司解交洋药厘税电（二十三日） …………………… 1505

总署致张之洞粤省各关药厘已饬税司解交备用电（二十五日） ………………… 1505
总署通告驻外使臣与朝鲜驻外使臣公文程式电（二十五日） ………………… 1505
邓承修张之洞吴大澂李秉衡奏粤桂边界已与法国划定折　附界址清单二件
（二十八日） ……………………………………………………………………… 1505

清季外交史料卷七十三　光绪十三年八月至九月 ………………………………… 1512
总署致张之洞粤边开办商务法已派领事电（八月初一日） ………………… 1512
直督李鸿章致总署据袁世凯电韩派全权大臣各国不以为然电　三件（初二日）
……………………………………………………………………………………… 1512
总署致李鸿章韩派使臣须先请示以符体制电（初七日） ……………………… 1513
直督李鸿章致总署袁电韩已派驻美使臣请示电　二件（初九日） …………… 1513
直督李鸿章致总署袁世凯电韩改派赍奏官并商阻韩派使电　二件（十二日）
……………………………………………………………………………………… 1513
总署致李鸿章韩照约派使俟其奏到再办电（十五日） ……………………… 1514
直督李鸿章致总署袁世凯商韩王派使泰西照属邦制已允遵办电　三件
（十六日） ………………………………………………………………………… 1514
总署致李鸿章英使照称西藏驻兵西金请咨驻藏大臣撤回电（二十日） ……… 1515
总署致岑毓英据英使言中英已定约缅边不宜添兵电（二十七日） ………… 1515
直督李鸿章致总署言西金或是隆吐山附近地名电（二十九日） …………… 1515
滇督岑毓英致总署缅边并未添兵电（二十九日） …………………………… 1516
粤督张之洞奏澳界轇轕太多澳约宜缓定折　附清单（二十九日） …………… 1516
总署致李鸿章转盛宣怀电约订期太久不便遽允电（二十九日） …………… 1521
粤抚吴大澂奏查明澳门占界及将占界拟即清厘折（二十九日） …………… 1521
直督李鸿章致总署岑毓英电保乐一带并无滇兵电（九月初一日） ………… 1523
礼部奏朝鲜国王咨报派使西国请示折　附上谕及表咨（初三日） ………… 1523
总署致盛宣怀电务合同须缩短年限电（十三日） ……………………………… 1525
直督李鸿章致总署苏元春报越人求抚拟办情形电（十三日） ……………… 1525
总署致李鸿章希转苏元春勿收抚游众电（十四日） ………………………… 1526
总署致张之洞法使照称横模系越地请撤寨希复电（十四日） ……………… 1526
粤督张之洞致总署请订九龙拱北两关办事章程电（十四日） ……………… 1526
粤督张之洞致总署报钦州并无立牌筑寨等事电（十七日） ………………… 1526
使美张荫桓致总署韩使至美应由华使挈晤外部电（二十二日） …………… 1527
使英刘瑞芬奏在伦敦互换缅约并派员赍呈折（二十六日） ………………… 1527
总署奏葡约现有成议谨陈办理情形折　附续议详约两款（二十七日） …… 1527

总署奏葡人于前明占居澳门与租界异各国自不得援以为例片（二十七日）…1529

清季外交史料卷七十四卷　光绪十三年十月至十二月……1530
直督李鸿章致总署交犯一节葡廷请另议乞核复电（十月十一日）……1530
总署致李鸿章请转咨驻藏大臣速撤越界驻兵电（十一日）……1530
总署奏葡约现已议成请派员画押折　附通商条款会议草约及洋药缉私专约（十五日）……1530
川督刘秉璋致总署请饬驻藏大臣升泰赴藏电　附旨（十六日）……1537
直督李鸿章致总署伦敦电法举沙的加纳为总统电（二十一日）……1537
总署致刘瑞芬西藏边界事开导需时请英外部转印督勿孟浪以全睦谊电（二十二日）……1538
使英刘瑞芬致总署已告英外部请印督勿孟浪电（二十三日）……1538
总署奏接收蚕池口教堂折（二十三日）……1538
使英刘瑞芬致总署印督已允展期派兵电（十一月初五日）……1538
总署致刘秉璋请咨驻藏大臣如期撤兵电（初七日）……1539
总署致刘瑞芬大东大北两公司水线上岸合同可准惟须输水线上岸税速复电（初七日）……1539
川督刘秉璋致总署隆吐在日纳之内并非印界电　附旨（初八日）……1539
直督李鸿章奏遵旨与朝鲜国王筹商派使各国酌拟三端准咨照办折（十四日）……1540
闽督杨昌濬致总署报福安县民教不和毁教堂电（十五日）……1540
使日徐承祖致总署日皇赠宝星应否收受请示电（十五日）……1541
驻藏大臣文硕致总署商上复称卡房距英界甚远电（二十二日）……1541
总署致文硕边隘设卡违旨背约应谕番民撤卡电（二十二日）……1541
直督李鸿章致总署袁世凯电韩人焚毙华民案拟令缉犯不受恤电（二十七日）……1541
直督李鸿章致总署韩使美人员不来见华使已令袁世凯询韩廷惟深引咎电　五件（十二月初三日）……1542
使俄洪钧致总署韩遣全权至俄与属邦体制不合电（初十日）……1542
直督李鸿章致总署袁世凯电派使各条韩王欲删改先谒华使一端电（初十日）……1543
粤督张之洞奏访查南洋华民情形拟设小吕宋总领事以资保护折（十一日）…1543
总署致李鸿章派使三端既经议定即电韩王遵办电（十一日）……1546
直督李鸿章致总署韩使因美斥退国书冒罪违章电（十八日）……1546

总署致刘秉璋转咨驻藏大臣速撤藏兵电（二十八日） …… 1546

清季外交史料卷七十五　光绪十四年正月至三月 …… 1547

广西提督苏元春致枢垣报法兵攻越败归情形电（正月初二日） …… 1547

直督李鸿章致总署刘洪两使电询韩遣使至欧洲钧署曾否知照各西使电（初五日） …… 1547

驻藏大臣文硕奏藏番并未越界戍守英使请饬藏番抽撤卡伦实为无理折（十七日） …… 1547

驻藏大臣文硕奏藏界舛误请推诚与英人交涉折（十七日） …… 1550

桂抚沈秉成致总署越人截法款恐商务骤难开办电（十八日） …… 1551

川督刘秉璋致总署文硕电称隆吐山实在藏境藏人不愿让地电（十八日） …… 1551

总署致刘瑞芬奉旨文硕撤回可告英外部令印督勿再限期驱逐藏番并速复电（二十二日） …… 1551

直督李鸿章致总署袁电俄韩陆路税则未押印电（二十六日） …… 1552

旨寄刘秉璋升泰着晓谕藏番撤兵并查晢藏边界电（二十六日） …… 1552

总署致张之洞各国轮船纳钞章程期满可否仍照行速复电（二十七日） …… 1553

总署致张之洞更换法领署弁兵法使袒护领事电（二十七日） …… 1553

直督李鸿章致总署伦敦电德皇逝世太子即位电　二件（二十八日） …… 1553

闽将军善庆致总署报领事索赔所毁教堂银数电（二十九日） …… 1553

驻藏大臣文硕奏藏番驻兵情形并陈商上申复各情折　附上谕（三十日） …… 1554

驻藏大臣文硕奏转陈藏官申述下情片　附谕（三十日） …… 1556

总署奏遵议南洋各埠拟先在小吕宋设立总领事折（二月初二日） …… 1557

川督刘秉璋致总署据文硕电称英人果重商情无恶意应免撤卡电（初四日） … 1559

总署致盛宣怀大东等电线公司应报效全价之半电（初五日） …… 1560

津电局致总署宫内南海装安铁道已将火车运京电（初八日） …… 1560

闽督杨昌濬致总署报福安教案办结电（初九日） …… 1560

旨寄刘秉璋英兵攻隆吐着转升泰令藏番撤兵电（十六日） …… 1560

总署致李鸿章英法德等使言台湾系通商口岸希停收洋厘电（二十二日） …… 1561

粤督张之洞致总署法领署殴弁事请商法使速了电　附旨（二十四日） …… 1561

总署奏台湾抽收洋商厘金与约不符请旨遵办折　附旨（二十五日） …… 1561

直督李鸿章致总署刘铭传电称台湾洋商完税请补叙府城口并半税二节电　二件（二十六日） …… 1562

总署致李鸿章转刘铭传洋商入内地不领单则抽厘电（二十八日） …… 1563

直督李鸿章致总署葡使到津换约请将约本发下电（二十八日） …… 1563

总署致李鸿章转刘铭传通商各口岸无论城镇皆为口岸电（三月初二日）…… 1563
直督李鸿章致总署台湾府城口字样本属牵混电（初二日）…… 1564
直督李鸿章致总署刘铭传电台湾无租界可免电 二件（三月初四日）…… 1564
直督李鸿章致总署报韩遣使至俄设馆驻扎电（初四日）…… 1564
直督李鸿章致总署袁电韩派李金夏勘吉林界电（初十日）…… 1564
总署奏与葡国议定条约请批准折 附旨（十二日）…… 1565
桂抚沈秉成奏龙州设洋务局办理通商事宜折（十二日）…… 1565
直督李鸿章致总署刘电免厘事请辩明约章口字电（十二日）…… 1566
川督刘秉璋致总署文硕电称隆吐藏番撤兵情形电（十五日）…… 1566
总署致李鸿章转刘铭传准洋商采买樟脑电（十九日）…… 1566
总署致张之洞法使照称请将越南盘村华兵撤退电（二十日）…… 1567
台抚刘铭传奏洋商应完子口半税申明约章折（二十一日）…… 1567
台抚刘铭传奏辩明内地土货厘金片（二十一日）…… 1568
直督李鸿章奏与葡国换约竣事折 附中葡换约清单（二十一日）…… 1569
直督李鸿章致总署刘铭传电称洋商采买樟脑不得深入番社电（二十三日）… 1570
总署致李鸿章天津洋税办法请告知台抚参酌电（二十五日）…… 1570
直督李鸿章致总署盛电大东大北公司缴价数目电（二十五日）…… 1570
桂抚沈秉成致总署法谅山公使函称派文员代武员治民事电（二十六日）…… 1571
总署致沈秉成恭思当辞越督商约俟领事到再办电（二十七日）…… 1571
使美张荫桓致总署美议院议定华工须领新照电（三十日）…… 1571

清季外交史料卷七十六　光绪十四年四月至七月上 …… 1572
旨寄刘秉璋转升泰文硕通商办法着晓谕藏番电（四月初五日）…… 1572
使美日秘张荫桓奏与美外部议订华侨善后事宜折（初八日）…… 1572
使俄德奥和洪钧奏赴奥呈递国书并唁德皇折（初八日）…… 1573
粤督张之洞致总署冯子材报并无华兵越界电（十九日）…… 1573
户部致粤关监督长有将本年药厘尽数划归粤督电（十九日）…… 1574
谕张之洞吴大澂钦州越南交界划定后善后事宜着筹议具奏电（二十日）…… 1574
使英刘瑞芬致总署报藏番攻印兵营卡电（二十日）…… 1574
直督李鸿章奏朝鲜电线经费短绌情形片（三十日）…… 1574
直督李鸿章致总署韩违约遣使欧洲酌拟办法函（五月初六日）…… 1575
使德俄奥和洪钧致总署报德新君又逝新皇维廉第一将赴比得堡电
（初七日）…… 1576
旨着升泰晓谕藏番勿得称兵复仇电（初九日）…… 1576

使英刘瑞芬致总署乞饬升泰开导藏番勿再进攻电（十五日） …………………… 1577
直督李鸿章致总署韩人仇教我国及各国均派兵船保护电（二十二日） ……… 1577
驻藏大臣升泰奏请饬总署嘱英使早撤隆吐英兵折（二十五日） ……………… 1577
驻藏大臣升泰奏请转电印督勿再进兵片　附旨（二十五日） ………………… 1579
使美日秘张荫桓奏陈兼使秘鲁所至情形折（二十五日） ……………………… 1579
直督李鸿章致总署闻德尼劝韩自主电（六月初六日） ………………………… 1580
总署致张之洞据德使照称广东违约抽厘电（初七日） ………………………… 1580
直督李鸿章致总署美新约禁华工往请缓订电（十五日） ……………………… 1581
粤督张之洞致总署洋商包庇华商漏税当详查妥办电（十六日） ……………… 1581
使美日秘张荫桓致总署中美立约系旧约不用宝电　二件（十六日） ………… 1581
总署致张之洞美约因众怨不能奏请批准电（十七日） ………………………… 1582
直督李鸿章致总署伦敦报新金山暂不禁止华工又厦门洋药进口渐少缘改由洋关并征电（二十二日） ……………………………………………………………… 1582
总署致李鸿章拟设广梧商轮有无利弊望速复电（二十二日） ………………… 1582
总署奏洪钧电称俄欲在新疆贩卖土货反谓苛待请饬抚臣按约迅办折　附照会（二十三日） ………………………………………………………………… 1582
总署奏请添设俄法英德文翻译官片（二十三日） ……………………………… 1583
旨着升泰商办印藏退兵事宜电（二十四日） …………………………………… 1584
川督刘秉璋致总署文硕未阻藏番自与英人议和当令遇事禀核电（二十八日） ……………………………………………………………………………… 1584
总署致张之洞海安厘局告示措词失当希饬撤销电（七月初一日） ………… 1585
直督李鸿章致总署袁报俄韩议陆路通商约款电（初二日） ………………… 1585
直督李鸿章致总署韩王拟更外部督办及左右相电（初二日） ……………… 1585
直督李鸿章致总署印度电藏兵攻英英增兵往战电（十四日） ……………… 1585
直督李鸿章致总署袁世凯电俄员至韩议边务电（十五日） ………………… 1586
粤督张之洞致总署德商违章未验报单请告德使电（十五日） ……………… 1586
台抚刘铭传致总署后山番变已相机剿办请代奏电（十五日） ……………… 1586
直督李鸿章致总署据伦敦电德奥义攻守同盟电（二十一日） ……………… 1586
粤督张之洞致总署海安厘局抽税告示已撤销电（二十一日） ……………… 1587
直督李鸿章致总署刘铭传报快船已到台电（二十四日） …………………… 1587
总署致刘瑞芬据升泰奏印藏边务各扼守未动电（二十四日） ……………… 1587
直督李鸿章致总署据英报载中国批驳禁止华人赴美条约电（二十五日） …… 1587
直督李鸿章致总署韩调朴定阳回外部督办任电（二十五日） ……………… 1588
直督李鸿章致总署英电称美定新例华民离美不准复回电（二十六日） ……… 1588

总署致刘瑞芬酌拟华民在澳州居住往来条例电（二十七日） …………………… 1588
使美日秘张荫桓致总署闻美廷拟禁止华工再来电（二十八日） ……………… 1588

清季外交史料卷七十七　光绪十四年八月至十月 …………………………………………… 1589
黑龙江将军恭镗等奏黑龙江左岸原设卡伦封堆碍难派兵查放折（八月初三日）
…………………………………………………………………………………………… 1589
粤督张之洞致总署美教士医馆被毁索赔请据约力拒电（初六日） ……………… 1589
总署致张荫桓美定华工新例请力辩电（初七日） ………………………………… 1590
直督李鸿章致总署盛宣怀电法欲电线减价电（十二日） ……………………… 1590
使美日秘张荫桓致总署美议院议禁华工新约请定准驳电（十五日） ………… 1590
总署致张荫桓商华工新约美使已电美外部电（十九日） ……………………… 1591
直督李鸿章致总署法国电线条款候核准再签押电（二十四日） ……………… 1591
直督李鸿章致总署据漠河金矿局李金镛禀报锅炉机器被扣请照会俄使电伯力
验放电（二十四日） ………………………………………………………………… 1591
直督李鸿章致总署袁电日兵轮由韩开往海参崴电（二十五日） ……………… 1591
直督李鸿章致总署盛宣怀电俄人拟订接线条款电（二十八日） ……………… 1592
使英刘瑞芬致总署藏印交兵请告英使电印督勿犯藏境电（九月初一日） …… 1592
直督李鸿章致总署法国接线条款核准后再商电（初四日） …………………… 1592
总署致刘瑞芬俄拟与华订约同保韩请探英人议论电（初六日） ……………… 1592
刘秉璋升泰致总署藏哲界址前和大臣奏设鄂博原案已注明电（初七日） …… 1593
总署奏查放黑龙江左岸卡伦应饬熟思审处勿遽迁就折（初九日） …………… 1593
直督李鸿章致总署俄人商议电报接线电（初十日） …………………………… 1594
使美日秘张荫桓致总署报自秘抵美电（初十日） ……………………………… 1594
直督李鸿章致总署袁世凯报日本二大臣至崴与俄大将密商电（十二日） …… 1594
总署致洪钧保韩约俟接本署函再议电（十二日） ……………………………… 1594
直督李鸿章致总署俄法电线接线条款请先准法约画押电（十三日） ………… 1595
使英刘瑞芬致总署英外部云印兵退回望边事速了电（十五日） ……………… 1595
粤督张之洞致总署梧州通轮系德使为自利计请坚持勿允电（十五日） ……… 1595
总署致沈秉成越废王在华境招兵购械请探复电（十六日） …………………… 1596
使美张荫桓致总署美废新约宜乘机结束请照会美使电（十八日） …………… 1596
总署致李鸿章接线事饬盛宣怀在烟台签押电（十八日） ……………………… 1596
使英刘瑞芬致总署英不愿俄得志东方并俄与韩立约电　二件（十九日） …… 1596
驻藏大臣升泰奏遵旨妥办藏印交涉并藏哲界址折　附上谕（十九日） ……… 1597
驻藏大臣升泰奏哲布系藏地属藩片　附上谕（十九日） ……………………… 1598

直督李鸿章致总署报韩派李金夏为大婚陈贺使电（二十日） …………………… 1600
川督刘秉璋致总署据升泰报办理英藏交涉情形电（二十日） …………………… 1600
桂抚沈秉成致总署苏电越废王招兵系谣言电（二十日） ………………………… 1600
使美日秘张荫桓致总署美禁华工案请乘机结束电（二十二日） ……………… 1600
直督李鸿章致总署中俄接线事请仍照前议电（二十五日） …………………… 1601
总署致卞宝第各省长官到任与领事交际办法电（二十八日） ………………… 1601
闽督卞宝第致总署大宪先拜领事有亵国体电（三十日） ……………………… 1601
驻藏大臣升泰奏英藏罢兵业经妥办折　附上谕（十月初二日） ……………… 1602
直督李鸿章致总署美举夏理顺为总统电（初六日） ………………………… 1603
直督李鸿章致总署刘秉璋电升泰与英使商藏印罢兵电（初八日） ………… 1603
直督李鸿章致总署伦敦电英议行用金银钱币电（初八日） ………………… 1603
直督李鸿章致总署接线事法领事请在烟台签约电（十五日） ……………… 1604
直督李鸿章致总署闻法国将改朝制电（十五日） ………………………… 1604
粤关监督长有致总署英国轮船违约入内地讯明充公不服请示电（十八日） … 1604
驻藏大臣升泰奏藏番具结停战后私犯敌营致败折　附上谕（二十二日） ……… 1604
直督李鸿章致总署美立苛约禁华工进境请设法拯救电（二十四日） ………… 1606
兵部侍郎曾纪泽致华安公司请美廷挽回新例甚难电（二十五日） ………… 1606
总署奏请准奥亲王瞻仰天坛以敦睦谊折（二十五日） …………………… 1607

清季外交史料卷七十八　光绪十四年十一月至十二月 ………………………………… 1608
总署致张之洞北海厘局将德商货入官希照章会讯电（十一月初一日） ……… 1608
粤督张之洞致总署英小轮入内地营业请令照章船货入官电（初三日） ……… 1608
粤督张之洞致总署德商运货入内地不照章报验拟饬充公并允领事会审电
（初四日） ………………………………………………………………… 1609
驻藏大臣升泰奏为藏事紧急据实缕陈折　附上谕（十一日） …………………… 1609
粤督张之洞致总署越旧臣因法国税苛构兵电（十二日） ……………………… 1610
总署致龚照瑗询上海发给洋人租照是否有永租字样电（十四日） ………… 1610
直督李鸿章致总署据张之洞请转商法使令于领事留粤电（十五日） ……… 1611
粤督张之洞致总署中法接越边电线有害无利电（十五日） ………………… 1611
直督李鸿章奏中法电报接线议定章程折　附章程（十五日） ……………… 1612
沪道龚照瑗致总署外人租沪地均有永租字样电（十五日） ………………… 1615
川督刘秉璋致总署升泰报赴边妥办英藏事宜电（十五日） ………………… 1615
总署致张之洞询汕头德领事所置地是否价买电（十七日） ………………… 1615
总署致刘秉璋准单尚可缓行所虑各层可令委员于会议防碰章程时声明电

（二十日） …… 1615
总署致张之洞钦龙接线已与法领画押并奏准难中止电（二十日） …… 1616
使美张荫桓致总署美案赔款外部照请收发乞代奏电（二十日） …… 1616
总署致张荫桓美约未批准何以请收赔款电（二十三日） …… 1616
乌里雅苏台办事大臣祥麟等奏唐努乌梁海边地俄人采金拟清界限固疆圉折（二十三日） …… 1616
乌里雅苏台办事大臣祥麟等奏查勘金山卡伦并无偷挖情弊折（二十三日） …… 1617
鄂督裕禄致总署准单缓给仍催川员来宜会议电（二十三日） …… 1618
直督李鸿章致总署盛电英丹接线法领云须奏明方妥请酌复电（二十三日） …… 1618
使俄洪钧致总署俄报力辩未与韩订保护新约电（二十三日） …… 1618
直督李鸿章致总署据粤商禀美背约禁华人入境乞拯救电（二十四日） …… 1618
使美张荫桓致总署中美新约无可再商电 附旨（二十五日） …… 1619
驻藏大臣升泰奏报由藏起程赴边日期折（二十五日） …… 1619
川督刘秉璋致总署据升泰报藏番不撤兵不能到界与英官面议电（二十九日） …… 1619
总署致升泰荐赫政帮办英藏交涉电（十二月初一日） …… 1620
伊犁将军色楞额奏俄人殴毙中国兵民并陈时局窒碍情形折（初五日） …… 1620
粤督张之洞致总署德领买地由县销契改租照电（初六日） …… 1622
粤督张之洞致总署法领强华船领照请向法使抗议电（十二日） …… 1623
总署致刘秉璋英使催办洋船上驶川省电（十五日） …… 1623
川督刘秉璋致总署报升泰到边与英官交涉并开导藏番电 二件（二十日） …… 1623
直督李鸿章致总署洪钧报俄君守和局韩约缓议电（二十三日） …… 1624
台抚刘铭传致总署德商樟脑事不肯在台商办请知照德使电（二十四日） …… 1624
总署致裕禄英使请派税司会议轮船免碰章程电（二十五日） …… 1624
直督李鸿章致总署报英京议捐款赈济中国水灾电（二十五日） …… 1624
鄂督裕禄致总署会议碰船章程不宜派税司请商酌电（二十六日） …… 1624

清季外交史料卷七十九　光绪十五年正月至二月 …… 1625
总署致张之洞法使言芒街官兵背约庇匪希查复电（正月初一日） …… 1625
江督曾国荃致总署镇江印捕殴毙华人众怒毁房已妥为弹压电（初六日） …… 1625
总署致曾国荃英使称镇江焚领署请弹压并见复电（初七日） …… 1625
新抚刘锦棠奏清结中俄积案并陈交涉情形折（初七日） …… 1625
驻藏大臣升泰奏报由藏到边日期并边隘情形折（初七日） …… 1626
直督李鸿章致总署镇江电印捕殴华人激变焚毁英美领署并电江督筹商办法电

二件（初八日）……………………………………………………………… 1627
直督李鸿章致总署袁世凯报韩京日商失火疑韩人复仇电（初八日）………… 1627
粤督张之洞致总署法兵焚杀那沙捏称官兵庇匪电（初八日）………………… 1628
川督刘秉璋致总署升泰报英人欲在帕克里通商电（十二日）………………… 1628
直督李鸿章致总署袁世凯报韩派专贺使李应浚诈称行贿中国冀免派电
（十三日）……………………………………………………………………… 1629
江督曾国荃致总署镇江案请转英美使令驻镇领事在外议结电（十六日）…… 1629
驻藏大臣升泰奏与英官会议边界情形折（二十一日）………………………… 1629
驻藏大臣升泰奏英人窥藏筑路请饬妥商英使片（二十一日）………………… 1630
粤督张之洞奏两广电线不宜与法线接连请补救折（二十三日）……………… 1631
礼部奏遵旨密查朝鲜行贿免使情形折（二十三日）…………………………… 1632
直督李鸿章致总署报英商船入川事议办情形电（二十六日）………………… 1634
直督李鸿章致总署伦敦电英国筹办海防保商事宜电（二十六日）…………… 1634
直督李鸿章致总署袁世凯报皇上大婚庆典韩王及西人均来贺宴电（二十七日）
……………………………………………………………………………………… 1634
直督李鸿章致总署俄东海总督复特准漠河挖金机器过卡电（三十日）……… 1635
岐元刘秉璋致总署升泰电称英藏交涉情形电（二月初一日）………………… 1635
总署致张之洞法使文称那沙不在中国界内与来电迥殊请查复电（初一日）… 1635
总署致曾国荃镇江教案由外间议结署不遥制电（初六日）…………………… 1636
直督李鸿章致总署盛电俄使请改烟约与接线已邀俄官来烟会商电（初六日）
……………………………………………………………………………………… 1636
总署致张荫桓庆典赐物请商美外部电美使收受电（初九日）………………… 1636
直督李鸿章致总署英船来烟护商并无兵哄事电（初九日）…………………… 1636
总署奏议复俄据蒙边挖金垦地建房并添建界牌折（初十日）………………… 1637
直督李鸿章奏查明朝鲜并无行贿免使各情折（初十日）……………………… 1638
驻藏大臣升泰奏为会议边事并移驻仁进岗开导藏番折（十一日）…………… 1639
驻藏大臣升泰奏哲孟雄愿属我国请照旧羁縻片　附旨（十一日）…………… 1640
直督李鸿章致总署俄拟在韩元山釜山划地储煤电（十三日）………………… 1641
使美张荫桓致总署赠美使物已由外部电属领收电（十三日）………………… 1642
直督李鸿章致总署袁电韩拒俄租绝影岛又拒法在韩传教电　二件（十五日）
……………………………………………………………………………………… 1642
使日黎庶昌致总署日廷拟将大婚谢电刻入官报词太简可否另答数言电
（十八日）……………………………………………………………………… 1642
川督刘秉璋致总署收买宜昌船栈请与英使接洽电（十九日）………………… 1643

总署致驻外各使各国国主致贺大婚请传旨致谢电（二十日） …………………… 1643
直督李鸿章致总署法公达银行改为国家银行电（二十二日） …………………… 1643
直督李鸿章致总署伦敦电称英添募水师电（二十七日） ………………………… 1643
直督李鸿章致总署刘电川江行轮绅民阻止拟由领事曲达公使电（二十九日）
…………………………………………………………………………………… 1644
使美张荫桓奏美约中辍请设法补救并述前使草约及美国新约折
附前使郑藻如议略草议未成约稿及美国现行新例（二十九日） ……………… 1644

清季外交史料卷八十　光绪十五年三月至四月 …………………………………… 1651
直督李鸿章致总署英电美国派驻英驻阿公使及法派员查公达银行电
（三月初三日） ………………………………………………………………… 1651
总署致洪钧刘瑞芬张荫桓黎庶昌报新简公使人名电（初六日） ………………… 1651
总署致张之洞法使照会华兵在横模筑垒请查复电（初六日） …………………… 1651
粤督张之洞致总署板奔确系华境又冯子材电称并未越界扎营电　二件
（初八日） ……………………………………………………………………… 1652
直督李鸿章致总署川督电藏兵撤退请英亦撤兵电（十一日） …………………… 1653
直督李鸿章致总署袁电有韩员寄书韩廷称红参免税经礼部诘查电（十一日）
…………………………………………………………………………………… 1653
粤督张之洞致总署洋人置地贻害甚巨请商德使不得私相授受电（十五日） … 1653
粤督张之洞致总署界石备妥请告法使派员办竣电（十六日） …………………… 1653
直督李鸿章致总署接刘瑞芬电入越照费事已告法外部革除电（十七日） …… 1654
直督李鸿章致总署苏元春报法领出关筹办商务电（十八日） …………………… 1654
直督李鸿章致总署袁电法与韩无交界不能援俄国例并韩外部拒法派教士济荒电
二件（二十日） ………………………………………………………………… 1654
驻藏大臣升泰奏藏番具结撤兵折（二十二日） ………………………………… 1655
滇督岑毓英奏蒙自设关已预筹妥备折（二十五日） ……………………………… 1656
直督李鸿章致总署据升泰奏许英国在纳东通商电（二十五日） ………………… 1656
总署致张之洞北海渔船护照法已转圜希预筹电（二十七日） …………………… 1656
粤督张之洞致总署葡人在澳门关闸外设路灯意在侵界请折辩电（二十七日）
…………………………………………………………………………………… 1657
直督李鸿章致总署袁世凯劝韩勿贷法款若求华贷请筹示电（二十九日） …… 1657
直督李鸿章致总署据升泰称藏兵已撤定界通商两事愿遵断了结电（二十日）
…………………………………………………………………………………… 1657
总署致岐元俄使函称将军后到先拜领事希查闽省办法示复电（四月初一日）

…………………………………………………………………………………… 1658
总署致刘瑞芬中法商约界约须同时互换电（初一日） ………………………… 1658
总署致张荫桓不认德尼为美使电（初一日） ……………………………………… 1658
直督李鸿章致总署韩违章遣使经袁世凯严诘已饬照办电（初一日） ………… 1658
直督李鸿章致总署袁世凯电韩王病痰昰应署理国王之谣甚盛电（初一日） … 1659
乌里雅苏台办事大臣祥麟等奏俄人占地垦荒请饬库伦办事大臣派员会勘折
附朱批（初二日） ……………………………………………………………………… 1659
直督李鸿章致礼部报韩王查办李应浚电（初三日） ………………………… 1660
闽将军歧元致总署将军不应先拜领事祈酌夺电 二件（初四日）………………… 1660
懿旨着海军衙门筹办铁路（初六日） …………………………………………… 1660
总署致直鄂粤督抚将军询先拜领事抑先来谒电（十一日） ……………………… 1661
直督李鸿章致总署领事差帖往还后来谒始答拜电（十一日） …………………… 1661
谕薛福成派充英法义比等国使臣电（十一日） …………………………………… 1661
驻藏大臣升泰奏藏兵如期撤退并赫政到边折（十二日） ………………………… 1661
直督李鸿章致总署张荫桓电阻德尼使华后何天爵谋充请婉阻电（十二日） … 1662
使法刘瑞芬致总署法外部请先换商约再办界约电（十二日） …………………… 1662
总署致刘秉璋川江行轮事难阻止希饬议速复电（十三日） ……………………… 1663
粤督张之洞致总署督抚将军例不先拜领事电（十三日） ………………………… 1663
粤督张之洞致总署法船救遭风难民已奖赏该船主功牌电（十三日） ………… 1663
直督李鸿章致总署川督刘电英使悬旗之议系以虚言欺哄电（十三日） ……… 1664
粤督张之洞致总署驳复英德两使要求免税各节电（十三日） …………………… 1664
直督李鸿章致总署何天爵使华恐难驾驭请酌办电（十六日） …………………… 1665
总署致张荫桓何天爵狡猾请设法阻其使华电（十七日） ………………………… 1665
直督李鸿章致总署川督刘电民船被碰只可全赔请与英使辩难电（十七日） … 1665
岑毓英谭钧培致总署滇越照图划界并无逾越电（十七日） ……………………… 1666
岑毓英谭钧培致总署法领事违约遣人至各厂游历请商法使禁止电 二件
（十七日） ……………………………………………………………………………… 1666
滇矿务督办唐炯奏矿务牵涉通商事件敬陈愚虑折（十九日） …………………… 1667
使英法刘瑞芬致总署法外部称华船往海防捕鱼抽税另定办法显违条约容
再辩论电（二十日） ………………………………………………………………… 1668
歧元刘秉璋致总署升泰报藏官遵谕撤队惟印兵未退已由赫政往询电
（二十一日） …………………………………………………………………………… 1668
直督李鸿章致总署韩俄陆约未许以定期交换电（二十四日） …………………… 1669
川督刘秉璋致总署宜昌船栈之议英使不愿俟伦敦复到再陈电（二十四日） … 1669

岐元刘秉璋致总署升泰称藏兵已退藏哲界址俟僧众遵结再议电（二十五日）
…… 1669
总署致刘瑞芬海防华船捕鱼法领令先纳费希告外部饬革除电（二十五日） … 1669
总署致张荫桓闻美将派德尼使华请阻止电（二十五日） …… 1670
总署致张之洞法使言华兵仍驻越南板邦希查复电（二十五日） …… 1670
直督李鸿章致总署袁世凯报韩灾运米入口可否援案免税已复准电（二十六日）
…… 1670
直督李鸿章致总署袁世凯报韩函复纳贿免使事颇狡已斥还嘱另照复电
（二十六日） …… 1670
使美张荫桓致总署美使有暂留田贝说如何天爵来愿否乞示电（二十六日） … 1670
使美张荫桓奏美国积案清偿完结折（二十七日） …… 1671
使美张荫桓奏请定国旗形式片（二十七日） …… 1672
使美张荫桓奏视察古巴华侨片（二十七日） …… 1672
总署致张之洞封口事非万不得已不松口电（二十八日） …… 1673

清季外交史料卷八十一　光绪十五年五月至十二月 …… 1674
粤督张之洞致总署葡于澳门关闸外设路灯违约侵界又香山县丞向来驻澳现仍
其旧电　二件（五月初一日） …… 1674
总署致张之洞法使不允停渔船照费已电刘使澳门关闸北不应设灯已复葡使电
（初二日） …… 1675
驻藏大臣升泰奏定界通商已有端倪候印使约期定议折（初二日） …… 1675
岑毓英谭钧培致总署法领事请给护照赴保胜电（初三日） …… 1676
总署致刘铭传英使称领事假满来台电（初三日） …… 1676
总署致张之洞澳门案外结甚善电（初五日） …… 1676
总署致刘秉璋川江行轮英使谓当再商希酌复电（十一日） …… 1676
直督李鸿章致总署川督电称川江到处险隘如行轮民船被碰须赔偿电　二件
（十四日） …… 1677
使英法刘瑞芬致总署川江行轮民船停让二日英外部未允乞示再商电（十四日）
…… 1677
使英法刘瑞芬致总署法外部言给发北海渔船护照不便已嘱法使商办电
（十六日） …… 1677
直督李鸿章致总署韩派人索拿法佣经袁世凯调停法使不肯交犯电　二件
（十六日） …… 1678
总署致刘瑞芬川江行轮英廷如难婉商可访绅商开解并复电（十七日） …… 1678

直督李鸿章致总署升泰电藏属纳东通商藏番已遵结电（二十日） ……………… 1678
直督李鸿章致总署袁世凯报韩王向法借债电（六月初一日） …………………… 1679
粤督张之洞致总署北海渔船发照事请商法使令派于领事商办电（初一日） … 1679
粤督张之洞致总署舵尾山为香山县属与葡无涉请驳斥电（初一日） ………… 1679
直督李鸿章致总署袁世凯报韩俄图们江行船议约拟文询韩政府电（初二日）
…………………………………………………………………………………… 1680
直督李鸿章致总署驻韩日使与袁世凯谈俄欲在韩据地储煤并韩拒俄索绝
影岛事电 二件（初二日） ……………………………………………………… 1680
驻藏大臣升泰奏英藏通商拟办情形折（初四日） ……………………………… 1680
直督李鸿章致总署袁商韩外部请俄使于图们江两国沿岸注明里数电（初五日）
…………………………………………………………………………………… 1681
总署致李鸿章请俄人注明图们江两国沿岸里数希电止袁电（初六日） ……… 1681
总署致李鸿章请查洋商运韩货入内地税则电（初八日） ……………………… 1682
驻藏大臣长庚致总署报赴藏日期电（初九日） ………………………………… 1682
驻藏大臣升泰致总署哲藏分界通商事宜近议五条并请拨款电（十三日） …… 1682
直督李鸿章致总署袁世凯报韩政府照复图们江行船事电（十三日） ………… 1683
直督李鸿章致总署袁电俄韩订约违例未咨礼部电（十六日） ………………… 1683
总署致升泰藏哲分界五款妥协从速了结电（十八日） ………………………… 1683
使英法刘瑞芬致总署川江行轮川督允一月让二日英外部未复电（十九日） … 1684
总署致李鸿章川江行轮英注意重庆通商如用华船似可转圜希商川督电
（二十一日） ……………………………………………………………………… 1684
使英法刘瑞芬致总署英外部复川江行轮被碰赔偿办法电（二十三日） ……… 1684
直督李鸿章致总署川江行轮专用华船亦多周折电（二十三日） ……………… 1685
粤督张之洞致总署法在越开铁路运货内地苏元春拟来面商办法请代奏电
（二十九日） ……………………………………………………………………… 1685
总署致李鸿章请将川江行轮议赔办法转川督电（二十九日） ………………… 1685
总署致刘瑞芬川江行轮停止十年可徐图转圜电（三十日） …………………… 1686
台抚刘铭传奏基隆煤矿拟归英商承办请旨饬议折（七月初十日） …………… 1686
吉林将军依克唐阿奏俄勘造伯力铁路片（二十六日） ………………………… 1687
驻藏大臣升泰奏英藏界务已饬赫政再往印营催速会议片 附朱批
（八月十三日） …………………………………………………………………… 1687
驻藏大臣升泰奏藏地通商请饬商英使电达印督速议立约折（九月二十六日）
…………………………………………………………………………………… 1688
驻藏大臣升泰奏据报英人拟撤兵后仍照旧章不办通商片（二十六日） ……… 1689

乌里雅苏台办事大臣祥麟等奏派员履勘唐努乌梁海中俄界址请饬商俄使令背约俄人迁回折（十月十七日）……1690
乌里雅苏台办事大臣祥麟等奏乌梁海久隶版图请饬商俄使照约办理片（十七日）……1690
礼部奏朝鲜国王请将在吉林越垦韩民划还本国折（十二月初一日）……1691

清季外交史料卷八十二　光绪十六年正月至三月……1692
总署奏印藏撤兵定界酌议条约请派员画押折　附条约（正月初九日）……1692
总署奏遵议珲春境内朝鲜越垦流民断难划还折（二月十八日）……1693
总署奏重庆开办通商停止轮船上驶续议条款请派员画押折　附朱批（二十四日）……1695
总署奏韩政紊乱筹商办法请旨遵行折　附函及问答（闰二月初一日）……1696
总署奏陈烟台条约续增专条画押日期折　附条约（十二日）……1700
军机处奏遵旨复陈朝鲜练兵铁路事宜折（二十日）……1701
总署奏前议朝鲜要件六条遵旨再行妥筹折（二十一日）……1702
驻藏大臣长庚奏瞻民控告番官并商上所陈各情折（三月初二日）……1702
驻藏大臣长庚奏俄官来藏并商办廓藏贸易事宜片（初二日）……1704
驻藏大臣长庚奏瞻民因番官苛虐叛藏欲仍投川片（初二日）……1705
驻藏大臣长庚奏唐古特以武人驭瞻对致有不睦片（初二日）……1706
总署奏俄商由科布多运货回国拟照约开办折（二十六日）……1706

清季外交史料卷八十三　光绪十六年四月至十二月……1708
驻藏大臣升泰奏藏印构兵界务业经立约画押折（四月十三日）……1708
驻藏大臣升泰奏密陈俄人游历藏北现拟赴巴塘折（十三日）……1708
驻藏大臣升泰奏筹办藏印界务悉照旧卷办理片（十三日）……1709
驻藏大臣长庚奏俄法人等游历藏边照约保护片（十五日）……1710
使俄洪钧奏闻恰克图边界俄人穴地采金拟处理积案折　附恰克图交界地名及俄国金厂处所名单（二十日）……1711
使俄洪钧奏俄造东方铁路我有东顾之忧片（二十日）……1713
使俄洪钧奏各国趋重金币片（二十日）……1714
总署奏前与英国议定印藏条约请寄伦敦互换折（二十八日）……1715
驻藏大臣升泰奏巡阅后藏勘验沿边各界鄂博折（七月初七日）……1715
使俄洪钧奏德欲谋俄欧洲大势必至群起争锋片（八月初九日）……1716
总署奏遵议藏边添兵驻守请饬详细酌拟折（十六日）……1717

总署奏朝鲜议借洋债遵饬设法阻止片（十六日） …………………………… 1718
礼部奏准朝鲜国告讣并请免赐奠据呈代奏折 附呈文（二十四日） …………… 1718
总署奏与英国订烟台续增专条请钤用御宝折（二十六日） …………………… 1719
库伦办事大臣安德那逊绰克图等奏恰克图等处开办矿务窒碍难行折
（二十八日） ……………………………………………………………… 1719
使英薛福成奏察看英法交涉事宜谨陈梗概折（九月初十日） ………………… 1720
驻藏大臣长庚奏妥筹瞻对善后事宜折 附条陈（十月十一日） ……………… 1721
使英薛福成奏遵旨在伦敦互换印藏条约折（十七日） ………………………… 1724
使美崔国因奏美国废除旧金山驱逐华人新例片（十七日） …………………… 1725
驻藏大臣升泰奏请预防俄人勾结藏番私相馈赠折（十一月初七日） ………… 1725
滇督王文韶等奏法人遵约归我逃人折（十二日） ……………………………… 1726
使英薛福成奏英属各埠拟添设领事保护华民折（十二月二十五日） ………… 1727
使英薛福成奏外交之事宜厚于交际严于交涉片（二十五日） ………………… 1729

清季外交史料卷八十四 光绪十七年正月至十二月 ………………………………… 1731
使美崔国因奏小吕宋议设领事日外部径直推辞宜另筹抵制折（正月初六日）
……………………………………………………………………………… 1731
使日本李经方奏请添设筑地大坂二处副理事片（二月十三日） ……………… 1734
驻藏大臣升泰奏酌筹纳金要隘暂就前拟兵数量为移扎折（三月十三日） …… 1735
使英薛福成奏濒海要区添设领事拣员调充折（二十四日） …………………… 1736
科布多参赞沙克都林札布等奏棍噶札拉参借占乌梁海境内地分隶塔尔巴哈台
收管民情不合折（二十六日） ……………………………………………… 1736
塔尔巴哈台参赞额尔庆额奏俄人借巴尔鲁克山年限将满请知照俄使迁移俄属
哈萨折（四月初三日） ……………………………………………………… 1739
使英薛福成奏滇缅分界通商应预为筹备折（十五日） ………………………… 1739
使俄许景澄奏查访俄国东境铁路情形折 附图说（二十五日） ……………… 1741
总署奏各省教案迭出请旨饬各省督抚迅速筹办折（五月初七日） …………… 1743
总署奏缅甸贡期拟俟议界务商务时再与声明片（六月十四日） ……………… 1744
江督刘坤一奏南洋海防江防应分别筹办及考核兵轮变通水师学堂折（二十日）
……………………………………………………………………………… 1744
使日本李经方奏箱馆事务渐繁请派员专驻以资保护折（七月初五日） ……… 1745
总署奏遵议添设香港领事改设新嘉坡总领事折（二十二日） ………………… 1746
驻藏大臣升泰奏印藏事宜藏番坚持前议拟俟总署饬知后核办折（八月二十日）
……………………………………………………………………………… 1747

总署奏使臣觐见恳求另定处所据实代陈折（九月十八日） …………………… 1748
直督李鸿章奏报洋人包建旅顺口船坞船澳厂库各工并铁路电灯各机器动用银两折（二十七日） ……………………………………………………… 1749
鄂督张之洞奏武穴教案抚恤偿补各款请援镇江关赔款成案办理折（三十日） ………………………………………………………………………… 1750
使英薛福成奏英法教案牵涉既广谨陈治本治标之计折（十一月二十六日） … 1751
吉林将军长顺奏三姓珲春等处炮台亟宜整顿片（十二月二十六日） ………… 1753

清季外交史料卷八十五　光绪十八年正月至闰六月 ………………………… 1754
总署奏俄使商接珲春海兰泡陆路电线请派大员与该使妥议章程折（三月二十一日） …………………………………………………………… 1754
使美崔国因奏外洋藉口会匪恫喝要求谨拟防患之法折（二十一日） ………… 1754
使美崔国因奏公法无灭人国之例请饬于会议时慎为规复地步片（二十一日） ………………………………………………………………………… 1756
使美崔国因奏驰赴古巴察看情形并回美都日期折（二十二日） ……………… 1756
驻藏大臣升泰奏印度拟约开导藏番只续款末条尚未遵依折（六月十三日） … 1757
使英薛福成奏拟请申明律例条约严禁私购军火以杜隐患折（十六日） ……… 1759
总署奏筹议滇缅界务请旨办理折（十七日） ………………………………… 1760
科布多参赞沙克都林札布等奏遵议哈巴河一带借地暂难收还请展限交割折（闰六月初四日） ……………………………………………………… 1761
总署奏遵议严禁私购外洋军火以杜隐患折（初四日） ……………………… 1762
总署奏中俄议接陆路电线订定约款折　附条款（十五日） ………………… 1763
甘督杨昌濬奏英俄觊觎帕米尔坎巨提请派员督办防务折（二十四日） ……… 1766

清季外交史料卷八十六　光绪十八年七月至十二月 ………………………… 1767
总署奏筹办新疆西南边外情形折（七月十八日） …………………………… 1767
总署奏帕米尔介于中英俄三国边境应于乌孜别里往南划分片（十八日） …… 1768
直督李鸿章奏遵旨与俄使订定中俄边界连接陆路电线约款折（二十日） …… 1768
使英薛福成奏中英两国会立坎巨提回部头目折（八月初十日） ……………… 1770
使英薛福成奏英俄垂涎帕米尔请设法勘界片（初十日） …………………… 1771
使英薛福成奏英法两馆事务日繁酌补缺额各员片（初十日） ……………… 1772
直督李鸿章奏借给朝鲜银十万两由华商出名订立合同限期拨还折（九月十五日） ……………………………………………………………… 1772
总署奏遵查延茂奏称新疆边事掣肘由于洪钧绘图错误各节核与事实不符折

（二十二日） …… 1773
直督李鸿章奏朝鲜续借银十万两仍由华商出名订立合同按期由朝鲜海关拨还折（十月二十四日） …… 1775
总署奏新疆派员会立坎巨提头目事竣折（十一月十六日） …… 1776
总署奏遵议江苏教案完结折（十六日） …… 1777
使俄许景澄奏新疆南路边境情形危急请饬疆臣增缮守备折（十二月十二日） …… 1777
新抚陶模奏俄人增兵情形叵测亟应筹备战守折（十七日） …… 1778

清季外交史料卷八十七　光绪十九年正月至八月 …… 1779
总署奏复陈帕米尔全地情形并呈进地图折（正月二十一日） …… 1779
总署奏葱岭设防及苏满设卡有碍约章片（二十一日） …… 1780
总署奏俄欲夺我塔哈尔满等处拟择要增戍以伐狡谋片（二十一日） …… 1781
总署奏中俄接电约款请旨钤用御宝互换折（三月初十日） …… 1781
驻藏大臣奎焕奏自藏到边办理新约情形片（四月初六日） …… 1782
伊犁将军长庚奏俄国借巴尔鲁克山年限将满派员商办折（初九日） …… 1782
总署奏印藏条约缓议三款现已拟结折　附约款（五月初九日） …… 1783
总署奏滇越界图与督臣现奏不符谨陈当日划界情形及现在办法折（六月十七日） …… 1785
使英薛福成奏请申明新章豁除旧禁以护商民折（七月初十日） …… 1787
使英薛福成奏请酌派军舰保护外洋华民片（初十日） …… 1788
塔尔巴哈台参赞富勒铭额奏巴尔鲁克山借给俄国限满拟派员照约收还折（七月十五日） …… 1789
驻藏大臣奎焕奏边事逐渐就绪知府稽志文仍带噶布伦等来边会议立约折（二十七日） …… 1789
总署奏遵议薛福成请申明新章豁除海禁旧例折（八月初四日） …… 1791
总署奏遵议薛福成请派兵船保护外埠华民片（初四日） …… 1791
直督李鸿章奏报海兰泡珲春等处水陆电线接线日期片（十九日） …… 1791

清季外交史料卷八十八　光绪十九年九月至十二月 …… 1793
使美崔国因奏奉使任满谨陈办理使事各节折（九月初四日） …… 1793
吉林将军长顺奏查看富克锦兵民疾苦黑河口内外形势及俄界情形片（初九日） …… 1795
伊犁将军长庚奏俄官迁徙俄哈恐有窜逸派兵严防边境以免藉口折（二十一日）

…………………………………………………………………………………………… 1796
使英薛福成奏遵旨与英外部商办滇缅界线滇境西南两面均有展拓折
（二十六日） …………………………………………………………………………… 1797
使英薛福成奏缅甸每届十年派员呈贡英外部允实行片（二十六日） ………… 1799
使英薛福成奏车里孟连确系滇境抚驭得宜可免英法暹三国窥伺片（二十六日）
…………………………………………………………………………………………… 1800
使英薛福成奏请饬滇督派兵驻野人山替换英兵片（二十六日） ……………… 1801
使俄许景澄奏游历洋人测探新疆和阗金矿折（十月二十六日） ……………… 1801
总署奏俄人归还巴尔鲁克山借地办理情形折
附收回巴尔鲁克山文约及管辖哈萨克条款（十二月十一日） ………………… 1803
总署奏重订中美约款保护寓美华工折（十七日） ………………………………… 1805

清季外交史料卷八十九　光绪二十年正月至三月 ……………………………… 1808
粤督李瀚章致总署新加坡华船洋药已商税司开办电（正月初一日） ………… 1808
总署致王文韶法使称越边黄树皮等处派兵接防电（初五日） ………………… 1808
直督李鸿章致总署薛使电称滇缅条约请速画押电（初八日） ………………… 1808
使俄许景澄致总署小帕米尔划界俄欲太奢争议棘手应否磋磨请示电　三件
（十七日） ……………………………………………………………………………… 1809
使美杨儒奏派美日秘三国参赞领事折（二十一日） ……………………………… 1810
总署致许景澄小帕米尔界务希与俄磋商又英使云俄已备兵以速了为妙电　二件
（二月十五日） ………………………………………………………………………… 1810
总署奏详陈帕米尔界务现办情形折（二十日） …………………………………… 1811
直督李鸿章致总署韩人在沪戕金玉均其柩已运韩电　二件（二十一日）……… 1812
军机处与总署会议应付日本事宜概略（二十二日） ……………………………… 1813
直督李鸿章致总署袁电日于东京捕韩员韩撤使日调兵电（三月初一日） …… 1813
总署致李鸿章据长崎领事报日调兵赴韩希查复电（初三日） ………………… 1813
直督李鸿章致总署闻日兵船赴韩询日使大鸟答系谣言电（初四日） ………… 1814
直督李鸿章致总署许景澄报与俄商论界事电（初四日） ………………………… 1814
直督李鸿章致总署袁世凯嘱韩廷速委使日代办并报日韩起衅情形电　二件
（初四日） ……………………………………………………………………………… 1814
总署致李鸿章日久思侵韩请嘱袁道勿大意电（初五日） ………………………… 1815
直督李鸿章致总署袁电金玉均被戕不在日境日人不能过问电（初五日） …… 1815
直督李鸿章致总署袁电日不承认金思纯为韩代办电　二件（初五日）……… 1815
直督李鸿章致总署袁世凯劝韩廷告日使无戮金尸意电（初五日） …………… 1815

使俄许景澄致总署界议俄主以地势紧要不允让舍相持无他策电（十一日） …1816
直督李鸿章致总署袁世凯电洪在租界戕金应由韩自办电（十一日） …………1816
总署致许景澄界事我已通融两不进兵之议请与俄切实订定电（十二日） ……1816
总署致李鸿章请电袁道劝韩速埋金尸缓用洪电（十二日） ……………………1816
总署致薛福成缅贡暂缓一年英外部复文未允请索允贡确据电（十二日） ……1817
直督李鸿章致总署俄使派参赞来言俄廷电帕米尔事请缓商电（十二日） ……1817
直督李鸿章致总署袁世凯报韩将金玉均尸凌迟电（十三日） …………………1817
使英薛福成致总署划界事英外部请照常办理又缅贡事请允再展一年电 二件（十四日） ……………………………………………………………………1817
总署致李鸿章英德商人在沪筑贮油池希饬妥办电（十四日） …………………1818
总署致许景澄俄使所云界址地名错误勿为朦混电（十五日） …………………1818
直督李鸿章致总署聂盛道电火油池章程大致已定并与德领事约定两条请示电 二件（十七日）………………………………………………………………………1818
总署致李鸿章外商运纺纱榨油机器来沪设厂已照会英使万难迁就电（十七日） ……………………………………………………………………………………1819
总署致王文韶薛使称天马关北大路英外部请暂借用乞酌示电（十七日） ……1819
滇督王文韶致总署英国借路未为不可仍请薛使指示新旧路相距情形以便照行电（十七日） ……………………………………………………………………1819
使英薛福成奏与英议定滇缅界务商务条约折 附条款（二十一日） …………1820
使英薛福成奏向英廷索还汉龙天马二关片（二十一日） ………………………1825
使英薛福成奏英文参赞马格里堪备任使片（二十一日） ………………………1826
使英薛福成奏与英定约华船可在大金沙江行驶片（二十一日） ………………1826
使美杨儒奏与美外部重订限禁华工保护华民约款折（三十日） ………………1827

清季外交史料卷九十　光绪二十年四月 ……………………………………………1830
伊犁将军长庚等奏俄国原借巴尔鲁克山全境收回业已订约折（四月初一日） ……………………………………………………………………………………1830
伊犁将军长庚奏收回俄国借地安设卡伦片（四月初一日） ……………………1832
粤督李瀚章奏钦州越南界务勘办完竣折 附图约及章程（初二日） …………1832
直督李鸿章致总署袁电韩东学党煽乱请派兵船相助已照办电（初四日） ……1845
鄂督张之洞致总署德商在汉建火油池事请向德使驳阻电（十六日） …………1846
直督李鸿章致总署与英领议沪火油池防患章程电（二十二日） ………………1846
直督李鸿章致总署袁电日员询韩外署华兵船到韩意欲何为电（二十二日） …1846
总署奏议复珲春越垦韩民地亩收还后办法折（二十四日） ……………………1846

直督李鸿章致总署袁电瑞士国拟与韩议约电（二十五日） …………………… 1848
沪道龚照瑗致总署报由南坎至八幕经过地名电（二十五日） ……………… 1848
总署致王文韶英外部谓借路事俟换约后再议电（二十五日） ……………… 1848
直督李鸿章致总署袁电韩被乱党战败韩王拟求我代剿嗣惑人言又复迟疑电 二件（二十九日） ………………………………………………………… 1848
总署致李鸿章派兵援韩希先期筹备电（三十日） …………………………… 1849
直督李鸿章致总署袁电韩请兵文已缮就俟匪北窜始请代剿电 二件（三十日） …………………………………………………………………… 1849

清季外交史料卷九十一　光绪二十年五月 ……………………………………… 1850
鄂督张之洞致总署麻城县揭帖已严禁断难传教电（五月初二日） ………… 1850
直督李鸿章致枢垣袁电韩请兵剿乱已派舰赴援电（初二日） ……………… 1850
直督李鸿章致总署汪凤藻电韩未请日派兵日已派往祈妥商电 二件（初三日） …………………………………………………………………… 1851
直督李鸿章致总署准韩请派兵保护已电汪使知照又日本不认韩为我属邦电 三件（初三日） ………………………………………………………… 1851
直督李鸿章致总署袁电俄使询派兵事答以韩请并叶志超军驻牙山日兵至汉城仁川电 七件（初四日） ……………………………………………… 1852
总署致李鸿章日使照称派兵至韩情形请查示并探大鸟到汉城如何开议电 二件（初八日） ………………………………………………………… 1853
使英薛福成奏新订滇缅条约须派领事驻仰光拟拣补折（初九日） ………… 1853
直督李鸿章致总署袁道电朝鲜兵到匪逃韩惧日驻兵求设法拟俟该道与大鸟议妥撤兵再酌办电 三件（初十日） …………………………………… 1854
总署致李鸿章请令袁道商日使同时撤兵饬叶志超等剿匪电（十一日） …… 1855
直督李鸿章致总署汪使电日增兵胁和欲革韩政已请英俄两使商日照约撤兵电 三件（十三日） ……………………………………………………… 1855
直督李鸿章致枢垣袁电日兵驻仁川租界英俄两使来晤托其劝日撤兵电 四件（十五日） ………………………………………………………… 1856
总署致李鸿章韩为中属各国皆知会剿万不可允电（十六日） ……………… 1856
直督李鸿章致总署租英商船运兵至平壤请商英使勿阻电（十七日） ……… 1857
津道盛宣怀致总署租船运兵英领事已允电（十七日） ……………………… 1857
直督李鸿章致总署报叶军由陆路移扎平壤请商各国公使调处电 二件（十七日） …………………………………………………………………… 1857
总署致李鸿章据日使言日兵在仁川必不到汉城电（十七日） ……………… 1858

直督李鸿章致总署汪使电拟答日四条请裁示又晤俄使据云日预韩事俄亦不容电 二件（十八日）…… 1858
总署致李鸿章希饬袁世凯催韩先剿匪事竣再约日撤兵电（十九日）…… 1858
直督李鸿章致枢垣日兵驻汉仁已占先着我备而未发续看情势电（二十日）… 1859
直督李鸿章致枢垣赫德电称日有在上海长江登岸消息又有水雷船出口已饬慎防电 二件（二十一日）…… 1859
直督李鸿章致总署俄皇谕俄使令日与中国同撤兵日答不撤兵亦不先开仗电 三件（二十一日）…… 1860
直督李鸿章致枢垣袁电日驻仁川兵调汉城并干预韩政美英法俄员同请中日同时撤兵电 五件 附旨（二十一日）…… 1860
总署致王文韶滇缅界务与原图歧异须另立专条电（二十三日）…… 1861
直督李鸿章致枢垣日派兵舰护商船运兵到仁川电 二件（二十四日）…… 1861
直督李鸿章致总署袁电日逼韩不认属华闻大鸟拟用兵押凯出境请准回国电 三件（二十六日）…… 1862
总署致李鸿章请令袁少待候有失和确据乃回电（二十六日）…… 1862
直督李鸿章致总署龚使电日在英订造两大铁舰电（二十六日）…… 1862
直督李鸿章致总署汪使电询留日华侨应否托与国保护电（二十六日）…… 1863
直督李鸿章致总署报商英领事请英国派战舰赴横滨令日撤兵电（二十八日）…… 1863
旨寄李鸿章日焰愈炽兵饷军火着筹画速复电（二十八日）…… 1863
直督李鸿章致总署韩未认非华属已电袁世凯勿怯汪使少待电 二件（二十八日）…… 1863
使俄许景澄奏与俄廷商办帕米尔界务折（二十九日）…… 1864
使英薛福成奏南洋设副领事官随员酌定章程折（二十九日）…… 1865
旨日人势将决裂着李鸿章预筹战备详细复奏电（二十九日）…… 1866
总署致李鸿章英使云日韩事外部来电属令调停电（三十日）…… 1866

清季外交史料卷九十二　光绪二十年六月上 …… 1867
直督李鸿章致总署日谓三国议定改韩内政方能撤兵已商俄使转达先撤兵再各派使会议电（六月初一日）…… 1867
直督李鸿章致总署日于韩事向汪使提出三条断难商办电（六月初一日）…… 1867
闽督谭钟麟致总署日舰到闽请派舰往来长崎台湾使知有备电（初一日）…… 1868
滇督王文韶致总署法使欲于临安图界内互让一地请示电（初一日）…… 1868
总署致李鸿章韩事日不愿他国干预如何因应希筹复电（初一日）…… 1868

总署致李鸿章希阻袁世凯下旗回国电（初二日） …………………………… 1869
总署致王文韶滇越事三村得归界内即可定议电（初二日） ……………………… 1869
直督李鸿章致总署薛福成抵沪滇缅约本已否寄英电（初二日） ………………… 1869
直督李鸿章致总署日派舰来华韩欲自主俄力劝未允撤兵可否调回袁世凯
以唐绍仪代乞示电 四件（初二日） ……………………………………………… 1869
谕户部海军衙门据李鸿章奏出境援剿须饷二三百万着妥议具奏（初二日） … 1870
旨寄李鸿章不应商请英外部派舰赴日责问电（初二日） ………………………… 1870
直督李鸿章致总署日增兵运械大鸟向韩提出五条现匪已平应否嘱汪使商日
撤兵乞酌核电 四件（初三日） …………………………………………………… 1871
总署致李鸿章韩事急俄使到津望晤商并调回袁世凯电 二件（初四日）……… 1872
直督李鸿章致总署龚使报英俄法皆劝中日和商电（初五日） ………………… 1872
旨寄李鸿章韩事未定袁世凯熟悉韩事勿庸调回电（初五日） ………………… 1872
直督李鸿章致总署俄使电俄廷嘱诘日侵韩京是何意电（初六日） …………… 1873
总署致李鸿章俄不占韩土地应否告小村电（初六日） …………………………… 1873
直督李鸿章致总署俄不占韩土地不妨略告小村电（初六日） ………………… 1873
直督李鸿章致总署袁电驻韩各国使臣会议避免汉城及各口战事电（初六日）
…………………………………………………………………………………………… 1873
台抚邵友濂致枢垣询若日船进口如何办理请示电（初七日） ………………… 1874
总署致李鸿章小村言三国会议英日深忌电（初七日） …………………………… 1874
直督李鸿章致总署袁拟商韩廷贷英款冀杜日请电（初八日） ………………… 1874
旨寄李鸿章由部筹拨的款着妥备战守事宜电（初八日） ………………………… 1874
直督李鸿章致总署据俄使言俄不愿与闻韩内政电（初八日） ………………… 1875
直督李鸿章致总署袁电日韩会议革政五条限期施行韩未允电 三件（初八日）
…………………………………………………………………………………………… 1875
直督李鸿章致枢垣叶志超电日愈猖獗请酌示电 附旨（初九日）……………… 1876
旨着李鸿章筹备海陆军事宜迅为布置并复奏电 二件（十一日）……………… 1876
直督李鸿章致总署俄使言俄廷约各国劝日撤兵电（十二日） ………………… 1877
旨派翁同龢李鸿藻等会同妥筹朝鲜事宜具奏电（十三日） …………………… 1877
直督李鸿章致总署袁电日运粮械可敷万人年余之用并袁世凯病派唐绍仪照料电
二件（十三日） …………………………………………………………………… 1877
总署致李鸿章池油改箱装运已完进口税者复进他口时再征半税电（十三日）
…………………………………………………………………………………………… 1877
直督李鸿章致枢垣遵旨筹备海陆各军严密分布电（十四日） ………………… 1878
总署致李鸿章嘱袁世凯不可径自赴津请旨遵行电（十五日） ………………… 1878

直督李鸿章致枢垣拟派商轮往牙山运兵入平壤电（十五日） …………………… 1878
总署致李鸿章日复电无转圜意已决进兵如何预筹布置先复电（十五日） …… 1879
礼部侍郎志锐奏日人谋占朝鲜请速决大计折（十五日） ………………………… 1879
使日汪凤藻致总署拟请美使代护在日商民电（十五日） ………………………… 1880
直督李鸿章致总署袁电中日决裂恳恩准回国电（十五日） …………………… 1880
直督李鸿章致总署唐绍仪电闻日加兵我军未集愈难措手又晤俄使劝我先许会议电 二件（十五日） …………………………………………………………………… 1881
直督李鸿章致总署龚使电英国调停中日撤兵办法请速复电 二件（十五日） ……………………………………………………………………………… 1881
直督李鸿章致总署俄兵抵韩如和局裂俄未便袖手并叶志超电南路紧要拟添兵电（十五日） ………………………………………………………………………… 1881

清季外交史料卷九十三 光绪二十年六月下 ……………………………………………… 1883
直督李鸿章致枢垣叶志超兵单拟在津调兵往助电（十六日） …………………… 1883
户部尚书翁同龢等奏遵旨会议韩事折（十六日） ………………………………… 1883
台抚邵友濂致枢垣报布置台湾防务电（十六日） ………………………………… 1884
总署致李鸿章英使劝日兵移南路华兵扎汉城再行开议希统筹全局电（十七日） ……………………………………………………………………………… 1884
总署致李鸿章中日若失和托美使保护华商电（十七日） ………………………… 1885
总署与英使欧格讷因日本事第一次问答进呈节略（十七日） …………………… 1885
李鸿章刘坤一奏上海浦东地方洋商试办火油池议定防险章程折（十七日） … 1886
总署致驻京各国公使日本首先开衅击沉高升商轮责有攸归照会（十八日） … 1888
直督李鸿章致总署接俄使电拟约英法德商令日本退兵再议电 二件（二十二日） ………………………………………………………………………… 1888
江督刘坤一致总署请指明上海及吴淞口外系不用武地始可堵口乞示电（二十二日） ………………………………………………………………………… 1889
旨寄李鸿章日若开衅叶军地势是否相宜应早筹备如有著名宿将准其奏调电 二件（二十二日） ……………………………………………………………………… 1889
总署与英使欧格讷因日本事第二次问答进呈节略（二十四日） ………………… 1889
旨寄廖寿丰并无由英人保护定海之事所请殊属非是电（二十四日） ………… 1891
江督刘坤一致总署报各国对中国情状并防沪口电（二十五日） ………………… 1891
直督李鸿章致总署汪凤藻报日兵突入韩宫韩拒而败日又添兵电（二十五日） ……………………………………………………………………………… 1891
旨着刘永福帮办台湾防务电（二十五日） ……………………………………… 1892

直督李鸿章致枢垣闻日兵围宫拘王我军前进电（二十五日） …………………… 1892
直督李鸿章致枢桓各轮运兵上岸被日炮击并高升广乙操江被毁电（二十五日） …………………………………………………………………………………… 1892
直督李鸿章致总署中韩电线被日阻隔遵旨速筹电（二十五日） ……………… 1893
总署致刘坤一日已开衅倘日船驶近浦口即击电（二十五日） ………………… 1893
总署致杨儒希托美廷保护在日侨民电（二十五日） ………………………… 1893
总署致李鸿章日先开衅布告各国照会如何措词希电署公酌电（二十五日） … 1893
直督李鸿章致总署照会似宜略述属国一节日货暂停进口但各国运日货恐不能禁电 二件（二十五日） ………………………………………………………………… 1894
电报总办盛宣怀致总署已饬各局不准收发密码电（二十六日） ……………… 1894
台抚邵友濂致枢垣台岛饷械支绌请饬南北洋及闽督筹济电（二十七日） …… 1894
直督李鸿章致枢垣报叶志超军与日战互有伤亡电（二十七日） ……………… 1895
旨寄裕禄现丰升阿等驰赴平壤后路空虚着布防电（二十七日） ……………… 1895
直督李鸿章致枢桓马玉昆到龙川与卫汝贵左宝贵同渡鸭绿江电（二十八日） …………………………………………………………………………………… 1895
直督李鸿章致总署按公法日使应限期出境日领派人各处侦探亦应出境电（二十八日） ……………………………………………………………………… 1895
使日汪凤藻致总署托美保护华侨尚未得复并操江被夺广乙逃至牙山电（二十八日） ……………………………………………………………………… 1896
旨撤回驻日汪使侨民托美保护电（二十八日） ……………………………… 1896
旨寄李鸿章战事已开着厚集兵力广筹应援电（二十八日） …………………… 1896
旨寄李鸿章叶志超兵单如何接济即复电（二十八日） ……………………… 1896
直督李鸿章致总署筹商停止电报密码办法电（二十九日） …………………… 1897
盛京将军裕禄致枢垣报告调遣各军以资策应电（二十九日） ………………… 1897
总署致李鸿章已照会日使讽之使去俟日使行即告各日领出境电（二十九日） …………………………………………………………………………………… 1897
总署致杨儒托美保护在日华人美廷未复请询问电（二十九日） ……………… 1898

清季外交史料卷九十四　光绪二十年七月 ……………………………………… 1899
直督李鸿章致枢垣据报叶志超获胜催北路进兵已令马左相机速进电　附旨（七月初一日） …………………………………………………………………… 1899
总署致李鸿章日使回国请饬各关监督令各口日领出境电（初二日） ………… 1899
直督李鸿章致枢垣龚照瑗报日购快船应否宣公法阻止并陈英外部代筹应付日本战略电　二件（初二日） …………………………………………………… 1899

直督李鸿章致总署美允代保华侨请电汪使将商民册送美使电（初二日） …… 1900
江督刘坤一致总署沪作局外无明文请切实订明电（初二日） …………………… 1900
直督李鸿章致枢垣报派赴平壤卫马左三军屡饬和衷商办可不误机宜电
（初二日） ………………………………………………………………………… 1900
军机处致李鸿章叶军亟须接济拟令丁汝昌办理能否胜任希复电（初二日） … 1900
旨寄李鸿章已降旨奖叶志超获胜着察看丁汝昌电（初三日） ………………… 1901
总署与英使欧格纳因日事第三次问答进呈节略（初三日） …………………… 1901
直督李鸿章致枢垣接济叶军事丁汝昌因无快船为前驱拟另设法电 附旨
（初三日） ………………………………………………………………………… 1903
直督李鸿章致枢垣拟派袁世凯赴平壤联络官军协筹粮运电 附旨（初三日）
………………………………………………………………………………………… 1903
直督李鸿章致枢垣报日人擅更朝政韩王遣员到津请援电（初四日） ………… 1904
直督李鸿章致枢垣唐绍仪言日兵数路并进兵轮往大同江口叶军被挫电
附旨三件（初四日） ……………………………………………………………… 1904
吉林将军长顺致枢垣俄兵赴元山遵旨筹防电（初四日） ……………………… 1905
直督李鸿章致枢垣报马玉昆卫汝贵率队抵平壤会军夹击电（初四日） ……… 1905
直督李鸿章致枢垣日击沉高升船向英谢罪议赔华人亦应索偿电（初六日） … 1905
直督李鸿章致枢垣遵旨调派陆海军分防近畿及东北各海口电（初六日） …… 1906
直督李鸿章致枢垣丁汝昌如有畏葸自当严参电（初六日） …………………… 1906
直督李鸿章致枢垣报日兵劫牙山营各营溃退电（初六日） …………………… 1906
旨寄李鸿章着专管海军通盘筹画并复奏电（初七日） ………………………… 1907
总署致李鸿章留日华人词讼应否照会美使代管电（初十日） ………………… 1907
直督李鸿章致总署伦敦电俄拟保护巨文岛并英外部谓战时禁物非中日
所能遽定电（初十日） …………………………………………………………… 1907
直督李鸿章致枢垣报卫左马等于平壤筑营垒防守并叶军情形已重电
附旨（初十日） …………………………………………………………………… 1908
旨寄鲁抚福润着派营填扎登州电（初十日） …………………………………… 1908
江督刘坤一致总署闻日缺米已饬禁米出洋电 附旨（初十日） ……………… 1908
直督李鸿章致枢垣日船扰威海各炮台还击中伤不少日尚有船在北洋游弋电
二件 附旨三件（初十日） ……………………………………………………… 1908
总署致盛宣怀英法义各使诘电局不收暗码请速复电（十二日） …………… 1909
提署致枢垣与赫德论日兵船游弋旅顺将来上陆处所电（十二日） ………… 1909
总署致李鸿章美使言中日不得击商船乞复电（十四日） …………………… 1910
直督李鸿章致枢垣马丰左卫公电揆度地势布防并各军只能坚扎平壤电

（十五日） …… 1910
旨寄刘坤一上海查获改装日人着告美领事交犯电（十六日） …… 1910
甘督杨昌濬致枢垣陶抚报俄人修路添兵已严防电（十七日） …… 1911
湘抚吴大澂致枢垣请准亲统湘军航海助战电 附旨（十七日） …… 1911
旨寄李鸿章着令姜桂题等募军派袁世凯会带并查叶军消息及体察辽阳等处可否设粮台电 三件（十七日） …… 1911
使俄许景澄致总署俄外部称俄兵不越界请勿疑电（二十一日） …… 1912
直督李鸿章致枢垣报叶志超与日接仗初获胜继退平康求接济军食已派兵迎接电 附旨（二十二日） …… 1912
旨寄李鸿章着探复叶志超军是否驻平壤电（二十三日） …… 1913
旨寄李鸿章着令丁汝昌督率军舰严卫威旅等处电（二十三日） …… 1913
直督李鸿章致枢垣叶军到平壤聂军次日可到电 附旨（二十三日） …… 1913
旨寄李鸿章着派叶志超总统各军电（二十五日） …… 1913
直督李鸿章致枢垣叶志超报由韩都至平壤沿途与日军接战情形电 附旨（二十六日） …… 1914
旨丁汝昌毫无振作着革职戴罪图功电 二件（二十六日） …… 1914
旨寄李鸿章智利售船事着电催龚照瑗详复电（二十七日） …… 1914
直督李鸿章致枢垣报后路粮台处所并办理人员电（二十七日） …… 1915
吉林将军长顺致枢垣元山以北平壤以东悉为日占韩派员求援请添练劲旅电 二件 附旨（二十七日） …… 1915
直督李鸿章致枢垣报吴大澂带队抵威海电（二十七日） …… 1916
直督李鸿章致总署据龚照玙报日雷艇在大东沟口巡探请派海军游弋电（二十八日） …… 1916
总署奏重订中美保护华工约本请批准折（二十九日） …… 1916
总署奏请饬杨儒妥议中墨约章请旨遵行片（二十九日） …… 1917
总署奏交犯专约应由杨儒照会美外部订期画押片（二十九日） …… 1917
江督刘坤一致总署报日使领回国电（二十九日） …… 1918
滇督王文韶致总署报滇缅猛峒界务遵照缓议电（二十九日） …… 1918
总署致张之洞请查拿汉口日奸细电（二十九日） …… 1918
总署致杨儒日虐待华侨请告美外部电田使保护电（二十九日） …… 1918
总署致杨儒美约用宝后互换墨约奏准订议电（二十九日） …… 1918
直督李鸿章致总署日在英已购快船今又添购电（二十九口） …… 1919
使英龚照瑗致总署英守局外例扣留日轮电（三十日） …… 1919

清季外交史料卷九十五　光绪二十年八月上 …… 1920
直督李鸿章奏遵旨复陈遴选海军统将折　附旨（八月初一日）…… 1920
直督李鸿章致枢垣叶志超报到平壤后布置攻防事宜电（初一日）…… 1921
台抚邵友濂奏筹备海防及布置情形并恳拨的款折（初一日）…… 1922
台抚邵友濂致枢垣报台境布防并策应澎湖电（初一日）…… 1923
谕户部及李鸿章据刘坤一奏募兵万人着筹拨饷械电（初二日）…… 1923
谕吴大澂着到威海后候旨遵行电（初三日）…… 1923
旨寄李鸿章龚使所购阿摩士船著照议办理电（初三日）…… 1924
旨寄邵友濂着杨岐珍总统基隆沪尾各军电（初三日）…… 1924
直督李鸿章致枢垣叶志超电日增兵运械至平壤我军兵单请调后路各营速进电　二件（初四日）…… 1924
直督李鸿章致枢垣报日船载兵及械至仁川声势浩大电（初六日）…… 1925
总署致许景澄闻俄舰进发朝鲜希探复电（初六日）…… 1925
江督刘坤一致总署日欲封沪制造局已严防电（初九日）…… 1925
旨寄李鸿章据奏威海后路紧要着与吴大澂参酌形势办理电（初九日）…… 1925
直督李鸿章致枢垣叶电日兵水陆交攻已饬周馥袁世凯往办粮台电　二件（十一日）…… 1926
直督李鸿章致枢垣吴大澂报布置威海一带防务电（十一日）…… 1926
直督李鸿章致枢垣日犯平壤安州派兵扼要堵剿电（十一日）…… 1927
军机处致李鸿章我军利于速战应奋力合剿希详速妥筹并复奏电（十四日）…… 1927
旨寄李鸿章着将许景澄所购枪炮价款汇付电（十四日）…… 1927
旨寄李鸿章着令叶志超节制调遣平壤前敌诸军电（十五日）…… 1928
使俄许景澄致总署购定枪弹即起运电（十六日）…… 1928
直督李鸿章致总署伦敦电韩日立约合攻中国韩欲自主电（十六日）…… 1928
直督李鸿章致枢垣聂士成电日扰我运道断我电线包围平壤电　二件（十六日）…… 1928
直督李鸿章致枢垣叶电平壤危迫已派宋庆往援电（十七日）…… 1929
直督李鸿章致枢垣宋庆电奉命督师义州须饷械不缺方敢应命电（十七日）…… 1929
直督李鸿章致枢垣丁汝昌电与日船战于大东沟我舰伤毁四只击沉日三船又龚照玙报丁提督受伤电　二件（十八日）…… 1930
直督李鸿章致枢垣日大隈条陈攻夺东三省待山县有朋至广岛进攻电（十九日）…… 1930
直督李鸿章致枢垣义州电左马受伤及吕本元击散日兵电（十九日）…… 1930
旨寄李鸿章平壤后路日兵愈多沈阳重要着饬各军剿办并令宋庆迅赴义州合攻电

二件（十九日）……1931
旨寄李鸿章着令丁汝昌催齐各舰以备再战并擢用林同祥电 二件（二十日）……1931
直督李鸿章致枢垣旅顺电称鸭绿江接仗我失四船药弹皆尽伤亡颇多电（二十日）……1932
盛京将军裕禄致枢垣九连城急报左丰有阵亡信防务万紧已严密筹布电 附旨（二十一日）……1932
直督李鸿章致枢垣叶电平壤血战连获大胜因粮绝弹尽退出请将各员分别惩处电（二十一日）……1932
直督李鸿章致枢垣请留宋庆驻旅顺候旨电（二十一日）……1933
闽督谭钟麟致枢垣报香港北洋借款均未成电（二十一日）……1933
直督李鸿章致枢垣刘盛休电请留铭军在鸭绿江西岸布防电（二十一日）……1934
黑龙江将军依克唐阿奏遵旨移扎奉天请募兵遏敌电（二十一日）……1934
旨着李鸿章迅筹义州等处防务并令宋庆驰赴九连城与铭军合力防守电 二件（二十一日）……1934
直督李鸿章致枢垣丁汝昌报身受重伤请以刘步蟾代理电（二十一日）……1935
使英龚照瑗致总署湄江上游瓯脱地英外部请中法派员会勘电（二十一日）……1935
直督李鸿章奏军情益急臣力难支据实沥陈折 附懿旨二件（二十二日）……1935
总署致龚照瑗滇缅界事请询英外部愿否三国会勘电（二十四日）……1937

清季外交史料卷九十六　光绪二十年八月下……1938
总署奏中英议接滇缅边界陆路电线订定约款折 附条约（八月二十三日）……1938
旨寄定安裕禄日氛渐逼着就现有之兵速筹布置并调吉林官军严防鸭绿江等处电 二件（二十三日）……1940
旨寄李鸿章着严防旅顺义州以免日人抄袭电（二十三日）……1940
旨寄李鸿章着于义州设粮台并周覆现抵何处一并奏闻电（二十三日）……1941
直督李鸿章致枢垣叶志超电退义州后日人三路进兵韩人附日拒中已令过江驻扎电 二件（二十三日）……1941
直督李鸿章致枢垣戴宗骞电日船窥北口已击退电（二十三日）……1941
直督李鸿章致总署俄报言韩被日占非俄所愿电（二十三日）……1942
署黑龙江将军增祺致枢垣俄兵在瑷珲对岸乘船渡江旋即折回电（二十三日）……1942
直督李鸿章致枢垣叶志超遵旨全军退江西电（二十三日）……1942

直督李鸿章致枢垣叶志超宋庆报各军分驻九连城及鸭绿江上游并请拨饷电（二十四日）…… 1942
江督刘坤一奏中日既经开衅不宜轻与议和折 附旨（二十四日）…… 1943
直督李鸿章奏日兵猛扑平壤诸军退至安州据实奏参并自请严议折 附旨二件（二十四日）…… 1944
旨着李鸿章将首先逃走之济远管带方伯谦正法电（二十四日）…… 1946
旨寄许景澄闻德国猎船价廉而成期速着订购电（二十四日）…… 1946
旨寄增祺俄兵迹虽可疑宜暗防不可起衅电（二十四日）…… 1946
旨寄李鸿章着查探游弋威海日船并添兵扼扎电（二十四日）…… 1946
旨着依克唐阿迅赴九连城防剿荣和前赴江防电（二十四日）…… 1947
直督李鸿章致枢垣烟台电日船在口外游弋电 附旨（二十五日）…… 1947
直督李鸿章致总署俄使言俄不愿日得韩地并闻该国在海参崴预备海舰陆兵电（二十五日）…… 1947
黑龙江将军依克唐阿奏日人谋袭旧畿军事和害战利恳厚集雄师创此恶敌折（二十五日）…… 1947
定安裕禄致枢垣报在九连城大东沟布置防务电 附旨（二十五日）…… 1949
直督李鸿章致枢垣查复日船所在并会商吴大澂分派将弁扼守东省各要隘电（二十六日）…… 1949
吉林将军长顺奏报平壤失守退驻义州水师亦败俄更叵测三省危险电（二十六日）…… 1950
直督李鸿章致枢垣报沽塘布置大略如有大股扑犯再添调客军电 附旨（二十六日）…… 1950
鄂督张之洞等奏购办红茶运俄试销以维商务折（二十七日）…… 1951
旨寄李鸿章着处分台湾拿获代日运货之英船电（二十七日）…… 1952
台抚邵友濂致总署据税务司称英售与日运货之船虽未换旗亦应充公请询英使电（二十八日）…… 1952
台抚邵友濂致总署报拿获接济敌船名巴山电（二十八日）…… 1953
旨寄吴大澂准令余虎恩募兵办理防务电（二十八日）…… 1953
直督李鸿章奏平壤之战各将领互有功过及日本现储枪枝数目电（二十八日）…… 1953
直督李鸿章致枢垣戴宗骞报日兵船过威北口山嘴测量电（二十九日）…… 1954
直督李鸿章致枢垣沪电日出兵三队每队三万来华乞分饬闽浙台粤严防电（二十九日）…… 1954

清季外交史料卷九十七　光绪二十年九月上 …… 1955
盛京将军裕禄奏遵旨复陈现在驻防马步兵数电（九月初一日） …… 1955
鄂督张之洞奏谨陈管见四条请采择电（初一日） …… 1955
旨寄李鸿章营口紧要置办军火着准提关税电（初一日） …… 1956
旨寄李鸿章据赫德电日兵分三队来华着饬严防电（初一日） …… 1956
懿旨着恭亲王奕䜣管理各国事务衙门兼会办军务（初一日） …… 1956
直督李鸿章致枢垣报日兵船在海洋岛严搜民船电（初一日） …… 1957
旨寄张之洞着催魏光焘熊铁生及余虎恩所部北上购办枪炮并来京陛见电　五件（初一日） …… 1957
旨寄刘坤一北洋防务紧急本须调舰惟据称南洋现仅五船着毋庸派拨电　二件（初一日） …… 1957
旨寄刘坤一防日袭台湾严查济敌米粮勿信沪作局外说并令程文炳北上电　四件（初一日） …… 1958
直督李鸿章致枢垣宋庆派帮办前奉总统之命应奏请撤销电（初二日） …… 1958
旨着吴大澂总司稽查并查李经迈是否得贿丁汝昌有无重伤着具奏电　二件（初二日） …… 1958
使美杨儒奏通筹寓美华民善后事宜并派员赴墨西哥察看情形折（初二日） … 1959
旨寄宋庆节制北洋各军妥筹鸭绿江大东沟等处防务叶志超总统着即撤销电　二件（初三日） …… 1961
湘抚王之春奏遵旨选调湘军迅图进取电（初三日） …… 1961
旨寄李鸿章着将关内外粮台安设何处电奏并令张佩纶回籍电　二件（初三日） …… 1961
旨着邵友濂速复包镑借款事并饬刘永福北上电　二件（初三日） …… 1961
旨寄李鸿章着饬曹克忠迅招津勇扼扎山海关电（初四日） …… 1962
直督李鸿章致总署伦敦电英国拟增兵赴香港电（初四日） …… 1962
黑龙江将军增祺致总署俄员测量兴安岭听阻两难乞示遵电（初四日） …… 1962
旨寄宋庆江防益紧着悉心调度并查复平壤退回各军驻处电　二件（初四日） …… 1962
旨寄谭钟麟饬派廖得胜等渡台并据奏甘肃可调马队缓不济急着毋庸议电　三件（初五日） …… 1963
旨寄李鸿章叶志超着赏假一月并令刘铭传来京陛见电　二件（初六日） …… 1963
旨寄李鸿章着饬程之伟等分驻旅顺山海关并购发营垒图说电　二件（初六日） …… 1963
旨寄裕禄着就地招募土勇不必拘定猎户电（初六日） …… 1964

直督李鸿章致枢垣东海关报大同江有日船多艘满装陆兵电 附旨（初六日）
…………………………………………………………………………………… 1964
旨派王文锦曹克忠张梦元邓启元办理天津团练电（初七日） ………………… 1964
直督李鸿章致枢垣刘盛休电敌已到义州长甸无兵防守电 附旨二件（初七日）
…………………………………………………………………………………… 1964
旨寄邵友濂着询刘永福能否率偏师捣长崎电（初八日） ……………………… 1965
直督李鸿章致枢垣成山头报复有日船八只游弋电（初八日） ………………… 1965
定安裕禄奏遵饬营队赴长甸河防守并报日兵已入义州电（初八日） ………… 1965
统领湘军陈湜奏率队抵津伏候谕旨电 附旨（初九日）……………………… 1966
直督李鸿章致枢垣报日兵约万人到安州定州电（初九日） ………………… 1966
直督李鸿章致总署龚使报日欲由大连湾登岸水陆夹攻电（初九日） ………… 1966
直督李鸿章致枢垣海参崴电图们江对岸来有日兵俄亦添兵电 附旨（初九日）
…………………………………………………………………………………… 1966
旨寄宋庆着严申禁令相机策应并查复叶卫两军败北情形电 二件 （初九日）
…………………………………………………………………………………… 1966
旨着李鸿章查报调到兵数并饬各军慎重交涉电 二件（初十日）……………… 1967
直督李鸿章致枢垣宋庆报驰抵九连城防地电（十一日） ……………………… 1967
旨寄李鸿章洋员汉纳根打仗得力着赏给宝星并酌量重其职位电 二件
（十二日） ……………………………………………………………………… 1967
台抚邵友濂致枢垣据刘永福咨直捣长崎未敢曰能乞代奏电 附旨（十二日）
…………………………………………………………………………………… 1968
旨寄廖寿丰着督饬各营严防定海洋面日船游弋电（十二日） ………………… 1968
旨寄李鸿章日船图登岸滋扰事机万紧着饬海陆各军严密堵剿电（十二日） … 1968
总兵田在田致枢垣在济宁募成六营并李鸿章报该镇北上日期电 二件附旨
（十二日） ……………………………………………………………………… 1969
直督李鸿章致总署龚照瑗电怡和行有兵轮七只可购乞请旨电 附旨二件
（十二日） ……………………………………………………………………… 1969
台藩唐景崧致枢垣乞恩销去帮办台防带营北上电 附旨二件（十二日） ……… 1970
旨寄吴大澂着订购奥国快枪款由湖北划汇电（十三日） ……………………… 1970
旨寄宋庆着会商依克唐阿添拨兵勇扼扎蒲石河电（十三日） ………………… 1970
旨寄宋庆依克唐阿据周馥报日大队有扎筏西渡意着防范电（十四日） ……… 1971
旨着李秉衡催令总兵王莲三率部北上电（十四日） ………………………… 1971
旨寄各省督抚着加意保护教堂电（十四日） ………………………………… 1971
台抚邵友濂奏请简大员迅接抚篆以一事权电 附旨二件（十五日） ………… 1971

闽督谭钟麟致枢垣请旨饬邵友濂唐景崧不可各存意见电（十五日） ………… 1972
总署致李鸿章希令前敌各将领多设马探防日分兵包抄电（十五日） ………… 1972
旨着宋庆令聂士成统带叶志超卫汝贵所部各军电（十五日） ……………… 1972
旨寄李鸿章吴大澂李秉衡着于各海岸多伏地雷电（十五日） ……………… 1972
直督李鸿章致枢垣宋庆报布置沙河九连城防务电（十六日） ……………… 1973
直督李鸿章致枢垣宋庆报日兵到安州业已布防请饬依将军移驻蒲石长甸等处电 附旨（十七日） …………………………………………… 1973
提督宋庆致枢垣长甸宽河尚觉空虚依将军移防北路为宜电 附旨（十七日） …………………………………………………………………… 1974

清季外交史料卷九十八　光绪二十年九月下 ………………………………… 1975
旨寄裕禄等金州复州等处着各派兵严密布置电（九月十七日） …………… 1975
旨寄李鸿章战舰受伤谅已修好何时出巡着迅复电（十七日） ……………… 1975
直督李鸿章奏大连湾为旅顺后路宜互为犄角电（十七日） ………………… 1975
旨寄李鸿章有人奏请修复山海关过关铁路各节着复奏电（十八日） ……… 1976
直督李鸿章致总署李家鏊密探俄情所言似非影响电 附旨（十九日） ……… 1976
直督李鸿章奏遵谕撤去叶志超卫汝贵统领令聂士成吕本元接统电（二十日） …………………………………………………………………… 1976
旨寄李鸿章鸭绿江防兵单弱着饬宋庆派队赴长甸蒲石等处严防电（二十日） …………………………………………………………………… 1977
直督李鸿章致枢垣宋庆电日兵来义州万数千人火炮地雷粮米甚多欲扑犯虎耳山已严密防范电（二十二日） …………………………………… 1977
直督李鸿章致总署报严饬各电局慎密底稿码号电（二十三日） …………… 1977
提督宋庆致枢垣虎耳山界江河之间日有造桥扑犯意现与马玉昆各部分布爱河两岸严防扑渡电 三件（二十三日） …………………………… 1977
直督李鸿章致枢垣袁世凯电凤凰厅军粮赶办就绪又该处已开仗电线忽断电 二件（二十三日） …………………………………………………… 1978
旨寄李鸿章据刘盛休电日人在义州搭桥倭恒额系守上游今云探至下游不甚明白着饬复电（二十三日）） ……………………………………… 1979
旨寄长顺着挑选吉林兵赴奉归依克唐阿节制并速往东省助剿电 二件（二十三日） …………………………………………………………… 1979
旨寄李鸿章着传谕汉纳根同德璀琳北上电 二件（二十三日） …………… 1979
旨着谭钟麟查明浙台两抚能否胜任电（二十三日） ………………………… 1980
直督李鸿章致总署伦敦电日兵已由广岛起身电（二十四日） ……………… 1980

直督李鸿章奏北洋备日饷需及定购快船各款不敷甚巨请添拨备用折（二十五日） …… 1980
提督宋庆致枢垣据倭恒额称日于东洋河踹渡堵遏不及请饬依克唐阿由北路会剿电 附旨三件（二十七日） …… 1982
提督宋庆致枢垣报虎耳山战败自请严议电 附旨三件（二十七日） …… 1982
定安裕禄致枢垣遵旨派生力军驻扎兴京等处电（二十八日） …… 1983
旨寄杨儒着派员赴巴西查验带甲艟艨并迅复电（二十八日） …… 1983
直督李鸿章致枢垣徐邦道电日兵在皮子窝上岸请饬裕定两军迎剿并韩王次子赴日报聘电 二件（二十八日） …… 1984
直督李鸿章致枢垣刘盛休电倭恒额在蒲石河口与日战败及宋聂各军抵敌不住豫军道远难到电（二十八日） …… 1984
直督李鸿章致枢垣宋庆报日兵已过江西凤凰城无险可守应令宋庆督守摩天岭电 附旨（二十九日） …… 1984
黑龙江将军依克唐阿致枢垣闻日兵三万余人在岫岩界上岸分股窜扰请援电（二十九日） …… 1985
直督李鸿章奏迭奉谕旨据实复陈折（二十九日） …… 1985
旨寄李鸿章刘坤一近畿防务吃紧着派敢战将领分扎京通一带电 二件（二十九日） …… 1986
旨寄李鸿章京师需米甚殷着斟酌办理电（二十九日） …… 1987
旨寄裕禄定安鸭绿江军情万紧着调军迅剿并派丰绅泰会同宋庆助剿电 二件（二十九日） …… 1987
直督李鸿章致枢垣吴抚电遵旨复奏布置山海关情形并饬各军在关外巡哨电（三十日） …… 1987
旨寄李鸿章传谕胡燏棻坐办后路粮饷军械电（三十日） …… 1988
旨着唐仁廉克日赴津商李鸿章前往山海关驻扎电（三十日） …… 1988

清季外交史料卷九十九　光绪二十年十月上 …… 1989
直督李鸿章致枢垣赵怀业电日马步队由陆路绕进皮子窝又刘世俊往摩天岭帮宋庆同守电 二件（十月初一日） …… 1989
旨寄李鸿章传谕曹克忠迅募成军援剿直境电（初一日） …… 1989
直督李鸿章致枢垣曹克忠募勇请由部筹饷电 附旨（初一日） …… 1989
旨寄裕禄金州后路紧急着饬各军防剿并查奏依克唐阿退扎何处电 二件（初一日） …… 1990
直督李鸿章致枢垣日政府派后藤及大山岩统领前敌井上馨为韩使并借内债电

（初一日） …… 1990
旨寄刘坤一着饬刘光才五营即由海道北上电（初一日） …… 1990
江督刘坤一致枢垣报魏光焘李光久已赴京惟军情紧急已商赣抚派员带淮军北上电 二件 附旨（初一日） …… 1990
使美杨儒致总署北洋电请美国会同英俄调处美盼中国获一大胜意甚关切电（初二日） …… 1991
提督宋庆致枢垣报败退各军扼扎大高岭以固辽阳门户电（初二日） …… 1991
直督李鸿章致枢垣周馥报移运局于大高山下并设电线电（初二日） …… 1991
直督李鸿章致枢垣徐邦道等电日注意旅大兵分力单敌有抄后之意电（初二日） …… 1991
旨着定安裕禄传谕唐仁廉募二十营会办防剿电（初二日） …… 1992
直督李鸿章致枢垣报派卫汝成赴旅援应会同龚照玙等妥筹布置电（初三日） …… 1992
直督李鸿章致枢垣崧蕃电已令丁槐率队北上电（初三日） …… 1993
定安裕禄奏请饬宋庆统筹兼顾并留蒋尚钧部策应辽沈电（初三日） …… 1993
直督李鸿章致枢垣旅顺吃紧请电东抚饬夏辛酉往援电 附旨（初四日） …… 1993
旨寄李鸿章着查复龙殿扬之侄为日分统及买办吴懋鼎以米济敌事电（初四日） …… 1994
旨寄张煦刘坤一等畿疆兵单着各选劲旅入卫并令郭宝昌北上电 二件（初四日） …… 1994
直督李鸿章致枢垣日兵至李家店金州万紧电（初五日） …… 1994
提督宋庆致枢垣日骑过凤凰城盛毅两军扼守大高岭电 附旨（初五日）…… 1994
旨着奕䜣督办军务并筹办巡防奕劻荣禄长麟帮办军务（初五日） …… 1995
旨寄张之洞着定购比奥两国枪械并募勇驻岳州训练备调电 二件（初五日） …… 1995
旨寄刘坤一来京陛见着张之洞署江督电（初六日） …… 1995
旨卫汝贵丁汝昌定安依克唐阿均临阵不力分别治罪议处 二件（初六日）…… 1995
旨胡燏棻办理后路粮台与汉纳根筹办教练事宜电（初六日） …… 1996
鲁抚李秉衡致军务处登防紧要夏辛酉不能北上派章高元统兵入卫电 附旨（初六日） …… 1996
总署致龚杨许三使希往英法义美俄德外部婉商调停日事电（初六日） …… 1996
提督宋庆致军务处报至大高岭收集溃兵并令刘蒋耿马各军合御电（初六日） …… 1996

旨寄李鸿章金州旅顺危急船坞要地着调兵往援电（初六日） …………………… 1997
旨着李瀚章谕郑绍忠募拖罟船赴三岛攻其不备电（初七日） …………………… 1997
粤督李瀚章致军务处据郑绍忠称拖罟船赴日难资得力电（初八日） ………… 1997
旨寄唐仁廉据奏招募勇营所需饷械均照请行电（初八日） ……………………… 1998
定安裕禄致军务处请催唐仁廉军速来奉电（初八日） ………………………… 1998
直督李鸿章致军务处唐仁廉军难于抽拨拟饬吴凤柱等赴关电（初八日） …… 1998
鄂督张之洞致军务处报魏光焘等军分由信阳清江北上电（初八日） ………… 1998
旨着李鸿章饬桂祥军移扎蓟州入卫四营赴旅顺并调直隶练军分防山海关电
三件（初八日） ………………………………………………………………… 1999
直督李鸿章致军务处请准刘盛休军暂缓归并电 附旨（初八日）……………… 1999
旨着邓华熙传谕吴凤楼率部带足枪弹来京候调电（初八日） …………………… 1999
旨寄长顺着与宋庆合力抄袭金州后路并与依克唐阿等会商战守电 二件
（初八日） …………………………………………………………………… 1999
旨寄李鸿章旅防危急着饬丁汝昌率战舰截击并筑炮台电（初九日） ………… 2000
总兵徐邦道致军务处请派卫汝成军援应大连湾电（初十日） …………………… 2000
黑龙江将军依克唐阿奏现退至长甸河口电（初十日） ………………………… 2000
提督宋庆致军务处闻敌至凤凰城边门已饬宋马等军趱进并令吕本元挑马队随庆
前往电 （初十日） ……………………………………………………………… 2000
直督李鸿章致军务处湾旅万紧请令唐仁廉督同诸将设法战守又海军兵力太单未
便轻进电 附旨（初十日）……………………………………………………… 2001
旨着李鸿章知照龚照瑗准购快船何时可到即复电（初十日） …………………… 2001
直督李鸿章致军务处已咨裕禄派员押送卫汝贵入都电（十一日） …………… 2001
直督李鸿章致军务处徐邦道禀金州已失已催宋庆等牵制敌后电（十一日） … 2001
安定裕禄致军务处请饬宋庆统筹全局先顾辽阳门户电 附旨（十一日）……… 2002
总署致杨儒将订借洋款厘定抽本数目咨署具奏电（十一日） …………………… 2002
旨寄张之洞酌拨战舰四艘北来助剿并李光义在粤募勇着李瀚章发饷电 二件
（十一日） ………………………………………………………………………… 2002
皖抚刘树堂致军务处调李永芳由亳起程赴京电 附旨（十二日）……………… 2003
使美杨儒致总署科回银行借款折扣视战事为低昂电（十二日） ……………… 2003
直督李鸿章致军务处丁汝昌电旅顺危急恐难久支电（十二日） ……………… 2003
江督张之洞致军务处山海关外惟掘长濠用炮车两法可防请饬李鸿章速拨炮队电
附旨（十二日） ………………………………………………………………… 2004
总署奏向汇丰银行借一千万两奏明请旨折（十二日） ………………………… 2004
旨着李鸿章询汉纳根所举船主马吉芬能否胜任电（十二日） …………………… 2005

直督李鸿章致军务处汉纳根言我海军船孤毋轻一掷电 二件 附旨（十二日） …… 2005

清季外交史料卷一百 光绪二十年十月下 …… 2006

盛京将军裕禄致军务处报辽沈危急恳饬吴大澂陈湜调军来奉电 附旨（十三日） …… 2006

总兵程之伟致军务处报金州已失退驻莩兰店电（十三日） …… 2006

直督李鸿章致军务处探报俄英德美对日情形请密奏电（十三日） …… 2006

旨着李鸿章饬丁汝昌往带定远来远二船出险倘有失即正法电（十三日） …… 2007

黑龙江将军依克唐阿奏现探敌情调兵严防折（十四日） …… 2007

旨寄许景澄派王之春往俄唁贺着先告外部电 二件（十四日） …… 2008

直督李鸿章致军务处裕禄电日军四面来攻我军饷械不继请代奏电 附旨（十六日） …… 2008

直督李鸿章致军务处探报宽甸已为贼据电（十六日） …… 2008

湘抚吴大澂致军务处山海关内外海线均已掘濠电（十六日） …… 2009

侍郎张荫桓致军务处各国心志未齐拟遣谍径达伊藤电（十六日） …… 2009

旨着总署调用洋员琅威理来华任使（十七日） …… 2009

直督李鸿章致军务处宋庆报河口交战及获日人供有三军分犯各要隘电 附旨（十七日） …… 2009

旨寄李鸿章旅顺待援甚急着催宋庆姜桂题进攻电（十七日） …… 2010

直督李鸿章致军务处据报摩天岭日兵并非击退系改道抄宋军后路兵单可虑电（十八日） …… 2010

直督李鸿章致军务处报已派员赴沽塘等处布置电（十九日） …… 2010

旨着胡燏棻令汉纳根照所开节略购船练军电（十九日） …… 2011

旨着李秉衡赴烟台布置电（十九日） …… 2011

旨寄李鸿章着调定远镇远赴大沽派徐建寅查验电（十九日） …… 2011

直督李鸿章致军务处威海报日船游弋西北口岸电（十九日） …… 2011

直督李鸿章致军务处日欲奢必取偿割地不如集款力战再请各国调停电 二件（十九日） …… 2011

陵寝总管联瑞等奏辽南要区相继失陷请筹补救电（十九日） …… 2012

海军提督丁汝昌致军务处日船在口外游弋威防吃紧并镇远为水雷挤伤电 附旨二件（十九日） …… 2012

旨着李鸿章饬旅顺防军坚忍守御并接济饷械电（二十一日） …… 2013

旨着依克唐阿速赴大高岭与聂吕等军合剿电（二十一日） …… 2013

直督李鸿章致军务处卫汝成冲锋大捷惟我军后援不至旅围难解请催宋铭两军进援电（二十二日）…… 2013
旨着李鸿章令唐仁廉等军赴东为宋庆后路援应电（二十二日）…… 2014
旨寄裕禄日兵由摩天岭趋盖平着耿凤鸣军截剿电（二十二日）…… 2014
直督李鸿章致军务处据马金叙报岫岩失守电（二十三日）…… 2014
旨寄李鸿章裕禄平壤之役叶志超恇怯退缩岫岩失守丰升阿聂桂林畏葸无能旅顺城陷赵怀业不肯救援均革职电 三件（二十三日）…… 2014
旨着李鸿章饬姜桂题乘胜立功并令宋章唐诸将合力夹击电（二十四日）…… 2015
直督李鸿章致军务处闻日添兵扑犯必有大战电（二十四日）…… 2015
江督张之洞致军务处江防吃紧恳饬冯子材募旧部办理沿海防务李林各军均归节制电（二十四日）…… 2015
湘抚吴大澂奏山海关驻防各营足资镇守折（二十七日）…… 2016
使美杨儒致总署我欲议和可告美使转达日政府电（二十七日）…… 2017
直督李鸿章奏旅顺已失章李聂吕各军拟归宋庆调遣并自请治罪电 二件 附旨（二十七日）…… 2017
鲁抚李秉衡奏旅顺岫岩均失奉天危急请饬宋庆带兵出关并调回章高元八营以固威海电 二件（二十七日）…… 2017
吉林将军长顺奏交卸印务即日起程电（二十八日）…… 2018
提督宋庆致军务处旅顺失守请旨治罪并报各军战守情形电 二件 附旨（二十八日）…… 2018
直督李鸿章致总署报德税司已抵长崎电（二十九日）…… 2019
桂臬胡燏棻致军务处报款未齐不能与汉纳根订立购械募将合同电（二十九日）…… 2019

清季外交史料卷一百零一 **光绪二十年十一月上** …… 2020
直督李鸿章奏查明旅顺失守复陈详细情形折（十一月初一日）…… 2020
直督李鸿章致军务处聂士成电克复连山关并拟夺取分水岭电 二件 附旨（初一日）…… 2021
帮办军务宋庆致军务处报回军熊岳并收集溃兵电（初一日）…… 2021
直督李鸿章致军务处遵查关外海口一带形势电（初一日）…… 2022
旨着裕禄查复聂桂林岫岩毙贼不少是否属实电（初一日）…… 2022
旨寄李秉衡旅顺失守沿海重要着饬各防军固守电（初一日）…… 2022
旨寄李鸿章旅顺失守龚照玙是否潜逃海军官弁曾否迎战着复奏电 三件（初一日）…… 2023

直督李鸿章致总署据德璀琳报文函经致伊藤并声明奉饬回沪俟回津面陈电 三件（初一日）…… 2023
桂枭胡燏棻奏统筹洋员汉纳根呈请召募洋将练兵添船购械各节折（初二日）…… 2024
桂枭胡燏棻奏奉旨办理练兵购械请饬筹拨经费片（初二日）…… 2025
帮办军务宋庆致军务处闻日得旅顺后全力北犯拟将各军会合辽海竭力堵遏电 附旨（初二日）…… 2026
黑龙江将军依克唐阿奏与草河口日军接战请饬长顺速来电 附旨（初三日）…… 2026
帮办军务宋庆奏收集溃兵布置防剿并徐邦道胆识俱优拟令重整队伍应敌电 附旨（初三日）…… 2027
旨寄李鸿章宋庆我军积疲不振亟应整顿电（初五日）…… 2027
旨寄张之洞日船恐扰南洋着饬沿江沿海严防并传谕郭宝昌率营北上电 二件（初五日）…… 2027
旨寄李鸿章前与英伦所议借款着电龚照瑗详立合同电（初五日）…… 2028
旨寄吴大澂准调贾起胜到关着与李鸿章斟酌电（初六日）…… 2028
盛京将军裕禄奏金州失守情形并副都统连顺自请严议折 附旨（初七日）…… 2028
使美杨儒致总署美外部劝中日早息兵电（初七日）…… 2029
帮办军务宋庆致军务处遵旨严定赏罚并报丰聂二军退至海城以东电（初七日）…… 2029
桂枭胡燏棻致总署与汉纳根会议练兵条约电（初七日）…… 2030
帮办军务宋庆致军务处报岫岩等处日兵出入无常拟于山海关盖平布置包抄电（初七日）…… 2030
旨寄吴大澂着联络诸将推诚布公电（初八日）…… 2031
吉林将军长顺奏报诸军分驻地段并请将宋庆所招三十营赴奉会剿电 附旨（初十日）…… 2031
使英龚照瑗奏遵旨互换滇缅界务商务条约折（初十日）…… 2031
直督李鸿章致军务处聂士成报依军退三道河后路无援未敢轻动电（十一日）…… 2032
江督张之洞致军务处报吴熊等军北上日期电（十一日）…… 2032
江督张之洞致总署需饷万急上海借款事请饬沪税司签字赶办电（十一日）…… 2032
黑龙江将军依克唐阿致军务处报草河口攻剿情形并扼守分水口电 附旨（十一日）…… 2033
直督李鸿章致军务处龚照瑗报日计在沽南登岸得威海已于沽威添筑炮台严防电

（十一日） …………………………………………………………………… 2033
黑龙江将军依克唐阿致军务处赛马集日兵夜遁与聂士成等会合进取电 附旨
（十一日） …………………………………………………………………… 2033
侍郎张荫桓致总署日本请订期会议已商李鸿章复田贝谓中国拟派全权电
（十三日） …………………………………………………………………… 2034
直督李鸿章致军务处聂士成报夺回分水岭军士奋勇请择尤保奖电 附旨
（十三日） …………………………………………………………………… 2034
帮办军务宋庆致军务处报日马步大队由复州北窜我军在盖平严备电 附旨
（十四日） …………………………………………………………………… 2034

清季外交史料卷一百零二 光绪二十年十一月下 ………………………………… 2036
直督李鸿章致军务处周馥电拟催唐吴李军分扎海城牛庄营口为宋后劲电
（十四日） …………………………………………………………………… 2036
军务处致宋庆日兵北犯已饬魏光焘陈湜率部出关会剿电（十四日） ………… 2036
直督李鸿章致军务处俄意两使馆欲调兵护卫已劝阻请派兵照料电
三件 附旨（十四日） ……………………………………………………… 2037
帮办军务宋庆致军务处派诸将由大高岭进剿电 附旨（十五日） ……………… 2037
直督李鸿章致军务处依报追敌至龙滟暂扎东沟电（十五日） ………………… 2038
帮办军务宋庆致军务处吕本元报退守分水岭拟亲率铭毅各军向海城防剿电
附旨（十六日） …………………………………………………………… 2038
帮办军务宋庆致军务处报募足新队三十营电（十七日） ……………………… 2039
直督李鸿章致军务处报派兵增防山海关电（十七日） ………………………… 2039
帮办军务宋庆致军务处报丰聂两军退析木海城庆军赴大石桥顾北路电
附旨二件（十七日） ……………………………………………………… 2039
帮办军务宋庆致军务处日军大股奔大石桥督同马刘诸军相机办理电（十八日）
…………………………………………………………………………… 2040
直督李鸿章致总署日主令弁兵习华语并测量新得各地电（十八日） ………… 2040
旨着陈湜会同阿克都林札布马队相机策应电（十八日） ……………………… 2040
旨着宋庆联络吕聂各军以杜日人北窜电（十八日） …………………………… 2040
直督李鸿章致军务处海城失守后无援师殊为可虑电 附旨（十八日） ………… 2041
旨寄宋庆敌分窜辽阳着加意严防电 二件（十九日） ………………………… 2041
直督李鸿章致军务处海城电断将辽运局饷械移新民电（十九日） …………… 2041
旨丰升阿聂桂林卫汝贵叶志超丁汝昌均着革职交刑部治罪 二件（二十日）
…………………………………………………………………………… 2041

直督李鸿章致军务处袁世凯报周馥属提饷械及设电线电（二十日） ………… 2042
桂臬胡燏棻致军务处汉纳根因练兵无款所雇洋员留守榆关炮台电（二十一日） ………… 2042
旨寄李鸿章营口空虚着令陈湜李光久迅速前进电（二十一日） ………… 2042
旨李鸿章电称海城敌盛着宋庆防剿以杜西窜电（二十一日） ………… 2042
直督李鸿章致军务处周馥报摩天岭东亦来大股已嘱聂吕固守电（二十二日） ………… 2043
旨寄李鸿章遴选海军统领并试美国投效人技术电（二十二日） ………… 2043
直督李鸿章致军务处袁世凯报宋得胜少挫来台电（二十四日） ………… 2043
帮办军务宋庆致军务处日氛甚恶退守牛庄拟联合诸军杜其西窜电二件 附旨二件（二十四日） ………… 2044
黑龙江将军依克唐阿致军务处草河口力战日兵仍撤去电（二十五日） ………… 2045
直督李鸿章致军务处宋庆请将姜桂题等革职留营效力电 附旨（二十五日） ………… 2045
胡燏棻丁汝昌致李鸿章据美国人所陈水战防口各款试验有效候示电二件（二十五日） ………… 2046
直督李鸿章致军务处刘含芳报美国人秘法试验有效并经丁汝昌详询奉谕画押已饬遵电 附旨二件（二十六日） ………… 2046
直督李鸿章致军务处海军统将戴宗骞等公请丁汝昌留任立功自赎候酌夺电（二十六日） ………… 2047
旨饬长顺等辽海日兵势将北窜着会商宋庆固守电（二十七日） ………… 2047
帮办军务宋庆致军务处日兵北犯遵旨将章张两军合并一路先固营口电（二十七日） ………… 2048
直督李鸿章致军务处海城失陷请饬吴大澂酌拨炮械并令诸将分保营口辽沈电（二十七日） ………… 2048
帮办军务宋庆致军务处报海城附近接仗并请派大军防锦州以遏山海关电二件（二十七日） ………… 2048
直督李鸿章致军务处刘含芳报海军总统一时难得请旨暂缓令丁汝昌交卸电（二十八日） ………… 2049
直督李鸿章致军务处宋庆报率军至田庄台会剿日兵电（二十八日） ………… 2049
直督李鸿章致军务处丁汝昌电试验美员秘法遵旨画押电 二件（二十九日） ………… 2050
直督李鸿章致军务处宋庆因日兵集海城拟调大高岭兵会击惟该处为辽沈门户暂难移动电 （三十日） ………… 2050

清季外交史料卷一百零三　光绪二十年十二月……………………………… 2052
直督李鸿章致军务处报日船在龙须沟窥探电（十二月初一日）……………… 2052
鲁抚李秉衡致军务处报分防威海后路情形电　附旨（初一日）……………… 2052
盛京将军裕禄致军务处报辽阳三面受敌长顺已督所部并蒋聂等军分别扼守电
附旨（初一日）……………………………………………………………… 2053
旨授刘坤一钦差大臣节制关内外各军吴大澂宋庆帮办军务北洋防务着李鸿章办理
三件（初一日）……………………………………………………………… 2053
派张荫桓邵友濂至日修好国书　附上谕（初四日）………………………… 2054
帮办军务宋庆致军务处闻日有向皮子窝东趋之势已率各军探逼电　附旨
（初六日）…………………………………………………………………… 2054
帮办军务宋庆致军务处日人到熊岳等处意图北犯已派各军扼剿电　附旨
（初七日）…………………………………………………………………… 2055
直督李鸿章致军务处宋庆电日本大山岩等率队驻唐王山置炮设防电（十一日）
…………………………………………………………………………………… 2055
直督李鸿章致军务处据赫德转呈营口税司交宋庆条陈应战方略电（十一日）
…………………………………………………………………………………… 2055
帮办军务宋庆致军务处闻缸瓦寨之战毙敌颇多现派嵩铭各军防剿电（十二日）
…………………………………………………………………………………… 2056
旨寄裕禄着嘉奖辽阳牧徐庆璋并酌济口粮电（十二日）…………………… 2056
帮办军务宋庆致军务处日南北两股欲图盖平派章高元徐邦道分投抵御电
二件　附旨（十三日）……………………………………………………… 2056
旨寄李鸿章日有猛扑威海之说着加意严防电（十四日）…………………… 2057
李鸿章李秉衡致军务处遵旨严防日轮扑犯威海电（十四日）……………… 2057
使美杨儒致总署据驻京美使电中国办事无果决才恐难成事电（十四日）…… 2057
旨寄依克唐阿长顺着力遏辽沈遇贼分击电（十五日）……………………… 2057
直督李鸿章致军务处报日第三军由广岛赴威海电（十六日）……………… 2058
直督李鸿章致军务处袁世凯报盖平失守分统杨寿山阵亡依军在阳岗子得胜电
（十六日）…………………………………………………………………… 2058
帮办军务宋庆致军务处盖平失陷回驻石桥扼守请催刘坤一出关电（十六日）
…………………………………………………………………………………… 2058
江督刘坤一致军务处章高元报与日接仗毙敌三千人我军官弁亦伤亡甚多电
（十七日）…………………………………………………………………… 2059
津道盛宣怀致军务处日志奢和事难卜请趁冬寒合击电（十七日）………… 2059
帮办军务吴大澂奏厚集兵力策应宋庆合剿日军电（十七日）……………… 2059

帮办军务宋庆致军务处遵旨力保营口请饬吴凤柱等军进驻牛庄电（十七日） …… 2060
帮办军务宋庆致军务处日军拟扑营口请令吴凤柱速来电（十七日） …… 2060
帮办军务宋庆致军务处敌聚缸瓦寨将西窜请派大军接应锦榆并饬章高元徐邦道戴罪立功电 附旨（十七日） …… 2060
旨着吴大澂联络诸将固结军心被参各节有则改无则勉电（十八日） …… 2061
旨着吴大澂趁封冻时带队出关迎剿刘坤一赴关调度各军电（十九日） …… 2061
帮办军务宋庆致军务处报日兵进逼牛庄派军迎敌会合各军保护运道电 附旨（二十日） …… 2061
帮办军务吴大澂奏克期出关与刘坤一面商布置即赴锦州拟在大凌河驻扎电（二十日） …… 2062
旨寄李鸿章据奏日兵将由成山头登岸着速探电（二十二日） …… 2062
江督张之洞等致军务处南洋练外海水师拟向德国借款购船炮请旨电（二十四日） …… 2062
直督李鸿章致军务处报日船在登州开炮已严防电（二十四日） …… 2063
直督李鸿章致军务处丁汝昌报日船四十只在荣城开炮电（二十五日） …… 2063
直督李鸿章致军务处戴宗骞报与日船接战毙敌甚多援军尚未到电（二十五日） …… 2063
使日张荫桓邵友濂奏定期赴日请饬总署电田贝转告日本接待电 二件（二十五日） …… 2064
鲁抚李秉衡致军务处日船在威海开炮竭力堵御电（二十五日） …… 2064
李鸿章李秉衡致军务处刘超佩报日船在金山嘴炮击我军据荣成电 附旨（二十六日） …… 2064
鲁抚李秉衡奏请将黔军留鲁以备援应电（二十六日） …… 2065
直督李鸿章致军务处戴宗骞报调军分扼南北两虎口力战死守电 附旨（二十七日） …… 2065
江督刘坤一致军务处报海城克复与李鸿章商办海陆军布防事宜乞准丁汝昌立功自赎电（二十七日） …… 2066
依克唐阿长顺致军务处报日由盖平援海城电（二十八日） …… 2066
帮办军务宋庆奏日兵据太平山等处轻动即堕其计请饬吴大澂迅统大军出关专防营口电（二十八日） …… 2067
使日张荫桓等致总署闻日廷派伊藤等会议请询田贝电（二十八日） …… 2067
旨着李鸿章转饬李秉衡激励将士并令定远冲击日运兵商船电（二十八日） …… 2067

清季外交史料卷一百零四　光绪二十一年正月上 ………………………………… 2068
直督李鸿章致总署刘含芳电英领事函请烟台炮台中日两不开炮请示复电
二件（正月初一日）………………………………………………………… 2068
直督李鸿章致军务处孙万林等迎击日兵获胜电　附旨（初一日）……………… 2068
使日张荫桓致总署驻日美使电日官于神户相迎电（初一日）　………………… 2068
长顺裕禄致军务处派各队分路前进订期合围电　附旨（初一日）……………… 2069
鲁抚李秉衡致总署如日兵至烟台当开炮轰击电　附旨（初二日）……………… 2069
江督刘坤一致军务处吴大澂已出关滦乐山海关等处遵旨妥筹布置电　二件附旨
（初二日）　…………………………………………………………………… 2069
鲁抚李秉衡致军务处报调兵驻扎荣成以遏通威之路电　附旨二件（初二日）
……………………………………………………………………………… 2070
直督李鸿章致军务处戴宗骞与刘超佩合守南北岸炮台以遏敌氛电　附旨
（初二日）　…………………………………………………………………… 2070
盛京将军裕禄致军务处报与陈湜商驻兵顾辽阳电（初二日）　………………… 2071
黑龙江将军依克唐阿致军务处两次攻海城因兵分力单事败垂成请令各军联络
专攻一路电　附旨二件　（初二日）………………………………………… 2071
署江督张之洞奏谨拟两策以期出奇制胜电　附旨（初二日）…………………… 2071
直督李鸿章致军务处英法等兵船派兵登岸巡夜电（初二日）　………………… 2072
直督李鸿章致军务处刘超佩报日兵至东盐滩电　附旨（初三日）……………… 2072
吉林将军长顺致军务处日据海城进攻将得手为伏兵所遏只得稳扎电
附旨（初三日）……………………………………………………………… 2073
直督李鸿章致军务处戴宗骞报山巅置炮日未敢逞电　附旨（初三日）………… 2073
旨寄宋庆田庄台牛庄等处如何布置着具奏电（初三日）　……………………… 2073
吉林将军长顺致军务处请饬电报局派员接线电　附旨（初四日）……………… 2074
御史蒋式棻奏敌情诡谲防不胜防请特命偏师进窥彼境折（初六日）　………… 2074
御史蒋式棻奏确访革员龚照玙委弃旅顺请旨归案严讯折　附旨（初六日）…… 2075
李鸿章李秉衡致军务处戴宗骞电威海南路苦战十日刘超佩未坚守炮台失陷并
击沉两敌舰电　三件　附旨（初六日）　……………………………………… 2075
直督李鸿章致军务处丁汝昌电王登云冒险毁台免资敌用奋勇可嘉电
（初六日）　…………………………………………………………………… 2076
鲁抚李秉衡致军务处谭得胜最怯遵旨军前正法电（初六日）　………………… 2077
鲁抚李秉衡致军务处请迅派援兵来东防剿电　附旨（初七日）………………… 2077
帮办军务宋庆致军务处贼据太平山兵单骤难进剿已商吴大澂分兵至田庄台电
附旨二件（初七日）…………………………………………………………… 2077

直督李鸿章致军务处刘含芳报威海炮声不绝想日兵已来电（初七日） ……… 2078
直督李鸿章奏遵饬聂士成回驻芦台令陈湜李光久往大高岭接防电（初七日） ……… 2078
直督李鸿章致军务处报日船紧攻威海北岸炮台丁提戴道避往定远电 附旨（初九日） ……… 2079
鲁抚李秉衡致军务处报北台失守请旨严议并移扼莱州以固省城门户电 附旨二件（初九日） ……… 2079
旨寄李鸿章宋庆北塘一带空虚饬徐邦道入关电 二件（初九日） ……… 2080
旨着李鸿章督饬海军将士力筹保全海疆之策电（初九日） ……… 2080
旨寄张之洞唐景崧有人奏日国内空虚若以水师深入使彼有内顾之忧着商奏电（初九日） ……… 2081
旨着胡燏棻查询购买船炮消息电（初九日） ……… 2081
直督李鸿章致总署报日以我国所赍国书文理不全不允开议加给国书似仍无济电 三件（十一日） ……… 2081
宋庆吴大澂奏聂士成忠勇善战恳恩缓调进关电 附旨（十一日） ……… 2082
鲁抚李秉衡奏我水师与日船鏖战击沉彼舰数只请饬章高元军回东电 附旨（十一日） ……… 2082
直督李鸿章致军务处筹防北洋海口及布置防剿电（十一日） ……… 2083
江督刘坤一致军务处设立营务处以魏光焘充任电（十二日） ……… 2083
署江督张之洞致总署拟借炽大洋行款一百万镑电（十二日） ……… 2083
旨着李鸿章探刘公岛各舰能否力战冲出电（十二日） ……… 2084
帮办军务宋庆致军务处报营口危请派员防剿电 附旨（十二日） ……… 2084
鲁抚李秉衡致军务处刘公岛已失恐其西犯遵旨移扎莱州电 附旨（十二日） ……… 2085

清季外交史料卷一百零五 光绪二十一年正月中 ……… 2086
总署奏息借汇丰洋行一千万两及三百万镑订立合同折 附合同清单各二件（正月十二日） ……… 2086
使日张荫桓邵友濂奏和战相为表里请饬统兵大员实力防剿折（十二日） ……… 2094
侍读张百熙奏威海已失山东防务吃紧宜速择要布置折（十三日） ……… 2095
闽督杨昌濬致军务处闽省饷绌恳饬拨百万济急电（十三日） ……… 2096
帮办军务吴大澂致军务处拟令徐邦道回驻芦台电（十三日） ……… 2096
直督李鸿章致军务处请催聂士成入关陈湜接防大高岭电 附旨二件（十三日） ……… 2096

直督李鸿章致军务处日舰偷进日岛定远等舰均被击沉自请罢斥电　附旨二件（十三日）……2097
台抚唐景崧致军务处日议犯京攻台请迁幸热河电（十四日）……2097
江督刘坤一致军务处请令郭宝昌带队克日北上电（十五日）……2098
直督李鸿章致军务处请调陈凤楼军来直助聂军电（十五日）……2098
直督李鸿章致总署俄照头等公使备馆派迎王使并许使遵旨偕同赴俄电　附旨（十五日）……2098
江督刘坤一致军务处报湘军出关月饷事繁请令陈宝箴接办东征粮台电（十五日）……2099
直督李鸿章致总署据李提摩太称有妙法可救目前亦救将来应否允其所请电　附旨（十五日）……2099
江督刘坤一致军务处布置津乐及山海关防务并筹办粮械电　附旨二件（十六日）……2099
使美杨儒奏遵陈外洋近日购船情形及查明美国并无军船出售折（十七日）……2100
直督李鸿章致军务处报日军水陆夹攻援军不到船岛难保电　附旨（十七日）……2101
使俄德许景澄致总署报王之春抵德遵旨偕赴俄电（十八日）……2102

清季外交史料卷一百零六　光绪二十一年正月下……2103
李鸿章王文韶致总署德璀琳函俄已与英法订约日所索如过奢必设法调停电（正月十八日）……2103
直督李鸿章致军务处孙金彪报日游骑至烟台附近商民迁徙一空请派援兵电（十八日）……2103
鲁抚李秉衡致军务处日队逼文登进宁海援军未到刘公岛危急电　附旨（十八日）……2103
旨着张之洞将汉纳根所购各船拨归南洋节制电（十八日）……2104
鲁抚李秉衡致军务处日将以大队攻烟台已饬孙金彪等尽力扼剿电（十八日）……2104
旨寄张之洞等闻有人向日献计欲隔绝南北运道着预为防范电（二十日）……2104
直督李鸿章致军务处刘含芳电丁汝昌等均在烟台殉难尚存六舰电　二件附旨（二十日）……2105
旨寄宋庆派兵策应依克唐阿并着长顺进窥岫岩电（二十一日）……2105
使日张荫桓邵友濂奏奉国书至广岛日以使权不足不能开议回沪钞呈日廷敕书及问答电　附旨并钞稿五件（二十一日）……2105

使日张荫桓邵友濂致总署报敕书以北洋乙酉与伊藤互换文式为妥并述日本近情电（二十一日） …… 2108
直督李鸿章致总署张荫桓电伊藤于议和事似欲主议者当机能断免为英俄所持电（二十一日） …… 2109
直督李鸿章致总署报已延科士达律师襄办议和电（二十一日） …… 2109
宋庆吴大澂奏与依李姜刘各军互筹克复海城电 附旨（二十一日） …… 2110
使美杨儒致总署请以拟赔日费联络英俄助剿电 附旨（二十一日） …… 2110
旨寄王文韶战守事宜着与刘坤一会商办理电（二十一日） …… 2110
旨王文韶据王鹏运奏请办北畿沿海渔团着筹复电（二十一日） …… 2110
旨寄李秉衡查明平炮式样交神机营试造电（二十一日） …… 2111
旨着李鸿章查验许景澄现购来复枪有无旧物电（二十一日） …… 2111
使英龚照瑗致总署报法与英俄商调处中日和议电（二十二日） …… 2111
署直督王文韶致总署报俄主语王之春愿与英主出为和解电（二十二日） …… 2111
署江督张之洞致总署请用郎威理为水师提督电（二十二日） …… 2112
署直督王文韶致军务处报苏元春愿率劲旅北来电（二十二日） …… 2112
署江督张之洞致总署拟用汉纳根在南洋练兵电 附旨（二十二日） …… 2112
署直督王文韶奏报丁汝昌等尽节情形请恤并调聂士成驻芦台电（二十三日） …… 2113
直督李鸿章致总署拟入觐后与各国公使密商再往旅顺议和电（二十三日） …… 2113
使日张荫桓致总署报参赞伍廷芳与伊藤问答节略（二十三日） …… 2113
使日张荫桓致总署遵旨回京并邵友濂请假电 附旨（二十三日） …… 2115
直督李鸿章致总署报王之春抵俄情形电（二十四日） …… 2115
江督刘坤一致军务处报滦乐等处紧要遵旨调遣各军分驻各要隘防堵电（二十四日） …… 2115
鲁抚李秉衡致军务处报丁戴等阵亡日军送柩至烟台电 附旨（二十五日） …… 2115
使美杨儒致总署报美总统愿令田使相助电（二十六日） …… 2116
使俄许景澄致总署俄外部言劝日和未允电（二十六日） …… 2116
使美杨儒致总署遵旨详复英俄对日用意电（二十六日） …… 2116
旨寄张之洞着筹办选将练兵筹款购械事宜电（二十六日） …… 2117
使俄许景澄致总署报俄外部称日如要索太过俄必约英法劝阻电 附旨（二十六日） …… 2117
李鸿章张之洞致总署王之春电英俄法皆愿调停中日事惟德不肯与闻电 二件（二十六日） …… 2117
旨虎耳山之战刘盛休坐视不救着宋庆查复电（二十六日） …… 2118

旨寄依克唐阿草河岭伤亡兵弁应准奖恤军饷已饬部酌办电（二十六日） …… 2118
鲁抚李秉衡致军务处日兵趋赴威海刘公岛一带已饬李丁诸将合力进攻电 附旨（二十七日） …… 2118
津道盛宣怀致军务处转港电日兵船至台湾水线已断电 附旨二件（二十七日） …… 2118
帮办军务宋庆等奏派铭毅等军攻剿太平山电（二十七日） …… 2119
直督李鸿章致军务处登州电有日船十余只向登来已备剿御电 附旨（二十九日） …… 2119
旨着刘坤一王文韶会商聂士成军应扎何处电（二十九日） …… 2119
黑龙江将军依克唐阿奏威海失守大局摇动恳添兵讨贼折（三十日） …… 2120

清季外交史料卷一百零七　光绪二十一年二月 …… 2122
旨寄刘坤一王文韶威旅滦乐兵单着督饬进剿电（二月初二日） …… 2122
使英龚照瑗致总署报俄法英有保大局杜侵占之约现集舰观日动静电（初二日） …… 2122
帮办军务宋庆奏鏖战伤腰仍指挥各将速整顿电 附旨（初二日） …… 2122
帮办军务吴大澂致军务处报日据三家子与宋庆合力防守营口并饬唐仁廉固守辽沈电（初二日） …… 2123
署江督张之洞致总署请借洋款饬由各省认还电 附旨（初二日） …… 2123
使英龚照瑗致总署英外部言各国对让地意见电（初二日） …… 2124
署直督王文韶奏拟令聂士成统率各军作为津沽游击之师电 附旨（初三日） …… 2124
署江督张之洞致总署拟以台湾作保向英借款请其派兵轮保卫电（初四日） … 2125
吉林将军长顺致军务处徐庆璋报日逼辽南请饬吴大澂赴援电 附旨（初五日） …… 2125
旨寄宋庆等太平山之战阵亡参将刘云桂等着交部优恤电（初五日） …… 2125
黑龙江将军依克唐阿致军务处报贼扰各要隘辽阳紧急率部赴援电（初六日） …… 2126
帮办军务宋庆致军务处辽阳大高岭告急兵少难兼防剿请示电 附旨（初六日） …… 2126
帮办军务吴大澂致军务处请留徐邦道李光久会攻海城电 附旨（初六日） …… 2127
总署奏敌情叵测时势阽危李鸿章应赴长门会议折（初七日） …… 2127
全权大臣李鸿章奏遵旨赴日本议约预筹大略折 附谕（初七日） …… 2127
特授李鸿章议和全权敕书（初七日） …… 2128

总署致美使派李鸿章为全权大臣应否转告日本希酌度函（初八日） ………… 2129
宋庆吴大澂奏遵旨严防海城据贼乘隙他扰电（初八日） ………………………… 2129
江督刘坤一致军务处遵旨饬陈湜速援辽阳电（初八日） ………………………… 2129
帮办军务宋庆致军务处日兵窜田庄台已会剿电（初八日） ……………………… 2129
盛京将军裕禄致军务处辽阳万紧亟应规复海城电（初八日） …………………… 2130
使英龚照瑗致总署全权国书防日挑剔兹将英国曩日遣使波斯国书原文附闻电（初八日） ………………………………………………………………………… 2130
总署致龚照瑗义愿助中国希连同英法各递国书电（初九日） …………………… 2130
使俄许景澄致总署俄主欲赠王之春宝星是否准佩速复电（初九日） ………… 2130
帮办军务宋庆致军务处牛庄失守拟率队北援辽沈西防锦州电 附旨（初九日） ……………………………………………………………………………… 2131
帮办军务宋庆致军务处牛庄失守田庄吃重惟有督饬严守电 附旨二件（初十日） ………………………………………………………………………… 2131
署江督张之洞致军务处请饬北洋大臣添办电线以通军报电 附旨（初十日） ……………………………………………………………………………… 2132
旨寄长顺依克唐阿着联络声势共保辽阳电（初十日） ………………………… 2132
台抚唐景崧致军务处请旨饬令林维源筹借军饷百万两电（初十日） ………… 2132
总署致李鸿章美使接日本电俟抵长门再订晤期电（初十日） ………………… 2132
旨寄刘坤一等着调援兵驰赴营口助剿并令各将互相联络电 二件（初十日） ……………………………………………………………………………… 2133
署直督王文韶致军务处袁世凯电营口失守宋庆派队往援恐难及电（十一日） ……………………………………………………………………………… 2133
谕王文韶盛宣怀速办由沪至西安电线并着谭继洵鹿传霖刘树棠通饬保护电（十一日） ………………………………………………………………………… 2133
全权大臣李鸿章致总署报乘德船至马关晤日全权函请停战意似游移请告美使并示军情电 五件（十二日） …………………………………………………… 2134
黑龙江将军依克唐阿致军务处报率部攻吉峒峪以固辽阳电（十三日） ……… 2134
帮办军务宋庆奏督率马玉昆等在田庄台附近接战得胜分别请奖电 附旨（十三日） ………………………………………………………………………… 2135
江督刘坤一奏湘鄂军败庆军大胜现部勒诸军联络声援电（十三日） ………… 2135
张之洞唐景崧致军务处报会商捣巢截寇办法电（十三日） …………………… 2136
署江督张之洞奏押款保台如以为可当遵旨再电龚许两使电（十三日） ……… 2136
署江督张之洞致军务处日据刘公岛请调丁槐入卫电 附旨（十三日） ……… 2136
帮办军务宋庆奏田庄台不守请严议电 附旨（十三日） ………………………… 2137

盛京将军裕禄致军务处防守大高岭分水岭未能赴援辽阳请饬宋庆派军速援电 附旨（十三日）…… 2137

桂臬胡燏棻奏请旨饬吴大澂退锦州徐图再举电（十六日）…… 2138

帮办军务宋庆致军务处报商吴大澂移驻石山站以固锦州电 附旨（十六日）…… 2139

使英法龚照瑗致总署法外部欲商之事回法再议电（十六日）…… 2139

使俄许景澄致总署报俄主必竭力劝成和议并德主允劝日所索不宜太过电 二件（十六日）…… 2139

旨着刘坤一饬各军严备日由水路扑犯海口电（十六日）…… 2139

署直督王文韶致军务处请饬宋庆扼石山站吴大澂退守锦州电（十八日）…… 2140

江督刘坤一致军务处庆军退石山站请饬吴大澂与宋庆和衷商榷电（十八日）…… 2140

盛京将军裕禄奏遵旨探明辽阳军情电（十八日）…… 2140

帮办军务宋庆奏驻守闾阳驿将各军撤至大凌河西挖壕严守电 附旨（十八日）…… 2141

旨着吴大澂移扎锦州尽心坚守电（十九日）…… 2141

旨吴大澂疏于调度着撤去帮办并电宋庆联络魏光焘杜贼西窜电 二件（二十一日）…… 2141

旨着裕禄探报近日海城敌势电（二十一日）…… 2142

江督刘坤一奏请派魏光焘帮办军务与宋庆筹商各军裁并整顿事宜电 附旨（二十二日）…… 2142

旨寄王文韶等闻鼍矶岛等处有日船着分探整备电（二十三日）…… 2143

台抚唐景崧致总署请商各公使饬观战各兵轮勿入口电 附旨（二十三日）…… 2143

旨寄刘坤一等日船出马关北窥着饬各炮台严防电（二十四日）…… 2143

旨寄宋庆据称日扑辽阳着与长顺各营互相策应电（二十四日）…… 2143

旨着王文韶严防贼犯京畿并设法保护关内铁路电（二十六日）…… 2143

旨着张之洞派营驻防海州以保饷械运道电（二十六日）…… 2144

台抚唐景崧致军务处日船游弋恒春已嘱刘永福拨营策应电（二十六日）…… 2144

台抚唐景崧致军务处日船犯澎被我炮台击沉电 附旨（二十七日）…… 2144

台抚唐景崧奏报与元丰顺商借三百万以应急需电（二十七日）…… 2144

使美杨儒奏与美国换约日期折 附条约（二十七日）…… 2145

台抚唐景崧致军务处澎湖电断刘永福欲援无轮甚属可危电 附旨（二十八日）…… 2146

台抚唐景崧奏澎湖接仗情形遵旨饬刘永福援恒电（二十八日）…… 2147

署直督王文韶致军务处已令聂士成任保护铁路电（二十九日） ……………… 2147
旨寄刘坤一王文韶据李鸿章唐景崧电日拟攻台澎并有日船将至大沽着严防电（二十九日） …………………………………………………………………………… 2147

清季外交史料卷一百零八　光绪二十一年三月上 ……………………………………… 2148
署江督张之洞致枢垣奉旨通筹大局请将朝廷规画遇有饬知北洋之事电饬南洋俾得筹拟电　附旨（三月初一日） ………………………………………………… 2148
署江督张之洞致总署英俄皆云如日本要挟太过时方能发公论遵旨复奏电（初二日） ……………………………………………………………………………… 2148
闽督谭钟麟致军务处日攻澎湖经我军击伤百余人电　附旨（初二日） ………… 2149
使英龚照瑗致总署法外部言劝中日公道议和电　二件（初二日） ……………… 2149
帮办军务宋庆致军务处遵谕分抽所部赴防辽西电（初二日） …………………… 2149
闽督谭钟麟致军务处有英轮过澎言澎无日轮并未失守电（初二日） ………… 2150
江督刘坤一致军务处请留宋庆驻锦州以东藉顾榆关另派军队赴辽电　二件　附旨（初二日） ……………………………………………………………………………… 2150
署江督张之洞致总署报炽大借款无着拟向他行商借电　附旨（初二日） ……… 2151
署江督张之洞致军务处报防守海州清江情形电　附旨（初三日） ……………… 2152
台抚唐景崧致军务处澎湖战事闽省难助只得就地募兵电（初三日） ………… 2152
江督刘坤一致军务处与聂士成等商布防津榆以固畿辅电　附旨（初四日） …… 2153
台抚唐景崧致军务处报澎湖失守电　附旨（初四日） …………………………… 2153
闽督谭钟麟致军务处报闽省民情安定并台南北各军布置情形电（初五日） … 2154
黑龙江将军依克唐阿致军务处遵旨赴腾罗堡等处扼堵并长顺移扎小北河徐庆璋守吉峒峪电（初五日） ………………………………………………………… 2154
江督刘坤一致军务处报日船游弋秦皇岛洋面南窜及筹虑台湾安慰辽沈居民电（初七日） ……………………………………………………………………………… 2155
台抚唐景崧致军务处报台民愤骇谓北省停战台独向隅恳饬所有兵轮并粤省枪弹运台援应电　四件　附旨三件　（初七日） ……………………………… 2156
江督刘坤一致军务处请饬毅军回扎大凌河西为驰援津榆之计电　附旨（初九日） ……………………………………………………………………………… 2157
帮办军务宋庆致军务处报停战期内留铭嵩军驻石山站自率毅军移扎大凌河电（初九日） ……………………………………………………………………………… 2157
全权大臣李鸿章致军务处请催袁世凯迅饬各军遵约停战免滋误会电（初十日） …………………………………………………………………………………… 2158
吉林副都统沙克都林札布致军务处辽阳徐牧部与民团不和致日兵乘隙攻取电

（初十日） …… 2158
署直督王文韶致军务处李占椿军抵埕子口津海平安电（十二日） …… 2159
黑龙江将军依克唐阿致军务处报敌窜吉峒峪辽南危急已严饬防守电（十三日） …… 2159
吉林将军长顺致军务处报日兵扑犯辽城已飞饬赴援并亲带新军追剿电 二件（十三日） …… 2159
署江督张之洞致总署王之春巴黎电西商愿垫款购船请旨遵行电（十四日） …… 2160
吉林将军长顺致军务处现值停战期内遵饬将弁严防电（十五日） …… 2160
江督刘坤一致军务处蒋希夷防军因饷项不清兵丁鼓噪俟遣散完竣据实查参电（十六日） …… 2161
使英龚照瑗致总署遵赴英外部宣旨英已电商法俄德电（十六日） …… 2161
全权大臣李鸿章致军务处伊藤谓停战期迫倘华将再有悖谬即废停战约电（十八日） …… 2161
总署致李鸿章停战之事已谆属前敌各军遵办希告伊藤电（十八日） …… 2161
帮办军务宋庆致军务处驰抵大凌河西布置一切电（十八日） …… 2162
军务处致依克唐阿等传知前敌各军遵照公法按兵不动电（十八日） …… 2162
使俄许景澄致总署报已请俄外部商法德切阻电（十八日） …… 2162
使英龚照瑗致总署日索地索费事已请英外部商法俄德劝阻电（十八日） …… 2163
使俄许景澄致总署报德劝中日息战并言专听俄廷定夺电 三件（十九日） …… 2163
江督刘坤一致军务处察看津榆海口情形请以聂士成军驻唐山又因病剧暂回津电 二件 附旨（二十日） …… 2163
署直督王文韶致军务处停战期将满已饬各炮台实力整备并亲赴塘沽查看电 二件（二十日） …… 2164
黑龙江将军依克唐阿致军务处报日兵屯扎海城鞍山站等处商徐庆璋严密布置电（二十日） …… 2164
署直督王文韶致总署德璀琳因不准随李鸿章出洋意殊怏怏恐摇惑上听电（二十日） …… 2164
盛京将军裕禄致军务处报日兵扑三家子吉峒峪等处迫我军回辽复窜海城电（二十日） …… 2165
台抚唐景崧致总署和议条款可赔费不可割地又台民投效杀贼者日有数千人请增营添械电 二件（二十日） …… 2165
黑龙江将军依克唐阿致总署日人送来照会因未奉议和明文经即发还并停战后日仍添兵安炮电 二件（二十一日） …… 2166

清季外交史料卷一百零九　光绪二十一年三月下 …… 2168
台抚唐景崧致总署有日策士献计若停和议不允赔款彼计立穷又日瘟未息刻在澎抽兵电　二件（二十一日）…… 2168
闽督谭钟麟致军务处报日据澎疫盛台南北无事电（二十一日）…… 2168
江督刘坤一致军务处现各军枪械略富兵勇锐气可用赔款割地无此办法电（二十二日）…… 2168
署江督张之洞致军务处冯子材粤军到齐请饬节制海州及清江诸军以护运道电（二十二日）…… 2169
署江督张之洞致军务处请借英商克隆行款调琅威理来华整顿水师电　附旨二件（二十三日）…… 2169
使英龚照瑗致总署义外部称深愿中日休兵息民电（二十三日）…… 2170
全权大臣李鸿章致总署与日订约经已画押并伤已收口电（二十四日）…… 2170
依克唐阿长顺致军务处遵旨传谕民团小心静守电（二十四日）…… 2171
台抚唐景崧致军务处台民呈称愿效死勿割台地电（二十四日）…… 2171
江督刘坤一奏据丁槐电闻割地偿费议和不胜忧愤请坚持战局电（二十四日）…… 2171
鲁抚李秉衡奏割地请成断不可允请决意主战电（二十四日）…… 2172
吉林将军长顺致军务处停战期内各军仍扎辽界电（二十五日）…… 2172
津道盛宣怀致总署巴兰德称德约俄法向日外部说不允马关条约电（二十五日）…… 2172
台抚唐景崧致军务处台民不服割地恐激他变电（二十六日）…… 2173
浙抚廖寿丰致军务处军饷不敷恳饬部免拨税款电（二十六日）…… 2173
全权大臣李鸿章奏中日会议和约已成折　附马关条约议订专条另约停战条约停战展期专条及李鸿章咨文伍廷芳等呈文（二十六日）…… 2173
署江督张之洞致总署奉谕准借洋款断不敢糜费电（二十七日）…… 2180
台抚唐景崧致军务处请废约再战并商各使公断速罢前议电　二件（二十七日）…… 2181
署江督张之洞致总署王之春电晤俄外部论日财涸竭又请援普法例勒占邻土视民意为从违电　二件（二十七日）…… 2181
全权大臣李鸿章致总署伊藤称和约经日皇批准电（二十七日）…… 2182
署江督张之洞奏和议各条万不可允电（二十八日）…… 2182
闽督谭钟麟致总署台地难交赔款难筹请动以情理宽展年限电（二十八日）…… 2183
全权大臣李鸿章致总署赔款事候换约时与商电（二十九日）…… 2183

鲁抚李秉衡奏议和条约尚须斟酌谨披沥愚忱折（二十九日） …………………… 2184
台抚唐景崧致总署恳将割台事请各使公断电（二十九日） ………………………… 2185

清季外交史料卷一百一十　光绪二十一年四月上 ……………………………………… 2186
帮办军务宋庆致军务处日人无理要挟愿与天下精兵舍身报国请代奏电
（四月初一日） ……………………………………………………………………… 2186
使俄许景澄致总署德与俄合巴使有力和议条款请速示电　附旨（初一日）…… 2186
江督刘坤一致军务处报日挟土人混入辽沈内应电（初一日） …………………… 2187
旨寄刘坤一王文韶和战两事即应立断着抒所见电（初一日） …………………… 2187
署江督张之洞致总署日约极无理请商英俄相助电（初二日） …………………… 2187
豫抚刘树堂致总署日人欲壑难填请仍战免中狡谋电（初二日） ………………… 2188
台抚唐景崧奏陈台民万众一心请归英保护电（初二日） ………………………… 2189
全权大臣李鸿章致总署报驻日各国公告不许日本割据中国毗连疆土电　二件
（初二日） …………………………………………………………………………… 2189
台抚唐景崧致总署拟将全台密畀各国为租界电（初三日） ……………………… 2190
总署致德法俄三国申谢相助阻缓日本订约电（初三日） ………………………… 2190
旨着许景澄探问法俄德三国情劝之信并迅复电（初三日） ……………………… 2190
使俄许景澄致总署遵旨托俄外部商日展限并云三国现为大局出劝电
二件　附旨二件（初三日） ………………………………………………………… 2191
全权大臣李鸿章致总署报日复俄法德三国情形电（初三日） …………………… 2191
署直督王文韶奏日狠鸷请饬王大臣通盘筹议电　二件（初三日）……………… 2191
鄂抚谭继洵奏和约要挟太重万难允从电（初三日） ……………………………… 2192
粤抚马丕瑶致总署密陈和议巨款难筹要地难弃电（初三日） …………………… 2192
黑龙江将军依克唐阿奏敌不足虑请变通和约以绝觊觎而固本根折（初三日）
…………………………………………………………………………………………… 2193
台抚唐景崧致军务处台民不愿归日拟与刘永福留台为民作主电（初四日） … 2194
台抚唐景崧致军务处据绅民血书称誓不从日请照公法以民意为从违电　附旨
（初四日） …………………………………………………………………………… 2195
台抚唐景崧致总署台民愿归英保护请商英使以解倒悬电（初四日） ………… 2195
全权大臣李鸿章致总署改约另议而不敢孟浪电　附旨（初六日）……………… 2195
署直督王文韶致军务处报海水漫溢冲溃各营已赶紧整顿电　附旨
（初六日） …………………………………………………………………………… 2196
江督刘坤一致军务处遵旨与王文韶等面商诸将主战意见相同电（初六日） … 2196
桂抚张联桂致军务处要盟难许宜策万全请代奏电（初六日） …………………… 2197

台抚唐景崧致总署台民闻三国阻约人心稍定电（初六日） …………………… 2198
使英龚照瑗致总署法廷会议催日酌退所割土地英国并未许以力助电　二件
（初六日） ……………………………………………………………… 2198
使美杨儒致总署密陈美愿帮助并请我从缓批准电（初六日） ………………… 2198
使俄许景澄致总署报日如不允换约俄当有举动电（初六日） ………………… 2198
使俄许景澄致总署密陈法俄德似已有布置但其意仍主持重电（初六日） …… 2199
使俄许景澄致总署日令驻使密叩俄将辽地作暂押答谓须商德法电　附旨
（初六日） ……………………………………………………………… 2199
御史王鹏运奏和局可危谨陈日人虚实势难持久折（初七日） ………………… 2199
鲁抚李秉衡奏李经方阴鸷险狠必贻朝廷之忧片（初七日） …………………… 2200
署直督王文韶致军务处报各营被水电线修复电（初七日） …………………… 2201
署江督张之洞致总署台湾民变正合西例可冀西洋各国动听电　附旨二件
（初七日） ……………………………………………………………… 2201
署江督张之洞致总署沪外人言俄致战书于日电（初七日） …………………… 2202
闽将军穆图善致总署请朝廷俯察群言驳废谬约电（初七日） ………………… 2202
台抚唐景崧致军务处朝廷若不割地事犹可为电（初七日） …………………… 2202
旨着派联芳伍廷芳往烟台互换条约（初七日） ……………………………… 2203
使俄许景澄致总署察俄口气并未松劲又直归辽地恐难办到电　二件（初七日）
……………………………………………………………………………… 2203
总署致美使田贝请转达日本展缓换约日期电（初七日） ……………………… 2203

清季外交史料卷一百十一　光绪二十一年四月中 ………………………………… 2204
全权大臣李鸿章致总署缓准日约各国外部未明言难为确据仍宜暂行批换电
（四月初八日） ………………………………………………………… 2204
道员易顺鼎奏丑虏跳梁不宜迁就权奸误国不可姑容请罢和议疏（四月初八日）
……………………………………………………………………………… 2204
使俄许景澄致总署报俄欲贷我款偿日费并俄主意尚相近电　二件（初九日）
……………………………………………………………………………… 2209
台抚唐景崧致总署台之存亡视批约准否乞密示消息电（初九日） …………… 2210
江督刘坤一致军务处和议不成日必犯京畿及辽沈已会商宋庆妥为布置电　附旨
（初九日） ……………………………………………………………… 2210
总署致李鸿章希刊给伍廷芳等换约关防电（初九日） ……………………… 2210
张之洞陈宝泉谭继洵德馨李秉衡唐景崧张联桂等致总署报日事各国商有办法电
（初十日） ……………………………………………………………… 2211

全权大臣李鸿章致总署派员赴烟换约官职须与日相等免其驳回电（初十日）……2211
全权大臣李鸿章致总署报俄所主张日廷决力拒电（初十日）……2211
署江督张之洞奏俄派战船多艘赴烟明系俟换约后向日索辽备与英战日必不敢与俄争辽电（初十日）……2211
全权大臣李鸿章致总署伍廷芳等关防已照刊拟令科士达赴烟台襄助电（初十日）……2212
换约大臣伍廷芳致总署报领到关防即往烟台电（初十日）……2212
盛京将军裕禄奏据海城绅民禀称不忍置身化外电（初十日）……2212
裕禄长顺恩泽依克唐阿定安济禄富尔丹李培元等致总署将士奋发可与力战万勿允和电（初十日）……2213
全权大臣李鸿章致总署德璀琳禀互换和约三国仍须费力因日说明仍可商改电（十一日）……2214
台抚唐景崧致总署询已否与法使立约保台祈示电（十一日）……2214
使俄许景澄致总署报与俄使商阻换约情形电（十一日）……2214
全权大臣李鸿章致总署闻日已允除旅顺外交还辽东电（十二日）……2215
全权大臣李鸿章致总署俄国有铁甲快舰等到烟电（十二日）……2215
江督刘坤一奏和战大局宗社攸关宜早权至计电　附旨（十二日）……2215
陕藩张汝梅奏日人要挟太甚割地赔款均不可从折（十三日）……2216
裕禄唐仁廉致军务处请旨饬刘坤一长顺分扎新民厅俾得全力进攻电（十三日）……2216
江督刘坤一致张荫桓请约俄法德酌许分地给款代我击日电（十四日）……2217
甘督杨昌濬致总署闻中日和约各条可痛李鸿章老悖草率画押想朝廷必有斟酌电（十四日）……2217
使英龚照瑗致总署报法合俄德争退辽东全境电（十四日）……2218
台抚唐景崧致总署台湾变在俄顷请商法轮速来电（十四日）……2218
江督刘坤一致军务处据徐庆璋等请兵进剿电（十四日）……2218
全权大臣李鸿章致总署日已遵俄法德相劝不据辽地请速换约并据伍廷芳报换约日期电　二件（十五日）……2218
全权大臣李鸿章致总署龚使电英劝日勿与三国为难电（十五日）……2219
全权大臣李鸿章致总署报和约已定伊东赴旅顺电（十五日）……2219
换约大臣伍廷芳联芳致总署遵旨与日使换约并日使送还照会三件电　二件附旨（十五日）……2220
全权大臣李鸿章致总署闻法廷欲制台澎日军电（十五日）……2220

江督刘坤一致总署闻日由滦河登岸拟暂驻唐山认真整备电（十五日） ……… 2220
使俄许景澄致总署俄商法德与日廷议归地约电 附旨（十五日）……………… 2221
晋抚胡聘之奏请饬另议和约速筹战守以固人心折（十五日） ……………… 2221
旨中日已换约着刘坤一等饬各军不得越界生衅电（十五日） ……………… 2222
旨寄许景澄龚照瑗三国争回全辽着传旨致谢电 二件（十五日）……………… 2222
吉林将军恩泽致总署日奸细在海参崴绘俄炮台图被获收禁并俄已击毁日船电
（十五日） …………………………………………………………………… 2222
甘督杨昌濬致军务处中日和成请饬西军回甘电（十五日） ………………… 2222
台抚唐景崧致总署请联合各国公保台湾电（十五日） ……………………… 2223

清季外交史料卷一百十二　光绪二十一年四月下 ……………………………… 2224
署吉林将军恩泽致总署俄欲假道满洲帮我剿日确否乞复电（四月十六日） … 2224
署江督张之洞致总署请借德商瑞记款一百五十万镑电 附旨（十六日）……… 2224
全权大臣李鸿章致总署报烟台泊俄舰十二艘电（十六日） ………………… 2225
台抚唐景崧致军务处请拨饷二百万两济台电 附旨（十六日）……………… 2225
江督刘坤一致总署请与俄结欢以制东西两洋电（十六日） ………………… 2225
台抚唐景崧奏请饬总署邀同各国公使与日本商安台民之策电（十六日） …… 2226
谕京内外文武臣工和局定后务当坚苦一心于练兵筹饷尽力研求电（十六日）
……………………………………………………………………………… 2226
全权大臣李鸿章致总署伊藤对台事未复法议保台似尚游移电（十六日） …… 2226
使俄许景澄致总署俄主愿中国偿费早给日兵早退并备款待借电（十七日） … 2227
总署与法使商保台事问答笔录（十七日） ………………………………… 2227
旨寄张之洞着拨洋枪一万枝解台惟宜慎重电（十七日） …………………… 2227
旨寄王之春前令商办之事究竟如何着即复奏电（十七日） ………………… 2228
台抚唐景崧致总署台事曾请英俄法调处独未及德似未周到电（十七日） …… 2228
总署致恩泽转饬所属安辑兵民照常镇静电（十七日） ……………………… 2228
署江督张之洞致总署请拒日增索赔款电（十九日） ………………………… 2228
全权大臣李鸿章致总署伊藤电日已派台湾巡抚请我派员办理移交电（十九日）
……………………………………………………………………………… 2229
旨着增祺联络俄官以敦睦谊续有动静随时探闻电（二十日） ……………… 2229
使英龚照瑗致总署报法与他国密议台事暂不使华与闻恐生枝节电 附旨
（二十一日） ………………………………………………………………… 2230
总署致许景澄俄款分期偿清及押保办法请婉达俄廷电（二十一日） ……… 2230
美使致总署日政府派桦山为台澎巡抚请转达中国照会所派钦差姓名函

（二十一日） …… 2230
全权大臣李鸿章致总署报已请伊藤令桦山暂缓起程乞嘱唐抚勿固执电（二十一日） …… 2231
全权大臣李鸿章致总署伦敦电日派台督欲俟交款后撤辽驻军电（二十一日） …… 2231
署江督张之洞奏据台湾绅民公禀坚留唐抚刘提仍理台事电 附旨（二十二日） …… 2231
台抚唐景崧奏恳饬商日外部令日员从缓来台电（二十二日） …… 2232
使俄许景澄致总署报俄德不及顾台并请由江省谢其好意电 二件（二十二日） …… 2232
黑龙江将军增祺致总署报俄官照会拟由水陆两路假道进兵电 附旨（二十二日） …… 2232
全权大臣李鸿章致总署报日民因弃辽东甚愤激电（二十二日） …… 2233
署江督张之洞致总署王之春电法外部谓辽事力已尽不欲再举援台电（二十三日） …… 2233
全权大臣李鸿章致总署伊藤电桦山计日到台请告唐抚筹备电（二十四日） …… 2233
总署致许景澄归辽议约仍请三国相助较有结束电（二十四日） …… 2234
旨派李经方前往台湾与日使商办事件（二十四日） …… 2234
全权大臣李鸿章致总署德俄均未必与日兴戎中朝必应慎筹电（二十四日） …… 2234
德外部致总署台湾华兵日增如再开仗损失更多电（二十四日） …… 2234
全权大臣李鸿章致总署代李经方恳辞往台商办事件请代奏电 附旨（二十五日） …… 2235
使俄许景澄致总署请俄阻日索偿允酌助电（二十五日） …… 2235
使俄许景澄致总署报以关税作押订借俄款电（二十六日） …… 2235
驻法参赞庆常致总署晤法外部谓台事难再申前议电（二十六日） …… 2236
全权大臣李鸿章致总署德政府电称伊藤谓中国已将台湾主权让与日本勿庸会议电 附旨（二十六日） …… 2236
旨着台抚唐景崧开缺来京及文武各员内渡电（二十六日） …… 2236
旨着许景澄将台变各情详告俄廷电（二十六日） …… 2237
军机处奏请饬李鸿章仍令李经方赴台办理交割片（二十七日） …… 2237
全权大臣李鸿章致总署译洋报日为三国威胁让辽日主饬词自掩电（二十七日） …… 2237
全权大臣李鸿章致总署遵旨饬李经方赴台并请令顾肇熙杨岐珍科士达襄助电（二十七日） …… 2238

驻藏大臣奎焕致总署藏员坚以旧日鄂博为言开导不遵且禁汉官雇夫马电（二十八日）……2238
总署致许景澄德国揽借一款其情难却电（二十八日）……2238
全权大臣李鸿章致总署接伊藤电交接台湾专使彼此均有全权为妥电 附旨（二十八日）……2239
全权大臣李鸿章致总署顷复伊藤倘台民叛乱不已无法交接请原谅电（二十九日）……2239
台抚唐景崧致枢垣李经方来台交割台民愤极请押款赎回电（二十九日）……2239
使俄许景澄致总署俄外部与德法商定请日本归辽减费电（二十九日）……2240
全权大臣李鸿章致总署俄德法三国令日人声明应补之数并撤回驻辽日军电（二十九日）……2240
台抚唐景崧致总署法为保台起见派兵轮来台电（二十九日）……2240

清季外交史料卷一百十三　光绪二十一年五月上……2241
使俄许景澄致总署罗拔言请借一万万了结辽事电（五月初一日）……2241
全权大臣李鸿章致总署日简林董为驻华公使电（初一日）……2241
全权大臣李鸿章致总署伊藤称两国派员以淡水为会齐之所电（初一日）……2241
旨着许景澄谆嘱俄外部竭力阻驳日本偿费电（初二日）……2242
全权大臣李鸿章奏唐抚不遵旨撤兵横生异议请朝廷勿为所惑电（初二日）……2242
吉林将军长顺致军务处探明鞍山站日兵已退电（初二日）……2242
使俄许景澄致总署报法俄方睦俄款可借电 附旨（初二日）……2242
全权大臣李鸿章奏已请伊藤知照桦山俟台地平靖李经方径赴淡水会商电（初二日）……2243
台抚唐景崧致总署报台民强留摄行民主国总统事请代奏电（初三日）……2243
全权大臣李鸿章致总署伊藤请特派大员即赴淡水李经方应否速往电 附旨（初四日）……2243
署江督张之洞致总署台已自主未便接济饷械电 附旨（初四日）……2244
台抚唐景崧致总署全台不服日愿为华民请代奏电（初四日）……2244
全权大臣李鸿章致总署遵饬李经方往台密授办法暨报起程日期电 二件（初六日）……2244
全权大臣李鸿章致总署已电伊藤照约交出台湾主治权作为了结电（初六日）……2245
总署致张之洞转唐景崧宜设法早归免生枝节电（初七日）……2245
全权大臣李鸿章致总署美使函称日本欲两国各派驻使函（初九日）……2246

旨着张之洞谭钟麟饬海口官弁禁止运械往台电（初九日） ························ 2246
台抚唐景崧致军务处报粤军与日战获胜仍进剿电（初九日） ···················· 2246
全权大臣李鸿章致总署报李经方已到淡水电（初十日） ························ 2246
全权大臣李鸿章致总署龚照瑗报英廷接唐抚电告台湾自主拟不复电（初十日）
··· 2247
全权大臣李鸿章致总署据杨岐珍报台事实情带营回厦电（初十日） ············ 2247
旨派李鸿章王文韶为全权大臣与日使妥议事件电（初十日） ·················· 2247
旨着李鸿章告日使和议既定中国断无嗾使台民自主之理电（初十日） ········ 2247
台抚唐景崧致总署基隆不守台城瓦解事不可为电（十一日） ·················· 2248
署直督王文韶致枢垣黄遵宪陈台湾自主应将唐抚为民劫留向日声明电
（十一日） ··· 2248
江督刘坤一致军务处报鞍山站日兵撤退已派队进扎电（十一日） ············ 2248
全权大臣李鸿章致总署报李经方到基隆商办交接台湾问答电 附旨及交接文据
（十三日） ··· 2248
闽督边宝泉致总署台湾城内纷乱唐抚赴沪尾日兵尚未入城电 二件（十三日）
··· 2251
旨着刘坤一等转饬前敌各军小心防守毋启衅端电（十三日） ·················· 2251
全权大臣李鸿章致总署前购英国快船命名飞霆电（十四日） ·················· 2251
庆裕边宝泉致总署唐景崧等拟往申被兵士扣留电（十四日） ·················· 2252
全权大臣李鸿章致总署报复伊藤电款留林董现已到津赍有国书俟晤时再陈电
三件（十五日） ··· 2252
署江督张之洞奏恳将瑞记借款留为裁勇练兵设枪炮厂之用电 附旨
（五月十五日） ··· 2252
总署致许景澄外报传俄派兵至帕米尔着探复电（十八日） ···················· 2253
使俄许景澄致总署俄准借法银四万万佛郎拟立据四端候示电 二件（十八日）
··· 2253
江督刘坤一致军务处询陈湜之军可否调回锦州电（二十日） ·················· 2254
总署致许景澄俄国保借法款有失体面须详慎电（二十日） ···················· 2254
全权大臣李鸿章致总署俄代借法款息甚轻请速成于公法国体均无碍电
（二十日） ··· 2254
使英龚照瑗致总署俄法垄断借款非德所甘晤罗拔后再请示电
（二十日） ··· 2255
使俄许景澄致总署晤俄外户部商改代保借款电（二十一日） ·················· 2255
使俄许景澄致总署俄户部称款为俄法银行合办电（二十三日） ················ 2255

使俄许景澄致总署报俄谋迁哈萨克住帕代守兵电（二十三日）……………… 2255
全权大臣李鸿章致总署报唐景崧到沪日兵已入台北电（二十四日）………… 2255
李鸿章王文韶致总署报日使林董到津问答节略电（二十四日）……………… 2256
浙抚廖寿丰致总署请将各项通商条约通盘筹画电（二十四日）……………… 2256
使俄许景澄致总署俄声明不在拟定四端外别索利益电 附旨（二十六日）…… 2257
使俄许景澄致总署借款事俄稿末条宽浑彼允定后再论并盼早定电
二件 附旨（二十八日）………………………………………………………… 2257

清季外交史料卷一百十四　光绪二十一年五月下 ………………………………… 2259
总署奏中法续议界约商约专条请旨派员画押折 附商务条款界务条款及照会三件
（五月二十七日）…………………………………………………………… 2259
中越边界会巡章程 …………………………………………………………………… 2264
滇越界约 ……………………………………………………………………………… 2266
旨户部奏日偿款事着咨行内外各大臣等各抒所见电（二十八日）………… 2269
依克唐阿长顺裕禄致军务处日本增兵其情叵测大高岭之兵未可遽撤电
（二十八日）……………………………………………………………………… 2269
帮办军务宋庆致军务处拟汰弱留强俟日军退完再行请旨电（二十八日）…… 2270
署江督张之洞致总署报唐景崧脱身内渡应否遵旨陛见电 附旨（二十八日）
……………………………………………………………………………………… 2270
总署致李鸿章转龚使告英外部法约画押与中缅条约无干电（二十八日）…… 2270

清季外交史料卷一百十五　光绪二十一年闰五月 ………………………………… 2271
使俄许景澄致总署报与俄外户两部磋磨借款条件并归辽事宜电
（闰五月初一日）………………………………………………………………… 2271
帮办军务宋庆致总署报和议已成分别遣撤各军电（初二日）……………… 2271
全权大臣李鸿章致总署报照约日军驻威海中国军队不得逼近应令酌移电
（初二日）………………………………………………………………………… 2272
旨寄李秉衡日军驻威海事宜着刘含芳照约办理电（初三日）……………… 2272
总署致许景澄向俄借款如与前电相符可照办电（初三日）………………… 2272
谕奎焕藏哲边界业经订约着切实开导照约办理电（初四日）……………… 2272
总署奏中法续议新约画押事竣折（初五日）………………………………… 2273
使英龚照瑗致总署克款借款合同已遵示改订电（初五日）………………… 2273
署滇督崧蕃致总署猛乌非江洪境请与英使辩明电（初五日）……………… 2273
总署致龚照瑗请执缅图与英使辩明以破其误电（初五日）………………… 2274

使俄许景澄致总署俄款四端添垫款一层酌改妥协再行成订电（初五日）…… 2274
使俄许景澄致总署俄国垫款允改为俄国代银行接付本息电　附旨（初五日）……………… 2274
驻藏大臣奎焕致总署藏番难以理喻可否商英使缓至五年换约电（初六日）… 2274
使英龚照瑗致总署请将缅约暂缓批准电（初六日）………………………… 2275
使俄许景澄致总署俄外户部拟借款定稿作为两国互订专条电（初六日）…… 2275
总署致龚照瑗英使馆存缅界图恐不足据电（初七日）……………………… 2275
使俄许景澄致总署中俄四厘借款合同请知照喀使电　附合同及声明文件（初七日）…………………… 2276
使俄许景澄致总署合同六个月不另借一条俄不允删电（初十日）……………… 2279
署江督张之洞奏遵旨保荐黎庶昌等堪充日使电（初十日）………………… 2279
全权大臣李鸿章致总署据刘含芳称日兵欲占民房请总署按约驳辩电（十二日）……………… 2280
全权大臣李鸿章致总署据刘含芳称借民房事已与日本委员商通融办法电（十三日）…………………… 2280
旨寄张之洞廖寿丰日约改造土货一节关系甚重着筹复电（十三日）………… 2280
闽督边宝泉致军务处报日用兵轮八艘载兵万余由基隆上岸南进电（十三日）……………… 2281
全权大臣李鸿章致总署据刘含芳电日人请将草庙防营迁徙与约不符乞奏明电（十四日）…………………… 2281
全权大臣李鸿章致总署已电伊藤请照约修兵房电（十四日）……………… 2281
全权大臣李鸿章致总署威海口岸划界已饬妥办电（十四日）……………… 2281
全权大臣李鸿章致总署孙万林扎营在海湾南岸四十里内请饬移扎电　附旨（十四日）…………………… 2282
鲁抚李秉衡致总署日使所绘驻兵图线违约多占两县请与辩明如约办理电（十五日）…………………… 2282
使俄许景澄致总署俄借款合同已画押电　附旨（十五日）………………… 2283
鲁抚李秉衡致总署日员背约要求尚未定局拟暂驻莱州电（十六日）………… 2283
全权大臣李鸿章致总署接伊藤电日军俟兵房盖妥来威电（十六日）………… 2283
江督刘坤一奏密陈大计联俄拒日以维全局折（十六日）…………………… 2283
江督刘坤一奏请饬密商俄国促日还辽予以新疆数城为谢片（十六日）……… 2284
旨派裕庚充出使日本钦差大臣（十八日）………………………………… 2284
鲁抚李秉衡致总署威海日兵回旅顺不住民房电（十九日）………………… 2285
旨寄许景澄赔款万难再允请罗拔始终力护电（十九日）…………………… 2285

旨寄张之洞铁路重要着奏保数员以备简用电（二十一日） …………………… 2285
使英龚照瑗致总署俄法催日还辽并法廷已饬法商以轻息贷款电（二十六日） …………………… 2285
翰林院侍讲张百熙奏通商条约弊混滋多请饬详慎订议折　附旨（二十九日） …………………… 2286
使俄许景澄致总署俄外部言借款不足请预补备俟辽议定即全付早令退兵电（二十九日） …………………… 2287

清季外交史料卷一百十六　光绪二十一年六月 …………………… 2288
总署奏请令各省嗣后奏折不得指日本为岛夷折（六月初一日） …………………… 2288
使俄许景澄致总署报在伦敦交日本赔款办法电（初一日） …………………… 2288
旨寄张之洞鹿传霖谭继洵日约改造土货一节着悉心妥筹补救电（初一日） … 2288
使俄许景澄致总署罗拔言日廷索辽东赔费现恳俄力驳电　附旨（初三日）…… 2289
户部尚书熙敬等奏整顿洋税逐渐收回利权片（初四日） …………………… 2289
旨户部及各省将军督抚着整顿厘金裁减制兵电（初四日） …………………… 2290
编修陈荣昌及公车等奏请拒绝法国要求割让普洱蒙自以保边圉折（初五日） …………………… 2290
仓场侍郎许应骙奏日患方殷请联俄以资控制折（初六日） …………………… 2291
使俄许景澄致总署已商俄外部力驳赔款并陈罗拔对于赔款意见电　二件　附旨（六月初六日） …………………… 2292
署江督张之洞致总署拟派员测勘沪宁路线电（初十日） …………………… 2293
鹿传霖谭继洵致总署遵议中日新约第六款设法补救熟筹审度条约利弊电（初十日） …………………… 2293
使英龚照瑗致总署滇缅分界俟勘清再商巴山船案索赔款应不理电（初十日） …………………… 2294
使英龚照瑗致总署法外部谓猛乌乌得与英无涉当晤商沙侯电　附旨（十二日） …………………… 2294
署滇督崧蕃奏宁洱县之猛乌乌得本系华地查明委员贻误据实纠参折（十三日） …………………… 2295
总署章京沈曾植呈日约将次开议密陈事宜以备采择文　附旨（十三日）……… 2296
署直督王文韶致军务处报有日俘二名俟交换时发还电（十三日） …………………… 2298
使英龚照瑗致总署猛乌地方究属何国晤商沙外部丙陈电　二件（六月十二日） …………………… 2298
使英龚照瑗致总署即赴巴黎晤哈外部详告界约电（十四日） …………………… 2298

谕李鸿章王文韶等此次议约关系国计民生甚巨慎毋含混迁就（十六日） …… 2299
署江督张之洞奏时事日急万难姑安谨陈九事急图补救折（十六日） ………… 2299
依克唐阿长顺致军务处海城日兵运弹制衣用意叵测电（十七日） ……………… 2307
使英龚照瑗致总署猛乌地方法外部不愿商英电（十七日） …………………… 2307
署江督张之洞奏今日救急要策莫如与俄立密约以结强援片（十八日） ……… 2307
署滇督崧蕃致总署两乌交地已饬思茅同知遵办电（十八日） ………………… 2308
旨着鹿传霖将法国教案赔款迅速议结电（十八日） ………………………… 2308
使英龚照瑗致总署古田案已饬严办业告英外部电（十九日） ………………… 2308
使英龚照瑗致总署英告驻英法使猛乌与法无涉电（二十一日） ……………… 2309
驻藏大臣奎焕致总署藏界因番人力阻未克会勘电（二十五日） ……………… 2309
总署致许景澄询俄款折扣数目是否载入合同电（二十六日） ………………… 2309
旨寄许景澄辽地索偿日久未决着探俄情有无变动具奏电（二十七日） ……… 2309
署江督张之洞致总署恳饬调洋将琅威理筹办海军事宜请代奏电（二十八日）
…………………………………………………………………………………… 2310
粤督谭钟麟致总署报越匪掠李约濂眷属至马头山不便逾界往拿电（二十九日）
…………………………………………………………………………………… 2310

清季外交史料卷一百十七　光绪二十一年七月至八月 ………………………… 2311
旨着许景澄查明德厂订造坚利之船需费若干电（七月初一日） …………… 2311
署滇督崧蕃致总署已催两乌交地委员到界电（初二日） …………………… 2311
使俄许景澄致总署报德廷不愿减日本索费电　附旨（初三日）……………… 2311
使美杨儒致总署美外部言中美交厚古田案决不附英作难电（初三日） …… 2312
使英龚照瑗致总署古田案英皇甚重视请严办电（七月初四日） …………… 2312
谕庆裕边宝泉英领事所拟办法着分别准驳严办电（初五日） ……………… 2312
署江督张之洞奏教堂买地不先报官流弊太大拟请照约由地方官查明方准税
契折（初六日） ………………………………………………………………… 2312
署江督张之洞致总署俄造西伯利亚铁路意在网罗亚洲东方贸易利权电
（初八日） ……………………………………………………………………… 2314
署江督张之洞致总署遵旨筹议日约补救办法电　附旨（初九日）…………… 2315
使英龚照瑗致总署野人山关系甚重即晤商沙侯电（初九日） ……………… 2316
使英龚照瑗致总署沙侯嘱电请持平办理川案电（初十日） ………………… 2316
使俄许景澄致总署俄外部意如退辽须兵赔两费并交电　附旨（初十日）……… 2316
黑龙江将军依克唐阿致军务处报中日约期交俘电　附旨（十二日）………… 2317
吉林将军恩泽致总署报俄员来商松花江通商章程并俄官等径赴长白山奉

天游历电（十三日） …… 2317
伊犁将军长庚致总署报俄派兵往吐鲁番应否照准乞示电（十四日） …… 2318
使英龚照瑗致总署与英外部接洽解决川案办法电（十五日） …… 2318
使英龚照瑗致总署野人山易地事宜早议并已与山侍郎接洽电 二件 附旨（十六日） …… 2318
使俄许景澄致总署罗拔云已约德法商减赔费俟日廷复到再述电（十七日） …… 2319
浙抚廖寿丰致枢垣拟就苏杭设洋关置税司厘税并征电（十九日） …… 2319
署江督张之洞致枢垣有人集股承办内河小轮船电（十九日） …… 2319
署江督张之洞致枢垣产货地方先抽厘金办法电（十九日） …… 2320
署江督张之洞致枢垣拟调熟悉洋务人员来苏电（十九日） …… 2320
使英龚照瑗致总署哈外部言日允还辽旅电（十九日） …… 2320
署江督张之洞致总署请于日本新约指明河道经过地方免致牵混电（十九日） …… 2321
署江督张之洞致总署遵旨筹办芦汉铁路拟并勘沪宁粤汉京张陇海等路电（十九日） …… 2321
旨归辽之议不发于俄而发于法着许景澄确探实情详复电（十九日） …… 2322
盛京将军依克唐阿致总署报日藉口安平河等处抢案要求派兵保护电（十九日） …… 2323
川督鹿传霖致总署川案宜速议结免生枝节电（十九日） …… 2323
使俄许景澄致总署请知照德使准赓音泰照代办应有职权办理电（十九日） …… 2323
旨寄许景澄龚照瑗应交日本五千万两着在伦敦交日使电 二件（七月十九日） …… 2323
旨着张之洞等筹办商务须于兴利之中先筹防弊电（二十日） …… 2324
使美杨儒奏派员查明墨国情形并墨约暂难定稿折（二十日） …… 2324
使俄许景澄奏俄国经办借款遵旨订定合同折（二十日） …… 2326
使英龚照瑗致总署日事英本与闻而未得利近教案迭出恐有藉口请外示联络以免决裂电（二十二日） …… 2327
使美杨儒致总署报川教案美欲以英法所查为据意见电（二十二日） …… 2328
使英龚照瑗致总署旨允酌让红奔河以南数里此地在纬线几度乞示电（二十二日） …… 2328
使俄许景澄致总署据法外部言三国公议辽东赔费三千万两日廷已允电（二十二日） …… 2328
旨着许景澄告俄外部订归辽约请俄帮助到底电 三件（二十二日） …… 2328
使英龚照瑗致总署与山侍郎言川案结可议刘罪电（二十三日） …… 2329

驻法参赞庆常致总署俄法外部言日退辽限三个月加费三千万已定议电 附旨（二十三日） …… 2329
驻法参赞庆常致总署辽费三千万业经三国议定如商减日必翻议电（二十六日） …… 2329
川督鹿传霖致总署川东道黎庶昌屡次推诿教案电（二十六日） …… 2330
粤督谭钟麟致总署与法督互商搜捕越匪情形电（二十六日） …… 2330
使英龚照瑗致总署红奔河以西归英请将允让野人山地经纬度数酌示电（二十六日） …… 2330
福州将军穆图善致总署古田案罪犯已正法余俟有确供再办电 附旨（二十八日） …… 2330
江督刘坤一致军务处山海关裁炮队一营电（二十九日） …… 2331
使英龚照瑗致总署与英议界为难请不动缅约另设办法电（三十日） …… 2331
陕抚魏光焘致军务处报山海关等处防军已撤关防益薄似应移营入关电（八月初七日） …… 2332
使英龚照瑗致总署川教案英颇重视欧意如何乞示电（初八日） …… 2332
旨着张之洞通筹湖北铁政局毋蹈前失电（初八日） …… 2332
旨刘秉璋办理教案督率无方革职永不叙用并着龚照瑗告英外部电 二件（初八日） …… 2332
使英龚照瑗致总署据庆常晤法外部告界务为难情形并允商借款造路催日归辽旅电（十一日） …… 2333
总署致龚照瑗第一期应交日款如数照办电（二十日） …… 2333
旨寄奎焕准第穆呼图克图辞退藏番政教归达赖接管并着相机操纵电（二十一日） …… 2333
使英龚照瑗致总署请留庆常驻法电（二十一日） …… 2334
江督刘坤一奏还辽偿款三千万可照议完结电（二十七日） …… 2334
旨着派李鸿章为归还辽旅全权大臣电（二十八日） …… 2334

清季外交史料卷一百十八　光绪二十一年九月至十月 …… 2335
使法庆常致总署哈外部云铁路不伤中国利权已电法使和商电（九月初一日） …… 2335
总署奏俄国派员分往东三省查勘修接铁路事宜折（初二日） …… 2335
总署奏俄人在东三省借地造路关系甚大应自行查勘兴办片 附旨及照会（初二日） …… 2336
使俄许景澄致总署俄谋借地修路若先允自造转少退步电（初四日） …… 2337

川督鹿传霖致总署委张华奎署川东道以重商务电（初五日） …………………… 2337
全权大臣李鸿章奏与日使会商归还辽旅因三国定议在先偿款未能减少折（初八日） …………………………………………………………………………… 2338
滇督崧蕃致总署法据两乌并将磨丁及黄竹板画入彼线请留意电（初九日） … 2339
浙抚廖寿丰致总署日界勘定开办商务需人请饬温州道袁世凯赴任电（初九日） ………………………………………………………………………………… 2339
江督刘坤一奏拟以魏光焘西援陈湜留扎榆关电（初九日） …………………… 2339
使英龚照瑗致总署猛地不能挽回英认改缅约商务界务二事须允其一电（初十日） …………………………………………………………………………… 2340
陕抚魏光焘致军务处遵旨援甘即率队前往电（十二日） ……………………… 2340
署江督张之洞致总署报苏绅等拟办沪宁铁路俟估工筹款后请旨电（十二日） ………………………………………………………………………………… 2340
总署奏商订俄国借款并交还日本第一次偿费折 附单（十三日） ……………… 2341
使俄许景澄致总署晤罗拔说明中国愿造铁路与俄路相接彼深称谢电（十四日） ………………………………………………………………………………… 2343
全权大臣李鸿章奏与日使会商交收辽南各款议定条约折 附条约及专条（二十一日） ………………………………………………………………………… 2343
旨寄张之洞归辽议定着将南洋各船移泊旅顺电 二件（二十二日） …………… 2345
旨寄宋庆辽地归还着带各营前往旅顺分扎电（二十二日） …………………… 2345
旨寄许景澄辽费三千万着于伦敦存款内提交龚照瑗转交日使电 二件（二十三日） ………………………………………………………………………… 2346
旨寄裕禄归辽换约后着接收各州县并整顿税务电（二十三日） ……………… 2346
帮办军务宋庆致军务处遵旨带马玉昆十营往营口抚循电（二十四日） ……… 2346
使英龚照瑗致总署已劝英外部电公司罢铁路议电（二十八日） ……………… 2346
盛京将军裕禄等致军务处遵旨接收辽南各州县电（十月初四日） …………… 2347
黑龙江将军依克唐阿致军务处筹备鸭绿江一带防务电（初四日） …………… 2347
粤督谭钟麟致军务处拟调刘永福署南韶镇电（初四日） ……………………… 2348
黑龙江将军依克唐阿致军务处接收辽地拟分三路弹压以防他变电 附旨（十月初六日） ……………………………………………………………………… 2348
帮办军务宋庆致军务处日本交收旅顺金州已派员迅往电（初六日） ………… 2348
旨寄李秉衡俄水师轮船借泊胶澳过冬着饬地方官照料电（初七日） ………… 2349
鲁抚李秉衡致军务处遵旨准俄轮借泊胶澳过冬请商退出日期电 附旨（初九日） …………………………………………………………………………… 2349
使俄许景澄致总署请赏给德宰相等宝星电（初九日） ………………………… 2349

署江督张之洞致总署日约无理已甚择要先达务请坚持电（初十日） …………2349
署江督张之洞致军务处遵旨派闽兵轮并扎旅顺俟修竣即往电 附旨（十二日） ……………………………………………………………………2350
全权大臣李鸿章奏与日使互换归辽条约事竣折（十四日） ……………2350
总署奏代递英美两国教士条陈中国教务折 附李提摩太等奏折（十四日） ……2351
旨着督办军务王大臣传知中外集股筹办芦汉干路（二十日） …………2355
旨寄王文韶辽地次第归还大高岭应即撤防电（二十三日） ……………2356
旨寄王文韶津榆铁路用款过巨着查奏电（二十六日） …………………2356
旨寄张之洞俄修铁路通大连湾与其彼来莫如我接着勿与商借款电（二十八日） ……………………………………………………………………2356

清季外交史料卷一百十九　光绪二十一年十一月至十二月 ……………………2357
旨寄王文韶金州旅顺炮台交收着悉心筹度电（十一月初三日） ………2357
旨询张之洞南船何日北驶并电复苏沪铁路情形电（初三日） …………2357
旨金旅已收着宋庆带队移扎并安辑抚循电（初三日） …………………2357
署江督张之洞致总署遵旨令兵轮赴旅顺并苏沪铁路已开办电 二件（初六日） ……………………………………………………………………2357
直督王文韶致军务处旅大已收回拟派员履勘炮台局厂再核办电（初七日） …2358
旨寄边宝泉福建船政制造稀而支用滥着查复电（初七日） ……………2358
旨寄谭继洵英人在鄂毙官案已饬总署理论电（初七日） ………………2358
使英龚照瑗致总署晤英外部侍郎商开广东西江电（初八日） …………2358
直督王文韶致军务处报接管旅顺并船坞无恙电（十二日） ……………2359
帮办军务宋庆致军务处报接收金州大连湾等处电（十二日） …………2359
旨派王之春为致贺俄君加冕专使电（十三日） …………………………2359
总署奏拟准英国通商西江并野人山事仍与磋磨折（十五日） …………2360
使俄许景澄致总署马沙尔称德助争辽请借地储煤事甚棘手候示电（十五日） ……………………………………………………………………2360
署甘督陶模致总署报俄领在省过年明春赴吐电（十五日） ……………2361
旨寄王文韶着查盛宣怀所管招商等局被参一案并保员任使电 二件（十八日） ……………………………………………………………………2361
旨着张之洞回任后当加意举办炼钢轨制快枪电（十八日） ……………2361
旨着刘坤一回任后实力筹办铁路商务及陆军电（十八日） ……………2362
御史陈璧奏筹饷术穷请仿行印花税以济时艰折（二十二日） …………2362
署江督张之洞致军务处报到旅兵轮前后五艘电（二十六日） …………2363

旨寄李秉衡所筹征酒税裁兵额两节着照所请电（二十八日） …………………… 2363
使英龚照瑗致总署报与英商开西江为商埠电（三十日） ………………………… 2363
帮办军务宋庆奏报金旅各炮台毁损并接收情形电（十二月初二日） ………… 2363
署江督张之洞奏创练新军须选乡民责成洋将管带操练折 附旨二件（初三日）
…………………………………………………………………………………… 2364
署江督张之洞奏筹办宁沪铁路已派洋员测勘分段兴造折（初三日） ………… 2366
署江督张之洞奏拟请饬办邮政片（初三日） ……………………………………… 2367
使英龚照瑗奏交收日本第一期兵费银两事竣折（初三日） ……………………… 2368
使英龚照瑗与日使订交收归辽费银两事竣折（初三日） ………………………… 2369
署江督张之洞奏江南息借洋款收银实数并分饬司局认还折（初六日） ……… 2369
使英龚照瑗致总署江场既归法应请庆常告法与英说明电（初七日） ………… 2370
使法庆常致总署报国书呈递法总统电（初八日） ………………………………… 2370
旨着张之洞速将湖北铁厂现办情形复奏电（十一日） …………………………… 2370
边宝泉谭钟麟奏遵旨派员赴新旧金山集股创办船械等厂电（十六日） ……… 2371
旨寄刘坤一辽海解严着传知各军及早裁撤电（十六日） ………………………… 2371
总署奏续陈接收辽旅地方情形并请赏给俄德法三国使臣宝星折（十七日） … 2371
张之洞边宝泉鹿传霖谭继洵赵舒翘廖寿丰致总署日本商约重要请切实辩论电
附旨（二十三日） ……………………………………………………………… 2372
谕李秉衡督饬李兴锐查勘宁海矿产择要兴办电（二十四日） ………………… 2372
御史胡孚宸奏俄君加冕宜派重臣前往致贺片 附旨（二十七日） ………………… 2373
旨着派张荫桓为全权大臣与日使妥议通商事宜电（二十七日） ……………… 2373
旨着张之洞传知邵友濂为致贺俄君加冕副使电（二十七日） ………………… 2373

清季外交史料卷一百二十　光绪二十二年正月至三月 …………………………… 2374
谕派李鸿章为出使俄英法德美五国亲递国书大臣敕书并着李经述随使前往
三件（正月初十日） …………………………………………………………… 2374
总署奏拟增进口洋税酌筹办法请饬相机办理折（十一日） ……………………… 2374
专使李鸿章致总署报由沪坐法船赴莫斯科电（十三日） ………………………… 2375
盛京将军依克唐阿致总署怀仁安东之韩人迁避我境如何办理请示遵电
（十八日） ……………………………………………………………………… 2375
吉林将军长顺致总署闻日俄两国议开温贵海口电（十九日） ………………… 2376
全权大臣张荫桓奏遵议日本商约谨陈大略折（二十五日） ……………………… 2376
总署奏订借英德商款草立合同请旨遵行折 附草合同（二月初一日） ………… 2377
总署奏广西龙州边境拟开办铁路请旨饬行折（初七日） ………………………… 2380

旨着长庚会同饶应祺派员勘办和阗金矿电（初九日） …… 2380
旨派文海为驻藏大臣着筹画分界开导藏番电（初九日） …… 2381
总署奏遵旨订借英德商款议定章程照案画押折 附单（十一日）…… 2381
全权大臣张荫桓奏遵议日本商约删改各款折（三月初一日） …… 2383
川督鹿传霖致总署询廓藏因何失和请示机宜电 附旨（初三日）…… 2384
旨寄奎焕讷钦藏哲勘界藏番固执着设法开导电（初五日） …… 2385
川督鹿传霖致总署廓藏失和已派员由海道驶往查看并请修川藏电线电
二件 附旨（十四日） …… 2385
专使李鸿章致总署报抵俄都递国书并俄主在行宫接见电 二件（十七日）…… 2385
鲁抚李秉衡致总署兖州教案遵旨办理德国教士之事已获犯惩处电 三件
（二十一日） …… 2386
专使李鸿章致总署报俄户部要求筑路先密陈电（二十四日） …… 2386
张之洞谭继洵致总署鄂省拟铸铜钱以济急需电（二十五日） …… 2386
总署致李秉衡兖州教案向德使说亦无济希照前电查办电（二十六日） …… 2387
总署奏遵旨议复陈其璋请定教案章程折（二十八日） …… 2387
王文韶张之洞致总署遵旨令华商承办芦汉铁路电（二十八日） …… 2389
鲁抚李秉衡致总署兖州教案四条均经照办若必尽餍其欲恐激变电（二十九日）
…… 2390

清季外交史料卷一百二十一　光绪二十二年四月至六月上 …… 2391
川督鹿传霖奏遵旨派员查办廓藏失和要案折（四月初四日） …… 2391
总署奏遵旨议复张仲炘请商俄人改订税额折（二十五日） …… 2392
总署奏筹交日本二次赔费等项交收清楚折（二十五日） …… 2393
专使李鸿章致总署递国书后俄皇藉回宫验收礼物为名再见密谈情形请代
奏电（二十九日） …… 2393
专使李鸿章致总署晤俄外部会议接修东省铁路电（二十九日） …… 2394
总署奏广西龙州至越南同登与法国接造铁路片 附合同（五月二十一日）…… 2394
专使李鸿章致总署报抵德法两国递国书电（二十五日） …… 2396
旨寄鹿传霖廓藏界案着即派员会勘迅速完结电（二十五日） …… 2396
中丹英会订电报合同（六月初一日） …… 2396
全权大臣张荫桓奏日本商约删驳请即定议画押折
附日本商约原送条款并改定条款各一件（六月初六日） …… 2401
全权大臣张荫桓奏日使请缓议制造货税尚无窒碍拟随时商订片（六月初六日）
…… 2412

清季外交史料卷一百二十二　光绪二十二年六月下至八月 …… 2413
专使李鸿章与俄外部大臣罗拔户部大臣微德订中俄密约　附专条（四月二十二日） …… 2413
总署奏预筹朝鲜通商办法以存体制折（六月十八日） …… 2414
中俄陆路电约续订知照（二十日） …… 2415
总署奏中法换约事竣折（七月初三日） …… 2415
使英龚照瑗奏报与日使交收第二期兵费利息等款事竣折（七月初五日） …… 2415
专使李鸿章致总署报与沙侯会议照镑加税电（初六日） …… 2416
川督鹿传霖致枢垣屡催达赖更换番官不遵请旨严责电（十七日） …… 2416
中俄合办东省铁路公司合同章程　附函暨合同（二十五日） …… 2417
专使李鸿章致总署报抵美晤外部商镑价加税事电（二十八日） …… 2419
专使李鸿章致总署报由坎拿大回国电（八月初六日） …… 2420
户部奏常年应还俄法英德两项借款数巨期促亟应预筹办法折（二十三日） … 2420
户部奏各省摊还洋款请旨饬各省赶紧设法片（二十三日） …… 2422

清季外交史料卷一百二十三　光绪二十二年九月 …… 2424
总署奏中日通商条约请批准互换折　附照会五件　说帖二件（九月初一日） …… 2424
总署奏统筹南北铁路请设总公司折　附盛宣怀说帖（初六日） …… 2427
使英龚照瑗致总署报告孙文到英应即扣留电（初六日） …… 2431
旨着鹿传霖迅拔西藏之瞻巢以安边圉电（初六日） …… 2431
总署奏日本催订马关约请互立文凭折　附文凭一件　照会二件（十三日） …… 2431
鄂督张之洞奏华商用机器制造货物请从缓加税并改存储关栈章程折（十三日） …… 2433
川督鹿传霖奏统筹川藏情形瞻对亟宜改设汉官折（十五日） …… 2435
总署奏中日通商行船新约换约事竣折（十六日） …… 2436
鲁抚李秉衡奏日本不遵约退兵自请罢斥电　二件　附旨（十六日） …… 2437

清季外交史料卷一百二十四　光绪二十二年十月至十二月 …… 2438
闽督边宝泉奏借款数巨势难持久宜亟图补救以济时艰折（十月初一日） …… 2438
总署奏各关税项递增暨添设洋关拟加税司经费折（初三日） …… 2439
旨派杨儒罗丰禄黄遵宪伍廷芳充出使欧美各国钦差大臣（十月十二日） …… 2440
旨著鹿传霖详思善策保川保藏并令三瞻心服一并议复电　三件（十月十二日） …… 2440
川督鹿传霖奏遵旨妥筹瞻对改归内属电（二十九日） …… 2441

川督鹿传霖奏瞻对全境收复番官请撤回折 （三十日） ……………………… 2441
川督鹿传霖奏瞻地如不内属恐边地从此多事片 附旨（三十日）………………… 2443
川督鹿传霖等奏遵筹瞻对朱窝章谷善后事宜拟设汉官辖治土民折 附谕
（十二月初五日） ……………………………………………………………… 2444
鲁抚李秉衡奏中俄密约中国受制太甚请改议折（初十日） …………………… 2445
旨寄鹿传霖瞻对设官各节着派员宣示后再行定议电 二件（二十日）………… 2448
总署奏遵议王文韶筹修旅顺大连炮台请拨购炮经费折（二十三日） ………… 2449
俄人在亚西亚洲建筑铁路节略 二件（二十六日）…………………………… 2450

清季外交史料卷一百二十五 光绪二十三年正月至四月 ……………………………… 2451
总署奏筹议粤省西江通商并重定滇缅边界折 附条约暨专条（正月初三日） … 2451
总署奏山东胶州海口形势紧要拟建设船坞屯扎兵轮折（十二日） …………… 2455
署江督张之洞奏严禁租界以外洋人任意侵占以收地利而维政权折（二十五日）
…………………………………………………………………………………… 2455
总署奏酌定宝星式样请旨遵行折（二月十一日） …………………………… 2457
豫抚刘树堂奏陈中俄密约于彼有利于我大害折（二十二日） ……………… 2458
王文韶张之洞盛宣怀致枢垣借款造路请以铁路为抵保电（三月二十二日） … 2459
总署奏海参崴应设商务委员请派李家鏊充任片（二十八日） ……………… 2460
王文韶张之洞盛宣怀奏芦汉铁路借款请由国家担保以维大局电（四月初四日）
…………………………………………………………………………………… 2461
王文韶张之洞盛宣怀奏遵旨商借比款办法已立草约即可画押电 附旨
（初七日） ……………………………………………………………………… 2462
王文韶张之洞盛宣怀奏复与比公司先立草合同电（初十日） ……………… 2462
中丹英续订电报合同（四月十二日） ………………………………………… 2463
王文韶张之洞盛宣怀奏筹办芦汉铁路情形并钞呈议借比款草合同折 附合同
（四月二十四日） ……………………………………………………………… 2466

清季外交史料卷一百二十六 光绪二十三年五月至七月 ……………………………… 2470
旨寄张荫桓使事竣后着即讲论加税及免厘事电（五月初五日） …………… 2470
总署会同李鸿章奏互换重订滇缅条约附款及议定西江通商专条约本折
附条约附款暨专条（初六日） ………………………………………………… 2470
旨寄恩泽延茂俄人请改设路线着通盘筹画并速复电（初八日） …………… 2473
总署奏驻和兰使事拟由驻德使臣兼领奥使仍由俄使兼任片（初九日） ……… 2473
黑龙江将军恩泽致总署密陈俄人改设路线居心叵测电（初十日） ………… 2474

总署致法使粤桂滇边界路矿两事照前定约章商办照会（十九日） …………… 2474
总署致延茂恩泽俄人改路希集各盟长切实开导电（二十二日） ………………… 2475
黑龙江将军恩泽致总署铁路改线请由绰尔河至省城再经伯都讷电（二十四日） ………………………………………………………………………………… 2475
吉林将军延茂致总署俄路改线已咨盟长惟蒙民顽蠢无从开导电 二件（二十四日） ………………………………………………………………… 2475
出使大臣张荫桓致总署英外长未返加税难遽议电（六月初七日） ……………… 2476
伊犁将军长庚奏查明中俄界间二水并提封以南五金各矿情形折（初七日） … 2476
使英罗丰禄奏与日使交收第三期军费等款事竣折（初十日） ………………… 2480
出使大臣张荫桓致总署见俄皇言真心和好并述外户两部语意电（十二日） … 2481
黑龙江将军恩泽奏俄路改行南线遵旨通盘筹画折（十七日） ………………… 2481
总署奏议复台货改照洋货收税事宜折 附征税办法四条（二十二日） ………… 2483
浙抚廖寿丰致总署浙人集股筑杭州铁路请作为商办电（二十七日） ………… 2484
出使大臣张荫桓致总署英外部允加税未索免厘电（七月初三日） …………… 2484
大学士李鸿章奏遵旨向英商借一千六百万镑议订草约折 附草约（十九日） ……………………………………………………………………… 2484
出使大臣张荫桓奏请订借八千万两偿日本兵费片（十九日） ………………… 2485

清季外交史料卷一百二十七 光绪二十三年八月至十一月 …………………… 2487
中俄陆线续约（八月初十日） ……………………………………………………… 2487
驻藏帮办纳钦致总署撤瞻归川保无他衅请代奏电（十七日） ………………… 2488
新抚饶应祺等奏会勘科布多属宝尔吉银矿畅旺请试办折（二十六日） ……… 2488
滇督崧蕃等致总署呈送滇越界约请查核文 附滇越界约（九月初八日） ……… 2489
依克唐阿延茂恩泽奏请勘定吉奉铁路预防俄路分枝南侵折（九月二十日） … 2494
川督恭寿奏奉旨释放土司已送炉城交文海澈究电（二十三日） ……………… 2495
驻藏大臣文海致总署土司案无对质请免集讯电（十月初一日） ……………… 2495
直督王文韶致总署日本大操应否派员前往校阅电（初四日） ………………… 2495
德使海靖致总署称德教士在山东被劫请严惩照会（十三日） ………………… 2495
使德许景澄致总署闻山东杀毙教士应否预告外部稍占先着电（十四日） …… 2496
旨寄李秉衡曹州教案着速派员根究务获盗惩办电（十六日） ………………… 2496
鲁抚李秉衡致枢垣曹州教案遵旨派员澈查严拿凶犯电（十七日） …………… 2496
直督王文韶致枢垣据报德提督率兵于胶州湾上岸意图霸占乞速示电 二件（二十一日） ………………………………………………………………… 2496
鲁抚李秉衡致枢垣巨野教案办理甚速德竟图占胶澳乞敕总署理论 附旨二件

（二十一日） …………………………………………………………………………… 2497
总署致许景澄希询德外部德兵上岸是否海使专擅抑奉训条电（二十一日） … 2497
直督王文韶奏请饬张汝梅赴任将教案从严办结电（二十二日） ……………… 2498
直督王文韶致枢垣胶事棘手请饬聂士成速回防电（二十二日） ……………… 2498
直督王文韶致枢垣章高元报德提督又逼退军电（二十二日） ………………… 2498
直督王文韶致总署遵旨往晤德使饰词不见电　附旨（二十三日）……………… 2498
使德许景澄致总署遵旨与德外部理论胶案电　附旨（二十三日）……………… 2499
鲁抚李秉衡致枢垣报敌情益肆后患不堪设想电　附旨（二十四日）…………… 2499
直督王文韶致枢垣章高元报德兵整队来营情殊叵测电（二十六日） ………… 2500
总署致许景澄德逼我兵远移恐激事端祈告外部电（二十八日） ……………… 2500
使德许景澄致总署德相言德国须驻兵防护难以即退电（二十九日） ………… 2501
使德许景澄致总署德主派王弟带甲船快船赴华电（十一月初一日） ………… 2501
鲁抚李秉衡致总署德人将章高元留青岛运兵载械至胶州章誓死不从电
（初四日） ……………………………………………………………………………… 2501
使德许景澄致总署拟托巴兰德疏导胶案电（初四日） ………………………… 2501
使日裕庚致总署日院聚议德事有攘臂出头之势电（初四日） ………………… 2502
鲁抚张汝梅致总署询可否俟德船去后再饬章镇移扎电（初四日） …………… 2502
直督王文韶致枢垣章高元报德限我军退出女姑请旨电（初五日） …………… 2502
旨着许景澄广设方法劝德廷毋失邦交电（初六日） …………………………… 2502
直督王文韶致枢垣报德兵密布胶州扼堵运道饷械均绝电（初八日） ………… 2503
总署奏山东教案拿获要犯拟定罪名折（初八日） ……………………………… 2503
使俄杨儒致总署俄外部云德事愿效力但俄貌示交好恐不足恃电（初八日） … 2504
川督恭寿奏瞻对设官关系川藏全局遵筹弃取情形折（初九日） ……………… 2504
鲁抚张汝梅致枢垣据报德逼章营移扎烟台无束手待毙之理乞示电　附旨
（十一日） ……………………………………………………………………………… 2506
使德许景澄致总署德外部告议院派兵赴华系保护教士电（十五日） ………… 2506
使俄杨儒致总署俄外部接巴电所商颇顺愿得公牍为信电（十八日） ………… 2507
总署致王文韶据裕庚报英谋占大连请饬宋军预备电　附旨（二十三日）……… 2507
旨派翁同龢张荫桓与德使海靖理论胶案（十一月二十三日） ………………… 2507
尚书翁同龢侍郎张荫桓奏与德使接洽胶案情形片（二十四日） ……………… 2507
旨寄刘坤一英船泊吴淞恐启事端着镇静严备电（二十四日） ………………… 2508
旨寄宋庆俄船在旅应用物件着随时接济电（二十四日） ……………………… 2508
江督刘坤一致枢垣沈敦和报英将占吴淞长江各台岸电　附旨（二十五日）…… 2508
谕各省将军督抚比来交涉棘手着激发天良练兵筹饷（二十六日） …………… 2509

江督刘坤一奏如将胶澳开作口岸利益均沾各国可互助电（二十八日） ……… 2509
江督刘坤一致总署沈敦和报据英将言中国联英联俄利害电 附旨（二十八日） ……… 2510
提督宋庆奏恳派洋务人员来旅督办交涉电（二十八日） ……… 2510
湘抚陈宝箴奏德未还胶湾请要结外援代为纾祸电（二十九日） ……… 2511

清季外交史料卷一百二十八 **光绪二十三年十二月** ……… 2512
鄂督张之洞致总署胶事危迫谨陈应付办法五条电（十二月初一日） ……… 2512
使俄杨儒致总署报俄外部对华议论颇有担当电（初三日） ……… 2513
鲁抚张汝梅致枢垣英俄兵船到胶请调董福祥驻兵海州电（初四日） ……… 2513
提督宋庆致总署英船来旅与俄有相持之意请议准示复电 二件（初六日）…… 2514
总署致张汝梅希速出示保护教民勿虚声贾祸电（初六日） ……… 2514
鄂督张之洞致总署密陈英俄德相忌相谋情形电（初六日） ……… 2515
旨斥张汝梅办理教案颟顸聋聩若再迁延即严惩电（初八日） ……… 2515
鄂督张之洞致总署联英俄仍须联日以戢德焰电（十一日） ……… 2515
鄂抚谭继洵致枢垣德据青岛请饬各省整顿兵勇乡团以备征调电（十一日） … 2516
鄂督张之洞致总署称日武官力陈联英意见电 二件 附旨（十一日） ……… 2516
使法庆常致总署报法廷对华关切愿维大局电（十三日） ……… 2517
顺天府尹胡燏棻奏胶事日棘请知照各国调处折（十三日） ……… 2517
顺天府尹胡燏棻奏胶案请敕许景澄往见毕士马克以期转圜片（十三日） …… 2518
鲁抚张汝梅致总署即墨县禀德人买地收粮无退还意电（十八日） ……… 2519
使日裕庚致总署报日议院对于德事开会情形电（二十日） ……… 2519
直督王文韶致总署德办山东铁路英法艳羡粤汉路应准归自办电（二十三日） ……… 2519
总署奏议结曹州教案并商办胶澳租界事宜折 附照会二件（二十三日） ……… 2520
鄂督张之洞致总署各国乘机谋我拟藉日以联英电（二十三日） ……… 2522
鄂督张之洞致总署借英款还日债不如认息缓付日款电（二十三日） ……… 2522
湘抚陈宝箴奏密陈日本欲与我联英或助战或排解电 附旨（二十五日）……… 2523
鄂督张之洞致总署英人消息甚紧谨拟抵制三条电（二十五日） ……… 2523
鄂督张之洞致总署日人劝郑孝胥赴日学习与联英事无涉电（二十八日） …… 2525
总署致奎俊德亲王来着派聂缉椝迎接随时电奏电（二十八日） ……… 2525

清季外交史料卷一百二十九 **光绪二十四年正月至二月上** ……… 2526
盛京将军依克唐阿致总署报金州租界内并无下乡征粮之事电（正月初一日）

…………………………………………………………………………………… 2526
闽督许应骙致总署日本所指厦门鼓浪屿两地无地可拨电（初一日） ………… 2526
盛京将军依克唐阿致总署金州俄兵轰毙华民请与俄使酌办电（初二日） …… 2526
鄂督张之洞致枢垣英借款关系中华安危请谢绝电（初二日） ……………… 2527
鄂督张之洞致枢垣请许德国揽办宁沪铁路借款电（初三日） ……………… 2527
江督刘坤一致枢垣英借债索款三端必不可许电（初三日） ………………… 2528
鄂督张之洞致枢垣德干预山东铁路事大碍北省地利拟以宁沪南段抵换电
（初五日） ………………………………………………………………………… 2528
盛京将军依克唐阿致总署称金州俄队设卡杀人电（初六日） ……………… 2529
使德吕海寰致总署德国水手在胶州被刺德廷甚不满意电（初七日） ……… 2529
盛京将军依克唐阿致总署俄欲在青泥洼修码头电（初八日） ……………… 2529
使英罗丰禄致总署英外部云威海租界专归英管募华兵在所不禁电（初八日）
…………………………………………………………………………………… 2529
鄂督张之洞致总署容闳请造津镇铁路必有洋款万不可允电（初九日） …… 2530
使德吕海寰致总署德外部述德主意请将胶澳路展至沂州电（初九日） …… 2530
盛京将军依克唐阿致总署俄在金州城设卡搜查行人电（十一日） ………… 2531
浙抚廖寿丰致总署建德桐庐教堂案已与法教士商结电（十一日） ………… 2531
专使许景澄致总署报定期到俄罢借一层容再陈电（十一日） ……………… 2531
谕山东巨野教案保护不力李秉衡锡良万本华邵承熙着分别处分（十一日） … 2531
江督刘坤一致总署容闳请造津镇铁路决不可准电（十一日） ……………… 2532
使德吕海寰致总署报与德外部辩论兖案沂路电（十二日） ………………… 2532
黑龙江将军恩泽致总署与俄监工商议退回俄兵电（十二日） ……………… 2532
盛京将军依克唐阿致总署金州租界禁止官人行走请与俄使交涉电（十二日）
…………………………………………………………………………………… 2533
浙抚廖寿丰致总署论对付各国方法并请召洋将琅威理回华整顿海军电
（十三日） ………………………………………………………………………… 2533
新抚饶应祺致总署报喀什无派兵赴塞事电（十五日） ……………………… 2533
盛京将军依克唐阿致总署俄军见旗民官人即拿请议定章电（十六日） …… 2534
盛京将军依克唐阿致总署俄在东西山挨家催征电（十七日） ……………… 2534
江督刘坤一致总署拟派藩司款待德亲王电（十八日） ……………………… 2534
使美伍廷芳奏教案迭起内治无权请变通成法折（二十日） ………………… 2534
使美伍廷芳奏朝廷借材异地当以美国为宜片（二十日） …………………… 2536
江督刘坤一致总署德商强租引翔港官渡请理论电（二十四日） …………… 2537
使俄杨儒致总署俄外部称刘家店滋事系华队越界生衅电（二十五日） …… 2537

使德吕海寰致总署报与德外部辩论沂济展路事电（二十六日） …………………… 2537
专使许景澄致总署称见俄君讨论俄船借泊情形电（二十七日） …………………… 2538
使俄杨儒致总署俄外部称华兵入租界生衅全为生计请予津贴电（二十八日）
…………………………………………………………………………………………… 2538
使德吕海寰致总署晤德外部论拓路开矿抵兵费电（二十八日） …………………… 2538
江督刘坤一致总署沪道蔡钧既奉旨开缺应催李光久速赴任电（二月初一日）
…………………………………………………………………………………………… 2539
使德吕海寰致总署与德外部商撤兵事电（初一日） ……………………………… 2539
鲁抚张汝梅致总署报划定胶澳租界并查钱粮册电（初三日） …………………… 2539
谕胡聘之着将兴办山西铁路矿务情形一并具奏电（初四日） …………………… 2539
使德吕海寰致总署请示沂济干路经过里数电（初四日） ………………………… 2540
粤督谭钟麟致总署拟仍饬王存善会办九龙勘界电（初六日） …………………… 2540
专使许景澄致总署遵考西礼迎接亲王礼节电（初七日） ………………………… 2540
总署奏续借英德商款订立合同以税厘作抵折 附合同（初十日） ………………… 2541
总署奏请派专使与各国商订商务教务界务条约片（初十日） …………………… 2544

清季外交史料卷一百三十 **光绪二十四年二月至三月** ………………………………… 2545
给事中张仲炘奏众敌环伺祸机迫切敬陈管见折（二月初七日） ………………… 2545
总署致杨儒已派许景澄为钦差专论旅大泊船及黄海铁路事电（二月十一日）
…………………………………………………………………………………………… 2546
专使许景澄致总署请派杨儒会办旅大事电（十三日） …………………………… 2546
使德吕海寰致总署与德外部议胶澳租界及筑路事可定密约以免藉口电
（十四日） ……………………………………………………………………………… 2546
总署奏与德使议定专条三端遵旨画押折 附胶澳租界条约（十五日） ………… 2547
鄂督张之洞奏沥陈借款还日债不可以盐厘作押电（十六日） …………………… 2549
使英罗丰禄致总署沙侯复称英租威海即可募民防护电（十七日） ……………… 2550
驻日随员萨荫图呈总署辽东分界专条由裕使与日互换电（十八日） …………… 2550
闽督许应骙致总署可拨鼓浪屿地十二万坪为日租界电（十八日） ……………… 2550
直督王文韶致总署报胶澳德兵均撤回围内电（十九日） ………………………… 2550
总署致许景澄前议四条请见俄君后速复奏电（二十日） ………………………… 2550
盛京将军依克唐阿致总署俄队把守金州四门乞告俄使电（二十日） …………… 2551
滇督崧蕃致总署请法使庆梅缓来候中国派员会同查勘界务电（二十日） ……… 2551
使德吕海寰致总署与德外部辩论山东拓路事电（二十日） ……………………… 2551
使德吕海寰致总署毕鲁在议院称华人仇视洋人若不严办恐与中国不利电

（二十二日） …… 2551
专使许景澄致总署俄外部交阅所拟租界图线外有界非止海口电（二十二日） …… 2552
专使许景澄致总署俄外部言必须租不冻海口为各师屯地电（二十三日） …… 2552
总署致许景澄杨儒前与日议归辽时订明旅大不让别国请俄顾全睦谊电（二十二日） …… 2552
盛京将军依克唐阿致总署旅大有英俄兵轮窥探电（二十四日） …… 2553
专使许景澄致总署见俄君递国电并问答情形电（二十四日） …… 2553
总署致许景澄杨儒应付要索旅大办法甚中肯肴与俄外部磋磨电（二十五日） …… 2553
专使许景澄致总署俄派巴代办为商办旅大全权专使电（二十五日） …… 2553
许景澄杨儒致总署报与俄外部剖辩租地事电（二十六日） …… 2554
使法庆常致总署法外部称借款失信拟援德山东借地案派舰重办电（三月初三日） …… 2554
总署奏请开岳州及三都澳为通商口岸折（初三日） …… 2554
总署奏请准内河各埠行驶小轮船片（初三日） …… 2555
总署奏英约条款限期届满须酌量重议片（初三日） …… 2555
总署奏俄国订租旅顺大连湾两口并议接展铁路条款折（初五日） …… 2555
总署奏请将直隶秦皇岛地方开为通商口岸片（初五日） …… 2556
盛京将军依克唐阿致总署俄提督在陶湾登岸扎兵张示电 附旨二件（初八日） …… 2556
总署致许景澄杨儒俄提督决据金州城希告俄外部饬其勿得卤莽电（十九日） …… 2557
许景澄杨儒致总署俄外部送租地专条拟稿请示电（二十二日） …… 2557
许景澄杨儒致总署酌改租地专条各节筹候速核电（二十三日） …… 2557
总署致许景澄杨儒请与俄外部磋商金州界事电 二件（二十三日） …… 2558

清季外交史料卷一百三十一　光绪二十四年闰三月至四月 …… 2559
盛京将军依克唐阿奏金州城奉军遵旨一律撤回电（闰三月初一日） …… 2559
许景澄杨儒致总署报俄外部交复金州案全稿电（初二日） …… 2559
许景澄杨儒致总署租让旅大事与俄外部商改条款仍难就范电 二件（初二日） …… 2559
许景澄杨儒致总署与俄外部商改租界名称电（初三日） …… 2560
使英罗丰禄致总署中国不准俄租旅顺英廷极以为然电（初三日） …… 2560

总署致许景澄杨儒请仍与俄外部商改约款电（初五日） ………………………… 2561
总署奏法国请租广州湾并建造滇越铁路谨拟办法折 附照会二件（初五日）
…………………………………………………………………………………… 2561
许景澄杨儒致总署俄外部称俄主允俄兵暂不入金州城电（初七日） ………… 2563
许景澄杨儒致总署俄外部谓金州事专使驻使应一并画押电（初七日） ……… 2563
总署致许景澄杨儒俄兵不入金州须定专条电（初七日） ……………………… 2563
许景澄杨儒致总署金州事遵电逐节面商俄外部电（初九日） ………………… 2564
总署致许景澄杨儒金城驻防旗兵断无退出之理电（初十日） ………………… 2564
许景澄杨儒致总署俄外部称专条不便再改电（初十日） ……………………… 2564
许景澄杨儒致总署俄谓钧署已将专条照允催画押电（十一日） ……………… 2564
使德吕海寰致总署日本赔款百万镑已交讫电（十八日） ……………………… 2565
使英罗丰禄致总署日本赔款已交驻英日使接收电（十八日） ………………… 2565
总署奏日本偿款交清收回威海谨陈筹办情形折（二十四日） ………………… 2565
鄂督张之洞致总署沙市变起仓猝防不及防幸领事无恙电（二十六日） ……… 2566
直督王文韶致总署报德亲王今日可抵津电（二十六日） ……………………… 2566
总署致依克唐阿俄修旅顺至沈阳枝路希饬保护电（二十七日） ……………… 2567
总署致依克唐阿俄修铁路须绕避陵寝电（二十八日） ………………………… 2567
鄂督张之洞奏遵旨回鄂查办沙市案电 附旨（二十八日）……………………… 2567
许景澄杨儒致总署续拟南满支路合同稿七条电（四月初三日） ……………… 2567
盛京将军依克唐阿致总署俄限大连湾居民腾出房地恐激民变请设法挽回电
（初四日） ……………………………………………………………………… 2568
使美伍廷芳奏筹款维艰请仿行各国印花税折（十三日） ……………………… 2568
总署奏遵议徐寿朋所拟中韩通商约稿折（十四日） …………………………… 2569
总署奏英国拟拓香港界址议定租章折 附专条合同照会及咨文（十八日） …… 2570
总署致唐绍仪日使代韩请订约派使约可订使不可派电（二十四日） ………… 2573
总署致刘坤一通海崇太等处行轮应归河道管辖电（二十五日） ……………… 2573
盛京将军依克唐阿致总署据报俄督派员查各海口税则暨地丁钱粮电
（二十七日） …………………………………………………………………… 2573

清季外交史料卷一百三十二 光绪二十四年五月 ……………………………… 2575
总署奏遵议河南矿务办法改订合同折 附矿务章程（五月初二日） ………… 2575
使俄许景澄致总署俄路沿途准开煤矿并绕避陵寝电 二件（初四日） ……… 2577
总署致许景澄俄路绕避三十里无碍陵寝即定议电 二件（初六日） ………… 2578
谕着盛宣怀赶办芦汉铁路并速办粤汉宁沪各路（初八日） …………………… 2578

旨恩泽延茂俄路经过方向着通盘筹画预防后患电（初八日） …………………… 2578
总署奏英国请租威海卫商拟专条折　附专条（初十日） ………………………… 2579
总署奏遵议款接外宾参酌中西体制详定章程折（十三日） …………………… 2580
总署致王文韶请留严道洪等在威海与英提督办理交涉电（十三日） ………… 2581
总署奏遵议陈其璋请与各国开议酌加进口税折（十六日） …………………… 2581
东省铁路公司致许景澄等南满支路不经陵寝函（十七日） …………………… 2582
俄外部致许景澄等南满支路俟大连湾开埠设立税关函（十八日） …………… 2582
总署奏与刚果国使臣订立条约折　附专章（十九日） ………………………… 2582
许景澄杨儒奏与俄国订立租地条约遵旨议定专条折　附条约暨照会（二十日）
……………………………………………………………………………………… 2583
使英罗丰禄奏与日本使臣交收清还军费并守费折（二十日） ………………… 2586
总署致唐绍仪韩如再求派使可与商明当遣四等公使电（二十一日） ………… 2587
使俄许景澄致总署俄路绕避陵寝约已画押电（二十二日） …………………… 2588
盛京将军依克唐阿致枢垣俄人谋夺金州全利请速划界电（二十三日） ……… 2588

清季外交史料卷一百三十三　光绪二十四年六月 ………………………………… 2589
谕各省大吏实力保护传教西人不准再有教案（六月初一日） ………………… 2589
直督荣禄致总署办理保定教案议结情形电（初一日） ………………………… 2589
江督刘坤一致总署沪法领占地枪伤多人请据约与法使力争电　附旨（初一日）
……………………………………………………………………………………… 2590
总署致刘坤一四明公所事法使已电沪领请饬蔡道妥慎办理并照会各国领事电
二件（初一日） ……………………………………………………………………… 2591
总署致庆常迅商法外部饬法领与关道和商四明公所案电（初二日） ………… 2591
江督刘坤一致总署法使谓扩界事势所必行电　附旨（初三日） ……………… 2591
苏藩聂缉椝致总署与法领会商让地办法请示电　二件（初四日） …………… 2592
江督刘坤一致总署陈内河行轮章程利病乞主持电（初九日） ………………… 2592
总署致聂缉椝法使请扩上海八仙桥界不能过广电（初十日） ………………… 2593
驻韩总领事唐绍仪呈总署遵议我国先派四等使到韩酌议商约电　附旨
（十一日） …………………………………………………………………………… 2593
驻韩总领事唐绍仪呈总署韩党人谋变民心惊惶电（十一日） ………………… 2593
川督恭寿致总署请向法使探商南充教案能否从权办理电　附旨（十一日）…… 2594
江督刘坤一致总署四明公所案请电庆常告法外部和平商结电　二件（十一日）
……………………………………………………………………………………… 2594
总署致唐绍仪准由韩先派使来华再与议约电（十二日） ……………………… 2595

谕总署着迅拟定出洋游学人员章程（十七日） …… 2595
黑龙江将军恩泽致总署地方人民请将铁路线设法绕越电（十八日） …… 2596
使法庆常致总署法外部云法界患疫请禁四明公所存柩电（十八日） …… 2596
使法庆常奏与法外部订明办理教案就案议结折（二十日） …… 2596
江督刘坤一致总署税厘办法华洋商船请一律待遇电（二十一日） …… 2597
驻韩总领事唐绍仪呈总署韩询何时派使议约电（二十二日） …… 2598
荣禄张之洞盛宣怀奏芦汉铁路比国借款续定合同折 附合同三件 凭信一件（二十四日） …… 2598
总署奏拟请简派出使朝鲜国大臣折 附旨（二十四日） …… 2606
旨着黄遵宪充出使日本公使（二十四日） …… 2606
旨寄谭钟麟法占炮台着妥为安抚粤民电（二十四日） …… 2606
谕寄沿海沿江沿边各将军督抚着展拓商埠电（二十四日） …… 2607
川督恭寿致总署报南充教案已完结电（二十八日） …… 2607
使法庆常致总署遵告外部迅饬法提督退兵电（二十八日） …… 2607
江督刘坤一致总署法人强索四明义冢甬商罢市乞电庆使商法外部准另觅送一地电 二件（二十八日） …… 2607
川督恭寿致总署美领事诋教会及华官民气激昂电（二十九日） …… 2608

清季外交史料卷一百三十四 光绪二十四年七月 …… 2609
盛京将军依克唐阿致总署与俄使商酌勘路请仍由老边原勘轨道复勘电（七月初七日） …… 2609
鄂督抚张之洞谭继洵奏湖北沙市客民细故肇衅焚毁关局延烧华洋房屋获犯审结折 附谕（初八日） …… 2609
总署致唐绍仪询各国致韩君国书如何称谓电（初九日） …… 2612
金州副都统寿长奏俄人贪狡界约难恃谨筹补救折（初十日） …… 2612
许景澄杨儒奏照约议筑东省枝路续订合同折 附合同（十六日） …… 2615
总署奏遵旨复陈盛宣怀督办芦汉铁路借定比款折（十六日） …… 2617
总署奏遵议瞿鸿禨请饬各省册报教堂教民数目折（十六日） …… 2618
旨着张汝梅确切查明德人勘界情形是否相符电（二十日） …… 2618
懿旨令各直省大吏实力保护教堂教士（二十一日） …… 2619
宗人府主事陈懋鼎奏请降旨召见日本伊藤博文折（二十九日） …… 2619
使美伍廷芳奏檀香山归并美国请设领事折（三十日） …… 2620

清季外交史料卷一百三十五　光绪二十四年八月至九月 …………………………… 2621
总署奏遵旨编辑约章通行给领折　附谕（八月初四日）…………………… 2621
胶澳勘界委员彭虞孙李希杰呈总署胶澳租约系以百里为保护范围电（初十日）
…………………………………………………………………………… 2622
旨李盛铎充出使日本国钦差（十六日）……………………………………… 2622
旨交总署着商俄使撤回入城保护之兵（二十一日）………………………… 2622
粤督谭钟麟致总署请催法使饬领事来广州湾勘界并告德使饬领事勿干预公事电
（二十二日）……………………………………………………………… 2623
使法庆常致总署广湾土人阻勘租界请饬华官与领事速勘电（二十二日）…… 2623
盛京将军依克唐阿致总署金州分界如再迁延恐生变电（二十三日）………… 2623
彭虞孙李希杰呈总署青岛拟仿烟台并设洋常两关电　三件（二十三日）……… 2623
粤督谭钟麟致总署石头埠煤矿事系法领事唆使电（二十六日）……………… 2624
盛京将军依克唐阿致总署旅顺附近俄不准华官收税请示电（二十七日）…… 2624
旨着徐寿朋作为全权大臣与韩外部酌议条约电（九月初一日）……………… 2624
使德吕海寰致总署报德议院酌定胶澳每年用款电（初四日）………………… 2624
滇督崧蕃奏法员来滇议修铁路谨陈商办情形折（初五日）………………… 2625
粤督谭钟麟致总署法人在广州湾越界拆厅请告法使电（初五日）…………… 2626
直督裕禄奏请拨款为办理天津德国租界之用片（初六日）………………… 2626
鄂督张之洞致总署沙市案税司各员赔款拟照广东河南成案办理电（初七日）
…………………………………………………………………………… 2627
彭虞孙李希杰呈鲁抚会勘胶澳租界事竣禀　附租地合同潮平合同（初十日）…… 2627
盛京将军依克唐阿致总署俄占盐滩并强画诺电（二十九日）………………… 2632
盛京将军依克唐阿致总署俄移界至莫家屯势必滋事电（三十日）…………… 2632
津榆铁路督办胡燏棻奏展造大凌河营口等处铁路息借洋款折（三十日）…… 2632
总署奏遵议息借英款展造大凌河营口等处铁路折（三十日）………………… 2633

清季外交史料卷一百三十六　光绪二十四年十月至十二月 …………………… 2634
总署咨刘坤一王文韶修改长江通商章程文　附章程（十月十四日）………… 2634
督办津榆铁路胡燏棻奏接收津榆铁路移交各款截清界限折（二十三日）…… 2638
督办津榆铁路胡燏棻奏请将朝阳县属三票煤矿改为官办片　附合同
（二十三日）……………………………………………………………… 2640
总署致王毓藻重安江教案英使请留某守接洽告以电黔抚暂留电
（十一月十四日）…………………………………………………… 2642
粤督谭钟麟致总署法人在高雷两属伤毙人命建造兵房电（十四日）………… 2642

总署致谭钟麟高雷驻兵希向法领理论冀免生衅电（十五日） …………………… 2643
黔抚王毓藻致总署报查办教案各犯并领事来黔电（十五日） …………………… 2643
总署致伍廷芳墨约彼此土产免税一款窒碍难行电（十五日） …………………… 2643
总署致张汝梅美使函教案事体非轻请添兵保护电（十五日） …………………… 2643
总署致刘坤一英使不愿法扩充沪界请勿画押电（十六日） ……………………… 2644
使法庆常致总署法外部允电法使与英使就地查询沪界电（十七日） ………… 2644
总署致文海藏印条约限满应酌定进出口税电（十七日） ………………………… 2644
谕张之洞刘坤一英议绅请用英人充军务处参谋一节断不可行电（十七日） … 2644
川藩致总署余蛮违抗抚法已穷请先与法使定议电（二十一日） ……………… 2644
使德吕海寰致总署报胶澳炮械德外部允缴还电（十二月初二日） …………… 2645
滇督崧蕃致总署英游击赴缅沿途需索夫马无供应之理乞示电（初七日） …… 2645
鲁抚张汝梅致总署报日照教案办结情形电（初七日） ………………………… 2646
总署奏墨西哥求订通商招工条约请派大臣画押折（初八日） ………………… 2646
总署奏与俄使商定庙群岛不归旅顺租界折（初八日） ………………………… 2647
总署奏遵议广西南宁作为中国自设口岸折（十九日） ………………………… 2648

清季外交史料卷一百三十七 **光绪二十五年正月至三月上** ………………………… 2649
粤督抚谭钟麟鹿传霖奏法人恃强越占情势迫切请旨速饬定界以弭衅端折
（正月十五日） ………………………………………………………………… 2649
总署奏遵议中韩通商条约折（二十日） ……………………………………… 2650
中丹电报合同续约 附声明文件（二十五日） ………………………………… 2651
盛京将军依克唐阿致总署报俄员不准华官干预金州钱粮电（二月初一日） … 2652
金州副都统福升致总署俄兵于貔口催逼钱粮斫毙华民请照会俄员电（初一日）
………………………………………………………………………………… 2652
总署奏拟订地方官接待教士事宜以便保护折（初四日） …………………… 2652
总署奏遵议饶应祺与俄商商办新疆金矿情形折（初六日） ………………… 2653
使英罗丰禄致总署英拟在威海募华民充兵电（初八日） …………………… 2654
使法庆常致总署法外部云法允首约各国撤兵电（初八日） ………………… 2654
旨寄杨儒着奏明减兵保和会宗旨并届时赴会电 二件（十四日）…………… 2654
使韩徐寿朋奏酌设驻汉城仁川领事折（十五日） …………………………… 2654
使韩徐寿朋奏华民在韩归韩官管辖之议万不可允片（十五日） …………… 2655
电政督办盛宣怀奏遵旨筹办张垣至恰克图电报折（二十六日） …………… 2655
旨着张汝梅饬夏辛酉带营赴日照弹压电（二十九日） ……………………… 2657
旨着吕海寰向德外部宣告朝廷保护德人之意勿派兵赴沂电（二十九日） …… 2657

总署暨矿务铁路总局会奏核定四川矿务章程折（三月初五日）…………………2657
中德会订青岛设关征税办法（初八日）……………………………………………2658
总署奏遵议连顺请开蒙古鄂尔河五处金矿折（十六日）……………………2660
吉林将军延茂奏铁路工段绵长交涉日繁拟请扼要设局以资保护折（十七日）
……………………………………………………………………………………2662
旨寄护盛京将军文兴俄路驻兵未经声明着饬属弹压电（二十一日）…………2663
旨寄毓贤德人在山东居心叵测着加意严防电（二十二日）……………………2663

清季外交史料卷一百三十八　光绪二十五年三月下至四月……………………………2664
总署奏中俄会勘旅大陆地北界事竣照约缮订专条折　附旅大租界专条辽东半岛租地专条暨咨文（三月二十四日）……………………………………………………2664
总署致英俄两使承办铁路不得以他国所议作为中国允许之据照会
（四月初三日）……………………………………………………………………2676
旨著刘坤一查意国有若干兵舰在淞严为戒备电　二件（初六日）……………2677
谕刘树堂意国强索三门湾应妥密严备倘登陆强占即奋力合击电　二件
（初六日）…………………………………………………………………………2677
粤督抚谭钟麟鹿传霖奏报九龙关租界办理情形折（初九日）……………………2678
许景澄张翼奏订立津镇铁路英德两国银行借款合同折（十三日）……………2679
许景澄张翼奏修造津镇铁路仍照总署原奏办理片（十三日）…………………2680
总署奏遵旨查明印藏通商情形折（二十七日）………………………………2680

清季外交史料卷一百三十九　光绪二十五年五月至七月………………………………2683
总署奏请设出使比都分馆额定参赞翻译等员折（五月初十日）………………2683
粤督抚谭钟麟鹿传霖奏英人占据九龙城法人图占吴川遂溪两县请饬筹办法折
（十五日）…………………………………………………………………………2684
黑龙江将军恩泽等奏爱珲商号煤矿因疏通销路改为华俄合股折　附合同
（十八日）…………………………………………………………………………2685
滇督崧蕃奏英法各员同时查勘铁路缕陈窒碍情形请饬设法补救折
（十九日）…………………………………………………………………………2687
总署奏遵议饶应祺派员与俄商伙办金矿合同折（六月二十三日）……………2690
总署奏广州湾租界紧要请派员与法员会勘折（七月初五日）…………………2691
使美伍廷芳奏与西班牙办理交涉情形起程旋美日期折（初六日）……………2692
旨寄裕禄着严防意船预为布置电（初六日）……………………………………2693
使韩徐寿朋奏中韩通商条约业经定议议定折　附条约章程暨照会（初十日）

…………………………………………………………………… 2693
韩外部致徐寿朋两国订立新章应以最优国相待照会 …………………………… 2698

清季外交史料卷一百四十　光绪二十五年七月至九月 …………………………… 2700
使韩徐寿朋奏与韩所订条约比各国较为优异片（七月初十日） ……………… 2700
使韩徐寿朋奏处置奉吉两省越垦韩民片（初十日） ………………………… 2700
使韩徐寿朋奏德国亲王穹利来韩游历片（初十日） ………………………… 2701
鄂督张之洞奏遵查招商局保借洋款办理萍乡煤矿情形折（初十日） ………… 2701
路矿督办张翼奏查明秦皇岛接修铁路谨拟办法折（十二日） ……………… 2703
总署奏龙州铁路现时筹办情形折（二十日） ……………………………… 2704
总署奏龙州铁路商定减省办法另立合同折　附合同（八月二十日）………… 2705
总署奏遵议奎俊请招集华洋商人开办川省矿务议定章程折（二十日） ……… 2707
使韩徐寿朋奏派员赍送约本请用御宝折（二十四日） ……………………… 2708
使俄杨儒奏遵赴和都保和公会蒇事返俄情形折（九月十一日） …………… 2709
旨着庆常俟裕庚呈递国书后再行起程电（十五日） ………………………… 2710
谕谭钟麟苏元春等不许将东海硇州两岛与法并派员赴港查拿康有为电
（二十七日） ……………………………………………………………… 2710
总署奏遵议杨儒赴保和会参酌情形以便画押折　附旨（二十八日）………… 2711
大理寺卿盛宣怀致总署烟台电闻意国暗调兵舰欲截三门湾电　附旨
（二十八日） ……………………………………………………………… 2712

清季外交史料卷一百四十一　光绪二十五年十月至十二月 ……………………… 2713
旨寄谭钟麟苏元春法占硇东着会商对法布置电（十月初一日） …………… 2713
大理寺卿盛宣怀奏遵旨体察广九铁路情形折（十七日） …………………… 2713
旨寄南洋闽浙督抚等意船窥伺沿海着妥筹万全电（十八日） ……………… 2714
谕各省督抚倘遇各国事变惟有同心协力不得预梗和议（十九日） ………… 2714
总署奏遵查保和会各款并红十字会章程尚无窒碍折　附旨（二十二日）……… 2715
川督奎俊奏保富公司招集华洋商人合办金矿议定章程折（二十七日） ……… 2716
使韩徐寿朋奏照约添设领事保护寓韩华民折（二十八日） ………………… 2716
粤督谭钟麟致总署法人越界开炮被人砍毙案已商结电（十一月初四日） …… 2717
总署奏保和会章内公断一条遵旨再行妥议折（初五日） …………………… 2718
总署奏法人藉案要求情势迫切谨陈现办情形折（初九日） ………………… 2719
浙抚刘树堂奏意人要索三门湾敬陈防务情形折　附旨（十二月十三日）……… 2720
总署奏华洋商人伙开西山煤窑现经付款了结折（十六日） ………………… 2722

使法庆常致总署法拟建筑滇越铁路密陈梗概函（十八日）……………………2722
谭钟麟德寿苏元春等奏报广州湾勘界事竣折（二十日）……………………2723
滇督崧蕃奏中法会勘铁路需费孔巨请拨款备用折（二十七日）……………………2723
滇督崧蕃奏英使照称拟照约于腾越设领事请设关征税片（二十七日）………2724
使俄杨儒奏遵赴和兰画押请补签日来弗原议并筹办救生善会折
（二十八日）……………………………………………………2724

清季外交史料卷一百四十二　光绪二十六年正月至三月……………………………2727
使美伍廷芳奏遵旨与墨西哥妥订约款定期画押折（正月二十日）……………2727
总署奏勘定广州湾租界谨呈条约请旨允准折　附条约（二十一日）……………2728
总署奏议订中墨通商招工约本请旨批准折　附条约（二月二十六日）…………2730
鲁抚袁世凯致总署议订中德胶澳交涉章程暨德华矿务章程请核复文
附胶澳交涉章程德华矿务章程（三月初二日）……………………………2733
鲁抚袁世凯奏陈办理高密阻修铁路情形暨进呈铁路章程折（三月十九日）…2738

清季外交史料卷一百四十三　光绪二十六年四月至六月……………………………2741
总署奏遵议办理高密民人阻修铁路及胶济铁路章程缘由折　附章程
（四月初四日）……………………………………………………2741
直督裕禄奏商阻续进洋兵办理情形折（五月十九日）……………………2744
太常寺卿袁昶奏局势危迫亟图补救以弥巨患折（二十二日）………………2745
太常寺卿袁昶奏内讧外侮祸乱日急请维持大局折（六月十六日）……………2747
裕禄宋庆奏连日鏖战力不能支天津郡城失陷折（二十一日）………………2748
裕禄宋庆奏退守北仓以遏洋兵北窜片（二十一日）………………………2749
李鸿章刘坤一张之洞等奏拳匪肇祸敬陈管见折（二十一日）………………2749
吉林将军长顺奏外洋开衅中国势成孤立拟请暂事笼络俄国折（二十二日）…2750
李鸿章袁世凯奏吁恳救护各国使臣以保危局折（二十二日）………………2751
李鸿章袁世凯奏据许应骙电请保护各国使臣片（二十二日）………………2751
李鸿章刘坤一奏奉谕暂行停还洋款谨据实核计请旨遵行折（二十三日）……2752
太常寺卿袁昶奏大臣信崇邪术请严惩祸首折（二十六日）…………………2753

清季外交史料卷一百四十四　光绪二十六年七月至十月……………………………2755
江海关道呈总署杨使电称俄皇谓须在京各使无恙方有词排解电（七月初五日）
……………………………………………………………………2755
总署致罗伍杨裕李五使驻京各使均一律平安希先达外部电（初六日）………2755

使俄杨儒致总署俄外部以我办事颟顸出示六条请速补救电（初八日） ……… 2755
江督刘坤一致枢垣吕使电称德使被戕未经查明之先德外部未能代递国书电（初八日） …… 2756
使英罗丰禄致总署报义主被刺逝世电（初八日） …… 2756
大理寺卿盛宣怀致总署伍廷芳电美国首倡保全中国电（初九日） …… 2756
中丹英会订沪沽水线合同（七月初十日） …… 2757
杨儒吕海寰裕庚李盛铎罗丰禄伍廷芳致枢垣请送各使至津或令与本国通电以示凭信电（十一日） …… 2758
全权大臣李鸿章致总署据李盛铎电须派重臣与联军总统言和电（二十二日） …… 2758
全权大臣李鸿章奏义和团实匪而非民亟宜痛剿折（八月初二日） …… 2758
刘坤一张之洞致总署及荣禄请专力剿匪电（初三日） …… 2759
刘坤一张之洞奏密陈大计以救危亡折（闰八月初六日） …… 2760
江督刘坤一等奏请收回幸陕成命以安人心电（十九日） …… 2761
江督刘坤一等奏接杨儒电称移跸陪京此非其时电（十九日） …… 2761
中丹英会订沪沽新水线合同（九月初四日） …… 2762
中丹英会订京津沽陆线暂行合同（初四日） …… 2764
俄提督致增祺议订暂且章程请画押钤印照会 附章程（二十八日） …… 2765
盛京将军增祺致俄督请将暂且章程画押钤印照会（十月初九日） …… 2766
盛京将军增祺奏奉省金旅等处失守自请处分电（二十九日） …… 2767
盛京将军增祺奏晋昌擅拆俄路贻祸无穷寿长督率无方请一并议罪电（二十九日） …… 2768

清季外交史料卷一百四十五　光绪二十六年十一月至十二月 …… 2769
奕谟溥植准良等奏各国联兵盘据山陵情形折（十一月初二日） …… 2769
奕劻李鸿章致各使议和条款遵旨画押请撤驻兵照会 附条款暨索赔章程（二十日） …… 2769
全权大臣李鸿章奏酌定天津俄国租界条款折 附条款（二十二日） …… 2772
全权大臣奕劻与日使小村论限制俄国驻兵东三省问答（二十六日） …… 2773
全权大臣李鸿章与日使小村商议俄国驻兵东三省问答（二十七日） …… 2774
刘坤一张之洞盛宣怀致总署通商行船事应详思力筹拟具说帖以备修约电（十二月初一日） …… 2775
大理寺卿盛宣怀奏请诛豪将董福祥办法电（初八日） …… 2776
晋抚锡良致总署升允请转致法使撤兵以全和局电（初八日） …… 2776

盛京将军增祺致俄督商订交收东三省条款照会 附条款二件（初十日） ……… 2776
奕劻李鸿章奏遵旨拟就德使克林德碑文电（初十日） ……… 2778
江督刘坤一致总署英君主薨逝拟发国电唁慰加意联络电（初十日） ……… 2778
旨寄奕劻李鸿章增祺与俄立交地暂约实属荒谬着严议电（十一日） ……… 2779
奕劻李鸿章致总署杨儒晤商俄外部交地仍诿户兵两部电 附旨（十二日）…… 2779
俄提督复增祺商改交还东三省条款照会 附条款（十二日）……… 2779
中丹英会订烟沽副水线合同（二十一日） ……… 2781
谕内外各大臣固邦交保疆土举贤才除积习并引咎自责（二十五日） ……… 2782

清季外交史料卷一百四十六　光绪二十七年正月至四月 ……… 2784
各使致全权大臣奕劻李鸿章请旨惩办罪魁照会（正月初四日） ……… 2784
各使致全权大臣奕劻李鸿章请昭雪被祸诸臣照会（初五日） ……… 2785
中国致俄廷请交还东三省国书（初五日） ……… 2785
俄廷致中国声明东三省事件均照原定宗旨办理国书（十一日） ……… 2786
中国复俄廷交还东三省请照俄兵未据以前办理国书（十三日） ……… 2786
各使致全权大臣奕劻李鸿章续请惩办外省获咎官员照会（二月十二日） …… 2787
直督袁世凯致总署德领电请订定矿务公司章程电（二十三日） ……… 2787
直督袁世凯致总署复德领电声明无议定约章之权请向总署商定电（二十四日） ……… 2788
总署与各使会议赔款事宜述略（三月初一日） ……… 2788
署浙抚余联沅奏详述浙省民穷财尽摊派赔款为难情形电（初六日） ……… 2791
闽督许应骙致总署闽省裁兵筹款亦无济于事电（四月初七日） ……… 2792
总署致各使债款四百五十兆按四厘息照会 附表（十二日）……… 2792
使馆界线说帖（十二日） ……… 2797
修治上海黄浦河道局条款（十四日） ……… 2797
御史黄曾源奏请定期回銮以维大局折（二十日） ……… 2800
御史黄曾源奏俄于东三省因利乘便必自受其敝片（二十日） ……… 2801
奕劻李鸿章奏请饬各省保护芦汉铁路电线折 附旨（二十四日）……… 2802
鲁抚袁世凯致枢垣胶州探报德又添兵电（二十四日） ……… 2803
盛京将军增祺奏周冕前在旅顺所议暂约已作废折（二十四日） ……… 2803
奕劻李鸿章奏奉旨定期回銮预筹跸路所经请旨折（二十六日） ……… 2805

清季外交史料卷一百四十七　光绪二十七年五月至六月上 ……… 2807
江督刘坤一致总署筹款若办印花税岁可得千万电（五月初一日） ……… 2807

全权大臣李鸿章致总署据德使言如允赔款即可撤兵电（五月初二日） …… 2807
鄂督张之洞致总署赔款不可令各国公保恐致干预财政电（五月初二日） …… 2807
总署致德使树立克林德被害碑志照会（六月初七日） …… 2808
上谕总署改为外务部派奕劻总理王文韶会办并各将军督抚毋庸兼总署衔 二件（初九日） …… 2808
各国使臣觐见礼节说帖（初十日） …… 2809
粤督陶模致外部粤海关报澳门设关无益于中国电（十一日） …… 2809
刘坤一张之洞奏条陈变通政治四端恳决意施行折（十一日） …… 2809
侍郎盛宣怀致奕劻李鸿章转伍廷芳电赔款事美商各国还银未允可请公评电（十二日） …… 2817
鲁抚袁世凯致外部各使条款较各武官原议轻减甚多电（十二日） …… 2818
外部奏照录各使交还天津照会进呈御览折（十三日） …… 2818
增改扩充北京各国使馆界址章程 附专条（四月十三日） …… 2819

清季外交史料卷一百四十八　光绪二十七年六月下 …… 2822
刘坤一张之洞奏遵旨筹议变法谨拟整顿中法十二条折（十八日） …… 2822
领袖全权日国葛使致外部议定京海畅道驻兵地点及管辖权限照会（二十二日） …… 2834
政务处大臣奕劻等奏遵议外务部应设司员缺额俸给章程折 附章程（二十九日） …… 2835

清季外交史料卷一百四十九　光绪二十七年七月至十月 …… 2837
使俄杨儒奏请变通成法补救时艰谨拟六策折（七月初一日） …… 2837
使日李盛铎致外部日内田云暂难劝俄退兵请预筹妥善办法电（初二日） …… 2842
江督刘坤一致枢垣各国请疏浚吴淞若允其派官商会办恐失主权请熟商电（初五日） …… 2842
谕各省督抚学政据奕劻李鸿章奏滋事地方停止考试五年着遵办电（初六日） …… 2843
皖抚王之春奏预筹和约抵制办法折（初六日） …… 2843
各省督抚张之洞等致枢垣各省分派赔款为数过巨请减免四成以纾民力电（十月初二日） …… 2845
鄂督张之洞致枢垣如俄专辽东之利恐各国效尤电（初二日） …… 2846
鲁抚袁世凯奏山东煤矿章程业经德员签押折 附咨文函电（十六日） …… 2847
鄂督张之洞致枢垣英使来言俄新约万不可许电（二十五日） …… 2849

清季外交史料卷一百五十　光绪二十七年十一月至十二月上 …… 2850
鄂督张之洞致外部武昌常关不归江汉关管请令赫德勿揽办电（十一月初二日） …… 2850
鄂督张之洞致刘坤一盛宣怀免厘加税十八条分别详注请酌示电（初三日） … 2850
江督刘坤一致枢垣赫德欲包揽常关请照约声明电（初五日） …… 2853
鄂督张之洞致刘坤一盛宣怀马使来言内地土货免厘事请熟筹远虑电（初八日） …… 2853
谕奉懿旨定期觐见各国公使及公使夫人（二十二日） …… 2853
外部奏核销办结京内教案收支各款数目折　附清单（二十七日） …… 2854
谕各省将军督抚着将赔款按期拨解不准短欠（十二月初一日） …… 2855
使日蔡钧致外部代日本国民贺回銮请收回东省电（初一日） …… 2856
外部致各省督抚摊还新约赔款银数按期汇沪电（初一日） …… 2856
商约大臣盛宣怀致外部马凯交来商约条款电　二件（初三日） …… 2856
鄂督张之洞致外部英约二十四目录谨抒管见电（初六日） …… 2857
商约大臣盛宣怀致外部马使交来商约各款细目请电江鄂筹复电　二件（初六日） …… 2858
外部致盛宣怀马凯交来商约条款开列准驳大概电（初六日） …… 2859
外部致张人骏德使索勘鲁省矿产三处勿遽开办电（初八日） …… 2859
外部致盛宣怀请妥筹加税增口岸及整顿圜法电（初十日） …… 2860
商约大臣盛宣怀致外部英使请推广通商口岸并随时陈说电务均不能允电　二件（初十日） …… 2860
商约大臣盛宣怀致外部整顿圜法系内政宜自行办理又免厘拟以加税为抵制电　二件（初十日） …… 2861
旨着刘坤一张之洞盛宣怀酌办通商行船约章电（十一日） …… 2861
江督刘坤一致外部英使所开邮政圜法及口岸情弊请饬盛宣怀切实与辩电（十一日） …… 2861
江督刘坤一致外部马使意在免厘加税请张盛详酌并江海等关商照镇江章程办理电　二件（十三日） …… 2862
江督刘坤一致外部论内地杂居贸易之害请商阻电（十四日） …… 2863

清季外交史料卷一百五十一　光绪二十七年七月中 …… 2865
外部致刘坤一英使言现约各国同撤驻沪洋兵电（七月十四日） …… 2865
吕海寰盛宣怀致外部银式一款据马使称另用照会声明不应入约电（十四日） …… 2865

鄂督张之洞致外部口岸界址须趁早议定以免愈侵愈远电（十四日） …………2865
吕海寰盛宣怀致刘坤一张之洞请定全约奏稿由沪缮折进呈电（十四日） ……2866
吕海寰盛宣怀致刘坤一张之洞内港行轮英使以已定案不肯轻动现订三事电
（十五日） ……………………………………………………………………2867
吕海寰盛宣怀致外部报新改税则日后修改期限电（十五日） ………………2868
鄂督张之洞致枢垣及吕盛华洋合股营业须一律守章电（十七日） …………2868
吕海寰盛宣怀致外部全约关系在加税一端英商不愿加税电（十七日） ………2869
吕海寰盛宣怀致外部英国公司不肯在中国注册电（十七日） ………………2869
鄂督张之洞致外部丝税办法不宜过重并漏列数字请查明添入电 二件
（十八日） ……………………………………………………………………2870
鄂督张之洞致吕盛监察洋员权限不清必须酌改电（十八日） ………………2870
鄂督张之洞致外部及吕盛内港章程第七条流弊太多请商改电（十八日） ……2871
吕海寰盛宣怀致外部丝税宜与常关分抽电（十八日） ……………………2872
吕海寰盛宣怀致外部与马使磋商行轮章程并拖带船式电（十八日） …………2872
外部致许应骙矿务合同应声明购地归华员经理电（十八日） ………………2872
商约大臣盛宣怀致外部马使谓留沪英队俟商约画押即撤电（十八日） ………2873
川督奎俊致外部英商指矿地八处并未剖别未敢允准电（十九日） …………2873
外部致吕海寰盛宣怀行驶内港轮船应添代递信包一条电（十九日） …………2873
吕海寰盛宣怀致外部租界内华民中国向无权抽税请示办法电（十九日） ……2873
刘坤一张之洞吕海寰盛宣怀致外部马使称所加进出口税不得挪用及抵押新债电
（二十日） ……………………………………………………………………2874
吕海寰盛宣怀致外部所办商约不得再议口岸马允照办电（二十一日） ………2874
江督刘坤一致外部请张督吕盛两使向马使切商印花税电（二十一日） ………2875
鄂督张之洞致吕海寰盛宣怀挽马使宽留数日亲自画押电（二十一日） ………2875
刘坤一张之洞吕海寰盛宣怀致外部与马凯商议商约妥协七款请代奏电 附约稿
（二十一日） …………………………………………………………………2875
外部致吕海寰盛宣怀值百抽五税则即遵旨画押电（二十一日） ……………2877

清季外交史料卷一百五十二 **光绪二十八年正月至二月上** ……………2878
使美伍廷芳致外部美外部言东三省通商俄不能专利电（正月初一日） ………2878
伊犁将军长庚致外部俄领订借特克斯河南牧厂电（初一日） ………………2878
闽督许应骙致外部请阻英商要求采办樟脑报单电（初二日） ………………2878
商约大臣盛宣怀致外部议约之电江鄂两督请钞送枢廷电（初二日） …………2879
商约大臣盛宣怀致外部赫德可赞助税务不宜派为会办电（初三日） …………2879

商约大臣盛宣怀致外部与英使订行轮传教诉讼通商各条电 二件（初五日）…… 2879
江督刘坤一致外部免厘加税实赖大部秉公核办电（初五日） …… 2880
使英罗丰禄致外部报英日联约六款内容电（初五日） …… 2881
江督刘坤一致外部请电各使编译各国律例条约电（初六日） …… 2882
江督刘坤一致外部英约请添人民入教办法电（初七日） …… 2882
鄂督张之洞致外部及盛宣怀中英商约谨陈管见电（初八日） …… 2882
张之洞端方致外部鄂省所摊赔款拟将税契加捐电（初八日） …… 2883
鄂督张之洞致外部已电各星使商各国政府约束教士电（初九日） …… 2883
江督刘坤一致外部约束教士教民宜先与英商电（初九日） …… 2884
刘坤一张之洞致枢垣俄约万不可许请各国公断电（初九日） …… 2884
江督刘坤一致外部报日本联英美责俄撤兵电（十四日） …… 2885
甘督崧蕃致外部请留邓军俾董福祥不敢妄动电（十四日） …… 2886
闽督许应骙致外部樟脑仅产闽地他国在别省似难援办电（十八日） …… 2886
粤督陶模致外部比法公司请办之路已函法领商盛大臣电（十八日） …… 2886
江督刘坤一致外部德兵由津撤沪各国效尤请商各使电（十九日） …… 2887
铁路督办盛宣怀致外部福公司拟造铁路与芦汉铁路有碍宜俟工竣再议电（二十日） …… 2887
江督刘坤一致外部赔款还银应由全权力争电 二件（二十四日）…… 2887
铁路督办盛宣怀致外部萍渌枝路美逾期未造拟自办电 二件（二十四日）…… 2888
闽督许应骙奏厦门鼓浪屿议作公地一体保护折（二十六日） …… 2888
驻俄代办胡惟德致外部报杨子通星使病殁情形函（二十六日） …… 2889
使英罗丰禄致外部英外部欲阻罗忠尧赴新金山已解释电（二十八日） …… 2890
使美伍廷芳致外部美议院续议苛例请向美使声明电（二十八日） …… 2890
盛京将军增祺奏俄人近又搜索溃兵枪械片（二月初一日） …… 2891
刘坤一张之洞致外部俄使约稿应先商英美各使电（初三日） …… 2891
外部致盛宣怀法比公司请办三水至梧州铁路宜缓议电（初三日） …… 2892
商约大臣吕海寰奏奉旨会议商约谢恩折（初三日） …… 2892
滇督魏光焘奏滇缅界务镇边厅属一段现议各划一线互换请示折（初五日） …… 2893
滇督魏光焘奏英兵侵越请饬外部与英使妥议片（初五日） …… 2894
外部致俄使由恰克图至北京电报须用丹国电线经费由双方给算已咨盛大臣照会（初五日） …… 2895

清季外交史料卷一百五十三　光绪二十八年二月下 …… 2896
滇督魏光焘奏法员来滇开办矿务现与议定章程折　附章程（二月初五日）…… 2896
直督袁世凯致外部各国会议天津事均允交还电（初五日） …… 2899
旧金山华商致外部葡割香山人心愤极请拒绝电（初七日） …… 2899
江督刘坤一致外部开浚淞江事经袁道设法联络挽回利权电（初八日） …… 2899
江汉关税务司贺璧理呈刘坤一拟修浚黄浦节略（初八日） …… 2900
外部致袁世凯交还天津事尚有数款未妥协电（初八日） …… 2902
外部致盛宣怀萍乡至渌口枝路美使称犹未失应造之权电（初八日） …… 2903
外部致江鄂两督东省铁路事已与英美日使晤谈均无异言电（初八日） …… 2903
外部户部致刘坤一张之洞免厘加税及改铸银圆事祈筹示电（初九日） …… 2903
外部户部致吕海寰盛宣怀存票限期添入关章为妥电（十二日） …… 2903
江督刘坤一致外部赔款总数约载还银若还金何以不载金数电（十二日） …… 2904
电政大臣盛宣怀咨外部安设沽烟沪水线并拟收回京津沽电局文　附函电三件（十二日） …… 2904
使俄胡惟德致外部俄外部面交俄法新换文件电（十二日） …… 2906
刘坤一张之洞致外部东三省事关系甚大请与英日美妥商酌办电（十四日） … 2907
江海关道致沪领袖事述开浚黄浦为难情形函（十九日） …… 2907
鄂督张之洞致外部与湘抚商开口岸照岳州自开章程办理电（二十四日） …… 2909
江督刘坤一致外部银币不画一在银两平色参差电（二十五日） …… 2909
鄂督张之洞致吕海寰盛宣怀存票发还乃小事宜先议大事电（二十五日） …… 2910
外部奏遵议和兰属地华侨亟宜保护添设领事折（二十六日） …… 2910
鄂督张之洞致外部银币是我内政不宜添入约内电（二十六日） …… 2911
江督刘坤一致外部免厘加税以相抵为度勿议零星厘章电（二十七日） …… 2911
江督刘坤一致外部划一银币万不可入约电（二十七日） …… 2912
江督刘坤一致外部开浚淤河以筹款为要义电（二十八日） …… 2912
外部致张之洞英使照称汉口车站利益不当偏于某国电（二十八日） …… 2912
江督刘坤一致外部请先议加税再通盘计算免厘电（二十八日） …… 2912
外部致许应骙樟脑合同技师携闽请与详商电（二十八日） …… 2913

清季外交史料卷一百五十四　光绪二十八年三月 …… 2914
闽督许应骙奏闽省矿务拟由洋商承办现与妥定章程折　附合同（三月初一日） …… 2914
谕教民犯案须由中国官听断与平民一律办理（初三日） …… 2918
吕海寰盛宣怀致外部与马使酌定圜法条款电（初三日） …… 2919

外部致江鄂督及各星使俄约四条遵旨画押电（初三日） …………………………… 2920
外部致张之洞请将行厘加入坐厘再商加税或可就绪电（初五日） ……………… 2920
外部致胡惟德交收东三省条约业经批准应照会俄外部互换札（初五日） …… 2920
粤督陶模致外部粤办膏捐土药加抽之税过于洋药于专条无碍祈核准电
（初六日） …………………………………………………………………………… 2920
外部致吕海寰盛宣怀免厘拟章甚妥电（初七日） …………………………………… 2921
江督刘坤一致外部整顿圜法万勿列入条约电（初八日） …………………………… 2921
吕海寰伍廷芳致外部及袁张日使不允加至值百抽一二五电（十二日） ……… 2921
外部致张人骏津镇铁路峄县以北借德款以南借英款电（十二日） ……………… 2922
外部致吕海寰盛宣怀加税议成仅可不限单数及货数电（十四日） ……………… 2922
外部致吕海寰盛宣怀请单办运必须限定货数电（十五日） ……………………… 2922
粤督陶模咨吕海寰盛宣怀请妥议华商挂用洋旗章程文（十五日） ……………… 2923
外部奏遵议魏光焘勘办滇省铁路请由该抚与法员妥议折（十五日） …………… 2923
吕海寰盛宣怀致外部捐厘事马使逐条辩论不容不议电（十五日） ……………… 2924
外部致魏光焘通章路章本系一事无庸分议电（十六日） …………………………… 2925
江督刘坤一致外部美不愿多加税英即受其牵制电（十九日） …………………… 2925
黑龙江将军萨保奏重设铁路交涉总局增改章程折（十九日） …………………… 2926
黑龙江将军萨保奏铁路两旁地亩俄商私购之地从权改买为租片（十九日） … 2927
黑龙江将军萨保奏铁路公司需煤查照吉林原订合同议立踩煤章程折（十九日）
…………………………………………………………………………………………… 2927
江督刘坤一致驻沪领袖领事查询黄浦税租照会（二十日） ……………………… 2928
使美伍延芳致外部请中国亦认古巴为自主国电（二十一日） …………………… 2929
江督刘坤一致外部请坚持约票所载以银易金算付之据电（二十二日） ……… 2929
外部致伍廷芳古巴自主中国可照认电（二十三日） ………………………………… 2930
川督奎俊致外部宁雅开矿请商英使指定两处电（二十四日） …………………… 2930
外部致吕海寰盛宣怀马使请拟厘税新章宜细酌电（二十五日） ………………… 2930
外部致盛宣怀中韩电线应速修接以免俄人侵夺电（二十五日） ………………… 2930
外部致粤关监督陈村等四口大关仍归监督管理电（二十六日） ………………… 2931
外部致吕海寰盛宣怀米谷出口尊处不准极是电（二十八日） …………………… 2931
外部致吕海寰盛宣怀马使要求运米出口决不能允其入约电（二十八日） …… 2931

清季外交史料卷一百五十五　光绪二十八年四月上 ………………………………… 2932
外部奏遵核刘坤一奏请照约辩明应还赔款镑价折（四月初一日） ……………… 2932
外部致奎俊弥领指定矿地俟奏准往勘似无流弊电（初一日） …………………… 2933

电政大臣盛宣怀致外部东三省线路俄兵未撤俄使不允派员前往接修电（初一日） …… 2933
豫抚锡良致外部福公司造矿枝路与奏章未符电（初一日） …… 2933
驻比参赞呈外部比人谓津保铁路不能许给英人电（初二日） …… 2934
外部致许应骙闽脑章程由尊处自办务断葛藤电（初二日） …… 2934
外部致锡良运矿支路道口既有碍拟改至杨树湾电（初三日） …… 2934
外部奏英使展修津榆枝路之议请饬续行厘订折（初三日） …… 2934
使法庆常致外部义外部请设驻义公使电（初三日） …… 2935
外部致奎俊华英合办矿章已议妥合同电（初三日） …… 2935
吕海寰盛宣怀致外部密陈会议加税免厘详情电（初五日） …… 2935
吕海寰盛宣怀致外部送马使加税免厘新章四条电（初五日） …… 2936
商约大臣盛宣怀致外部英要求租买房地已辩驳电（初六日） …… 2937
江督刘坤一致外部筹议加税免厘必须加免足抵并增进出口税勿失操纵之权电二件（初六日） …… 2938
鄂督张之洞致外部法德商人拟包办烟膏请勿允电（初七日） …… 2939
鄂督张之洞致外部免厘新章包括太广请力争电（初八日） …… 2940
商约大臣盛宣怀致外部临城煤矿与芦汉铁路相依为命未可轻易签字电（初八日） …… 2940
吕海寰盛宣怀致外部路矿关系最重请勿入约章电（初九日） …… 2941
旨吕海寰盛宣怀商约一事财政攸关着会商妥筹电（初九日） …… 2941
外部致刘张吕盛免厘加税须细核所加确数足抵电（初九日） …… 2941
外部致许应骙脑局如官本难筹向日本银行商借电（初九日） …… 2942
外部奏请饬袁世凯等与英使妥商关外铁路章程折（初十日） …… 2942
江督刘坤一致外部矿章系内政请速改颁行电（初十日） …… 2943
外部致刘张吕盛马使恫喝无礼仍当坚持加税电（初十日） …… 2943
鄂督张之洞致枢垣及外部条陈免厘加税意见电（十一日） …… 2944
江督刘坤一致外部洋人内地杂居并在口制造夺尽华民生计电（十二日） …… 2945
外部奏请旨简派驻奥义比三国使臣折（十二日） …… 2946

清季外交史料卷一百五十六　光绪二十八年四月下 …… 2947
外部奏遵议俄铁路监工开采奉天煤矿订立合同折（四月十二日） …… 2947
滇督魏光焘致外部弥领在滇情形极熟所指七处矿产实括全省精华电（十三日） …… 2948
江督刘坤一致外部加税但能补足正厘及进出口半税即可照办电（十四日） …… 2948

吕海寰盛宣怀致外部转陈贺税司所拟银价节略电（十四日） …………………… 2949
外部致吕海寰盛宣怀路矿系内政不应载入商约电（十六日） …………………… 2951
江督刘坤一致外部报载英议员宣言中国因摊派赔款激成变乱请商各使转圜商约电（十七日） …………………………………………………………………………… 2951
江督刘坤一致外部若仅加进口税正厘亦不能抵电（十八日） …………………… 2951
吕海寰盛宣怀致外部厘卡撤后营业印花各税拟次第兴办电（十九日） ……… 2952
鄂督张之洞致外部拟缓减茶税恳商赫德补救电（十九日） …………………… 2953
外部致张之洞茶叶减税已奉旨允准未便展缓电（二十日） …………………… 2954
铁路督办盛宣怀致外部怀浦铁路请令福公司与芦汉总公司妥商电（二十一日） …………………………………………………………………………… 2954
陕抚升允奏报蒙洋议和情形请旨撤回神木部员折（二十三日） ……………… 2954
吕海寰盛宣怀致外部税则以金合银请照会各使径商各国政府电（二十四日） …………………………………………………………………………… 2955
吕海寰盛宣怀致外部马使催议通商口岸利权遵照文电意驳之电（二十四日） …………………………………………………………………………… 2956
户部致吕海寰盛宣怀茶税照时价值百抽五电（二十五日） …………………… 2956
科布多办事大臣瑞洵奏乌梁海游牧之哈萨克四出纷扰妥筹安插折（二十五日） …………………………………………………………………………… 2956
科布多办事大臣瑞洵奏科布多所管边界大半割与俄人情形片（二十五日） … 2959
吕海寰盛宣怀致外部总税司所拟金圆收税应与金圆还债对待电（二十五日） …………………………………………………………………………… 2959
吕海寰盛宣怀致外部拟与马使商榷按件估价电（二十五日） ………………… 2960
鄂督张之洞致外部户部茶税骤短巨款请筹抵补电（二十五日） ……………… 2960
江督刘坤一致外部请商各使或洋税改纳金圆或赔款用银电（二十五日） …… 2961
粤督陶模致外部葡以互益为名阴行拓界请驳拒电（二十六日） ……………… 2961
外部咨伍廷芳古巴交涉由美国领事兼办文（二十六日） ……………………… 2962

清季外交史料卷一百五十七　光绪二十八年五月上 …………………………… 2963
盛京将军增祺奏遵旨预筹奉天省西南段俄兵撤后办法折（五月初一日） …… 2963
江督刘坤一致外部请坚持还款完税二者求允其一否则暂照沪议电（初一日） …………………………………………………………………………… 2964
商约大臣盛宣怀致外部债款改金改银统计得失三四百兆必贾全力与争电（初二日） …………………………………………………………………………… 2965
直督袁世凯致枢垣赔款还银如外部与公使切商不成再发国书电（初二日） … 2966

外部致驻各国公使希向各国声明赔款还银电（初三日） …………………… 2967
外部致陶模葡约十款若一概拒绝恐牵动全局电（初四日） ………………… 2967
铁路督办盛宣怀致外部请准比国接造津保支路电（初四日） ……………… 2967
江督刘坤一致外部赔款还银事请发国书并由疆臣公电使臣电（初五日） …… 2968
豫抚锡良致外部福公司支路搭客载货合同所无电（初五日） ……………… 2968
鄂督张之洞致外部胪陈加税免厘管见五条电（初六日） …………………… 2968
江督刘坤一致枢垣约载有易为金款字样就管见再为申辩电（初六日） ……… 2970
鄂督张之洞致外部及刘坤一等赔款无还金之理有确据三事电（初六日） …… 2971
外部致刘坤一赔款事请婉商照定约时金价算付电（初八日） ……………… 2971
外部致奎俊据哲美森函已饬立德乐将产矿八处地名查明填注电（初八日） … 2971
外部致锡良福公司支路专供运矿应载入章程电（初八日） ………………… 2972
粤督陶模致外部粤省铁路尚无窒碍应否允准葡人利益电（初八日） ………… 2972
驻俄代办胡惟德致外部与布加力王切商赔款电（初八日） ………………… 2972
使日蔡钧致外部赔款照约还银已商日外部据云若英有允意日亦易商电
（十一日） ………………………………………………………………… 2972
吕海寰盛宣怀致外部准日本商税使照送新约十款呈核电（十三日） ………… 2973
滇督魏光焘致外部方领草章首议修路兼及行车电（十四日） ……………… 2974
江督刘坤一致吕海寰盛宣怀日本进口货以煤棉为大宗决难全免电（十四日）
……………………………………………………………………………… 2974
江督刘坤一致吕海寰盛宣怀日本欲开许多口岸无非欲占我主权请力折其要索电
（十四日） ………………………………………………………………… 2975
驻俄代办胡惟德致刘坤一庚子赔款照约应还银电（十四日） ……………… 2975
外部致魏光焘滇路铁轨照龙州宽窄改为一迈当电（十四日） ……………… 2975

清季外交史料卷一百五十八　光绪二十八年五月下 ………………………… 2976
江督刘坤一致吕盛日本商约第六款至第十款万不可允电（五月十五日） …… 2976
外部致许应骙樟脑局合同载不论年限让人殊不可解希速复电（十五日） …… 2976
江督刘坤一致外部请电张德彝恳英澜侯允照约还银并代劝各国照办电
（十六日） ………………………………………………………………… 2977
外部致张之洞汉口租界比使索地逼近总站万不能允电（十六日） ………… 2977
江督刘坤一致枢垣赔款照约还银请外部坚忍与商不为所动电（十六日） …… 2977
江督刘坤一致外部已电裕使再商法外部请照约表银数归还电（十八日） …… 2978
商约大臣盛宣怀致外部伍使电美于还银事甚愿助我请坚持电　三件（十八日）
……………………………………………………………………………… 2978

刘坤一张之洞致外部已电蔡使向日廷关说改银电（十九日） …………………… 2980
江督刘坤一致外部据伍使称美甚仗义届期不必急违约咎在彼电（十九日） … 2980
江督刘坤一致外部伍使电称俄使来询赔款事已托其达本国电（十九日） …… 2980
闽督许应骙致外部此次改定脑务章程有利无弊电（二十日） …………………… 2980
吕海寰盛宣怀致外部日约十款言甘手辣如何抵制候示电（二十一日） ……… 2981
使英张德彝致外部赔款事晤商澜侯允竭力主持电（二十二日） ……………… 2981
江督刘坤一致外部蔡使称赔款事切商日廷未允电（二十三日） ……………… 2982
江督刘坤一致外部请电伍使托美外部转请澜侯协助赔款用银电（二十三日）
…………………………………………………………………………………… 2982
江督刘坤一致外部美国力主赔款四百五十兆年息四厘劝各国照办电
（二十三日） ……………………………………………………………… 2982
商约大臣盛宣怀致外部与小田切论偿款事愿劝日廷走先著电（二十四日） … 2983
驻俄代办胡惟德致外部呈送交收东三省换约文据文 附条约（二十四日）…… 2983
刘坤一张之洞致外部接裕使电与法外部商请照允赔款还银电（二十四日） … 2985
江督刘坤一致吕盛日以甘言诱我即藉为抵制电（二十五日） ………………… 2985
沪道袁树勋呈外部第六期赔款今虽照收仍恐执金价争论电（二十五日） …… 2986
商约大臣盛宣怀致外部德和两国于用银虽未确定似易转圜电（二十五日） … 2986
闽督许应骙致外部脑务合同权在中国电（二十五日） ………………………… 2986
吕海寰盛宣怀致外部所议各税已据实具奏电（二十六日） …………………… 2986
商约大臣盛宣怀致外部偿款到期与江督商定仍照银数找足电（二十六日） … 2987
外部致吕海寰盛宣怀尊处拟驳日约各款极是电（二十七日） ………………… 2987
户部致吕海寰盛宣怀收产地税权归自主不能要我并免请婉拒电（二十七日）
…………………………………………………………………………………… 2987
鄂督张之洞致外部萨使称英只允八年以内还银电（二十七日） ……………… 2988
驻俄代办胡惟德致刘坤一张之洞赔款俄主还金不肯通融电（二十八日） …… 2988
外部致陶模葡款惟粤汉铁路一条尚无大碍电（二十八日） …………………… 2988
商约大臣盛宣怀致外部伍使称赔款还银英继美先允姑看俄德法如何电
（二十九日） ……………………………………………………………… 2989
使英张德彝致外部赔款事英愿八年以内收银电（二十九日） ……………… 2989
外部致荫昌蔡钧张德彝裕庚胡惟德恳各国通饬武官遵照原约交还天津电
（二十九日） ……………………………………………………………… 2989

清季外交史料卷一百五十九　光绪二十八年六月…………………………………… 2990
直督袁世凯致外部德据天津虽刁难必交还电（六月初一日） ………………… 2990

江督刘坤一致张之洞等赔款还银事拟电伍使商美力助电（初一日） …………… 2990
铁路督办盛宣怀致外部美廷催办粤汉铁路请速核准电（初一日） …………… 2991
直督袁世凯致外部交还天津一事俄未必力赞电（初二日） …………………… 2991
鄂督张之洞致外部请江督会电伍使恳美廷力助电（初二日） ………………… 2991
江督刘坤一致外部东三省改设行省事祈迅筹复电（初三日） ………………… 2991
外部致盛宣怀拟准葡国由澳门造铁路至粤垣电（初三日） …………………… 2992
铁路督办盛宣怀致外部葡路只可作为中国枝路电（初五日） ………………… 2992
电政大臣盛宣怀致外部旅烟水线俄欲接入领署请勿准电（初五日） ………… 2992
谕胡惟德着派充出使俄国大臣电（初八日） ………………………………… 2992
吕海寰盛宣怀致外部大北愿照约交还津沽电线电（初十日） ………………… 2992
各国全权致外部请示天津交与何项官员接收照会（初十日） ………………… 2993
外部复各国公使天津请交北洋大臣接收照会（十四日） …………………… 2994
英使马凯致外部商办京沽电线事宜照会（十四日） ………………………… 2995
刘张吕盛致枢垣加税免厘裨益民生请垂察电（十四日） …………………… 2996
江督刘坤一致外部请商各使即撤沪兵电（十五日） ………………………… 2997
商约大臣盛宣怀致外部伍使电美廷谓照表还银我理长电（十五日） ………… 2997
刘张吕盛致枢垣合议免厘加税足敷抵补请允照办电（十六日） ……………… 2998
江督刘坤一致外部蔡使商日外部可望照允还银电（十六日） ………………… 3001
外部致刘坤一张之洞奉旨着查复加税免厘是否相抵电（十六日） …………… 3001
鄂督张之洞致外部据英使称矿事本关商务修改系两益电（十六日） ………… 3001
外部致刘张吕盛矿章由我自定不入商约更妙电（十七日） ………………… 3002
鄂督张之洞致外部与英使商收回法权补救教案电（十七日） ………………… 3002
鄂督张之洞致外部英约反复筹议中国实不吃亏请核准电（十八日） ………… 3003
吕海寰盛宣怀致外部与马使议华洋轮船驶赴内港章程电（十九日） ………… 3004
刘张吕盛致外部与马使商推广内港行轮章程电（十九日） ………………… 3004
外部致刘张吕盛修改法律考查教务两条一并入约可照行电（二十日） ……… 3006
旨授张之洞为商务大臣着吕海寰等赴鄂会议电（二十三日） ………………… 3006
旨着刘坤一张之洞等详筹内港行轮章程及推广口岸权利电（二十四日） …… 3006
鄂督张之洞致枢垣鄂与马使议约较沪议争回实多电（二十四日） …………… 3007
江督刘坤一致枢垣马使谓须将两款核准方将加税电致英廷无非任意要挟电
（二十六日） …………………………………………………………………… 3007
留东学生呈外部诉使日蔡钧损国威辱士类拟请撤回电（二十六日） ………… 3009
使日蔡钧致外部自费学生来馆哄闹幸弹压无恙电（二十七日） …………… 3009
英使马凯致外部商改芜湖租界章程照会（二十七日） ……………………… 3009

外部致英使芜湖租界章程两处欠妥已删改请照拟办结照会 附章程（三十日）……3010

清季外交史料卷一百六十 光绪二十八年七月上……3012
外部致裕庚请达教皇给樊国梁议民教章程之权电（七月初一日）……3012
江督刘坤一致枢垣所陈小轮事于治权稍可挽回电（初一日）……3012
鄂督张之洞致外部内港行轮应归中国注册发牌电（初一日）……3012
江督刘坤一致外部条约城邑二字只能作为泛语电（初二日）……3013
外部致刘坤一张之洞矿章由我自定似尚可采电（初二日）……3014
刘坤一张之洞奏赔款事赖伍廷芳力辩请留使美电（初二日）……3014
外部致许应骙闽省开矿合同照所议改缮电（初二日）……3014
外部致奎俊川省油矿合同法商已允照改电（初二日）……3014
吕海寰盛宣怀致外部及刘张内港行轮惟有设法限制电（初三日）……3015
商约大臣盛宣怀致外部津沽电线请函俄使交还电（初三日）……3016
晋抚岑春煊奏柳太铁路亟宜兴办改订合同尚须详议折（初三日）……3016
使日蔡钧致外部吴敬恒等纠自费生闹事已驱逐电（初五日）……3018
江督刘坤一致外部及吕盛内河行轮请切实剖商电（初五日）……3018
鄂督张之洞致外部及吕盛陈内港行轮交涉意见电（初五日）……3019
鄂督张之洞致外部内港行轮章程内应添叙一款电（初五日）……3019
江督刘坤一致外部日使请在沪议约应照办电（初六日）……3020
江督刘坤一致外部小轮旧章与张之洞解释相同电（初七日）……3020
江督刘坤一致外部内港行轮新章不添条文为妥电（初七日）……3020
外部致张之洞内河行轮章程请坚持妥议电（初七日）……3021
江督刘坤一致外部陈明行轮减税事宜电（初八日）……3021
江督刘坤一致外部议订商约从前交涉断难搀入电（初九日）……3021
江督刘坤一致外部及吕盛华洋合股小轮应归中国管辖电（初九日）……3022
吕海寰盛宣怀致外部修改税则请照会俄葡日瑞各使电（初九日）……3022
鄂督张之洞致外部及吕盛银式一条无损关税有益财政电（初十日）……3023
江督刘坤一致外部及吕盛陈银式一款未允原因电（初十日）……3023
江督刘坤一致外部及吕盛惠通股票控案已结不容另议电（十一日）……3023
吕海寰盛宣怀致外部与马使辩论禁运谷米出口电（十一日）……3024
外部致刘坤一张之洞沪议内港章程请由江鄂派员会议电（十一日）……3024
外部致魏光焘滇路材料未便免税请与法领妥议电（十一日）……3025
外部致盛宣怀大东电线请勿轻许英额外利益电（十一日）……3025

外部致吕海寰盛宣怀修改税则应否知照葡瑞两使电（十一日） …………………… 3025
外部致盛宣怀俄使口气翻复勿接收大东电线电（十一日） …………………… 3025
闽督许应骙致外部华裕矿股拟华洋各半电（十二日） …………………… 3026
署直督袁世凯致外部天津一带均已接收电（十三日） …………………… 3026
吕海寰盛宣怀致外部口岸事与马使磋磨仍不允电（十三日） …………………… 3026
外部致陶模据荫昌电德政府不阻挠购运军火电（十三日） …………………… 3027
商约大臣吕海寰等奏会同各国议税使臣估定进口税则折（十五日） ………… 3027
署直督袁世凯奏报接收天津地方情形折（十五日） …………………… 3028

清季外交史料卷一百六十一　光绪二十八年七月中 …………………… 3030
外部致刘坤一英使言现约各国同撤驻沪洋兵电（七月十四日） …………………… 3030
吕海寰盛宣怀致外部马使称银式一款不应入约电（十四日） …………………… 3030
鄂督张之洞致外部及吕盛口岸界址须趁早议定电（十四日） …………………… 3030
吕海寰盛宣怀致刘张英约力争而得请定稿速奏电（十四日） …………………… 3031
吕海寰盛宣怀致刘张内港行轮现与英使订三事电（十四日） …………………… 3032
吕海寰盛宣怀致外部报新改税则日后修改期限电（十五日） …………………… 3033
鄂督张之洞致枢垣及吕盛华洋合股事尚属公允电（十五日） …………………… 3033
吕海寰盛宣怀致外部英商不愿加税乞详察电（十七日） …………………… 3034
吕海寰盛宣怀致外部英国公司不肯在中国注册电（十七日） …………………… 3034
鄂督张之洞致外部丝税不宜过重定议出洋抽五电（十八日） …………………… 3035
鄂督张之洞致吕盛监察洋员权限不清必须酌改电（十八日） …………………… 3035
鄂督张之洞致吕盛内港行轮及拖船两条请商改电（十八日） …………………… 3036
吕海寰盛宣怀致外部出口税系分征与各国无涉电（十八日） …………………… 3037
吕海寰盛宣怀致外部与马使商行轮并拖船章程电（十八日） …………………… 3037
外部致许应骙矿务合同应声明购地归华员经理电（十八日） …………………… 3037
川督奎俊致外部英领指矿地八处未言何县乞核复英使电（十九日） ………… 3038
外部致吕海寰盛宣怀内港行轮添代递信包一条电（十九日） …………………… 3038
外部致吕海寰盛宣怀值百抽五税则即遵旨画押电（十九日） …………………… 3038
吕海寰盛宣怀致外部租界内华民中国向无权抽税请示办法电（二十日） …… 3038
刘张吕盛致外部马使称所加进出口税不得挪用及抵押新债电（二十日） …… 3039
江督刘坤一致外部及张吕盛请向马使商印花税电（二十一日） …………………… 3039
鄂督张之洞致吕盛请挽马使宽留数日亲自画押电（二十一日） …………………… 3039
刘张吕盛致枢垣英约商妥七款列请代奏电　附约稿（二十一日） …………………… 3040
吕海寰盛宣怀致外部口岸一节与马使商全删电（二十一日） …………………… 3041

清季外交史料卷一百六十二　光绪二十八年七月下……3043
鄂督张之洞致吕盛第十一款与英使力争而得请勿删电（七月二十一日）……3043
江督刘坤一致外部洋股附华商小轮款不得过半电（二十一日）……3043
江督刘坤一致吕盛内港行轮请告马使仍照原议电（二十二日）……3043
商约大臣盛宣怀致外部电线交涉请援旧案办理电（二十二日）……3044
吕海寰盛宣怀致外部英允我在租界内售印花票电（二十二日）……3044
吕海寰盛宣怀致外部口岸事留第一节不如全删电（二十三日）……3045
外部致张之洞比使称汉口比租界拟迁居希酌商电（二十三日）……3046
外部致刘坤一张之洞马凯所言系我内政与彼无涉奉旨驳诘电（二十三日）……3046
张之洞致刘坤一盛宣怀磋磨英约实已不遗余力请转圜电（二十三日）……3046
外部致魏光焘临安锡厂系民间已开旧矿希驳阻电（二十四日）……3047
外部致盛宣怀德使称广九电线动辄拆断希设法电（二十五日）……3047
吕海寰盛宣怀致外部拨补厘金马使请附入约内电（二十六日）……3047
刘张吕盛致外部与马使议定全约请迅核准画押电（二十六日）……3047
外部致吕盛中国土货抽足七五不与进口税相涉电（二十六日）……3048
旨着吕海寰盛宣怀将议定商约就近画押电（二十六日）……3048
刘张吕盛致枢垣陈增改中英商约条款情形电（二十七日）……3049
吕海寰盛宣怀致外部吗啡鸦流毒甚重请商马使入约永禁电（二十七日）……3049
外部致奎俊法商承办巴万油矿如不足另择他处电（二十八日）……3050
鄂督张之洞致外部内港邮政一条暂不入约电（二十八日）……3050
吕海寰盛宣怀致外部马使请担保方允明日画押电（二十八日）……3051
吕海寰盛宣怀致外部局卡俟各国定议方能裁撤电（二十八日）……3051
鄂督张之洞致外部英约口岸事应三节联为一气电（二十八日）……3051
吕海寰盛宣怀致外部进出口税则若照会马使声明是以征收权授之外人电（二十八日）……3052
吕海寰盛宣怀致外部马凯以加税拨款字义不足不肯画押电（二十八日）……3052
外部致许应骙部改矿务合同若置不问未便照准电（二十九日）……3052
外部致盛宣怀俄使复催恰线定约希速商定议电（二十九日）……3053
江督刘坤一致外部伍使询去年各国索款有无开列金款电（三十日）……3053
吕海寰盛宣怀致外部内港行轮马凯催议甚急电（三十日）……3053
刘张吕盛电奏会议增改中英通商条约全款文　附条款（三十日）……3053

清季外交史料卷一百六十三　光绪二十八年八月……3060
吕海寰盛宣怀致外部遵旨与马凯会同画押电（八月初一日）……3060

外部致盛宣怀据俄使言英约失利及恰克图电线请速办电（初一日） ………… 3060
鄂督张之洞致外部请趁俄人挑剔速议收回关税邮政电（初一日） ………… 3060
外部致刘坤一希转伍廷芳别无照会全权之案电（初一日） ………………… 3061
滇督魏光焘致外部请照会法使不准开采个旧锡矿电（初一日） ……………… 3061
吕海寰盛宣怀致外部请告俄使订期交还京沽借线电（初二日） ……………… 3061
商约大臣盛宣怀致外部京沽电线请复俄使催大北照约办结电（初二日） …… 3062
江督刘坤一致外部俄人意欲搅乱英约请酌办电（初二日） ………………… 3062
外部致魏光焘个旧锡厂未便与法使另立附章电（初二日） ………………… 3062
外部奏议复晋抚岑春煊奏柳太铁路商改合同折（初六日） ………………… 3063
刘张吕盛致枢垣及外部会同马凯互对汉英约文画押盖印电（初六日） ……… 3063
外部致盛宣怀京沽电线事希饬各公司妥速办结电（初七日） ……………… 3064
刘张吕盛致外部与马凯照会系声明加税所得之项拨交各省办法电（初八日）
…………………………………………………………………………… 3064
商约大臣盛宣怀致外部与大东大北商议交还京沽借线电（初九日） ………… 3065
吕海寰盛宣怀致外部日约迄无一款就绪亟应力筹抵制电（十二日） ………… 3065
江督刘坤一致外部请饬吕盛两使与日议约不可迁就电（十三日） ………… 3065
外部致盛宣怀葡索铁路不若订明由两国公司集股办理电（十四日） ………… 3066
江督刘坤一致外部报各国对我浚河所持态度电（十四日） ………………… 3066
商约大臣盛宣怀致外部中俄接线展限合同俟借线合同议妥一并核准电
（十四日） …………………………………………………………………… 3066
吕海寰盛宣怀致外部日本向华商重敛拟在条约内补救电（十五日） ………… 3067
江督刘坤一致外部华商在日纳税加多系违约请与辩论电（十八日） ………… 3067
吕海寰盛宣怀致外部与美使会议系按旧约修改字句教会一款现亦商定电
（十八日） …………………………………………………………………… 3067
外部致盛宣怀速议电线事勿因此致误交路之期电（十八日） ……………… 3068
吕海寰盛宣怀致外部葡藉税则请造香澳铁路恐他国效尤不必入约电 二件
（十八日） …………………………………………………………………… 3068
外部致增祺俄人交还奉省西南段奉旨接收电（十九日） ………………… 3069
外部奏俄国交还关外铁路请派大员画押接收折（十九日） ……………… 3069
外部致袁世凯旨令接收关外铁路电（二十日） ………………………… 3069
江督刘坤一致外部传教不准滥收各情请吕盛商改添入电（二十日） ………… 3070
署直督袁世凯致外部俄人迫增祺收路已往接收电（二十日） ……………… 3070
外部致吕盛葡以加税为要挟流弊甚大请详酌电（二十一日） ……………… 3070
吕海寰盛宣怀致外部已告葡使修改商约不能涉界务及铁路电（二十二日） … 3070

鄂督张之洞致外部日约应遵英约办理余款均次第斟酌电（二十三日） ……… 3071
外部致刘张吕盛据京师大学堂称中国振兴教育暂不立版权电（二十三日） … 3072
外部奏俄国交还关外铁路条款画押事竣折（二十三日） ……………………… 3072
外部致张之洞奉省尚未归还勿允大东沟开口岸电（二十四日） …………… 3073
外部致吕海寰盛宣怀澳门对面岛请开商埠断不可允电（二十四日） ………… 3073
外部致盛宣怀正太铁路材料进口免税事希酌办电（二十四日） …………… 3073
吕海寰盛宣怀致外部与日本订约保护商牌版权条文电（二十五日） ………… 3073
吕海寰盛宣怀致外部请勿允葡使推广澳门定界及铁路电（二十五日） ……… 3074
吕海寰盛宣怀致外部日约圜法酌定情形电（二十五日） …………………… 3074
商务大臣盛宣怀咨外部核议中俄接线展限事宜文 附照会二件（二十六日）
…………………………………………………………………………… 3075
外部致奎俊川省巴万油矿合同迭与哈戴磋磨电（二十七日） ……………… 3077
袁世凯胡燏棻致外部晤英萨使商定将全路交接电（二十七日） …………… 3077
江督刘坤一致外部请吕盛两使办传教事勿专就彼一面说以为各国新约根据电
（二十七日） ……………………………………………………………… 3077
商约大臣盛宣怀致外部请向俄英两使催交京恰京沽线电（二十七日） ……… 3078
鄂督张之洞致吕盛冒挂洋旗流弊无穷编辑东书本无可禁电（二十八日） …… 3078
江督刘坤一致吕盛日约银式及牌号事请勿通融电（二十八日） …………… 3078

清季外交史料卷一百六十四　光绪二十八年九月上 ………………………………… 3080
江督刘坤一致吕盛冒充洋行病在公家万勿迁就电（九月初一日） ………… 3080
署直督袁世凯致外部赴榆关与俄会签交路总册电（初二日） ……………… 3080
铁路大臣盛宣怀奏山西正太铁路遵旨归并总公司借款兴造折（初二日） …… 3080
吕海寰盛宣怀致外部报美约租地及传教事与美使切商电（初三日） ……… 3081
署直督袁世凯致外部报榆锦铁路俄人一律退尽电（初三日） ……………… 3082
外部致伍廷芳妥筹保护古巴华民勿任苛待电（初四日） …………………… 3082
署直督袁世凯致外部抵榆关接收全路竣事电（初七日） …………………… 3082
督办关外铁路袁世凯咨外部与俄提督订交还关外铁路条约文 附条约
（初六日） …………………………………………………………………… 3083
俄国商税大臣致吕海寰盛宣怀改订税则节略 附清折（初九日） ………… 3084
税务司裴式楷申复商约大臣议俄使税则文 附清折（十一日） …………… 3086
随办商约税务司贺璧理申复商约大臣议驳俄国改订税则文（十一日） …… 3088
外部奏核议盛宣怀奏正太铁路另订合同折 附合同二件（十二日） ……… 3090

清季外交史料卷一百六十五　光绪二十八年九月中 …… 3098
外部奏增改中葡条约缕陈商办情形折　附条款照会及分关章程（九月十二日）…… 3098
署江督张之洞致外部德使言中国各要隘请勿任一国独占权利即转达政府撤沪兵电（十二日）…… 3101
外部致各关监督新定值百抽五税则定期开办电（十三日）…… 3102
外部致张之洞中国自有权利不让与他国已复德法两使电（十四日）…… 3102
外部致袁世凯希派队出关弹压交还地方勿越界电（十五日）…… 3102
商约大臣盛宣怀致外部正太铁路合同已画押盖印请照会俄使电（十五日）…… 3103
外部奏中葡增改条约遵旨画押折（十六日）…… 3103
商约大臣盛宣怀致外部中俄接线第三款请催俄使照复以便续订电（十六日）…… 3103
商约大臣盛宣怀致外部英派员来沪接议沪宁铁路合同电（十七日）…… 3103
外部致李兴锐赣关量移省城应妥筹奏明办理电（十七日）…… 3104
北洋大臣袁世凯等奏报接收关内外铁路折　附章程二件（十八日）…… 3104
北洋大臣袁世凯奏接收关外铁路情形折（十八日）…… 3106
外部致盛宣怀沪宁铁路合同请改照粤汉办法电（十九日）…… 3107
吕海寰盛宣怀致外部美约论国币事请核复电（二十一日）…… 3107
中国电报局与大东水线公司会订京沽借线合同（二十一日）…… 3107
中国电报局与大北公司修订津沽京恰借线合同（二十一日）…… 3109
驻沪德领事致张之洞声明撤回驻沪兵队照会（二十三日）…… 3110
商约大臣盛宣怀致外部英约内河轮船一条改入章程电（二十三日）…… 3111
吕海寰盛宣怀致外部内港行轮章程与美议力争电（二十三日）…… 3111
署江督张之洞致枢垣请旨派袁世凯伍廷芳会议各国商约电　附旨（二十四日）…… 3112
商约大臣盛宣怀致外部伍廷芳称零票内倘注金数或还金字样万勿允押电（二十四日）…… 3112
署江督张之洞复德领中国不肯自弃主权请无过虑照会（二十五日）…… 3112

清季外交史料卷一百六十六　光绪二十八年九月下至十月上 …… 3114
南洋华商呈商约大臣沥陈被虐情形请设立领事禀（九月二十六日）…… 3114
吕海寰盛宣怀致外部商约合股事与日使切商电（二十六日）…… 3118
署江督张之洞致外部盛宣怀丁忧芦汉粤汉铁路请责成经理电　附旨（二十八日）…… 3118

商约大臣吕海寰致外部请催伍使回国会议商约电（十月初一日） …………… 3119
署江督张之洞致外部复驻沪德领照会中国自保主权不偏袒他国电
（初一日） ……………………………………………………………… 3119
外部致张之洞修改黄浦派员系公约所允希派定电（初一日） ……………… 3120
外部致盛宣怀福公司请修怀浦铁路愿归芦汉公司订定合同电（初一日） …… 3120
外部致盛宣怀接线展限合同已签押即交还电局电（初一日） ……………… 3121
外部致张之洞赔款保票分作零票奏派贵督签字电（初二日） ……………… 3121
署江督张之洞致外部与法比日磋磨汉口租界电（初二日） ……………… 3121
署江督张之洞致外部请照会德使言中国以保自主之权为主电（初二日） …… 3122
张之洞吕海寰盛宣怀奏英国商约定议遵旨画押折　附内港行轮章程及照会商约十六条见第一百六十二卷第十六页至二十八页（初二日） ……………… 3122

清季外交史料卷一百六十七　光绪二十八年十月至十一月上 ……………… 3128
商约大臣盛宣怀致外部丹英两公司借线合同已订妥乞示电（初三日） ……… 3128
外部致张之洞已复德法两使声明中国自主之权不能让与他国电（初三日） … 3128
沪道袁树勋呈外部蒲参赞言赔款事当答以照约还四百五十兆两零票分算电
（初三日） ……………………………………………………………… 3128
署直督袁世凯致外部报黄新庄支路限期完竣电（初四日） ……………… 3129
盛京将军增祺奏奉省所驻俄兵现一律撤退折（初四日） ……………… 3129
商约大臣盛宣怀致外部福公司请修怀浦铁路当执定互得利益和商电（初八日）
……………………………………………………………………… 3129
外部致胡惟德交还辽河事请向俄政府婉商电（初九日） ……………… 3130
使俄胡惟德致外部俄设关江省边境我国应仿办电（十一日） ……………… 3130
日使小田切等致商约大臣吕盛开送商约要旨说帖（十二日） ……………… 3130
商约大臣吕海寰致外部美日两使不肯俟伍使到后方议商约电（十五日） …… 3132
鲁抚周馥致外部开平矿局拟在德州设栈存煤电（十六日） ……………… 3132
外部奏闽省鼓浪屿议作公共租界未便兼护厦门折（二十二日） ……………… 3132
商约大臣盛宣怀致外部改定电线展限续约全文电（二十二日） ……………… 3133
外部致周馥开平矿局在德州设栈须令华人经理电（二十二日） ……………… 3133
盛京将军增祺致袁世凯派队出关商俄使再开拔电（二十二日） ……………… 3134
外部致岑春煊普济公司开采川矿如何与议希复电（二十二日） ……………… 3134
外部奏中俄陆路电线相接议订展限条约折　附续约（二十四日） ……………… 3134
外部致吕海寰滨海行轮行之有年现筹办法二端电（二十七日） ……………… 3135
商约大臣盛宣怀咨外部中俄接线合同请核准文（二十七日） ……………… 3136

外部奏中俄陆路电线相接续议展限条约遵旨画押折（十一月初一日） ········ 3136
外部奏韩国元山埠华商日增请设副领事折（初一日） ································ 3137
盛京将军增祺奏俄员拟将盛京宫殿先行交还折（初一日） ························ 3137
外部奏请饬长顺婉词驳阻俄员在吉林租地折（初一日） ···························· 3138
商约大臣盛宣怀致外部大东北代办京津沽电线已收回电（初四日） ············ 3139
川督岑春煊致外部与英领商议矿务合同另添两条以保利益电（初六日） ······ 3139
鲁抚周馥致外部闻俄拟商中国代收西伯利亚铁路税乞勿允电（初十日） ······ 3140
外部致盛宣怀奉旨伍廷芳会办商务大臣电（初十日） ······························ 3140

清季外交史料卷一百六十八　光绪二十八年十一月下至十二月 ······························ 3141
商约大臣吕海寰致外部与日使议城镇居住贸易电（十一月初十日） ············ 3141
商约大臣盛宣怀咨外部京沽借线合同请核准文（初十日） ························ 3142
鄂督张之洞致枢垣东三省关税应归中国自主电（十三日） ························ 3143
外部致胡惟德请照东省铁路合同要求设关征税电（十八日） ····················· 3143
科布多办事大臣瑞洵奏塔尔巴哈台割据阿尔泰山地段万不可行折（二十五日）
·· 3144
护理晋抚赵尔巽奏议结晋省耶稣天主两教教案折（二十九日） ················ 3145
署川督岑春煊致外部法领请办路矿乞商法使电（三十日） ························ 3147
外部致英使会订川石山至南台电线照会　附合同（三十日） ······················ 3147
署江督张之洞致枢垣东三省铁路关卡权请力争电（三十日） ····················· 3149
外部致张之洞据税司申称邮政加费希出示晓谕电（十二月初二日） ············ 3149
外部致李经羲滇省矿章嘱法领电京使请与议权电（初二日） ····················· 3149
滇督抚魏光焘李经羲致外部请汇滇越铁路经费电（初二日） ····················· 3150
署川督岑春煊致外部请商英法两使分定矿额电（初三日） ························ 3150
外部奏美国散鲁伊斯城举行赛会请派监督前往折（十二月初七日） ············ 3150
川督岑春煊致外部英法持李大臣字据索办川矿电（初八日） ····················· 3151
直督袁世凯奏派员接收津沽机厂船坞日期折（十五日） ··························· 3152
使俄胡惟德致外部海关税金俄可允许电（二十六日） ······························ 3152

清季外交史料卷一百六十九　光绪二十九年正月至二月 ··································· 3154
福州将军崇善闽督许应骙致外部三都系自开口岸有收码头捐之权电
（正月初四日） ··· 3154
电政督办盛宣怀致外部美水线公司请准将水线在沪上岸电（初八日） ········ 3154
外部致川督岑春煊英矿添列五处应照章纳税电（初九日） ························ 3155

外部致署川督陈璚英矿落地税不可作为悬案现拟办法两端电（十三日）…… 3155
外部致陈璚英派川领应作为重庆领事仍希力驳电（十三日）………………… 3155
外部致伍廷芳税金按镑数折银望详筹辩论电（十四日）……………………… 3156
使英张德彝致外部澜侯言关税照金价申算万难允从电（十四日）…………… 3156
铁路督办盛宣怀致外部驳复道胜沪行请将正太路暂用窄轨电（十五日）…… 3156
新抚潘效苏致外部俄领以保护信差在色勒库派兵数名拟租与民房电（二十日）
………………………………………………………………………………… 3157
外部致蔡钧荫昌赔款关税均照金镑核算幸申辩电（二十日）………………… 3157
外部致张德彝税金系抵补赔款务向英廷婉劝电（二十日）…………………… 3157
外部奏遵议浙江绅商承办矿务改定章程折 附改定宝昌公司矿务章程（二十日）
………………………………………………………………………………… 3158
吕海寰伍廷芳致外部日约请开口岸多处拟自开电（二十一日）……………… 3161
沪道袁树勋呈外部八国赔款请给零票容再催询电（二十一日）……………… 3161
外部致盛宣怀正太路轨璞科第亦谓宜用窄轨电（二十四日）………………… 3162
外部致鄂督端方湘抚俞廉三醴湘路即系萍乡至长沙运煤铁路应弹压保护电
（二十四日）…………………………………………………………………… 3162
外部致吕伍两使日索口岸预指四处应扼定自开电（二十四日）……………… 3162
署江督张之洞致外部各国用金我独用银自多吃亏请筹示电（二十六日）…… 3162
外部致粤督德寿法使称东兴芒街日加变乱请速筹办电（二月初一日）……… 3163
铁路督办盛宣怀致外部泽浦路运煤费重拟函致怡和从速测勘电（初三日）… 3163
外部致崇善闽厂代法公司造船希饬遵限造竣电（初四日）…………………… 3163
铁路督办盛宣怀致枢垣拟将通商银行商股改作萍矿股本以济铁厂之急电
（初十日）……………………………………………………………………… 3164
直督袁世凯奏英商依据私约侵占开平矿产请饬切实声明以复疆土而保利权折
附合同（十八日）……………………………………………………………… 3165
外部致吕伍两使税则画押应嘱驻沪瑞那领事转达该国政府电（二十一日）… 3169
使法孙宝琦致外部已告法外部助我广湾设关电（二十五日）………………… 3169
川督岑春煊致外部蓬溪油矿当设法自办电（二十七日）……………………… 3170

清季外交史料卷一百七十　光绪二十九年三月至四月上 ………………………… 3171
外部致滇督林绍年滇路收回年限应视俄路酌减电（三月初一日）…………… 3171
使德荫昌致外部税金邮局二事德政府请再议电（初一日）…………………… 3171
吕海寰伍廷芳致外部税则俟丹法葡瑞那五国画齐再奏电（初一日）………… 3171
吕海寰伍廷芳致外部俄义税则定期开办请饬知各关电（初三日）…………… 3172

使俄胡惟德致外部俄武员募鸭绿江一带兵役占守林木电（初四日） ………… 3172
外部致增祺日使函称日商为东边道拘捕希查明妥办电（初六日） …………… 3172
川督岑春煊致外部蜀江合江案已画押自难翻悔乞主持电（十一日） ………… 3172
外部致魏光焘各使催索赔款分票希饬沪道速办电（十一日） ………………… 3173
外部致滇督丁振铎英使催分缅界希绘图寄署电（十一日） …………………… 3173
军机处致外部奉旨俄约交还奉吉着派增祺长顺接收电（十一日） …………… 3173
吕海寰伍廷芳致外部日索开口岸请俟加税后再办电（十二日） ……………… 3173
外部致增祺迭催俄军撤退尚无确期希电知俄军举动电（十三日） …………… 3174
外部致胡惟德奉天俄兵去而复返希商俄外部电（十三日） …………………… 3175
沪道袁树勋呈外部已将美票送请伍大臣转致美员改换电（十三日） ………… 3175
江督魏光焘致外部分票签字是允还金更难补救应缓办电（十四日） ………… 3175
丁振铎林绍年致外部滇缅边界俟图到照会英员商办电（十四日） …………… 3176
吕海寰伍廷芳致外部日本不允加税至十二五电（十五日） …………………… 3176
外部致伍廷芳袁树勋俟美国刊印分票送到即行画押电（十五日） …………… 3176
盛京将军增祺致外部请商俄使禁招华匪保护铁路请示电（十六日） ………… 3176
使俄胡惟德致外部俄陆长赴崴旅已请其速交营口电（十六日） ……………… 3177
使俄胡惟德致外部俄外部称第二期撤兵决不爽约电（十六日） ……………… 3177
盛京将军增祺致外部日人在鸭绿江两岸烧山木未据报电（十六日） ………… 3178
江督魏光焘致外部赔款分票俟各票到齐再妥商电（十七日） ………………… 3178
使俄胡惟德致外部奉省俄兵复返系因英德日舰赴该地电（十九日） ………… 3178
沪道袁树勋呈外部请转美使赔款俟各国总数到齐签交电（二十日） ………… 3178
使美伍廷芳致外部零票事请告各国约内所无者勿添字句电（二十一日） …… 3179
使俄胡惟德致外部撤兵营口两事已切商俄外部电（二十二日） ……………… 3179
鄂督张之洞致吕盛二使日索开九府口岸请向日使切商电（二十二日） ……… 3180
伊犁将军长庚致枢垣阿勒台山本属科地拟商瑞洵再奏电（二十四日） ……… 3180
江督魏光焘致外部赔款照约不应还金请主持电（二十五日） ………………… 3181
外部致胡惟德俄兵届期不撤希切商俄外部电（二十五日） …………………… 3181
外部致吕伍两使日船隐占滨海航利希妥筹抵制电（二十七日） ……………… 3181
吕海寰伍廷芳致外部美使索开盛京口岸坚请入约电（四月初三日） ………… 3182
直督袁世凯致外部美使续开十六款参酌意见祈察夺电（初三日） …………… 3182
吕海寰伍廷芳致外部美约拟定互派公使一条电（初四日） …………………… 3183
直督袁世凯致外部东三省口岸未可轻许添开电（初四日） …………………… 3183

清季外交史料卷一百七十一　光绪二十九年四月下 …… 3184
盛京将军增祺等致外部请商俄使勿在中韩边境招匪为兵电（四月初六日） … 3184
署川督岑春煊致外部英人欲进藏通商请饬驻藏大臣妥筹善策电（初六日） … 3184
使俄胡惟德致外部俄使擅索七款请钞示并坚拒电（初六日） …… 3185
鄂督张之洞致外部销场税宜先从轻以后酌加电（初七日） …… 3185
鄂督张之洞致外部俄人要我东省不许添口岸断不可允电（初八日） …… 3186
使俄胡惟德致外部遵催俄外部照约撤兵据云已授雷使训条电（初九日） …… 3186
直督袁世凯致外部赔款还金还银关系甚巨请调伍大臣赴京切商各国电（初九日） …… 3187
吕海寰伍廷芳致外部东三省开埠应由中国自办希告美使电（初十日） …… 3187
鄂督张之洞致外部美约十六款太老辣请吕伍相机辩论电（十二日） …… 3188
吕海寰伍廷芳致外部美使谓俄不阻开东省口岸电（十四日） …… 3189
直督袁世凯致外部东省口岸请先询俄美再宣谕自开电（十四日） …… 3189
桂抚王之春致外部法请船只经过中国河流则我船经越亦应照办电（十六日） …… 3190
吕海寰伍廷芳致外部拟乘东省开口邀美使向俄调停交地电（十八日） …… 3190
直督袁世凯致外部美允加足十二五而要裁常关恐激生事端请通盘筹画电（十八日） …… 3190
鄂督张之洞致外部及吕盛伍三使美约勿遽定议电（二十日） …… 3191
吕海寰伍廷芳致外部美因加税请裁常关意甚决电（二十三日） …… 3191
署鄂督端方致外部德商请在襄河口设立趸船万难照准祈力持电　二件（二十三日） …… 3192
铁路督办盛宣怀致外部湘鄂铁路废约筹拟办法电（二十六日） …… 3192
湘抚赵尔巽致外部湘绅请电盛宣怀驳诘美公司将合同私售比国电（二十六日） …… 3193
直督袁世凯致外部英使竟云开平矿局已出卖并各国认秦皇岛为英有已严驳请力拒电（二十七日） …… 3193
吕海寰伍廷芳致外部美使坚执裁常关始加税之说请商户部迅示电（二十七日） …… 3194
盛京将军增祺致外部俄人所称复州煤窑拿人案情节支离已确查电（二十七日） …… 3195
吕海寰盛宣怀致外部葡人悔约另议分关缉私应否叙入请核示电　二件（二十七日） …… 3195
铁路督办盛宣怀致外部钱锦孙请办沪杭铁路已咨驳电（二十九日） …… 3196

清季外交史料卷一百七十二　光绪二十九年五月 …… 3197
吕盛伍三使致外部美使谓加税须先裁厘请裁酌电（五月初十日） …… 3197
外部奏遵议沪宁铁路筹借英款订立合同折　附合同暨附件（十四日） …… 3197
使德荫昌奏遵旨与和外部商设领事汇案复陈折（十四日） …… 3210
吕盛伍三使致外部美约开议悉本英约磋商电（十九日） …… 3211
谕杨枢充出使日本国大臣（二十日） …… 3213
铁路督办盛宣怀致外部泽浦改路英使送交节略三条均须斟酌电（二十二日） …… 3213
铁路督办盛宣怀致外部福公司因开矿索造长路实属无理请坚持电（二十三日） …… 3214
外部奏蒙古鄂尔河等五处金矿拟请续议开办折（二十三日） …… 3214
赣抚柯逢时奏开办景德镇瓷器公司以振工艺折（二十四日） …… 3215
鄂督端方致枢垣遵旨查禁长江一带革命邪说电（二十九日） …… 3216

清季外交史料卷一百七十三　光绪二十九年闰五月至六月 …… 3218
吕盛伍三使致外部美约常关分口事声明由华洋官员管理电（闰五月初二日） …… 3218
吕盛伍三使致外部美约裁厘俟加税期定再降旨电（初八日） …… 3218
德使穆默致外部请咨直督将建造津镇枝路叙入合同电（十三日） …… 3219
直督袁世凯致外部东省俟全交后自开口岸此时不能入约电（十四日） …… 3219
署川督锡良奏自设川汉铁路公司以辟利源而保主权折（十七日） …… 3220
江督魏光焘鄂督端方致枢垣查禁上海爱国会并拿办邹容等电（十八日） …… 3220
江督魏光焘致枢垣报租界拿犯历来最为棘手电（十九日） …… 3221
吕盛伍三使致外部美约矿章改为及矿务内所应办之事九字电（十九日） …… 3221
使韩许台身致外部俄注意鸭绿江英日恳韩在义州开埠电（十九日） …… 3222
外部奏中英续订通商行船条约请旨用宝互换折（二十一日） …… 3222
使法孙宝琦致外部美墨在法集议代我筹圜法未奉训条故未置可否电（二十三日） …… 3222
吕盛伍三使致外部美约牌照专利事声明俟中国设官定律后再行保护电（二十五日） …… 3223
直督袁世凯致外部意国又拟索占象山港祈坚拒电（六月初二日） …… 3223
吕海寰伍廷芳奏沪会审公廨情形黑暗请定章程片（初四日） …… 3224
吉林将军长顺等奏哈尔滨铁路公司划还地基请归交涉局勘放折（初十日） …… 3225
盛京将军增祺等奏华洋合办矿务遵照部议奏明办理折　附章程条规（十九日）

………………………………………………………………………… 3225
盛京将军增祺等奏日俄觊觎鸭绿江一带矿产请饬议限制片（十九日） ……… 3229
直督袁世凯致外部美约征税增关国币平色各款均有添改乞卓裁电（二十日）
………………………………………………………………………… 3229
使俄胡惟德致外部俄主宣谕六条殊不利中国电（二十九日） ………………… 3230

清季外交史料卷一百七十四　光绪二十九年七月……………………………… 3231
直督袁世凯致外部美约第四款请改各国全允四字电（七月初一日） ………… 3231
外部札东省铁路公司现已开车应照约交纳银两文（初六日） ……………… 3231
吕盛伍三使致外部盛京大东沟开埠通商仿照岳州办理电（初九日） ………… 3231
吕盛伍三使致外部与美使议盐土两税归入附件电（十一日） ……………… 3232
吕盛伍三使致外部美使允中国一律禁止莫啡鸦电（十四日） ……………… 3232
吕盛伍三使致外部与美使会议保护商标办法电（十四日） ………………… 3233
吕盛伍三使致外部与美使议定专利条款并增入年限电（十四日） ………… 3233
吕盛伍三使致外部美约版权禁例一款尚为赅括电（十四日） ……………… 3234
吕盛伍三使致外部与美使订明凡纳关税仍以关平为准电（十六日） ………… 3234
使法孙宝琦奏陈抵任后交涉事宜并考察情形折（十九日） ………………… 3235
吉林将军长顺等奏吉长枝路筹款不易仍归公司修造折　附合同（二十三日）
………………………………………………………………………… 3236
督办关内外铁路袁世凯等奏天津车站接修西沽岔道商拨借款折（二十五日）
………………………………………………………………………… 3239
使俄胡惟德致外部俄主赴奥义东方外交统由阿列定夺电（二十七日） ……… 3239
鄂督张之洞致外部美约税捐厘卡各节须酌改电（二十八日） ……………… 3240
新抚潘效苏致外部报由新疆至俄之路有四电（二十九日） ………………… 3240
吕盛伍三使致外部与美使议俟征出产税后再裁常关电（二十九日） ……… 3241
驻重庆法领事安致川督锡良请商办川汉铁路事宜照会（二十九日） ……… 3241

清季外交史料卷一百七十五　光绪二十九年八月上…………………………… 3242
吕盛伍三使致外部与美使商自开奉天商埠及改税则电（八月初一日） ……… 3242
吕盛伍三使致外部美使允约文删去出口二字电（初二日） ………………… 3243
吕盛伍三使致外部与美使议改销场出厂出产税电（初九日） ……………… 3243
吕盛伍三使致外部美使云东三省开埠款文仍须留由中美两国政府七字电
（初十日） ……………………………………………………………… 3245
袁张吕盛伍致外部中美全约议竣请旨派员画押电（十一日） ……………… 3245

吕海寰盛宣怀致外部美使不允删出产税并更正约文电（十二日） ……………… 3246
鄂督张之洞致吕盛伍三使美约就范深赖荩筹电（十二日） ……………………… 3247
鄂督张之洞致外部美约并未声叙出产二字未免可疑电（十三日） ……………… 3247
吕海寰盛宣怀致外部日约由伍使在京校对再请旨画押电（十三日） …………… 3248
鄂督张之洞致袁吕盛日约议定十三款先行电达电（十三日） …………………… 3248
鄂督张之洞致外部及吕盛二使日约请在沪赶办电（十三日） …………………… 3249
鄂督张之洞致吕盛二使日约有删改字样请察酌电（十五日） …………………… 3249
鄂督张之洞致致外部加税事内田谓不如浑言电（十六日） ……………………… 3249
吕海寰盛宣怀致外部日约未载加税数目乞示电 二件（十六日）……………… 3250
外部奏墨国华民日众拟请派员驻扎藉资保护折（十七日） ……………………… 3251
科布多办事大臣瑞洵奏请饬外部照会俄使催勘阿拉克别克河界务折（十七日）
……………………………………………………………………………………… 3252

清季外交史料卷一百七十六　光绪二十九年八月中 ……………………………………… 3254
吕海寰盛宣怀致外部日约应酌各节乞核示电（八月十七日）
……………………………………………………………………………………… 3254
鄂督张之洞致吕盛二使日约东三省开埠一款请照美约校正电（十八日） …… 3254
鄂督张之洞致外部日约加税款内几分二字改为酌补电（十八日） …………… 3255
河南巡抚陈夔龙等奏芦汉铁路展造开封河南铁路议订合同折
附合同三件章程二件（二十日）…………………………………………………… 3255
吕海寰盛宣怀致外部日约先签汉文尚可挽救电（八月二十日） ……………… 3267

清季外交史料卷一百七十七　光绪二十九年八月下至九月 ………………………… 3268
鄂督张之洞致外部及吕盛伍细按日约尚无吃亏电（八月二十一日） ………… 3268
鄂督张之洞致外部日约于汉文画押后再商定十二五税数未免责望过深电
（二十一日） ……………………………………………………………………… 3269
江督魏光焘致外部黄浦事沪道所拟商改办法尚妥电（二十一日） …………… 3270
鄂督张之洞致外部日约字义已定未便令补照会电（二十五日） ……………… 3270
江督魏光焘致外部浚浦事前督刘张皆主不派员电（二十六日） ……………… 3271
驻藏大臣裕钢致外部印藏龃龉乞阻英员前进电（二十六日） ………………… 3271
外部奏复展造汴洛铁路支路与比公司议订合同折（九月初十日） …………… 3272
外部奏议订中法滇越铁路章程折 附章程及照会（初十日） ………………… 3272
直督袁世凯致枢垣东省俄员向将军索收地原文电（二十六日） ……………… 3278
吕海寰盛宣怀致外部德法葡丹瑞各国议约情形电（二十八日） ……………… 3278

使英张德彝致外部山侍郎谓藏人玩视中朝号令电（二十八日） ………………… 3278
直督袁世凯致外部俄人甚以我允东省开埠为憾电（二十八日） ………………… 3279
鄂督张之洞致外部日允附件照会改为查酌办理电（二十九日） ………………… 3279

清季外交史料卷一百七十八 **光绪二十九年十月** ………………………………………………… 3280
电政大臣袁世凯咨外部呈送大东大北联合美线办法章程文 附章程
（十月初一） ………………………………………………………………………………… 3280
使美梁诚致外部美法已认巴拿马独立我宜照办电（十月初三日） ……………… 3281
署粤督岑春煊致外部法欲建路囊括两粤边海各地已派员密查电（初四日） … 3281
东省铁路公司呈外部应缴中国五百万两俟全路告竣再缴文（初六日） ……… 3281
盛京将军增祺等致外部韩兵弁越界烧掠请告韩使撤兵究办电（初八日） …… 3282
使俄胡惟德奏俄人建造东三省铁路竣工绘图列单呈览折 附单（十三日）…… 3282
使俄胡惟德奏陈西伯利亚铁路里数片（十三日） ………………………………… 3287
使俄胡惟德致外部上书俄皇婉劝速撤东省俄兵电（十四日） ………………… 3287
外部札东省铁路公司铁路既经开车仍应照合同办理文（十六日） …………… 3288
使俄胡惟德致俄外部请照约尽撤东三省俄兵照会（二十二日） ……………… 3288
俄外部复胡惟德俄实愿与中国克敦友谊照会（二十三日） ……………………… 3289
使俄胡惟德奏日俄战局迟速必出于和中国宜亟筹应付折（二十三日） ……… 3289
直督袁世凯奏英商私买开平煤矿无意交还张翼支吾拖延迄未收复请饬
迅速收回折 （二十六日） ……………………………………………………………… 3291

清季外交史料卷一百七十九 **光绪二十九年十一月上** …………………………………… 3293
驻藏大臣裕钢致外部达赖刚愎不仁恐激大变电（十一月初二日） …………… 3293
使日杨枢致外部日俄协约势将决裂顷日已备战电（初二日） ………………… 3293
谕外部韩人过江逞凶着传谕许台身照会韩廷严禁（初二日） ………………… 3294
直督袁世凯致外部日俄将决裂闻日舰已往旅顺电（初四日） ………………… 3294
使俄胡惟德致外部报再催俄国践约撤兵电（初八日） …………………………… 3294
使日杨枢致外部日俄协约未议妥日已备战电（初八日） ………………………… 3295
江督魏光焘致外部日俄交涉势将决裂请示方略电（初八日） ………………… 3295
直督袁世凯致外部日俄开仗我应守局外祈核示电（初九日） ………………… 3295
日使内田致外部大冶矿局借款合同请饬订定节略（十一日） ………………… 3296
驻藏帮办桂霖奏西藏祸机已稔巨衅将开亟筹变计以祛后患折（十五日） …… 3297
吕海寰袁世凯张之洞伍廷芳盛宣怀奏美国商约定议遵旨画押折
附商约及附件照会（十六日） ………………………………………………………… 3298

清季外交史料卷一百八十　光绪二十九年十一月下 …… 3308
吕海寰袁世凯张之洞伍廷芳盛宣怀奏日本商约定议遵旨画押折
附通商行船续约内港行轮章程暨照会六件（十一月十六日） …… 3308
外部奏中美续订通商行船条约请旨用宝互换折（二十一日） …… 3315
使日杨枢致外部小村言日俄万一决裂愿中国中立电（二十二日） …… 3316
驻藏大臣裕钢致外部英兵至藏边藏人转调夫马恐非战后不能和商电
（二十二日） …… 3316
外部奏申明矿务定章请旨饬各省不得擅立合同折（二十三日） …… 3317
川督锡良奏各省矿产应限制私合洋股以杜流弊片（二十四日） …… 3317
外部奏遵旨会同日使互换中日续订商约事竣折（二十五日） …… 3318
使俄胡惟德致外部觐见俄主已请其将东省驻兵从速撤去电（二十七日） …… 3318

清季外交史料卷一百八十一　光绪二十九年十二月 …… 3320
滇督抚丁振铎林绍年致枢垣日俄将战中国必受其殃请速变法以挽危局电
（十二月初四日） …… 3320
直督袁世凯奏遵谕统筹布置东北边防情形折（初六日） …… 3321
皖抚诚勋奏中立难久边防益亟拟请东三省速筹练兵折（初七日） …… 3322
外部奏遵议使义许珏条陈加征洋药税并订章程折（十四日） …… 3324
外部奏遵议川督锡良请申定矿章添立专条折（十四日） …… 3325
俄使致外部两国电局结算应改以三月为期照会（十七日） …… 3326
直督袁世凯致外部报俄船回旅顺或分弋洋面电（二十二日） …… 3327
滇督抚丁振铎林绍年致外部中缅界线拟派员会勘再定电（二十二日） …… 3327
铁路督办盛宣怀致外部泽道铁路改订合同已另约三端乞派员会商电
（二十二日） …… 3327
使俄胡惟德致外部日俄已互撤使韩声明局外电（二十三日） …… 3328
直督袁世凯致外部俄兵已赴辽阳东边备战电（二十四日） …… 3328
直督袁世凯致外部日俄海军在旅顺口外开战电（二十五日） …… 3328
直督袁世凯致外部日舰围旅又烟电沉俄船三艘电（二十五日） …… 3329
粤督岑春煊致外部日俄开战宜乘势收回东三省电（二十五日） …… 3329
使日杨枢致外部日在仁川旅顺又毁俄舰将颁战例电（二十五日） …… 3330
直督袁世凯致外部日已宣战请旨布告中立条规电（二十六日） …… 3330
直督袁世凯致外部日拟由青泥洼金州击俄电（二十六日） …… 3330
直督袁世凯致外部俄舰沉伤十艘日克旅顺电（二十七日） …… 3330
闽督李兴锐致外部福建脑务谬误已深非禁止私脑即赔偿自办电（二十七日）

…………………………………………………………………………………………… 3331
谕各省将军督抚日俄失和着按局外中立例办理并保护各国人民财产 二件
（二十七日） ………………………………………………………………………… 3331
日俄战争中国严守局外中立条规（二十七日） …………………………………… 3332
署江督张之洞致枢垣修浚黄浦江为害中国太巨电（二十八日） ………………… 3334
使日杨枢致日外部日俄开战中国当严守中立照会（二十八日） ………………… 3335
日外部复杨枢日俄战争不敢损害中国主权照会（三十日） ……………………… 3335
使俄胡惟德致外部俄外部言中国恪守局外俄决不侵越电（三十日） …………… 3336

清季外交史料卷一百八十二　光绪三十年正月至四月 …………………………… 3337
俄关东总督致增祺战线内有碍军务城塞随时拆毁照会（正月初二日） ………… 3337
沪道袁树勋致日领日俄商船在中国沿海当一律保护照会（初三日） …………… 3337
沪道袁树勋致俄领催俄舰满洲遵限退出华境照会（初三日） …………………… 3338
驻沪日领致袁树勋请准日舰在沪采办煤斤照会（初四日） ……………………… 3338
使俄胡惟德致外部俄外部云满洲境难认局外电（初四日） ……………………… 3338
沪道袁树勋呈外部请商俄使令俄舰遵限出口电（初五日） ……………………… 3339
沪道袁树勋致俄领请将兵舰战具由海关起存照会（初五日） …………………… 3339
外部致胡惟德辽西系照约已退兵之地应守局外电（初六日） …………………… 3339
使俄胡惟德致外部俄虽言无据东省意然极含糊电（初八日） …………………… 3340
使俄胡惟德致外部遵商俄外部辽西应认局外电（初九日） ……………………… 3340
驻藏大臣裕钢奏藏番力阻赴边难于启程情形折（十二日） ……………………… 3341
使俄胡惟德致外部俄兵部称辽西断难认局外电（二十日） ……………………… 3341
外部致胡惟德俄如派队至辽西恐日藉口进兵希与申说电（二十二日） ………… 3342
使韩许台身致外部战事由韩起手华侨不甚团结电（二月初一日） ……………… 3342
孙宝琦胡惟德张德彝杨光鋆致外部日俄用兵请速变法电（初六日） …………… 3343
直督袁世凯奏遵饬张翼收回矿产口岸限满仍无办法折（十八日） ……………… 3343
外部致雷萨尔豆饼非禁货中国办法不背局外之例照会（三月十七日） ………… 3344
袁世凯周馥会奏查明山东内地情形请添开商埠折（十九日） …………………… 3345
江督魏光焘致外部请商英使勿派战船入长江电（二十九日） …………………… 3345
鄂湘督抚张之洞端方赵尔巽致外部粤汉铁路北段美售于比请照合同作废电
（四月初二日） ……………………………………………………………………… 3346
沪道袁树勋呈外部浚浦一事所议附件大失主权电（初四日） …………………… 3346
江督魏光焘致外部浚浦事我认全费船可畅行电（初四日） ……………………… 3347
直督袁世凯致枢垣俄于海城修造铁路直达岫岩电（初六日） …………………… 3347

使俄胡惟德致外部俄水师屡败其统帅已改派电（初九日） …………………… 3348
外部奏遵议济南周村两处自开商埠拟请照准折（初十日） …………………… 3348
直督袁世凯致外部丁庄等处俄兵均开往连山关电（初十日） ………………… 3348
直督袁世凯致外部俄兵溃于九连城日军进据电（十一日） …………………… 3349
外部致胡惟德请切告俄外部严饬官兵不得妄为电（十三日） ………………… 3349
盛京将军增祺致枢垣安东俄兵不战自退电（十七日） ………………………… 3349
东边道呈枢垣日船九艘往旅顺为俄炮击沉电（十八日） ……………………… 3350
盛京将军增祺致枢垣日海军堵塞旅顺俄督已逃电（十八日） ………………… 3350
使日杨枢致外部日朝野闻胜仗报到举国若狂电（二十日） …………………… 3350
直督袁世凯致枢垣开战以来俄死三万九千余人电（二十一日） ……………… 3350
直督袁世凯致枢垣俄督以东省难守欲退哈尔滨电（二十二日） ……………… 3351
外部奏英商请办安徽铜官山矿务改定合同折 附合同（二十二日） …………… 3351
铁路督办盛宣怀致小田切宣城煤矿照约作废照会（二十六日） ……………… 3354
驻沪日领小田切复盛宣怀允废宣城煤矿合同照会（二十九日） ……………… 3355

清季外交史料卷一百八十三　光绪三十年五月至六月 …………………………… 3356
盛京将军增祺致外部俄已失守金州扇子山电（五月初二日） ………………… 3356
直督袁世凯致外部熊岳俄军被日截击退回盖州电（初二日） ………………… 3356
直督袁世凯致外部俄兵袭凤凰城为日击败电（初七日） ……………………… 3356
外部致俄使雷萨尔战国兵船不得在中立国领海缉捕商船照会（初十日） …… 3357
直督袁世凯致外部日军占熊岳并直趋辽阳电 二件（十一日） ……………… 3357
使日杨枢致外部日派大山岩为司令儿玉为参赞电（十二日） ………………… 3358
东海关道何彦升呈外部日占盖平及三度沟高原电（十四日） ………………… 3358
直督袁世凯致外部俄船由海参崴袭攻韩之元山电（十八日） ………………… 3358
驻沪日领小田切致袁树勋申明封锁辽东半岛照会（十八日） ………………… 3358
直督袁世凯致外部日军三路进攻已占摩天岭电（二十二日） ………………… 3359
外部致内田请勿招匪并勿令在局外边界游弋照会（二十五日） ……………… 3359
俄使雷萨尔致外部请禁日本招匪编伍照会（二十九日） ……………………… 3359
驻汉德领事致护湘抚张绍华力争湘矿利权照会（二十九日） ………………… 3360
护湘抚张绍华复驻汉德领湘矿不能私相授受照会（六月初一日） …………… 3361
日使内田康哉复外部实未招匪编伍并请禁俄兵勒买军需照会（初二日） …… 3362
外部复雷萨尔已照会日使查禁招匪编伍照会（初六日） ……………………… 3362
吕海寰盛宣怀致外部米谷出口葡使争之甚力电（初八日） …………………… 3362
直督袁世凯致外部日攻破大石桥营口俄人均逃电（十三日） ………………… 3363

铁路督办盛宣怀咨外部拟借日本银行款扩充汉阳铁厂文　附合同一件　附件三件（二十二日） …… 3363
东海关道何彦升呈外部日军进距辽阳七十里电（二十三日） …… 3367
直督袁世凯致外部海城牛庄俄军败退电（二十四日） …… 3367
增祺廷杰致外部俄已退至辽南鞍山站沙河一带电（二十六日） …… 3367

清季外交史料卷一百八十四　光绪三十年七月至八月 …… 3368
外部致袁世凯周馥何彦升俄使称闻日拟击烟台领署应饬严防电（七月初八日） …… 3368
沪道袁树勋致沪领袖领事俄舰不守中立规条请转致公会照会（初十日） …… 3368
使日杨枢致外部日小村称俄旅顺舰队恐以烟台为逋逃薮断难认可电（十二日） …… 3369
外部致雷萨尔俄泊沪兵舰如不愿出口应令拆卸军装照会（十二日） …… 3370
江督魏光焘致外部俄舰末次限满拟令拆卸军装电（十二日） …… 3370
俄使雷萨尔致外部沪嘱俄舰停修实利日本照会（十四日） …… 3371
日使内田致外部俄船展限出口已达本国政府照会（十四日） …… 3371
沪道袁树勋致沪领袖领事起卸俄舰军械机器照会（十四日） …… 3371
直督袁世凯奏海军统将于遵守中立之战国船只保护不力请旨惩处折（十四日） …… 3372
日使内田致外部酌拟俄舰卸去军装办法六条请切实施行照会（十七日） …… 3373
外部致胡惟德俄船无续修之理希商俄外部电（十八日） …… 3373
鄂督张之洞致外部葡约洋药趸船运米事谨拟办法祈裁酌电（二十日） …… 3374
外部致内田据沪道电俄舰军火已卸希电知日领函（二十二日） …… 3374
外部致内田日船在烟台拖去俄艇前请释回未能照允按公法声明照会（二十二日） …… 3375
直督袁世凯致外部日军占安山站及安平等处电（二十二日） …… 3376
东海关道何彦升呈外部日军占辽阳电（二十六日） …… 3376
吕海寰盛宣怀致外部葡使请运米乞示准运若干电（二十九日） …… 3376
直督袁世凯致外部何彦升电俄艇事日领道歉电（八月初二日） …… 3377
吕海寰盛宣怀致外部澳门趸船经费以会定为妥电（初三日） …… 3377
英使萨道义致外部预定川汉铁路公司借款照会（十二日） …… 3378
外部致胡惟德请俄皇谕各军官保护陵寝宫殿电（十四日） …… 3378
外部致袁张吕盛葡约米酒趸船等事酌拟办法电（十四日） …… 3378
吕海寰盛宣怀致外部葡约米酒二事已遵示切商电（十六日） …… 3379

使日杨枢致外部日君召集元老会议满洲事请饬沿边稽查防备严守中立电（二十日） …… 3379
吕海寰盛宣怀致外部葡约运米三十万石已议定电（二十三日） …… 3380
外部致胡惟德调停日俄战事在觇彼内情希复电（二十七日） …… 3380
商部咨外部开办商标注册请转税司札津沪两关文（二十九日） …… 3380

清季外交史料卷一百八十五　光绪三十年九月至十月 …… 3382
外部户部致各督抚各国不允还银应由各省移缓就急免借巨款电（九月十一日） …… 3382
直督袁世凯致外部赔款还银请商英使加洋药税或办印花税电（十四日） …… 3382
鄂督张之洞致各督抚赔款还银拟以洋常关二成增税抵拨电（十七日） …… 3382
使俄胡惟德致外部俄派古鲁巴金为统帅电（二十一日） …… 3383
商约大臣吕海寰等奏葡国商约定议遵旨画押折　附条约一件　章程二件（十月初五日） …… 3383
直督袁世凯致外部俄艇炸沉弁兵携枪投领署请商俄使交出电（十一日） …… 3393
俄使雷萨尔致外部可否将俄艇官兵乘中国巡船送沪照会（十三日） …… 3393
直督袁世凯致外部俄艇炸沉中国不能任保护之责请告俄使电（十四日） …… 3394
俄使雷萨尔致外部请准因战受伤俄提督回国照会（十四日） …… 3394
外部致袁树勋日使称俄提督并无病状应即查复电（十九日） …… 3395
直督袁世凯致外部已派船守俄艇请勿认为保护电（十九日） …… 3395
外部奏各国赔款不允还银谨陈先后磋议情形折（二十一日） …… 3395

清季外交史料卷一百八十六　光绪三十年十一月至十二月 …… 3398
谕曾广铨充出使韩国大臣（十一月初一日） …… 3398
外部致胡惟德赔款还金近拟办法三端希转驻英法德义奥比各使电（十一日） …… 3398
直督袁世凯致外部据程璧光电俄艇官兵已抵沪电（十二日） …… 3398
外部致袁世凯周馥魏光焘俄舰将抵黄海恐以三都澳为根据地希筹复电（十五日） …… 3399
张之洞盛宣怀致外部粤汉借款遵拟作废办法电（十六日） …… 3400
外部致雷萨尔俄艇炸沉照关章暂为巡守电（二十一日） …… 3400
外部致闽督魏光焘俄舰来踪未定不宜张皇电（二十二日） …… 3401
俄使雷萨尔致外部沪俄兵砍毙周生有案请按俄律惩治罪人照会（二十五日） …… 3401

使日杨枢致外部日军陷旅顺俄将已降电（二十七日） ………… 3402
外部致胡惟德俄兵砍毙周生有案希告俄廷交凶电（二十七日） ………… 3402
直督袁世凯致外部日本炮船到汤河口逾限未去电（十二月初三日） ………… 3402
外部致胡惟德周案拟设特别公堂会审希商俄廷电（初八日） ………… 3403
外部致周馥袁树勋周案已电胡使力争拟归公断电（初九日） ………… 3403
外部致日俄两使烟台俄艇小轮业经妥为安置照会（初九日） ………… 3403
江督周馥咨外部据沪道禀拟约束俄兵七条请照会俄使饬遵文（十一日） …… 3404
使义许珏奏日俄构兵不解亟应预筹东省主权折（十一日） ………… 3405
使俄胡惟德致外部俄通告中国违背中立宜向各国声辩电 二件 附通告原文（十二日） ………… 3407
外部致胡惟德战国凭空吹求希与俄外部驳论电（十六日） ………… 3407
日署使松井庆致外部留沪俄艇管驾潜逃被获照会（十六日） ………… 3408
外部致雷萨尔留沪俄兵有潜逃情事希饬约束照会（十八日） ………… 3409
电政大臣袁世凯等奏外国拟在中国倡行无线电报请防禁私设折（二十五日） ………… 3409
电政大臣袁世凯等奏中国境内电话准归电局经办外人不准擅设片（二十五日） ………… 3410
商约大臣盛宣怀致外部周案与俄领会订办法电（二十九日） ………… 3410
沪道袁树勋呈外部泊沪俄船满洲号禁载军火电 二件（二十九日） ………… 3411
西历一八七〇年至一九〇四年即同治九年至光绪三十年海关平银每两换英镑制钱价目涨落图 ………… 3412

清季外交史料卷一百八十七　光绪三十一年正月至二月 ………… 3413
外部致周馥聂缉椝日僧游历护照勿写别项字句电（正月初五日） ………… 3413
铁路督办盛宣怀奏中葡会订商办广澳铁路合同折 附合同（初七日） ………… 3413
商约大臣吕海寰等奏新订值百抽五税则并善后章程片 附章程二件（初七日） ………… 3418
英使萨道义致外部英政府派韦礼敦在印议约照会（十九日） ………… 3420
外部致闽督魏光焘希派员与日领议收脑局电（二十日） ………… 3421
使俄胡惟德致外部蒙古确为局外地电（二十五日） ………… 3421
直督袁世凯致外部日军攻克本溪湖之清河城电（二十七日） ………… 3421
外部致胡惟德俄兵入蒙古采买马粮请告俄外部制止电（二十八日） ………… 3421
使俄胡惟德致外部俄外部谓通告系指日本不指中国电（二十九日） ………… 3422
驻藏大臣凤全奏奉旨饬收三瞻内属谨陈筹商情形折（二十九日） ………… 3422

直督袁世凯致外部日军逼沈阳俄军北退电（二月初二日） …………………… 3423
直督袁世凯致外部日军环攻沈城电（初三日） ………………………………… 3423
使俄胡惟德致外部日俄力战旬日死伤逾十万电（初五日） …………………… 3423
山海关道文韫呈外部日军占沈阳但未入城电（初六日） ……………………… 3423
直督袁世凯致外部日军占奉省俄尚拒战电（初六日） ………………………… 3423
外部致闽督升允日僧在闽多年未便驱逐希一体保护电（初十日） …………… 3424
伦敦按察使佐斯堂断开平矿务局控案判词（初十日） ………………………… 3424

清季外交史料卷一百八十八　光绪三十一年三月上 ………………………………… 3429
署黑龙江将军程德全奏本省生计将绝拟展拓铁路折（三月初一日） ………… 3429
议约大臣唐绍仪奏行抵印度与费使订期议藏约折（初二日） ………………… 3431
中丹英续订联合齐价摊分合同（初二日） ……………………………………… 3431
吕海寰盛宣怀致外部准葡使送条约六款请示复电（初八日） ………………… 3434
使俄胡惟德致外部请嘱奉吉黑将军随时查记民命财产之损失为索偿地步电
（初十日） ………………………………………………………………………… 3435
直督袁世凯致外部俄军退法库门之金利屯电（十五日） ……………………… 3435
总税司赫德呈税务处青岛设关征税修改办法函　附条款附件暨章程
（二十三日） ……………………………………………………………………… 3436
鲁抚杨士骧咨外部中德会订小清河叉路合同文　附合同（二十三日） ……… 3442

清季外交史料卷一百八十九　光绪三十一年三月下至四月 ……………………… 3445
铁路督办盛宣怀奏与福公司订泽道铁路条款折　附合同暨附件咨文
（三月十九日） …………………………………………………………………… 3445
鄂督张之洞致外部葡约请运米出洋万不可许电（二十三日） ………………… 3453
湘抚赵尔巽奏长沙开设通商口岸谨陈筹办情形折（二十六日） ……………… 3453
军机处致各督抚请查禁寄售革命书籍电（二十七日） ………………………… 3455
盛京将军增祺等奏报奉天省城等处日俄两军进退情形折（二十八日） ……… 3455
盛京将军增祺等奏密陈日俄战地情形片（二十八日） ………………………… 3457
外部咨浙抚聂缉椝钞送苏杭甬铁路草约文（四月初一日） …………………… 3457
江督张之洞致枢垣奉旨查复江令召棠在教堂因伤致死情节请优恤电（初五日）
……………………………………………………………………………………… 3458
外部致胡惟德俄抵淞六舰不肯拆卸希告俄外部速饬照办电（二十九日） …… 3459

清季外交史料卷一百九十　光绪三十一年五月至七月上 …… 3460
外部致署闽督崇善日领因俄舰东来回厦稍缓议脑税电（五月初一日） …… 3460
鄂督张之洞致外部合兴抵抗粤汉铁路废约事请坚持电（五月初五日） …… 3460
直隶临城矿务局与比国公司订立借款合同（十五日） …… 3461
谕各督抚及各使日俄议和中国应如何因应著各抒所见电（二十四日） …… 3462
外部致胡惟德日俄议和凡未与中国商定者不能承认电（六月初四日） …… 3462
直督袁世凯致外部德约于我有益者请向索增电（初六日） …… 3463
外部致袁树勋已询各国择定赔款办法复到再达电（初六日） …… 3463
外部奏议定付还赔款办法与各使互换照会折　附清单（六月十一日） …… 3464
谕载泽戴鸿慈徐世昌等分赴东西洋各国考求政治（十四日） …… 3466
直督袁世凯致外部据日京电日军占萨哈连岛电（十五日） …… 3466
外部致胡惟德日俄直接议和望密探电闻电（十八日） …… 3466
使法孙宝琦奏法欲联络中日现派员赴安南考察片（二十日） …… 3466
鄂督张之洞致枢垣议复日俄直接议和因应办法电（二十二日） …… 3467
鄂督张之洞致外部广九路事请勿顾虑借款稍涉迁就电（二十五日） …… 3469
外部致张之洞广九路事现正坚持并无迁就电（二十九日） …… 3469
鄂督张之洞致枢垣粤汉铁路合同美如食言惟有废约电　三件（七月十三日） …… 3469
粤督岑春煊复美领华商激于公愤抵拒苛约不能强禁照会（二十一日） …… 3472
谕各督抚中美工约已允公平办理着劝谕民人勿滋生事端（二十一日） …… 3472

清季外交史料卷一百九十一　光绪三十一年七月下至八月 …… 3474
署江督周馥复外部日僧传佛教恐贻患将来函（七月二十一日） …… 3474
英使萨道义致外部宝昌公司与英商伊德已订矿务合同无庸注销照会（二十一日） …… 3476
外部复英使宝昌公司与英商私订矿务合同碍难允认照会（二十二日） …… 3476
外部咨聂缉椝义商贷款与高尔伊办浙矿并无英商在内希与英领辩驳文（二十八日） …… 3477
鄂督张之洞致枢垣赎回粤汉合同请旨画押电　附合同（八月初四日） …… 3477
鄂督张之洞致枢垣粤汉赎路款已向英国商借电（初六日） …… 3479
英使萨道义复外部英商与宝昌公司所订矿务合同盖有关防照会（初七日） …… 3480
外部复英使英商与宝昌公司私订矿务合同实未盖用关防照会（初九日） …… 3481
日俄朴司茂斯和约　二件（初九日） …… 3481
成都将军绰哈布等奏提臣马维麒率军进克巴塘折（十八日） …… 3484

外部致胡惟德俄日新约有满洲铁路一带驻兵与约不符请俄廷熟筹电（二十二日） …… 3486
谕载泽等乘坐火车出京炸弹猝发著查拿从重惩办（二十七日） …… 3487

清季外交史料卷一百九十二　光绪三十一年九月 …… 3488
皖抚诚勋咨外部与英领事商废铜官山矿约文（九月初二日） …… 3488
吕海寰盛宣怀李经方致外部义领以订约毫无利益仍坚持电（十一日） …… 3489
外部奏修浚黄浦河道议归中国自办改订条款会同画押折　附条款（十二日） …… 3489
吕盛李三使致外部德约十五款竭力磋商逐条辩驳业已就绪请赐裁示以便签押电　十六件（十二日） …… 3491
鄂督张之洞致外部详核德约各条有应改正之处分别电陈乞裁酌电　七件（十五日） …… 3498
鄂督张之洞致外部川粤汉铁路俟诸绅议定再达并款巨工艰必须借款电　二件（二十七日） …… 3500

清季外交史料卷一百九十三　光绪三十一年十月至十一月上 …… 3502
中日全权大臣会议东三省事宜节录第一号　附附件一件（十月二十一日） …… 3502
中日全权大臣会议东三省事宜节录第二号　附正约一件另件暨附件各二件（二十七日） …… 3504
中日全权大臣会议东三省事宜节录第三号　附附件一件（二十八日） …… 3509
中日全权大臣会议东三省事宜节录第四号　附附件一件（二十九日） …… 3513
中日全权大臣会议东三省事宜节录第五号（三十日） …… 3514
中日全权大臣会议东三省事宜节录第六号（十一月初二日） …… 3515
中日全权大臣会议东三省事宜节录第七号　附附件一件（初三日） …… 3516
中日全权大臣会议东三省事宜节录第八号　附附件一件（初四日） …… 3519

清季外交史料卷一百九十四　光绪三十一年十一月中 …… 3522
中日全权大臣会议东三省事宜节录第九号　附附件一件（十一月初六日） …… 3522
中日全权大臣会议东三省事宜节录第十号　附附件四件（初七日） …… 3523
中日全权大臣会议东三省事宜节录第十一号　附附件一件（初八日） …… 3525
中日全权大臣会议东三省事宜节录第十二号（初十日） …… 3527
中日全权大臣会议东三省事宜节录第十三号　附附件二件（十二日） …… 3527
中日全权大臣会议东三省事宜节录第十四号（十三日） …… 3529

中日全权大臣会议东三省事宜节录第十五号　附附件四件（十四日）…………3530
中日全权大臣会议东三省事宜节录第十六号　附附件四件（十六日）…………3531
中日全权大臣会议东三省事宜节录第十七号　附附件一件（十七日）…………3533
中日全权大臣会议东三省事宜节录第十八号　附附件四件（十九日）…………3534
中日全权大臣会议东三省事宜节录第十九号　附附件七件（二十一日）………3535
中日全权大臣会议东三省事宜节录第二十号　附附件一件（二十二日）………3539
中日全权大臣会议东三省事宜节录第二十一号（二十三日）…………………3540
中日全权大臣会议东三省事宜节录第二十二号（二十六日）…………………3541
附录中日会议节录内存记条文…………………………………………………3541

清季外交史料卷一百九十五　光绪三十一年十一月下至十二月…………………3544
署黑龙江将军程德全奏陈东省中俄交涉善后情形请饬核议厘订折
（十一月二十日）………………………………………………………………3544
德使穆默致外部钞送北京使馆界内章程函　附章程及规章（二十三日）………3546
中日会议东三省事宜正约　附附约（二十六日）………………………………3548
外部奏新设驻和专馆核定常年经费折（十二月初一日）………………………3550
直督袁世凯等会奏胶州高密撤退德兵订立善后条款折　附撤兵条款暨工程卖契
（初二日）………………………………………………………………………3550
外部奏中日议订条约请旨批准以备互换折（十五日）…………………………3553
署黑龙江将军程德全奏东事日迫亟宜全力经营折（十六日）…………………3554
直督袁世凯奏秦王岛口岸增设常关以杜绕越折（二十三日）…………………3555

清季外交史料卷一百九十六　光绪三十二年正月至四月…………………………3556
议约大臣张荫棠致外部在印度与费使会议情形电（正月十三日）……………3556
直督袁世凯咨外部奉新电线日本请暂立借用合同应由贵部催速交还文　附合同
（十九日）………………………………………………………………………3557
谕各将军督抚切实保护外国人生命财产及各教堂（二月十三日）……………3558
铁路督办盛宣怀奏与英公司商废苏杭甬草合同折（二十六日）………………3559
外部奏中英两国商议藏约请旨办理折　附正约附约暨英藏条约（三月初一日）
…………………………………………………………………………………3560
外部奏中英议订藏约条款请简派大臣画押折（四月初一日）…………………3564
修订法律大臣沈家本等奏请设立专条惩治伪造外国银币罪犯折（初二日）…3564
鲁抚杨士骧等奏德兵全行撤退暨筹办善后情形折（初三日）…………………3565
镇江关道陶森甲呈外部据日商禀赴镇江运木筏电（初八日）…………………3566

浙抚张曾扬致外部拱宸桥开埠日要求专界未允无英领允认之据电（十一日）
………………………………………………………………………………………… 3567
外部致胡惟德俄派佛教人护送达赖断难允许电（十四日） ………………… 3567
刑部奏遵旨议复上海会审公堂刑章折（二十五日） ………………………… 3567

清季外交史料卷一百九十七　光绪三十二年闰四月 ………………………… 3570
沪道瑞澂致西班牙领事请查示改籍华人姓名函（闰四月初三日） ……… 3570
驻沪西班牙领事复沪道华人改籍须归西官管辖函（十五日） …………… 3570
鄂督张之洞奏沥陈粤汉铁路借款事据实复奏折　附合同暨还款清单（十五日）
………………………………………………………………………………………… 3571
沪道瑞澂致西班牙领事华人入西籍仍居本国自须遵守本国法律函（十九日）
………………………………………………………………………………………… 3579
中法会订江西南昌教案善后合同　附外部致法使照会八件（二十九日） ………… 3579
驻藏大臣有泰奏廓尔喀远道输诚遣使朝贡折（二十九日） ………………… 3582

清季外交史料卷一百九十八　光绪三十二年五月至八月 …………………… 3583
直督袁世凯咨外部与日官议定鸭浑两江军用木植合同文　附合同
（五月初十日） ……………………………………………………………… 3583
电政大臣袁世凯杨士琦致外部中日电约应由两国外交官提议电（二十九日）
………………………………………………………………………………………… 3584
外部咨杨枢日本现订渡航条件请向日外部声明文（二十九日） ………… 3584
使日杨枢咨外部渡航条件已向日外部指驳文　附照会（六月初五日） ………… 3585
外部商部奏议复华洋合办热河霍家地金矿合同折（初五日） …………… 3585
吕盛李三使致外部义领面递约稿已饬税司核校电（初七日） …………… 3587
使日杨枢致外部日设关东都督府再四辩论坚执一词电（二十二日） ………… 3587
盛京将军赵尔巽致外部日人强占辽阳等处煤矿请商日使阻止电（二十三日）
………………………………………………………………………………………… 3587
直督袁世凯等奏奉省筹办开埠拟于安东县大东沟设立海关以东边道兼充监督折
（七月初十日） ……………………………………………………………… 3588
署闽督崇善致外部闽省脑务由官设局请与英使辩明电（十四日） ……… 3588
吕盛李三使致外部义约拟略予通融请酌核电（二十二日） ………………… 3589
外部致胡惟德现择定满洲里绥芬河设税关希商俄外部电（二十六日） ……… 3590
鄂督张之洞致外部及袁吕盛伍义约窒碍极多祈裁酌电（二十七日） ………… 3590

塔尔巴哈台办事大臣安成致胡惟德唐古忒属哈户逃俄请商俄外部转饬送回电（八月初七日）…… 3590
吉林将军萨保致外部日兵在磐石县测绘并编门牌有东通延吉之势电（十二日）…… 3591
使俄胡惟德致外部俄户部面允中国照约设关电（十九日）…… 3592
使日杨枢咨外部日外部谓俄于关东设有总督现日本不愿改此制度文（二十日）…… 3592
使日杨枢致外部已请日外部将决不于租借地外侵占分毫之说行文照复函（二十五日）…… 3593
吕盛李三使致外部义约多方劝导或可就范电（二十七日）…… 3593
户部奏奉天安东大东沟开埠经费由奉省筹措俟开关征税归还片（三十日）…… 3594
中德续订通商行船条约 …… 3594

清季外交史料卷一百九十九 **光绪三十二年九月至十一月** …… 3598
驻奉日领萩原致赵尔巽辩论交涉权限请见复照会（九月初五日）…… 3598
和使欧登科致外部复州煤窑雷德补于日俄开仗失去财产请转令赔补照会（初六日）…… 3598
粤督岑春煊咨外部桂边丘利岭系华地现植石碑法员已允了结文（初十日）…… 3599
户部咨外部准程德全咨请商俄员交还瑷珲城文 附咨（十三日）…… 3600
盛京将军赵尔巽复萩原交涉事件由交涉局办理照会（十三日）…… 3601
驻奉日领萩原致赵尔巽以后重大事件当向贵督交涉照会（十五日）…… 3602
盛京将军赵尔巽复萩原总领事与道台同品应按约章办理照会（十七日）…… 3602
署黑龙江将军程德全咨外部准俄员称日本请撤四平街外交政府俄已允准文（十七日）…… 3603
署黑龙江将军程德全致外部札萨克图郡王向俄人称贷陈明挽救情形函（二十三日）…… 3603
吉林将军副都统咨外部日人到处滋事私贩枪械文（二十七日）…… 3604
驻藏帮办联豫奏报出关赴藏沿途察看情形折（十月初八日）…… 3605
日使林权助致外部日人未领护照在吉林滋事各节已行知驻满各领查照办理照会（初八日）…… 3606
塔尔巴哈台办事大臣安成致胡惟德请商俄外部饬领事送回逃哈电（十六日）…… 3606
盛京将军赵尔巽致外部日人强运黄草坪苇草韩人占大小柳坪请商日使勘界文

（十八日） …… 3607
俄使璞科第致外部俄让关东半岛于日贵国政府有无异词请核复照会
（二十五日） …… 3608
直督袁世凯奏与日员会订交收营口地面字据折 附条款另单附件暨咨文
（十一月初十日） …… 3608
外部咨张鸣岐广西官绅筹筑铁路勘路时须不背法使商允之案以免藉口文
（十一日） …… 3611
外部致日使日军据奉天千山台煤矿请速交还照会（十一日） …… 3612
直督袁世凯等奏报日本交还营口关税余款折（十七日） …… 3613

清季外交史料卷二百 光绪三十二年十二月 …… 3614
盛京将军赵尔巽致外部日本一国不得另划专界电（十二月初一日） …… 3614
署黑龙江将军程德全奏江省创修铁路藉固边防折（初一日） …… 3614
署黑龙江将军程德全奏请设满洲里税关片（初一日） …… 3615
外部致英使朱迩典英拟修新腾铁路与约不符照会（十一日） …… 3615
外部奏与中英公司订定九广铁路借款合同折 附合同暨表（二十五日） …… 3616
邮传部咨张之洞处置汉口日本租界办法文 附专约（二十九日） …… 3624

清季外交史料卷二百零一 光绪三十三年正月至二月 …… 3627
外部致赵尔巽大连湾设关事已与日使酌办电（正月初九日） …… 3627
吉林将军达桂致外部日领谓内地不准杂居为违约请据理晤商电（十一日） … 3627
吉林将军达桂致外部日领动引会议录究有几种请速寄电（二十五日） …… 3628
外部致达桂日员所引如为约章所无者电商本部电（二十七日） …… 3628
外部致浙抚张曾扬日商在衢租栈买脑不准悬牌电（二十八日） …… 3628
外部致英使朱迩典商务委员并非禁止英员与藏民直接交易希饬和平办事节略
（二十八日） …… 3628
赵尔巽袁世凯致外部请与日使议订满韩陆路通商专章电（二月初一日） …… 3629
盛京将军赵尔巽致枢垣遵筹东三省应办事宜电（初三日） …… 3630
驻藏大臣联豫奏详陈藏中情形及拟办事宜折 附清折（初五日） …… 3631
河南开封道致美领马墩商办鸡公山案请见复照会（初六日） …… 3633
驻汉美领马墩复开封道鸡公山案已公举英领与张督之洞商办照会（十四日）
…… 3634
河南开封道致马墩牧师在鸡公山买地转售与约不符仍请撤退照会（十七日）
…… 3635

邮传部奏汴洛铁路工款不敷拟续借比款折（十八日） …… 3636
鄂督张之洞致邮传部英商愿借款修路请由部借鄂还电（十八日） …… 3637
湘抚岑春蓂致外部日商如抗缴认定之捐前许留船码头地段亦拟作废电（二十一日） …… 3638
吉林将军达桂致外部自办吉长路日领并无异言电（二十六日） …… 3638
直督袁世凯致外部铁奉两处护路兵请商令在路界内屯扎电（三十日） …… 3638
吉林将军达桂致外部日领拟在头道沟买地建房请据约驳斥电（三十日） …… 3639
外部致赵尔巽日军撤退应按自治全权经理整顿电（三十日） …… 3639
外部致赵尔巽护路兵警有无区别希密察电达电（三十日） …… 3639

清季外交史料卷二百零二　光绪三十三年三月至四月 …… 3640
盛京将军赵尔巽致外部日设护路警队请照会撤废电（三月初一日） …… 3640
盛京将军赵尔巽致外部日军撤退已派队填扎电（初二日） …… 3640
吉林将军达桂奏日人私售枪械济匪并俄军撤后情形折（初七日） …… 3640
吉林将军达桂致外部日欲在头道沟东头设站请力争电（初七日） …… 3641
外部奏收回新奉添造吉长等铁路议订条款会同画押折（十一日） …… 3642
直督袁世凯致外部复核日交木植合同大纲请示电（十三日） …… 3643
外部致达桂日使不愿变更头道沟车站希筹复电（十七日） …… 3644
塔尔巴哈台办事大臣安成致外部塔哈逃俄已陆续回牧电（二十一日） …… 3644
前使英汪大燮咨民政部查报英伦及南洋群岛华侨情形文（二十五日） …… 3644
谕陆征祥充保和会专使钱恂充出使和国大臣（二十五日） …… 3646
度支部奏遵议广东筹借洋债由粤自行筹还办法折（二十六日） …… 3646
外部致赵尔巽日商私订开矿合同应切实谕禁电（二十七日） …… 3647
外部咨袁世凯改订青岛制成货物征税新章希查照文　附续立附件（二十八日） …… 3647
河南开封道致美领教士转卖鸡公山地请持平速结照会（四月初一日） …… 3649
日使林权助致外部高景贤被杀案请速结函　附日外部电（初九日） …… 3649
盛京将军赵尔巽致外部高景贤行凶案请从严抗拒函　附照会稿（初十日） …… 3650
外部致胡惟德希向俄廷声明查禁洋商私运枪械电（初十日） …… 3652
盛京将军赵尔巽致外部日在奉天设警署请商日使撤废电（初十日） …… 3652

清季外交史料卷二百零三　光绪三十三年五月至六月 …… 3653
盛京将军赵尔巽致外部日迫收渔税屡议屡罢请由新任严诘函（五月初四日） …… 3653

东督徐世昌奉抚唐绍仪致外部辽阳凤凰城两处请从缓开埠电（初九日）…… 3653
使法刘式训致外部法日协约似有干涉我边务意电（初九日）…… 3654
徐世昌唐绍仪致外部江浙采木公司碍难停办电（初十日）…… 3654
外部咨徐世昌和人雷得补索偿事请核办见复文（初十日）…… 3654
商约大臣盛宣怀致外部奉旨在沪续议商约仍会商袁张二督筹议电（十五日）…… 3655
外部致俄使订定北满洲税关章程照会 二件附章程（二十六日）…… 3655
俄使复外部北满设立税关已转知哈尔滨领事照会（二十八日）…… 3656
鄂督张之洞致外部美商火油池划入日本租界电（二十九日）…… 3657
外部咨南北洋大臣北满洲税关定期开关文（六月初一日）…… 3657
旨李家驹著充出使日本国大臣（初三日）…… 3657
外部致和使准东督咨雷得补索偿事断难承认照会（初七日）…… 3658
闽督松寿咨外部商部建邵汀三矿废约请立案文（初七日）…… 3658
外部致柔克义教会租买公产须添载美国字样照会（初十日）…… 3659
日俄满洲铁路条约 附草约暨附件（十七日）…… 3659
驻韩总领事马廷亮致外部日韩订协约用人行政权归统监电（十七日）…… 3662
美使柔克义致外部教堂公产系指教会坐落而言希分咨各省照会（十八日）… 3662
东督徐世昌致外部安东铁路不能任日本驻兵电（十九日）…… 3663
徐世昌唐绍仪致外部中韩边界未勘请饬马廷亮派员携图卷到奉电（二十日）…… 3663
专使陆征祥使和钱恂致外部请宣布立宪宗旨电（二十一日）…… 3663
外部复柔克义美教会公产添永租字样可照允照会（二十二日）…… 3663
徐世昌唐绍仪致枢垣日本外交狡猾敬陈愚忱电（二十七日）…… 3664
东督徐世昌吉抚陈昭常咨外部傅常胜与俄商互欠款项请商俄使核办文 附字据（二十九日）…… 3664

清季外交史料卷二百零四　光绪三十三年七月 …… 3666
徐世昌唐绍仪致外部安东铁路中日条约并无免税明文电（七日初四日）…… 3666
外部致刘式训杨枢日法协约内所称中国地面他国不应干预电（初九日）…… 3666
外部致徐世昌唐绍仪日俄两使送来日俄协约希查照电 附协约（十一日）…… 3666
东督徐世昌咨外部韩民勾串日人侵占黄草坪苇塘一案请赐复文（十二日）… 3667
外部致徐世昌陈昭常日派员至间岛保护希相机布置电（十三日）…… 3668
徐世昌唐绍仪致外部日人强立间岛名目已派员筹办电（十八日）…… 3668
东督徐世昌致外部据朱家宝电延吉平静请商日使撤兵电（十八日）…… 3668

外部奏复陈筹议禁烟与各国商定办法折 附上谕暨英使照会（十八日） ……… 3669
东督徐世昌等奏通事王文渡勾串俄兵伤毙多命已饬正法片（二十日） ……… 3672
外部致俄使开矿伐木合同已电东督签字照会 附合同二件（二十二日） ……… 3672
使俄胡惟德致外部海参崴赔款现经各部议准电（二十二日） ………………… 3675
外部奏译呈义国国书并恭拟答复国书折 附来往国书（二十二日） …………… 3676
使和钱恂奏和属华侨情形谨据闻见所及缕陈折（二十二日） ………………… 3676
外部致徐世昌唐绍仪请商日廷撤回间岛日兵电（二十六日） ………………… 3679

清季外交史料卷二百零五 **光绪三十三年八月** ………………………………………… 3681
使俄胡惟德致外部崴埠赔款俄未允偿电（八月初二日） ……………………… 3681
外部致日代使阿部东省延长关外路线系便利我国交通与南满铁路无涉照会
（初三日） …………………………………………………………………………… 3681
徐世昌唐绍仪致外部商定安奉铁路不改路线及沿路矿业办法五款电（初四日）
…………………………………………………………………………………………… 3682
鲁抚杨士骧奏改订山东五处矿务合同折 附合同暨函稿（初五日） …………… 3682
外部致杨枢派员会勘延吉界希商日外部撤兵电（十二日） ……………………… 3687
外部奏请颁给赴英日德等国考察宪政大臣国书折（十六日） ………………… 3687
英驻俄使尼高逊致俄外部限制考查格致人入藏照会 附条款暨附款（十八日）
…………………………………………………………………………………………… 3688
俄外部复尼高逊允认限制考查格致人入藏照会（十八日） …………………… 3689
外部咨袁世凯中日会订大连设关征税办法暨试办章程文
附章程办法申文暨税务处来往咨文等（二十二日） ……………………………… 3689
徐世昌唐绍仪致外部复州五湖嘴煤窑案既经商妥应准续开函（二十八日） … 3699

清季外交史料卷二百零六 **光绪三十三年九月** ………………………………………… 3700
东督徐世昌咨外部铁路界内俄使请勿驻兵一节恐匪势复燃同受其害文
（九月初七日） …………………………………………………………………… 3700
外部致日代使阿部关外铁路敷设新线距离南满干路总不减于欧美惯例照会
（十一日） ………………………………………………………………………… 3701
汉冶萍督办盛宣怀奏商办汉冶萍煤矿渐著成效亟应扩充股本合并公司折
（十二日） ………………………………………………………………………… 3702
汉冶萍督办盛宣怀奏众股商请改督办为总理片（十二日） …………………… 3704
汉冶萍督办盛宣怀奏拟派李维格充汉冶萍公司协理片（十二日） …………… 3704
外部奏苏杭甬铁路历年商论情形及现议借款办法折 附上谕（十四日） ……… 3705

江浙铁路公司咨呈江督端方路工已成无须借款文（十八日） …………………… 3707
使日李家驹致外部晤林董云延吉界务暂以日俄战前为定请布置电（十八日） …………………………………………………………………………………… 3708
闽学生会呈外部日僧干涉内政请据约令其撤回电（二十二日） ……………… 3708
外部致徐世昌朱家宝伊藤统监既严戒斋藤勿出范围希约束该处文武电（二十三日） ………………………………………………………………… 3709
外部致驻韩领事马廷亮本国向无间岛名目电（二十三日） …………………… 3709
奉天安东县士民呈外部王化成扰害地方请严惩禀（二十五日） ……………… 3709
东督徐世昌致外部程光第勾通日人觊觎矿产电（二十八日） ………………… 3710

清季外史料卷二百零七　光绪三十三年十月

清季外史料卷二百零七　光绪三十三年十月 ………………………………………………… 3712
督办闽粤农工路矿张振勋咨外部华商自办广澳铁路拟订章程请奏明立案文附清折（十月初二日） …………………………………………………………… 3712
邮传部奏接收新奉铁路及增改工程筹拨款项折（初四日） …………………… 3715
鄂督赵尔巽致外部日本在租界外买地拟即赎回电（初八日） ………………… 3715
外部致日使林权助吉长铁路派员会勘俟日本工程师派定知照本部照会（十一日） ……………………………………………………………………… 3716
徐世昌唐绍仪致外部拟与保龄公司订立建筑新法铁路协定节略函附节略及草合同（十五日） ………………………………………………………… 3716
徐世昌唐绍仪致枢垣外部请简马廷亮为安东道电（十八日） ………………… 3719
外部奏复陈苏杭甬铁路借款磋商为难情形折（二十四日） …………………… 3719
东督徐世昌致外部日在延吉明攘司法暗攘领土电（二十四日） ……………… 3721
徐世昌唐绍仪致外部关外延长路线不能因日人干涉停止电（二十五日） …… 3722
东督徐世昌致外部天宝山案分为三段立论日人不允电（二十八日） ………… 3722

清季外交史料卷二百零八　光绪三十三年十一月

清季外交史料卷二百零八　光绪三十三年十一月 ………………………………………… 3724
东督徐世昌致外部斋藤自认无行政权今公然越分请设法撤去电（十一月初一日） …………………………………………………………… 3724
徐世昌唐绍仪致外部间岛交涉当速解决各国公论尚在勿使布置完全电（初五日） ………………………………………………………………… 3724
徐世昌唐绍仪致外部日韩暗扰延吉应付为难电（初六日） …………………… 3725
外部致林权助京奉建桥无损南满请饬公司派员会勘照会（初七日） ………… 3727
东督徐世昌咨外部接展关外铁路系我内政外人不得干预请据理力争文（初八日） ………………………………………………………………… 3728

邮传部奏派员会勘吉长铁路估计工需以便兴筑折（十八日） …………………… 3729
外部致李经方请英国劝日本闭歇南满铁路境外电局电（二十日） …………… 3729
徐世昌朱家宝致外部延吉厅并无钟城间岛之名恳与日使驳论电（二十日） … 3729
外部奏请颁给驻扎各国属地总领事委任敕谕折（二十一日） …………………… 3730
徐世昌朱家宝致外部天宝山矿案日领蛮横无理请告日使撤换函
附呈文照会暨函稿共十一件（二十七日） …………………………………………… 3731
徐世昌朱家宝致外部天宝山矿案颇有转圜并延吉添办巡警电（二十九日） … 3738
东督徐世昌致枢垣报巡视吉江情形拟切实筹画电（三十日） …………………… 3739

清季外交史料卷二百零九　光绪三十三年十二月 ……………………………………… 3740
外部等会奏津镇铁路改为津浦与德英两公司改定借款合同折（十二月初十日）
……………………………………………………………………………………………… 3740
外部等会奏津浦借款合同业经画押请派员督办折　附合同（十八日） ………… 3742
外部致英使朱迩典山西与福公司议订赎回开矿制铁转运各合同照会　附合同
（十八日） ………………………………………………………………………………… 3746
徐世昌唐绍仪致外部日拟于安东修桥过江使京义安奉相接于我商务界务均有关
碍请酌核电　附原呈（十八日） ……………………………………………………… 3748
税务处札总税司东省开埠免重征专照章程文　附章程（二十四日） …………… 3749
吉林地方自治会呈外部请争间岛并附呈中韩国界历史地图文　附历史一册
（二十五日） ……………………………………………………………………………… 3750
东督徐世昌吉抚朱家宝奏吉省现办边务情形折（二十六日） …………………… 3755

清季外交史料卷二百一十　光绪三十四年正月 ……………………………………… 3757
粤督张人骏致外部辰丸私运军火应按约充公电（正月初六日） ………………… 3757
日使林权助致外部辰丸被粤扣留奉令抗议希饬速放照会（十三日） ………… 3757
外部致张人骏辰丸事日使提出抗议请由粤商结电（十四日） …………………… 3758
粤督张人骏复外部日船确运军火请会讯后定夺电（十六日） …………………… 3758
粤督张人骏致外部辰丸事请商日使照章会讯电（十七日） ……………………… 3759
葡使致外部华船在葡领海捕获日船祈饬速放照会（十七日） …………………… 3759
税务大臣咨外部据拱北关电捕获私运枪械日轮文（十九日） …………………… 3760
粤督张人骏致外部日船在中国海面被获非葡领电（十九日） …………………… 3760
外部奏译呈巴西国国书并恭拟答复国书折　附来往国书（二十日） ………… 3760
黑抚程德全致外部俄请于头道沟设商埠已驳拒电（二十四日） ………………… 3761
外部致张人骏税司赫德条议处置捕获日船办法电（二十九日） ………………… 3762

考察商务大臣杨士琦奏考察南洋华侨商业情形折（二十九日） ……………… 3763
使日李家驹致外部辰丸事日外部不允会讯电（二十九日） …………………… 3765
粤督张人骏致外部日运枪械确系济匪倘先放船便无质证电（三十日） ……… 3765
粤督张人骏致外部先释日船日领不肯具结不许起械电（二月初二日） ……… 3766
日使林权助与那中堂等会商二辰丸案语录（初二日） ………………………… 3766
粤督张人骏致外部条复赫税司论日船事祈核示电（初三日） ………………… 3768

清季外交史料卷二百十一　光绪三十四年二月上 ………………………………… 3770
外部致张人骏李家驹辰丸停泊之所系中国领海电（二月初三日） …………… 3770
外部致张人骏辰丸案换旗与扣船分别办理电　附照会（初三日） …………… 3770
粤督张人骏致外部日船运械济匪若交涉失败则约章成废纸　二件（初四日） ………………………………………………………………………………… 3771
外务部邮传部会奏苏杭甬铁路改苏为沪与中英公司订立借款合同折　附合同（初四日） ………………………………………………………………… 3772
日使林权助致外部扣船一案送呈译文请答复节略（初四日） ………………… 3777
邮传部奏拟订新奉吉长铁路借款续约折　附续约合同暨条款（初五日） ……… 3778
总税司赫德呈外部辰丸案请商日使以便结案函（初五日） …………………… 3782
外部致林权助辰丸案仍请照章会审秉公商结节略（初五日） ………………… 3782

清季外交史料卷二百十二　光绪三十四年二月下 ………………………………… 3784
粤督张人骏致外部录呈代日船驳运军火船户梁亚池等供词电（二月初七日） ………………………………………………………………………………… 3784
外部致张人骏日使节略是否相符希妥筹速复电（初八日） …………………… 3784
外部致葡使日船系在中国领海被获澳门不应发给执照照会（初八日） ……… 3785
外部致使俄萨荫图辰丸在中国海停卸军火希与彼邦人士谈及并转驻欧美各使电（初九日） ………………………………………………………………… 3786
粤督张人骏致外部辰丸军火系澳门华商广和店所购电（初十日） …………… 3786
外部致张人骏粤商会干预辰丸案希饬属查办电（初十日） …………………… 3787
日使林权助致外部扣留辰丸提议赔偿损害请照允照会（十一日） …………… 3787
鲁抚胡廷干咨外部胶济铁路接修小清河叉路拨款归垫已批准文（十二日） ………………………………………………………………………………… 3788
粤督张人骏致外部日舰果来夺船可听其所为不可先行释船电（十二日） …… 3788
外部致林权助辰丸案贵政府愿和平办结足征顾念邦交节略（十三日） ……… 3789
粤督张人骏致外部辰丸案粤绅来函颇具条理呈请采择电（十三日） ………… 3790

粤督张人骏致外部中国如价买辰丸军火则不能赔偿及惩官电（十三日） …… 3790
粤督张人骏致外部辰丸案日人屈于公论已渐和平乞坚持电（十四日） ……… 3791
外部致张人骏日船案领海与禁运均可办到宜速商结电（十四日） ………… 3791
日使林权助致外部日船案贵部所允办法日政府并无异言照会 二件（十五日）
…………………………………………………………………………………… 3792
粤督张人骏致外部请与日使订章严禁私运军火电（十六日） …………… 3792
外部致张人骏辰丸案办结情形请晓谕绅民电（十八日） ………………… 3792
外部致葡使请商澳门政厅嗣后勿给军火执照照会（十九日） …………… 3793
沪道梁如浩呈外部抵制日货查无其事已遵谕妥为消弭电（二十日） ………… 3794
外部奏议复使德孙宝琦沥陈外交事宜折（二十日） ……………………… 3794
粤督张人骏致外部检验辰丸军火数目似有分运电（二十三日） ………… 3795
外部致林权助商议查禁军火办法六条照会（二十四日） ………………… 3795

清季外交史料卷二百十三　光绪三十四年三月 ……………………………………… 3797
农工商部侍郎杨士琦奏遵核暹罗订约通使事宜折（三月初四日） ………… 3797
农工商部侍郎杨士琦奏请设西贡河内爪哇领事片（初四日） …………… 3798
粤督张人骏致外部抵制日货事已出示严禁电（初四日） ………………… 3798
东督徐世昌致外部天宝山等案与日使相机因应函（初九日） …………… 3799
东督徐世昌咨外部日占金州隙地请照约索还自行治理文（十三日） ………… 3800
奉天省各商埠租地简章（十四日） ……………………………………… 3801
使法刘式训致外部辰丸案法京舆论为日本操持电（十八日） …………… 3802
津浦铁路大臣孙宝琦等咨鲁抚杨士骧德筑山东铁路如何办理希查复文
（二十日） ………………………………………………………………… 3803
科布多办事大臣锡恒奏布伦托海拟设委员以资佐理折（二十六日） ………… 3803
黑抚程德全奏改订东省铁路公司购地伐木合同折 附合同三件（二十六日）
…………………………………………………………………………………… 3804
东督徐世昌致外部李范允等在珲春招兵已严禁函（二十七日） ………… 3810
葡使柏致外部澳门禁运军火事已转本国照会 附节略（二十八日） ……… 3810
外部奏与各国议允定期禁止贩运莫啡鸦办法折（二十八日） …………… 3811

清季外交史料卷二百十四　光绪三十四年四月至五月 ……………………………… 3813
外部致日使林权助接展新法铁路系为发达地方不能作为附近并行线照会
（四月初七日） …………………………………………………………… 3813
外部致使英李经方新法距南满路甚远希告英廷电（初八日） …………… 3814

外部尚书那桐与葡森使商议澳门禁运军火事语录（初九日） …………………… 3814
日代使阿部致外部广东排斥日货请饬镇压节略（初九日） …………………… 3815
外部致使法刘式训澳门禁运军火事酌拟办法三条请商葡外部允办电（十七日） …………………………………………………………………………… 3815
外部奏中日合办鸭绿江右岸木植订定采木公司章程折 附章程二件备考书暨合同各一件（二十二日） ………………………… 3816
奉抚唐绍仪致外部日人在辽源设机关派人测绘勾结各蒙旗用心叵测函 附原函（二十四日） …………………………………………………………… 3822
外部致阿部希将附近并行线之义详明解释照会（五月初六日） ………………… 3822
东督徐世昌致外部图们江北渡权向属中国今日本强设渡船请力争电（十五日） …………………………………………………………………………… 3823
外部致阿部中日互禁军火事希照允施行照会（二十一日） …………………… 3823
外部致徐世昌已商日使停止设渡并撤退宪兵电（二十六日） ………………… 3824
日代使阿部致外部新法铁路于南满线影响甚大请容纳劝告照会（二十九日） …………………………………………………………………………… 3824

清季外交史料卷二百十五　光绪三十四年六月至七月 …………………………… 3826
驻韩总领事马廷亮致外部日统监不肯停渡撤兵电（六月初二日） …………… 3826
外部奏中瑞修改通商条约请旨派员画押折 附条约（初二日） ……………… 3826
外部奏议复察哈尔都统诚勋奏请开辟张垣商埠折（初二日） ………………… 3831
外部致使日李家驹请商日外部停止设渡并撤兵电（初六日） ………………… 3832
外部致徐世昌停渡撤兵事请协商限制稽察之约电（初九日） ………………… 3832
东督徐世昌致外部抚顺煤矿中日合办请商日使电（十三日） ………………… 3832
东督徐世昌致外部渡口事日人有进无退请力争电（十六日） ………………… 3833
东督徐世昌致外部日人连战皆败闻庆源府已失已派兵防范韩人电（十九日） …………………………………………………………………………… 3833
谕派唐绍仪使美致谢减收赔款事电（二十日） ……………………………… 3833
东督徐世昌致外部日于鸭绿江建桥倘著著进行恐行政权随之以去请筹抵制函（二十三日） …………………………………………………………… 3833
外部致日代使阿部韩李党如窜入华界当极力处置毋庸疑虑照会（二十四日） …………………………………………………………………………… 3834
专使美国唐绍仪奏请实行商约速定币制折（二十九日） …………………… 3834
外部致徐世昌请严防日人增兵添械以杜后患电（七月十七日） …………… 3835
东督徐世昌致外部日于临江县对岸添兵已饬预防函 附临江县条陈（十八日）

…… 3835

清季外交史料卷二百十六　光绪三十四年八月上 …… 3838

直督杨士骧奏遵筹滦州煤矿暨收回开平局产片（八月初二日） …… 3838

外部致胡惟德日在延吉势力愈张请向日外部严词诘问电（初八日） …… 3838

边防大臣赵尔丰致外部沥陈筹办藏务为难情形请如数拨款函　附外部丞参签注（十四日） …… 3839

外部奏中美订立公断专约请派员画押折　附专约（十六日） …… 3843

外部等奏议复西藏通商章程及筹拨的款折（二十六日） …… 3844

外部致徐世昌日使请惩办夺犯拘官之延吉华官电（二十二日） …… 3847

粤督张人骏致外部蒲岛系中国地拟立标志电（二十三日） …… 3848

东督徐世昌致外部日人在延吉扩张势力及禁挂龙旗电（二十六日） …… 3848

外部致徐世昌日小村称间岛未派宪兵千名电（二十六日） …… 3849

清季外交史料卷二百十七　光绪三十四年八月下至十月 …… 3850

外部奏中英修订藏印通商章程请旨批准折　附章程（八月二十六日） …… 3850

江督端方致外部请宣布蒲拉他岛为中国属岛电（二十九日） …… 3853

东督徐世昌致外部已派宪兵至百草沟设派办所电（二十九日） …… 3854

东督徐世昌致外部本溪湖煤矿及日本交收电线需款请由汇丰借款内拨付电（九月十二日） …… 3854

东督徐世昌等奏陈筹办延吉边务并宜早定办法折（二十日） …… 3855

东督徐世昌致外部日人在茂功社修房不服阻止枪伤我警多名请向日使严诘电（二十一日） …… 3857

徐世昌陈昭常致外部日人枪伤我警请乘机勘界电（二十一日） …… 3858

外部致唐绍仪延吉日兵枪毙我巡弁希向日外部严诘电　三件（二十二日） …… 3858

专使唐绍仪致外部晤日小村商延吉作为自开商埠又吉长路线由我择定电（二十五日） …… 3860

外部致唐绍仪日兵击毙华人要求五事希商日廷电（二十六日） …… 3860

外部致唐绍仪据日使称日兵枪毙我警已电政府电（二十七日） …… 3861

外部致徐世昌据唐绍仪所拟解决延吉办法极妥希筹复电（二十八日） …… 3861

东督徐世昌致外部日于图们江设桥请严诘拆毁电（二十九日） …… 3862

粤督张人骏致外部辰丸案日领要求赔偿业允撤销文　附日领函（十月二十九日） …… 3862

清季外交史料卷二百十八　光绪三十四年十一月至十二月 …………………………… 3864
专使唐绍仪致外部美使送示与日人互换照会电（十一月初二日） …………… 3864
东督徐世昌致外部延吉界务虽可解决日人殖民政策势将实行函　附原呈（初四日） ………………………………………………………………… 3864
粤督张人骏致外部香港排斥日货无关内地未便归咎粤省商会电（初七日） … 3865
使日胡惟德致外部报日美协约五条大旨电（初九日） ………………………… 3866
美使致外部请嘱东督遵约勿重征已纳进口税之洋货照会（十六日） ………… 3866
邮传部奏沪宁铁路全路工程完竣情形折（二十日） …………………………… 3867
东督徐世昌致外部日人在火狐狸沟毙我弁兵案钞送延吉厅调查续禀函（二十八日） ………………………………………………………………… 3867
外部致徐世昌拟与日使商东省案希检卷送部电　二件（二十九日） ………… 3870
东督徐世昌致外部东省各案已饬局筹度并呈部电（十二月初三日） ………… 3871
专使唐绍仪致外部日谓南满路接通沈阳应先商明里数电（初七日） ………… 3871
外部奏各国在沪会议禁烟请派员督率开会折（初八日） ……………………… 3872
外部咨粤督滇督桂抚越匪勾结党羽已与法使商禁文　附章程（十三日） …… 3872
邮传部奏收回东清路日俄电报订立合同折　附电约暨合同（十五日） ……… 3873
邮传部致外部中日电约删去胶连别约字样函（十五日） ……………………… 3878
邮传部奏注销京汉铁路借款行车各合同并接收情形折（十五日） …………… 3878

清光绪朝外交史料跋 ………………………………………………………………… 3880
清光绪朝外交史料校勘记 …………………………………………………………… 3882

清宣统朝外交史料

清宣统朝外交史料序 ………………………………………………………………… 3885
清宣统朝外交史料卷一　宣统元年正月至二月上 ……………………………… 3886
谕梁敦彦邹嘉来着补授外务部尚书侍郎（正月初二日） ……………………… 3886
江督端方致外部铜官山矿私招日股与合同不符电（正月初三日） …………… 3886
外部致徐世昌拟照合同选派南满路总办电（初五日） ………………………… 3886
外部尚书梁敦彦与日使伊集院会议延吉界务语录（初六日） ………………… 3887
外部致张人骏准刘使电与葡外部磋商澳门勘界办法希核复电（初六日） …… 3887
东督徐世昌致外部请派大员综理东清南满路务电（初七日） ………………… 3888
使美伍廷芳致外部闻革党由美运炸药来华举事已饬各领严防电（初七日） … 3888
外部致徐世昌日使请造郑家屯支路万难商办惟出彰武台门往西筑造有无利益希查复电（初七日） ………………………………………………………… 3889

东督徐世昌复外部日使商办铁岭至郑家屯铁路万难允准至彰武台门往西筑路无益电（初九日） …… 3889
日使伊集院致外部拟修筑安奉路请派员会同商办照会（初十日） …… 3890
外部致徐世昌希照会日领会同勘估安奉路电（初十日） …… 3890
外部复英使驳拒推广上海租界北线照会（十一日） …… 3890
外部致俄使廓东省铁路轇轕不清拟赎回自办照会（十一日） …… 3891
东督徐世昌致外部请藉安奉事与日商京奉沈站电（十一日） …… 3891
东督徐世昌致外部报韩王偕伊藤巡阅鸭绿江另有用意电（十二日） …… 3892
东督徐世昌致外部据报日人在韩军事举动函（十三日） …… 3892
外部致萨荫图拟赎回东省铁路希商俄外部照允电（十三日） …… 3893
使俄萨荫图复外部赎路事俄外部称俟各部会议后定夺电（十四日） …… 3893
外部复伊集院安奉路未按期改筑本应作废现通融照办照会（十四日） …… 3893
外部咨邮部请派员会勘安奉铁路并见复文（十四日） …… 3894
日使伊集院面递外部关于东三省六案事节略（十六日） …… 3894
东督徐世昌致外部日在延吉调查韩人户口编订门牌请催日使速禁函（十六日） …… 3896
使俄萨荫图致外部俄允赎路请示应付之法电（十七日） …… 3897
外部致张人骏准刘使电澳门事葡请两国各派员会勘电（十七日） …… 3897
外部咨徐世昌美使请停征东省各埠不合理税项请核复文（十八日） …… 3897
邮部致外部安奉路工程应由部遴选工程司赴奉会勘文（二十日） …… 3898
外部奏中美公断专约请旨批准折（二十日） …… 3899
外部尚书梁敦彦与伊集院会议东省路矿及延吉韩人管辖权事语录（二十日） …… 3899
外部致沿江沿海各督抚闻革党抵大阪请饬严防电（二十日） …… 3901
使法刘式训致外部与葡外部订期实行派员撤兵撤舰各端并请允认专使电（二十日） …… 3901
军机处致滇督粤督驻法刘使高交涉使奉旨派高而谦办澳门勘界事宜电（二十一日） …… 3902
外部致高而谦迅与粤督商勘澳界事电（二十一日） …… 3902
粤督张人骏复外部葡领云澳门勘界请先议撤舰撤兵等事以示和平电（二十三日） …… 3902
鄂督陈夔龙致枢垣外部革党散布伪照伪函请商日廷访拿电（二十四日） …… 3903
外部致沈秉堃法使诘辩滇案希示证据电（二十四日） …… 3903
外部侍郎邹嘉来与法使议龙州假道运盐事语录（二十六日） …… 3903

外部尚书梁敦彦与伊集院议延吉领土权韩人裁判权及路矿事语录（二十七日）
………………………………………………………………………… 3904
驻藏大臣赵尔丰致枢垣拟规复三瞻以固边圉电（二十七日） ………………… 3906
军机处致赵尔巽联豫藏地介在强邻须设法经营电（二十七日） ……………… 3907
外部致张人骏中葡勘界宜内外协筹希与高而谦妥酌电（二十九日） ………… 3908
外部致徐世昌东省路矿及延吉界务等事希筹复电（二十九日） ……………… 3908
东督徐世昌致外部据陈昭常电与日交涉宜将界务权利划分清楚电
（二月初二日） …………………………………………………………… 3909
外部咨度支部税务处江孜亚东噶大克三处既开商埠派员监督文（初三日） … 3910
东督徐世昌致外部东省路矿及韩民征税裁判等事谨陈管见电（初三日） …… 3911
外部复徐世昌延吉裁判等事本部意见相同电（初三日） ……………………… 3912
驻藏大臣赵尔丰致枢垣藏番挑战惟有委曲隐忍电（初四日） ………………… 3912
东督徐世昌致外部报天宝山矿案历年经过情形电（初四日） ………………… 3913
东督徐世昌致外部天宝山矿与延吉界务截然两事万难与日合办电（初四日）
………………………………………………………………………… 3914
日使伊集院致外部禁止调查延吉韩民户口事已转行该管官宪照会（初四日）
………………………………………………………………………… 3914
外部咨商部崴商被灾赔款俄未允增应即商结文（初四日） …………………… 3914
护滇督沈秉堃复外部匪确由越来请与法使辩驳电（初五日） ………………… 3915
粤督张人骏复外部葡欲举澳门环岛而有之应妥酌办理电（初五日） ………… 3915
外部致胡惟德闻革党尚居日本希商外部令出境电（初六日） ………………… 3916
商部奏和兰将订新律令华侨入籍请饬速定国籍法折（初八日） ……………… 3916
外部致浙抚增韫日使谓杭州日租界被盗应归会审希查案核办电（初八日） … 3917
日使伊集院来外部言延吉领土权让与中国韩民裁判权归日本语录（初十日）
………………………………………………………………………… 3917
日使伊集院面递外部请允日本在延吉设领署六处节略（初十日） …………… 3918
外部复美使费奉省洋货欲免厘捐须实行加税免厘照会（十四日） …………… 3919

清宣统朝外交史料卷二　宣统元年二月下至闰二月上 ……………………………… 3920
会议禁烟专员刘玉麟致外部译呈各国禁烟条款函（二月十五日） …………… 3920
外部致粤滇桂黔各督抚革党潜运枪枝到云贵希饬防范电（十七日） ………… 3921
美使费复外部东省若不照章征税于加税事反致迁延照会（十八日） ………… 3921
外部致美使费美孚在梧州起卸火油若立合同亦可通融函（二十三日） ……… 3922
使日胡惟德致外部应否雇探跟踪革党电（二十三日） ………………………… 3922

外部复胡惟德应雇密探续侦革党电（二十四日） …………………………… 3923
粤督张人骏致外部查明日商私据东沙岛请与日使交涉电（二十四日） ……… 3923
外部复张人骏东沙岛事请询日领俟其答复再办电（二十四日） ……………… 3923
使日胡惟德咨外部录呈日外务省所定驻华领事管辖区域文（二十六日） …… 3924
外部复伊集院中韩国界证据确凿逐节申辩节略（二十七日） ………………… 3926
外部参议曹汝霖与伊集院议延吉韩民裁判事语录 附外部致日使节略
（二十七日） ……………………………………………………………………… 3936
东督徐世昌复外部孟克西里地方向属我境俄人抗不纳税乞主持函（二十八日）
…………………………………………………………………………………… 3939
粤督张人骏致外部日领谓东沙岛原不属日应否与日廷交涉候夺电 二件
（二十九日） ……………………………………………………………………… 3940
使义钱恂奏巴尔干半岛争局渐就和平义国政府亦臻安稳折（闰二月初二日）
…………………………………………………………………………………… 3940
外部致张人骏东沙岛经纬度数请觅确据复部电 （初三日） ………………… 3942
外部致俄使廓东省铁路界内华商捐款铁路公司无索证之权照会（初三日） … 3942
粤督张人骏致外部日人侵夺东沙岛证据已足拟商令西泽赔偿损失电（初四日）
…………………………………………………………………………………… 3943
外部致江督苏抚据胡使电革党尚居名古乡电（初五日） …………………… 3943
外部咨徐世昌试办营业税勿指货抽捐俾免藉口文（初五日） ……………… 3943
外部复胡惟德日政府未认东沙岛为日属希酌核提议电（初五日） ………… 3944
日使伊集院来外部言中日交涉六案请约束报纸勿再登载语录（初五日） …… 3944
粤督张人骏复外部东沙岛系我国旧名有各种图记可证电（初六日） ……… 3945
外部致胡惟德现正搜求东沙岛证据希持此与争电（初九日） ……………… 3945
军机处致甘督升允驻藏西宁办事大臣联豫庆恕据电番兵到西宁
迎接达赖奉旨著商阻前进电（初十日） ……………………………………… 3946
邮部奏酌拟京奉与南满铁路接联营业办法折 附合同（初十日） …………… 3946
驻韩领事马廷亮呈外部报与日员会议中国在韩租界章程文（十一日） ……… 3948

清宣统朝外交史料卷三 **宣统元年闰二月下至四月上** ………………………………… 3950
使法刘式训致外部报法外部拟速结滇案办法电（闰二月十一日） ………… 3950
粤督张人骏致外部报查明葡船名号及寄碇地方电（十二日） ……………… 3950
川督赵尔巽致枢垣闻达赖聘俄教习购军火请不准回藏电（十三日） ……… 3950
川督赵尔巽等复枢垣川兵进藏自筹转运如抗违拟严惩电（十四日） ……… 3951
驻藏大臣联豫温宗尧致外部闻俄皇接见达赖专使电（十五日） …………… 3951

日使馆翻译高尾亨来外部言延吉事不必请他国干涉节略（十五日） …………… 3951
使日胡惟德致外部报日人增改间岛派出所官制电（十六日） …………………… 3952
川督赵尔巽复枢垣后藏开埠宜以大臣分驻管理电（十六日） …………………… 3952
使美伍廷芳奏中美订立专约谨陈互换日期折（十七日） ……………………… 3952
外部致张人骏东沙岛事如商有了结办法希电复电（十七日） …………………… 3953
外部致徐世昌请于满洲劝农种麦推销面粉函（十七日） ……………………… 3953
外部致伊集院延吉无间岛名目请勿增设职官照会（十九日） …………………… 3954
外部致徐世昌日人枪毙我警一案希详查见复电（十九日） ……………………… 3954
新疆巡抚联魁致外部新省于俄防不胜防请饬萨使侦察电（十九日） …………… 3954
外部致马廷亮中国在韩租界警察交通两条有碍自治权宜坚拒余已电胡使磋议电 二件（二十日） ………………………………………………………………………… 3955
日使伊集院复外部如认延吉为贵国领土须视商议条件如何照会（二十四日） ………………………………………………………………………………… 3955
外部复阿部书记官中俄条约限满如未商改仍继续有效函（二十四日） ……… 3955
伊犁将军长庚复枢垣报俄由新疆赴藏路程地名电（二十六日） ……………… 3956
驻藏大臣联豫温宗尧致枢垣闻班禅赴印度请派员防范电（二十六日） ……… 3956
外部致刘式训滇案请商法外部速结仍商准设领电（二十七日） ……………… 3957
东督徐世昌致外部报日增派间岛人员显违现状电（三月初一日） …………… 3957
东督徐世昌咨外部请催俄使会查呼伦贝尔边界文（初一日） ………………… 3957
外部致徐世昌日使称日设间岛派出所系因事务上必需函（初三日） ………… 3959
东督徐世昌致外部日人在延吉为拓殖政策深为可虑函 二件（初三日）……… 3959
使法刘式训复外部滇案我已通融彼反坚执似宜稍宕电（初三日） …………… 3960
外部致马廷亮仁川华租界内日运输部地应收回电（十一日） ………………… 3960
川督赵尔巽致外部闻俄皇接见达赖使臣请防范电（十二日） ………………… 3960
使美伍廷芳复外部巴拿马华侨被虐宜通约派员电（十三日） ………………… 3961
外部致张人骏葡使称闻粤自治会预备暗袭澳门电（十五日） ………………… 3961
粤督张人骏复外部自治会系良民无袭击澳门事电（十七日） ………………… 3961
东督锡良奏遵旨筹商东省事宜请敕合力通筹折（二十日） …………………… 3961
闽督松寿致枢垣拟售江船归还洋债电（二十日） ……………………………… 3962
旨杨枢著充出使比国大臣（二十二日） ………………………………………… 3963
外部奏议复驻藏大臣奏亚东江孜噶大克三处开埠设关折（二十二日） ……… 3963
外部致马廷亮欧森在韩买华租界地愿让归中国电（二十二日） ……………… 3965
外部致伊集院延吉日兵伤毙华警希派员会查照会（二十三日） ……………… 3965
外部致马廷亮我国渔船往韩捕渔希商日统监照约办理电（二十四日） ……… 3965

外部致法使潘典质章程应俟规定统一办法施行全国照会（二十四日） ……… 3966
粤督张人骏致外部日认东沙岛为我属现正磋磨电（二十六日） ………………… 3966
外部咨邮商两部英日拟派轮行走嘉兴等处碍难照准文（二十六日） ………… 3967
外部致马廷亮中国在韩租界应由中日协议电（二十八日） ……………………… 3967
外部致伊集院东省各案请速定期会议照会（二十八日） ………………………… 3967
外部奏东省铁路界内设立公议会经理地方自治与俄使商定大纲办法折
（二十八日） ……………………………………………………………………… 3968
使美伍廷芳致外部旅秘华侨请派兵轮赴南美洲电（四月初一日） …………… 3970
外部致伍廷芳奉旨派往各国呈递国书电（初二日） ……………………………… 3971
驻韩总领事马廷亮呈外部中国在韩租界警察权可否照会声明乞复电（初二日）
…………………………………………………………………………………………… 3971
粤督张人骏致外部乞查各使请设东沙岛灯塔事电（初四日） …………………… 3971
粤督张人骏奏香山县绅商择地自开商埠情形折（初七日） ……………………… 3971
外部致税务处及东督奉抚东省麦粉复出口应否免税请核复文（初七日） …… 3972
外部致胡惟德请日政府将延吉事照允余易商结函（初十日） ………………… 3973
外部复刘式训粤督已饬撤去驻营希告葡外部电（十一日） …………………… 3973
外部通告各国政府东清路界内行政权全属中国文 附照会（十一日） ………… 3974
大学士张之洞与德华汇丰汇理等银行订立湘鄂境内粤汉铁路鄂境川汉铁路
借款合同 附件（十二日） ……………………………………………………… 3975

清宣统朝外交史料卷四 **宣统元年四月下至五月上** …………………………………… 3983
川滇边务大臣赵尔丰致枢垣报瞻对又调兵背川附藏电（四月十三日） ……… 3983
日使伊集院复外部火狐狸沟日兵与华警争斗请会查一节转达政府照会
（十四日） ……………………………………………………………………… 3983
外部复锡良程德全征收销场税未便与各使提议文（十七日） ………………… 3984
外部梁敦彦等与伊集院会议安奉路事语录（十七日） ………………………… 3984
东督锡良致外部日捕乡约玄德胜提往韩京请严行交涉电（十七日） ………… 3985
旨汪大燮着充出使日本国大臣（十八日） ……………………………………… 3985
外部致胡惟德延吉日兵伤毙华警希告日政府派员会查电（十八日） ………… 3985
外部致沈秉堃法使请在独龙水埭相立对汛希复电（十八日） ………………… 3986
外部致张人骏东沙岛灯塔事前有札饬各关文希查照电（十九日） …………… 3986
东督锡良致外部安奉路日拟改用宽轨于我不利谨拟办法八条祈与日使磋商文
（二十一日） ……………………………………………………………………… 3986
外部致锡良玄德胜归化我国有无证据请查复电（二十五日） ………………… 3988

锡良程德全致外部日韩之营林厂与木把冲突已派员查办电（二十六日） …… 3988
粤督张人骏致枢垣东沙岛正待勘估请旨饬北洋大臣酌派一舰应用电（二十七日） …… 3989
税务处咨外部东海关拟在宁海州各口设立分卡应准试办文（二十七日） …… 3990
东督锡良致外部日领催议安奉路改良事请详复电（二十八日） …… 3991
外部复锡良安奉路事希照原议办法与日领磋商电（二十八日） …… 3991
东督锡良致外部延吉越垦韩民归化有据应与中国人一律看待电（二十九日） …… 3991
使日胡惟德致外部日注重抚顺煤矿宜缓其所急电（三十日） …… 3991
外部致伊集院玄德胜曾充中国乡约应交还处理照会（五月初一日） …… 3992
豫抚吴重熹致外部日使请弛米谷禁令乞拒驳电（初二日） …… 3992
外部致联豫温宗尧西藏报有反对英政府论说希严禁电（初四日） …… 3993
锡良程德全致外部营林厂与木把冲突事请商日使饬日领速办电（初四日） … 3993
外部致廷杰日人未知会保护赴热河毙命希饬缉犯惩办电（初四日） …… 3993
外部致伍廷芳旅智华人无业失所请设法保护电（初六日） …… 3994
护滇督沈秉堃复外部遵查独龙水球设对汛情形电（初六日） …… 3994
外部梁敦彦与伊集院议安奉路事东督开送办法十条请通融办理语录 附往来节略（初八日） …… 3994
外部致锡良改造安奉路日使请由东省议结希复电（初九日） …… 3996
锡良程德全致外部安奉路事与日领提议十条电（初九日） …… 3996
外部致萨荫图俄加重茶税希商俄廷酌减并见复函（初九日） …… 3997
驻藏大臣联豫温宗尧奏江孜亚东开埠宜设巡警以固主权折（初十日） …… 3998
邮部奏接收南满洲日本电线完竣折（初十日） …… 3998
东督锡良致外部安奉路事先由程抚与日领会议电（初十日） …… 3999
锡良程德全致外部日领袒营林厂派警压制木把电（十二日） …… 3999
使日胡惟德致外部日因东事失欢各国现极力弥缝宜留意电（十三日） …… 4000
锡良程德全咨外部日据金州如何设法收回请示文（十四日） …… 4000
外部复锡良程德全日使谓营林厂派警因我保护不力希整顿警察电（十五日） …… 4001
外部致署直督那桐日人高田案热河已获正凶电（十五日） …… 4001
外部致锡良营林厂事日使请中国自办巡警保护电（十六日） …… 4001
热河都统廷杰复外部日人私入内地被戕我已获犯惩官难再认赔电（十六日） …… 4002
署直督那桐致外部中韩渔业东省沿海与直鲁不同应各就情形筹议电（十六日）

………………………………………………………………………………… 4002
锡良程德全复外部营林厂与木把构衅咎在日人何得藉口派警电（十八日） … 4002
锡良程德全致外部安东木商控日人夺业已派员往查并改订捞木章程电（十八日） ………………………………………………………………… 4003
粤督张人骏致外部会勘东沙岛日已派船请催海筹来粤电（十九日） ………… 4003
外部复廷杰高田案日使已允惩凶结案希办抚恤电（十九日） ……………… 4004
锡良程德全致外部以英里证华里应用何法计算电（十九日） ……………… 4004
留日东省学生会呈外部安奉筑路日拟任意行动请筹对策电（二十日） ……… 4004
驻藏大臣联豫温宗尧奏请设印度嘎里嘎达领事折（二十日） ……………… 4004
使比李盛铎致外部密陈日俄经营满蒙情形函（二十日） …………………… 4005
外部复英使朱迩典考验各船吨数新例允照办照会（二十一日） …………… 4006
日使伊集院致外部鸭绿江上流渐归平稳日警已撤回照会（二十二日） ……… 4006
锡良陈昭常致外部日人恃强占地造屋请备案并各项交涉早日解决电（二十二日） ………………………………………………………………… 4007
锡良程德全致外部营林厂事撤警赔偿两层稍有眉目电（二十二日） ………… 4007
锡良陈昭常致外部日兵在延吉持械轮奸请与日使交涉电（二十二日） ……… 4008
锡良陈昭常致外部日人占地造屋关系至大请严重交涉电（二十三日） ……… 4009
锡良程德全致外部日人拟从孤山筑路达金州电（二十三日） ……………… 4010
使俄萨荫图复外部俄加茶税请议商约以图抵制函（二十三日） …………… 4010
日使伊集院与外部梁敦彦议东省各案请电程抚速办语录（二十六日） ……… 4011
粤督张人骏咨外部钞呈西江添设白土口等四卡试办章程文 附章程（二十六日） ………………………………………………………………… 4012

清宣统朝外交史料卷五　宣统元年五月下至六月上 ………………………… 4016
日使伊集院致外部安奉改筑事请饬东督速办照会（五月二十六日） ………… 4016
外部致伊集院日兵在三道沟占地盖房请饬斋藤停止照会（二十六日） ……… 4016
外部致伊集院延吉日兵枪毙华警仍请办犯惩官偿恤照会（二十六日） ……… 4017
外部致伊集院白草沟日兵夜入民室骚扰请按律惩办照会（二十六日） ……… 4017
外部致胡惟德请日政府先认我在延吉裁判权再议各案电（二十六日） ……… 4018
锡良程德全致外部日人以安东为烟馆逋逃薮请诘日使电（二十六日） ……… 4018
外部复锡良等安东我未认为租界仍应施行禁令电（二十七日） …………… 4019
外部复锡良等安奉路提议十款日谓违约希切商电（二十八日） …………… 4019
东督锡良等奏筹办吉林长春自开商埠恳饬部借拨的款折（二十八日） ……… 4019
外部咨锡良准德使称东清租地合同有背德人应享利益文（二十九日） ……… 4021

外部致邮部据东省督抚电日本拟修孤庄铁路希查复函（二十九日） …………4021
日使伊集院致外部白草沟日兵骚扰事已申报政府照会（六月初一日） ………4022
日使伊集院致外部禹迹洞中日兵冲突请惩官恤偿事当为转达照会（初一日）
……………………………………………………………………………4022
奉抚程德全致外部条约并无安奉改造宽轨之言请示遵电（初二日） …………4023
锡良陈照常致外部延吉日人添筑警楼实行警政电（初二日） ……………4023
东督锡良致外部安奉事原拟以改轨易其他之九条请在奉先议电（初三日） …4024
外部咨锡良中俄满洲里界图本部查无底本文（初三日） ……………………4025
外部致胡惟德东省各案希催日政府速议电（初三日） ………………………4025
外部复程德全安奉路事希权其轻重相机操纵电（初三日） …………………4025
外部致锡良日使已饬驻安东日领限期禁烟电（初四日） ……………………4026
奉抚程德全致外部黄国璋禀安奉事语多可采请核示函 附原呈五件（初四日）
……………………………………………………………………………4026
使和陆征祥奏和外部侵犯使臣通信已严词诘问片（初四日） ………………4033
外部致伊集院日筑六道沟警楼希电斋藤阻止照会（初四日） ………………4033
日使伊集院复外部斋滕占民房设分遣所已报告政府照会（初五日） …………4034
东督锡良致外部日兵闯入和龙峪经历署伤官戕兵请严重交涉电（初五日） …4034
使日胡惟德致外部与日外部议越垦韩民事彼允详复电（初五日） …………4036
外部致胡惟德日官兵闯署伤官戕兵请向日廷严重交涉电（初六日） …………4036
黑抚周树模致外部俄人占瑷珲六十四旗请据理力争函（初六日） …………4037
日使伊集院致外部改造安奉路事请速赐复音照会（初六日） ………………4037
外部致胡惟德和龙峪案希商日外部按律偿抵电（初六日） …………………4038
外部致锡良延吉越垦韩民希详晰调查迅复电（初六日） ……………………4038
外部致伊集院订期会议东省未定各案函（初七日） …………………………4039
外部复锡良陈昭常日使藉词诿过嘱吴督办稳慎电（初七日） ………………4039
使日胡惟德致外部日宪兵伤官戕兵竟诬我增兵电（初七日） ………………4040
使日胡惟德致外部日韩交换觉书本日宣布电（初八日） ……………………4040
锡良程德全致外部安奉事俟其就商时互换利益电（初八日） ………………4040
使美伍廷芳致外部抵秘面驳苛例前约照旧履行电（初八日） ………………4040
外部复伍廷芳秘鲁华工若嫌过多应自行限制电（初八日） …………………4041
川滇边务大臣赵尔丰致枢垣乍了事请饬联豫等善为开导电（初十日） ………4041
东督锡良致外部纳租韩民即可为入籍铁证电（初十日） ……………………4042
学部咨外部提回华俄银行息银拨充大学堂经费文（初十日） ………………4042
外部致伊集院安奉路事希饬日领订期开议函（初十日） ……………………4043

日使伊集院复外部安奉事已电驻奉日领事开议函（十一日）…………………… 4043
锡良程德全致外部报与日领晤商安奉路事情形电（十一日）…………………… 4043
日使伊集院致外部据日领电安奉路事晤东督奉抚与贵部所称全然龃龉照会（十二日）…………………… 4044
澳门勘界大臣高而谦呈外部澳门附属地应否承认乞裁夺电（十二日）……… 4044
川督赵尔巽致枢垣川兵进藏倘阻抗恐有战事电（十四日）…………………… 4045
外部复高而谦与澳不相连各岛无论已占未占均予力驳电（十四日）………… 4045
使日胡惟德致外部丞参禹迹洞中日兵冲突案日政府不允会查函 附觉书及函二件（十四日）…………………… 4045
驻沪古巴领事戴海度致外部奉派领事文凭译送鉴核希予承认照会 附文凭（十五日）…………………… 4047

清宣统朝外交史料卷六 宣统元年六月中 …………………… 4048
外部奏中巴拟订公断专约请旨办理折 附条约（六月十四日）…………………… 4048
黑抚周树模致外部请修筑锦瑷铁路之齐墨一段函（十六日）…………………… 4049
锡良程德全致外部安奉事拟先议九条再议改轨电（十六日）…………………… 4050
外部复伊集院安奉事奉省督抚与日领事并无龃龉照会（十六日）…………… 4050
澳门勘界大臣高而谦呈外部葡使谓久占之地即有主权应调查再议电（十八日）…………………… 4051
外部致胡惟德日人于延吉调兵运械希商日外部撤兵电（十九日）…………… 4051
锡良陈昭常致枢垣外部日人向延吉添兵运械请维持电 附旨（二十日）……… 4052
外部致伊集院日兵携军装至延吉希饬撤回照会（二十日）…………………… 4052
署总税务司呈外部详查延吉厅属地方情形请鉴核文 附清折（二十日）……… 4053
外部致伊集院营林厂绑王秉太事请迅为究办照会（二十一日）……………… 4062
日使伊集院致外部日政府拟自行改筑安奉路照会（二十一日）……………… 4062
日使伊集院致外部日兵携械进间岛事已转达政府照会（二十一日）………… 4063
锡良陈昭常致枢垣外部日人对延准备军事行动乞示机宜电（二十一日）…… 4063
使日胡惟德致外部日外部谓我在延吉增兵故取均势电（二十一日）………… 4064
外部致伊集院延吉案如全允其他各案中国亦当互让节略（二十二日）……… 4065
外部复锡良程德全安奉路事应照约妥商希与日领速商电（二十二日）……… 4066
外部复伊集院安奉路改线照约由中日派员妥商不容任意更改照会（二十二日）…………………… 4066
外部致锡良陈昭常延吉事日外部所称增兵究属何指希查复电（二十二日）… 4067
锡良陈昭常致外部和龙峪日兵行凶案证据确凿录呈函诘斋藤原稿电

（二十二日） …… 4067
外部致胡惟德安奉路改良事请日廷饬日领照约议定再行开工电（二十二日） …… 4069
锡良陈昭常复外部自吴禄贞到延迄未增兵请商日外部饬撤兵并警楼停工电（二十三日） …… 4070
外部致胡惟德据东省督抚电延吉未增一兵希商日外部撤兵电（二十三日） …… 4070
日使伊集院致外部安奉路事俟接有回训再告照会（二十三日） …… 4070
使日胡惟德致外部安奉改筑日拟先行开工当驳以背约乞钧裁电（二十三日） …… 4071
外部致锡良程德全安奉路改筑以绕线设站占地为最要希相机争持函（二十三日） …… 4071
川滇边务大臣赵尔丰致外部闻英美人突入藏地蛮民惊骇拟请商各使须领详明护照电（二十三日） …… 4072
使日胡惟德致外部据小村称安奉轨道可照办电（二十四日） …… 4072
外部致胡惟德安奉事日登报宣布已电各使声辩电（二十四日） …… 4072
锡良程德全致外部安奉路事如晤日使请将奉议让步告知电（二十四日） …… 4073
外部致萨荫图安奉路事日本恃强蔑理希告各国电（二十四日） …… 4073
日使伊集院复外部安奉改筑问题请速承认照会（二十五日） …… 4074
锡良程德全致外部闻日廷照会各使谓安奉先行开工请将议过情形布告各国电（二十五日） …… 4074
外部复锡良程德全日使谓安奉路事中国认为妥当果何所据希询复电（二十五日） …… 4075
外部奏照约酌设和属总领事领事各员缺折（二十六日） …… 4075
外部复高而谦葡若藉他国势力强占小岛人心不服希婉劝葡使电（二十六日） …… 4076
闽督松寿致外部据驻福日领通告安奉铁路案电（二十六日） …… 4076
外部复松寿请告日领疆臣无参预安奉路之权电（二十六日） …… 4076

清宣统朝外交史料卷七　宣统元年六月下至七月上 …… 4077
锡良程德全致枢垣外部安奉事日允定两层办法电（六月二十六日） …… 4077
锡良程德全复外部安奉路线日领已允不绕苏家屯电（二十六日） …… 4077
奉抚程德全致枢垣外部东省为各国视线所集谨贡愚忱电（二十六日） …… 4077
澳门勘界大臣高而谦呈外部葡使悍言占据因有所恃应驳拒电（二十六日） …… 4078
澳门勘界大臣高而谦呈外部澳门事似以延宕为愈电（二十六日） …… 4079

外部致直督那桐江督张人骏鄂督瑞澂粤督胡湘林如接安奉事照会应复以疆臣不便与闻电（二十六日） …… 4079
外部复锡良程德全安奉设车站事希与日领熟商电（二十七日） …… 4079
使英李经方致外部英报云安奉路若允日设兵难望俄兵撤退电（二十七日） … 4080
澳门勘界大臣高而谦呈外部海牙判断恐各国袒葡不如自与磋议电（二十七日） …… 4080
外部致东三省督抚爱珲等处设关及松黑行船章程俄已允认希饬关道妥为因应函 附与俄使往来函及致税务处函（二十七日） …… 4080
外部致出使欧美各大臣中日交涉六案已让至极步特详达电（二十七日） …… 4082
日使伊集院致外部详叙各项悬案以为会议基础节略（二十八日） …… 4083
军谘处致外部据东督电日本添兵驻茂山请示机宜业经酌复录送复电函 附原电（二十八日） …… 4086
外部致伊集院安奉路改线既为技术上所必需应由东督会同指定照会（二十八日） …… 4087
日使伊集院致外部安奉路改筑事已电达政府照会（二十九日） …… 4087
锡良程德全致外部安奉路事日领递到节略五条电（二十九日） …… 4087
外部致邮部日使抗议修筑由海龙至铁岭铁路函（二十九日） …… 4088
库伦办事大臣咨外部报有日人在内蒙学习蒙语文（二十九日） …… 4088
锡良陈昭常致外部延吉日人益肆凶横俄人亦思窥伺珲春请速解决界务电（三十日） …… 4088
邮部奏拟定吉长新奉铁路借款细目合同折 附合同凭据偿还表章程（七月初一日） …… 4090
江督端方致外部安奉事已电日领劝其政府和平商办电（初一日） …… 4095
使比李盛铎致枢垣外部在比京创办远东通信社电（初二日） …… 4096
外部致出使欧美日本各大臣及直江鄂粤闽各督安奉护路权必当力争电（初二日） …… 4096
锡良程德全致外部日人于王士屯一带改宽轨道乞示电（初二日） …… 4096
外部致伊集院中国自开延吉商埠后拟订韩民词讼等事办法节略（初二日） … 4097
外部致高而谦葡人所占潭仔路环可以龙田旺厦抵换电（初二日） …… 4097
外部致锡良程德全王士屯若非安奉正线应商令停工电（初二日） …… 4097
使日胡惟德致外部日报讥评安奉事请示情形电（初二日） …… 4098
锡良程德全致外部日领言不愿将不得在苏家屯绕越一语入约电（初三日） … 4098
外部复锡良程德全路线须握定安奉字样为宗旨电（初三日） …… 4098
赵尔巽赵尔丰致枢垣外部报川兵已赴藏电（初三日） …… 4098

中日议定安奉铁路节略（初四日） …… 4099
商部咨外部据长崎华商总会沈炽昌等禀澳门勘界请勿让步文（初五日） …… 4099
使法刘式训致外部丞参报法首相克雷孟素解职函（初五日） …… 4100
外部致刘式训滇路事允偿二十万两惟须交还军粮城电（初五日） …… 4100
邮部致东省督抚安奉改线应由日人绘图送核后兴工电（初五日） …… 4100
锡良程德全致外部与日领议安奉路改筑事已签印交换电（初五日） …… 4101
锡良程德全致外部日于安奉抚顺行联络之实拟默与坚持函（初六日） …… 4101
外部致锡良陈昭常日使允电延吉武官不得生事电（初六日） …… 4102
使和陆征祥咨外部和人治理属地分为二等情形文（初七日） …… 4102
锡良程德全致外部邮部安奉非南满支路应撤兵警日领允商彼政府电（初七日） …… 4103
澳门勘界大臣高而谦呈外部中葡仍争辩占租及附属字样电（初八日） …… 4103
美使费致外部张荫棠使美本国政府甚乐接待照会（初八日） …… 4104
锡良程德全致外部抚顺烟台煤矿请于还本外争回税款电（初九日） …… 4104
锡良程德全咨外部开浚辽河请复美英德日各使文（初九日） …… 4104
外部复高而谦澳门前案并无各岛字样须划清旧占新占与葡磋议电（初十日） …… 4106
外部致邮部日使抗议修筑新法锦洮铁路请查核函（初十日） …… 4106
外部致锡良陈昭常日使谓延吉日警被捉希查复电（初十日） …… 4106
外部致锡良延吉商埠日使拟开六处应减何处希核复电（十一日） …… 4107
东督锡良致外部延吉界务已饬坚忍维持日使谓接待骄傲日警被捉已饬查电（十一日） …… 4107
延吉督办吴禄贞呈外部日要求延吉开埠有四处不可许电（十二日） …… 4107

清宣统朝外交史料卷八　宣统元年七月中 …… 4109
使日胡惟德致外部报延吉日兵滋事四案与日小村商办情形函　附往来函稿四件（七月十二日） …… 4109
使美伍廷芳奏行抵秘都呈递国书情形折（十二日） …… 4111
使美伍廷芳致外部秘鲁华侨被虐曾谒总统晤外部驳论苛例情形函　附往来照会五件（十二日） …… 4112
东督锡良致外部闻日人拟修延吉路乞坚持勿允电（十三日） …… 4117
东督锡良致外部日使面询各节系斋藤捏造之词乞查察电（十四日） …… 4117
东督锡良致外部日要求白草沟等处开埠宜拒绝电（十四日） …… 4118
澳门勘界大臣高而谦呈外部澳门内河不能轻弃只得停议电（十四日） …… 4118

外部复美署使费送哥斯德黎加国驻沪商务委员凭照请转达照会（十五日） …… 4119
外部致直江东粤闽鄂各督日使云有学生因东三省交涉提倡抵制日货希留意电（十五日） …… 4119
外部复高而谦勘界以新旧占地为限以澳门本岛为范围宜坚忍磋磨电（十六日） …… 4119
使美伍廷芳致外部秘鲁办事已磋商就绪译呈证明书电 附证明书二件（十六日） …… 4120
东督锡良致外部日求开埠六处白草沟断不能许电（十六日） …… 4123
川督赵尔巽咨外部英德兵轮游弋嘉定府业经禁阻如英使提议请驳拒文 附与英领来往函稿四件（十七日） …… 4123
锡良程德全致外部驻奉各领谓延吉议约失败俄将生心请详示电（十七日） …… 4125
吉抚陈昭常致外部闻部议许日人修吉会路沥陈利害及日俄相谋情形电（十七日） …… 4125
驻和代办唐在复呈外部设领不可缓国籍须让步文（十八日） …… 4127
锡良程德全陈昭常周树模致枢垣中日东三省交涉部守秘密关系存亡请旨饬部妥筹挽回电（二十日） …… 4128
外部致锡良陈昭常吉会铁路条款仿照吉长办法电（二十日） …… 4128
澳门勘界大臣高而谦呈外部澳门全岛我无行政陈迹可寻应另筹办法电（二十日） …… 4129
外部复高而谦青洲潭仔路环不得割予应妥筹电（二十日） …… 4129
锡良程德全致外部日人欲于鸭绿江造桥有无附约乞复电（二十日） …… 4129
外部致各省督抚与日使议结延吉界务情形电（二十日） …… 4130
外部致各出使大臣延吉界务已结如各国政府询及希酌量告知电（二十日） …… 4130
外部致锡良陈昭常胡惟德节录延吉界务及东省五事条款希查照电 附信稿二件（二十日） …… 4130
外部奏中韩界务暨东三省交涉五案议定条款折 附旨暨条款照会五件（二十一日） …… 4132
吉林绅民呈外部请勿允日人修吉会路以救危亡电（二十二日） …… 4136
外部致马廷亮延吉界务及东省各案一律议结电（二十三日） …… 4137
外部奏请设立德属南洋各岛领事片（二十四日） …… 4137
使俄萨荫图致外部俄报登载安奉路事有误处已更正电（二十五日） …… 4137
外部复锡良程德全日人在鸭绿江造桥并无附约电（二十五日） …… 4138
邮部复外部密查日人计划奉天孤庄铁路及南隈子海口情形函 附钞件（二十六日） …… 4138

清宣统朝外交史料卷九　宣统元年七月下至八月 …… 4140
科布多办事大臣锡恒奏陈俄商违约私盖房屋已商令拆去恳饬部立案折（七月二十七日） …… 4140
外部致锡良程德全日使照称鸭绿江造桥系经理人误会电（二十七日） …… 4141
使英李经方致外部宝林公司承筑锦齐铁路日本请用日工程司函　附函稿三件（二十八日） …… 4142
外部致锡良程德全陈昭常东省中韩界务及交涉五事请妥筹善后函（二十八日） …… 4144
澳门勘界大臣高而谦呈外部报与葡使议潭仔路环及内河海面事彼置若罔闻电（八月初三日） …… 4145
外部致锡良陈昭常图们江界务条款谅筹备就绪希迅复电（初三日） …… 4146
外部致沿江沿海各督抚各省遇有交涉动辄倡言抵制希饬消弭电（初三日） …… 4146
东督锡良复外部延吉应办事宜已分别筹布俟日宪兵退后节节填扎电（初四日） …… 4147
锡良程德全致外部东省界路五事交涉条款已遵办请发地图电（初四日） …… 4147
邮部咨外部德国交还塘沽打靶场请商德使拟定办法文（初五日） …… 4147
使美伍廷芳致外部报行抵秘都呈递国书各情形函（初五日） …… 4148
使美伍廷芳致外部请与巴拿马国立约设领函（初五日） …… 4149
东督锡良致外部筹备延吉开埠事宜应请示者四端乞核复电（初六日） …… 4150
吉抚陈昭常复外部延吉业已定约谨拟筹办事宜请示遵电（初七日） …… 4151
署粤督袁树勋致外部澳门事如移省办理应由高使与葡使直接商议电（初八日） …… 4153
外部复袁树勋澳门事如移省议仍由高使会商电（初八日） …… 4153
外部致高而谦澳门事如移省办请直接会商无庸粤督与议电（初八日） …… 4153
川滇边务大臣赵尔丰致枢垣藏番倘迳据察台请示办法电（初九日） …… 4154
外部致锡良延吉开埠事四条分晰具复请转吉抚电（初九日） …… 4154
外部咨税务处南满洲面粉复出口税如何办理请核复文（初九日） …… 4155
外部致刘式训葡若强争小岛徒伤粤情希婉达葡廷电（十一日） …… 4156
外部致锡良请将与日订定安奉路沿线矿业全案咨部电（十一日） …… 4156
锡良陈昭常致枢垣遵旨筹办延吉定界后情形电（十二日） …… 4156
东督锡良咨外部安东海关码头中日合资修桥文（十三日） …… 4157
定边将军乌里雅苏台参赞咨外部报与俄官会勘中俄界牌并无侵占文（十四日） …… 4157
邮部致锡良程德全安奉路撤兵警各节以办到为主电（十四日） …… 4158

锡良程德全复外部安奉路沿线矿业并未商及办法电（十七日） …………… 4158
锡良程德全致枢垣遵旨筹借洋款议筑锦瑷铁路电（十九日） …………… 4159
外部致锡良陈昭常延吉通商日使请定期开放即电复电（二十日） ………… 4159
外部致直督陈夔龙酌拟了结滇案办法希查复电（二十一日） …………… 4160
邮部复外部派员查明大孤山至庄河不宜筑路文（二十五日） …………… 4160
使义钱恂奏调查义国对于中国货物进口征税情形折（二十五日） ………… 4161
署粤督袁树勋致外部与日商磋议收回东沙岛条款已画押互换电（二十六日） ………………………………………………………………………………… 4162
外部致锡良陈昭常火狐狸沟巡警被戕等案日仅议赔恤容再磋商电（二十六日） ………………………………………………………………………………… 4163
外部复阿根廷国外部柏所派驻沪领事拟改为商务委员照会（二十七日） …… 4163
外部致锡良日使称伊藤赴东省游历希优加接待电（二十七日） ………… 4163
署粤督袁树勋致外部萨摹岛招工合同强令指印请驳复电（二十八日） ……… 4164
法署使潘致外部钞送借用龙河运输越盐章程请转致桂抚电 附照会章程（三十日） ……………………………………………………………… 4164

清宣统朝外交史料卷十 宣统元年九月至十月上 ……………………… 4168

驻藏大臣联豫致枢垣请饬川边拨兵接应入藏之兵电（九月初一日） ……… 4168
锡良程德全致外部安奉路地税可否援东清路豁免乞示电（初一日） ……… 4168
外部致锡良程德全安奉与东清不同不能豁免地税电（初二日） ………… 4169
陈昭常吴禄贞致外部日谕延吉韩户悬挂韩旗可否禁止请示电（初四日） …… 4169
外部致高而谦澳界事葡所争在海权不在荒岛希坚持电（初八日） ……… 4169
使俄萨荫图致外部德报谓俄户部赴东考察铁路拟将东清路售归日本特无确证函（初十日） ……………………………………………………………… 4169
川督赵尔巽致枢垣藏事请商英俄两使勿干预电（十一日） …………… 4170
外部致俄使廓锦齐铁路借款事系中国内政他国人不必过问函（十一日） …… 4170
锡良程德全致外部日伊藤来游东省谨陈晤谈情形函 附语录（十五日）……… 4170
使义钱恂奏外交应付宜合各国而统筹全局谨陈各国外交情形折（十五日） … 4173
吉抚陈昭常致外部谨陈到延吉查勘后筹办各节电（十七日） …………… 4175
外部致英美使税契加价应华洋一律办理希饬驻粤领事遵办照会（十九日） … 4177
东督锡良致外部日领带警察到延吉乞诘日使照约裁撤电（二十日） ……… 4177
使比李国杰致外部译呈比国照会归并刚果文 附条约（二十二日）………… 4178
直督陈夔龙东督锡良奉抚程德全咨外部英使请停纸烟运出东三省厘金碍难照办请查核文（二十四日） ………………………………………………… 4179

赵尔巽赵尔丰致枢垣藏番调兵拦阻恳示机宜并请派员面谕达赖诚附中朝电 附旨（三十日）…… 4181
闽督松寿致外部法收越南华侨身税请设法免除电（十月初一日）…… 4182
邮部奏吉长铁路借款如数收讫从速兴工片 附新奉合同及凭据还付表（初二日）…… 4182
澳门勘界大臣高而谦呈外部澳门划界葡使奢求只得停议请旨定夺电（初二日）…… 4186
外部复高而谦葡使去志既决须与言明应守十三年约维持旧状电（初三日）…… 4187
吉抚陈昭常致外部延吉现到日警五十余名请查核电（初三日）…… 4187
外部致英美德奥各使钞送中俄东省铁路公议会大纲照会 附公议会大纲（初三日）…… 4187
美署使费致外部安奉沿线矿务是否只准中日两国开办照会（初四日）…… 4189
使美伍廷芳奏由秘起程旋美日期及在秘办理交涉情形折（初五日）…… 4189
使美伍廷芳奏秘国工党焚掠华商已列单索偿片（初五日）…… 4190
使英李经方咨外部华侨余明佑被义人刺死已将义凶按律缢死文（初七日）…… 4191
驻藏大臣联豫温宗尧致外部达赖调兵抗阻开导无效已饬钟颖从速前进电（初九日）…… 4191
阿根廷国驻沪总领事林布鹿致外部请订商约照会（初十日）…… 4192
外度邮三部奏东省借款筑路事关重大遵旨统筹全局折（十二日）…… 4192
锡良程德全致外部安奉路造桥事请仍归京议电（十三日）…… 4193
锡良程德全致外部日人猛速兴筑安奉铁路于撤兵警等事一味延宕函（十五日）…… 4194
外部致日使伊集院安奉路相关各事请饬一律议结照会（十七日）…… 4194
日使伊集院复外部安奉路相关各事敝政府不久有回示照会（十九日）…… 4195
英使朱迩典致外部土货由东省经天津等埠出口请按海关现行章程纳税希核复照会（二十日）…… 4195

清宣统朝外交史料卷十一 **宣统元年十月下至下十一月上** …… 4197
川督赵尔巽致外部川军已到察台藏番调兵设警万难开导电（十月二十日）…… 4197
外部咨锡良程德全安奉路事请饬司催日领速商电（二十二日）…… 4197
滇督李经羲咨外部滇越铁路设警事法领业已认可拟订试办章程文 附章程（二十二日）…… 4198
东督锡良致外部延吉日人购地建屋应收回出租电（二十四日）…… 4201
东督锡良致外部安奉铁路改良应援东省合同由中国派员经理函（二十五日）

…………………………………………………………………… 4201

外部复锡良延吉宪兵等伤官毙兵案宜商结以不失体为断电（二十五日） …… 4201

使和陆征祥致外部华侨事和外部词气渐变若过于隐忍难再维持电（二十五日） …………………………………………………………………… 4202

西藏公会呈外部请辅助佛教撤回联赵否则藏众必将反叛电（二十七日） …… 4202

外部咨税务处英使请停纸烟运出东省厘金案希妥筹办法见复文（二十七日） …………………………………………………………………… 4203

军机处外部致赵尔巽联豫赵尔丰西藏公会电称烧毁杀戮是何情节即查复电（二十八日） ………………………………………………………… 4203

滇督李经羲致枢垣拟派龚心湛督办滇越路巡警电（二十九日） ……………… 4204

吉抚陈昭常奏亲赴吉林东南边境筹办开埠及善后情形折（二十九日） ……… 4204

川督赵尔巽致外部藏人聚兵抗阻如理谕不从只得遵旨驱剿电（三十日） …… 4208

外部致驻华各使东三省为中国境界议驳俄政府传单文义照会（十一月初一日） …………………………………………………………………… 4209

外部致联豫英人在印设佛教会西藏派人驻印希切实开导电（初一日） ……… 4210

使法刘式训致外部丞参请于巴西设馆遣使函（初二日） ……………………… 4211

外部致义使文义国保护在华之三玛利讷人应照无约国办理照会（初六日） … 4211

驻藏大臣联豫温宗尧致枢垣达赖欲图自立遂至积不相能电（初十日） ……… 4212

驻藏大臣联豫温宗尧致外部抗拒川军非藏众同意惟有痛剿电（十二日） …… 4212

驻藏帮办大臣温宗尧致枢垣请旨申明川兵进藏专为保护黄教电（十三日） … 4212

使美伍廷芳奏南美无约各国似宜订约遣使以保华侨片（十五日） …………… 4213

使义钱恂奏外交政策宜遵谕旨公之舆论折（十五日） ………………………… 4214

使义钱恂奏浙江三门湾宜为军港根据地片（十五日） ………………………… 4217

外部致粤督袁树勋小横琴岛华兵捕获之船有无葡船希查复电（十五日） …… 4217

滨江关道施肇基呈外部与俄人会议松花江贸易试办章程电（十七日） ……… 4218

署粤督袁树勋致外部葡人干涉小横琴岛捕匪乞驳拒电（十八日） …………… 4218

川督赵尔巽致枢垣喇嘛赴藏布施念经道路梗阻拟驿递敕书赴藏电（十九日） …………………………………………………………………… 4219

滨江关道施肇基呈外部俄人所请改贸易试办章程内有关条约之款译呈钧核电（十九日） ………………………………………………………… 4219

美署使费致外部东省收回路权以锦瑷路为基础照会（二十日） ……………… 4220

锡良程德全咨外部安奉路用地能否照表开数目购买乞核复文 附表（二十二日） ………………………………………………………… 4220

使美伍延芳奏由墨起程顺道赴古呈递国书折（二十二日） …………………… 4222

滨江关道施肇基呈外部译送商定松花江贸易试办章程文 附章程（二十三日） …… 4222
联豫温宗尧致枢垣遵旨未向班禅查询陛见电（二十三日） …… 4223
滨江关道肇基呈外部黑龙江左岸贸易俄人亦求订专章电（二十五日） …… 4224

清宣统朝外交史料卷十二 宣统元年十一月下至十二月 …… 4225
外部致袁树勋澳门界事停议请饬维持旧状勿生事端电（十一月二十五日） … 4225
外部咨邮部安奉路需用地亩应否照表购买请核复文（二十五日） …… 4225
总税司裴式楷呈梁尚书敦彦请钞送安奉路合同函（二十五日） …… 4226
东督锡良致外部松花江贸易试办章程请驳拒电（二十五日） …… 4226
税务处咨外部钞送东省督抚筹办开埠事宜电请查核文 附电稿三件（二十七日） …… 4227
巴西代使吉致外部请示知中国领海管理权专律照会 附节略（二十七日） …… 4229
外部丞参呈堂宪研究外国船在中国领海内应如何施行司法权事缮单呈核文（二十八日） …… 4230
邮部咨外部安奉路需用地亩请将原开数目声复文（二十八日） …… 4232
学部奏拟准外国学生入经科肄业并酌定简章片（二十九日） …… 4233
鲁抚孙宝琦咨外部与德商签订收回五矿合同请查核文 附合同（二十九日） …… 4234
外部致度邮两部美外部谓保全中国东省铁路主权须先赎回锦瑷路希详复函（十二月初二日） …… 4235
外部致陆征祥和使遇有照会必加驳拒希告和外部电（初二日） …… 4236
外部咨邮部安奉路需用地亩本部并无原开数目文（初二日） …… 4237
直督陈夔龙致外部承函以赎军粮城为宗旨藉结滇案当遵办电（初六日） …… 4237
使和陆征祥复外部来电告和外部彼责贝使不合电（初六日） …… 4237
外部奏拟设巴那玛总领事各官员缺拣员派充折（初六日） …… 4237
邮部致外部锦瑷铁路借款拟先定大纲再商合同函（初六日） …… 4238
署粤督袁树勋致外部越督拟改对汛俟会商后筹办电（初八日） …… 4239
锡良程德全致外部安奉路所需地亩俟绘就图说再呈电（初八日） …… 4239
度支部等会奏遵议密筹延吉善后事宜折（初九日） …… 4239
澳门勘界大臣高而谦咨外部差事已毕呈缴关防文（初十日） …… 4241
滨江关道施肇基禀外部译呈俄员所拟税钞节略并哈尔滨等关试办章程函 附节略一件 章程三件（初十日） …… 4241
外度邮三部会奏议复借英美款兴筑锦瑷铁路折（初十日） …… 4245

西藏公会呈外部请将联大臣及兵队撤回查办电（十二日） …………………… 4246
外部咨张荫棠答复南美巴利维亚国国书希转递文（十五日） ………………… 4246
外部致李经羲河内设领一层法人并无异议电（十五日） …………………… 4246
滇督李经羲致外部边界警察事关三省谨陈办法电（十七日） ………………… 4247
外部复美使费锦瑷铁路借款合同应由东督与美英公司妥商改订照会（十七日）
………………………………………………………………………………… 4247
专使唐绍仪奏报考察各国财政情形折（二十一日） ………………………… 4248
外部致袁树勋葡外部称现无兵舰赴澳希饬晓谕电（二十四日） ……………… 4251
外部致陈昭常钞送珲延设关与俄使往返照会函（二十八日） ………………… 4251
署粤督袁树勋复外部据澳督云葡舰或来中国电（二十九日） ………………… 4252
日俄法使致外部借美款建筑锦瑷铁路事务请慎重照会 附照会八件 （二十九日）
………………………………………………………………………………… 4252

清宣统朝外交史料卷十三 **宣统二年正月至三月上** ……………………………… 4255
英美法德各使致外部鄂境粤汉川汉铁路中国资本家请准商办有碍借款合同照会
七件（正月初三日） ……………………………………………………………… 4255
外部奏议结皖省铜官山矿案折（初三日） ………………………………… 4257
锡良程德全致外部俄请吉江弛运杂粮禁乞主持电（初七日） ………………… 4258
锡良陈昭常奏遵筹延吉边务情形请仍裁撤督办折（初八日） ………………… 4258
法使马致外部云南省城开放时请准设领并商筑桂越铁路照会（初八日） …… 4259
外部咨赵尔巽烟台条约续增专条至今遵行钞送查照文（初九日） …………… 4260
外部复陆征祥驻和领约及国籍事不宜退让电（初十日） …………………… 4260
川督赵尔巽致枢垣达赖逃亡请旨饬劝回藏电 附旨（十三日）……………… 4261
锡良陈昭常致外部吴禄贞交卸在即火狐狸沟和龙峪玄得胜三案应否准其议结乞
示电（十四日） ………………………………………………………………… 4261
外部复锡良陈昭常火狐狸沟等案希饬吴督办妥商议结电（十五日） ………… 4262
旨寄赵尔巽等达赖已抵印前旨办法自应暂缓听候电谕电（十五日） ………… 4262
锡良程德全咨外部送呈安奉路购地各项图表章程文 附章程（十五日） ……… 4262
谕革去达赖喇嘛名号应即掣定真正呼毕勒罕以重教务电（十六日） ………… 4271
外部致李经方希将达赖潜逃被革暨西藏并无更动情形详告英外部电（十六日）
………………………………………………………………………………… 4271
使英李经方致外部报英议院议达赖离藏事电（十七日） …………………… 4272
外部致赵尔巽联豫我国重视条约不以达赖去留有所改动已请英使转达政府电
（十九日） ……………………………………………………………………… 4272

湘抚岑春蓂奏长沙租界附近已浚河开码头以免觊觎片（二十日） …………… 4272
锡良程德全致外部安奉铁路以减定用地表为准电（二十五日） ……………… 4273
锡良程德全致外部日在鸭绿江架桥请禁阻电（二十八日） ………………… 4274
外部致陆征祥和外部坚拒国籍法我宁不立约免为束缚电（二十九日） ……… 4274
外部致袁树勋美使请将黄秋产业购回或拍卖希核复电（二十九日） ………… 4274
驻藏大臣联豫致枢垣达赖抵大吉岭已派员侦其动静电　附旨（二月初一日）
…………………………………………………………………………………… 4275
外部致锡良等设关稽查系我主权希与日领磋商电（初一日） ………………… 4276
邮部咨外部安奉路用地既经商减请核复文（初二日） ……………………… 4276
锡良等致外部锦瑷路事请部核示后再行订定电（初三日） ………………… 4277
外部复阿根廷国外部驻沪商务委员已饬接待函（初三日） ………………… 4277
外部复锡良等锦瑷路事关系重大希饬司缓议电（初四日） ………………… 4277
锡良程德全复外部锦瑷路事日俄抗议乞主持电（初五日） ………………… 4278
外部复袁树勋黄秋案美使已愿和平了结希核办电（初五日） ……………… 4278
江督张人骏致外部芜湖租借事当商皖抚妥筹电（初五日） ………………… 4278
川滇边务大臣赵尔丰致枢垣军谘处报川军入藏及藏中安静情形请旨另立达赖电
（初六日） …………………………………………………………………… 4278
外部咨邮部安奉路用地是否确需此数请核办文（初六日） ………………… 4279
军机处复赵尔丰藏中内政遵守条约维持黄教不改办法电（初七日） ……… 4280
使美张荫棠致外部同盟会在金山倡言革命美外部谓驱逐出境于例不合电
（初八日） …………………………………………………………………… 4280
义署使博致外部天津盐坨事已结请饬盐商勿再烦渎照会（初九日） ……… 4280
旨梁诚补授出使德国大臣（十一日） ……………………………………… 4281
外部致张人骏朱家宝芜湖租界事可由芜道答复日领电（十八日） ………… 4281
俄使致外部试办松花江行船章程请商定见复函（十九日） ………………… 4281
外部复俄使松花江行船章程俄拟各条实难允从函（二十三日） …………… 4281
浙抚增韫致外部日人在杭设赌谎骗如日使提及希驳复电（二十三日） …… 4282
外部致瑞典使倭瑞典赔款准由汇理银行拨交照会（二十三日） …………… 4282
锡良程德全咨外部日俄战争时华民赔款请询俄使核办文（二十六日） …… 4282
锡良程德全致外部邮部报鸭绿江架桥事议定条款四项电（二十八日） …… 4283
外部复美使费华货运美按轻税则征收足征公允照会（二十八日） ………… 4283
英使麻致外部西藏如有变更请勿妨碍廓尔喀等国照会（三月初二日） …… 4284
外部复英使麻钞送华洋商雇用民船往来长岳章程照会（初三日） ………… 4284
外部咨邮部安奉路用地略多应否照准请复东督文（初四日） ……………… 4285

吉抚陈昭常致外部与日商延吉各案久未解决请主持电（初五日） …………… 4285
外部致浙抚增韫日使请停日商烟草捐棉花捐希查复电（初五日） …………… 4287
吉抚陈昭常致外部日在珲春设领馆出张所等乞拒驳电（初六日） …………… 4287

清宣统朝外交史料卷十四 **宣统二年三月下至四月** …………………………………………… 4288
邮部咨外部安奉用地无可再减应否照准请核复文（三月初六日） …………… 4288
浙抚增韫致外部拟将私租开店日人护送日领署电（初七日） ………………… 4288
浙抚增韫致外部日商即不出城亦应停闭电（初七日） ………………………… 4289
浙抚增韫致外部日商棉花捐已同烟叶捐开呈现另查详咨电（初七日） ……… 4289
外部致张荫棠萨荫图胡惟德转各使馆湘省饥民滋事并非仇洋已换抚臣筹办电（初八日） ……………………………………………………………… 4289
浙抚增韫致外部迁徙日商拟分两层办法电（初九日） ………………………… 4290
外部致署湘抚杨文鼎希饬保护日本商民电（初九日） ………………………… 4290
外部致鄂督瑞澂希派员详查湖南各国教堂商民损失数目并妥结电（初十日） …………………………………………………………………………… 4290
在籍御史徐定超等致外部日店停闭并未迁移请电浙抚照约饬迁电（初十日） …………………………………………………………………………… 4290
直督陈夔龙致外部司法统计表有设会审公廨等语如各领相质请示应付办法电（十一日） ………………………………………………………………… 4291
外部致伊集院准浙抚电日商迁徙事已商允日领一律停闭静候交涉节略（十一日） ………………………………………………………………… 4291
外部致陆征祥等奉旨添派刘式训胡惟德充海牙公断员电 （十一日） ……… 4292
外部复邮部安奉用地为铁路所必需自可照准文（十一日） …………………… 4292
外部致陈昭常珲春领事出张所日使云并非正式可饬照料租房等事电（十一日） …………………………………………………………………………… 4292
署湘抚杨文鼎复外部湘省变乱俟到任后再查复电（十二日） ………………… 4293
浙抚增韫致外部日商滋事日领推诿请将为难情形详告日使电（十二日） …… 4293
外部复增韫日商事希再商日领不必多辩条约电（十三日） …………………… 4293
粤督袁树勋致外部法使新改汛章条目繁琐请再与商酌电（十七日） ………… 4294
吉林边务督办吴禄贞呈东督锡良玄得胜案遵商日使允予特赦电（十七日） … 4294
滇督李经羲致外部英藉片马事争野人山界址请商英使重勘电（十七日） …… 4295
外部致增韫日商事日使否认退租并求偿已驳复希和平商结电（十七日） …… 4295
浙抚增韫复外部日商租屋并非直接请商日使饬领事和平了结电（十九日） … 4295
外部复增韫日商事已函日使饬领事了结电（十九日） ………………………… 4296

东督锡良致外部据宋道禀陈中俄勘界办法四条请核示电（十九日） ………… 4296
税务处度支部会奏江浙等省商办铁路所用机器材料拟请宽展免税年限折（十九日） …………………………………………………………………… 4296
东督锡良吉抚陈昭常咨外部报公主岭日本护路兵到吉省游览情形文 附报告稿（二十一日） …………………………………………………………………… 4297
吉抚陈昭常致外部英商怡德洋行向农产公司购买豆石欠价情形电（二十二日） …………………………………………………………………… 4299
外部致桂抚张鸣岐准法使照称法员掌击华员一案如何情形希查复函（二十四日） …………………………………………………………………… 4299
外部致陈昭常与日使商延吉韩人在商埠外垦地应由华官裁判电（二十七日） …………………………………………………………………… 4300
使俄萨荫图致外部报载日俄有议订密约之说电（二十八日） ………………… 4300
江督张人骏等奏浚浦工程已饬商税司照约办理片（二十九日） ……………… 4300
吉抚陈昭常致外部日宪兵分遣所失火我警救灭反被砍毙请告日使饬领撤警电 三件（四月初二日） …………………………………………………………… 4301
外部致税务处松花江贸易章程兹酌定宗旨请会函施肇基速议函 附致施道函电稿各一件（初三日） …………………………………………………… 4302
东督锡良致外部日本觊觎松花江行船请预防电（初六日） …………………… 4305
外部复锡良瑷珲约所谓松花江系按黑龙江下游而言已复俄使电（初六日） … 4305
外部致陈昭常日警肇事彼此报告不同希查复电（初八日） …………………… 4305
使英李经方致外部日于英国会场陈列南满物产请迳与日政府交涉电（初十日） …………………………………………………………………… 4306
吉抚陈昭常致外部日警伤毙华警事日使似自知理屈已饬复查电（初十日） … 4306
商部咨外部据安东商务总会电请收回六七道沟文（初十日） ………………… 4306
滇督李经羲致外部片马案久无结束请催重勘电（十二日） …………………… 4307
外部复商部六七道沟地东督自必设法挽回文（十三日） ……………………… 4307
外部致豫抚林绍年董贵荣案希饬持平办理电（十三日） ……………………… 4307
谕邹嘉来胡惟德着补授外务部左右侍郎（十六日） …………………………… 4308
外部致胡惟德驻日使事派参赞吴振麟代办电（十六日） ……………………… 4308
滨江道施肇基禀外部会议哈尔滨三姓拉哈苏苏各关章程缮折呈核文 附章程（十六日） …………………………………………………………………… 4308
吉抚陈昭常致外部日使既认日领误解则彼此退让当可定议电（十七日） …… 4315
旨汪大燮著充出使日本国大臣（十八日） ……………………………………… 4315
税务处咨外部英使请将长江通商章程展行湘河利商甚微损厘甚巨请婉复文

（二十二日） …… 4316
川滇边务大臣赵尔丰奏报边藏情形时殊势异亟宜将紧要地方收回以固疆域折（二十四日） …… 4316

清宣统朝外交史料卷十五 **宣统二年五月至六月** …… 4319
外部复伊集院日商戴生昌拟行轮不通商口岸与约未符照会（五月初一日） …… 4319
外部致鄂督瑞澂湘抚杨文鼎准各国公使照复议结长沙各案办法希查照电（初一日） …… 4319
吉抚陈昭常致外部日在珲春设延吉分馆暗扩利权请诘日使暨催派正式领事电（初一日） …… 4320
吉抚陈昭常致外部复查日警伤毙救火华警案实有预谋请力与交涉电（初二日） …… 4320
东督锡良奏收回本溪湖煤矿作为中日合办及订立合同情形折 附合同（初二日） …… 4322
外部致李经羲片马界务英使不肯派员会勘希妥筹因应电（初三日） …… 4324
外部复张荫棠东省因洋商违章运货饬局收税实非重征希告美政府函（初四日） …… 4325
外部致陈昭常延珲设领应防牵混自开商埠并日已派员电（初七日） …… 4326
吉抚陈昭常致外部坂东系日无赖既主珲馆当饬厅防维电（初九日） …… 4326
湘抚杨文鼎复外部与英美日领事商办湘案情形电（十一日） …… 4326
外部复英使麻汉口至岳州已有常川轮船载运请勿再议推广长江民船章程照会（十一日） …… 4327
东督锡良致枢垣外部报日俄联合情形请预筹电（十四日） …… 4327
外部致瑞澂杨文鼎日德皆允就地议结湘案电（十四日） …… 4328
东督锡良致枢垣外度邮等部锦瑷路美财团将在俄开议借款包工合同恳速核示电（十六日） …… 4328
外部复锡良锦瑷路事日俄如不干预其借款包工合同可由尊处核办函（二十日） …… 4328
外部致刘式训请商驻法暹使转暹政府除华侨苛禁电（二十五日） …… 4329
使俄萨荫图致外部报俄日因东省铁路商订专条电（二十五日） …… 4329
东督锡良致枢垣俄人胁制中国请提前议定锦瑷张恰二路电（六月初一日） …… 4329
驻日代办吴振麟呈外部日欲并朝鲜雄心未已函（初一日） …… 4330
使俄萨荫图致外部报俄日商订专条已画押电（初一日） …… 4330
邮部咨外部日商戴生昌请添展清江浦至正阳关航路与约不符文（初五日） …… 4331

外部致吴振麟日俄协约各驻使议论如何希探复电（初六日） …………………… 4332
外部咨锡良中俄陆路通商条约所拟调查纲目已分咨照办文（初六日） ……… 4332
外部致李经方张荫棠刘式训荫昌杨枢陆征祥俄日协约用意叵测希探各国意见电知电（初六日） ………………………………………………………………… 4333
旅港嘉属商学会呈外部南非洲杜兰斯哇新设苛例驱逐华商请商英使革除电（初六日） ……………………………………………………………………………… 4333
外部致陈昭常日使请发盐酸护照希电陆军部知照税务处核办电（初六日） … 4333
使俄萨荫图致外部俄日协约经营满洲有进无退请整顿内治电（初七日） …… 4333
驻日代办吴振麟呈外部俄日协约译陈大意电（初八日） ……………………… 4334
使法刘式训致外部报各国对俄日新协约情形电（初八日） …………………… 4334
驻韩总领事马廷亮呈外部中韩交犯事己复日统监嗣后照约办理函（初八日） ……………………………………………………………………………………… 4335
使英李经方致外部俄日协约英外部云甚洽意电（初九日） …………………… 4335
驻日代办吴振麟呈外部俄日协约美德意奥等国均不表同情电（初九日） …… 4336
外部致刘式训法使密告革党由暹罗运械赴滇电（初十日） …………………… 4336
卸任驻藏帮办温宗尧咨川督赵尔巽请代奏维持西藏大局折（十二日） ……… 4336
使法刘式训复外部暹使云华侨身税与他国一律电（十四日） ………………… 4338
外部致英使麻英商如派华伙在福州内地照约办茶当一律保护节略（十五日） ……………………………………………………………………………………… 4338
外部致各省督抚本部照会驻京各使日俄协约重视中国在东省主权自应按约实行电（十五日） …………………………………………………………………… 4339
外部致陆征祥和颁新律华侨勒限入籍已照驳电（十五日） …………………… 4339
湘抚杨文鼎致外部湘案日本赔款大致就绪请商日使留村山领事办结电（十九日） ………………………………………………………………………………… 4339
外部复杨文鼎湘案赔款经日外部核定派参赞赴湘办结电（二十一日） ……… 4340
使俄萨荫图致外部俄外部谓俄日协约于中国主权无碍电（二十二日） ……… 4340
外部致赵尔巽赵尔丰联豫英政府请劝达赖回藏并川兵不必派往边界希会商密复电（二十二日） ……………………………………………………………… 4340
外部致俄署使世商议松花江贸易章程字句函（二十四日） …………………… 4341
外部致鄂粤闽各督和使虽云并未强制华侨入籍然仍声明视为和国人民电（二十四日） ………………………………………………………………………… 4342
义使巴致外部中国声明日俄协约已转达本国照会（二十四日） ……………… 4342
直督陈夔龙致外部闻日俄协约有附约四条确否示复电（二十五日） ………… 4342
外部致江督张人骏和迫华侨入籍应各据各律一力坚持电（二十六日） ……… 4343

东督锡良咨外部日领否认赔俄抚顺煤矿利益并钞呈驳复俄使向我索偿文
附件（二十八日）…… 4343
英美法德各使致外部催办粤川汉铁路借款合同请旨批准画押照会 四件
（二十八日）…… 4346
英使麻致外部英驻江孜商务委员租地建房事希饬地方官迅结照会（二十八日）
…… 4347
外部致邮部日使询海龙至铁岭筑路事希见复函（二十九日）…… 4348

清宣统朝外交史料卷十六　宣统二年七月至八月上 …… 4349
东督锡良致外部税务处抚顺煤运赴韩国是否照满洲里通商章程办理请核示电
（七月初一日）…… 4349
使德梁诚致外部觐见德皇谓中国答日俄协约文为外交界文件特色电（初二日）
…… 4349
使美张荫棠致外部美谓日俄协约大碍中国主权美须早自为谋电（初三日）… 4349
外部致陈昭常日使称全成哲在狱几死希查复电（初五日）…… 4350
外部咨税务处抚顺煤斤出口应照何项税率酌核见复文（初五日）…… 4350
驻藏大臣联豫致外部达赖去后藏地复安英使所言与事实相反拟派罗长裿
赴印交涉电（初五日）…… 4351
外部复联豫罗道赴印可照办并请开导布丹电（初六日）…… 4351
外部致李经方藏中安谧英恐达赖留印生事拟派罗长裿赴印劝回电（初七日）
…… 4352
江督张人骏咨外部日领言高濑等行使伪钞已惩办文（初八日）…… 4352
黑抚周树模致外部请修筑哈海铁路拯此危疆函（初八日）…… 4352
黑抚周树模致外部俄人私测齐瑷路线有修筑意函（初八日）…… 4353
外部致赵尔巽藏事关系边境安危希与联豫会商慎筹电（十一日）…… 4354
吉抚陈昭常致外部请商日使速释玄德胜以便即释全成哲电（十二日）…… 4354
东督锡良致外部抚顺煤税磋商为难将来鸭江桥成税务如何办理乞示电
（十三日）…… 4354
川督赵尔巽致枢垣外部请勿令达赖回藏布如犯藏宜严兵以待电（十三日）… 4355
外部复赵尔巽布如称兵英既不干预我亦不必揭明且英尚未认为彼属电
（十三日）…… 4355
东督锡良奏东省大局益危密陈管见折（十五日）…… 4355
外部致赵尔巽如布兵犯藏宜善为劝谕不必用兵穷边电（十五日）…… 4357
使英李经方致外部丞参英外部谓斐式楷回华恐生事端并云开平事如不能结

只可公断函（十五日） …… 4357
使美张荫棠致外部锦瑗路借款美国尽力协助惟盼中国早断电（十七日） …… 4359
外部致德使雷逸信行运炮弹被芜关扣留皖省未能任偿节略（十八日） …… 4359
外部致汪大燮日本灾重奉旨着往慰问助赈十万电（十九日） …… 4359
驻藏大臣联豫致外部江孜租地事已结请复英使电（二十日） …… 4359
英使麻致外部罗道长禧赴印当照章接待至达赖行止毫不介意照会（二十日） …… 4360
考察海军大臣载洵致枢垣外部日并韩国将有不利于我举动亟应改革庶政电（二十三日） …… 4360
晋抚宝棻奏遵议晋省矿产现在办理情形折（二十四日） …… 4360
驻韩总领事马廷亮呈外部报日韩合邦条约并宣言书电 附条约暨宣言书（二十四日） …… 4362
外部致马廷亮日使面交合并条约各国如何应付我亦照办希详复电（二十五日） …… 4364
外部致联豫印藏官民照章可以交易务以消融意见为要电（二十五日） …… 4365
外部致各国公使奉旨沈瑞麟补授驻奥大臣照会（二十六日） …… 4365
外部致联豫希查明俄属有无赴藏拜佛情事见复电（二十七日） …… 4365
朝鲜国会致外部日本吞并朝鲜求伸公理电（二十七日） …… 4365
东督锡良奏奉省葫芦岛商埠工程重要请筹款开办折（二十七日） …… 4366
黑抚周树模奏改订齐齐哈尔商埠区域谨陈现在办法折（二十八日） …… 4367
美使嘉致外部闻东督拟借某国款项办理殖业希见复函（三十日） …… 4367
商部咨外部陕西延长油矿所订佣聘日本技师合同是否妥协请核复文（八月初二日） …… 4368
度支部外务部奏遵旨妥筹东三省请借外债二千万两兴办实业拟请照准折（初二日） …… 4368
军机处外部致赵尔巽并转联豫赵尔丰英使云达赖宜令回藏希熟察情势会商办理电（初二日） …… 4370
外部致英使麻俟新币发行渐次收回旧币节略（初四日） …… 4370
外部致陈昭常日使称已奏请特赦玄德胜希即释全成哲电（初四日） …… 4371
驻崴总领事桂芳呈外部丞参俄国道胜银行拟与大比银行合并函（初六日） …… 4371
外部致德使雷中德商约请在京续议希见复函（初九日） …… 4371
吉抚陈昭常致外部全成哲已开释并经知照日领电（初十日） …… 4371
外部致俄署使世东省铁路转运护路兵军需品拟定办法两端希照复照会（十一日） …… 4372

英美德法各使致外部催议粤汉川汉铁路借款照会（十二日） …………………… 4373
外部致陈昭常俄轮事以缉犯剿匪为要勿启彼干预电（十三日） ………………… 4375
东督锡良致外部请商日使迅释玄德胜并示复电（十三日） …………………… 4375
外部致联豫布丹为西藏属部英人谓归其管理应切实驳论电（十四日） ……… 4375
外部致锡良日使请剿东省马贼希电复办理情形电（十四日） …………………… 4376

清宣统朝外交史料卷十七　宣统二年八月下至十月上 ……………………………… 4377
外部致英使及各使奉旨刘玉麟授为出使英国大臣照会（八月十六日） ……… 4377
津浦铁路督办徐世昌奏津浦铁路续借洋款与德英两公司议订合同折
附合同暨表（十九日） ………………………………………………………………… 4377
吉抚陈昭常致外部韩侨垦户以次入籍如续来限居商埠可消隐患电（十九日）
………………………………………………………………………………………… 4385
邮部咨外部安东关码头与日本租地分界事亟应分别明白文（十九日） ……… 4385
吉抚陈昭常致外部日韩合并请与日使妥商韩民越垦问题函（二十一日） …… 4385
东督锡良致外部查报东省与吉省奏借之款系属两案电（二十二日） ………… 4386
吉抚陈昭常致外部请严催日使速赦玄德胜电（二十二日） …………………… 4387
东督锡良致外部报日韩合并后日本举动情形函　附折（二十四日）…………… 4387
外部奏预备修改中俄通商条约派员调查折（二十八日） ……………………… 4388
外部致邮部山东沿路矿权关系重要请核复以便照会德使函（九月初一日） … 4389
邮部奏筹办分年收回邮政折　附清单（初二日） ……………………………… 4389
俄使廓致外部法文报载有中俄两国锦齐铁路公文请慎密节略（初二日） …… 4391
使日汪大燮奏遵旨慰问日本水灾并代奏申谢折（初五日） …………………… 4392
外部复俄使廓法文报载锦齐铁路文件殊难根究节略（初五日） ……………… 4392
外部致苏鄂闽粤各督和属华侨国籍事请速解决以便订约设领电（初五日） … 4393
东督锡良致外部日韩合并后日以急进为主义录呈探报各节请垂察函
附清折四件（初六日） ………………………………………………………………… 4393
东督锡良致外部报中俄界案会勘情形电（初九日） …………………………… 4397
滇督李经羲致外部请与英使提议滇缅界务以便勘办电（初十日） …………… 4397
外部致墨署使胡贵国撤换驻沪领事极纫公谊照会（十二日） ………………… 4398
使法刘式训致外部承认葡国政府事俟各大国有承认者随时请示电（十三日）
………………………………………………………………………………………… 4398
外部致英使麻奉省运货未设税关但已派税司换给转运专照节略（十五日） … 4398
东督锡良致外部铁路界外如日本要求协助弹压请驳拒电（十七日） ………… 4399
使法刘式训致外部中暹立约事暹使允转政府电（二十日） …………………… 4399

英美德法各使致外部银行代表仍请按照湖广铁路原合同办理照会（二十日）……4399
度支部咨外部安东关码头分界处中日合建一桥已由东海关拨款文（二十二日）……4400
外部致赵尔巽布丹系中国属邦英人有无秘密举动希查复电（二十五日）……4401
度支部奏议借美款先订草合同请旨核遵折 附草合同（二十七日）……4401
外部致法使马云南运铅暂行章程并非有违条约请允认照会（二十九日）……4402
度支部奏议复滇督奏请拨省城开埠经费拟照准折（十月初一日）……4403
东督锡良致外部京奉展线及联络营业事以速结为宜函（初二日）……4404
邮部奏遵章胪陈第四届筹备路电成绩折（初二日）……4404
邮部复外部京奉展线并无条件日领所求实属枝节函（初三日）……4405
吏部咨外部奉谕李国杰著出使比国并赏给宝星文（初三日）……4406
滇督李经羲致外部缅边腾龙界桩被英人去标削字请趁机查勘更正电（初五日）……4406
东督锡良致外部报日俄近日举动情形函（初十日）……4406
使日汪大燮致外部各国驻韩领事将隶属驻日使署拟赴韩察视电（初十日）……4407
外部致汪大燮希查日人对待在韩华侨情形电（十一日）……4408
外部致锡良等据日使称玄德胜已释放电（十三日）……4408

清宣统朝外交史料卷十八 **宣统二年十月下至十二月上**……4409
俄使廓致外部商船入俄口不复重量须先立专约兹钞送船牌度量吨数章程照会（十月十五日）……4409
东督锡良奏遵旨密陈东三省大局应行分别筹办情形折（二十日）……4409
外部咨锡良陈昭常法使言吉省添修铁路占用教堂地亩请查复文（二十四日）……4411
鄂督瑞澂咨外部洋商在租界以外违约经商请照会各驻使禁止文 附湖北谘议局议决办法（二十五日）……4411
滇督李经羲致外部缅兵赴腾越驻守请商英使电缅政府仍守小江北流为界电（二十五日）……4413
英美德法各使致外部请催邮部速与各银行商结湖广铁路借款照会 附节略（二十五日）……4414
鲁抚孙宝琦奏建筑胶沂铁路款巨期迫谨陈派员测勘并筹办内地捐抵借公债情形折（二十七日）……4414
资政院总裁溥伦奏照约速定裁厘加税一案议决情形折（十一月初一日）……4416

江督张人骏苏抚程德全奏查明苏路公司并无私借外债并筹预防方法折（初一日） …… 4417

东督锡良致外部谘议局呈请催办奉海铁路祈核复电（初七日） …… 4419

吉抚陈昭常致外部报与日领争抚顺煤税情形乞核复电（初七日） …… 4419

江督张人骏致外部张三宝案请商日使饬领集讯并观审电（初八日） …… 4420

署粤督增祺致外部华商赴秘营业秘领不允签字与约不符请电张大臣与秘外部交涉电（初九日） …… 4420

外部复美使嘉禁运高根事已准各国驻使允认函（十二日） …… 4421

吉林道孟宪彝呈外部长春营业税拟根据法理改正章程文（十二日） …… 4421

外部致驻和代办唐在复施行领约在和属内照和律属外照中律解决电（十四日） …… 4422

东督锡良致外部奉省韩侨日众请向日使速议办法函（十五日） …… 4422

外部致使俄萨荫图言萨哈连在黑龙江右岸电（二十日） …… 4423

署粤督增祺致外部萨摩岛招工请商德政府订例与文明各国民人一律看待电（二十一日） …… 4423

外部致李经羲滇缅北段界务英使词狡而决希复电（二十三日） …… 4424

外部致周树模中俄勘界事希面与俄员驳辩电（二十八日） …… 4424

外部致法使马吉长铁路圈用教堂地亩系照章办理希饬持票领价照会（十二月初四日） …… 4425

东督锡良奏葫芦岛建筑海堤派员筹办购地开工情形折（初四日） …… 4425

日使伊集院致外部川江行轮免碰章程请与驻重庆各领商妥再行承认照会（初七日） …… 4426

外部致锡良东省马贼充斥希严饬营警搜剿电（十二日） …… 4426

外部致锡良日人在长春设派出所在吉林蒙古测绘希据约诘阻电（十三日） …… 4427

外部致李经羲滇缅界务希就地势边情酌定电（十四日） …… 4427

外部等奏遵议锡良奏陈东三省大局应行分别筹办情形折（十五日） …… 4427

外部致汪大燮报载俄德日三国联盟希探复电（十八日） …… 4429

考察宪政大臣李家驹奏考察日本财政编译成书折（十九日） …… 4429

使日汪大燮复外部俄德新有协约德日交情渐亲电（十九日） …… 4436

滇督李经羲致枢垣英兵抵片马并胁各夷降附请饬商英使退兵妥议电 附旨（十九日） …… 4436

邮部咨外部东省拟筑奉海线于外交有无阻碍请见复文（二十日） …… 4438

外部致刘玉麟英兵直抵片马请商英外部撤回电（二十二日） …… 4439

外部致李经羲滇缅北段界务希审度地势见复电（二十二日） …… 4439

东督锡良咨外部日人测绘已饬各地方官警阻止文（二十二日） …………………… 4439
谕镇国将军载振英皇加冕著前往致贺（二十四日） ………………………………… 4440

清宣统朝外交史料卷十九 **宣统二年十二月下至三年三月上** ………………………… 4441
滇督李经羲致枢桓英占片马拟督军备战誓以身殉乞示电
（二年十二月二十五日） ………………………………………………………… 4441
军机处致李经羲滇缅界事已诘英使希遵旨规画计出万全电（二十七日） …… 4442
外部致刘玉麟英兵确抵片马希商退兵再议界务电（二十八日） ……………… 4442
外部致英使朱迩典雇用民船往来湘河有碍厘捐请勿庸再议节略（二十九日）
…………………………………………………………………………………… 4443
东督锡良咨外部安奉铁路购地事竣呈送总图文（二十九日） ………………… 4443
外部致粤督增祺桂抚张鸣岐美教士在北流传教希照约保护电
（三年正月初十日） ……………………………………………………………… 4444
外部致张人骏和属回国学生如和领请向彼注册可照驳电（十八日） ……… 4444
使日汪大燮致外部奉吉韩侨事小村已电日领调查电（二十日） …………… 4444
江督张人骏致外部和兰华侨归国应作为华人电（二十一日） ……………… 4445
使俄萨荫图致外部俄开商约六款请示对付宗旨电（二十一日） …………… 4445
使日汪大燮致外部闻俄调兵赴伊犁英议有事滇边诸宜直接交涉电（二十一日）
…………………………………………………………………………………… 4445
使英刘玉麟致外部缮送英外部面交滇缅界案节略函 附节略（二十一日） …… 4445
外部致汪大燮中俄悬案本持认真商定之旨电（二十一日） ………………… 4446
外部机要股呈堂宪据辛博悌报告长春日人处处侵占甚属可危电（二十八日）
…………………………………………………………………………………… 4447
税务处等奏议复增祺奏香洲自辟商埠请暂准作为无税口岸折（三十日） …… 4447
外部致锡良周树模奉旨派周树模充会勘中俄边界大臣电（三十日） ……… 4449
外部致各督抚英人进兵片马事报传失实请解释电（二月初一日） ………… 4449
吉抚陈昭常致外部韩民到珲春营业者如有词讼应各照自国法律办理电
（初一日） ……………………………………………………………………… 4449
黑抚周树模致外部奉旨会勘中俄边界当妥慎办理电（初三日） …………… 4450
黑抚周树模致外部勘界俄员难以理喻应否暂缓立案电（初四日） ………… 4450
驻澳洲唐领事呈外部丞参日委员来澳谓满洲招垦实属谬妄函（初五日） …… 4451
外部司员富士英管尚平呈外部丞参查报塔城中俄通商利弊禀 附清折二件
（十三日） ……………………………………………………………………… 4451
东督锡良致外部勘界事俄派全权大员与体制不符电（十三日） …………… 4455

外部致乌里雅苏台将军毕桂芳请派员会查俄人焚毁牌博证据电（十四日） …… 4455
外部致锡良周树模勘界事希饬按图确指地名约俄员会勘电（十四日） ……… 4455
英署使麻致外部请展行洋商在长岳等处雇用民船之长江通商章程照会
（十四日） ……… 4456
使俄萨荫图咨外部译送中俄边界地图文（十四日） ……… 4456
黑抚周树模致外部勘界事俄员狡执骄横请勿庸在界立案函（十七日） ……… 4457
署库伦办事大臣三多致枢垣蒙地首在路权请饬派工师勘路并调军队扼要分布电
（十九日） ……… 4458
邮外度三部会奏京汉铁路需还官款拟订正金银行借款一千万元合同折
附上谕暨合同（二十三日） ……… 4458
外部复俄使廓黑龙江右岸检验所应归中国自办照会（二十三日） ……… 4461
东督锡良致外部奉省日人遇事干涉枪毙民人请主持电（二十四日） ……… 4462
外部致萨摩岛领事林润钊萨岛招工能否删除苛例即复电（二十五日） ……… 4462
黑抚周树模致外部请商俄使饬俄员会勘塔奔托罗海界址电（二十六日） ……… 4462
东督锡良致外部日遣韩人入境调查韩侨请催日使妥定办法电（二十八日） …… 4463
外部致锡良闻日本运兵械往朝鲜似系假道赴奉希查复电（二十八日） ……… 4463
东督锡良致外部日本运兵探系驻满韩各师团期满换防电（二十九日） ……… 4463
外部致新抚联魁中外结婚并无不准明文希妥办电（三月初一日） ……… 4464
使美张荫棠致外部报秘外部送华人入境新例已驳辩电（初三日） ……… 4464
使俄萨荫图致外部俄外部搜集乌梁海凭据欲为辩论地步电（初四日） ……… 4464
外部致俄使廓松花江各关发还逾额税之期拟准俄商另展限一月照会（初五日）
……… 4464
邮部等奏拟订大东大北两电报公司预付报费合同折 附合同（初八日） ……… 4465
外部致张人骏各国商人被控有无观审成例希复电（初十日） ……… 4467
法使马致外部左丞高而谦译送越督来电函 附节略（初十日） ……… 4467
吉抚陈昭常奏招商附股筹办图们江航路以固国防而兴商业折（初十日） ……… 4467
黑抚周树模致外部勘界俄员种种狡执拟随时请示电（十三日） ……… 4469
外部右丞施肇基致外部颜股长报赴奉调查日警肇事情形电（十三日） ……… 4469
滇督李经羲咨外部滇越铁路公司阻挠蒙自壁虱寨海关管辖火车货物权请商法使
照章办理文 附节略（十四日） ……… 4469
外部致锡良日使云奉天中日冲突各案愿就地处理电（二十日） ……… 4471
镇江关道林景贤呈外部日领请发桐木联单乞拒驳电（二十二日） ……… 4471
东督锡良致外部中日冲突各案请告日领勿偏执电（二十六日） ……… 4471

清宣统朝外交史料卷二十　宣统三年三月下至四月上 …… 4473
外部奏万国禁烟会展期开会请另派员会议折　附敕谕暨公约（三月二十一日） …… 4473
东督锡良致外部抚顺本溪等处中日冲突案已和平商办电（二十六日） …… 4480
外部致湘抚岑春蓂瑙威教会购地案希就地商结电（二十六日） …… 4480
使德梁诚致外部丞参德外部称续议商约事请预订日期同时派员开议函（二十六日） …… 4481
外部咨农工商部日本邀华商赴东游历改期前往文（二十七日） …… 4481
使英刘玉麟致外部丞参陈滇缅界务暨禁烟办法函（四月初二日） …… 4481
外部奏中和领约磋议已定请派大员画押折　附旨（初三日） …… 4482
外部奏和属苛例修改情形片（初三日） …… 4483
外部奏中和领约以法文为主片（初三日） …… 4484
东督锡良致外部京奉修筑直线架设天桥本与日领议妥请商定示遵文（初九日） …… 4484
英使朱迩典致外部暂贴印花之印药应照新章征税照会（初十日） …… 4485
外部致朱迩典中国土药与印烟新税同时起征照会（初十日） …… 4485
外部咨邮部四国公使照催湖广铁路借款事请速核复文（初十日） …… 4485
外部致各国公使奉谕庆亲王仍管理外务部照会（十一日） …… 4485
外部奏与英使续订禁烟条件以期从速禁绝折　附上谕（十一日） …… 4486
度支部奏各省土药拟请比例洋药酌量加税折　附旨（十一日） …… 4488
邮部奏请取销四国铁路前案以便签字片　附咨文（十一日） …… 4488
和使贝致外部和籍华侨或存或出应听自便照会（十二日） …… 4489
税务处咨外部奉省土煤由轮船装运出口应照章完税文（十二日） …… 4490
使法刘式训致外部丞参葡外部拟裁驻外使馆以释重累函（十二日） …… 4490
外部致锡良闻日人对于安奉华警意极叵测希通融迅结电（十三日） …… 4490
外部致联豫英不认布廓两部为我属国希查复英人举动电（十四日） …… 4491
使和陆征祥奏中和领约画押及筹议情形折　附照会二件（十四日） …… 4491
东督锡良复外部抚顺桥头两案俟日领复到办理电（十四日） …… 4493
使俄萨荫图致外部俄日协商一节俄报公布辩讹电（十六日） …… 4493
使俄萨荫图致外部闻俄日在东京议商标事电（十八日） …… 4494
邮部等奏粤汉川汉铁路借款合同磋商定议请旨签字盖印折　附上谕合同暨付息表（二十二日） …… 4494
驻藏大臣联豫致外部英人干涉廓布两部请驳复电（二十四日） …… 4503

清宣统朝外交史料卷二十一　宣统三年四月下至闰六月上 ………………………… 4504
东督赵尔巽咨外部报与日员议定抚顺煤矿细则文　附细则（四月二十五日）…………………………………………………………………………… 4504
外部奏中和领约业已画押请旨批准互换折　附条约（二十六日）……………… 4507
邮部等奏定期接管邮政以归统一而符名实折（二十八日）…………………… 4510
邮部致外部钞送滇督李经羲请办滇桂滇蜀两路向四国公借二千万元来电请查阅函　附钞电三件（五月初三日）……………………………………… 4511
驻墨代办沈艾孙呈外部华侨被戕墨国允予偿恤电（初七日）………………… 4513
督办粤川汉铁路端方奏辛丑和约已届十年所言第七第十两款亟应修改折（初九日）………………………………………………………………… 4513
督办粤川汉铁路端方奏滇边界务请于片马交涉未定之际与英使商撤兵片（初九日）………………………………………………………………… 4514
税务处咨外部呈送中英贸易册比较表文　附贸易总数册（十二日）………… 4515
外部咨邮部苏省铁路公司请借款造徐通铁路指驳各节与本部意见相同文（十三日）………………………………………………………………… 4516
使德梁诚致外部德外部称萨岛华工章程日内可定满意办法电（十四日）…… 4517
驻墨代办沈艾孙呈外部华侨损失索三千万姑备磋磨电（十六日）………… 4517
外部致沈艾孙墨乱渐平希声明派海圻至墨系联交谊电（十六日）………… 4517
使俄萨荫图致外部丞参俄外部不准华人行船庙街当再磋商函（二十一日）… 4517
黑抚周树模致内阁奉旨与俄会勘边界陈报开议日期电　附旨（二十二日）…… 4518
鲁抚孙宝琦致外部英在烟台招工拟派员稽查电（二十三日）………………… 4519
驻韩总领事马廷亮呈外部丞参日人联络韩王并于仁川修筑船坞函（二十四日）…………………………………………………………………………… 4519
外部复英使朱迩典拟电滇督派员与英领商议腾越骡马捐照会（二十六日）… 4520
度支部等奏遵旨筹画收回粤川汉干路详细办法折　附上谕（二十六日）……… 4520
使美张荫棠致外部报赴墨办理华侨赈抚事宜电（六月初一日）…………… 4524
乌里雅苏台将军毕桂芳致外部派员往乌梁海会同俄员查界电（初二日）…… 4525
日参赞松冈致外部侍郎曹汝霖日禁图长公司装运木料事吉抚电称各节不无误会函（初四日）……………………………………………………… 4525
使英刘玉麟致外部吉埠水手迁怒罢工有不招华工之议当设法融洽电（初四日）…………………………………………………………………………… 4526
滇督李经羲致外部越人不遵约章入境滋事请诘法使电（初八日）………… 4526
税务处致外部中美轮船公司应照旧纳税文（十一日）……………………… 4526
粤督张鸣岐致外部澳门浚河事请电刘使商葡外部停办电（十二日）……… 4527

外部致毕桂芳俄使不承认乌梁海界牌希查复案据电（十三日） …………………… 4527
使奥沈瑞麟奏嗣后公布各国文牍请选精法文谙交涉者译成定稿片（十五日）
…………………………………………………………………………………… 4528
驻古巴参赞吴寿全呈外部丞参与古外部订立华商领照办法函（十八日） …… 4528
川督赵尔丰致外部英政府委员调查滇藏之路请商英使饬其回川电（十九日）
…………………………………………………………………………………… 4529
使奥沈瑞麟致外部丞参奥外部称讷使来华当力求辑睦电（十九日） ………… 4529
谕各省督抚著遵照禁烟条件切实奉行以期禁绝（三十日） …………………… 4530
新抚袁大化咨外部伊犁中俄民籍混杂撮叙户口总数酌拟办法请核复文
（闰六月初一日） ……………………………………………………………… 4530
直督陈夔龙等奏烟潍铁路关系紧要请收归官办折（初三日） ………………… 4532
法部致外部准闽督称厦门领事否认审判厅应否将部定办法知照外人请核复片
（初四日） ……………………………………………………………………… 4533
外部致粤督张鸣岐澳门浚河事葡政府允缓办电（初五日） …………………… 4534
外部致赵尔巽日人占领安东苇滩案希商结电（初八日） ……………………… 4534

清宣统朝外交史料卷二十二 **宣统三年闰六月下至八月上** ……………………… 4535
鲁抚孙宝琦咨外部拟订收回德商矿权合同请核复文 附照会暨合同
（闰六月初八日） ……………………………………………………………… 4535
使俄萨荫图致外部丞参报与陆使商议俄约事函（初九日） …………………… 4538
鲁抚孙宝琦咨外部与华德矿务公司议结收回矿权文（十一日） ……………… 4539
英使朱迩典致外部钞送英国华茶商董致伦贝子函 附钞件（十三日） ……… 4539
外部致陈昭常俄领署设马队恐他国藉口希磋商电（十四日） ………………… 4541
吉抚陈昭常致外部俄请于延吉埠外设领署乞峻拒电（十七日） ……………… 4541
滇督李经羲致内阁滇路收归国有请旨饬下迅议电（十七日） ………………… 4542
日使伊集院致外部图们江运出木材敝国政府允许通融办理照会（十八日） … 4543
湘抚杨文鼎致邮部查明湘路收支各款实数电（二十日） ……………………… 4543
新抚袁大化致外部日人游历于阗不呈验护照乞诘日使调回电（二十六日） … 4544
使俄萨荫图致外部丞参英日第三次修改同盟条约已在伦敦画押函（二十七日）
…………………………………………………………………………………… 4544
度支部奏核议江督奏请以轻息借款还重息借款应由该督先行交该省谘议局
议决折（二十八日） …………………………………………………………… 4545
外部致伊集院吉抚电称图长公司木材已装运出口转达感忱函（七月初一日）
…………………………………………………………………………………… 4546

外部奏分省禁运印度洋药先择成效最著数省与英使商定办理折
附条件附件并照会三件（初二日）…… 4546
俄使廓致外部华商运货请勿路过俄境照会（初五日）…… 4550
鄂督瑞澂咨外部美孚行在宜昌城内售卖货物与约不符请照复美使饬办文
（十三日）…… 4550
外度商三部奏议结滇省隆兴公司矿案取销原订合同折（十四日）…… 4553
外部咨税务处及甘督长庚甘肃受三联单影响收税寥寥希饬津海关整顿文
（十六日）…… 4554
和使贝致外部准照称陆征祥调使俄国刘镜人使和已转达文（十九日）…… 4555
吉抚陈昭常致外部图们江设渡事已饬查遵办电（二十四日）…… 4555
使美张荫棠致外部墨西哥莱苑华人被害墨总统允缉凶赔偿电（二十四日）…… 4555
东督赵尔巽致外部中日议定京奉铁路协约文　附协约（八月初二日）…… 4556
外部致粤督张鸣岐德外部允改华工苛例请准在粤先招一批电（初三日）…… 4558
邮部奏展筑京奉路线磋商就绪议定办法折（初六日）…… 4559
邮部奏查明湘鄂路工暨股捐各款情形折（初六日）…… 4560
英使朱迩典致外部缮送中英在奉议订英美烟公司纳税办法照会　附照会暨章程
（初六日）…… 4560
奉天交涉使许鼎霖呈外部丞参日人在鸭绿江造桥日领援满洲里办法应否照准
请示函（初八日）…… 4562
义使斯致外部义土不得已交战请查照照会（初十日）…… 4562
粤督张鸣岐奏详陈广东息借洋款情形折（十一日）…… 4563
外部复义使斯义土宣战缘由业已阅悉照会（十二日）…… 4564
理藩部咨各路将军大臣义土交战希饬遵守中立电（十八日）…… 4564
外部咨税务处日使请勘瓜州至清江浦水标希饬会勘文（十八日）…… 4564
使日汪大燮致外部义土战事日谕臣民严守中立电（十九日）…… 4565

清宣统朝外交史料卷二十三　**宣统三年八月下至九月** …… 4566
外部奏拟请于欧美改设驻使并酌设兼使折（八月二十日）…… 4566
外部奏厘订改设驻使兼使员缺经费片（二十日）…… 4567
税务大臣那桐咨外部日领请俟鸭绿江桥成中日各派税司会验火车请先询明
宗旨再议文　附总税务司申文（二十二日）…… 4568
定边左副将军咨外部派员查勘中俄交界牌博尚无侵挪文（二十三日）…… 4570
外部咨税务处中日鸭绿江通车验货不宜仿照北满办法文（二十八日）…… 4570
外部致日使伊集院沪芜俱灾歉运米接济汉口势难办到函（二十九日）…… 4571

税务大臣那桐咨外部广九铁路原拟稽征章程录请查照文 附章程（三十日）…… 4571
使英刘玉麟致外部丞参报义土开战情形函（三十日）…… 4573
邮部致外部九江邮局电称领事团拟以邮局为中立局所函（九月初二日）…… 4574
外部致张鸣岐萨岛招工德使请照前议办法希复电（初四日）…… 4574
使美张荫棠奏敬陈外交事宜并请开缺简授贤能折（初四日）…… 4575
外部致美使卫奉旨施肇基补授使美大臣希转贵外部照会（初五日）…… 4576
外部等奏保和会条约前画押三件现补画五件请旨批准折（初五日）…… 4577
外部致陆征祥满洲里由我开作商埠各国公认希商俄外部和平勘议电（初六日）…… 4578
度支部奏军需紧急拟向法国息借九千万佛郎折 附旨及合同咨文（初六日）…… 4578
度支部奏拟向法国续借六千万佛郎以济要需折 附咨外部文（初十日）…… 4582
暂代纽丝纶领事夏廷献呈外部与税关交涉准华侨随时登岸文（初十日）…… 4583
使俄陆征祥致外部黑省勘界事俄外部称宜和衷商定电（十一日）…… 4584
瑞京万国平和会办事处致外部义国骤递战书有背海牙公约请联合要求恪守公理照会（十一日）…… 4584
外部致赵尔巽周树模满洲里似非俄所必争希速结界务电（十二日）…… 4585
日使伊集院致外部九江等埠以外不准停轮殊嫌不便照会（十二日）…… 4585
驻俄代办唐在复致外部丞参报与俄商议庙街黑河两案情形函 二件（十二日）…… 4586
外部等奏万国禁烟会改期开会请添派赴会人员折（十三日）…… 4587
江督张人骏咨外部英领称沿江小埠概不停轮无权允许文 附照会札文各一件（十五日）…… 4587
度支部等奏江督奏请息借洋款事应俟部借定酌量拨济折（十九日）…… 4588
外部致陆征祥满洲里为我领土希商俄廷转饬持平议结电（二十一日）…… 4589
驻俄代办唐在复呈外部丞参报与俄外部商黑省中俄勘界事函（二十五日）…… 4589
外部致伊集院中久喜信周等损失赔偿俟查明后据复照会（二十六日）…… 4590
邮部致外部长春独立已电东督吉抚维持吉长铁路函（二十九日）…… 4591
东督赵尔巽咨外部会议安奉国境通车并送协约印本文 附协约章程暨照会（三十日）…… 4591

清宣统朝外交史料卷二十四 宣统三年十月至十二月 …… 4596
科布多办事大臣忠瑞咨外部呈送会议修改俄约调查表文 附界务商务税务杂务表（十月初一日）…… 4596

外部致陆征祥中俄界务一时难决请商俄政府暂行停议电（初三日） ………… 4606
外部致周树模中俄界务尊意是否重在满洲里车站或附近地希复电（初六日） ………… 4606
外部致赵尔巽日使称日本政府决无助革党之意电（初七日） ………… 4606
外部致汪大燮东督电称蓝天蔚在大连希图起事已告日领防范希商日外部饬办电（初七日） ………… 4607
谕各省督抚冯国璋克复汉阳著赏给男爵电（初八日） ………… 4607
黑抚周树模咨外部呈送中俄界务会议录文 附会议录及答辩条文（十一日）…… 4608
驻藏大臣联豫致外部英使照会所指禁止藏人与英人直接证据并无其事函（十二日） ………… 4609
外部致法署使裴续借洋款业经资政院议决照会（十二日） ………… 4610
外部致伊集院东督电称日人有本等与王国柱有意扰乱请严行取缔函（十三日） ………… 4610
税务处咨外部延吉分关拟在火狐狸沟设卡钞送章程请照会日使文 附章程二件（十五日） ………… 4611
外部致使英刘玉麟华侨在哥林比亚国经商希商英廷饬英领代为保护函（十六日） ………… 4613
外部致各国公使奉旨准监国摄政王辞退归邸照会（十七日） ………… 4614
外部致陆征祥黑抚电称中俄界约本日画押希告俄外部电（十九日） ………… 4614
东督赵尔巽致外部日廷不赞成革党及胡匪举动函（二十二日） ………… 4615
驻法代办戴陈霖致外部中巴公断条约本日互换电（二十五日） ………… 4615
外部致周树模俄使称划界条款无须由政府批准电（二十八日） ………… 4615
度支部致外部美国退还赔款已接济兵饷俟筹妥归还片（十一月初一日） …… 4615
使美张荫棠咨外部墨乱议结赔偿华侨财命订立证明书送请备案文 附复文呈文照会函及证明书各一件（初三日） ………… 4616
东督赵尔巽咨外部呈送中日合办本溪湖煤铁公司合同附加条款文 附条款（初十日） ………… 4618
代理鲁抚胡建枢致外部德领请撤销运牛限制应俟各议员议决施行函（十三日） ………… 4620
外部致伊集院吉林日人贩卖吗啡既经驱逐华警亦已处分照会（十九日） …… 4620
南京民政府致各国领事推倒清朝保护外人生命财产通告（二十一日） ……… 4620
外部致各国公使闻张謇为革军商借洋款请阻止函（二十一日） ………… 4621
使俄陆征祥致外部俄外部言库伦事如中国有他法俄决不愿顾问电（二十三日） ………… 4621

东督赵尔巽致外部日人枪击海城县令事情重大已驳复电（二十九日） ……… 4621
法使马复外部南军与洋商借款未闻商人议及照会（二十九日） ……… 4622
旨寄各督抚将军都统著严饬所属保护外人电（十二月初一日） ……… 4622
内阁致外部日兵出关保护桥梁与约不符请商日使撤回函（十八日） ……… 4622
外部致伊集院民军以招商局产业向日本抵押借款请阻止节略（二十日） ……… 4623
海军部咨外部英厂代造鱼雷艇试验事已电刘大臣查照文　附电稿（二十二日） ……… 4623
邮部致外部各国派兵保护京榆铁路章程分别准驳函　附章程（二十七日） ……… 4623
外部致伊集院大仓洋行付款展期契约已由部签押照会（二十七日） ……… 4624
外部咨度支部云南隆兴英法公司偿款请拨付文（二十九日） ……… 4625

跋 ……… 4626
清宣统朝外交史料校勘记 ……… 4628

西巡大事记

西巡大事记例言 ……… 4631
西巡大事记序 ……… 4632
西巡大事记卷首　光绪二十六年五月至七月 ……… 4633
藜盦老人家书 ……… 4633
拳匪纪事 ……… 4633
大臣祸国 ……… 4637
杀戮忠良 ……… 4640
两宫西巡 ……… 4640
津沽及东省失守 ……… 4642
联军入京 ……… 4646
惩办祸首 ……… 4648
中外议和 ……… 4648
行在纪事 ……… 4650

西巡大事记卷一　光绪二十六年七月二十一日至八月二十四日 ……… 4651
崑冈等奏时局危迫请饬庆亲王回京与各使速定大计折（八月初二日） ……… 4656
崑冈等奏洋兵入城后各处均无恙片（初二日） ……… 4658
荣禄等奏率各军退驻保定折（初三日） ……… 4658
李廷箫奏晋省去敌甚近亟宜严密设防折（初六日） ……… 4660
军机处咨晋抚奉谕命赫德借船接李鸿章来京文（初六日） ……… 4661

李鸿章奏陈时局变迁急筹补救折（初七日） …………………………… 4661
李鸿章奏请旨声明拳匪罪恶饬各路援兵认真剿办片（初七日） ……………… 4662
荣禄崇绮奏拟严密防堵获鹿并派军解饷赴行在折（初七日） ……………… 4663
荣禄崇绮奏拟亲往获鹿布置片（初七日） …………………………………… 4664
荣禄崇绮奏收集队伍以图规复片（初七日） ………………………………… 4664
冯子材致枢垣遵旨由滇带兵北上电（初八日） ……………………………… 4665
崑冈等奏报各国使臣等入宫瞻觐情形折（十一日） ………………………… 4665
刘坤一等奏商派大员率队扈跸并节制各援军折（十一日） ………………… 4666
刘坤一奏敬陈下悃折（十一日） ……………………………………………… 4667
魏光焘端方奏请乘舆移幸西安以远寇氛折（十二日） ……………………… 4667
廷雍奏闻銮舆西巡专折敬慰折（十二日） ………………………………… 4669
廷雍奏请迅派知兵大员总统各军片（十二日） ……………………………… 4670
荣禄奏复陈布置直晋防务未能参与和议折（十三日） ……………………… 4670
荣禄奏尚书崇绮殉节片（十三日） …………………………………………… 4671
李鸿章等奏款局急宜挽救不可再失事机折（十四日） ……………………… 4672
李鸿章等奏请下诏罪己并添派王大臣主持和议片（十四日） ……………… 4673
李鸿章等奏添设电线并请早日回銮片（十四日） …………………………… 4674
端方致枢垣缮呈李鸿章奏请两宫回銮电（十四日） ………………………… 4675
徐郙等奏陈洋兵入城后情形折（十五日） …………………………………… 4676
荣禄奏遵旨驰回保定会办议款折（十八日） ………………………………… 4678
李鸿章奏款局须速开议迟则生变电（十九日） ……………………………… 4679
端方致枢垣缮呈李鸿章报使俄杨儒奏请回銮电（十九日） ………………… 4680
廷雍奏拳教相仇现复各聚请旨严饬一律解散折（二十一日） ……………… 4680

西巡大事记卷二　光绪二十六年八月下至闰八月 ………………………… 4683
李鸿章奏遵旨北上会议恭报起程日期折（八月二十四日） ………………… 4683
端方致枢垣译呈李鸿章奏请降旨俟外兵全撤即行还宫电（二十四日） ……… 4683
李鸿章等奏请降旨先惩祸首俾与各国开议折（二十五日） ………………… 4684
奕劻奏陈接晤各国公使情形折（二十五日） ………………………………… 4685
何乃莹奏就晋省现在情形预筹布置办法折（二十九日） …………………… 4687
李盛铎奏拳匪开衅和战两难请颁国书委曲迁就折（闰八月初一日） ……… 4689
荣禄廷雍奏遵旨严防保定并布置情形折（初二日） ………………………… 4690
奕劻等奏合词吁恳回銮以固根本折（初三日） ……………………………… 4691
奕劻等奏录呈各国使臣请早回銮来函片（初三日） ………………………… 4692

奕劻等奏请降旨表明惋惜被戕德使及日本书记官片（初三日） …………………… 4694
致日本国皇惋惜书记生杉山彬并派那桐致祭国书（初三日） ……………………… 4695
奕劻奏俄允交还东三省请派增祺长顺接收电（初六日） …………………………… 4696
刘坤一等奏任将不宜再误卫军宜加慎选以定危局折（初十日） …………………… 4697
吕海寰等奏请诛祸首速筹和议电（十一日） ………………………………………… 4698
杨儒奏俄外部言如真心和好必须回銮电（十一日） ………………………………… 4699
李鸿章奏美允开议仍请回銮俄无占地之意电（十二日） …………………………… 4699
李鸿章奏报遵旨在津接印日期折（十四日） ………………………………………… 4700
李鸿章奏津局库银枪炮被洋人掳掠罄尽片（十四日） ……………………………… 4700
刘坤一等致枢垣拟请各领电各外部劝联军毋往鲁境电（十五日） ………………… 4701
荣禄奏久驻保定于大局有碍拟赴行在折（十七日） ………………………………… 4701
刘坤一等奏偏安必不可成请降旨事定回京以安大局折（十九日） ………………… 4702
刘坤一等奏陕省拒敌甚难不宜迁都片（十九日） …………………………………… 4704
刘坤一等奏恐各国分占要地停战无日仍请明降谕旨片（十九日） ………………… 4704
奕劻奏各国陆续撤兵及京城近日情形折（二十日） ………………………………… 4705
奕劻奏致俄德日国电已分别知照英法等国请并予国电片（二十日） ……………… 4705
奕劻奏德义法驻使一并函请回銮录呈来函片（二十日） …………………………… 4706
奕劻奏请畀刘坤一张之洞全权之任电商和议片（二十日） ………………………… 4707
吕海寰奏德皇复书昭雪钦差颇为欣慰惟须惩办祸首电（二十日） ………………… 4708
李盛铎奏日本复书劝早定和局停幸陕西电（二十日） ……………………………… 4709
王培佑奏陈京城内外近日情形折（二十二日） ……………………………………… 4709
李盛铎奏谨陈款局办法五端电（二十四日） ………………………………………… 4710
李盛铎致枢垣中国所派议和大臣日廷无异言电（二十六日） ……………………… 4711
廷雍呈枢垣法兵到保迫令悉插法旗应付术穷请示禀（二十六日） ………………… 4711
奕劻等奏美外部谓中国自办罪魁可止洋兵西犯电（二十六日） …………………… 4712
伍廷芳致枢垣美总统复书谓严惩祸首即可议和电（二十七日） …………………… 4712
刘坤一张之洞奏各使首以惩办祸首为请否则不能停战电（二十九日） …………… 4713

西巡大事记卷三　光绪二十六年九月至十月 …………………………………………… 4715
锡良致枢垣法兵到保定情形愈紧已婉劝折回电（九日初三日） …………………… 4716
廷雍呈枢垣联军约万人拟来保定禀（初三日） ……………………………………… 4716
增祺奏营口复州盖平熊岳金州等处以次失陷折（初三日） ………………………… 4717
奕劻奏拟向汇丰借二百万两以济要需电（初三日） ………………………………… 4717
李鸿章奏各使云如易江鄂两督则和议难成电（初三日） …………………………… 4718

刘坤一等奏董福祥最为洋人所忌宜先撤其兵柄电（初四日） …………………… 4718
奕劻等奏洋兵欲西趋请办罪魁刚毅诸人或可阻止电（初四日） ………………… 4718
李鸿章奏杨儒电俄占东三省拟先与商交还电（初六日） ………………………… 4719
奕劻等奏已嘱赫德与各使通意约期会商电　二件（初七日）……………………… 4720
裕庚致枢垣法廷谓若不回銮和议万不能成电（初十日） ………………………… 4721
升允奏洋兵西窜请留武卫中军并力守御折（十二日） …………………………… 4722
李鸿章奏直隶藩臬廷雍沈家本均被洋兵拘系电（十五日） ……………………… 4723
朱祖谋等奏洋兵西趋势将入晋乞早定大计折（十七日） ………………………… 4724
盛宣怀奏洋兵杀害廷雍等并索犒师十万电（十八日） …………………………… 4724
李鸿章致枢垣廷雍等被害瓦帅不肯接晤无从与商电（十八日） ………………… 4724
袁世凯奏洋兵到德州乐陵旋即退去电（十八日） ………………………………… 4725
奕劻等致枢垣牛庄辽阳继失俄逼北路日占兴京电（十八日） …………………… 4725
奕劻李鸿章奏各使注意在惩办祸首并请回銮电（十九日） ……………………… 4726
岑春煊奏请饬妥议毓贤处分折（二十一日） ……………………………………… 4726
奕劻李鸿章致枢垣报与联军统帅瓦德西晤谈语录电（二十五日） ……………… 4728
李盛铎致枢垣东报载驻京各使会议拟索各款电　二件（二十七日）……………… 4729
奕劻李鸿章致枢垣各使云不办董福祥万难开议电（二十九日） ………………… 4730
奕劻李鸿章致枢垣杨使电俄主复书请速回銮电（十月初一日） ………………… 4730
寿全堃岫奏报洋兵入境巡查现均退出折（初二日） ……………………………… 4731
锡良宋庆马玉崑致枢垣洋兵纷进请电全权撤回电　三件（初三日）……………… 4731
袁世凯致荣禄大臣祸国请设法补救力扶危局电　二件（初五日）………………… 4733
锡良奏请饬全权商法使止入晋之兵电（初七日） ………………………………… 4734
张之洞致枢垣请将武昌城北作为自开口岸电（初八日） ………………………… 4734
刘坤一张之洞致奕劻李鸿章请体察外情惩办祸首电（初十日） ………………… 4735
刘坤一等致枢垣据李盛铎电日外部密告德议各条情形电（十一日） …………… 4735
张之洞致枢垣英法德提督同聚吴淞如不和必断接济电（十五日） ……………… 4736
盛宣怀致枢垣请饬查明进出两数明示各国以便议和电（十七日） ……………… 4737
北京商民呈礼部请据情奏恳回銮禀（十八日） …………………………………… 4737
李鸿章奏全权大臣敕书各使谓不合式请盖御宝电（二十日） …………………… 4738
锡良奏查明洋兵夺据紫荆关及升允退守情形折（二十四日） …………………… 4738
裴维侒奏和议即开宜将有关大局各条亟图补救折（二十五日） ………………… 4740
增祺等奏报奉省各城失守自请议处片（二十九日） ……………………………… 4742
奕劻等致枢垣各使照会请将徐用仪等五员开复原官电（三十日） ……………… 4743

西巡大事记卷四　光绪二十六年十一月至十二月 …… 4744
李盛铎致枢垣日外部云各国深愿皇上专政电（十一月初一日） …… 4744
陈夔龙致荣禄报各使公议和约十一款电（初二日） …… 4744
盛宣怀致枢垣闻李相病至和议如重办祸首撤兵可速电（初三日） …… 4745
王之春奏洋教关系邦交亟宜乘机议约以弭巨患折（初四日） …… 4745
奕劻李鸿章致枢垣各国使臣会商十二条译请查阅电（初四日） …… 4746
军机大臣奏遵拟庆亲王等来电公约各条应向磋磨大略片（初五日） …… 4747
奕劻李鸿章致枢垣议款事非敷衍能了请旨俞允电（初七日） …… 4748
张之洞致枢垣及奕李议和各款谨抒管见请商各使电（初八日） …… 4749
李鸿章致枢垣各使议款略有转圜视前约较和平电（初十日） …… 4750
张之洞致枢垣议款大纲必不能改请妥商细目电（初十日） …… 4750
张之洞致枢垣和款颇多危险已托英德两领婉商各使电（初十日） …… 4750
李鸿章奏请派杨儒为全权大臣办理接收东三省事宜电（十二日） …… 4751
李鸿章奏俄使请准增祺署盛京将军电（十三日） …… 4752
奕劻李鸿章致枢垣张督所言删改议款各节窒碍难行电（十六日） …… 4752
奕劻等奏请调盛宣怀徐寿朋随办各国税则条约折（十七日） …… 4753
李鸿章奏俄使请以天津河东为俄租界请旨办理折（二十二日） …… 4754
丁振铎奏乞建都长安谨拟十条折　附条陈（二十三日） …… 4755
盛宣怀致枢垣奉邸相电草约十二条遵旨画押电（二十五日） …… 4756
李鸿章奏杨儒电增祺擅立奉天交地九款铸成大错电（二十五日） …… 4756
绰哈布奏陈筹画黑省事宜五条请圣裁折（二十七日） …… 4757
刘坤一等致枢垣预筹修改通商行船章程以备参酌电（十二月初二日） …… 4758
锡良致枢垣法人逼晋疆乞商法使撤兵电（初七日） …… 4759
奕劻等致枢垣杨儒电晤俄户部谈议和条款殊难就范电（初八日） …… 4759
刘坤一致枢垣英主薨逝请发国电唁慰并派使电（初十日） …… 4760
奕劻李鸿章致枢垣拟就克林德碑文请旨定夺电（初十日） …… 4760
富顺奏报各国洋人到山海关大概情形折（初十日） …… 4761
李鸿章奏据杨儒电俄暂约批准已作罢论电（十一日） …… 4762
奕劻李鸿章致枢垣法兵进广昌系欲逐退防兵并非深入电（十三日） …… 4762
盛宣怀致枢垣如惩祸首给兵费各国始可撤兵电（十六日） …… 4764
奕劻李鸿章致枢垣增祺电补救周冕暂约情形电（十九日） …… 4764
盛宣怀致枢垣英领云发国书请各国减让赔款电（二十二日） …… 4765
盛宣怀致枢垣拟致各国国书酌减赔款电（二十三日） …… 4766
军机处致刘张惩办祸首事请商英德领事分电各国剖辩电（二十六日） …… 4768

李盛铎致枢垣此次议款万不可割地电（二十七日） …………………………… 4768
军机大臣奏商定惩办祸首罪状恭请圣裁片（二十七日） ……………………… 4769
军机处致奕劻李鸿章惩办祸首一节请向各使解释电（二十七日） ………… 4769
盛宣怀奏赵舒翘天下称冤请将英启二人赐死以救赵电（二十八日） ……… 4769

西巡大事记卷五　光绪二十七年正月……………………………………………… 4771
刘坤一张之洞致枢垣联军南行和局将溃电（正月初二日） ………………… 4771
刘坤一致枢垣惩办祸首各使要挟甚坚电（初二日） ………………………… 4771
李鸿章致枢垣英赵赐死可通融启徐拟索回自行正法电（初三日） ………… 4772
于荫霖致枢垣遵旨妥速议办豫省教案电（初三日） ………………………… 4772
李鸿章致枢垣拟讽启徐自尽日使不允电　二件（初四日）…………………… 4773
李鸿章奏接杨儒电俄约十二款摘要谨陈电（初五日） ……………………… 4774
锡良致枢垣洋兵据广昌等处自请惩处电（初六日） ………………………… 4776
奕劻等致枢垣东三省事请令杨儒探询俄廷口气再议电（初七日） ………… 4777
冯子材奏闻和局有请回銮之议顾虑实深折（初七日） ……………………… 4777
宋庆马玉崑锡良致枢垣德兵占鞍子岭自请严议电（初七日） ……………… 4778
张之洞致枢垣增祺擅定暂约万不可允电（初七日） ………………………… 4778
李鸿章致枢垣请将保护洋人谕旨字句略为增减电（初八日） ……………… 4779
奕劻李鸿章致枢垣东省事俄使谓各国谗言请置勿理电（初九日） ………… 4780
盛宣怀致枢垣俄约请乘各国牵制竭力减除电（初九日） …………………… 4780
刘坤一致枢垣意国外部言不可与俄订借土驻兵之约电（初十日） ………… 4781
李鸿章致枢垣俄约延缓恐误事电（十一日） ………………………………… 4781
奕劻李鸿章致枢垣开复徐用仪等谕旨各使谓词涉隐括电（十二日） ……… 4782
盛宣怀致枢垣盐务若归官办即敷赔款电（十三日） ………………………… 4783
刘坤一致枢垣日领电称中国若允俄索甚为不利电（十五日） ……………… 4784
吕海寰致枢垣公约宜速结庶兵撤而费省电　二件（十七日）………………… 4784
奕劻李鸿章致枢垣俄约事愈缓则愈紧请熟筹电（十七日） ………………… 4785
奕劻李鸿章致枢垣俄使请定期画押否则用公文订议电（十八日） ………… 4785
奕劻李鸿章致枢垣俄约如布告怒必更甚电（十九日） ……………………… 4786
李盛铎致枢垣日参谋部言德兵来华志在攘地电（二十日） ………………… 4787
军机处致奕劻李鸿章袁世凯德犯山东阴谋祈确查电（二十日） …………… 4787
宋庆等致枢垣长城岭失守请饬迅商德使撤兵电（二十一日） ……………… 4787
张之洞致枢垣英领云中国须将俄约各条明告各国电（二十一日） ………… 4788
刘坤一致枢垣允俄约则各国群起既难敌俄何能敌六国电（二十二日） …… 4788

李鸿章致枢垣俄约驳改数款保全不少请照准电（二十三日） …………………… 4789
盛宣怀致枢垣昨寄傅相电云各国未必肯结俄怨电（二十四日） ……………… 4789
刘坤一致枢垣吕使电云公约速结再商俄约乃为上策电（二十五日） ………… 4790
张之洞致枢垣沥陈俄约效尤之害请勿遽行定议电 二件（二十五日）………… 4790
宋庆等致枢垣德法汹汹晋省防不胜防拟按兵以维和局电（二十五日） ……… 4792
刘坤一致枢垣日所称俄约应删改各条似宜令杨儒商改电（二十六日） ……… 4793
宋庆致枢垣晋省防务与锡良等和衷会商电（二十七日） …………………… 4793
奕劻李鸿章奏和议将成预筹调拨劲旅弹压京畿折（二十七日） …………… 4794
张之洞致枢垣俄约请商展限以免各国之怒电（二十八日） ………………… 4795
奕劻等致枢垣俄约既经删改若待各国排解恐未必再让电（二十八日） ……… 4795

西巡大事记卷六　光绪二十七年二月……………………………………………… 4797
盛宣怀致枢垣俄约可视英意以为枢纽电（二月初一日） ……………………… 4797
奕劻李鸿章致枢垣俄约限期已满请速画押以保危局电（初一日） ………… 4797
军机处致奕劻早定公约实目前急务乞密筹电（初一日） …………………… 4798
军机处致全权大臣据宋庆电德愿和好法图西犯祈力阻电（初一日） ……… 4798
李鸿章致枢垣英使请删改俄约末款电（初一日） ………………………… 4798
奕劻李鸿章致枢垣杨使晤俄外部词气甚决乞训示电（初一日） …………… 4799
盛宣怀致枢垣俄约事各国如有意见应径向俄廷诘问电（初一日） ………… 4799
张之洞致枢垣天津有英德人产业曾否作为俄租界请示电（初二日） ……… 4799
张之洞致枢垣开放东省各国当助我并已商英领阻俄约电（初二日） ……… 4800
刘坤一致枢垣请日政府速商英国约各国切实告俄宽限电（初二日） ……… 4800
张之洞致枢垣谨陈俄约救急之策电（初二日） ……………………………… 4801
刘坤一等致枢垣俄占东省请借各国通商为牵制电（初二日） ……………… 4802
刘坤一致枢垣统筹全局俄约实万难应允电（初三日） ……………………… 4803
盛宣怀致枢垣如不画俄约各国尚可公论电（初三日） ……………………… 4803
张之洞致枢垣日愿与英德美劝中国不签俄约电（初三日） ………………… 4804
刘坤一致枢垣日领言若准俄约恐肇瓜分务请坚拒电（初四日） …………… 4805
盛宣怀致枢垣转杨儒电俄逼画约未知四国能否转圜电（初四日） ………… 4805
刘坤一致枢垣沪日领言拒约之利与照允之害迥异电（初四日） …………… 4806
盛宣怀致枢垣袁世凯电俄约宜牵合各国自不至互诿电（初四日） ………… 4806
刘坤一奏罗使电俄约英允力助恳饬全权万勿画押电（初四日） …………… 4807
袁世凯致枢垣已商德领待公约定后再订私约电（初四日） ………………… 4807
李盛铎致枢垣日外部言俄不至因撤约开衅电（初四日） …………………… 4807

王之春致枢垣请普开东省口岸抵制俄人电（初四日） …… 4808
张之洞致枢垣俄约请饬全权商各国转圜再筹善策电（初五日） …… 4809
刘坤一致枢垣吕使电德相言德廷办事在保全太平电（初五日） …… 4809
李盛铎致枢垣日外部言不画俄约则全局可保电（初五日） …… 4810
奕劻李鸿章致枢垣俄使谓逾期不画永远不还东省电（初五日） …… 4810
李盛铎致枢垣英因铁路日因韩事皆与俄有违言电（初五日） …… 4810
盛宣怀致枢垣英美日因德中立故难拒俄电（初五日） …… 4811
李盛铎致枢垣日外部云如不画押俄虽怒不至决裂电（初六日） …… 4811
军机处致全权大臣请商格使先立公约再议专约电（初六日） …… 4812
盛宣怀致枢垣罗使电俄事英只能持公论不能继以兵力电（初六日） …… 4812
盛宣怀致枢垣杨使电俄约事请用国书托各国调停电（初六日） …… 4813
王之春致枢垣俄图东省请求助各国电（初七日） …… 4813
许应骙致枢垣李盛铎电东省事但求各国联络则俄孤立电（初七日） …… 4814
奕劻李鸿章致枢垣俄事与各国无干乞赐乾断电（初七日） …… 4814
张之洞致枢垣请饬李相询格使有何策可杜各国援例电（初七日） …… 4815
刘坤一等致枢垣不画俄约请各国公断电（初七日） …… 4815
盛宣怀致枢垣日本请俄将东约交各使公议望俄廷乐从电（初七日） …… 4816
盛宣怀致枢垣转李盛铎电陈日政府劝俄废约大意电（初七日） …… 4816
李鸿章致枢垣驻俄参赞胡惟德报杨儒倾跌昏迷电（初七日） …… 4817
奕劻李鸿章致枢垣日外部电劝俄廷勿损中国主权电（初八日） …… 4817
盛宣怀致枢垣请商俄廷删去窒碍字句电（初八日） …… 4817
奕劻李鸿章致枢垣俄使催画押如决裂患在目前电（初八日） …… 4818
刘坤一致枢垣俄约请俟英日允许后定议电（初八日） …… 4818
奕劻奏俄约请权利害轻重审断施行电（初九日） …… 4818
刘坤一致枢垣俄约无论如何删改须商允各国电（初九日） …… 4819
张之洞致枢垣俄约请俟公约定后再议电（初十日） …… 4820
刘坤一致枢垣俄约归各国公断方为万全电（初十日） …… 4820
李盛铎致枢垣中俄密约俄外部已告日使电（十一日） …… 4821
刘坤一致枢垣请将俄约分电我驻使知照各国电（十一日） …… 4821
王之春奏俄事请抱定听公断从公约两语电（十一日） …… 4822
李盛铎致枢垣日廷劝阻俄约俄人逊词以对电（十一日） …… 4823
张之洞致枢垣请将国书托英转俄或可转圜电（十二日） …… 4823
罗丰禄致枢垣遵商澜侯公约英仍可在京商定电（十二日） …… 4824
刘坤一致枢垣俄约请归公断并先宣约电 二件（十二日） …… 4824

李盛铎致枢垣俄事日廷已备战电（十二日） …………………………… 4825
盛宣怀致枢垣俄约谨陈管见四条电（十二日） ………………………… 4825
王之春致枢垣宣示俄约即决裂亦不致牵动公约电（十三日） ………… 4826
盛宣怀致枢垣转李盛铎电俄约交各使公断请勿迟疑电（十三日） …… 4826
盛宣怀致枢垣闻东省利益俄愿略分与日请预防电（十三日） ………… 4827
袁世凯致枢垣俄欲立专约各国欲与公约相仿谨陈办法电（十四日） ………… 4827
奕劻李鸿章致枢垣俄微德电不画俄约以后事更难为电（十五日） …… 4827
张之洞致枢垣请发国书恳俄勿决裂请各国以公论相助电（十五日） ………… 4828
盛宣怀致枢垣罗使电俄约请英日代商或请他国调停电（十六日） …… 4829
奕劻李鸿章致枢垣电旨四条交俄使不收亦不拆阅电（十六日） ……… 4829
奕劻致枢垣各国不致因俄事延搁公约电（十六日） …………………… 4829
李盛铎致枢垣日外部云应付俄国词宜决绝语却和平电（十六日） …… 4830
刘坤一致枢垣俄约已分别密致各领电（十六日） ……………………… 4830
刘坤一致枢垣俄约舍公评外均非妥策电（十七日） …………………… 4831
奕劻李鸿章致枢垣法与俄交厚请电裕使赴外部谆托电（十九日） …… 4832
伍廷芳致枢垣美外部称俄使云俄约既有责言俟后再商电（二十日） ………… 4832
刘坤一致枢垣李使电日俄有兵戎相见之语电（二十日） ……………… 4833
李盛铎致枢垣日外部言俄使云俄约作罢东省事仍旧电　二件（二十二日）…… 4833
刘坤一致枢垣日领言俄告各国无逼令签押意仍防术诱电（二十二日） ……… 4834
刘坤一致枢垣中国所需军火已由吕罗两使商英德准购电（二十三日） ……… 4834
刘坤一致枢垣如俄国索偿款可告各友邦相助电（二十四日） ………… 4835
奕劻等致枢垣闻德法合兵非徒扰晋恐牵动保定电（二十六日） ……… 4836

西巡大事记卷七　**光绪二十七年三月**……………………………………………… 4837
刘坤一张之洞致枢垣俄约罢议请李相遇事知照江鄂电（三月初一日） ……… 4837
袁世凯致枢垣合肥立意联俄必须慎防电（初一日） …………………… 4838
张之洞致枢垣赔款本利与赫德所论相同惟颇费解电（初一日） ……… 4838
军机处致李盛铎加税事希属日外部代商各国电（初一日） …………… 4838
岑春煊致枢垣洋兵西进请饬驻晋客军移防电（初二日） ……………… 4839
刘坤一致枢垣中国财匮已久请商各国加税电（初二日） ……………… 4840
胡惟德致枢垣俄报载俄廷宣告东省议约停顿文稿电（初二日） ……… 4840
张之洞致枢垣汉口日商因西幸呈献物品请赏收电（初四日） ………… 4841
军机处致李盛铎俄约承日助暂停仍请邀同英国相助电（初四日） …… 4842
奕劻致荣禄赔款议加税抵补并公约已有端倪电（初五日） …………… 4842

岑春煊致枢垣洋兵抵晋已电全权阻止电（初六日） …………………………… 4842
岑春煊致枢垣洋兵进逼守将张皇并教案已切实清理电（初七日） ……………… 4843
岑春煊致枢垣报娘子关被洋兵攻据电（初七日） ……………………………… 4843
刘坤一致枢垣已电英日驻使商各政府勿索现银并减赔款电（初八日） ……… 4844
军机处致崑冈俄员合办吉林矿务着电长顺从缓办理电（初九日） ……………… 4844
岑春煊致枢垣晋事战守两难请饬全权阻洋兵西进电（初九日） ………………… 4845
岑春煊致枢垣洋兵进逼电线已断已设马拨电（初九日） ……………………… 4845
岑春煊致枢垣德法两国兵已进固关电（初十日） ……………………………… 4846
奕劻李鸿章致枢垣领衔公使照送扩充使馆界图电（十一日） ………………… 4846
奕劻李鸿章致枢垣各国拟议应惩各员办法电（十一日） ……………………… 4846
岑春煊致枢垣查明德法兵已退出娘子关电（十一日） ………………………… 4848
张之洞致枢垣如以现有收入抵洋债另筹国用万不可行电（十二日） ………… 4848
军机处致全权大臣报李抚查复江西教案情形电（十二日） ……………………… 4848
军机处致全权大臣赔款索现银所关甚巨希切实磋磨电（十二日） …………… 4849
军机处致全权大臣使馆扩界占地太多希商办电（十三日） ……………………… 4849
刘坤一致枢垣罗使电澜侯云洋货税厘并征深合事理电（十三日） …………… 4850
军机处致全权大臣赔款请商勿索现银并减数宽期电（十三日） ……………… 4851
刘坤一致枢垣日领谓开通东三省不致激俄人之怒电（十三日） ……………… 4851
张之洞致枢垣吕使电与德政府议赔款总数当可商减电（十三日） …………… 4852
奕劻李鸿章致枢垣赔款须借债九百兆各使不肯让电（十三日） ……………… 4852
李盛铎致枢垣日外部称不必急求俄国还地电（十四日） ……………………… 4853
刘坤一致枢垣伍使电美外部称各国如减赔款美亦当减电（十四日） ………… 4854
张之洞奏英领云锡良抚鄂各国必商阻电（十五日） …………………………… 4854
奕劻李鸿章致枢垣各使云赔款须筹现银即可办撤兵电（十五日） …………… 4854
军机处致奕劻等现拟以各海关半税抵赔款希筹复电（十五日） ……………… 4856
陶模奏新政请以革除宦官为自强之本折（十五日） …………………………… 4856
李盛铎致枢垣日外部云东省事宜令各国知我自操主权电（十五日） ………… 4857
军机处致奕劻等户部称洋税已抵尽拟以盐漕常税备抵电（十七日） ………… 4857
刘坤一致枢垣赔款事详加审度其要有三请商各国电（十七日） ……………… 4858
盛宣怀致枢垣赫德不肯以一年盈余遽定岁收之数电（十七日） ……………… 4859
盛宣怀致枢垣芦汉借比款必须全权画押否则难成电（十七日） ……………… 4859
军机处致张之洞以金镑完关税即以抵付洋债可免折耗电（十九日） ………… 4860
军机处奏与各国筹商偿款情形撮要呈览片（二十三日） ……………………… 4860
奕劻李鸿章致枢垣赔款事各使请指明如何清还拟将洋货加税电（二十六日）

…………………………………………………………………………………… 4861
军机处致全权大臣请商各使赔款无论有无息银每年只能分偿一千五百万电（二十七日） …………………………………………………………………… 4862
余联沅致枢垣赔款过巨浙省力有未逮请行印花及丁税电（二十七日） ……… 4862
张之洞致枢垣吕使询赔款办法已复以拟办丁捐电（二十七日） ……………… 4863
余联沅致枢垣鄂督请办丁捐必须租界一律认捐电（二十七日） ……………… 4864
刘坤一致枢垣盐务不可议抵洋债电（二十七日） ………………………………… 4864
张之洞致枢垣美允减赔款请全权向各国关说电（二十八日） ………………… 4865
吕海寰致枢垣德外部云减数展限各国公议势难减少电（二十八日） ………… 4865
盛宣怀致枢垣萍醴铁路关系鄂钢厂甚巨请饬沿途保护电（二十八日） ……… 4865
张之洞致枢垣盐漕常税不可作抵宜另筹新款电（二十九日） ………………… 4865

西巡大事记卷八　光绪二十七年四月至五月 …………………………………………… 4867
李鸿章致枢垣与各使议赔款总期付利抵本年限略宽电（四月初六日） ……… 4867
李兴锐致枢垣赣省财匮赔款不能遽定请办印花税电（初六日） ……………… 4868
李鸿章致枢垣丁税有碍主权且摇动人心万不可行电（初七日） ……………… 4869
刘坤一致枢垣丁捐恐生事端请试办串票并印花税电（初七日） ……………… 4869
袁世凯致枢垣鲁省整顿盐课岁可得七十万俟议妥奏闻电（初七日） ………… 4869
张之洞致枢垣英参赞询赔款办法答以须减数减息宽期电（初八日） ………… 4870
奕劻李鸿章奏按照和议总纲拟改总署为外务部折（初八日） ………………… 4871
军机处致全权大臣英允劝各国减息并外洋食用物纳税电（初八日） ………… 4871
奕劻李鸿章致枢垣各国不允减数请迅定赔款可速撤兵电（初九日） ………… 4872
军机处致全权大臣奉旨设立政务处电（初九日） ………………………………… 4872
崑冈等奏京城洋兵将撤预筹保卫片（初九日） …………………………………… 4873
盛宣怀致枢垣赔款事俄领事请全权力持定见电（初十日） …………………… 4873
张之洞致枢垣赔款以商恳减息为要义电（十一日） …………………………… 4874
张之洞致枢垣萨使云赔款不可令各国公保恐干预财政电（十一日） ………… 4874
盛宣怀致枢垣俄谓赔款尚有暗亏电（十一日） …………………………………… 4875
张之洞致枢垣若户口清警察设则印花税可行电（十二日） …………………… 4875
刘坤一致枢垣杰弥逊所言赔款数目请质萨使电（十三日） …………………… 4875
奕劻李鸿章致枢垣赔款递年还本便可减息电（十三日） ……………………… 4876
张之洞致枢垣杰弥逊谓洋货按时价加抽可增千余万电（十四日） …………… 4877
盛宣怀致枢垣赔款谕旨但允总数余由枢电商酌较活动电（十四日） ………… 4877
军机处致盛宣怀常税厘金若归关收恐启干预须斟酌电（十四日） …………… 4877

奕劻李鸿章致枢垣各国谓赔款定即撤兵请速断电（十五日） …………………… 4878
军机处致全权大臣偿款照允四厘息三十年摊还电（十五日） …………………… 4878
李鸿章致枢垣德允认息四厘即撤兵英美法均不愿再减电（十六日） ………… 4878
徐郙等奏请速回銮以期固结人心折（十八日） …………………………………… 4879
奕劻李鸿章奏德使照会如派醇王使德当优礼接待电（十八日） ……………… 4880
刘坤一致枢垣赔款已有俄款在内德兵将撤俄亦应撤电（十九日） …………… 4880
盛宣怀致枢垣赔款确数已饬向各使馆查明电（十九日） ………………………… 4881
奕劻李鸿章奏比使请饬地方官保护芦汉铁路电（二十二日） ………………… 4882
奕劻李鸿章致枢垣京城各使馆留护兵未设炮台电（二十四日） ……………… 4882
军机处致李盛铎请谢日本近卫公爵指陈时局书函（二十四日） ……………… 4883
杨儒奏与俄人议约旋又停商谨陈先后办理情形折（五月初二日） …………… 4884
奕劻李鸿章致枢垣报德馆送来赔款表请核示电　附表（初四日）……………… 4887
张之洞致枢垣赔款每年带还本银方为合算请勿遽允电（初六日） …………… 4890
军机处致全权大臣赔款受亏实甚请先商抵款电（初六日） ……………………… 4891
盛宣怀致枢垣各国觊觎矿路请饬筹抵制电（初七日） ………………………… 4891
奕劻李鸿章致枢垣商约未必利我至箝制教焰亦无把握电（初七日） ………… 4892
刘坤一张之洞致枢垣赔款如每年多筹四兆所省实多电（初十日） …………… 4892
刘坤一致枢垣请以蔡钧接任驻日公使电（十一日） ……………………………… 4893
军机处致全权大臣请电增祺商俄官缴还军火以便剿匪电（十二日） ………… 4894
奕劻李鸿章致枢垣请询江鄂所拟多还四兆办法拟指何款作抵电（十三日） … 4894
军机处致全权大臣赔款如每年多还数兆似不至多勒抵款请婉商电（十四日） ……………………………………………………………………………………… 4895
增祺奏寿长构衅奉旨革职应商俄使放回自办折（十六日） …………………… 4895
奕劻李鸿章致枢垣赔款各国视同岁收倘拖欠彼必索抵电（十七日） ………… 4896
刘坤一张之洞致枢垣各使觐见请阻用黄轿电（十八日） ……………………… 4896
刘坤一致枢垣日领谓俄索喀什噶尔是否确实乞示电（十八日） ……………… 4897
刘坤一致枢垣闻意国欲占三门湾请整顿海防电（十九日） …………………… 4897
奕劻李鸿章致枢垣各使觐见允用绿轿黄襻电（二十日） ……………………… 4897
军机处奏盖造洋房供各使觐见须另备皇太后燕息之所片（二十二日） ……… 4898
黄槐森致枢垣南宁开埠勘定地点并筹款办法电（二十二日） ………………… 4898
李鸿章致枢垣俄约为江鄂所阻无从商令撤兵电（二十三日） ………………… 4899
军机处奏递各省督抚筹画赔款开单呈览折（二十三日） ……………………… 4899
刘坤一致枢垣俄既同索款亦应同撤兵请全权勿再偏执电（二十五日） ……… 4900
奕劻李鸿章致枢垣俄约不画闻蒙古投诚于俄电（二十七日） ………………… 4900

西巡大事记卷九　光绪二十七年六月至七月 …… 4902
奕劻等奏奉旨改设外部请以徐寿朋联芳补侍郎折（六月初三日） …… 4902
奕劻等奏请以荫昌使德许台身使韩片（初三日） …… 4902
李鸿章致枢垣据胡惟德电藏使赴俄仅为通好电（初七日） …… 4903
岑春煊致全权大臣口外七厅教案请商美使派员代办电（初八日） …… 4903
盛宣怀致枢垣复议划一币制请改铸一两银元电（初十日） …… 4904
奕劻李鸿章致枢垣和议总纲赔款祸从两端大致就绪电（十一日） …… 4905
张之洞致枢垣俄约应乘和议大纲未竣之先提付公断电（十二日） …… 4905
奕劻李鸿章致枢垣各国已交京师地面回銮早则撤兵速电（十二日） …… 4906
张翼奏开平矿局被占现改与英人合办以收利权折（十三日） …… 4907
张翼奏津芦铁路暂交李鸿章管理并直热各矿缓办情形片（十三日） …… 4908
刘坤一张之洞致枢垣新币宜铸七钱二分电（十三日） …… 4908
李兴锐致枢垣江西教堂互斗并非民教为仇祈告法使电（十四日） …… 4909
胡燏棻奏收回京师地面办理防营情形折（十四日） …… 4910
奕劻李鸿章奏与各使议定觐见礼节折（十九日） …… 4911
奕劻李鸿章奏与各使商停试地方并不允在京会试片（十九日） …… 4912
周馥呈枢垣赶造跸路及赈捐教款用费请部速拨电（二十日） …… 4913
盛宣怀致枢垣报各国办理末次和约电（二十二日） …… 4914
陶模致枢垣粤省创办房捐亩捐情形电（二十二日） …… 4914
奎俊致全权大臣重庆赴宜昌各货补完老厘与洋商无涉电（二十三日） …… 4914
奕劻李鸿章致枢垣与各使会议和议大纲电（二十五日） …… 4915
刘坤一致全权大臣德领送浚吴淞办法喧宾夺主请力争电（二十六日） …… 4915
军机处致全权大臣浚河工程不在原约之内请妥商电（二十六日） …… 4916
盛宣怀致枢垣如各国愿关税估足值百抽五可暂不裁厘电（二十七日） …… 4916
奕劻李鸿章致枢垣俄使请先商密约三端然后开议电（二十八日） …… 4916
魏光焘等致外部滇路请商法使电询法廷指明划一办法电（二十九日） …… 4917
刘坤一致枢垣英德各领借浚河要挟已商全权并驳复电（七月初一日） …… 4918
李鸿章致枢垣筹款议结顺直教案情形电（初二日） …… 4918
李鸿章奏俄使云若能补画前约则交收以后可遇事商办电（初三日） …… 4919
奕劻李鸿章致枢垣禁运军火各使请以两年为期电（初三日） …… 4919
全权大臣及户部致沪道指拨教款甚迫催各处速解电（初四日） …… 4920
军机处致全权大臣俄使先约三端办法实属难行电（初五日） …… 4920
奕劻李鸿章奏各国使馆所占民房议定给价请饬拨的款折（初五日） …… 4921
刘坤一致枢垣浚河事未声明主持之人恐失主权电（初五日） …… 4922

李鸿章致枢垣俄占东省非订约不能交收电（初九日） …………………… 4923
军机处致全权大臣总期俄约早成全局无碍祈酌办电（初九日） ……………… 4923
奕劻李鸿章致枢垣各使送到总结约款请降旨以便画押电（初九日） ………… 4923
吕海寰致枢垣醇王觐见德拟令参随叩首力争不允请旨电（初九日） ………… 4924
李鸿章等奏报皇史宬尊藏实录圣训遗失情形折（初十日） …………………… 4924
李鸿章等奏皇史宬石门内旧存银印全行失去片（初十日） …………………… 4925
奕劻李鸿章致枢垣译呈各使送来总约底稿候旨遵行电（十一日） …………… 4926
李盛铎奏变法宜定宗旨请派员出洋考察获益较多折（十二日） ……………… 4928
军机处致全权大臣德皇接见醇王不以通例相待请力争电（十三日） ………… 4929
奕劻李鸿章致枢垣谨拟禁运军火上谕请旨电（十三日） …………………… 4929
奕劻李鸿章致枢垣日英密告各国隐谋请旨速准画押折（十三日） …………… 4930
奕劻李鸿章致枢垣俄使催画押并请另简驻俄使臣电（十三日） ……………… 4930
军机处致全权大臣俄约请速定议总期无损国权电（十六日） ………………… 4931
奕劻李鸿章致枢垣醇邸已赴德礼节能否更改尚无回音电（十七日） ………… 4931
军机处致全权大臣觐见德皇礼节姑通融酌允电（十八日） …………………… 4932
刘坤一致全权大臣浚淤设局恐自治权为各国攘夺乞设法挽回电（十九日） … 4932
奕劻李鸿章致枢垣醇王赴德谢过已电达从权酌办电（二十日） ……………… 4932
奕劻李鸿章致醇王吕使德国礼节碍难照允希设法转圜电（二十一日） ……… 4933
盛宣怀致全权大臣据吕海寰电德皇允免跪拜礼节电（二十二日） …………… 4933
奕劻李鸿章咨枢垣盐课关税两事应由户部酌定请旨饬遵文（二十三日） …… 4933
奕劻李鸿章致枢垣各使商定画约即撤兵电（二十六日） …………………… 4934
岑春煊致全权大臣报赔偿晋省教堂各款电（二十八日） …………………… 4935
张之洞致枢垣各省分摊赔款请一视同仁勿令鄂省偏枯电（三十日） ………… 4935

西巡大事记卷十　光绪二十七年八月至九月 ……………………………………… 4937
奕劻李鸿章致枢垣德廷不愿醇王转使他国请旨电（八月初五日） …………… 4938
张之洞致枢垣铸造银元须江鄂粤三局合造方可整顿电（初六日） …………… 4938
刘坤一张之洞致枢垣闻英人有驻兵长江之说全权曾否奏明电（初九日） …… 4939
刘坤一致枢垣三省合铸银元只抵外币必须另设京局电（初十日） …………… 4940
奕劻李鸿章致枢垣未闻长江驻英兵之说请确实考证电（十一日） …………… 4940
刘坤一奏筹款莫如盐斤加价请饬各省一律照加电（十三日） ………………… 4940
奕劻李鸿章奏照录画押条款全文缮单呈览折（十八日） …………………… 4941
奕劻李鸿章致枢垣英派马凯议商约请旨派盛宣怀会议电（十九日） ………… 4946
户部奏新定赔款数巨期迫亟宜合力通筹折（二十一日） …………………… 4946

李鸿章致枢垣俄外部拒绝罗丰禄使俄电（二十一日） …………………………… 4948
李盛铎致枢垣日外部谓俄约缓议为是电（二十五日） ………………………… 4949
李鸿章奏东三省事俄使送商改约稿全文电（二十六日） ……………………… 4950
刘坤一致枢垣据日领电俄使与李相协定密款祈确查电（二十九日） ………… 4951
那桐奏赴日赍送杉山彬祭葬银两并赐祭情形片（九月初二日） ……………… 4952
奕劻李鸿章致枢垣据杨儒称东省事俄外部拟在京商办电（初二日） ………… 4952
刘坤一致枢垣俄约撤兵及限制我兵均碍主权请勿签押电（初三日） ………… 4953
盛宣怀致全权大臣中英会议商约乞奏发文凭电（初四日） …………………… 4953
奕劻李鸿章奏请派胡燏棻为关内外铁路大臣电（初六日） …………………… 4954
增祺致枢垣东三省俄人包括利权渐逼渐紧已与磋商函（初六日） …………… 4954
军机处致刘坤一希询日本于回銮后果否代我诘俄撤兵电（初六日） ………… 4955
军机处致全权大臣请与俄使逐条婉商更改新约电（初八日） ………………… 4955
刘坤一致枢垣日允回銮后诘俄撤兵电（十一日） ……………………………… 4957
张之洞致枢垣筹款为难惟有盐斤加价电（十三日） …………………………… 4957
张百熙奏请将国子监归并大学堂折　附片二件（十三日） …………………… 4958
奕劻李鸿章致枢垣俄使驳我要求并声明缓撤兵之故电（十七日） …………… 4959
军机处致全权大臣俄约定后倘各国起而相难何策应付请复电（十八日） …… 4959
奕劻等奏酌拟会试变通事宜请旨遵行折（二十日） …………………………… 4960
李鸿章奏与比使议定天津租界章程请旨画押折（二十二日） ………………… 4960
张之洞致枢垣赔款紧急拟在宜昌加抽土药税二成电（二十二日） …………… 4962
盛宣怀致枢垣报李相吐血电（二十二日） ……………………………………… 4962
刘坤一致枢垣据李使称日外部告新俄约情形电（二十三日） ………………… 4962
李鸿章奏病势危笃请饬庆亲王回京电（二十六日） …………………………… 4963
周馥禀枢垣李鸿章本日出缺电（二十七日） …………………………………… 4964
萨保奏俄员请办黑省各矿谨拟草约十四条折（二十八日） …………………… 4964
萨保奏俄人限制兵民枪械侵我商民生计请饬力争片（二十八日） …………… 4966

西巡大事记卷十一　光绪二十七年十月 ………………………………………… 4968
长顺奏东三省和议迟早甚有关系请饬全权大臣从速定约折（十月初一日） … 4968
增祺奏俄铁路监工拟仿吉林办法在奉天全境开煤矿订合同折　附合同
（初一日） ……………………………………………………………………… 4968
增祺奏俄人拟在奉天铁路两旁开采煤矿谨缮草约呈览片　附草合同（初一日）
……………………………………………………………………………………… 4970
盛宣怀奏请准湖北铁厂免税期限再展五年折（初二日） ……………………… 4972

袁世凯奏整顿山东财政以供赔款而图自强折（初二日） …… 4972
李鸿章奏病势危笃自知不起口占遗疏仰求圣鉴折（初三日） …… 4973
张之洞致枢垣俄新约仍包藏祸心李相已故尤宜缓订电（初四日） …… 4974
刘坤一聂缉椝奏江苏赔款数甲他省拟整顿课厘裁军节饷电（十一日） …… 4975
张之洞致鹿传霖德使因端王已获罪于大阿哥深致不满谨以密陈电（十四日） …… 4976
刘坤一等致枢垣各省分摊赔款过巨请减免四成以纾民力电（十七日） …… 4976
胡廷干致枢垣山东矿务德领坚请先办三处请旨遵行电（十八日） …… 4978
长顺成勋奏重设哈尔滨铁路交涉总局增改章程折（二十五日） …… 4979
俞廉三致枢垣赔款湘摊七十万惟有加税抵补电（二十五日） …… 4981
张之洞致枢垣英使言俄新约万不可许如未议妥请各国公断电（二十五日） …… 4981
袁世凯致枢垣中外舆论甚望銮舆回京电（十一月初一日） …… 4983
张之洞致刘坤一盛宣怀免厘加税十八条分别详注请主持定断电（初三日） …… 4983
张之洞致枢垣及外部武昌船关不归江汉关管请令赫德勿揽办电（初六日） …… 4985
刘坤一致枢垣及户部赔款用金或用银请详复电（二十四日） …… 4987
军机处致各省督抚赔款照约每期筹足不能再减三成电（二十四日） …… 4988
军机处致全权大臣据江督电询赔款用金镑或还银请径复江督电（二十五日） …… 4988
外部致枢垣吉林边界韩官越疆生事案据韩廷复俟商定详陈电（二十六日） …… 4989
黑龙江将军萨保奏俄人布置铁路前后不同并筹办情形折（二十七日） …… 4989

西巡大事记跋 …… 4991
西巡大事记勘误表 …… 4992

清季外交史料索引

清季外交史料索引序 …… 4995
清季外交史料索引述略 …… 4996
清季外交史料索引凡例 …… 4997
清季外交史料索引卷一 …… 4999
中英交涉　遣使设领 …… 4999
中英交涉　修约 …… 5001
中英交涉　马嘉理案 …… 5011
中英交涉　烟台条约 …… 5015
中英交涉　藏印交涉 …… 5016

中英交涉　占据缅甸 …… 5024
中英交涉　滇缅界务　附片马案 …… 5027
中英交涉　香港及九龙案 …… 5030
中英交涉　租界事宜 …… 5032
中英交涉　矿务 …… 5033
中英交涉　电报 …… 5035
中英交涉　教案 …… 5036
中英其他交涉 …… 5037

清季外交史料索引卷二 …… 5041
中美交涉序略 …… 5041
中美交涉　遣使设领　附哥斯德黎加国巴利维亚国交涉 …… 5041
中美交涉　修约　附公断专约 …… 5043
中美交涉　保护华侨 …… 5047
中美交涉　教案 …… 5049
中美其他交涉 …… 5050
中日交涉序略 …… 5051
中日交涉　遣使设领附游历 …… 5051
中日交涉　修约 …… 5053
中日交涉　灭琉球 …… 5057
中日交涉　朝鲜内乱与中日启衅 …… 5058
中日交涉　中日战争　近畿防务 …… 5062
中日交涉　中日战争　陆军战况 …… 5066

清季外交史料索引卷三 …… 5084
中日交涉　中日战争　海军战况 …… 5084
中日战争　台澎战况 …… 5091
中日战争中之交涉 …… 5093
中日交涉　议和 …… 5097
中日交涉　善后事宜 …… 5104
中日交涉　赔款 …… 5107
中日交涉　割让台湾 …… 5109
中日交涉　归还辽旅 …… 5114

清季外交史料索引卷四 …… 5119
中日交涉　东三省案 …… 5119
中日交涉　延吉案 …… 5125
中日交涉　天宝山案 …… 5134
中日交涉　二辰丸案 …… 5135
中日交涉　东沙岛案 …… 5138
中日交涉　租界事宜 …… 5139
中日交涉　矿务 …… 5140
中日交涉　电报 …… 5141
中日交涉　木植 …… 5141
中日交涉　长崎案 …… 5143
中日交涉　日僧传教案 …… 5143
中日交涉　其他交涉 …… 5144
中法交涉序略 …… 5146
中法交涉　遣使设领 …… 5147
中法交涉　修约 …… 5148
中法交涉　法越构衅及援越事宜 …… 5149

清季外交史料索引卷五 …… 5157
中法交涉　中法战争　各省防务 …… 5157
中法交涉　中法战争　陆军战况 …… 5160
中法交涉　中法战争　海军战况 …… 5170
中法交涉　中法战争　台澎战况 …… 5179
中法战争中之交涉 …… 5187
中法战争　议和 …… 5192

清季外交史料索引卷六 …… 5203
中法交涉　善后事宜 …… 5203
中法交涉　中越界务 …… 5204
中法交涉　广州湾及两乌界务 …… 5213
中法交涉　中越会防 …… 5215
中法交涉　矿务 …… 5215
中法交涉　电报 …… 5217
中法交涉　教案 …… 5218

中法交涉　北海渔船案 …… 5219
中法交涉　四明公所案　即扩充上海法租界案 …… 5220
中法其他交涉 …… 5221
中俄交涉序略 …… 5222
中俄交涉　遣使设领 …… 5223
中俄交涉　修约 …… 5225
中俄交涉　密约 …… 5229
中俄交涉　归还伊犁 …… 5230
中俄交涉　界务 …… 5231
中俄交涉　租借旅大 …… 5237

清季外交史料索引卷七 …… 5242
中俄交涉　交还东三省 …… 5242
中俄交涉　日俄战争 …… 5254
中俄交涉　矿务 …… 5262
中俄交涉　电报 …… 5263
中俄交涉　松花江贸易案 …… 5265
中俄其他交涉 …… 5266
中德交涉序略 …… 5267
中德交涉　遣使设领 …… 5267
中德交涉　修约 …… 5268
中德交涉　山东教案 …… 5269
中德交涉　租借胶澳 …… 5270
中德交涉　矿务 …… 5273
中德交涉　萨摩岛招工案 …… 5275
中德其他交涉 …… 5275
中义交涉序略 …… 5277
中义交涉　修约遣使 …… 5277
中义交涉　三门湾案 …… 5278
中义其他交涉 …… 5278

清季外交史料索引卷八 …… 5280
中荷交涉序略 …… 5280
中荷交涉　修约遣使 …… 5281

中荷交涉　保护华侨 …… 5282
中荷其他交涉 …… 5283
中比交涉序略　附刚果国交涉 …… 5284
中比交涉 …… 5284
中西即日斯巴尼亚国交涉序略 …… 5285
中西交涉　修约遣使 …… 5286
中西交涉　夹板船失事案 …… 5286
中西交涉　华人改籍 …… 5287
中葡交涉序略 …… 5287
中葡交涉　修约遣使 …… 5288
中葡交涉　澳门案 …… 5289
中丹交涉序略 …… 5293
中丹交涉 …… 5293
中国瑞典那威交涉序略 …… 5295
中国瑞典那威交涉 …… 5296
中奥交涉序略 …… 5296
中奥交涉 …… 5296
中暹交涉序略 …… 5297
中暹交涉 …… 5297
中韩交涉序略 …… 5298
中韩交涉　遣使设领 …… 5298
中韩交涉　修约 …… 5299
中韩交涉　界务 …… 5300
中韩交涉　中国在韩租界 …… 5301
中韩交涉　借款 …… 5302
韩与欧美各国交涉 …… 5302
俄韩密约 …… 5305
中韩交涉　巨文岛及绝影岛案 …… 5306
中韩交涉　日韩立约 …… 5307
中韩交涉　韩鲜政变 …… 5309
中韩交涉　日韩合并 …… 5316
中韩其他交涉 …… 5317

清季外交史料索引卷九 …… 5319
中墨交涉序略 …… 5319
中墨交涉 …… 5320
中古交涉序略 …… 5321
中古交涉 …… 5321
中国巴拿马交涉序略 …… 5322
中国巴拿马交涉 …… 5323
中秘交涉序略 …… 5323
中秘交涉 …… 5324
中阿交涉序略 …… 5325
中国阿根廷交涉 …… 5325
中国巴西交涉序略 …… 5326
中国巴西交涉 …… 5326
中智交涉序略 …… 5327
中智交涉 …… 5327
各国共同交涉　各国协约 …… 5327
各国共同交涉　中外使领往来礼节　附奖赠事宜及游历办法 …… 5329
各国共同交涉　出席保和会及红十字会 …… 5331
内政　请求约章 …… 5331
内政　变通政治　附考察宪政 …… 5332
内政　革命运动 …… 5333
内政　职官进退 …… 5335
内政　审判事宜 …… 5337
内政　藩封觐贡 …… 5338
内政　教案 …… 5339
内政　长沙案 …… 5340
内政　沙市案 …… 5341
内政　其他事宜 …… 5341
教育 …… 5344
财政　币制 …… 5345
财政　关税 …… 5346
财政　加税 …… 5350
财政　洋药税附禁烟 …… 5351

清季外交史料索引卷十 …… 5356

财政　捐税 …… 5356

财政　借款 …… 5359

财政　还债 …… 5362

军事　陆军及军械 …… 5363

军事　海军及船政 …… 5364

交通　沪宁铁路 …… 5367

交通　淞沪铁路 …… 5367

交通　苏杭甬铁路 …… 5368

交通　津浦铁路 …… 5368

交通　芦汉铁路 …… 5369

交通　津保铁路 …… 5371

交通　津榆铁路 …… 5371

交通　京奉铁路 …… 5372

交通　川粤汉铁路 …… 5373

交通　山东铁路 …… 5374

交通　正太铁路 …… 5375

交通　萍渌铁路 …… 5376

交通　泽浦铁路 …… 5376

交通　广九铁路 …… 5377

交通　广澳铁路 …… 5378

交通　广西铁路 …… 5378

交通　广梧铁路 …… 5379

交通　云南铁路 …… 5379

交通　宫内铁路 …… 5380

交通　安奉铁路 …… 5381

交通　奉海铁路 …… 5387

交通　新法铁路 …… 5387

交通　吉长铁路 …… 5388

交通　吉会铁路 …… 5389

清季外交史料索引卷十一 …… 5390

交通　锦瑷铁路 …… 5390

交通　孤庄铁路 …… 5391

交通　黑龙江铁路 …… 5392
交通　南满铁路 …… 5392
交通　中东铁路 …… 5393
交通　西比利亚铁路 …… 5397
交通　邮电 …… 5397
交通　航政 …… 5398
交通　河务 …… 5402
商务　会议商约 …… 5403
商务　通商 …… 5404
实业 …… 5407
边防　新疆 …… 5410
边防　西藏 …… 5412
边防　帕米尔 …… 5418
边防　塔尔巴哈台 …… 5419
边防　科布多 …… 5420
边防　喀什噶尔 …… 5421
边防　廓尔喀 …… 5422

清季外交史料索引卷十二 …… 5423
庚子拳乱　联军之役 …… 5423
庚子拳乱　西巡 …… 5428
庚子拳乱　议和 …… 5429
庚子拳乱　惩凶 …… 5434
庚子拳乱　赔款 …… 5436
庚子拳乱　交还占地 …… 5444
庚子拳乱　回銮 …… 5446
庚子拳乱　结束教案 …… 5447

清光宣两朝条约一览表 …… 5448
中英条约 …… 5448
中美条约 …… 5450
中日条约 …… 5451
中法条约 …… 5454
中俄条约 …… 5455

中德条约 …… 5458
中义条约 …… 5459
中荷条约 …… 5460
中比条约 …… 5460
中国西班牙条约 …… 5461
中葡条约 …… 5461
中丹条约 …… 5461
中国瑞典条约 …… 5462
中墨条约 …… 5463
中国巴西条约 …… 5463
中秘条约 …… 5463
中韩条约 …… 5464
中刚条约 …… 5464
各国条约 …… 5465

清季外交史料索引校勘记 …… 5466

清季外交年鉴

清季外交年鉴序 …… 5469
清季外交年鉴凡例 …… 5470
清季外交年鉴卷一 光绪元年正月至二十二年十二月 …… 5471
清季外交年鉴卷二 光绪二十一年正月至二十七年十二月 …… 5495
清季外交年鉴卷三 光绪二十八年正月至三十四年十二月 …… 5520
清季外交年鉴卷四 宣统元年至三年 …… 5543
清代约章分类表 …… 5559
序 …… 5559
中英约章分类表 …… 5560
中美约章分类表 …… 5568
中日约章分类表 …… 5571
中法约章分类表 …… 5576
中俄约章分类表 …… 5582
中德约章分类表 …… 5589
中义约章分类表 …… 5593
中荷约章分类表 …… 5595
中比约章分类表 …… 5596

中国西班牙约章分类表 …… 5598
中葡约章分类表 …… 5599
中丹约章分类表 …… 5602
中国瑞典那威约章分类表 …… 5604
中奥约章分类表 …… 5605
中墨约章分类表 …… 5607
中巴约章分类表 …… 5608
中秘约章分类表 …… 5608
中韩约章分类表 …… 5609
各国约章分类表 …… 5611
清季外交年鉴校勘记 …… 5614
清代约章分类表校勘记 …… 5614

地　图

甲午之战奉天地图　其一 …… 5617
甲午之战奉天地图　其二 …… 5619
奉省沿海地势炮台营垒图 …… 5621
中俄中段界址图 …… 5623
清光绪八年中俄分界图 …… 5625
清光绪九年勘定俄国借地界图 …… 5627
续勘喀什噶尔界图 …… 5629
松花江图 …… 5631
科塔边界图 …… 5633
秦晋陇三省边境图 …… 5635
新疆全境图 …… 5637
中法战时滇越边界驻兵图 …… 5639
长江炮台总图 …… 5641
内兴安岭鄂伦春营制衙署图 …… 5643
浙江沿海图 …… 5645
全蒙道路略图 …… 5647

分册目录

清光绪朝外交史料

卷首 …… Ⅰ
清季外交史料序言 …… Ⅰ
清故太常寺卿王公弢夫墓志铭 并序 …… Ⅶ
清太常寺卿黄岩王公弢夫家传 …… Ⅸ
从叔父太常公行状 …… Ⅹ
清季外交史料述略 …… Ⅺ
清季外交史料例言 …… ⅩⅢ

清季外交史料卷之一 光绪元年正月至六月 …… 1
鲁抚丁宝桢奏日俄窥伺情形片（正月初五日） …… 1
苏抚吴元炳奏请防俄片（正月初六日） …… 2
谕左宗棠等俄据伊犁宜以全力注重西北（二月初三日） …… 3
总署奏英法美三国迭次照会夔关扣留货船索取赔偿谨陈大概折 附上谕（二月初四日） …… 4
直督李鸿章奏日使大久保抵琅琊约期撤兵并请遣使驻日本片（二月初八日） …… 5
总署奏英员马嘉理被戕一案英使词意叵测请加意边防海防折 附上谕（二月十四日） …… 6
总署奏英员马嘉理在云南被戕一案与该国使臣续行辩论折 附上谕（三月二十七日） …… 8
滇督岑毓英奏英员马嘉理被戕一案派员查办折 附上谕（四月初六日） …… 9
滇督岑毓英奏严防英人藉端扰滇折（四月十九日） …… 11
滇督岑毓英奏英员马嘉理案请敕总署照会英使转达印度官员毋庸派员由缅来滇观审片 附上谕（四月十九日） …… 11
滇督岑毓英奏查核威妥玛所指戕杀马嘉理凶犯据实核奏折（五月十七日） …… 12
滇督岑毓英奏滇省地瘠民贫暂难通商请慎之于始片 附上谕（五月十七日） …… 13

鄂督李瀚章奏赴滇查办英员马嘉理被戕案请饬钞发卷宗折（六月初八日） …… 14
滇督岑毓英奏英员马嘉理在缅滇交界被戕一案现在拿办情形折（六月十二日） …………………………………………………………………………………………… 14
滇督岑毓英奏闻英使带兵来滇片 附上谕（六月十二日） ……………………………… 16
谕桂抚刘长佑著派员护送越南贡使来京（六月十二日） ……………………………… 17
直督李鸿章奏秘鲁国公使抵津请将议定通商和约并查办华工专条及时互换折 附秘鲁国总统令稿三件（六月十三日） ………………………………………………… 17
直督李鸿章奏请派丁日昌互换秘鲁条约片 附上谕（六月十三日） ……………… 18
总署奏英员马嘉理被戕一案当随时达知李瀚章等片（六月二十三日） ………… 19
总署奏李瀚章赴滇查办马嘉理案拟调刑部主事陈兰彬碍难前往片（六月二十三日） ………………………………………………………………………… 19

清季外交史料卷之二 光绪元年七月上 …………………………………………………… 20
伊犁将军荣全奏塔尔巴哈台蒙民被俄勒索设法拯救折（七月初一日） ………… 20
总署奏英员马嘉理被戕一案英使请令李珍国听候质证折 附照会四件（七月初六日） ………………………………………………………………………… 21
前苏抚丁日昌咨呈总署遵办秘鲁国换约事竣缴还谕旨文 附凭单及照会二件（七月初八日） ………………………………………………………………………… 24
滇督岑毓英奏缅英尚未开仗遵谕整顿滇边吏治军政片 附上谕（七月初九日） ………………………………………………………………………… 25
甘督左宗棠奏俄员过境察看情形无他折（七月初九日） ……………………………… 26
直督李鸿章等奏秘鲁国换约事竣折（七月初十日） …………………………………… 28
直督李鸿章等奏请设驻秘鲁使臣保护华工片（七月初十日） ……………………… 29
直督李鸿章等奏请保护秘鲁华工谨防诱拐片 附上谕（七月初十日） …………… 29
英使致总署各口滋事案件未妥情形请催令办理照会 附总目（七月十六日） …… 30
英使致总署李瀚章查办滇案当经晤商意见不甚融洽照会（七月十六日） ……… 31
英使致总署有人击伤馆员照会（七月十六日） ………………………………………… 32
英使致总署声明英国与中国办理外交手续颇见相异照会（七月十六日） ……… 33
总署复英使各口滋事案件办理情形逐条详复照会（七月二十二日） …………… 34
总署复英使中外体制不能无异照会（七月二十二日） ……………………………… 35
总署复英使馆员被击已惩办滋事之人照会（七月二十二日） ……………………… 36
总署复英使此后游滇官员请先知照照会（七月二十二日） ………………………… 37

清季外交史料卷之三　光绪元年七月至八月 …… 39
鄂督李瀚章奏奉谕查办马嘉理案赴滇日期折（七月二十四日） …… 39
鄂督李瀚章奏英员马嘉理被戕一案俟到滇后妥筹办理片（七月二十四日） …… 39
滇督岑毓英奏调李珍国来省候讯片（七月二十四日） …… 40
总署奏请饬李瀚章迅速赴滇查办折（七月二十八日） …… 40
总署奏请饬李鸿章在津与威妥玛商办滇案片（七月二十八日） …… 41
总署奏英使在津向李鸿章提出滇案六条藉端要挟片　附节略二件（七月二十八日） …… 41
总署奏英使曾面递照会已分别照复片　附咸丰十年九月上谕（七月二十八日） …… 45
总署奏请派驻英国公使片　附上谕（七月二十八日） …… 46
总署奏出使英国照会可否照出使法国原案办理片（八月初一日） …… 47
总署奏驻京使臣与部院大臣往来礼节未便置之不议片（八月初一日） …… 48
直督李鸿章等奏恳将前派出使英国及责问岑毓英谕旨酌量明发折　附廷寄（八月初八日） …… 48
鲁抚丁宝桢奏英法等国兵船来烟台片（八月十四日） …… 49
滇督岑毓英奏英员马嘉理被戕一案已获凶犯赃物折（八月十六日） …… 50
滇督岑毓英奏请饬总署照会英使转饬柏郎等稍缓来滇游历片（八月十六日） …… 50
总署复英使声明中国于滇案确系持平办理照会（八月二十三日） …… 51
总署奏英员马嘉理被戕一案请饬李瀚章迅查复奏折（八月二十九日） …… 52
总署奏陈中外交际往来情形请旨明白宣示折（八月二十九日） …… 52
鄂督李瀚章奏赴滇查办英员马嘉理被戕一案途次筹办情形折　附上谕（八月二十九日） …… 53

清季外交史料卷之四　光绪元年九月至十二月 …… 55
总署致英使请派员往滇会查通商事宜照会（九月初八日） …… 55
总署奏请申明各国条约饬令各省照办折　附上谕（九月十二日） …… 55
英使复总署云南一案本国期在澈究并格参赞赴滇请保护照会（九月十二日） …… 56
滇督岑毓英奏拿获凶杀英官案犯并赃物折（九月二十四日） …… 57
粤督英翰奏秘鲁换约事竣闽粤拐卖人口应按约严禁片（九月二十九日） …… 57
总署奏马嘉理案与英使往来辩论情形折（十月初七日） …… 58
闽督李鹤年奏福州厦门电报买回自办折（十月初九日） …… 60
兵部左侍郎郭嵩焘奏参岑毓英不谙事理酿成戕杀英官重案折　附上谕（十一月初八日） …… 61
鄂督李瀚章等奏查办英员马嘉理被戕一案请将办理不善之文武官革审折

附上谕（十一月十二日） …… 62
总署复英使声明中国明发上谕及寄谕办法照会（十一月十二日） …… 63
英使致总署此次拿讯滇案凶犯怀疑甚重照会（十一月十三日） …… 63
总署奏请派员出使美日秘国保护华工折 附上谕（十一月十四日） …… 64
总署奏闻美西两国有在古巴用兵之事由陈兰彬探明片（十一月十四日） …… 65
英使致总署李瀚章等查办滇案折奏极不妥协照会（十一月十五日） …… 66
英使致鄂督李瀚章马嘉理案英国君民异常不平函（十一月十五日） …… 67
总署复英使李瀚章查办滇案尚有薛焕岑毓英帮同办理照会（十一月十六日） … 68
总署致英使条复李瀚章等查办滇案情形并经转致滇督照会（十一月二十日） … 68
总署奏英使回京并驳辩滇案情形折（十二月初十日） …… 69
总署奏各国驻京使臣新年拟与各部院大臣互相道贺片（十二月初十日） …… 70
总署奏西班牙国更换使臣片（十二月初十日） …… 71
日使复总署朝鲜虽中国属邦其地不隶中国照会（十二月十九日） …… 71
鄂督李瀚章等奏查办滇案审讯情形折（十二月二十日） …… 72
鄂督李瀚章等奏遵谕严切查讯片 附上谕（十二月二十日） …… 72
总署奏日本使臣来称欲与朝鲜修好折 附节略（十二月二十一日） …… 73
总署奏与日本交涉朝鲜事情片（十二月二十一日） …… 74
总署复日使声明朝鲜为我属国照会（十二月二十二日） …… 75
日使复总署朝鲜虽中国属邦徒系空名照会（十二月二十三日） …… 75

清季外交史料卷之五　光绪二年正月至四月 …… 76
总署奏日使因朝鲜事辩论拟请照会咨送礼部续行该国折 附照会及节略
（正月三十日） …… 76
总署奏酌定开办琼州通商日期折（二月十五日） …… 80
总署致英使英商在上海筑路请细核条约照会（二月二十七日） …… 82
朝鲜国王咨礼部谢与日本国使臣交涉事宜文（二月二十九日） …… 83
总署致英使上海筑路请转领事与关道商酌照会（三月十三日） …… 83
桂抚严树森奏越南国王正贡届期请示何时进关折 附上谕（三月十五日） …… 84
总署奏上海英商就旧租马路擅筑铁路拟论辩禁阻折 附上谕（三月十九日） …… 84
总署奏上海吴淞铁路须妥筹归宿之法片（三月十九日） …… 86
总署奏滇省马嘉理案英使派人往查请饬李瀚章切实拟议以资结束折 附上谕
（三月十九日） …… 86
川督李瀚章等奏查明英员马嘉理在滇被戕情形折 附函（三月二十六日） …… 87
川督李瀚章等奏英使馆参赞离滇情形片（三月二十六日） …… 91

川督李瀚章等奏马嘉理案请就近与英使妥议片（三月二十六日） …………………… 91
川督李瀚章奏遵旨查复郭嵩焘奏参岑毓英酿成事端折（三月二十六日） ……… 92
川督李瀚章奏马嘉理案拟原情酌理核办片（三月二十六日） ……………………… 93
直督李鸿章奏请派员赴德国学习陆军片（三月二十九日） …………………………… 93
朝鲜国王咨礼部与俄国尚无战事文（三月二十九日） ……………………………… 94
朝鲜国王咨礼部报遣使日本修好文（三月二十九日） ……………………………… 94
总署奏日本已与朝鲜换约折（四月初六日） ………………………………………… 95
驻藏大臣松溎奏披楞人欲来藏通商设法禁阻折 附上谕（四月十二日） ………… 95
驻藏大臣松溎奏廓尔喀禀请进贡请旨示遵片（四月十二日） ……………………… 96
闽督抚文煜丁日昌奏德国安纳船主及大伙被人谋杀获审片（四月十三日） …… 97

清季外交史料卷之六　光绪二年五月至六月 …………………………………………………… 98
川督李瀚章侍郎薛焕奏密陈英员马嘉理被戕情形折（五月初三日） …………… 98
总署奏德国船主在闽洋被戕案业已办结请饬各省照章保护中外船只折
（五月初四日） ……………………………………………………………………… 99
闽督文煜等咨呈军机处闽省电线买归自办文（五月初七日） ……………………… 100
总署奏英使对于办理马嘉理案均不同意折 附旨寄（五月二十七日） ………… 101
直督李鸿章奏英使过津不允续议马嘉理案业已南下折 附上谕（闰五月初一日）
…………………………………………………………………………………………… 104
顺天府府丞王家璧奏马嘉理一案请明白宣示俾知是非所在折（闰五月十一日）
…………………………………………………………………………………………… 105
总署奏中英交涉不能预料请整顿江海防务折 附上谕（闰五月二十三日） …… 106
总署奏西班牙国更换公使已到京接见片（闰五月二十六日） ……………………… 107
直督李鸿章奏英使因滇案要索不遂出京接据赫德由沪来函奏明请旨折
附函及上谕各二件（六月初八日） ………………………………………………… 108
直督李鸿章奏中国人才财政均无把握不宜因滇事与英国失和片（六月初八日）
…………………………………………………………………………………………… 110
左都御史景廉奏天津绅民因李鸿章赴烟台人心惶恐请另简员折（六月十七日）
…………………………………………………………………………………………… 110
旨寄李鸿章著赴烟台会商滇案并择要宣示以释群疑（六月十七日） ………… 111
直督李鸿章奏遵旨赴烟台会商滇案倘有要求请预示应付办法折 附上谕
（六月二十二日） …………………………………………………………………… 112
粤督刘坤一等奏请于小马滘洲地方设关征税折（六月二十四日） …………… 113
总署奏遵议李鸿章赴烟台会商滇案预筹办法折 附上谕（六月二十五日） …… 114

直督李鸿章奏驰赴烟台与威妥玛会商一切折（六月二十九日）…………………… 116

清季外交史料卷之七　光绪二年七月至八月 ………………………………………… 117

驻藏大臣松溎奏委员阻回披楞藏边一律安堵折　附廷寄（七月初四日）……… 117

直督李鸿章奏与英使在烟台议结滇案折　附改定条款原议条款并照会函稿（七月三十日）……………………………………………………………………… 118

直督李鸿章奏滇案拟结情形并请出示保护远人折（七月三十日）……………… 128

直督李鸿章奏上海铁路拟由关道及中外官员妥定办法片（七月三十日）……… 129

直督李鸿章奏请饬各省讲求条约遇有交涉事件勒限办结片（七月三十日）…… 129

直督李鸿章奏滇边通商请饬妥订章程片（七月三十日）………………………… 130

直督李鸿章奏英使请宽宥李珍国等罪名片　附廷寄（七月三十日）…………… 130

总署致英使奉谕马嘉理案已结嗣后当照约保护照会（八月初一日）…………… 131

英使致总署在烟台议定各款请恭录照知以便咨回本国照会（八月初四日）…… 132

总署复英使烟台议定各款业经奉旨允准恭录照会（八月初六日）……………… 132

总署致各国公使送优待通商条款函（八月初六日）……………………………… 133

总署致英使钞送告示底稿希见复照会（八月初六日）…………………………… 133

大清国皇帝致大英国后帝惋惜马嘉理国书（八月初六日）……………………… 133

总署致英使出使大臣郭嵩焘起程日期照会（八月初八日）……………………… 134

英使致总署关于英人命盗案件派员观审一节请见复照会（八月初八日）……… 134

总署复英使嗣后遇有英人案件当照约办理照会（八月初八日）………………… 134

总署致英使滇案恤款二十万两请派员支取照会（八月初八日）………………… 135

总署致英使关于礼节条款及承审章程应会同商办照会（八月初八日）………… 135

英使复总署会议条款列入告示甚为妥洽照会（八月初九日）…………………… 136

总署致各国公使中外会审案件请各国会商划一章程照会（八月初九日）……… 136

总署致各国公使往来礼节条款请会商见复照会（八月初九日）………………… 137

总署致各国公使租界免收洋货厘金洋药税厘两款俟各国会商妥协后见复照会（八月十一日）……………………………………………………………………… 137

总署奏滇案议结拨给恤款折（八月十三日）……………………………………… 138

总署奏英员马嘉理被戕一案各官犯既经宽免会同刑部定议之处勿庸置议片（八月十三日）……………………………………………………………………… 138

英使致总署滇案了结已电达外部请饬京外将应办事宜切实遵行照会（八月十五日）……………………………………………………………………… 139

英使致总署英国君主议加隆号函　附照会（八月二十六日）…………………… 140

清季外交史料卷之八　光绪二年九月至十二月 …… 141
礼部奏朝鲜与日本商办开埠通商据咨转奏折　附咨文二件（九月初二日） …… 141
总署奏议结滇案按照烟台会议条款分别次第办理折（九月初四日） …… 143
总署奏英使请嗣后中国致英国御书加缮五印度大后帝字样片（九月初四日） …… 144
总署奏川省民教滋事请饬迅速持平办结折　附上谕（九月十二日） …… 144
总署奏日本欲由朝鲜来往中国与日使面论情形饬转行朝鲜折（九月十二日） …… 145
桂抚涂宗瀛奏报越南国使臣进关日期折（九月二十日） …… 146
驻藏大臣松溎奏廓尔喀王呈递表文译缮代奏折　附表文（九月二十四日） …… 146
甘督左宗棠奏俄新交涉请暂由新疆主办片（九月三十日） …… 147
德使致总署提出免除厘金复出口税禁运现钱三事请饬遵行照会（十月十六日） …… 148
总署复德使所提三事俟酌定后即行知照各国照会（十月二十一日） …… 148
德使致总署来文所提三事均甚妥协照会（十月二十二日） …… 149
使英郭嵩焘奏办理洋务宜以理势情三者持平处理折　附乾隆四十一年上谕（十月二十七日） …… 149
使英郭嵩焘奏举使才片（十月二十七日） …… 152
总署致英使租界免厘及存票限期定为三年照会（十月二十七日） …… 152
总署致德使租界免厘及存票立限换银两节定期开办照会（十月二十七日） …… 153
总署致各国公使上海租界免厘存票定限换银已饬属遵办照会（十月二十七日） …… 153
谕古尼音布著派员会同俄国委员补立界牌（十月二十八日） …… 154
总署奏租界免厘存票立限议定开办日期折（十月二十八日） …… 154
直督李鸿章等奏买回上海铁路折（十二月初五日） …… 155
江督沈葆桢奏美国旗昌公司愿并归招商局折　附上谕（十二月初五日） …… 156
谕礼部奉天沙河子地方逼近朝鲜边境现在筑城建署著崇厚等严禁越界（十二月初六日） …… 158
闽督文煜等奏审明谋毙英人各犯分别定拟折（十二月十五日） …… 158
谕刘长佑等着将滇省通商事宜妥为筹画（十二月二十日） …… 159
直督李鸿章奏查明天津英法租界占用内务府差地租项分别津贴豁征折（十二月二十二日） …… 160
闽抚丁日昌奏西班牙因有船在台搁浅破坏调兵来华筹议对付办法片（十二月二十二日） …… 161

总署奏西班牙调兵来华陈明筹办情形折（十二月二十五日）…… 162
总署奏四川民教滋事请饬该省大吏迅查结案折 附上谕（十二月二十五日）… 162

清季外交史料卷之九 光绪三年正月至三月 …… 164
江督沈葆桢奏研讯皖南教案分别示惩折（正月初六日）…… 164
江督沈葆桢奏皖南教民滋事立予正法以安良善片（正月初六日）…… 166
鄂督翁同爵奏宜昌添开通商口岸应设税关监督折（正月初十日）…… 166
盛京将军崇厚等奏遵筹奉边与朝鲜交界处所严禁越垦折（正月十一日）…… 167
闽抚丁日昌奏西班牙将派兵船来台请调兵预防片 附上谕（正月二十二日）… 168
总署议复鄂督翁同爵奏宜昌添开通商口岸请将荆宜施道移扎兼办折
（正月二十七日）…… 169
总署奏宜昌等关新开口岸开办日期片（正月二十七日）…… 170
总署奏秘鲁国呈递国书请予复书折 附国书及照会（正月二十七日）…… 170
谕着沈葆桢派员密查道员许厚如有无在沪议借洋款招摇撞骗情事
（二月初四日）…… 172
总署奏福建前借洋款未成原立用印议单并未收回应由原办各员理处赔偿折
（二月二十四日）…… 172
总署奏议复新疆俄商课税章程片（二月二十四日）…… 173
总署奏颁给出使美日秘等国使臣国书折（二月二十四日）…… 174
闽抚丁日昌奏西班牙窥伺台湾情形片（二月二十八日）…… 175
使英郭嵩焘等奏报抵英呈递国书折（二月二十八日）…… 176
使英郭嵩焘奏国书并无充当公使文据请改正颁发折（二月二十八日）…… 176
副使刘锡鸿奏辞驻英副使折（二月二十八日）…… 177
西班牙公使致总署因夹板船失事请设法赞助照会（三月十一日）…… 177
总署复西国公使夹板船失事业经切实查办照会（三月十四日）…… 178
总署奏请补发使英郭嵩焘等敕书折 附上谕（三月十七日）…… 179

清季外交史料卷之十 光绪三年四月至七月 …… 180
使英郭嵩焘等奏请禁止鸦片折 附上谕（四月初二日）…… 180
使英郭嵩焘等奏请饬总署会商驻京公使严订神甫资格以免发生教案片
（四月初八日）…… 182
浙抚谭钟麟奏温州通商征收事宜已遵章办理片（四月初八日）…… 183
滇督刘长佑等奏借款开矿购器铸钱折（四月十二日）…… 184
滇督刘长佑等奏滇省办矿雇用矿师有五可虑片（四月十二日）…… 185

闽抚丁日昌奏拟将省城电线移至台湾片（四月十四日）…………………………… 186
总署奏请将条约发交州县各官以凭交涉折　附上谕（五月初七日）……………… 187
总署奏德国议修条约未能就绪德使业已出京折（五月十二日）…………………… 188
使英郭嵩焘等奏保荐伍廷芳折（五月十二日）……………………………………… 188
闽督何璟等奏琉球遣使入贡日本梗阻请旨办理折　附上谕（五月十四日）…… 189
总署奏塔城讯办俄属哈萨克办理未协请饬妥筹折　附上谕（六月初二日）…… 190
总署奏德使巴兰德被劝回京修约情形片　附照会三件（六月初二日）………… 191
甘督左宗棠奏借定洋款请饬总署分别知照折（六月十一日）……………………… 193
总署奏定出使日德等国大臣薪俸片（六月十五日）………………………………… 194
粤督刘坤一等奏北海开设通商口岸折（六月二十二日）…………………………… 194
总署奏请派左宗棠专办新疆中俄交涉片　附上谕（七月初三日）……………… 195
总署奏请饬左宗棠等办理接收伊犁并西北边界交涉事宜折　附上谕
（七月初三日）………………………………………………………………………… 196
总署奏英国与喀什噶尔互相遣使折　附照会（七月二十六日）………………… 198
总署奏议复左宗棠奏派员确查处治行劫哈萨克片（七月二十六日）…………… 199

清光绪朝外交史料

王彦威辑　王亮编　王敬立校

卷 首

清季外交史料序言

徐 序①

书契之作而有史官，邈矣，不可考。孔子因鲁史作《春秋》，纪列邦聘问盟会者特详，盖得失所由明，而兴替见焉。寰海棣通，槃敦交错，有类于春秋之世，顾自互市以来，当轴率昧于外情，胁于强力，控驭失策，挫败迭见，国之积弱者由此。其间惩毖颠危，稍图兴革，举所谓新政者，亦胥出于潮流之所冲激，故史晚清朝事者，外交其管枢矣。夫史也者，存一代得失兴替之迹，而非以耀文为也，记繁而志寡，虽迁、固犹有议之者。今清史虽成，而未行于世，其体裁犹沿列代之旧则，外交者亦散见于诸志而已，其不足以言赅备也无疑。若私家纪述，类多忌讳，秘籍莫睹，传闻易讹，亦奚取焉？道、咸、同三朝筹办夷务皆有记，分期述事，较有本末，惜降及光、宣，阙焉不续，谓宜勒为专书以信今而传后。曩尝有志焉而未逮，窃以为丑。闻黄岩王弢夫太常有《外交史料》之辑，实获我心。比哲嗣希隐录示其目，且属为之序。其书断自光绪，凡条约交涉备著于篇，而政务、军防、交通、教育、实业之有涉者附焉；其属于宣统初年者，则希隐搜采而增补之；大都采自文告，直笔无隐。太常直枢垣久，见闻博而致力勤，故能翔实如是。其时官京朝者类多帖括之儒、簿牍之吏，瀛海以外置诸不论，而独有是人焉，疚心国难，手拾丛残，使后之谋国者，一览而知其得失兴衰之概，且有所借鉴焉，岂非《春秋》之志哉！昔姚察仕陈，为《梁》《陈》二史未就，其子思廉缀成之，若希隐者，其无忝于名父矣。余故乐为之序。

中华民国二十有一年壬申初秋，天津徐世昌。

蒋 序

俾士麦有言：世界焉有公理，黑铁耳，赤血耳！夫不论公理而纯以铁血用事，则甲国与乙国战，甲国胜，甲国之强权即公理；乙国与丙国战，乙国胜，乙国之强权即公

① 为使层次更清楚，增加“徐序”两字，作为“清季外交史料序言”下一层级。

理。以干戈始，以玉帛终，美其名曰折冲樽俎，而不知樽俎之间皆兵刃也。语云：弱国无外交，诚有慨乎其言之哉！夫中国一闭关国，自清季道光鸦片之战受挫于英，而五口通商之条约于以成立，此虽为示弱见端，然犹未大伤国体耳。洎乎甲午战后，日人逞无厌之求，得寸思尺，而当日堂堂之全权代表备遭凌辱，城下受盟，遂订有《马关条约》。是甲午一役，为惟一缔结不平等条约之祸胎也。循是以往，与俄有秘密条约，德有胶澳条约，英有威海卫条约，法有广州湾条约。压迫之甚，民不胜愤，始有义和团之反抗，卒之八国联军，神京破碎，清之亡忽焉。我中国四万万人民受此羁缚，失其自由，谁实厉阶，至今为梗？不能不太息于当日谋国者之不臧也。黄岩王弢夫太常在枢垣时，悯国步之阽危，愤列强之侵削，曾将光绪元年至三十年所缔结之不平等条约，及一切重要文电，手自甄录，珍同《鸿宝》，中历戊戌、庚子两大变，穴地深藏，幸保无恙，可谓有心人矣。今太常已逝，其嗣君希隐就所遗稿悉为整理，并搜罗光绪三十一年至宣统三年之史料，赓续编成，名曰《清季外交史料》，以序来请。夫废除不平等条约，先总理于弥留之际，曾谆谆举以诏吾党者，吾党无一日而恝诸怀。谁知当缔结此不平等条约时，独能不忘国耻，手成秘稿，留为我民族沉痛之历史者，竟大有人在耶？荀子曰：前事之不忘，后事之师也。则是书也，其可忽乎哉！

中华民国二十年九月，蒋中正序。

蔡　序

欧美国家外交文件，除必须守秘密者外，多由政府随时刊行。而外部档案慎重保存，常亦对学者开放，以资研究。此不但有助于国民外交常识之普及，抑且供给历史家以多量正确之史料。我国通商以来，对外交涉日益纷繁，然前清外交文件，从未闻有系统之刊行，且自辛亥革命前之军机处、总署及外务部各档案，大率散佚不全。即对于此不完全之材料，学者亦不获实地检阅整理之机会。因之编国史者，涉及对外关系，常至于不得不依赖外籍辗转译述，辄多失实。黄岩王弢夫太常在前清供职枢垣时，对于中外交涉文件昕夕纂辑，举凡清代光绪期间朝廷诏令、疆吏廷臣等奏章，以及机密廷寄、往复文电悉以列入。其哲嗣希隐先生，因此项文稿于今日外交关系甚巨，爰悉心雠校，并搜集重要文件赓续补入，编成《清季外交史料》及《西巡大事记》，复辑《史料索引》《外交年鉴》等书，诚空前之外交巨帙也。窃思清同治以前新政尚鲜，迨光、宣两朝受世界潮流之影响，诸事改革，交涉繁赜，倘无真实纪载，不足垂示来兹。然道、咸、同三朝之《筹办夷务始末》系由政府三次派员编纂，今王公以父子之力得告厥成，其坚苦卓绝，诚有难能。元培亲炙太常者有年，宿知是篇内容之丰富，及著者实地搜集之勤劬，深喜其必能供给历史家以外交上贵重资料，而补国内学界之阙憾。吾人手此一编，藉知不平等条约成立程序，共筹挽救计画，维国权而纾国难，亦今日之要举也。爰为之序。

民国二十年九月，绍兴蔡元培。

顾 序

中国近百年来，外交局势波谲云诡，机緘互用，实吾国往史所未覯，欲持畴昔之论以驭方新之变，事等刻舟，人皆知其不可。虽然外交之方式万有不齐，而主旨之操之在我者，固不能以大异。追惟往事，始也狃于自大之见以召祸变，继也怵于积威之胁而甘屈辱，又或鉴于两途之皆非，而别思以空言取胜，平时则取忌邻邦，有事则旁皇歧路。盖吾国自有外交以来，不能外此三者，更进迭用，卒鲜有合。乌乎悕矣！夫外交之为用，在保全领土，维护国权，而其后盾则在国家之实力与人民之公意。至于膺外交之责者，则贵能审度其所恃之后盾，而善为运用，其上焉者无往不利，不全恃外交之功，固无论矣。若遇盘根之会，处荆棘之交，尤当权衡轻重黾勉图功，或虽损其细而卒全其大，或损于一时而卒全于异日。往时国人未尝不兢兢于保权之旨，而卒之步步倾踬，无可挽救，诚不能不追咎夫运用之失宜也。岁月易沦，艰难益亟，而王君希隐所编印其先德手纂之《清季外交史料》，适以今岁告成，以余从事外交忝有一日之长，请予数言用弁其首。余惟往事固不堪重论，然一二老成谋国之忠，终有不可磨灭者。曾文正办理天津教案，不惑于道听涂说之言，而坚持以诚信折法人之气焰，竟置一时谤议于不顾。厥后，惠敏折冲伊犁，交涉棘手，倍逾寻常，而刚柔迎拒之间，分寸不失，卒能如余向所谓损其细而全其大，斯皆先正典型所不可及者。今兹事势，视曾氏父子时更不可同日语矣。瞻望靡骋，忧心如惔，所望国人一德同心，瞻前毖后，思所以慎操在我之主旨，而善求运用之宜。语曰：失之东隅，收之桑榆。又曰：前事不忘，后事之师。斯则王君矻矻编摩之勤，庶几为不负也已。

中华民国二十有一年八月，顾维钧谨序。

胡 序

最近四十年中，中国史料出现之多，为向来所未有。其中至少有八大项最可纪：第一是周口店的北京猿人的发现，第二是古石器时代文化的发现，第三是新石器时代文化的发现，第四是安阳的殷虚器物文字的发现，第五是西域的汉晋木简的发现，第六是敦煌石室藏的六朝、唐、五代写本的发现，第七是日本旧藏中国古籍的公开，第八是北京宫廷各处档案的公开。史前文化的发现，使我们对于太古时代，得着一个完全新鲜的了解。殷虚器物文字的研究，使我们对于殷商一代的旧史，得着一个新的证实和许多新的修正。流沙古简书与敦煌写本的出现，和日本旧藏古书的公开，都使我们添了许多考订中古近古史的材料。关于近代史料，自然要算近十多年中，北京宫廷衙署的各种档案旧卷为最重要。北京故宫开放之前，即有内阁旧卷档案的卖出，其大部分现归北京大学研究院。故宫完全开放之后，许多秘密文件与重要档案陆续出现，其重要虽远不能比罗马法王宫廷藏书的公开，但在史料毁弃散失的中国，这也是史学界一个大宝藏了。

在这八件大发现之外，最近还有黄岩王氏父子保存搜集的《清季外交史料》的出

版，可算是近年史学界搜求材料运动中的第九件大事。

王弢夫先生是个有心保存史料的学者。当他在军机处服务的时候，他就留心搜集外交的文献：凡军机处所存的外交档卷，政府所存的交涉密电文稿，以及当日留中不发的电报文件奏章，他都细心搜集，亲手钞存。他在军机处的日子虽然不算很长久，但这一点搜求外交史料的兴趣，使他终身继续留意于这一类的文献。近年，外交史料渐渐引起学者的注意。所以三十年前弢夫先生所钞存的材料，在当日为秘本，在今日已有一部分流传于世了。但据近世外交史专家蒋廷黻先生的估计，弢夫先生所收材料，至少还有百分之五六十是不曾发表过的。这个估计最可以表示这些史料的真价值。

光绪庚子七月，弢夫先生跟着清帝与太后西行，直到次年十一月，才随两宫回北京。这一年半之中，他著有《西巡大事记》十二卷，每日详记政府与议和全权大臣及各省大吏往来的文电。我们看他这十二卷的编制方法，可以看出他的主要兴趣全在材料的保存。在那国家危亡之际，流离困顿之中，他还有那样的细心苦功，为后世史家掇拾那些很容易散失的文献。这种精神，这种远见，都是最可以使我们追思敬礼的。

弢夫先生逝世已三十年了。他的儿子希隐先生不但能保守遗书，不使散失，还能费了十年的工夫，搜集先人所不曾见和不及见的外交文献，补入弢夫先生的原稿，编成《光宣两朝外交史料》二百四十余卷，与《西巡大事记》同时刊行，并且编制《史料索引》《外交年鉴》等，以便学者的检查。弢夫先生二十年的勤苦搜录，固然最可钦佩，可是若没有希隐先生的谨慎保存和殷勤补缀，这部大书即使不至于埋没散失，也决没有现在这样完全。两朝的史料成于父子两世之手，徐菊人先生把他们比配姚察、姚思廉之续成《梁》《陈》二史，是很确当的。

我不是研究外交史的人，不过王希隐先生因为我平日颇注意一切史料的保存，所以他要我写一篇短序。我看了他这几年搜求补缀的工力，看了他编订先人遗著的热心，看了他这种爱的工作，我真感觉到百分的崇敬与惭愧。我的先父铁花先生（名传）也是一个有忧国远虑的人，他终身研究边疆问题，足迹走遍东三省及海南、台湾两岛，留下了几十万字的日记和文稿，其中也有不少的重要材料。先兄绍之和我都曾有志愿整理这些遗稿。于今先父去世已近四十年，先兄去世也有五年了，这些遗稿至今还不曾整理印行。希隐先生继成先志的好榜样，给了我不少的兴奋与鞭策，所以我不敢辞谢他的好意，大胆写了这篇短序。

中华民国二十三年一月六日夜，胡适。

蒋 序

《清季外交史料》这部书，论体裁，完全与《筹办夷务始末》相同，而于编辑方法上略有修改。论时代，是道、咸、同三朝夷务始末的续编，因为这书的文件是同治以后清末三十余年的外交史料。论卷帙，等于三朝的夷务始末。这书出世后，清朝的外交，从鸦片战争直到满清末年，几全成为公开的事实。学者如要知道这段外交史——中国近

代史的最要方面——在资料上不应再感缺乏了。

《夷务始末》的出版是中国外交史的学术革命。以前研究中国外交史者虽不乏人，但是他们的著作，不分中外，几全以外国发表的文件为根据。专凭片面的证据来撰外交史，好像专听一面的辩词来判讼，那是不能得其平的。不过以往中国方面的文件，不但出版者少，且极零星，就是学者要参考中国的材料亦感困难。有了《筹办夷务始末》及《清季外交史料》二书，以前的著作均须大加修改，并且这二书已引起全世界的学者注意，此后他们将逐渐知道中国材料的重要。

《清季外交史料》与《筹办夷务始末》有一个大不同。前者①是官书，是以政府的人力、财力编成的；后者是私人的编纂，是黄岩王弢夫先生及王希隐先生父子二人，数十年继续努力而成的。弢夫先生的原稿，蒙希隐先生的好意，我曾借阅过月余。看其式样，似乎弢夫先生在军机章京任内，将所有与外交（当时所谓洋务）有关的文件，条约也好，上谕也好，奏折、咨文、照会也好，均钞一份，久之遂成巨册。希隐先生承继了这部稿子，又费了十余年工夫，加以补充和编次，然后学术界今天始得享用此书。二先生的苦心孤诣是我们应该敬佩的。我平素对于外交史的研究颇有兴趣，又亲切知道这部书出世的原委，所以我愿趁这机会，对辑者和编者表示一点敬意和谢意。

中华民国二十二年十月，蒋廷黻于国立清华大学。

袁　序

史料者，史籍之母。有完备史料，然后有可传之信史。晚近以来，国人治近代外交史者实繁有徒，究其取材每有钞袭旧著或节译外籍，人云亦云，以讹传讹，其能利用中西之直接史料者盖鲜，则其书之声价从可知矣。前岁故宫博物院影印《筹办夷务始末》，为外交史学界别开一新生路。然其书仅限于道、咸、同三朝，后无续辑，阅者憾焉。黄岩王弢夫太常于清季供职枢垣时，曾手录光绪元年至三十年间，有关外交之朝廷诏令、疆吏章奏及密电秘稿百余册。其哲嗣希隐，就其遗稿悉心雠校，复搜集光绪季年至宣统三年之交涉文件，赓续编入，上承《夷务始末》，下逮民国初元，于是清代外交史料粲然大备矣。且是编取材不限于存档，凡枢垣进呈留中不发之本，暨外部与各使会议语录悉经采集。故其内容详瞻〔赡〕丰富，较近刊之《中日交涉史料》《中法交涉史料》等书尤为完善。希隐以同礼曾有助于斯举，杀青既竟，征序于余。因念君家是书，实为近代外交史之重要文献。若在欧美各国，早经政府为之刊行。乃比岁以来，国家多故，未暇修文，以致此项秘稿湮而弗彰。希隐常叹国家内忧外患，至今已极，此中经历程序须有翔实记载，庶几鉴往辙而勖来遒，亦今日之急务。乃独力经营，勉成先志，其坚贞不拔之精神，诚足令人钦羡。而后之治史者，得以藉此辨正世传之谬说，与夫外籍之附会，使当年史实之真相，复昭示于来兹，则王氏父子纂辑之功，洵有裨于邦人之研讨者矣。

① “前者”意为成书在先，即指《筹办夷务始末》。

民国二十二年，徐水袁同礼序。

章　序

余之始晤同郡王太常弢夫公，在光绪二十年甲午。公方官工部主事，补军机章京兼方略馆纂修。丁忧回籍之时，因知其辑录军机处外交档案之事。时尚未设外务部，凡与各国交涉以总理衙门主之，为王大臣之兼职。各国有事由军机处发交总署，军机处皆写档存之。嗣设外务部，亦仍如是。故全国历朝成案，军机处为最完备。然无存档大库，所有各档皆储方略馆之大库，各部员不得入其地也。军机章京非特命检档，亦不得入。独直宿章京承直，乃得驻宿于其内，锁钥即存于其手，足以调取各档册。特各章京虽分班直宿，日间公务繁重，一至直宿，方休息之不暇，谁复能看档册者？公则精力绝人，每至直宿，即抚录外交之档无少间。嗣余常来往都门，深知其辑录益勤，积数十巨册，退直休沐之日，亦谢绝酬应，杜门以校理其书。同僚有忌之者，以公私写留中各秘档言于军机大臣某。大臣谓：章京能看档案，乃练习公事之干才。言者始息，然亦无人能如公之辑录各档也。公以熟于朝章，为王大臣入军机者所倚重，由主事擢至太常寺少卿，充军机章京领班如故，辑录外交各档将及百册，为《洋务始末记》亦如故。不幸年六十有三，终于少卿之位，稿遂不显于世。其哲嗣希隐部郎亮，少承庭诰，国学素优，留学外国，博通西籍，兼任领事者有年。又派赴欧美列邦考察政治，与各国士大夫上下其议论者久，备知立言须有依据，徒恃空理、发空议，礼俗不同，无足以达其情、证其事，相与比附以入于轨道，远举古事而不举近例，仍不足以应其变而会其通，则光、宣两朝外交之档案尚矣，档案之最近者尤重矣。乃归而发太常公之书，与其子孝章合力参校，孳孳不舍，此非太常之勤劬以开其先，不能得一朝外交之近史；非希隐之继续以善其后，不能完最近外交之全史。吾国史家之善恒以《史记》《汉书》为首称，以二书皆父子相继而成者也。今太常及其子希隐、孙孝章三世而完成是书，后先辉映，不同而同，所以饷我邦人之办外事者甚大，若以为掌故之巨编，则犹有未尽也。

同郡七十三叟章梫拜序。

自　序

余备员工部，习闻道、咸、同三朝有钦定《筹办夷务始末记》，顾藏之内府，无由见也。光绪十二年，入直枢省，于从公之暇展转寻觅，始于大库得之。尘封炱积东西杂庋，拂拭排比，乃得完书。惟此编虽经钦定，尚未付刻，因录副藏之，于是道、咸、同三朝外交始末了如示掌矣。顾念光绪改元以后，海禁大开，国家未雨绸缪，凡庙算之敷施，臣工之建白，更新政策，皆近二十年来所苦心经营者。而光绪十年法越之战，二十年中日之战，与夫戊戌变政、庚子西巡以及议和、通商、划界诸端，实皆为国势盛衰之一大关键，不有纂辑，曷以昭示来兹？爰自元年以讫三十年，于洋务始末次第编录。自维谫陋，讵足语军国大计？然前车之覆，后事之师，辑而存之，于以见事变之丛生，因

应之当否，亦古今得失之林也。按本朝定例，凡明降谕旨及交内阁发钞者，臣民始获得见。至若廷寄、电报及臣工条奏有关紧要者，均悬之禁令，不得传播外间。余以儤直余闲，摘取事由，记明月日，凡属旧事则由大库调取案卷，其新事则皆承直时逐日所寓目者，因按年编次，分别纂录，第卷帙纷繁，往往夜以达旦。嗣于二十年间，痛遭大故，仓猝出都，事遂中辍。既服阕，复将数年来未钞各稿从事补苴。洎庚子七月，两宫蒙尘，奔赴行在，直庐湫隘，时间亦复匆促，乃于退食时将各要件怀以归寓，手自缮写。迨回銮后，始复其初。历年既多，积稿盈笥，虽其间不无罅漏之处，然大致亦略备矣。又按道、咸、同《夷务始末记》一书，考其体例，有不必存而存者，有应存而不存者，且疆臣迁调升降概不登载，往往有某人具奏，而不知其服官何省者。此书略参管见，凡奏议中无足研究者删之，其可取而文字冗长者节之。惟有关大计各折片、各电报，则均一字不遗。若员司条陈时事所上说贴〔帖〕已进呈御览者，亦一并录入，其余则否。至总署与各使照会暨会议笔记，并与各国订定条约，皆属此书要义，恒思旁搜博采，详载靡遗。惟是橐笔枢垣垂二十载，所得朝章国故止在于此。聊志颠末，藏之名山，他日者赓续成编，与夫校雠之役、刊印之举，则冀子若孙勉承余志，毋废半途，俾一朝文献不至湮没，是尤私衷所深幸也夫。

光绪三十年三月，弢夫王彦威记。

清故太常寺卿王公弢夫墓志铭　并序

光绪三十年甲辰五月初八日，太常寺少卿王公薨于位，百僚咨嗟，岩薮挥涕。余既为文哭之，越九年壬子，其子亮乃克葬于黄岩委羽山之阳，又十七年来请铭。呜呼，余忍铭公哉！顾公旧交略尽，即同郡至契惟余在矣，余不铭，敢乎哉！

当同光之际，京朝士大夫咸以中兴自喜，日骛于词章、考据、碑版，一若神州赤县可遂闭关。迨法越、东事叠起，始瞿然求诸敦盘樽俎间。人自为书，书自为说，大率纪征行访政俗，鲜有穷原竟委，提挈中外交涉纲维，垂示国家安危枢纽。心知其意者，或不居其官；居其官者，恒惮于探纂辍辑之艰，不能有所成就。遇责言偾事，瞠目束手，无所稽考为折冲。盖故府之莫能视而国之即于沦胥也，非一朝夕矣。公儤直枢垣，独惄然忧之，凡谕旨、章奏有关邦交者，必手自甄录，复上溯宣庙以来成案，默记择取，写副藏弆，积二十年所得成巨帙百数十，名曰《光绪朝洋务始末记》。经其子亮赓续成书，易名《清季外交史料》，于作战议和、磋商条约、施行新政、变法图存、西北边界之划分、东南防务之布置，靡弗采集赅完，字字翔实，其文半档册所无，其事则海内外所不可一日少。沧桑而后，总署、外部文卷放佚，有重大疑难，辄假是书考证，本本原原，了如指掌。东西各邦闻有是书，咸来问讯，非公当日目光远大，心力劳劬，乌能萃此鸿编，饷遗天下后世若是？

公天性笃于根本，事亲至孝，先丧母，继丧父，丧继母，并哀毁逾恒。兄弟五人，友爱无间言，视诸从子如己出，一一为振拔扶持。戚友故旧，贫者、无后者，力所能至，岁岁周恤不倦。五岁受《孝经》《论语》于母卢，即能领悟。稍长，从邑中诸名宿游，其为文镂金错采。壮岁悔其少作，益务为根柢学，于诸史皆有校正，《史》《汉》《三国》致力尤深。读书会城，从俞太史樾、孙太仆衣言，受经术及古文义法。黄侍郎体芳持节江苏山左，屡延主幕中衡校其子，学士绍箕在焉。乔梓咸与公出入经史，上下议论无虚日。既官京师，寓居退谷园台州郡邸，睹后进日盛，商郡邑有司，筹巨款别创黄岩会馆于厂肆西，广厦庇寒，至今利赖。公后亦假为寄庐，每风月良辰，辄招师友觞咏其中，以道义学问相切劘，一时裙屐尽天下选。晚年名位崇起，爱才如命，寒畯一长一艺，奖借不容口。典学使者往往访士于公，大江南北，远至粤蜀，参预辖轩玉尺，每出推毂。自吴县潘文勤公、常熟翁文恭公、仁和王文勤公柄国，莫不重公学行，虚心以谘，于仁和赞助弥宏。然慎默寡言，料事有机鉴，非军国大计不轻献纳。庚子之变，辇下拳教纵横，挟左道，以扶清灭洋标帜。当轴矫旨，令总署促各公使归国。公闻之，大惊曰：中国从此乱矣！奔告许尚书景澄请力诤，复面陈大学士荣禄，极论外衅不可启，拳民不可信，董军不足恃，荣韪之，卒格于端、庄，不能救。痛哭曰：恨吾无奏事权！乃投劾去。后帝西狩，仍召赴行在，时四方陈奏十倍常日，出纳喉舌，精力瘁焉。嗣扈从还朝，见向思仇外者且转而媚外，上下酣嬉，苟为目前娱乐计，不复念割地、赔款、停试为城下奇耻。而变法者又剿袭东西邦为大言，徒挥霍国家金钱，实事如捕风捉影，知国将不国。虽在官，追悯板荡，忧伤雰凉，三年之间，郁邑侘傺，遂至捐馆。呜呼，是不亦重可悲也乎！

公讳彦威，字弢甫①，浙之黄岩人。先世有名珏者，偕兄琥同登宋天圣三年进士，自临海迁黄岩西桥，二十七传至公。同治庚午以廪膽〔膳〕生登贤书，历官工部主事、员外郎，军机章京，方略、会典二馆纂修，江南道监察御史。王大臣惜公材器，奏开御使缺，留枢垣领班。甲辰二月，由四品京堂拜太常寺少卿，视事仅四阅月，春秋六十有三。曾祖进修、祖谦受、父维龄，以公贵，祖父赠资政大夫，祖妣林、妣卢、继妣徐并赠夫人。卢夫人者，同里孝廉埙女孙，通书史，娴吟咏，公兄弟皆其自课。殁后，公辑遗诗为《焦尾阁集》，绘《秋灯课诗图》，征海内通人题跋，见重艺林。夫人郑氏，孝廉士抡妹。子恭龢，县学生。女四人，并适士族。恭龢先公一年卒，以第四弟彦武子亮嗣。亮历官江苏候补知府、陆军部员外郎、国务院内务部秘书、北平市政府科长、驻秘鲁国嘉里约领事。回国后，派赴英、美、日、法、德、瑞、比、荷、意、奥、捷克各邦，考察政治。孙敬立，毕业交通大学后，肄业美国工程研究院，瑶环瑜珥，酷有祖风。公著述甚众，具详《家传》，其《清季外交史料》一书尤切于时用，当世所宝，亮为之穷日夜编校，将刊行公诸海内外，是能世其家者。铭曰：

① 此处及《从叔父太常公行状》等处作"弢甫"，其余各处作"弢夫"。

我清之季非无臣，亲贵愚妄纵妖民。神器播荡海扬尘，如公先见第一人。片言已料乾坤屯，翠华东归谁胆薪。骎骎大用眉逾颦，天不假年岁在辰。一生抱负何曾伸？有书百卷重交邻。有子卅载球图珍，国家命脉公精神。名山不朽羽山新，千秋万祀视刻珉。

中华民国十九年一月，临海何奏篪谨撰。

清太常寺卿黄岩王公弢夫家传

公讳彦威，字弢夫，浙江黄岩人。生有异禀，性情过人。母卢太夫人，娴习礼教，工诗古文辞，督课綦严。遂得周览坟籍，通经世有用之学。太夫人殁，作《秋灯课诗图》以志痛，并刊《焦尾阁集》，名公硕彦题咏殆遍，艺林称之。中式同治庚午举人，官工部主事、员外郎，军机章京，方略、会典二馆纂修，江南道监察御史，四品京堂太常寺少卿。起家文学而长于才略，远谋深算，名动公卿间。庚子难作，当路矫旨令总理衙门促各国使臣归国。公在军机，见之大惊，谓：辇下乱民纵横，以仇杀外人为事，祸胎从此长矣！且绝交何事？今乃视若儿嬉！遂奔告许文肃，请联奏力诤，刑部尚书赵舒翘持不可。又谓大学士荣禄，拳民不足恃，外衅不可召。禄颔之，以端、庄二邸故，不报。公大愤，投劾出都。无何，两宫西狩，奉召随跸供职行在。维时军机事务倍殷，昕夕在公，几无退食之暇。辛丑，扈从还朝。甲辰五月，遂捐馆舍。海内外知与不知，咸相叹息。

先是，公僳直枢垣，内外政事凡遇章奏靡不综核原委，其有关军国大计、中外邦交者，每手自甄录以备实用，积岁所得，都巨册百数十，名曰《光绪朝外交史料》。故事，章奏之不宜宣泄者，留置内廷谓之留中，公往往钞存之。是编之中，为档册所无者泰半。殁后，外交官署遇要案，每就公家稽考其书，得知梗概。清史馆撰《邦交志》，亦取材焉。当草端时，诏其子亮曰：温室之树，非所宜言。矧惟政事留中之制，施于邦交，万一有事，索成案而不获，将奈何？然春秋之法，人臣贵知权变，吾宁负罪戾，而不忍国故之坠失也。会人诇知，谗于两宫，卒无他。公弱冠负时誉，长于经史诗词而笃于友谊，同时交游有若俞曲园太史、孙劭闻太仆、潘文勤伯寅、张文襄孝达、袁忠节爽秋、李越缦侍御、黄漱兰侍郎、盛伯熙祭酒、王可庄太守、于诲若侍郎、沈子培、樊樊山两布政，并以文章气节相与砥砺，一时播为盛事。公学术归于致用，治经史诸子积稿盈箧，晚年自焚之，以为生当国家变法图强之日，不宜以书生自放。今存者自《外交史料》外，有《道咸同光四朝筹办洋务大略》《清朝掌故》《清朝大典》《枢垣笔记》《史汉校勘记》《秋灯课诗屋图记》《藜庵丛稿》等书。配同邑郑夫人。子亮，历官中外，足迹遍瀛海，著有《十二国游记》。公所纂书为当世所重，言外交者奉若《鸿宝》，盖不朽之业也。公生于道光二十二年十二月，卒于光绪三十年五月，春秋六十有三，葬于黄岩委羽山之阳。

中华民国二十年十月，世愚侄淳安邵瑞彭谨撰。

从叔父太常公行状

公讳彦威，字弢甫，原名禹堂，字渠城，黄岩人。先世有讳珏者，与兄琥同登宋天圣二年[①]宋郊榜进士，官工部屯田郎中，自临海迁居黄岩之西桥，世称西桥王氏，凡二十七传而至公。曾祖讳进修，祖讳谦受，父讳维龄，母卢，继母徐，两世皆以君贵赠资政大夫，妣赠夫人。公幼颖异，年五岁，卢太夫人授以《孝经》《论语》，即能领悟。稍长，从乡先生姜明经文衡、卢孝廉锡畴、王孝廉棻游，学有师法。年十九，受知于学使张文贞公，充县学生。其后，吴侍郎存义、徐侍郎树铭督浙学，公历试皆高等，补廪膳生。同治九年，举于乡，典试者为刘副宪有铭、李侍讲文田，公尤为李公所激赏。嗣官工部虞衡司主事，考取军机章京，兼充方略馆、会典馆纂修官。丁父忧服阕，以《方略》告成奏保俟补主事，后以员外郎即补并加四品衔。复丁继母忧，丙申服阕，仍补军机章京，奏保免补主事，以员外郎即补，是年十二月补营缮司员外郎。明年五月考取御史，论题为《审曲面执以饬五材》，公主先郑说，以曲直、方面、形执平列为三事。阅卷大臣徒知郑锷陈汪之说，以面执与审曲对举，疑公为误解，上黏黄签抑置第十五名，逮引见，上特拔之，而公前列二名皆未用，盖异数也。九月，以《方略》刊成，奏保俟补御史，后作为俸满并加随带二级。十一月，以恭办庆典加三品衔。戊戌三月，以《会典》全书修过半，奏保俟补御史，截取得知府，后在任以道员候升。辛丑，补江南道监察御史。故事，言官不得直枢密，公通达勤慎，方为领班王大臣深倚重，奏请开御史缺，仍留直枢垣，特旨以四品京堂候补。甲辰二月，补太常寺少卿。五月初八日，以疾卒，距生于道光壬寅十二月十二日春秋六十有三。前后历充营缮司营造科主稿、制造库主稿、楮架库监督、城工监督、皇木厂监督、河道沟渠处总办、琉璃窑监督、政务处提调，迭拜文绮佩囊之赐。

公静默寡言笑，而料事有深识。庚子拳匪初起，当轴矫旨，令总署传知各国使臣，限三日回国。公见之，大惊，谓：都城内外乱民纵横，使臣一出必遭其祸，从此外交决裂不可，收拾矣！亟言于许侍郎景澄，请力争之，赵尚书舒翘持不可。既而，各使臣亦不奉命。公痛哭流涕，知大局之将裂，叹曰：恨吾位卑无奏事权，不能救国也。公劬学好问，少工词章，长务为根柢学，于诸史皆有校正，而《史》《汉》《三国》致力尤深。又究心中外政治，傫直枢垣，遇诏旨章奏之有关系者，手自甄录，积巨册百余，名曰《光绪朝洋务始末记》，现其子亮穷搜博采，拟编成《清光宣两朝外交史料》。

公天性孝友。母卢太夫人，为同里孝廉埙女孙，通书史，明大义，公兄弟皆其所自课。母殁时，适应省试归，而哀毁逾恒，后搜辑遗诗，为《焦尾阁集》；又绘《秋灯课

① 前文作“天圣三年”。

诗图》，盖太夫人课公诗有矮屋数椽灯一点，我家喜有读书儿之句也。遍征海内外通人题之，积成四巨册，数十年南北舟车，恒以自随。事父至孝，与诸弟妹甚友爱，视诸从子如己出，待戚族俱有恩意，于贫者及无后者尤馈遗不绝。生平乐亲师取友，读书会城，从俞太史樾、孙太仆衣言受经术及古文义法，又问学于赵大令之谦、戴典籍望。及入都，见同岁生李农部慈铭，心折其学，曰：是当以师事，不当以友事也。公性情真挚，与人交以诚，久而弥笃，前后如黄通政体芳、其子学士绍箕、盛祭酒昱、王祭酒懿荣、袁太常昶、王修撰仁堪、沈郎中曾植、陈侍郎邦瑞、樊庶常增祥、朱学士福诜、徐侍御定超，皆以道义学问相切劘，数十年如一日。而潘文勤公祖荫、翁文恭公同龢、张文襄公之洞，皆深重公学行。于后进尤喜汲引，见有一艺之长，称誉不绝口，倾襟推毂，孳孳不倦。

性恬退，不慕浮荣。故事，军机领班章京得兼外务部行走，每历三岁开保一次。壬寅九月，兼差期满，外部咨取衔名，同直郭侍郎曾炘为列保二品衔，公力辞之。又以襄办庆典赏戴花翎，而终身未尝一戴，同僚或笑其孤寂，不顾也。意态闲适，性爱泉石，每与舟瑶闲行郊外，遇茂林修竹，辄徘回〔徊〕不去，谓此间大有真趣。甲辰春暮，犹寓舟瑶书，谓：再待二年，定当挂冠归里，莳花种竹，以乐余年。并议建筑宗祠事。不谓未及二月，而凶问已至，可悲也夫！

所著《光绪朝洋务始末记》外，有《枢垣笔记》《扈从笔记》《秋灯课诗屋日记》①、《藜庵丛稿》等臧〔藏〕于家。配郑淑人。子伯驯，殇；恭龢，县学生，有学行，先公一年卒。因以第四弟彦武之子亮为嗣，今官陆军部科长，补陆军中将衔少将。女四人，皆适士族。孙敬立，肄业育英小学校。

将以民国元年十二月，葬君于黄岩委羽山之阳。亮求当代有道，为铭幽表墓之文，以舟瑶知公深，寓书至粤，属为之状。公生平遇舟瑶最挚，饮食教诲受德独厚，谊不敢默，因粗举大略，以备立言君子之采择。

从侄舟瑶谨状。

清季外交史料述略

清季以来，欧美挟政治、经济之力，侵入远东。日本崛起三岛，发展其大陆政策。列强得寸思尺，靡所底止。而当时谋国者，昧于大势，穷所应付。于是，外兴安岭及乌苏里以东之地让于俄（西历一八六〇年），琉球县于日（一八七一年），新疆西北之霍尔古斯河以西之地复沦于俄（一八八一年），越南弃于法（一八八五年），缅甸让于英（一八八六年），台湾及朝鲜复丧于日（一八九五年），边境之沦胥，几达四百万方里。

① 前文作“《秋灯课诗屋图记》”。

兹者藩封既失，危及腹地，东北四省已被日占，外蒙亦名存而实亡，英俄争雄于新疆，英法角逐于滇南，英蚕食康藏，日于长城各口、察哈尔东部，则尚任意所之。而内政多故，民生憔悴，几无一片干净土。国家之尊严渐形坠落，交涉之运用益感因〔困〕难，其酝酿以至于今者，时非一日，事非一端，是则国人所宜研究外交，深切注意者矣。

夫外交之运用，须先造就人才，团结内政，充实武力，联合与国，研讨条约成立之程序，决定应付各国之方针。然后纠正已往之过失，防止未来之纠纷，利用国际形势，巩固我国地位。乃定外交政策及其对象，以及合法权益之保护，国际先例之引用，互惠条约之缔结，互惠关税之协定等事，方克用济。盖我国受劣约束缚，已形成半殖民地现象，且于定约以外，另有习惯上之不平等事实，皆由地方有司未谙交涉颠末，漠视轻忽，历时既久，积弊愈深，演变无穷，成为惯例。故竟有逾越范围之事，而公然要求法律上之追认者！内情若此，以之周旋国际，自无胜利之可言，良可恫也。欲图补救，必须依据一切成案，分别事实，详加探讨，则非有外交史料不为功，此先公所以纂辑是书，冀供邦人之参考者耳。

先公生当季世，傫直枢垣，目睹国势凌夷，外交丛棘，爰竭二十年心力，搜集光绪元年至三十年之稿件，名曰《筹办洋务始末记》。除外交案牍外，凡财政、军事、教育、实业、交通、边防等项，有关交涉之重要文电，亦连类而及，分别纂录。亮以此编注重外交，因易署今名，其无关交涉者概未列入，间有遗漏，亦博采增补，编成一百八十二卷，并续辑光绪季年至宣统三年之史料，连同卷首共得五十三卷。至拳匪之变，先公随扈京陕，见闻所及，复逐日笔之于书，第以体例不同，乃另编为《西巡大事记》十二卷。又历史体裁，向皆按日记事，然欲考一事之始末，往往翻检维艰，因更辑为《史料索引》十二卷。复念是编卷帙较繁，一望无际，须有一书，文简而事赅，方足供涉猎者之快览，因另编《外交年鉴》二卷，而殿以边疆划界等图十六帧。父作子述，斯为全书之大凡也。

世之学者，分治经之力以治史，而班、马二史，尤为惟一津梁。龙门通贯古今，其闳识孤怀，奇辞奥旨，自成一家之言。自兰台断代为书，后之作史者，悉据以为例。吾人于数千年后，藉知历代治乱兴亡之迹，与时势变迁之状者，无不于史书中得之。顾诸史皆注重纪传，于外交事迹，仅散见于四夷或外国传中。近代《清史》脱稿，始创名邦交志，以补前史所未备，惟究非外交专书，故取材亦尚简略。本编继续道、咸、同三朝《夷务始末记》而作，与历史体材固异，然蕲为研讨交涉始末，故纪述较详，采摭较富，后之作史者，或亦有取于斯欤?

有清外交，以光绪朝为最繁而最要。举其大者，如中法之役、中日之战、拳匪之乱等，悉于挫败后订立条约，近于城下之盟，割地偿款，委曲求全，于是不平等之约悉肇于此。且以外交关系，即内政亦多所牵连，缘尔时因外患日亟，知非变法不足以图存，乃锐意更张，整理庶政，卒以人力财力诸形短绌，凡有兴革，借才异域，任用客卿，权利所在，交涉随之。故清代之新政，悉发生于光绪一朝，而外交因之繁重。亮于此举，约分两项工作：一、由国内搜罗者，除先公遗稿外，商请当时驻外各使领、今日外交当

局，并各图书馆供给材料。二、由国外采取者，系因各使领馆未报部案件颇多，亲往调查，始有收获。盖亮于光绪季年，从公秘鲁时，便道分赴南北美各邦之中国使领馆，商请录副。嗣于民国初元，复赴日本、欧美考察政治时，赓续采访。前后两次，历时五载，汇集颇多。迨返国后，专事校雠，又经六稔。年来奔走衣食，恒挟稿自随，稍有余晷，即捉笔以书，不敢自逸。顾外交与内政相为表里，慨自有清嘉庆以前，闭关自守，朝野泄沓，不知世界潮流。洎道光鸦片启衅，内情毕露。咸丰英法联军入京，更得窥我堂奥，逞彼兵戎。降及光宣，外侮益烈，而拳变以后，排外之心变为媚外，政治失轨，国是日非，以致上下骚然，清社亦屋。亮于编辑之际，所得资料愈多，即私衷愈形愤激，盖痛内政之杌陧，致挟帝国主义而来者无往不利，而史材之内容，亦难悉如人意矣。

史料选集之要义有三：一曰信，二曰详，三曰新，使读者于各种问题，咸能原始要终，得其真相，斯为第一等材料。帨〔晚〕近纂辑外交史者，蒋博士廷黻之《近代外交史料辑要》，王君芸生之《六十年来中国与日本》及美国人麦博士（Dr. John Van A. MacMurray）之《近代中国历史文选》，盖其选矣。返观吾书，则未敢信。盖奔走中外，征求文件，原无统系，或片纸数字，语焉不详，或有始无终，难知究竟。昔王安石讥《春秋》为断烂朝报，无乃类是？非搜集之不勤，择稿之不精，我国外交之实况，固如是也。诚以清季交涉庞杂，人才阙乏，设备疏略，管理废弛，以及章制之不完善，对外之不统一，有不能为之讳者，纵欲撰一灿烂庄严之外交史料，讵能向壁虚造以饰观听乎？第所堪自信者，亮于此书，殚精竭虑，本信、详、新三字之原则，黾勉以求，决不敢淆乱是非，贻误来哲，而深冀邦人君子，怵外患之凭凌，惘国权之丧失，卧薪尝胆，努力建设，则灿烂庄严之史料，自可期诸异日矣。

王亮谨述。

清季外交史料例言

一、本史料所载，自有清光绪元年起至宣统三年止。

一、光绪元年至三十年四月之史料，系先严儇直枢垣时，搜罗军机处档案，辑录成稿。惟档案种类颇多，经亮借阅原档名目，计分为上谕档、洋务档、折单档、议复档、交发档、奏单奏片档、随手登记档、电寄档、电报档、商约收发电档、教案收发电档、东事收发电档等，因原稿既未分注，即亦不敢妄事增加。

一、光绪三十年五月至三十四年之史料，为亮所补编者，悉遵先严遗稿体例。其宣统三年之文件，系亮采集前外务部档案，及当日驻外各使领存稿，并各项重要出版品，赓续编辑。凡所引据，均分别汴录档名。虽前后两集，体例间有不同，然力求确实周密，非敢意为轩轾也。

一、清制，凡事涉机要，往往留中，密旨秘折，每为档册所不载。是以各文件中，有

谕旨已发，而折片未登者；有奏稿已详，而朱批未见者。凡属此类，悉从原稿，并非漏略。

一、文件编次，凡折片以奉旨日期为准，其他文电以收到时日为序。其原稿有兼注收发两期，或仅列发文之期者，亦照录。第清制，凡系查办事件，须查明办结后，始明降谕旨，发钞原折，乃为正式公布。且其时邮政尚未普及，驿递则有加急、通常之别，电报则有直达、转电之殊，是编悉依原列电码韵脚以次分录。惟原稿月日有未符者，不便更改。至条约年历，皆以中西历对照。惟俄约有俄历、西历之别，仍照原文，其有不载年月者，亦从原件暂阙。

一、约章为外交重要文件，其中有条约、条款、章程、专条、附款之分。是编凡关订约之折片、谕旨、重要条文，或草案足资参证者，均照详录。他如会议录、节略、觉书、证明书、宣言书及合同等，亦一并列入。若一案而两次议订，或一约而有附件者，则分别汇录，其纪年以正件为序。

一、是编标目甚繁，兹为便利计，凡机关、官衔悉从简称，如总理各国事务衙门简称总署，外务部简称外部，两江总督简称江督之类。其一案中数人会衔而已见于文电者，概不列衔。至庚子议和时，刘坤一、张之洞、吕海寰、盛宣怀、伍廷芳等，连名发电，一日数见，则列刘、张、吕、盛、伍等字样，以免繁冗。

一、各文件中仅有官职而无姓名，求之官书专集，无可考证，甚有衔名两阙者。又西人姓氏，本系译音，原文中有仅列音之首字者。凡此皆不敢增益，谨从阙疑之例，以俟博雅订正。

一、私家著述，率多讳饰，是编所录，悉按事实，不稍增减，以期补私家之未备，昭事实于来兹。

一、光绪西巡时，先严随跸至陕，于拳匪肇事情形，及应付外交办法，均别为记录。惟与《外交史料》体例不同，因另编《西巡大事记》以饷阅者。

一、旧时外交记载，始于道、咸、同《筹办夷务始末记》，但全书均未标明子目，翻检维艰。是编则每件悉有标题，每册皆列目录，因按事实，分别门类，注明年月及卷数、页数，另编《索引》，为全书纲领。复以时日为主，文件为从，成《外交年鉴》一书，俾便检查。

一、吾国陆地各省，其边境与英之印度、俄之西比利亚、日之朝鲜、法之安南等处，犬牙相错；所立界牌，或年久遗失，或并未划清。此等边疆，若无分界详图，读者无由明了。是编于划界、立碑等事最为注意，因附刊当日进呈地图十六帧，以资印证。

一、秘稿录副，前清例禁綦严，先严为慎重起见，事必躬亲。惟时经卅载，散佚漏遗，在所难免。鄙人抱残守阙，诖误滋多。十载以来，承海内贤达之助，粗告厥成，补阙拾遗，敢望来哲。

一、是编承袁君守龢、徐君元含、寿君枲林、秦君墨哂、胡君馨吾、麦君曼宣、杨君吉三、李君翰章、杨君鼎甫、王君钦尧、袁君忻吾，及朱表兄劼丞、族侄毅侯等，努力指导，或任编校，或给材料，乃克有成，书以志感。

中华民国二十三年一月，黄岩希隐王亮谨识于北平。

清季外交史料卷之一

光绪元年正月至六月

鲁抚丁宝桢奏日俄窥伺情形片

丁宝桢片。

再，本年日本构衅，仰赖圣主福威远被，惧不敢逞，诚为幸事。查该国初有通商之议，臣曾函致曾国藩，以彼逼处东洋，距浙闽不过万余里，强梁负固，自昔已然。今忽请通商，拒之似难，许之则恐非我之利，殆不谓其互市未逾二年，遽思狡逞。然年来所私忧窃虑，寝食不安，则尤在俄罗斯，而日本其次焉者也。盖外洋各国与中国水路虽通，而陆路不通，且均远在数万里外。日本洋面虽近，而陆路尚阻。惟俄罗斯则水陆皆通中国，而水路较各国为近，陆路则东北、西北，直与黑龙江、新疆各处连壤，形势在在可虞。况该国最称强大，自通商以后，皆与各国一律换约，轮船亦时有往来。臣数年来暗为查考，通商各口并未见该国有大宗货物交易，而每遇各国与我口舌等事，彼往往两利俱存，务为见好，此即其意存窥伺、乘机观变之大较也。窃谓各国之患，四肢之病，患远而轻；俄人之患，心腹之疾，患近而重。现在东南海防渐次筹办，而北面为京畿重地，以形胜而论，则拊我之背，后路之防实尤为紧切。将来事势稍变，各该国互相勾结，日本窥我之东南，俄国扰我之西北，尤难彼此兼顾。

应请旨严饬黑龙江、吉林、奉天及蒙古精练马队数万，无事则藉以控制，有事则资为战守。第此数省中，惟黑龙江之人朴拙而强健，极为可用。臣从前委员赴该省，调其来东，亲为训练，知之甚悉。吉林、奉天之人则微染风气，不似黑龙江之朴勇，必须认真挑选。蒙古则从前忠亲王僧格林沁多带来东剿贼，朴实敢战，较胜于吉、奉两省。此时如认真操练，大约黑龙江可练马队一万五千人，吉林可练一万人，奉天可练八千人，蒙古可练七千人，练足实数，不准一名虚冒。然必得简派熟练马队战攻之大臣，如都兴阿等，前往挑择，编列成队，明定阵法，严立规条，每月将应行操演之事著为程式，不准间断。每岁秋冬，则钦派王大臣校阅一次，查其年力之强弱、技艺之生熟、阵法之整散，以判优劣，考其勤惰，定为赏罚，必期悉成劲旅。东北、西北两面之屏蔽，庶可有备无患。

然练兵必先足饷，近日东三省月饷多不敷用，枵腹之虞，亦难责以成效。应请饬下各该省练兵大臣，实计每年操练之兵，应需专饷若干，核实开报。奏请饬下查明各直省，何省可拨若干，指拨分解，不准藉词短少，则饷项不致缺乏，而兵丁得以尽力操练。虽今日不无稍费，而日后缓急可恃，所获实多。此诚东北现在紧要应办之事，亟宜早图，不可或缓者也。谨附片密奏。

光绪元年正月初五日。

苏抚吴元炳奏请防俄片

吴元炳片。

再，自古言海防者，总以设险控扼为第一要义。惟念各口通商以来，轮船自入内地，洋房、码头踵事增造，水陆鳞接，门户洞开，险要已非全为我有。况各国聚处海口，声息相通，无事而筹布置，易启猜疑。临时而度机宜，尤虞不及。是今日而议海防，已有防无可防，防不胜防之患。然沿海数省，各国通商得此一口，地址房屋聚于此，商贾资财聚于此，身家子女聚于此。利之所在，则鸟兽争趋；患之所乘，则玉石与共。是以一国启衅，各国惴惴。即如前年天津民教滋事，本年日本台湾构衅，各国使臣始以空言恫喝，及至中国不为所动，则又居间说合，若惟恐和局之决裂者。盖缘兵事既交，必多骚扰，他国有连带之势。商情患市易之停，利害相形，遂成牵制，较之道咸之间情形，复大不同也。倘十年之内，各口贸易未衰，洋人似不敢轻易发动。又况航海数万里，全恃轮船，洋面虽云辽阔，近口须对准标依线而行，间不容发。及一旦有事，先将各口灯船浮标斫去，沉船中流，阻其熟径，炮台、轮船水陆兼备，则主客之形，胜负之数，虽在洋人亦无把握。是目前东西洋诸国尚不足为大患。

而臣以为最可虑者，莫如俄罗斯。查俄国东界黑龙江，西接新疆，绵亘万余里，与中国犬牙相错。今伊犁久假不归，黑龙江边地又渐肆蚕食，恃其地大兵强，心贪欲逐，骎骎有日逼之势。又闻该国仿照西洋，制造轮船铁甲、快枪快炮，训练精兵，横行西北，即英、法、德、美素称强国，亦莫敢与较。假令蓄有诡谋，乘隙而动，东三省以及新疆在在毗连，边墙之外，无险可扼，是臣所谓心腹之大患也。似宜乘此和约未改，衅端未启，请旨敕下各路驻防大臣及将军、都统等，绸缪未雨，加意严防，筹储积之谋以裕边食，修职守之备以待不虞。毋冀逆迹之未彰，而恃我有御侮之策；毋幸目前之无事，而不早筹持久之方，亦思患预防之至计也。谨奏。

光绪元年正月初六日。

谕左宗棠等俄据伊犁宜以全力注重西北

谕军机大臣等：有人奏，新疆各城北邻俄罗斯，西界土耳其、天方、波斯各回国，南近英属之印度，即勉图恢复，将来断不能守。近闻喀什噶尔回酋新受土耳其回部之封，并与英俄两国立约通商，不独久据伊犁。中国目前力量不及专顾，可否饬令西路统帅，但严守现有边界，不必力图进取。此议果定，即已经出塞及尚未出塞各军，可撤则撤，可停则停，其停撤之师即匀作海防之需。又有人奏，新疆之患不能无因，而至其视成败以为动静者，则惟西路军事。俄人据我伊犁，势将久假不归，今虽大军出关，而艰于馈饷深入为难，俄人日进，我师日退，事机之急，莫此为甚。宜以全力注重西北，但使俄人不能逞志于西北，则各国必不至构衅于东南各等语。

刻下情形如可暂缓西征，节饷以备海防，原于财用不无裨益。惟中国不图规复乌鲁木齐，则俄人得步进步，西北两路已属堪虞。且关外一撤，藩篱难保，回匪不复啸聚，肆扰近关一带，贼势既炽，虽欲闭门自守，其势不能。现在统筹全局应如何办理之处，著左宗棠妥议奏闻。至关外现在统帅及现有兵力，能否剿灭此贼，抑或尚有未协之处，应如何调度始能奏效，或必须有人遥制关外诸军，作为前敌专任剿贼，有所禀承，并着通盘筹画密陈。肃州克复后，曾议将所部各营设法裁撤遣并，原冀撙节饷项，以备出关之需。该大臣想早筹画及之，著一并奏闻。

西路用兵，不能不以肃州为后路粮台，朝廷不另简户部堂官办理，迭谕左宗棠驻扎肃州专司其事，亦以粮运事宜经本省大吏督办，呼应较灵。又恐该大臣事务较繁，不遑兼顾，兼以袁保恒前办西征粮台，数年以来，尚无与左宗棠不和形迹，故特授袁保恒以户部侍郎，并作为帮办大臣，为该大臣指臂之助。乃近来彼此龃龉，殊失协和之道。左宗棠阅历之深，居心之正，办事之精细结实，原迥非袁保恒所能及，而该大臣亦闻有意存畛域，气量近褊之处。两人各存意见，则两人同办，转不如一人独办可免掣肘之虞。左宗棠素著公忠，关外粮饷转运事宜应如何办理之处，自必筹之至熟，而镇西、迪化各厅州皆该督所辖，尤应独任其难。左宗棠前曾有不驻肃州，亦可随时料理之奏。如该大臣可以兼顾，抑或不能兼筹，而袁保恒实难胜帮办之任，该大臣意中或另有得力之员，亦不妨据实直陈，保奏到日，再降谕旨。朝廷用人毫无成见，但求于事有济，该大臣当谅此苦衷也。

本日据钱鼎铭奏，中原如无大军镇抚，万一事机猝发，遂成坐困。倘将宋庆一军调回河南驻扎，不但西可顾秦陇，北可护燕齐，豫省亦有所恃；且可省一军之刍粟，以备出关诸军之饱腾。宋庆所部应否暂留内地？如不令该军西征，关外兵力足敷剿办与否，并著妥筹具奏。

二月初三日

总署奏英法美三国迭次照会夔关扣留货船索取赔偿谨陈大概折 附上谕

总理各国事务恭亲王奕䜣等奏，为接据英、法、美三国使臣迭次照会，四川夔关扣留货船损伤索请赔偿，谨将办理大概情形具陈事。

窃臣衙门于同治十三年五月初二、初七等日，据英国使臣威妥玛照会，内开英商信和行在江汉关领照运货往内地，被川省官员扣留等情。当经臣衙门以该商不在船，又无押船之人，并据四川督臣吴棠咨称，该商带有土货等件，先后照复英国使臣。去后，嗣于六、七等月及十一月间，复据英国使臣照会，大致以洋商请领税单，如将土货搀入，于江汉关必不允从，并以被留货船共三十三只，内风沉一只，亏本实多，请即照数赔偿等语。六月二十三日，据英国使臣热福理照称，本国泰昌行禀，有十五只货船经过川省夔关，扣留七十余日，致将货物损坏。十二月十七日，复据法国使臣罗淑亚照开赔单数目，恳请完结等语。又，七月九、十等日，据美国使臣艾忭敏照称，本国公泰行报称，洋货运入夔关，被扣留货船二十一只，请赔价值等语。均由臣衙门先后照复各国使臣查照，并行文四川督臣吴棠等查办在案。本年正月初六、初十等日，复据英国使臣威妥玛照开赔偿清单，述及夔关复有扣留船只一事，并欲完纳一半厘金。二月间，威妥玛来署晤称，拟到各处索偿坐扣洋税作抵；并据英国汉文正使梅辉立称，威妥玛出京，须到福建、湖北、四川等处，各省能将旧案赶紧了结方好等语。又，二月十七日，据法国翻译官面递节略一件，及三月十二、十九等日据罗淑亚照会，此案汉关既推却不办，夔局亦不接见，亦未派官前往夔州，若不在京中或汉口会商，只得令本国水师提督办理等语。

臣等伏查四川督臣吴棠咨称，奸商假冒洋商名目朦领税单，及通事挺身包揽各弊，仅据查出假冒美国公泰行之渝商魁盛隆各字号，取有补纳税厘甘结。除美国扣留一件，由臣衙门另行照会外，其英商信和行、法商泰昌货船，据该督臣报准局员禀称，货物全无损坏云云。臣衙门当与英法两国使臣往返辩论，未允赔偿，而英法两国使臣据约索赔，哓哓不已。因思英法两国货船，既不似美国货船之确有情弊，可以执理与争；而扣留查验，为日又久；放行之时，复未取有该船船户并无损坏货物凭据，致彼族得以藉口。威妥玛有在各处坐扣洋税作抵之语，此次前往上海等处，难保不令洋商少完税银以为赔偿之计。再，上年直隶督臣李鸿章函称，热福理回国，过津时并未拜晤，意甚怏怏。罗淑亚过津，亦仅持一刺通问，未知是否另有诡谋等语。此次罗淑亚照称令水师提督前往云云，未始非虚声恫喝。然止之，则益张其焰；听之，或竟实其言。查轮船驶入长江，只能行抵湖北汉口、沙市而止，其由沙市而上至夔关，石滩重叠，轮船万不能到，所有罗淑亚照称拟到汉口办理等因，未必非因。威妥玛有借洋税作抵一言，亦欲借

此挟制以逞狡谋。设竟肆意妄为，难免枝节横生。且肇衅于此而贻患于彼，亦失情理之平。相应请旨饬下成都将军魁玉、四川总督吴棠，饬令该关原扣此项船只官员，速将此案妥为办结，或经由现任之员持平核议，总应销患未萌，毋任迟延不办酿成衅端。并请饬下两江总督刘坤一、湖广总督李瀚章、湖北巡抚翁同爵，预为防范，勿稍堕其术中。并谨钞录英、法、美三国及臣衙门往来照会节略，共三十四件，恭呈御览。谨奏。

光绪元年二月初四日奉上谕军机大臣等：总理衙门奏四川夔关扣留外国货船索赔一折，英法两国使臣先后以四川官员并川省夔关扣留货船、损坏货物，向该衙门索取赔款。而吴棠咨报该衙门则称，准局员禀称货物全无损坏，乃该使臣据约哓哓不已，英使威妥玛复赴闽、鄂、四川各处索偿，坐扣洋税作抵。法使罗淑亚有汉关既推卸不办夔关，如不接见，刻下无员派往夔州，若不在京中或汉口会商，只得令本国水师提督办理之语。外国货船往来内地弊窦甚多，现在美国即有奸商，假冒名目朦领税单之事。惟英法两国既非确有情弊可以执理与争，止因扣留查验为日已久，且未取有该船户并无损坏货物凭据，遂致彼族藉端诈索，迭起狡谋。若不将此案迅速持平办结，难保不枝节横生。著魁玉、吴棠饬令夔关原扣此项货物之员，速将此案办结，总期消患未萌，毋任迁延生事。刻下威妥玛前往上海等处，难保不令洋商少完税银，以为赔偿之计。罗淑亚亦称拟到汉口办理。设使稍涉迟延，彼再狡焉思逞。著李瀚章、翁同爵、刘坤一预为防范，如该国有藉端诈索之处，必须据理按约持平与辩，勿堕其术中，致贻后患。

直督李鸿章奏日使大久保抵琅琊约期撤兵并请遣使驻日本片

李鸿章片。

再，正缮折间，承准军机大臣密寄十月二十八日奉上谕：文祥奏敬陈管见一折等因。钦此。并钞录文祥原折到臣。查沈葆桢十月十四日来函，日使大久保已抵琅琊，业经约期撤兵，自不致再有变局。惟文祥虑及日本距闽浙太近，难保必无后患，目前惟防日本为尤急，洵属老成远见。该国近年改变旧制，藩民不服，访闻初颇小哄，久亦相安。其变衣冠，易正朔，每为识者所讥，然如改习西洋兵法，仿造铁路火车，添置电报，开煤铁矿，自铸洋钱，于国计民生不无利益。并多派学生赴西国学习器艺，多借洋债，与英人暗结党援。其势日张，其志不小，故敢称雄东土，藐视中国，有窥犯台湾之举。泰西虽强，尚在七万里以外。日本则近在户闼，伺我虚实，诚为中国永远大患。今虽勉强就范，而其深心积虑，觊觎我物产人民之丰盛，冀幸我兵船利器之未齐，将来稍有间隙，恐即狡焉思逞。是铁甲船、水炮台等项，诚不可不赶紧筹备。惟巨款既尢可指定，造亦尚需时，臣已于复议总理衙门造船一条内详切言之。

至前曾议买铁甲船，一为沈葆桢饬日意格议购之丹国铁船，因事中罢。昨丹国使臣

拉斯勒福过津面询，据称此船约值银六十万两，与日意格报价不符，臣属该使来春由京回津再议。一为出洋委员容闳在美国查报，有新造未成铁甲船一号，需银一百七十万元。臣询驻津美领事，据称此船未必合用。总税司赫德亦向总理衙门言及，恐其不甚可靠。臣批饬上海道信致容闳，切实考较再行禀核。以上二船虽议购，而未成。此外，洋商献图者甚多，因相隔过远，需费过巨，诚恐误买旧船，未敢遽订，似须委员前往该国议购为妥。其水炮台船一项，总理衙门现饬赫德向英国询问价值，上海洋行亦有承揽订购者。据沪局委员冯焌光等禀称，该局仿造一只，明春可成，似尚不难陆续添置。

惟是有备而无患者，立国之根基。不战而屈人者，攻心之上计。自来备边驭夷，将才、使才二者不可偏废。各国互市遣使，所以联外交，亦可以窥敌情，而中国并其近者而置之，殊非长驾远驭之道。同治十年，日本初议条约，臣与曾国藩均奏请，该国立约后，中国应派员驻扎日本，管束我国商民，藉探彼族动静，冀可联络牵制，消弭后患。上年甫经换约，未及筹办。而该国遂于今春兴兵来台，若先有使臣驻彼，当能预为辩阻，密速商办。否则，亦可于发兵之后，与该国君臣面折廷争，较在京议办更为得力。今台事粗定，此举未可再缓，拟请敕下总理衙门王大臣，遴选熟悉洋情、明练边事之三四品京堂大员，请旨赏给崇衔，派为驻扎日本公使，外托邻邦报聘之礼，内答华民望泽之诚。倘彼别有诡谋，无难侦得其情，相机控制。闻该国横滨、长崎箱馆各处中国商民约近万人，既经立约，本不可置之度外。俟公使到彼，应再酌设总领事官分驻口岸，自理讼事，以维国体。不特此也，即泰西各大邦，亦当特简大臣轮往兼驻，重其禄赏而定以年限，以宣威信，通情款；其中国交涉事件有不能议结，或所立条约有大不便者，径与该国总理衙门往复辩论，随时设法商议，可渐杜该使蒙蔽要挟之弊，似于通商大局有裨。谨奏。

光绪元年二月初八日。

总署奏英员马嘉理被戕一案英使词意叵测请加意边防海防折　附上谕

总理各国事务恭亲王奕䜣奏，为英国翻译官马嘉理在云南边境被害，接据该国使臣词意叵测，请饬该督抚加意防范，以固疆圉而弭衅端事。

窃照上年六月间，据英国使臣威妥玛以接到印度总督来文称，有英官欲由缅甸至云南省，再由云南进京，请由臣衙门发给护照，以便沿途保护；并称，由京派翻译官一员，到云南、缅甸交界处所等候等情。臣等以英人请照游历载在条约，同治七年间，英人唐古巴由印度前赴广东、云南、四川等省，经使臣阿礼国请给执照，曾予盖印发给在案；遂将该使臣送缮执照盖用关防，复由该使交给印度官及翻译官马嘉理收执，并函致该省督抚，饬属于该翻译官到境量为照料。复以英人蓄意欲由印度至滇开通陆路，设领

事通商，嘱由该督抚留意预伐其谋。

本年正月二十六日，据威妥玛函称，印度节度移知马嘉理安抵缅甸蛮谟，即新街；途次取道云南省城、大理、永昌、腾越各府厅及老抓土司各属，行入缅甸；除前在镇远府城居民妄行滋事外，一路无不安静，俱承款待，专函申谢。乃于二月初六日，复据照会内称：本月初四日，接到五印度节度电信，内开：所派前往滇省之官员等起程，已过中国地界。正月十七日，行抵永昌府属盏达副宣抚司城西南五十里远之城县一处，猝因云南腾越一厅大员前调兵勇三千人，将本国官员等狙杀，马翻译及随同华人数名均遭杀戮，马翻译官等首级在该处城墙上悬挂。查前来攻击兵勇等之统领，即南甸首员李之亲侄；而一二月前马翻译前往蛮谟，在彼处途过，经李款待尚周。切盼复文等因。当由臣等照会该使臣，以马翻译被戕，即行飞咨云南督抚，速饬查明咨复。又于初六日，据该使臣照称：此案五印度大臣一面由电线径致丞相，本国朝议大臣据信一经集议后，即咨会本大臣查照办理，故此暂时他无所言等情。复经臣等以该使臣所称集议照办之词，其意在起衅可知，即行函致该省督抚确切查办。一面由臣等定期面见该使臣，相机剖论。

各国使臣遇事，以用兵恫喝，是其常技。惟此案如果确实所戕系该国官员，非寻常人命可比。兼之英法两国注意滇中现辟陆路通商之径，渐肆蚕食之谋，匪伊朝夕。法人已窃据越南各省十之六七，欲由越南溯九龙、澜沧、黑惠、漾濞各江，并沿江各陆路自南而来。曾有安参将游历之请，旋经越南国乱兵将该参将杀毙，其事暂寝，其谋未已。英人拟由印度历西藏至滇蜀，复与缅甸立约通商，即由缅境历猛卯、蜡撒各土司界，自西南而来，其途更近。上年台湾之役，威妥玛自多居间之功，时以滇蜀通商为说，臣等虽力持之，而其伺端寻隙实未尝一日忘。云南各宣抚司，与广西、湖南等处土司州县向设流官监理者，情形略殊，未易受我范围，任我驱策。然中国稍事推诿，则日本之于台湾番社其前事也。该使臣所称南甸首员，似即指南甸宣抚，与盏达副宣抚其地相去本近，与缅境亦不远。该土司或未即听命，彼即以自办为词，则俄国之于伊犁故智也。统权大局，深察外情，大则由此开衅遂彼进机，小则归到通商偿其积愿，而在我应筹之策总以弭此两层固吾疆圉为要著。就该使臣照会所称集议等情，其稍得藉口，即由彼国派兵，从印度及缅甸赴云南边界，以为要挟一层，万万不可不防。相应请旨饬下刘岳昭、岑毓英一面将此案确切查办，勿得稍涉含糊，一面酌派明白事理之员，遴带得力弁兵，前往就近驻扎，借弹压土司为名，暗杜彼族不测之谋。或腾越一带本有兵勇屯戍，尤为不著痕迹，统由该督抚相机密筹，勿事张皇，勿稍疏忽，总期边衅可息而后患无虞。所有臣等与该使臣以后辩论情形，当随时密致该督抚查照，以资筹度。谨奏。

光绪元年二月十四日奉廷寄刘岳昭、岑毓英：据总理衙门奏称，英国翻译官马嘉理由缅至滇，抵永昌府属盏达副宣抚司地方，被兵丁戕杀，该国集议咨商办理等因。著岑毓英迅将此案确查究办。刘岳昭迅即回任会办，派员带兵就近驻扎，或腾越有兵驻扎即可移用。该督抚相机密筹，务臻妥善。

总署奏英员马嘉理在云南被戕一案与该国使臣续行辩论折 附上谕

总理各国事务恭亲王奕䜣奏，为英国翻译官马嘉理在云南边境被戕一案，谨将臣衙门与该国使臣续行辩论及接据李鸿章函报各情，恭折密陈，请饬滇省督抚确实妥筹办理事。

本年二月间，据英国使臣威妥玛照会，以翻译官马嘉理被云南腾越厅官兵戕害一事，由该国朝议大臣集议等语。臣等以其词意叵测，必藉端要挟，奏奉饬下刘岳昭等确切查办，相机密筹等因。于二月十四日奉上谕：著岑毓英将此案确切查办，并著刘岳昭迅即回任，会同该抚持平办理等因。钦此。由臣衙门飞咨该督抚遵照办理在案。

二月十七日，英国使臣威妥玛来臣衙门面递节略，据称此案向中国议办之处：一、须候该国派妥协同审讯之员到滇后，始得将各犯提讯，并由臣衙门将护照盖印送交，以便遣员前往。一、照上年成案缮备护照，由臣衙门盖印，交其转送印度遣员往滇。一、先将银十五万两送与收存，俟该国将全案核定，如此项银款不收，随即交还等语。续于十七日至二十四等日迭来照会，共十余次，并牵涉觐见、税务及各口未结等案；内称若弗照行，从此绝交，该馆所住各员全行出京等语，词意极为激切。臣等迭与相持，该使臣始不提一切拉杂之词，坚以派员到滇从旁观审为请，并请由中国派一与领事翻译同品之员同往。臣等察其词意，深以中国审案不实不尽为疑，势不能不于派员观审一节略予转圜。且中国有同往之员，亦可察彼举动，通我消息。遂与订定：由北洋大臣派员同往，到滇后，中国所派之员并不与闻马嘉理案件，英国所派之员只准于定案时旁坐观审。此外别无所许。该使臣面称：仍须亲到上海，以便派员。遂于二月二十七日出京。臣等将该使臣迭次照会所称各节，逐一痛加驳斥，先后给与照复以折其气。仍将往来辩驳各情形一面详细知照滇省督抚，一面函知李鸿章拣派赴滇妥员。

据李鸿章函复，现署海防同知宋宝华熟悉洋务，前随滇省现任藩司潘鼎新军营办事，人颇明干，可以派往。惟威妥玛到天津后，又接印度电信，派前赴云南之副将柏郎由印度到上海，备询马嘉理被戕实情，再酌定派员。威妥玛已于二月初二日附轮舟南下。并据美国副领事官毕德格面称，英国上下议院绅耆率多巨商，久欲开通云南一路，兹闻马嘉理被戕，群情愤忿，即议请印度总督派兵进滇，藉端用强夺取。并闻威妥玛出京时，俄国使臣与之密商，将来英兵进滇，俄兵亦由伊犁进，使中国首尾不能相顾等语。威妥玛出京后，总税务司赫德来臣衙门，亦有英国现派英兵五千人，由缅甸蓝贡海口至云南交界处所驻扎之语，核与李鸿章函报大略相同。臣等查西洋各国，英俄最为强大。前年俄人占据伊犁，至今不肯交出。英国蓄志云南，已非朝夕，此时恰有马嘉理一案，倘稍办理不善，难保不堕其术中。李鸿章所闻各节，虚实虽未可知，正不可不先事

绸缪。臣衙门业已飞函知照滇省督抚，及左宗棠、荣全、景廉等，预为防范。惟此次彼族多方逞志，总由马嘉理一案而起，使在我果能实事求是，则在彼亦自无隙可乘。

此案据威妥玛照会系正月十七日之事，臣衙门日前据云南抚臣岑毓英二月十五日发函，仅称上年十二月内有洋人五六十名，驼运军火由新关入内地，途遇野人劫抢，退回。如洋人等来至腾越，当饬地方官照料，但恐渠等被野人劫抢，互相杀伤，地方官鞭长莫及云云。并未提及马嘉理被腾越厅官兵戕害之事。而函内互相杀伤一语，又似已知马嘉理之事，隐约其词。总之，此案无论马嘉理为何人所杀，均应澈底确查，秉公办理，方足以服其心而箝其口。且现有彼族观审之人，尤不能含糊了事，予以口实。滇省野人虽居铁壁关外，其地尚属中国，不得谓非中国管理。设此案非野人所戕而诿诸野人，或实系野人所戕，而谓野人非王法所能及，势必如上年台湾番社一案故事，彼族即派兵自办，遂其奸计。大局攸关，实非浅鲜，相应请旨饬下刘岳昭、岑毓英，恪遵前奉谕旨，迅将此案确切情形据实奏闻，并一切持平妥办，毋稍含糊。仍遴派得力将弁前往驻扎，由督抚随时妥为布置，相机筹办，以重边防而弭后患。谨奏。

光绪元年三月二十七日，奉上谕军机大臣等：总理衙门奏，英国翻译官马嘉理在云南边境被戕一案，请饬该省督抚妥办一折。英使威妥玛赴总理衙门议办此案，坚以派员到滇从旁观审为请，并祈由中国派员同往。王大臣现与订定，由北洋大臣派员赴滇，并不与闻马嘉理案件，英国所派之员只准于定案时旁坐观审。威妥玛现赴上海，派员前往滇省。探闻英国欲派兵进滇，藉端滋扰，并闻威妥玛出京时，俄使与之密商，英兵进滇，俄兵亦由伊犁进，使中国首尾不能相顾等语。赫德亦称，该国所派兵五千人，由缅甸蓝贡海口至云南交界处驻扎。英人蓄志在云南通商，已非一日。此时适有马嘉理一案，倘办理稍有不善，难保不堕其术中。所开各节，虚实虽未可知，均应先事绸缪，妥为防范。此次彼族狡焉思逞，想因此案而起，使在我果能实事求是，则在彼亦无隙可乘。总之，马嘉理无论被何人所戕，均应澈底确查，秉公办理，方足以折服其心而箝其口。滇省野人虽居铁壁关外，其地仍属中国，不得谓非中国管理，设马嘉理非野人所戕而诿之野人，或实系野人所戕，而谓野人非王法所能及，势必如上年台湾番族之事，彼族即可派兵自办，遂其奸谋。大局所关，实非浅鲜。著刘岳昭、岑毓英仍遵前旨，迅将此案确切情形据实奏闻。仍遴派得力员弁前往驻扎，由该督抚随时妥为布置，相机剿办，以重边防。

滇督岑毓英奏英员马嘉理被戕一案派员查办折　附上谕

云贵总督岑毓英奏，为英国翻译官马嘉理在缅滇交界被戕，遴委大员带兵查办事。窃臣于光绪元年三月十五日，接准总理衙门咨开，英国驻京使臣照称：前选派之本

国翻译官马嘉理由滇省前往缅甸，沿途俱承地方官接待，业已安抵该国蛮谟镇。孰意于二月初四日，接本国五印度节度大臣电信，内开：所派前往滇省之官员，于正月十七日，行抵距永昌府属盏达副宣抚司城西南约五十里远城镇，忽被腾越华土兵勇攻击，马嘉理及随同华人数人均遭杀戮，随带行李均被抢去，其余退至蛮谟附近。又续接照称，已径致本国朝议大臣集议办理各等因。钞录照会咨行到臣。

伏查滇省地处极边，道路险阻，舟船不通，并无与外国通商口岸。洎上年正月，探闻越南军务吃紧。臣恐外匪假冒法人，以游历为名入滇滋扰；又恐越匪假冒滇军，拦路劫抢，伤及法人；曾经奏请敕下总理衙门照会法国使臣，暂缓遣人来滇游历在案。嗣于上年十月，英翻译官马嘉理由京来滇，执有总理衙门护照，臣当即商同司道派委文武员弁护送出境，并饬沿途地方官妥为照料。随据禀报，马嘉理已安抵缅甸新街。讵料马嘉理等由缅甸复行来滇，不先行知会滇省，未经委员接护，竟冒昧前来，其在途失事亦未据有禀报。且该翻译官从前经过腾越，文武各员款待甚优，并无嫌隙，岂有调兵生事之理？今准咨会，实深骇异。查盏达土司距省二千数百里，距腾越千余里，僻处遐荒，夷情顽梗。然虚实均应澈底根究，以免英人藉口。臣与司道再三商酌，意见相同，现已檄委记名提督·开化镇总兵杨玉科，带兵会同迤西道陈席珍、候补知府徐承勋，驰往永昌腾越，督同地方文武，齐到边境，留心查勘马嘉理行抵何处，因何启衅，被何项匪徒戕害，查明据实禀复。如果失事在滇省所属土司地方，即责成该镇道严拿匪徒，按律惩办。倘在缅甸地界，亦即由臣照会缅甸国王办理。务期水落石出，不敢稍涉含混。惟英国驻京使臣照会有集议办理之说，诚恐其藉故生事，派兵入关滋扰地方，激变兵民，相应请旨敕下总理衙门，照会英国驻京使臣，转达英国印度官员静候查办，毋得擅自派兵入关，酿成巨祸。至由缅甸赴京之英国官员，亦饬改道行走，免致再生枝节。谨奏。

光绪元年四月初六日奉上谕军机大臣等：岑毓英奏，英国翻译官马嘉理被戕一案，现委大员带兵查办一折。此案迭经总理衙门与英使威妥玛反复辩论，该使坚以到滇从旁观审为请，业经该大臣与之订定，由北洋大臣派员与威使所派之官一同赴滇。前已谕令该督等持平妥办，现在岑毓英已派总兵杨玉科驰往腾越，督同地方文武亲到边境查勘，即著查明究系行抵何处，因何启衅，被何项匪徒戕害。如果在滇省所属土司地方，即责成该道等严拿匪徒，按律惩办。如在缅甸地界，即照会缅甸国王秉公办理，务期水落石出。仍一面派兵严密防范，先事绸缪，并饬该总兵等约束官兵，勿得轻开边衅。英使照会称，马嘉理头骨在该处腾越城镇上悬挂，其前来攻击之统领，即南甸首员李之亲侄，是否实有其事？南甸首员李姓究系何人？其亲侄系何名字？并着澈底根究，毋使彼族有所藉口。前闻该国派兵五千人，由缅甸蓝贡海口至云南交界处驻扎，该国立意在云南通商已非一日，非将此案速为办结不能杜其狡谋，刘岳昭、岑毓英惟当相机妥办，以重边防而弭后患。

滇督岑毓英奏严防英人藉端扰滇折

云贵总督岑毓英奏，为遵旨筹办边务事。

窃光绪元年二月十四日奉上谕：英国注意云南等处已非一日，现欲借此开衅以为要挟之计，亟应加意筹防等因。伏查英法二国，皆视滇省各厂为利薮，英人欲由缅甸入滇，法人欲由越南来滇。故前有安业，后有马嘉理，均在总理衙门索领执照，到云南游历。今两人俱死，而心未甘，诚如圣训亟应加意筹防。臣前檄委现署提督总兵杨玉科，会同迤西道陈席珍等查办此案。已密饬该员暗调提标，及腾越、永昌、顺云各镇协营官兵，借弹压为名，将边防事宜妥速布置。仍确查马嘉理失事之处，如果在滇省所属土司地方，即拿贼追赃，按律办理。如在缅甸地界，亦即由臣照会缅甸国王查办，务期水落石出。倘英人不俟查办，擅自派兵入关滋扰，亦惟有据险设伏以御之。窃意英人伎俩不过长于水战，而轮船仅能至缅甸之新街；由新街至腾越厅城尚有一千余里，沿途山深林密，悬军深入，馈粮不继，断难久支。况滇省易勇为兵，各营皆百战之士，但得粮需稍裕，不患不能克敌也。至法人在越南，系以安业、黄崇英为前驱。自上年安业死后，黄崇英分股窜入滇境，大受惩创，数月来不敢犯边。该处小船虽可达云南开化、蒙自边界之河口等处，臣已责成署开化镇总兵张保和、署临元镇总兵何秀林，扼要严防，未敢疏懈。惟总理衙门原奏，英国驻京使臣威妥玛时以滇蜀通商为说，窥其意之所在，已不能忘于滇蜀。此案纵办得十分平允，彼仍归到通商本题，拒之则兵连祸结，听之则蚕食鲸吞。是边衅之可息与否，其权在彼，而欲弭此两端，洵非易易。臣猥以庸愚，忝膺重寄，值此边疆多事，既恐稍有疏虞，又念大局攸关，不敢稍涉孟浪，惟尽心竭力相机筹办，以仰答高厚于万一。谨奏。

光绪元年四月十九日。

滇督岑毓英奏英员马嘉理案请敕总署照会英使转达印度官员毋庸派员由缅来滇观审片　附上谕

岑毓英片。

再，臣正拜折间，连接总理衙门函开：据英国驻京使臣威妥玛照会，马嘉理被戕一案，必须派英国官员来滇旁坐观审。已印给护照四张，内二张为英使由京派员来滇观审之用，二张预备五印度大臣派员由缅甸至滇之用。嘱转饬地方官沿途照料，以礼相待等因。查马嘉礼〔理〕被戕，系在腾越关之土司与缅甸交界地方。臣恐含糊推诿，致令英

人藉口生事，故奏委镇道大员驰往查勘，尚未据勘明禀复。今英国使臣既不能深信，必欲派员来滇观审，自未便强阻；拟俟到滇，留住省城，待之以礼，听候拿获匪徒；提省审讯时，使之观听，以释其疑。至所称五印度大臣派员，由缅甸来滇一层，臣查云南省城距腾越厅一千六百余里，由腾越至缅甸新街又一千余里，山深林密，土司界外复有野人一种，不通声教，出没抢掳，往来商民多遭其害。即如缅甸贡使，于上年九月自该国起程，节节梗阻，绕道而行，延至本年二月始抵滇省，可见由缅入滇之难。且边省风俗之刁悍，民情之梗顽，异乎内地，值此大乱初平，伏莽未靖，时有拦路劫抢，甚至拒捕戕官。英官异言异服，若再由缅来滇，由滇赴缅，难保无事。相应请旨敕下总理衙门照会英国驻京使臣转达印度官员，毋庸派员由缅来滇，其由京赴滇观审之员，即在省静候，不得擅自前往边境，以免再生枝节。谨奏。

光绪元年四月十九日奉上谕军机大臣等：岑毓英奏筹办边防各折片。马嘉理被戕一案总以确切查明，秉公核实办结为要，〈以免〉英人藉口。开化、蒙自边防，并著饬令张保和等严密防范，毋稍疏虞。将来英国派员来滇观审，即着刘岳昭等相机筹画，总期将此案按约据理办结，使之观听，以释其疑，自不致另生枝节，启衅端而贻后患。

滇督岑毓英奏查核威妥玛所指戕杀马嘉理凶犯据实核奏折

云贵总督岑毓英奏，为据实核奏事。

光绪元年四月十六日奉上谕：总理衙门奏，探闻英国因马嘉理被戕欲派兵进剿，藉端滋扰等因。钦此。查办理洋务，大局攸关，凡在臣工无不加意谨慎。上年马嘉理由滇赴缅，沿途地方官优待护送，安抵缅甸。其由缅旋滇，未据先行知会委员接护，致在交界失事，洵非意料所及。臣于本年二月，据永昌府知府朱百梅、署腾越同知吴启亮禀报，风闻洋人在野人山被抢，而未得其详，当经据情函达总理衙门。嗣接总署文函，始知马嘉理被戕，立即奏委现署提督总兵杨玉科、迤西道陈席珍等驰往查办。盖恐彼族如日本之于台湾也。闻台湾之事误由该处道员以生番推诿，今滇省并不推诿，而彼族先已派兵前来，是其情形不类于台湾，凶恶更甚于日本矣。况彼族既不以诈力取滇于大乱之时，岂肯用兵于全滇底定之后？盖见缅甸复修职贡，恐合谋而复故土，致失已得之利。故屯兵于缅甸交界，既可胁制缅王勿附中国，更可恫喝滇省，得遂通商。兵法所谓伐交者此也，是彼族之兵不尽由此案而起。现据署腾越同知吴启亮禀称，探闻洋兵已由漾贡即蓝贡来至缅甸别谬关口，有缅兵在彼堵御等情。其缅兵能否截阻，洋兵行抵何处，尚未续据探禀。

要而言之，滇省地广而荒，腾越距省名曰一千六百二十五里，而行走必需二十四站，自腾越至缅甸新街又需行走十余站；由省至腾虽设有小驿，然山路崎岖，不能用

马，文报往返动需一月，是以诸多迟滞。月初，据迤西道陈席珍禀称，三月二十日自大理起程前往腾越，署提督杨玉科于四月初四日接篆后，亦即带兵前进。臣已迭次函催该员等驰赴腾越，一面查办马嘉理之案，一面布置边防。至威妥玛所指腾越李副将，臣详加查访，该处并无副将李姓，仅有前署腾越镇左营都司·副将衔候补参将李珍国，籍隶腾越。咸丰六年厅城失守，该员因父兄殉难，誓不从贼，齐团固守一隅，与贼血战者十数年，嗣随官军攻克永昌、腾越、龙陵各城，尤为出力，保准今职。所带腾越团勇于同治十二年五月克复腾越后，一概遣散。该员深明大体，前遇马嘉理于途，尚知优加款待，必不致妄生事端。是否野人冒名嫁祸，抑滋事者即为该员旧部勇丁？均未可知。臣已咨行杨玉科等认真查拿，务得真赃实犯，不准稍涉含糊。俟英国观审之员到滇，当会同讯明，具奏请旨办理。所有该国派来之兵，如驻缅甸地界静候查办案件，臣自当督饬在事文武妥速查办，并约束兵团毋庸争斗。如彼仍以通商要求，拟即正言拒却，免致再生枝节。倘不可以理喻，竟自入关滋扰，攻占城堡，欲效俄人之窃据伊犁；则守土之臣分应效死，臣惟有与地方文武各官带领兵团竭力堵击，生死以之，以报高厚于万一耳。谨奏。

光绪元年五月十七日奉旨：知道了。

滇督岑毓英奏滇省地瘠民贫暂难通商请慎之于始片　附上谕

岑毓英片。

再，滇省地瘠民贫，大乱之后民业未复。其以商贾营生者沿途照纳税厘，仅觅蝇头之利以资糊口。如洋人来滇通商，彼族多财善贾，又只纳半税，不上厘金，垄断独登，贫民生计尽为所夺。既难免怨望生事，而伏莽强豪附和洋商，抗官藐法，更恐祸无底止。通商一层，在云南穷远之省，尤为窒碍难行，不能不慎之于始。理合附片密陈。谨奏。

光绪元年五月十七日，奉上谕军机大臣等：岑毓英奏，马嘉理被戕一案，遵旨查复暨滇省碍难通商，现在抚绥各折片。此案虽查无副将李姓其人，惟马嘉理被戕究竟死于谁手？参将李珍国于马嘉理出滇入缅之时，既据奏称，优加款待；此次马嘉理由缅前来，曾否与李珍国会面？失事究在何处？是否野人冒名嫁祸，抑系李珍国旧勇所为？着饬杨玉科，查明失事地方，并正凶何人，毋稍含混。洋兵已由蓝贡来至别谬关口，缅兵在彼堵御，刻下情形如何？别谬关口距滇境道里若干，彼族之兵固不尽由此案而起，未始不以此案为藉口，刻下若将马嘉理之案妥速办竣，彼自无可寻衅。岑毓英当饬杨玉科审慎筹办，一面自固边防，勿得冒昧从事，以致不可收拾。昨已谕令李瀚章驰赴滇省，查办此案。岑毓英奏洋人在云南通商窒碍难行，果能设法阻止，自属尽善。着李瀚章会

同该督抚，妥筹办理。该省土司承袭各事宜，现经岑毓英分别筹办，即着饬杨玉科妥为抚绥。

鄂督李瀚章奏赴滇查办英员马嘉理被戕案请饬钞发卷宗折

湖广总督李瀚章奏，为遵旨赴滇查办英国马嘉理被戕一案，恳敕钞全卷以便核办事。

窃五月十七日奉寄谕：岑毓英奏马嘉理被戕一案，遵旨查复各折片，著李瀚章会同该督抚筹度机宜，妥慎办理等因。查云南地处边陲，壤接缅甸，与英界印度毗连。马嘉理由缅入滇究在何处失事？是否野人冒名嫁祸，抑系参将李珍国旧勇所为？自应详细确查，研审究定正凶，方足以折服彼族之心，免致别生枝节。惟此案现办情形，滇省虽有案卷可稽，英国公使与总理衙门节次往来照会，究系如何措词无从知悉。必须深明原委，始可相机办理。应请旨敕下总理衙门，将此案节次往来照会各件摘钞一分，密寄到臣，俾得详悉根由，庶能斟酌核办。谨奏。

光绪元年六月初八日奉旨：该衙门知道。

滇督岑毓英奏英员马嘉理在缅滇交界被戕一案现在拿办情形折

云贵总督岑毓英奏，为查明英国翻译官马嘉理在缅滇交界被戕一案，并现在拿办情形事。

窃英国翻译官马嘉理在缅滇交界被戕一案，臣于光绪元年三月初九日奏委署提督杨玉科带兵，会同迤西道陈席珍、候补知府徐承勋，驰往腾越厅边界查勘拿办。该提督因挑带练军、添造军装稍有耽延，至五月十一日由大理拔队前进。陈席珍、徐承勋先于三月二十日自大理起行，道经永昌，约会永昌府知府朱百梅同往查勘。

兹据陈席珍、朱百梅等先后禀称，于四月十六日同抵腾越厅城，即将英使威妥玛照会内称闻腾越厅大员调兵三千往击之说，悉心查访。据署腾越同知吴启亮、署腾越镇总兵蒋宗汉佥称：上年十一月初间，有候补州判周祥等，由省护送马嘉理行抵腾越，当即从优款待，添派兵役护送出境，安抵缅甸新街。乃自马嘉理赴缅甸后，道路纷纷传言，有洋人数十将来腾越设立洋行；又闻有洋兵二三百人携带军火，欲藉通商为名，袭据腾城之语。因无确据，未敢禀报。而腾越百姓惟恐其带兵入境滋扰，民不聊生，竟暗地联络土司齐团防堵。吴启亮等以腾越地属极边，百姓闻警齐团系属常情，惟有谆嘱各守地方，不准出外生事。其时马嘉理尚无由缅至滇之信也。本年正月，忽闻有洋人在野人山

被戕，而未得其详；近接奉行知准总理衙门文函，始悉马嘉理被戕，深为骇异。今奉饬查吴启亮等实未调兵狙击，即有百姓齐团，亦未给过札谕等语。复传绅民质讯前情，供认不讳。

又，英使照会有闻南缅首员李副将亲侄领兵截杀一层，查腾越无副将李姓，仅有卸署腾越镇分驻南甸左营都司李珍国，前署都司时曾驻扎南甸。传该员再三研诘，据称：上年十一月初八日，马嘉理道经南甸，该员曾款待酒食，护送出关，并无嫌隙。因马嘉理去后，传闻洋人来腾通商，又有洋兵欲来占据腾城，绅民无不惊惶，共议齐团防堵，连致公函二件，嘱联络土司同御外侮。都司分驻南甸，本有防边之责，且籍隶腾越，桑梓情殷，遂于上年十二月初六七日回厅，十八〈日〉约各绅民暨土司人等会团一次，仍各归各处。本年正月二十二日，距南甸五百余里之野人山，有洋人被野人劫抢，遣人往探，已无踪迹，业经禀报。马嘉理于何日由缅来滇，未准前途知会，无从接护。都司子侄从未带兵，亦不干预公事，英使所言实系冤诬，恳请详查等语。呈阅公函二件，质诸绅民尚无捏饰。

惟野人劫抢之洋人，有无马嘉理在内，必须赴失事地方，就近查访，始得实在下落。陈席珍即委候补县丞蓝宝田，随同永昌府知府朱百梅、候补知府徐承勋，暨腾越镇右营守备郑开元，兼程前往；于四月二十四日行抵盏达土司地方，传盏达土职副宣抚使刁思明诘问，满云城镇系在何处？据称境内无此地名，仅距盏达西南一百五十里有一山街，土名蛮允，与满云二音相近，想即此地。该府等于二十六日亲到蛮允，传土夷各民众细心盘诘，许以赏犒，务得确情。据土民猛鸠摆等声称：去岁冬月，洋人马姓称系大英国官员，自腾越、缅甸由蛮允过去。本年正月十四日亥时，马洋官忽又折回蛮允，在缅佛寺住宿，随带跟丁五人，骑马二匹，铺盖、食物二驮，又带有野人同招呼驮子。十五、十六日打坐不去，闻系等候伊国官兵。十七日，食早饭后，马洋官说：我国官兵将到，要去迎接。遂骑马领从人仍由来路前去。至午后，忽有野人数十闯入缅佛寺，将马洋官铺盖、食物抢掳而去。又听得野人正同洋兵开仗，小民等各顾身家躲避，野人去后方敢出看，未见马洋官折回。后数日，闻野人界内户宋河边尚有血迹，前往查看，不见尸身，料系野人杀害弃尸水中。小民欲往土司呈报，因住处离野人甚近，恐被杀害。又闻缅商过路说及此事，系因马洋官到缅甸，约同印度新来洋官、洋兵，于正月间同伙来滇，惧野人打劫，先办礼物托缅人往送野目，并雇野人骡马驮运什物。该野人见财起意，遂纠众拦路劫抢，先将带路的马洋官及随从四人杀死，走脱一人，往报后到洋官，洋兵保护驮子退回，未被抢去等语。

该府等随即亲往户宋，勘得该处距蛮允十余里，并无塘汛居民，附近亦无委弃尸骸。有河一道，下通缅甸新街，杳验河边血迹，因雨水后，隐约难辨。河之对岸，有散猛、刁弄、老鹳坡一带山林，即系野人地方，由该处可达邦抗、猛撒、猛林、蚌别、蛮漠、板嘎等处，均系野人巢穴，界连云南之腾越厅及龙陵厅、中甸厅、维西厅、云龙州

各土司，直抵缅甸、西藏边界，纵横数千里，山深林密，不产货物，故无人至其境内。该野人或数百人立一头目，或数十人立一头目，各霸一山，出没无常。此案凶犯野人所居不一，诚恐此拿彼窜，必得许以重赏，宽以限期，购线严拿，方免漏网。又，探闻英国遣使面见缅甸国王，一请假道腾越，一请借地安兵，一请征兵会同攻取车里土司，以通云南思茅厅。该国王均不敢允许，已暗派兵防备，正在相持各等情。并将李珍国接腾越绅民公函，呈阅前来，核与署提督杨玉科密缄探报，及臣另遣亲信弁兵密查禀报，均属相符。

伏查腾越地处极边，民情顽梗，自咸丰年间厅城失守，难民誓不从贼，共举李珍国、刘光焕为首，毁家纾难，齐团固守一隅，与贼血战十数载。至同治十二年五月随同官军攻克厅城后，有田产者仍归农业，无田产者贸易谋生。正欲休养生息，忽传洋人来腾通商、洋兵来占腾越之说，激于义愤，聚而防堵，自系实在情形。李珍国籍隶腾越，原当团首，今为众函约会团一次，亦无非为保卫疆土起见。且阅绅民原函，不过欲以虚声恐吓洋人，阻其通商，并无戕害之意。马嘉理实系死于野人而非死于华民，情形已可概见。

至野人一种，素以抢掳为生，马嘉理既知其能为害而厚赂之，复雇其骡马驮运什物，慢藏诲盗，祸由自取。但此案凶犯虽系野人，而失事在土司边地，该土司固不能辞责，即腾越官绅亦不得置身事外。拟即咨行署提督杨玉科、迤西道陈席珍等，责成署腾越同知吴启亮、署腾越镇总兵蒋宗汉，督同卸署都司李珍国暨该处绅士、土司、土目人等，不论如何为难，总将此案凶犯野人严拿务获解省，追出赃物，听候英国观审之员到滇旁观质讯，明确从严惩办，以期弭此衅端，仰副朝廷轸念边陲之至意。谨奏。

光绪元年六月十二日。

滇督岑毓英奏闻英使带兵来滇片　附上谕

岑毓英片。

再，正缮折间，藩司潘鼎新送阅署天津海防同知宋宝华自上海来禀，称：闻英国使臣威妥玛于三月二十九日亲带洋兵二百余人、开花炮十数位，由轮船赴汉口，不知何往等情。查威妥玛欲来云南，臣前接总理衙门密缄，亦有所闻。今既带洋兵、洋炮来至汉口，倘擅自来滇，进驻省城，势必要挟恫喝，遂所欲为。官府即能忍受，百姓断不甘休。大局攸关，亟宜早为之所。臣现已委员驰往川黔，分头查探，如威妥玛果带兵来滇，即飞饬首站州县晓以利害，令其撤退洋兵，轻骑减从始准前进。但恐彼族恃强逞凶，难以理喻，绅民联团防堵势难禁止，理合附片密陈。谨奏。

光绪元年六月十二日奉旨寄李瀚章、刘岳昭、岑毓英：据岑毓英奏马嘉理被戕一

案，查系野人杀害，现在严拿此案凶犯务获，听候英国会审之员到滇证明惩办等语。详阅折内所陈，腾越厅民既先期联络土司，齐团坊〔防〕堵，李珍国曾经会团一次。嗣闻野人抢劫，遣人往探，已无踪迹。蛮允夷民之言及查验失事地方情形，亦属惝恍，事关中外交涉，不可含混。著李瀚章迅即抵滇，刘岳昭速行到任，与岑毓英妥商办理。威使欲带兵赴滇，刘岳昭等当约束绅团，毋再启衅。

谕桂抚刘长佑著派员护送越南贡使来京

奉旨：据刘长佑奏，越南国王奉到穆宗毅皇帝遗诏一道，谨遣使恭进乐礼，又赍进表文方物、庆贺登极各折。越南久隶藩封，备修职贡，具见悃忱，著该抚即行派员护送来京。

六月十二日

直督李鸿章奏秘鲁国公使抵津请将议定通商和约并查办华工专条及时互换折　附秘鲁国总统令稿三件

直隶总督李鸿章奏，为秘鲁国公使抵津，请将上年议定通商和约并查办华工专条及时互换，请派大臣商办事。

窃秘鲁国使臣葛尔西耶，于同治十二年九月来津求立和约，十三年三月间派臣与之会商，议定通商条约十九款，并订明查办华工专条，于上年五月十三日公同画押盖印。约内声明：两国批准，即特派大臣或在上海，或在天津，会晤互交。当由臣奏明，将原本进呈在案。本年六月初六日，秘鲁使臣爱勒谟尔由日本到津，函称现奉该国特派，前来互换条约，订期谒晤。臣告以前定和约及专条本应互换，惟去岁七月间，曾派同知容闳赴该国密查月余，据其禀复，华工在秘鲁各处山寮，仍不免时被凌虐之事，须与商量办法，再将前次议定条约一并互换。该使坚称：奉命来华专换已立之约，不能另议他款。若必另议，须俟换约后妥商。且前定查办华工专条内已载明，受苦华工由中国委员知照地方官传案讯断，其合同期满无力回国者，由秘国备资送回各等语。将来但有委员前往查办，秘鲁必应照约办理，目前只求奏请派定换约大臣，以便迅速商办。旋于初十日，该使复将该国批准和约及专条，并派员来华互换总统令文三件照议底稿，函送前来。臣思条约已订明或在天津互换，臣又系原议之员，未便壅于上闻，致失大信；自应查照历届成案，请旨简派大员，就近在津与秘鲁使臣将上年所立条约互换，并商办以后保护华工事宜。仍请敕下总理衙门知照内阁，将秘鲁汉洋字合订条约及专条一份，恭用御宝，迅速发交换约大臣祇领遵办。谨奏。

光绪元年六月十三日。

谨将秘鲁使臣译送该国总统令文底稿录呈御览

大总统令：五月十三日与中国所订通商和约，业于八月二十六日经国会绅耆公同议允，本总统自当照例批准，将此和约即行画押，布告本国一体遵照。此令。西历一千八百九〔七〕十三年九月四日，大总统画押发出，并有阿古耶勒画押。

大总统令：五月十三日与中国所订专条，业于八月二十六日，经选举国会绅耆公同议允，本总统自当照例批准，将此专条即行画押，布告本国一体遵照。此令。西历一千八百九〔七〕十三年九月四日，大总统画押发出，并有阿古耶勒画押。

大总统令：五月十三日，本国与中国所订通商和约现已议允，自当派员前往互换。今有爱勒谟尔公务练达，又系前办此事熟手，特派往驻扎中华，并与以全权便宜行事，与中国大臣换约，谅能和衷相济，益敦睦好。西历一千八百九〔七〕十三年十二月十七日，大总统画押发出，并有阿古耶勒画押。

直督李鸿章奏请派丁日昌互换秘鲁条约片　附上谕

李鸿章片。

再，前江苏抚臣丁日昌奉旨来津商办事务，业于五月二十七日抵津。该前抚熟悉洋务，操纵悉合机宜。此次秘鲁换约虽属照例之事，惟访闻华工在秘人数颇多，受苦情形几与古巴相等；臣拟于前定查办专条互换时，再由换约大臣给与照会，令将以前虐待华人各情弊严为禁革，庶委员前往查办较有依据。丁日昌素为洋人敬服，若蒙特派该抚臣就近互换商办，似更得力。谨奏。

光绪元年六月十三日奉上谕军机大臣等：李鸿章奏秘鲁使臣到津，请简派大臣互换条约，并请派丁日昌就近互换商办各折片。秘国通商和约并查办华工专条，上年经李鸿章与该国使臣议定，公同画押。现在秘鲁使臣来津换约，着照所请，即派丁日昌将所立条约与该使臣互换。华工在秘鲁山寮受其凌虐，必须妥议办法。李鸿章拟于前定各条互换时，再由换约大臣给与照会，令将以前虐待华人各情弊，严为禁革之处。即著照所拟办理，并由总理衙门知照内阁，将秘鲁汉洋字合订条约及专条一份，请用御宝迅速发交丁日昌，祗领遵办。本日谕旨一道一并发往，如该使臣索看照据，着丁日昌另行恭录给与阅看，俟换约事毕，此旨仍缴军机处存记备查。

总署奏英员马嘉理被戕一案当随时达知李瀚章等片

总理衙门片。

再，英国翻译官马嘉理在云南边境被戕一案，本年五月十六日奉上谕：著派李瀚章前往云南查办事件等因。臣等当因李瀚章于马嘉理被戕一案未能详悉原委，于五月二十二日，将此案自马嘉理领照赴滇暨被戕后办理情形，详细密函布知，并将臣衙门与英国使臣威妥玛节次往来文件钞录，寄交李瀚章查照核办。六月初八日，军机处钞交李瀚章奏请饬下总理衙门钞发全卷等因一折，奉旨：该衙门知道。查此案卷宗，自起事至本年五月二十二日止，业经臣衙门钞录函送。嗣于五月二十六日，据威妥玛照会，以云南凶案前经臣衙门咨询云南大宪，嗣后如何回复等因。臣当以据滇省咨复，业已奏委总兵杨玉科等前往盏达一带认真查勘，务期水落石出，断不含糊等语，办给照复，并将来往照会两件，一并钞录，函达滇省督抚暨李瀚章，各在案。此后办理情节，应再随时达知李瀚章等，以期消息相通，免致中外隔阂。理合附片陈明。谨奏。

光绪元年六月二十三日奉旨：知道了。

总署奏李瀚章赴滇查办马嘉理案拟调刑部主事陈兰彬碍难前往片

总理衙门片。

再，湖广总督李瀚章奏请酌调随员，以资差遣等因。臣等遵查陈兰彬自赴日斯巴尼亚并古巴岛查明华工被虐情形，于上年十一月到京后，迭经随同臣等与各国驻京使臣议论华工在洋情形，深资佐证。臣等拟定章程各条，大意总须将现往古巴之华工分别陆续送回，以后再往古巴之华工，与各国洋人住彼处者一律保护，不得再有凌虐情事，函送各国使臣秉公调处。而日斯巴尼亚国使臣丁美霞亦有拟议各条，由各国使臣函致臣衙门，未能与臣等所议章程符合。该国使臣丁美霞业于四月间出京，另派使臣法乐德接任，商议前事。臣等与各国使臣从中理论，大抵偏于彼说者为多，总未能就我范围。现拟与各国使臣极力商议，陈兰彬系曾经派往查访之员，倘令前往云南，彼处距京程途太远，更非沿海各地轮船行驶克期往来者可比。李瀚章前往云南查办各件，如果所调各员不敷差遣，应请饬下该督及南洋大臣，于南洋就近省分择其通达洋务，谙练时事者，再行酌调一员；或将该督所调陈福勋、孙文川两员一并饬令前往，以资委用。所有刑部主事陈兰彬，现在尚有经手事件，碍难前往云南缘由，理合附片陈明。

光绪元年六月二十三日奉旨：依议。

清季外交史料卷一终

清季外交史料卷之二

光绪元年七月上

伊犁将军荣全奏塔尔巴哈台蒙民被俄勒索设法拯救折

伊犁将军荣全奏，为钦奉谕旨恭折复陈事。

窃奉上谕：塔尔巴哈台僻处一隅，荣全现扎该处，与伊犁声息难通。近闻伊犁旗、绿各营蒙古民人等，连年被俄人勒索，穷苦堪怜，亟应设法拯救等因。钦此。跪读之下，仰见皇上洞烛万里，指示详明，钦感曷胜！

伏查塔尔巴哈台地处西北极边，毗连俄罗斯哈萨克境界，四通八达，实为控制外夷要地。是以奴才西进时先占塔城，遏俄人得陇望蜀之心，并为就近接收伊犁之计。迨与俄官议事未成，俄人遂久占伊犁，遇事阻挠，以致营制未能安设。幸有塔城西南卡伦，抵博勒塔拉直通伊犁捷径，时有军民来往，声息当可常通。塔城地本肥饶，奴才督饬兵民耕作。而伊犁商民贸易络绎，及官兵前来投营，近二三年间人烟辐辏，渐成都邑。因俄人在伊犁苛敛过重，民不聊生，该处官兵有携眷来塔以避困苦者。奴才随时收抚，暂令于塔尔巴哈台废城内，建房栖止。其官兵等均令入营当差，月给口分，藉养眷属。如此设法拯救，伊犁人众庶不致无所投奔。

现在大兵均集古城，不日进剿。诚如圣谕，该逆乘间西窜，难保不与俄人暗为勾通，追剿更属不易。奴才前已檄饬前敌带兵领队大臣孝顺等，拨队进扎奎屯，择要堵守，防贼西窜，并探贼虚实，相机会合进剿各情。旋据孝顺等呈报，续有由伊犁等处投来官兵二三百名，留在西湖底营操练，威远营又添户勇五十名，拨赴奎屯驻扎。适据谢家地哨探弁兵，拿获缠头奸细阿那拜等二名；又据进剿奎屯兵迭次出探，盘获由玛纳斯逃出难民李恒玉、王全受等四名，李生伏等男妇四名；陆续押送到营，当派员讯取供词。又于三月二十九日，有放卡勇丁来报，现由小水泉间道窜出贼匪二十余名，扰及三道河、安集海一带地方等语。当即整队出探，以便相机进剿。后据哨官李发回称，四月初五日夜半，探至玛纳斯约一里许，闻北城有梆锣声，南城并无动静。三道河实有逆狪二十余名，由山路奔窜五棵树，取道回巢等语。合将所讯供词，并绘奎屯各处扎营地图，先后呈报前来。

奴才详查缠头阿那拜等二名供词，核与难民李恒玉等前后所供大略相同，惟其内有乌鲁木齐白彦虎派人前往吐鲁番请兵求助，缠头依克木汉伯克已允助兵，先来探我虚实。玛纳斯汉徊与小虎互相攻打，乌鲁木齐白彦虎及南路徊子帕峡差人说和。又有令哈萨克引道，要向北路塔城一带窜走，并听候南路霍什伯克前来安置信息各情。除飞咨塔尔巴哈台大臣等一体防范外，即札复孝顺等，将缠头奸细阿那拜二名讯明正法。逃来难民李恒玉等男妇八名口，既供原系库尔喀喇乌苏木等处民人，即令在营勇弁出保释放，勿任远去。仍于各要隘注意勤探严防，随时飞报，勿失机宜。

伏思贼情虚实难测，调度更宜周详。现在兵队已进，奴才亟欲奋发督饬攻取，惟前敌兵勇日增，应需粮饷、军火等项，全恃后路源源供应，方资接济。现在东路台站疲累，运解各项必须不时派员前往迎催。奴才一离塔城，后路即迟误堪虞，尤为可虑。奴才在塔较久，为伊犁众情所系，既来则安，藉可收拾其心。若刻赴前敌军营，加以俄人从中行诈，窃恐人心失望，于大局反有未宜。此奴才未敢轻动之实情也。惟思伊犁根基不可不立，防剿机宜必宜兼顾，现在来塔伊犁满营官兵其眷属等，已约一百数十名口。奴才拟将营制先创规模，军行所需布置安稳，俟东路大兵一有进剿信息，刻即相机督饬兜剿，务期逆焰迅消，旧物渐复，仰慰我皇上轸念边疆之至意。谨奏。

光绪元年七月初一日奉旨。

总署奏英员马嘉理被戕一案英使请令李珍国听候质证折　附照会四件

总理各国事务恭亲王奕䜣等奏，为英国翻译官马嘉理在云南边境被戕一案，现英使续来照会与滇抚岑毓英折内语有关涉，具折密陈事。

六月十三日，由军机处钞交奉上谕：岑毓英奏查马嘉理被戕情形等因。上月二十四日，英国使臣威妥玛照会内称：有李四大爷前在蛮允地方接见马嘉理，嗣于本年正月十七日，腾越厅官宪调兵前往攻击柏副将等，彼时统领官兵者即系李四大爷亲侄。近闻李四大爷已到缅京，缅王厚礼相待。本国遣员询及缅甸，据缅王答称，李四大爷系中国所派使臣，赍有登极诏文前来，是以如此接待云云。又称，访闻李姓出言，劝令缅王设法阻止英国所派护队，不使由缅甸国地方取道前进。并云李姓素称李协台等因。当经臣衙门备文照复去后，臣等查本年春间英国使臣照会马嘉理被戕情由，即有李四大爷并其亲侄带兵攻杀等语，与此次照会大略相同。嗣据岑毓英奏称，腾越无副将李姓，仅有卸署腾越镇分驻南甸左营都司・候补参将李珍国，又称李珍国为众函约会团一次等因。臣等当即函询滇省李某是否即系李珍国，尚未据该省督抚咨复。兹又准威妥玛照称李姓亲抵缅甸各情，其言虽未可信，而腾越官员李姓既只有李珍国一人，是无论此案与李珍国有

无关涉，应即留以质证，庶可以服其心而杜其口。相应请旨饬下刘岳昭、岑毓英，查明派往缅甸赍呈登极诏文是否即系李珍国；一面据实复奏，一面谕令李珍国听候质证，不得擅离，致为英人藉口；以便湖广督臣李瀚章到滇时，将全案查讯明确，以成信谳。谨录往来照会四件，恭呈御览。谨奏。

光绪元年七月初六日。

附英使致总署柏副将等由滇回缅请派人护送照会

为照会事。

照得本年三月二十日，本大臣接准本国五印度节度大臣文，称现适我国与缅甸国另有事件未行妥洽之间，英国官员不便往来过境等因。以致派员前往滇省一节，尚待时日各等缘由，照会贵亲王查照在案。现于五月二十三日，接准郎贡报来电信，得悉本国与缅甸国前时未行妥洽之件，业已排结清楚等因前来。查本年正月十七日，中国官兵攻击本国前往滇省官员一事，当日首领官员柏副将即前文误写波参赞，于月前行抵中国，其已到事由谅贵亲王早经洞悉。兹本大臣因念五印度节度大臣或有饬令柏副将由滇省取道回缅之议，亦未可定。相应照会贵亲王查照，务须行文滇省大宪，如遇柏副将或本国他项人员，执有总理衙门盖用关防之护照到境，俟该官员等请派人沿途护送，望即妥选护队送至边界，以保无虞。该官员等自当酌定滇省边上距缅甸巴谟地方最为近便之处，声明滇省大宪知悉，俾得护送前往彼处。而缅甸巴谟地方，距滇省边界为路不远，该处自可派人前来迎候接护到缅，方足以昭妥协。为此照会贵亲王，请烦查照施行。须至照会者。

六月二十四日

附英使致总署马翻译被害众论指李姓唆使该员是否派往缅国照会

为照会事。

照得本国柏副将及随带官员等，前经行抵滇省地方，猝被攻击之后，为日不久，缅国与本国五印度大宪尚有未能妥洽事件，经本大臣前已照会贵亲王，声明查照在案。此事缘由，本因缅甸于本国所属缅地交接地方中，有番境一区向系自主，已于年前本国与缅国定立条约，言明办法如何。迩来彼国国王有不遵条约章程之事，因此本国五印度大臣选派大员前往缅京，使归妥善。乃所派大员尚未行抵缅京之前，五印度大宪业已访闻中国官员李四大爷已到缅京，缅王待以厚礼。而李四大爷前在蛮允地方接见马翻译官，其后本年正月十七日，腾越厅官宪调兵前往攻击柏副将等，彼时统领官兵者即系李四大爷亲任。因闻李四大爷行抵缅京，厚礼相待一事，本国五印度大宪颇觉诧异。随令派往商议之大员，于未经开办他项事件之先，向缅王请将因何优待李四大爷事故详为声明，并将李四大爷即遣回国，不得加以厚礼各在案。旋由缅王向本国使员答云：以厚礼接待

李四大爷事确有之，其故实因李四大爷系中国所派使臣，赍有登极诏文前来，是以如此接待云云。以上情节，前准五印度节度大臣由电线咨报前来。本大臣正在备文照会贵亲王知悉间，兹复接电报，内称：访闻李姓出言劝令缅王，务得设法阻止本国所派护队，不使由缅国地方取道前进等因，到本大臣。准此，查此项电信所称护队一节，本大臣核其情状，想系五印度大宪拟派前往边界迎候由滇前来之本国官员。溯思马翻译官被害一事，众论皆指李姓为唆使之人，其中细情尚待根究明确，乃遽见李姓前往缅国，似此情形不无令人怀疑。相应备文照会贵亲王，请烦查明其李姓是否贵国派充钦使之员，务望示知，俾得知悉为祷。须至照会者。再者，查李姓素称李协台，合并声明。

六月二十四日

附总署复英使柏副将由缅过滇已行文滇省保护惟边地不靖请慎重照会

为照复事。

光绪元年六月二十四日，准贵大臣照称：五印度节度大臣或有饬令柏副将由滇省取道回缅之议，亦未可定，务希行文滇省大宪，如遇柏副将或本国他项人员，执有护照到境，请为派人沿途护送，望即妥选护队，送至边界等因前来。查滇省边界山深林密，其风俗之刁悍，民情之梗顽，类多出没抢掳，往来商民每遭其害。况值此大乱初平，伏莽未靖，行路更觉艰难。溯查上年六月间，贵大臣请给马翻译官护照，函内有此等路途外国官员一向行走颇鲜，尚恐一路各地方官罕见等语。去年梅正使来署请照时，本衙门各位大臣与之交谈，曾声明云南军务甫定，道途未能一律畅通在案。兹准贵大臣照述前因，当即行文滇省督抚，届时妥为保护；遇有不能径达之处，所望贵大臣知照贵国官员，勿稍勉强，以昭慎重。相应照复贵大臣查照可也，须至照会者。

六月二十九日

附总署复英使滇省是否派李姓往缅业已文查照会

为照复事。

光绪元年六月二十四日，准贵大臣照称：本年正月间，腾越厅官宪调兵前往攻击柏副将等，彼时统领官兵者即系李四大爷亲侄。本国因闻李四大爷行抵缅京，缅王厚礼相待，随派大员向缅王请为声明；据缅王答称，系中国使臣赍有登极诏文，是以如此接待等因前来。查马翻译官被戕一案，近据云南巡抚奏称，据总兵杨玉科、道员陈席珍等禀称，盏达西南有一山街土名蛮允，与满云二音相近。当即亲往蛮允，查得去岁冬月有洋人马姓，自腾越往缅，路由蛮允过去。复约同印度新来洋官、洋兵，于正月间同伙来滇，惧野人打劫，先办礼物托缅人往送野目，并雇野人骡马驮运什物。该野人见财起意，遂纠众拦路劫抢，先将带路的马洋官杀死等语。当日奉旨：仍着湖广总督迅赴云南，将此案原委确切查明。刘岳昭抵滇后，亦著会同岑毓英再行详查等因。钦此。正在

缮办照会间，适贵大臣照述前因，相应将云南巡抚查办此案大概情形，照复贵大臣查照，当俟湖广总督到滇会同滇省督抚查明复奏后，再行详细照会。至登极诏书，向由各省委员赍发，并不特发钦差；此次滇省派往缅甸官兵是否李姓，本衙门未据咨报有案，已行文该省督抚查复矣。须至照会者。

六月二十九日

前苏抚丁日昌咨呈总署遵办秘鲁国换约事竣缴还谕旨文 附凭单及照会二件

前江苏巡抚丁为咨呈事。

案照本前部院钦奉谕旨，办理秘鲁国换约事宜，并奉六月十三日寄谕：本日谕旨一道一并发往，如该使臣索看凭据，著另行恭录给与阅看，俟换约事竣，此旨仍缴军机处备查等因。钦此。秘鲁使臣爱勒谟尔于会晤时索看凭据，已将另行恭录谕旨给与阅看。现在换约事毕，所有前奉六月十三日谕旨一道，理合封固恭缴。至容闳所查华工供词见证及会议凭单、互换执据各件，相应一并钞录，咨呈贵处，谨请查核施行。须至咨呈者。

七月初八日

照录会议凭单

为议立凭单事。

此次本大臣爱因带有大伯理玺天德盖用国宝之和约，以为原订和约可以无须带来，是以只带此件。今因本大臣丁说明，要有原订和约方可互换，乃一定之例。惟本大臣爱身上带有大伯理玺天德用宝之和约，未便久稽。是以邀同英国汉文正使梅，商请本大臣丁通融办理，即将现带之英文、日文和约并专条一分，均由梅正使细心校对，与原文均相符合，实无讹错。本大臣丁因为辑睦和好起见，因将大皇帝盖用御宝之汉文条约并专条二分拆开，亲交本大臣爱手收。本大臣爱因将盖用大伯理玺天德国宝之英文、日文条约并专条二分，亲交本大臣丁手收，其后半节英文、日文条约并专条暂存津海关道署。并当面议明：秘国大臣定于光绪二年三月以前，将李中堂与葛大臣画押盖印原订汉文之条约、专条各件带至中国，津海关道台同秘国大臣彼此认是原约无误，即行互换。然中国总将原订汉文条约为凭，俟接到由直隶制台进呈后，再为发刻通行。须至凭单者。

大清钦差大臣丁，大秘鲁钦差大臣爱。

大清光绪元年七月初七日，大秘鲁一千八百七十五年八月七日。

附总署致秘使请革除苛待华工弊端照会

为照会事。

照得本日，本大臣与贵大臣已将彼此现存条约并专条凭单等件互换。案查前于同治十三年五月议约之后，即由本国派委员，于七月间前往贵国查明华工情形。旋据送到华民呈词口供以及见证人所录情形，皆经指实华工所受委曲之处。现在两国业已立约，志在永远和好，务望贵大臣行知贵国查照，妥将以前苛待华工弊端尽行革除，遵照专条及和约办理，严令将华工身家资财皆须保护，以昭信守。本国亦当或派钦差或派员前往确查，凡遇可以为华工保护除弊之处，随时商同贵国全力襄助，妥立章程，以归尽善。并附去华工见证供词一本。为此照会贵大臣，请烦照复施行。须至照会者。

七月初十日

附秘使复总署华民在本国佣工当实力保护照会

为照复事。

照得今接贵大臣来文内开：两国所立条约并专条两件互换，案查前于议约之后，即由本国派委员，于七、月间前往查明华工情形，旋据送到华民呈词口供以及见证人所录情形，皆经指实华工所受委曲之处。现在两国业已立约，志在永远和好，务望贵大臣行知贵国查照等因前来。查华民在于本国佣工者，本国志在实力保护，不容有稍受委曲情事。俟贵国选派钦差大臣前往本国商办一切，本国必定实力会商华工事宜，以期为华工尽除一切弊端，使其皆得安居，身家资财无不安全，以符条约及专条所定章程，并昭信守。现准贵大臣送来华工见证供词一件，本大臣自当译出，转送回国，查照办理可也。为此照复贵大臣，请烦查照施行。须至照复者。

七月初十日

滇督岑毓英奏缅英尚未开仗遵谕整顿滇边吏治军政片　附上谕

岑毓英片。

再，臣迭准军机大臣密寄，光绪元年四月二十六日奉上谕：总理衙门奏遵议筹办海防等事宜各折片，云南、四川、广东、广西、福建各边境均有洋人窥伺，并著各该督抚整顿吏治军政，留意交涉事件，以固边防，毋得轻起衅端。又，五月十六日奉上谕：有旨派李瀚章前往云南查办事件，著即迅速赴滇，将马嘉理被戕一案会同该督抚秉公讯结。又于五月十七日奉上谕：岑毓英奏，马嘉理被戕一案遵旨查复，暨滇省碍难通商，现在抚绥土司各折片等因。钦此。仰见朝廷轸念边陲之至意。

臣查滇省地方三面临边，防务尤为吃紧。马嘉理一案其详细情形，前据迤西道陈席珍等查勘禀报，臣已据实复奏，并饬催该员等会商署提督杨玉科，督同腾越文武官绅严拿正凶，追取赃物，迅速解省。一俟拿解到案，即会同钦差湖广督臣李瀚章秉公讯办，以弭衅端。通商一层，诚如圣训，能设法阻止实为尽善，容俟与李瀚章悉心妥筹，相机办理。近日接据腾越探报，缅兵、洋兵尚未开仗，别谬关口系在缅甸国界内，距滇境约有二千余里，该处现仍系缅兵驻扎，洋兵尚未越过等语。威妥玛派来观审之员，亦无来滇确信，惟彼族狡诈异常，恐因不得逞于缅甸，复效远交近攻之谋。臣惟有督饬各镇严守边界，静以待动，断不容出关生事。

至云南边界，英法二国两路窥伺，亟宜钦遵谕旨整顿吏治军政，以为自强之计，诚以攘外必先安内也。臣上年遵旨将捐纳、保举两途之府厅州县佐杂各员，督同司道认真考核，分别奏请交部核议。其有贪酷人员，则无论何项出身，俱随时甄别。至民间钱粮，又奏蒙恩旨减成征收，流亡更乐于归业，劝耕读，息讼端，皆得休养生息。即绿营制兵，自上年奏准易勇为兵之后，早复旧章。嗣据各营造册呈报，业经送部查核，臣恐日久弊生，复抽调各营马步战兵设立练军，申明纪律，勤加操练，兵民均属相安。谨奏。

光绪元年七月初九日奉上谕军机大臣等：岑毓英奏越南逆匪办理情形，暨遵复马嘉理被戕一案，饬拿正凶，并整顿吏治军政各折片。云南、开化等府所属之安平厅等处，均与越南接壤。越南逆匪黄宗英前窜开化大窝子等处，虽经剿灭，而该匪窜突靡常，亟宜扼要防堵。著刘岳昭、岑毓英督饬总兵张保和等，扼守边境，严密设防。马嘉理被戕一案，著查明派赴缅甸赍送诏书之李姓，是否即系李珍国，据实具奏。令李珍国不得暂离，以待李瀚章到滇秉公讯办。别谬关口尚无洋兵越过，威妥玛所派会审之员尚未到滇。惟彼族狡诈异常，仍当随时防范，静以待动，毋得出关生事。该省吏治军政并著实力整顿，认真训练。

甘督左宗棠奏俄员过境察看情形无他折

督办新疆军务陕甘总督左宗棠奏，为俄国游历官过境，察看情形无他，据实陈明事。

窃臣于五月初五日钦奉寄谕：此次议奏有关系西北及防范俄人事务，业由总理衙门钞寄左宗棠阅看，即著该大臣通盘筹画，以固塞防。西北水利事宜，并著该大臣会商谭钟麟相机筹办等因。钦此。维时已承准总理衙门迭缄见示，知俄国游历官索思诺福斯齐等，有来兰州、出嘉峪关回国之事。臣比缄商陕抚臣，札饬沿途地方官加意保护，以示毋忘宾旅之义。

索思诺福斯齐旋于五月二十三日行抵兰州，臣引居署内，接待如礼。索思诺福斯齐

等一行五人，兵三，通事二，首谢沿途照料殷勤，次言地方静谧、安抚回人之善。察其情词，但有谦挹而无矜夸，臣颇疑非出衷款。然彼以敬爱之道来，自宜推诚相与，以导善机，而徐觇所蓄。酒席款待外间，间且会食，其同行有略解汉语汉字者为之传达一切，较通事许槐犹为妥协。索思诺福斯齐言：此来别无他意，因大俄国皇上立意与中国永敦和好，故令其前来，并言回目马海曾在俄国求和，俄国皇上斥其为贼，不纳。伊犁暂驻俄兵，原是防回侵害，只俟中国打开乌鲁木齐、玛纳斯，即便交还。并言：中国如须其帮助，伊等愿听调度。询以新闻纸言英人因翻译马嘉理被害，欲藉此加兵缅甸，窥我腾越，并约贵国扰我西陲，互相牵制，有此说否？索思诺福斯齐笑而不言，但云：英长水战，亦长制造，而陆战不过尔尔，其居心不良！因引指作钩为喻。又言：中国与本国素无交兵之事，天下惟中国与俄国为大，近普鲁士亦称大国，故俄国与彼君主得称皇上，他国不能。因指作两围，谓：中国与俄和好，即各国不敢生心。

谈次，举所用洋枪相示，内膛所勾螺丝精致特甚，后膛进子，子发后转出铜壳，再装发，与所购来福枪大致相同。取局造七响洋枪示之，索大赞好。引观仿造普鲁士新式大炮及改造小轮炮、大洋枪，均谓利器，惟言开花子未尽合法。适六月初一日，臣赴大教场阅操，索等四人同往阅视，初拟照绘为图，比见变阵迅速，未及画成，其于分合进止未能详也。当出所画舆图见示于所经历之处，言之甚详。而足迹未经，亦划界开方，布山列水，备具大致。询其据何底本，答云：俄国从前觅得《康熙地图》，故仿为之。比晓以《康熙内府舆图》外，尚有《乾隆舆图》，将刻本舆图索看，连声称是而已。

其中同来四人：一皮斜斯齐，一马德度斯齐，一安德列斯齐，是俄国主所派。又一名博晏尔斯齐，则索思诺福斯齐所带以随行者。其才能口辩均出索下，然均无泰西各国骄佚矜夸之态。询其来意，均称：俄国日用需茶向由上海分销，水运天津，出张家口，至恰克图，分运其国各处，程途迂折；若招湖商由楚达陇，径抵其国边界，可省程途五六千里，俄商运销其国内各处又甚便捷；中国与俄均收榷税以充国用，可为久远相安之计。此行之由楚蜀来甘，盖专为探访茶路也。

窃维俄本名邦，近辟境日广，与中国比邻。恰克图互市通商由来已久，闻西商在彼立业者颇不乏人。索等此次请径销茶引以取捷便，固有益于俄。而中国藉此厘定行茶章程，禁私贩，收利权，以复驭边怀远之旧，于国计亦大有益。所以陕甘总督衔系茶马，于茶务分应筹画；惟现方用兵，未遑及此。一俟边境肃清，当察酌情形，咨商总理衙门详议具奏。索思诺福斯齐知口外采运极艰，自请代为采运，由其国在山诺尔以达古城。察其用意，亦只在速师期以通茶运。由其议论诸事推其用心，自无受威妥玛暗中煽诱之理。该俄使等上年奉其国主之命而来，其时何知有马嘉理被杀？威妥玛藉此肇衅之事，又何从受其指嗾？其事易明。现在俄使等已于六月二十日起程归国矣。谨将接见索思诺福斯齐等，察其用意无他情形，据实陈奏。

光绪元年七月初九日。

直督李鸿章等奏秘鲁国换约事竣折

直隶总督李鸿章、前江苏巡抚丁日昌奏，为秘鲁国换约事竣，恭折具陈事。

窃臣鸿章等于六月十四日奉上谕：著派丁日昌办理秘鲁互换条约事宜，钦此。同日又奉上谕：华工在秘鲁各处山寮受其凌虐，必须妥议办法等因。钦此。并由总理衙门发交盖用御宝条约二本前来。当即函知秘使爱勒谟尔。该使旋于六月二十四日来谒臣，丁日昌与之接晤，告以秘鲁华工现仍十分受虐，必须于换约时加给照会，声明此后当除去从前一切苛虐弊端，俟复文答应照办方能换约。该使始终狡执，以现奉国主之命专办换约一事，未经换约之前毫无事权，不惟不能备文答应，而且不能议论此事。臣日昌仍与再三辩论，该使怫然而去。嗣各国领事密妥士、毕德格等亦复婉转恳求，愿为担保，谓换约后爱使必有照复，但事前不能先议。臣等仍以原议拒之。

迨七月初一日，英国汉文正使梅辉立来谒，谈及此举，谓：照《万国公法》，未换约之前，使臣实无权可议论公事。其袒护之意尤为显然。经臣鸿章反复开导，梅辉立始允向爱使熟商如何办法。初三日，梅辉立来晤，并呈伊代拟秘使照复稿，虽有答应除弊之语，尚未结实。经臣等酌加增改数语，强而后可，即经议定于初四日彼此换约。梅辉立又来，谓照复须作为换约后口气，于爱使方无窒碍，臣等亦复允之。

臣日昌于初四日前往答拜，秘使爱勒谟尔，英使威妥玛、梅辉立等均在座。因先索看秘使带来条约有无错误，威妥玛启匣送阅，仅有英文、日文二分条约、专条，装潢华丽，有其国主印押。询其何以无汉文条约等件，威妥玛等代答：爱使在外国换约十数次，均系如此办理，故漏未携带。臣日昌告以中国总以汉文条约为凭，若漏带此件，即彼此不能互换条约。爱勤〔勒〕谟尔言：汉文条约等件实存彼国，惟求先将用宝之件彼此互换，伊立即由电报通知该国，数月内即可将汉文条约、专条送到，然后彼此将存件补换等由。属威妥玛、梅辉立再三代恳。威妥玛又云：去年所立之约，内有专条保护华工，中国本占便宜；今爱使又许另立为华工除去一切苛待弊端文件，若肯通融先行换约，十数万华工不知占光多少等语。臣日昌仍未允许。

回寓后，臣鸿章与臣日昌熟商，以此次威妥玛为云南之事气焰甚盛，趁其有求于我稍存转圜，未尝不可稍事羁縻。其所言此举与华工有益，良亦不诬。况从前义国换约，情节与此正同，自可援照办理。臣日昌亦以为然。当于次日约爱勒谟尔、梅辉立晤商，经臣等告以此次该使漏带要件，本难照办，因系该威使等再三恳请，始准通融。兹将各用御宝条约、专条先行互换，其余洋文条约、专条暂存天津海关道署，候秘国将汉文条约、专条送到，即由津海关道与该使补换，中国不能再派换约大臣。现在虽经互换约件，然中国总以汉文为凭，俟秘国将原订汉文条约、专条送到，再为刊刻通行。如能一

一遵依用汉洋文写在凭单，公同盖印画押，方可将用宝约件先行互换。该使及梅辉立初有难色，总求换约之后立刻即要通行，争论良久而后，定当于初七日互换用宝之条约、专条。其秘国送来洋文条约、专条，责成梅辉立与翻译委员曾恒忠等详细校对，据云与中国所存洋文并无讹错，仍将此层列入凭单之内，并将凭单执据，及前议为华工保护除弊照会，及委员容闳所查口供见证一本，并该使答应除去弊端照复等件，均于是日次第互换。该使与梅辉立等言辞之间极为恭顺，臣日昌因病甚先散，臣鸿章犒以酒食，该使等再三称谢而去。除现存洋文条约、专条等件，由臣等会衔札发津海关道收存，以备秘使随时补换，仍存在凭单内议明：俟该使将原订汉文条约、专条送至后，再由臣鸿章奏明刊刷通行各省知照，其此次添议为华工保护除弊照会、照复等件，亦一并刊刻于条约之后。谨将添议照会、照复各稿缮呈御览。至前奉换约谕旨，谨即封固缴回军机处，并将照会内钞送容闳所查华工口供见证一本及凭单约据等件，分别咨呈军机处、总理衙门备查。其换到洋字用印条约及奉发未开之副本，另行派弁送交总理衙门查收。谨奏。

光绪元年七月初十日。

直督李鸿章等奏请设驻秘鲁使臣保护华工片

李鸿章等片。

再，查秘鲁华工约有十余万人，受雇主凌虐之惨，实为目不忍见，耳不忍闻。去年，委员容闳曾与该国官员争论，满工者亦即放出八十人。我国苟有使臣在彼，执定条约与之断断相持，则华工既有呼吁之门，自可暂免欺凌之弊。前与该国所立专条、条约，于保护华工一层本已剀切言之；现在加之照会，复将除弊各层明白指出。但我若无使臣在彼，则华工相隔七八万里，其保护与否，除弊与否，乌从而知之？即知之，又乌从而拯援之？合无仰恳天恩，迅派正使、副使前往秘鲁，按照条约等件，凡遇可以为华工保护除弊之处，随时商同该国妥立章程。是此日在水火十数万之华人，将死而得生，既危而复安也。伏查华民在东西南洋各岛人数不下百万，春间王大臣等议办海防，本有招致各岛华人之议，但平时既无相为维系之心，则有事何以动其尊亲之念？今若于秘鲁、古巴各岛分别遣使设官，拯其危急，从此海外华民皆知，朝廷于绝岛穷荒尚不忍一夫失所，忠义之心不禁油然而动，有裨大局诚非浅鲜。谨奏。

光绪元年七月初十日奉旨。

直督李鸿章等奏请保护秘鲁华工谨防诱拐片　附上谕

李鸿章等片。

再，秘鲁各岛臣等请分遣使臣，所以保护既往之华人也。而将来未往之华人，尤不可不预为图维，致入陷阱。查澳门等处向设有招工局，即俗名猪仔馆，愚民一入局中，遂致长逝不返。比闻澳门之大西洋官经英人责以大义，业已停止招工，然暗中招雇仍所不免。其次如汕头、厦门及闽粤二省不通商口岸，往往有夹板轮船私自前往贩卖人口。现在秘鲁条约内既议明，别有招致之法均非所准，并澳门及各口不准诱骗一层，地方官若能妥立善法，当可潜杜奸谋。合无仰恳天恩饬下广东、福建督抚臣督同官绅，按照条约妥拟杜弊章程，奏明实力照办，务使内足以防诱拐之奸，而外足以杜远人之口。至总税务司及闽粤各口税务司，久悉诱拐确情，于杜弊之法必有确见真知，可以兼收并采。可否饬总理衙门转行总税务司及闽粤各口税务司，一并妥议稽查拐骗之法，呈复采择施行。至该口税务司，如查出拐骗华民出洋约几起以上，人数约几十以上，似当酌加奖励，庶足以示鼓舞。臣为防范未然起见，是否有当，伏乞圣鉴。谨奏。

光绪元年七月初十日奉上谕军机大臣等：李鸿章、丁日昌奏秘鲁国换约事竣，将添议照会、照复各案，钞录呈览，并请派使臣保护华工，暨请严禁拐骗各折片。秘鲁换约事宜，业经李鸿章等与秘鲁使臣订定，将用宝条约、专条先行互换。其余洋文条约、专条暂存天津海关道署，俟该国将汉文条约、专条送到，即由津海关道与秘使补换，勿庸更派换约大臣办理，甚为周妥。惟换约事宜中国总以汉文为凭，著李鸿章、丁日昌俟将原文条约专条送到，再行刊刻通行，以期周密。保护华工一节，亦已加入照会，复将除弊各层明白指出，自宜派员前往，按照条约等件，凡遇可为华工保护除弊之处，随时议立章程。着总理衙门会同李鸿章、沈葆桢、刘坤一妥为筹画，奏明办理。又，澳门等处向设有招工局拐骗华人，实堪痛恨，现在澳门之大西洋官拟有停止招工之信，然暗中招致仍难保其必无。其次如汕头、厦门及闽粤两省不通商口岸，往往有夹板轮船私自贩卖人口，亟宜设法严禁，以杜奸谋。著英翰、张兆栋、李鹤年、王凯泰督同丰绅泰，按照条约妥拟杜弊章程，实力照办。至总税务司及各口税务司，久悉诱拐情形；并着总理衙门饬行妥议稽查，详悉具奏；如各口稽查著有成效，准由南北洋大臣奏明请奖。

英使致总署各口滋事案件未妥情形请催令办理照会 附总目

为照会事。

照得本月初十日，本大臣照会贵亲王公文内，本大臣声明汉文正使梅现在入都等因在案。兹查自半年以来，各处口岸未妥情形层见迭出。本大臣现今逐款开列总目附送，并饬梅正使于赴京诣署时，面向贵署列位大臣细为敷陈。查前项未妥案件内，有曾经伸理者数起，而案情尤重者颇夥，非由京师催令办理，则各省官宪定不举办。况思此际所有关乎本国官民一切事宜，未便玩视不理，谅贵亲王亦必以为然也。至此次开列总单

内，所有湖南岳州府地方官轻视护照一层，尤为堪憎，本大臣自当另备照会声明。先此照会贵亲王，祈为查照。为此照会，须至照会者。

七月十六日

英使胪列各口滋事案件未妥情形总目

一、江西九江镇，程总戎煽惑营兵，致有滋扰洋界之虞。本年正月初六日，本大臣备文照会。

一、浙江处州府，地方官禁阻英国曹教士，不令前来府城。本年三月间，本国驻宁波领事官佛详报。

一、直隶宁津县清家坞地方，悬挂画片，煽惑愚民毁谤洋人。本年四月二十四日，本大臣备文照会。

一、江苏镇江府，印卖《湖南阖省公檄》，亵渎西教。本年四月二十三日，本大臣备文照会。

一、湖北省城，辕门钞称本大臣及本国水师提督军门等拜会总督部堂，以为禀见。本年四月二十三日，本大臣备文照会。

一、闽浙总督部堂，未愿以礼接见本国领事官。查两广总督部堂英近来颇有此情，嗣费执原见，仍以礼接见。

一、江苏镇江，本年五月间，营兵凶哄滋闹本国领事官公馆。

一、湖南岳州府，地方官禁阻英国教习整持游历该处，县令轻视护照，以为不足凭证，并向整持声言：云南省已杀马嘉理一人，尔仍敢来此等语。

一、京都，本馆医士同眷属在街行走，被人用石掷击。本年五月十六日，傅参赞备函奉达。

一、京都，正阳门外等处城墙张贴告白，污蔑洋人，亵读西教。上年五月二十五日，傅参赞具函奉达。

一、直隶百花山地方，本馆学生等往游，被殴成伤。本年五月二十二日，傅参赞具函奉达。

一、汉口、镇江二口，关道以运货税单多方阻挠。此外，四川巨案至今未结，曾有公文，勿须赘及。

英使致总署李瀚章查办滇案当经晤商意见不甚融洽照会

为照会事。

前接贵亲王于五月二十一日来文内称，内阁奉上谕：李瀚章著驰驿前往云南查办事件等因。钦此。照会前来，当由本大臣派委格参赞、贝翻译官等前往湖北，拜谒两湖总

督李，并声明本大臣闻得此信实深欣悦。一面由格参赞请示李总督前往云南查办大慨〔概〕情形，并问明约于何时起程，以便由格参赞等自行定期前往在案。随于本月十二日，据格参赞等旋沪向本大臣报告一切，据称：到鄂时，承李总督以礼接见后，请示李总督，前往云南究系如何查办之处。李总督答以现接京师公文仅指马翻译被害一节，余未提及。至攻击柏副将一事，李总督若罔闻知，惟语次询问一言，柏副将同来人数若干云云。可见李总督尚非概不知晓。此外，明称查办柏副将等被击一事，所接总理衙门来文内并未列入等语。复经格参赞以此次会同贝翻译官，奉委前往云南，可否实保无虞，并五印度节大臣或再有派员由缅入滇，可否一律保全等语请示。当由李总督仅以本督非云南官宪相答，未愿自抒己见。嗣格参赞将前本年二月二十三日贵亲王照送护照各件，呈请李总督阅看。当由李总督以护照首列官衔系英国大臣出名，而总理衙门印信又盖用不甚清楚，意中似恐难足为凭。此系格参赞旋沪所报大概情形也。

案查六月二十八日，本大臣曾经备文向贵亲王声明，由电报咨会本国转为入奏。现据格参赞所报一切，本大臣再续发电报咨回本国，声明目下事机不无变迁等语在案。除令柏副将由沪起身驶回印度，向节度大臣自行具报一切外，相应备文照会贵亲王查照。其尚未咨明李总督查办中国兵勇拦击柏副将一事，究系何故？务祈贵亲王向本大臣示明，以便知悉。溯查拦击柏副将一事，系本年正月十七日所行，而本年三月下旬在津中国官宪已经接有信函提及此事，惟马翻译官遇害未曾言及。又查由沪地至滇省，商人往来书信九十日内即可往返。兹本大臣即据前情咨报回国，则念本国持有护照之人于本年正月内入中国境，即有官兵调往拦击，系本年正月中旬之事；若谓至五月底滇省督抚并未奏报到京，诚恐本国朝议大臣实难凭信。再，查贵亲王前于三月初九日照会本大臣，公文内有云员数事由，倘与原开不符，甚至有大相悬殊等因。于现在湖广总督所谓柏副将同来之人为数颇多，与护照内所载原数不符等语相仿，此节本大臣至期自当详为言及。所有贵亲王前于二月二十三日照送盖印护照各件，本大臣此际自应视为妥洽足凭，如其不然，应请贵亲王查明如何不妥之处，烦为示复本大臣，俾得领悉。为此照会，须至照会者。

七月十六日

英使致总署有人击伤馆员照会

为照会事。

照得本大臣前于六月十三日，以各处未妥情形，并都城及附近地方华民滋事，扰及外国人种种不法情事等由，备文照会贵亲王在案。现据驻京头等参赞傅函称：前五月，百花山地方民人聚众，击伤本馆学生一案，至今未拿获人犯惩办等语。又，另有本馆学

生信函到津，据称数日前，本馆教士顾并友人一名在街行走，被人用石击打各等情到本大臣。据此，除饬委汉文正使梅，面向总署列位大臣陈明，请示所有近来知照案，如何设法究办外，相应备文照会贵亲王，祈为查照，望即赐复。

七月十六日

英使致总署声明英国与中国办理外交手续颇见相异照会

为照会事。

照得云南凶案一事，前经本大臣与贵亲王迭次来往公文，其中有本大臣二月十七日照会一件，贵亲王二月二十二日来文，及本大臣当日复文两件，以及贵亲王三月初九日照会两件，并本大臣三月二十三日照复一件较为最要。此案查贵亲王三月初九日来文一件，结称希将以上各层由贵大臣转行贵国，由贵国总理衙门转行照复本爵等因前来。随于三月二十三日本大臣照复贵亲王，文内当经声明，所有此案本大臣前与贵亲王往来文函、节略、语记各等件，曾于三月初七日录咨本国总理各国事务丞相德。当如何酌量办理，或照贵亲王所请专行照复，或照向例咨会本大臣转达，惟有听候数旬轮船往返，乃可详悉也等因在案。

兹查本大臣于三月初七日所发回国公文，已于五月初四日递到本国。其三月二十八日所发公文即于五月十八日递到本国，随于五月二十日，由本国总理各国事务丞相德寄发电线咨文，令本大臣转致贵亲王查照，内称：所有贵大臣前后咨送回国来往照会等件，经本国朝议大臣等公同细加查核，合称贵大臣始终办理此案皆属妥协至当，贵大臣三月二十三日照会一件所载一切无不甚是。至云南一案，非澈底根究，本国断难满意。而根究之际，必须本国官员协同究查，因思历年以来既往各案办法情形，是以此次务当如是。至赔款一层，视中国若果实意协力根究，本国尚可从缓，俟查办完竣后，再为妥议。惟本国观看根究办法，如尚有不妥协、难为合意之处，仍当随时追讨赔款等因，到本大臣前来。

查此次电信系于五月二十四日接到，适因汉文正使梅暂时告假，出外未回。本大臣俟梅正使旋沪，始将公文交付亲带进京。除将以上事由转达贵亲王查照外，本大臣仍宜声明详解数语，庶期此次转达之意不致误会。查本国办理公务，与中国办法颇见相异。在中国，各省督抚大臣等报达之件则上折奏闻，嗣或选派前往外国钦差大臣有报达之件，谅亦如是办法。在本国，则出使钦差大臣等虽品级最大者，均与总理各国事务丞相咨会往来，即由总理各国事务丞相转为入奏，将咨会原文代为进呈；遇事另由总理各国事务丞相会合各朝议大臣，同为核议，随后既有回文寄发，虽由总理各国事务丞相主稿，实系大君主参听股肱大臣定拟意见，即属国家定制。而前接本国德丞相五月二十日

所来咨文，即如是办理。查本大臣凡照会贵亲王，翻译汉文遇有本国及我国各等字样，设若紧拘成例，本可另用恭敬语词分别抬写，以示敬重。惟本大臣于论及中国及各他国事件，虽必事事郑重于礼，毋稍有缺，而仅以本国为词，则尊重字样，尚可毋庸十分讲究，此系一种寻常来往公文而言。至于目下来咨，虽系总理各国事务丞相单衔行文，实由我国朝议大臣将进呈奏闻案牍公同参酌，定立主见，自宜声明详细，以便贵亲王洞鉴悉知。本大臣因欲事理了然，为贵亲王鉴明，是以不惮烦言，细细琐陈，惟希原谅。为此照会贵亲王，请烦查照可也。

七月十六日

总署复英使各口滋事案件办理情形逐条详复照会

为照复事。

光绪元年七月十六日，准贵大臣照称：兹查自半年以来，各处口岸未妥情形层见迭出，本大臣现令逐款开列总目，并饬梅正使于赴京诣署时细为敷陈，催令办理等因前来。本衙门查阅贵大臣单列各案，或由该省办结，或未据该省咨报有案。兹特按照贵大臣单开各案，逐条详细开列总单，分别办法，照会贵大臣查照可也。

计开：

一、江西九江镇，程总戎煽惑营兵，致有滋扰洋界之虞一节。查此案，业经本衙门于本年正月间，行文江西巡抚查明，转饬该总兵务须严行约束兵丁，勿令任意滋事，并照复贵大臣在案。嗣于本年二月间，据江西巡抚咨称，已将此案查明办结，并传谕营哨约束兵丁，不许滋事。贵国副领事并无异言，是以就此完结。

一、浙江处州府，地方官禁阻英国曹教士，不令前来府城一节。查此案尚未据该抚将此事咨报有案，应由本衙门行文该省办理。

一、直隶宁津县地方悬挂画片，煽惑愚民毁谤洋人。

一、江苏镇江府印卖湖南阖省公檄，亵渎西教。

一、湖北省城辕门钞称，贵大臣及贵国水师提督军门等拜会总督部堂以为禀见。

以上各节，业经本衙门于五月二十一日咨行南北洋大臣转饬，随时严密防范，嗣后不得再有前项情事，以重睦谊，并照会贵大臣在案。

一、闽浙总督部堂未愿以礼接见贵国领事官一节。查领事官与中国官员往来，载在条约。闽浙总督于贵国领事官如何未能以礼接见之处，应由本衙门行文该省查询，总期照约办理，毋得畸轻畸重。

一、江苏镇江，本年五月间营兵滋闹贵国领事官公馆一节。查此案于七月初三日据镇江关道函报，所有滋事各勇按律惩办发落，并出示声明：租地界内为洋商贸易之所，

兵勇恪守营规，毋得再在租界结队游玩，滋扰生事。声明案已完结。

一、湖南岳州府，地方官禁阻贵国教习整持游历该处，县令轻视护照，以为不足凭证一节。查该县未谙条约，致语言诸多不合，应由本衙门行文该省查办。

一、京师贵馆医士同眷属在街行走，被人用石掷击。

一、京师正阳门外等处城墙张贴告白，污蔑洋人，亵读西教各节。已于七月十五日准步军统领衙门片称：本年洋人在天桥有被殴，并正阳、宣武两门外粘贴侮辱洋人字单各节，当经严饬营汎〔汛〕认真查拿，并出示晓谕严禁此风，将来自可稍戢。业经本衙门函达贵国傅参赞在案。

一、直隶百花山地方，贵馆学生等往游被殴成伤一节。现由本衙门另文详叙照复。

一、汉口、镇江二口，关道以运货税单多方阻挠一节。查洋商领税单运洋货入内地，及领报单入内地买土货，应如何遵办之处，《天津条约》第二十八款及《通商善后条约》第七款本已载明，嗣于咸丰十一年间定有《土货复进口章程》，已属中国格外通融，为利益洋商起见。嗣因商人影射，遂致难以分晰。同治十一年六月间，贵大臣来函，亦谓此二事原系外商之益，情弊百出，反成税课之累等因。经本衙门于是年十一月间，将赫德税务司会同关道所议存票、税单、报单三项章程，复加核议，照送贵大臣在案。查前项章程，原按条约本意酌核，期于商情税课两无阻碍，惟迄今尚未能准行，深为可惜。刻下惟有饬令各关道，按照条约办理，在各商固不可任令滋有情弊，在各关道亦不能任令违约阻挠也。

七月二十二日

总署复英使中外体制不能无异照会

为照复事。

光绪元年七月十六日，准贵大臣照会，内称：云南凶案一事，本大臣前与贵亲王往来文函、节略、语记各等件，曾于三月初七日录送本国总理各国事务丞相德，酌量办理。随于五月二十日由本国寄发电线咨文，内称贵大臣办理此案皆属妥协至当等因。除由梅正使转达外，本大臣仍以声明详解数语，以便贵亲王洞察悉知等因前来。

本爵查贵大臣来文内所称，贵国办理公务与中国办法颇见相异等语。因思各国国体政令诚有相异，而断不能强同之处，然亦有相异之中，而仍见相同者。即如贵大臣所称，中国各省督抚大臣等报达之件则上折奏闻，嗣或选派前往外国钦差大臣有报达之件，谅亦如是办法。在本国，则出使钦差大臣等虽品级最大者，均与总理各国事务丞相咨会往来，即由总理各国事务丞相转为入奏，将咨会原文代为进呈；遇事另由总理各国事务丞相会合各朝议大臣，同为核议，随后既有回文寄发，虽由总理各国事务丞相主

稿，实系大君主参听股肱大臣定拟意见一节。查中国各省督抚大臣及在京各部院衙门并本衙门，每有陈奏大皇帝事件，或系单衔具奏，或系联衔具奏，或系会同别衙门具奏，当日奉旨依议钦此。其不应发钞者，该衙门亦必将所奉谕旨并原折，行文各该处，钦遵办理，实与贵国体制相仿。又，贵大臣来文内称：本大臣凡照会贵亲王，翻译汉文遇有本国及我国各等字样，设或紧拘成例，本可另用恭敬语词，分别抬写，以示敬重。唯本大臣于论及各他国事件，虽必事事郑重于礼，毋稍有缺，而仅以本国为词，则尊重字样，尚可毋庸十分讲究等语。查本衙门行文京外平等衙门，其称引各衙门大臣之处，亦必为抬写，以示谦抑。况于各国大臣往来，关系甚重，尤无不时存恭敬之心。遇有应行抬写者，断不欲于文字缮写之间稍存轻亵；凡于致贵国文件内有贵国及中国字样，但将贵国抬写，而中国字样则俱不抬。总之，恭敬在乎存心，不仅在乎文字形迹之间。盖中外体制不能无异，而恭敬之心实无不同。彼此往还，总当共信其所同，而不必稍疑其所异，想高明必以为然也。此次贵大臣所称德丞相五月二十日来文，系经奏明会合朝议大臣同为核议，本爵均已敬悉。为此照复，须至照会者。

七月二十二日

总署复英使馆员被击已惩办滋事之人照会

为照复事。

光绪元年七月十三日，以各处未妥情形，并都城及附近地方华民滋事，扰及外国人，种种不法情事等由，备文照会在案。现据驻京头等参赞傅函称，所有前五月百花山地方民人聚众击伤本馆学生一案，至今并未拿获人犯惩办。又，另有本馆学生信函到津，据称，数日前，本国教士顾并友人一名在街行走，被人用石击打，备文照会，望即赐复等因前来。

本爵查百花山滋事一案，业经本衙门屡次严催顺天府，饬属查拿究办。迭据咨报，办理各情均已函达傅参赞查照在案。昨又接顺天府文称，前该委员等取有百花山临近居民不敢滋事切实甘结。兹复饬宛平县出示严禁，并面谕宛平县与委员等，添派差役，认真查拿为首滋事之人，按律惩办，以戒将来各等因。想此案不难妥速了结。至贵国教士顾并其友人在街行走被人击打一事，并未据该管地方官呈报前来。昨准步军统领衙门文称，因无知匪类屡屡借端生事，扰害洋人，现已张贴告示严行禁止，俾军民人等咸知畏法，不敢横行；亦经本衙门钞录告示底函致傅参赞，并迭经傅参赞将以上顺天府步军统领衙门出示各节，函复本衙门在案。嗣后当可相安无事，不致再蹈前辙。除将六月十一日来文另备公文知照外，相应照复贵大臣查照可也。

七月二十二日

总署复英使此后游滇官员请先知照照会

为照复事。

光绪元年七月十六日，接准贵大臣照会，内称：本大臣派委格参赞、贝翻译官等前往湖北，拜谒两湖总督李，请示李总督前往云南究系如何查办。李总督答意以现接京师公文，仅指马翻译官被害一节，余未提及。至攻击柏副将等一事，李总督若罔闻知，惟语次询问一言，柏副将同来人数若干云云。可见李总督尚非概不知晓。复经格参赞以此次会同贝翻译官奉委前往云南，可否实保无虞；并五印度节度大臣或再有派员由缅入滇，可否一律保全等语。当由李总督以护照首列官衔系英国大臣出名，而总理衙门印信又盖用不甚清楚，意中似恐难足为凭。现据格参赞所报，本大臣再续发电报咨回本国，声明目下事机不无变迁等语。溯查拦击柏副将一事，系正月十七日所行，若谓至五月底滇省督抚并未奏报到京，诚恐本国朝议大臣实难凭信。再查贵亲王前于三月初九日照会内云员数事由，倘与原开不符，甚至有大相悬殊等因。于现在湖广总督所谓柏副将同来之人为数颇多，与护照内所载员数不符等语相仿。所有贵亲王前于二月二十三日照送盖印护照各件，本大臣自应视为妥洽足凭。如其不然，应请贵亲王查明实在如何不妥之处，烦为示复等因前来。

查马翻译官被戕缘由，即因迎接柏副将由缅来滇所致，此事查办自系连类而及。湖广李总督见格参赞时，尚未接到本衙门钞寄各件，是以未能详悉。贵大臣照称：本衙门本年二月二十三日照送护照各件，李总督阅看有恐难为凭之意。查向来各员所持护照，应照条约第九款并历年成案办理。此项护照，本衙门系因和好多年，格外通融办给，李总督以此次护照异于寻常；且本衙门当发给护照时，并未钞寄湖北，故李总督未悉原委，并非疑不足为凭也。本衙门六月二十九日照会贵大臣，内称滇省风俗刁悍，民情顽梗，倘有不能径达处所，勿稍勉强等因。正系认真和好，格外慎重之处。李总督谓保护一层属云南官宪，乃系实情。即本衙门，亦当咨行滇省督抚妥筹护送。贵大臣现据格参赞所报，目下事机不无变迁等语，似不免过为疑虑也。

再，照称本衙门三月初九日照会内称员数事由等因，于湖广总督所谓人数颇多，与护照内所载原数不符等语相仿，及查明实在如何不妥之处，烦为示复等因。本衙门查护照一项，业经办给，自当保护无虞，即贵大臣所云妥洽足凭者也。将来贵国官员执有护照由滇赴缅，自应饬令该处官员实力保护，俾得平安出境。其由缅赴滇执有护照之官员，于未起行之前，必须预先知照滇省边界官员，将何时起程，何时可到某处，及带有若干人，详细开明示知，庶滇省官员得以临时保护入境。希贵大臣先为知照印度大臣，本衙门一面再行切实咨行滇省督抚，届时派员护送，以昭妥洽。至照称五月底滇省督抚

并未奏报到京，诚恐贵国朝议大臣实难凭信等语；查柏副将在滇省如何拦击，至今未据该省奏报。应俟贵大臣将所闻此案节略开来，并由李总督到滇查明，据实奏报，再行知照。为此照复，须至照会者。

七月二十二日

清季外交史料卷二终

清季外交史料卷之三

光绪元年七月至八月

鄂督李瀚章奏奉谕查办马嘉理案赴滇日期折

湖广总督李瀚章奏，为恭报微臣起程赴滇日期事。

窃臣前奉谕旨，饬令驰驿前赴云南，查办英员马嘉理被戕一案。兹定于七月十八日起程，因值江水盛涨，改由水道经过湖南常德府桃源县，登陆取道贵州前进；容俟抵滇后，会同督抚臣确核案情，秉公查办，另行具奏。再，臣此次赴滇时，有与总理衙门及南北洋大臣咨商文件；又，案未讯结之先，须单衔奏事，借用地方官印信诸多未便。谨刊刻木质关防一颗，文曰：钦差查办云南事件头品顶戴湖广总督关防，以资钤用，而昭慎密。合并陈明。谨奏。

光绪元年七月二十四日。

鄂督李瀚章奏英员马嘉理被戕一案俟到滇后妥筹办理片

李瀚章片。

再，正在缮折间，钦奉七月初六日寄谕：总理衙门奏马嘉理被戕一案等因。钦此。臣查此案固须查明失事地方及下手正凶。惟阅外国新闻纸，则指李珍国为主谋，且以其亲侄带兵为言；与兼署云贵督臣岑毓英奏称野人杀害，不无歧异。是否彼族藉端要挟，抑系事出有因。臣前已密致岑毓英，以李珍国既系奏明缉凶之员，应令亲自解犯晋省；如已赴缅，赶即调回；有无指使情事必须讯问明确，庶足以服彼族之心。兹蒙谕饬岑毓英，务令李珍国赴省待质，仰见圣明洞烛几先，曷胜钦感！至英国公使威妥玛前遣参赞格维纳至鄂与臣晤面，先请为马嘉理伸冤，次及柏郎被阻之事，臣当以未奉谕旨为词，答之虽柏郎与马嘉理被阻、被戕本是一事，而正案尚未讯结，又复议及其余，深恐为无厌之求，必先抑其骄气。臣并面询格维纳，当日马嘉理由缅回滇，途中既有险阻，曾否预先知照地方派人迎护。据称未经办过，似此案之失，其误亦不尽在我。臣现在未抵滇

境，虚实无从预决，容俟到滇后，勉竭悃诚，察酌情形，随时商致总理衙门，妥筹办理。谨附片密陈。

光绪元年七月二十四日奉旨。

滇督岑毓英奏调李珍国来省候讯片

岑毓英片。

再，臣正缮折间，承准军机大臣密寄，光绪元年六月十二日奉上谕：岑毓英奏查明马嘉理被戕情形等因。钦此。伏查此案失事地方系在土司边界，僻处蛮荒，距省遥远，臣前奏委署提督杨玉科、迤西道陈席珍、候补知府徐承勋前往查办。嗣据徐承勋会同永昌府知府朱百梅禀称，亲到腾越厅盏达土司蛮允一带踏勘，查得前项情节禀复到省。臣以边地绅民闻警齐团，虽属常事，而马嘉理被野人劫杀适逢其会，究难释洋人之疑。该厅文武官绅岂能置身事外？当经一面据实奏明，一面咨明杨玉科、陈席珍等，督同署腾越同知吴启亮等，拿犯追赃，解省审办，不准藉词推诿。兹又加派署永昌协副将和耀曾驰往守催拿解。俟拿获凶犯时，将署腾越同知吴启亮、候补参将李珍国及腾越办团绅管数人，一并调来省城，听候钦差湖广督臣李瀚章讯质。总期供证确凿，认真办理，以折彼族之心，不敢稍涉含混。至威妥玛带洋兵来滇一层，近据川黔委员探报，均无确信，其行或可中止。即腾越亦迭据探报，洋兵犹在缅国边界，只有一二千，距云南边界尚远。臣已晓谕绅团，毋得妄生疑畏，现在地方安静如常，理合附片具陈。谨奏。

光绪元年七月二十四日奉旨。

总署奏请饬李瀚章迅速赴滇查办折

总理各国事务恭亲王奕䜣等奏，为马嘉理在云南边境被戕一案，请旨饬下湖广总督李瀚章迅速到滇查办事。

窃查本年正月间，马嘉理在云南边境被戕，经臣等据情具奏，钦奉上谕：着岑毓英将此案确切查办，并着刘岳昭迅即回任，会同该抚遣派明干之员持平办理，毋得稍涉含糊。钦此。又于五月十六日钦奉上谕：李瀚章著驰往云南查办事件等因。钦此。业经臣衙门恭录谕旨，咨行李瀚章暨滇省督抚，遵照办理在案。查中国遇有命案，亟应查明凶手，供证确凿，按限定拟。至与各国交涉案件，尤应妥速办理，况中国与英国和好多年。本年正月马嘉理被戕，案情重大，自应将此案详细情由确实查明，以昭信谳。所有案内应讯人证，虽据岑毓英奏报，已由腾越提集省城候质，惟时阅半年之久，未将实在

情节确查具奏，殊属不成事体。李瀚章甫经奏报，七月十八日自湖北省城起程，相应请旨饬令该督迅速到滇，会同该省督抚，将此案实在情形一一查究明确具奏，毋得再事耽延。谨奏。

光绪元年七月二十八日。

总署奏请饬李鸿章在津与威妥玛商办滇案片

总理衙门片。

再，此次威妥玛在津，李鸿章与之辩论时，该使臣曾询该督有无商办之权。李鸿章答以虽无商办之权，原无不可议论。臣等因函嘱李鸿章设法筹商。顷于本月二十五日，又据李鸿章函称，该使臣词气近日更加紧迫，似预挟一失和之见，即进京再议，恐其不易转圜等语。臣等窃计该使臣现在情形，如果照李鸿章来函所称，是其要求过甚，坚执不回；将来到京与臣等辩论，势必无理取闹，一不遂意，即悻悻然出京，更恐难于就范。因思该使臣既询该督有无商办之权，可否请旨饬下李鸿章，如威妥玛尚未离津，即将辩论各条妥商定议，以顾大局。理合附片具陈。谨奏。

光绪元年七月二十八日。

总署奏英使在津向李鸿章提出滇案六条藉端要挟片　附节略二件

奕䜣等片。

再，英国使臣威妥玛于马嘉理被戕之案催办甚紧，更于案外藉端要挟。臣等近接直隶总督李鸿章来函，据称威妥玛于七月初二日到津，迭经会晤。威妥玛论及云南一案，愤激不平之气，狂妄无理之言，殊堪诧异。因将与威妥玛晤谈节略，钞录附寄臣等。查节略内称：威妥玛云在上海时，曾著参赞格维讷往见湖广总督，据称：奉旨系查办马嘉理之事，并不查副将柏郎被阻之事。当经格维讷将总理衙门会印执照二纸，请湖广总督阅看，湖广总督见其印色暗淡，似有不甚相信之意。又云：腾越厅官员派兵阻路，系接满云商人之信，柏郎所钞底稿，此外凭证尚多。又云：不但云南一事，内外各处官民交涉各样规矩情形，俱要认真整顿、改变好法各等语。均由李鸿章逐层剖辩。并经臣等函致李鸿章，以威妥玛如尚在津，务为设法密探，就其著意之处迎机开导，设有筹商，即由李鸿章相机而行；仍由臣衙门主持，缘在津商办尚可操纵，不似在臣衙门之毫无退步也。

嗣接李鸿章来函，据称：初七等日与梅辉立、威妥玛先后会晤，该使等谓有六条均

须办到，滇事易结，和局可保。一、须速派一二品实任钦差大员至英国通好，说明滇案朝廷并无他意。二、遣派使臣必请明发谕旨，使中外共知。三、云南地方调兵团阻击柏郎，戕害马嘉理，显违总理衙门护照文函；岑毓英事前失防，事后失察，应有处分，请即明降谕旨，分别议处。四、派使臣赴英国，应请道经印度，与印度节度大臣说明滇事。五、缅滇交界道路须任英人通行，应请中国使臣道经印度，妥商边界贸易章程。六、各国驻京公使拟请准与各部院大臣随时交接应酬各等语。经李鸿章答以岑毓英纵有处分，须俟钦差大臣查明具奏，方能降旨；使臣绕道势有不能，明发谕旨不能悬拟，边界贸易须俟案定再商等因。

并据梅辉立述威妥玛之意，须先遣伊向总理衙门询问各条，如能照准，威妥玛再行回京。李鸿章当令威妥玛将面谈各节书写洋文节略，并经译汉文，函寄前来。臣等查此节略，共七条，与前所要六条大旨相同。梅辉立到京，于十六日来臣衙门会晤，叙及马嘉理被害缘由，仍指定李姓，且露出李珍国名字；并谓攻击柏郎事尤重于杀马嘉理，所有自始至终详细案由，威妥玛已查探确切，迟日另有节略送来等语。迭经臣等与梅辉立彼此辩论，大略不外李鸿章与威妥玛辩论之意。查马嘉理一案，已逾六月，迄无头绪。威妥玛此次催办，虽尚在情理之中，惟所要挟者均于案外生波；将来威妥玛到京后，所有案中紧要关键，彼族岂肯放松？其时得步进步，格外要求，皆是意中之事。李鸿章来函谓：各条中拟酌允一二事，俾有转圜，与臣等所见大略相似。即经往返函商，如所云驻京公使与各部院大臣交接，各口通商应令遵守条约各条，当具节略。答以俟威妥玛到京再议。由滇赴缅、由缅赴滇派队护送两条，臣等因护照早经办给，且亦不能不允为保护。滇省案情宜降谕旨责问一条，威妥玛以法国天津一案，曾有明发谕旨，故隐挟此意以相请。臣等以各省案件必俟办结入奏，始行明降谕旨，将如何办结缘由发钞等情答复；并恭折具奏请饬湖广总督迅速到滇，会同妥办，奉旨后照会威妥玛，以示朝廷认真催办之意。派员前往英国绕道印度一条，当答以遣使各国赍有玺书，未便他往。派员前往英国明降谕旨一条，当答以旨由中发，非臣下所能预请等因。于二十二日约梅辉立来署，将节略一件面交，嘱其寄津。据梅辉立云，威妥玛在津所拟详细案由节略，业经寄到，迟日译出送阅。现威妥玛尚在天津，是否回京，能否渐就范围，及将来到京后商办此案，如何别有要挟之处，均难预料，容俟随时奏闻。

正在缮折间，复接李鸿章函，称二十三日复经往晤威妥玛，探其口气愈加急迫，大有决裂之意。臣等查该使，坚韧为诸国使臣之冠，难保非自恃该国船坚兵众甲于诸国；且以印度与云南边界相近，非他国可比。虽其迹近恫喝，然在我自当思患预防，不可稍存大意。除钞录李鸿章译寄威妥玛洋文节略一件、臣衙门答复节略一件附呈外，所有近日威妥玛在津与李鸿章辩论，并称梅辉立来京与臣等接晤各情，理合附片密陈。谨奏。

光绪元年七月二十八日。

照译英使威妥玛致李鸿章洋文节略

英国钦差大臣威节略，通知文华殿大学士李：

昨天所说的话，现且缓说。本年英三月间已经得了护照，派格参赞同翻译官一位前往云南，查问柏参将被人所打与马嘉理被害情形。因为有几样缘故，我留这两位不去。第一个缘故，我要等印度国衙门信息，比较总理衙门的公文。英六月初九日，柏参将亲身到我这里来，所有云南的事情报到其印度衙门，公文数日后也到，现在不用再说详细情形。有一样要紧事情，未曾打柏参将之时有许多礼拜，闻中国与缅甸人已晓得中国预备许多兵要打柏参将，后来在英二月二十二日，果然有中国兵打柏参将之事。官兵打过后，有缅甸人写信与缅甸人，中间有人将信拿住，信内说有中国官带兵由摩民地方下来摩民似即腾越，此武官吩咐缅甸人，写信通知缅人要离开英人，因将来要将英国人一起灭却。约英国六月半间，有京报上谕，著湖广制台李往云南查办，为什么事未曾说明？后来恭王将上谕给我看，料因为摩民行凶事件。其时我写信给印度总督，叫柏参将前往云南，我吩咐格参赞问李大人的话，并李大人所答的话，现在不用再说。

这数日之内，梅大人与我屡屡同中堂说，湖广制台应对情形不合宜；恭王的来文，格参赞由武昌未来之前我已收到，亦不合宜。恭王的来文说，没有接到云南的信息，惟有两个官派往行凶地方查问事情，此是摩民出事之后才派人去查。但此事新闻到天津在英四月二十日间，四川、湖北英五月间大家亦都晓得。我即刻令柏参将回印度，告诉印度总督。叫梅大人先行北上，我与格参赞随后同来。我在天津收恭王两次文书，在英七月三十一日，此两件文书中堂已经见了。一封文书是云南抚台岑说：柏参赞是山里野人欲抢他的东西被打。又一封文书望我所派的官前往云南，要吩咐他有险的地方不可闯走过去。恭王意思是：英国人至云南交界，中国官不能保护无事。印度国衙门所查详细情形凭据，现已在我这里，况且马嘉理得有护照在英正月尾，到云南交界并无阻拦。我看恭王的话，从前不能不疑心，现在更不得不疑心，中国朝廷没有实心保护。总之，如果格参赞要去，一定要到云南地方，但李制台的话是一样，恭王的话又是一样。我想起来格参赞就去也不中用。现在中堂安我的心，所有答应的事情，我实在晓得中堂会写信与李制台，叮嘱他尽力相帮格参赞。中堂虽则官居高位，他所说的话，无论中国、外国都是敬重；但中堂自己也说，他没有这个权柄，料理此事专能作主。我问这个话，中堂自己也明白，中堂是中国第一等能办事的大臣，我并无一点意思不敬重他。惟中国朝廷设立总理衙门，所有与中国立和约的各国办外洋事务，权柄均归该衙门。我们本国不能不以总理衙门所说的话、所做的事为凭。如果我未收到总理衙门实在保护凭据，是中国将云南这事看轻了，我便可以报知本国衙门，不令格参赞前往云南，我暂在天津耽搁。我寄照会与恭王，等候回复与梅大人在总理衙门所说的话，有回文到来再说。中堂问我要什么实在保护凭据？我已经与总理衙门及中堂说了，现在所论事情，先要伸冤。不但这

个，还要中国朝廷即刻宣出，中国有意按照和约而行，不但通商条约各事，中国与外国彼此来往，要与他国与外国来往一样。我曾有两个大略条款，在英三月十九日与总理衙门，那时我告诉他：将多少银子与我手转交英国衙门，听他如何分发。又要另给护照，与派往云南之官可以亲身到云南，看地方官如何查讯。当时我已说明此事是一定要办妥的，后来我看他们意思都不要实在办理，所以都不说了，只将抵偿的银子与他们辩论。他们又说中外会同讯案，必须在通商口岸，所以我连这银子亦不说了，只要另给护照。我所办的公事，我国朝廷说我办得不错。现在我将昨日之话再为提起：

一、中国与他国如要保护无事，眼前既有嫌隙，就此时要将中国官员与外国官员所有来往交际各事，由中国自行改变。故此我告诉恭亲王，要与我一个凭据，将英国条约第四款内优待之处，必得照约而行。如果现在皇上冲龄，皇太后垂帘听政，不能照约请觐，则外国钦差驻扎北京所有优待之处，尽可实心办得到。即如京中及各省有外国官员在彼，亦可与中国各大员来往，并非商论公事，其洋务仍应归总理衙门办理；不过是格外显出朋友交情，将就外国规矩，照条约共敦和好之意。

一、中国朝廷必须尽力将条约令知通商口岸，及内地各处，一律遵守。现在办理各事，有的地方生意减少，与别的地方有碍于生意，不但中国税项少收，外国商人亦复受害。以上所说要改变的法则都包在内，均要做到。今说云南行凶之事。

一、恭王必须即刻写一凭据，说明有人护送格参赞到云南，保护他一路平稳，并由云南省到满云。如果他要到仰光地去，必要护送他到巴谟交界处所。查巴谟离满云不过数英里。

一、要另给一个凭据，将来印度再派人到云南，亦要照前护送。此两款事情均不为难，如马翻译官初次来往，没有中国官兵护送并无阻拦，以后若能有中国官兵护送，更可无事。

一、恭王收到我的照会在英二月间，目下此事情形必须即刻奏请朝廷降旨，问岑抚台此案何以延迟六个月之久，并无详细情形奏报？只有英七月三十一日恭王文书内所说岑抚台奏折，殊太含混。此次恭王奏折与所奉上谕应该发钞，由京报刻出。必须小心者，如有述及英国钦差或英国衙门字样，必须与中国一样平行。

一、中国朝廷必须派一钦差大臣赴英国，与英国衙门说明云南之事朝廷实觉过意不去。此位大臣往英国时，来往必须由印度国经过，询问印度总督，将来英国由缅甸通商到中国地界应如何办法。

一、派钦差到英国上谕必须刻在京报。

七月二十八日

照录复英使威妥玛节略

一、各国驻京大臣与中国在京大员往来交际一条。查中外交涉一切事件，均归本衙

门与各国驻京大臣会同办理，本衙门大臣自应与各国驻京大臣往来。此外中国在京各大臣均无办理交涉事件责任，且中国臣子向例不应外交，是以未便与各国驻京大臣往来。今威大臣声明并非商办公务，无非以往来交接显明友邦睦谊等语，此条应俟威大臣到京与本衙门妥议。

一、各口内地通商事宜应令一律遵守条约一条。查英约第二十八款及善后条约第七款并各章程所载，内地通商各事宜本系互相发明，各口应令一律遵守。此条自可照行，惟中国现在办法，尚应如何防损取益，使商情国课更得其便之处，应俟威大臣到京与本衙门妥议。

一、格参赞往滇派队护送一条。查格参赞系往滇观审之员，本衙门前已发给护照保护，并由北洋大臣派宋委员伴送在案。今威大臣嘱派队护送以保无虞，此条自可照行，应由本衙门行知滇省大吏，于格参赞到滇时，派队沿途保护，以保无虞。

一、将来印度派员往滇派队护送一条。查印度所派由缅到滇执有护照之官员，未起身以前，须将何时起身，何时可到某处及派官若干员，带跟役若干人，先行知照滇省边界官员，该官员临时必当实力保护。仍希威大臣将以上情节先行知照印度大臣，本衙门亦即切实咨行滇省大吏，届时派队护送，以臻妥洽。

一、滇省案情宜即入奏并降谕旨责问岑巡抚一条。查中国凡系查办各省事件，必须俟查明办结入奏后，始行明降谕旨，并将如何查明办结缘由原折发钞。若未查明办结以前，各省所有奉到谕旨均系寄谕，与原折均例不发钞。此案本系奉旨饬令滇省督抚查办，嗣因办理久无头绪，是以简命李总督前往查办，其以前滇省督抚是否迟延之处，统由李总督一并查明办理。本衙门现拟一面奏请饬令滇省督抚，即将此案实在情形速行查明入奏，不准再行迟延；一面并请饬令李总督迅速到滇，以期早日了案。

一、派员前赴英国并绕道印度一条。查中国遣使各国，本早拟办理之事，惟因一时未得其人，是以未能即行举办。今因云南一案，可以先行派员前往英国修好，并表明滇案为朝廷意料所不及，并无他意。但出使之赍有中国大皇帝致候英国大君主玺书，自应直到英国亲投，以昭恭敬。况滇省如办理边界贸易事宜，为各口条约所未备，必须查明该处情形，始可商议，非出使之人所能明悉。应俟滇案结后，详查该处情形，再行妥协商酌。

一、派员前往英国明降谕旨一条。查出使一节，上一条已详晰言之，惟大皇帝谕旨非臣下所能预请。应俟遣使之时，奉到谕旨后，由本衙门恭录，照会威大臣悉。

七月二十八日

总署奏英使曾面递照会已分别照复片　附咸丰十年九月上谕

奕䜣等片。

再，威妥玛在津，遣其汉文正使梅辉立来臣衙门辩论时，并面递照会四件。一称参赞格维讷往见李瀚章，询问阻杀柏郎，并呈验护照各情。一系详述本国照复该使臣所办均为妥洽之语，并以英国等字样分别抬高等因。以上两件均关系滇省本案之件。查该使臣前因马嘉理一案，请准派员赴滇观审，及由印度派员赴滇给予护照，均由臣衙门会印以为保护。此次仍照前说给予照复，并声明中国既与外国和好，抬写字样各有体制，自应慎重，一并照复该使臣查照。此外照会两件，系胪举各海口新旧各案及近日洋人在京西百花山被打等案。其事本与滇案无涉，该使臣连类牵及，以为推波助澜之计。臣等亦即分别照复，已于二十二日约梅辉立来臣衙门，将照复该使臣四件面交，嘱其寄津。谨奏。

光绪元年七月二十八日奉旨：知道了。

照录英国照会内粘单钞录咸丰十年九月上谕

咸丰十年九月庚申，上谕：军机大臣等、恭亲王奕䜣等奏，洋人送到刊刻条约通行各省，请密谕沿海各督抚酌办等语。英法两国业经换约退兵，该国送到刊刻通行各省条约告示，请钤用钦差大臣关防，由该洋人自行带往各省，交府尹、督抚宣布。恭亲王以事既通行，若不钤印，恐为藉口，业已照办。此次该国称兵犯顺，扰及京师，虽经互换和约，其条约中所载，多有窒碍难行之处。朕恐荼毒生灵，不得不保全大局，俯从所请。既经通行各省，势难再有变更，全在各省封疆大吏设法羁縻，于条约外不得仍令另生枝节。如该洋人等在各省请议详细章程，仍可于权宜之中寓限制之意，总期不至贻患无穷，庶可相安永久。着倭仁、景霖、恒福、文谦、曾国藩、薛焕、庆端、瑞瑸、王有龄、劳崇光、耆龄、文煜等，于该洋人到后，妥为驾驭，悉心筹办。其奉天、天津、山东等处，系新设埠口，尤关紧要，并著酌核妥议办理，是为至要。

总署奏请派驻英国公使片　附上谕

奕䜣等片。

再，臣衙门于本年五月十四日，附片奏请饬下在京王公大臣等，保举熟悉洋情边防之员，兼备出使简用。并将主事陈兰彬等九员，堪以分别录用，缮具履历清单，恭呈御览。当日奉旨：依议。行知各衙门在案。诚以两国交涉事务，非使臣往来其间，即虞隔阂，而办理愈形棘手。故臣等于储材出使一节，不得不亟亟兼为筹度也。兹因英国翻译官马嘉理在滇省边界被戕一案，事阅半年有余，云南巡抚尚未查办明确，该国使臣威妥玛欲求中国办理各节，业经臣等于密片内详细声叙。查出使各国一事，本属中国应行举办，现在威妥玛既以马嘉理被戕一案，力求中国派员到彼国，以为修好起见。臣等公同

商酌，应无庸过为峻拒，致令藉词启衅。至遣使原应俟结案之后，昨据李鸿章函称，遣使不妨先期允办，待使臣出京时滇案计亦就绪。臣等核其所见，洵属急脉缓受之策，相应请旨简派出使英国正使一员，此外尚须副使一员；拟即于臣等五月间所保九员开单请简一员，并赏给崇衔，俾得随同前往，以修和好而固邦交。谨奏。

光绪元年七月二十八日奉上谕：军机大臣等：总理衙门奏请饬李瀚章迅速到滇查办事件，威妥玛在津与李鸿章辩论各情，请饬李鸿章妥议，并请派员出使各折片，览奏均悉。即著李瀚章迅抵滇省，将此案实在情形查究明确，柏郎被阻之事一并查实奏闻；一面妥速筹办，以杜衅端。威妥玛与李鸿章迭次晤面，藉端要挟，语甚迫切，虽迹近恫喝，自当思患预防，勿稍大意。梅辉立在总理衙门，声称马嘉里〔理〕被害缘由，仍指定李姓，且言及李珍国之名，并谓攻击柏郎事尤重于杀马嘉理等语。威妥玛所递条件肆意妄求，该使既在天津，自应即在该处与之辩论。本日已派李鸿章将此案与之商议，该督等务当悉心妥商，以顾大局。谕旨一道一并发往，如该使索看照据，著李鸿章另行恭录，给与阅看。所请派员出使英国之处，本日已另有旨矣。

又奉上谕：候补侍郎郭嵩焘、候补道许钤身，著充出使出英国钦差大臣，许钤身著赏给二品顶戴。

总署奏出使英国照会可否照出使法国原案办理片

总理衙门片。

再，英国使臣威妥玛因滇案一事，在津与李鸿章多方辩论，欲将奉到谕旨内，有该国字样者必须抬头等语。臣等查各国条约，内有大英等国字样，均与大清国平行抬写，至钦奉谕旨内有该国字样者，向未将其抬写。查同治九年五月间天津教堂滋事案，内奉上谕：三口通商大臣·兵部左侍郎崇厚著充出使大法国钦差大臣。钦此。谕旨内大法国字样并未抬写。臣衙门因条约内凡称各国有大字者一律抬写，是以将奉到上谕知照法国及英、俄、美、布、比、日等国各使臣，均将大法国字样抬写。此次出使英国谕旨内并无大英字样，臣照会该国使臣，自无庸将该国抬写。第恐该使接到此件照会，以为出使英国与出使法国，何以事同而谕旨不同，前来饶舌。在滇案尚未了结，未便因此出使事办理两歧，致生枝节。臣等公同商酌，可否将出使英国谕旨及给与照会，仍照出使法国成案办理。理合附片陈明。谨奏。

光绪元年八月初一日奉旨：知道了。

总署奏驻京使臣与部院大臣往来礼节未便置之不议片

奕䜣等片。

再，泰西各国向以英国为最强，该使臣近因马嘉理被戕一案，以为云南所报不实，伊已执有信据，气焰益张，要求益力，均经臣等据理辩论，详说力争。日来复以条约所称优待使臣内，如随时觐见、禁苑游览、王公大员均准往来各节，泰西各国接待使臣无不如此办理。臣等查此件，十数年来各国驻京使臣，每每以此为言。除觐见一条，上年曾经举行，现在未便准办。其禁苑游历、王公往来均属万难议及。惟使臣与部院大臣往来，中国现在既有大臣出使，往来礼节自未便置之不议。除将要求各节争办情形，随时恭折陈奏外，理合附片密陈。谨奏。

光绪元年八月初一日。

直督李鸿章等奏恳将前派出使英国及责问岑毓英谕旨酌量明发折 附廷寄

直隶总督李鸿章等奏，为遵旨与英国使臣威妥玛会商，据情恳恩将前派出使英国，及责问岑毓英等谕旨酌量明发，以释其疑事。

窃七月二十九日早刻接奉二十八日寄谕：英国马嘉理一案，威妥玛在津与李鸿章迭次晤面，已有旨派李鸿章、丁日昌将此案与之商议。该督等当悉心筹画，妥商定议，以顾大局等因。钦此。伏查英使威妥玛自七月初二日由沪到津，与臣三次往复晤谈，旋递办理滇案洋文节略，当经先后详细函达总理衙门，酌办在案。该使所要各条虽欲件件办到，而于谕旨发钞一节争之尤力。

该使本有即日回京之说，适于二十九日申刻来臣署辞行，当告以业经奉旨派郭嵩焘等出使英国。该使似尚惬意，惟以有无发钞为词，仍欲进京商议。臣等遂将另奉谕旨一道恭录给与阅看，留伊会商。该使谓办理外国交涉须专视总理衙门为定准，若将应办事宜先与面论，自无不可。因订于三十日辰时会议。复将前递各节略七条逐层辩论，并索看责问岑毓英等谕旨。臣等又将所奉寄谕敬谨节录给阅，与总理衙门随后寄到照会该使底稿略同，仍告以已有廷寄颁行各省督抚，自必中外皆知，可无疑虑。该使总谓不肯发钞为轻视该国，并非真心和好之证，专为发钞二字辩争两时之久；且云若不发钞，谕旨亦同虚文，余事可毋庸议。臣等现既奉旨会商，未便任其决裂。且查同治九年法国天津一案，曾即明发谕旨，该使必挟此意以固求，当允据情代为奏请，但可否发钞，仍非臣

所敢擅拟。

旋于八月初一、二等日函商总理衙门去后，威妥玛忽于三十日申刻坐兵船开往烟台。初五日，该国水师提督赖法回津，专片知会，谓该使现有微疾，不克会晤。旋据函称，已调梅辉立日内到津。该使拟仍赴京，意颇怏怏，想因梅辉立向总理衙门商请发抄，未蒙允准，又有不愿在天津商办之意。臣等窃思马嘉理一案已逾半年，迄无头绪，该使因其朝廷催办紧急，固在情理之中，且疑中国上下不肯实心和好，致有此等巨案。臣等迭经开导，我朝廷及内外各大臣绝无他意，该使总不见信。其所要求各件若伤国体者，虽绝交亦不可允。若有关外交无伤国体者，似尚可以允行。如简派使臣一节，总理衙门照会各国，虽将大英国抬写，而明发谕旨专以晓谕中国臣民，自可不必抬写。即发钞后，该使或有挑剔，必当据理剖辨，无庸先与商明。抑或变通字样，另拟谕旨发钞，以前派出使英国大臣郭嵩焘作为正使，许钤身作为副使，似官阶亦复相称。至前奉寄谕责问岑毓英等办理迟延，虽向无明发之例，而朝廷既经实意催办，似无妨宣布中外，以示大公而服远人。此案曲本在我，值此时势艰难，不得不要相机驾驭。

昨准总理衙门函开，已告知梅辉立，或由臣等设法奏请亦可。兹观威妥玛意甚决绝，若再坚拒，必至赴京争闹，势更难于转圜。可否恳恩，将前次谕旨二道酌量明发，俾彼可释疑，而我亦不至失体。如蒙俞允，该使无论在津、赴京，商办他事当较顺手，似于大局有裨。是否有当，谨会同前江苏巡抚臣丁日昌合词具陈。谨奏。

光绪元年八月初八日奉廷寄李鸿章、丁日昌、李瀚章、吴棠：派员出使英国，本日已照总理衙门所请，明降谕旨。李鸿章等接奉此旨后，可即照会该使知悉。至责问岑毓英办理迟延，此时暂缓明降谕旨，仍著李鸿章与总理衙门妥为筹议。李鸿章请饬薛焕赴滇，已着吴棠传知迅速前往矣。

鲁抚丁宝桢奏英法等国兵船来烟台片

丁宝桢片。

再，东省烟台地方为中外通商口岸，每年各该国均有兵船，或二三只，不时来烟避暑，秋凉即行南去，历经妥为镇压，不致生事。兹臣接据登莱青道龚易图禀报，今年入夏来烟兵船无多。乃自七月二十日至二十七日，忽有英、法、美、布各国兵船共八只来泊烟口；并闻英国有水师提督兵船随即到烟，带有公文赴津，又闻尚有兵船数只亦即可以来烟等语。并查开兵船数目呈送前来。臣查通商各国近日尚属相安，何以忽有多只兵船来烟停泊？虽现在各该国来意如何并未显露，而臣细揣其故，必系为滇事未结，藉词为要挟之具。当即密饬龚易图不动声色，仍照常派员镇压居民，不令再滋他事。一面暗为查探该国是何举动，如有意外之事，一得的耗，即行飞禀核办。并密饬驻烟台洋枪队

一营及登莱水师两营，日勤操练，并留心确探，预为防备。又密饬署登州镇总兵王正起前带赴登之陆队二营，一并密为预备，以资防范。谨奏。

光绪元年八月十四日奉旨。

滇督岑毓英奏英员马嘉理被戕一案已获凶犯赃物折

云贵总督岑毓英奏，为遵旨查明复奏事。

窃臣于光绪元年七月二十三日，承准军机大臣密寄，光绪元年七月初六日奉上谕：总理衙门奏马嘉理被戕一案，现据英国使臣照会，与岑毓英折内语有歧异一折等因。钦此。遵查前准礼部咨，颁发光绪元年正月二十日皇上登极宝诏到滇，并颁缅甸国王宝诏一道，交臣转发。当经臣照例交藩司潘鼎新委员赍送。旋据呈报，由司委补用府经历狄浚源赍至永昌，另由永昌府知府朱百梅委署施甸巡检萧星云赍至腾越，复由署腾越同知吴启亮、署腾越镇总兵蒋宗汉、委署腾越司狱郑定材、署镇标中营外委杨名声，领赍赴缅。该员弁等行至南甸土司地方，闻前途野人时出抢掳，恐有疏虞，不敢前进，以卸署腾越镇分驻南甸左营都司・候补参将李珍国，熟悉赴缅路径，商请带领前往。李珍国以宣诏事关重大，不敢推辞，遂协同赍送，探路而行，安抵缅甸，将宝诏送交缅王后，即驰回腾越。

署提督杨玉科以李珍国既熟悉边地路径，派令随同署总兵蒋宗汉、署同知吴启亮，查拿马嘉理被戕案内凶犯，函商前来。复经臣加派署永昌协副将和耀曾，驰往守催；并札饬吴启亮、李珍国，俟赃贼缉获，带同办团绅耆数人，解省听候讯质，于七月初五日附片奏明在案。现据吴启亮禀报，已拿获凶犯九名，并追出赃物数件，俟讯明首从，取具实供，即将赃贼解省审办等情。臣已飞饬该员约同李珍国，带领绅耆，押解赃贼，迅速来省候质。如有在逃凶犯，仍由署提督杨玉科督同署总兵蒋宗汉等，上紧严拿，毋任疏脱。至解省各犯，臣自当懔遵圣训，会同钦差湖广督臣李瀚章认真讯办，务期赃证确凿，以折服彼族之心，断不敢稍涉含混，致滋口实。谨奏。

光绪元年八月十六日。

滇督岑毓英奏请饬总署照会英使转饬柏郎等稍缓来滇游历片

岑毓英片。

再，臣于光绪元年七月十八日，接准总理衙门函示，据英国公使威妥玛照称：请行文滇省，如遇英国副将柏郎，或他项人员，执有总理衙门护照到境，望即妥选护队送至

边境；彼国再由缅甸巴谟地方，派队前来接护到缅等语。此次英国官员如按护照所载，随带跟役数人由滇赴缅，即希派员妥为护送，免生事端。倘或恃有护照，多带人众，心怀叵测，当由臣处相机办理等因。准此，查滇省地处极边，民情迥异，虽识君亲大义，仍多顽梗之徒；且大乱初平，伏莽未靖，拦路劫抢之案层见迭出。近因马嘉理在边界被戕一案，谣言四起，民心惶惑。若柏郎等复由滇赴缅，洋兵又由缅来接，则百姓愈加惊疑，恐难保其相安。倘或有意外之虞，更难收拾。臣与藩司潘鼎新、臬司仓景愉等悉心商筹，不能不慎之于始。可否请旨敕下总理衙门，照会英国公使威妥玛转饬柏郎等，俟马嘉理之案办清，滇省民心大定，来年再由滇行走，以昭慎重而免疏虞。谨奏。

光绪元年八月十六日奉旨：该衙门知道。

总署复英使声明中国于滇案确系持平办理照会

为照复事。

光绪元年八月十九日接准来文，内称：滇省凶案一事以及赅括本案诸大端，丝毫未见实心举办之诚意。本大臣现当陈明本国，不日携同僚属由京搬出南下等因。

本爵查滇省一案，迭经本衙门奏奉谕旨，饬令云南督抚认真查办；嗣又奉旨派令李总督前往查办，复于七月间经本衙门奏请，饬令李总督迅速到滇，奉有谕旨严饬李总督等妥迅筹办。在中国，自问办理此案似已不遗余力。至贵大臣所称，赅括本案诸大端，如格参赞往滇派队护送，及将来印度派员往滇派队护送两条，业于七月二十二日缮复节略内声明允准办理。又，各口内地通商事宜，应令一律遵守条约，亦经各大臣允为按约查明整顿。又，云南边界两国派员会议通商章程一条，亦经各大臣面允，于正案办结后即为商办。出使贵国绕道印度一条，除绕道印度一节，于前节略内声明外，所有派出之员已于七月二十八日奉旨，二十九日照会贵大臣。出使明降谕旨一条，已于八月初八日奉有谕知中国臣民。谕旨责问岑巡抚一条，已于七月二十八日奉旨，并照会贵大臣。至与各部院大员往来一条，亦经设法熟商，业于此次黏钞节略内声明。是本衙门于滇省正案及贵大臣所称赅括本案诸大端，并无丝毫不为实心举办，亦非如贵大臣照会所称，几乎全谓碍难办理也。

贵大臣照称非专以拟办各节，未见允从为綦重等语。无论贵大臣视以为重与否，而李、丁两大臣及本衙门各大臣，先后与贵大臣中怀并无疑虑。至李总督早自湖北起程，格参赞何时前往，应由贵大臣斟酌；设李总督到滇查办此案时，观审之员未到，本衙门似难以延缓拖泄之咎，仍归之李总督等。贵大臣由京南下，在本爵自未便强为阻止。惟两国办事，必须彼此原谅商酌，方为真心和好之据。乃贵大臣照称商论之间，所见诸位大臣神形为率等语。查贵大臣拟办各节，本衙门无不实心商办，贵大臣未加细察，辄以

各大臣神形为词。向来本衙门各大臣与各国大臣晤谈，虽有辩论之处，无不尽情尽礼，从无令人难堪之处。且滇案最为紧要，朝廷特派李总督查办，所以求持平也。贵大臣派员前往观审，将以为凭信也。现李总督尚未到滇查办，贵大臣所派观审之员又不令其赴滇，乃此次照称持平办理一言，实难凭信。然则，贵大臣预知中国必不持平办理，而匆匆出京耶？抑以拟办各节有丝毫意见未合，遂指为几乎全谓碍难办理而匆匆出京耶？总之，本衙门甚愿贵大臣平心商办，其肯商办与否，则在贵大臣裁度之耳。昨日本爵赴贵馆答拜贵大臣，诸大臣与贵大臣复经畅叙一切，并闻今日遣梅正使来署会晤，甚慰。先此照复，须至照会者。

八月二十三日

总署奏英员马嘉理被戕一案请饬李瀚章迅查复奏折

总理各国事务恭亲王奕䜣等奏，为英国翻译官马嘉理在云南边界被戕一案，续接英国使臣照会，请饬湖广总督李瀚章迅速确查复奏事。

窃查马嘉理被戕事，曾经抚臣岑毓英于本年六月十三日奏称，马嘉理被戕，实系边界野人所杀等因。嗣据威妥玛照会，询及滇省查究如何情形，当由臣衙门据该抚所称野人抢杀马嘉理情由照复去后。迨至七月二十六、二十八等日，连接威妥玛照会两件，则以总兵杨玉科、道员陈席珍所查系属虚饰；所有马嘉理在蛮允遇害，并调兵拦击柏副将等情，皆由中国官员所致。照会中提出杨大人、李协台字样，臣等以威妥玛照会牵涉职官，此时李瀚章尚未查办，不便与之辩论。当即钞录七月二十六、二十八日两次照会，咨行督臣李瀚章暨滇省督抚查明具奏。一面照复威妥玛，以当候钦差大臣李瀚章到省会同确查，奏报到日再行照复。本月十六日，又据抚臣岑毓英奏称遵旨查明复奏一折，由军机处大臣奉上谕：李瀚章到滇后，著将此案始末情由确切查明，按律惩办，不准再事迟延，亦不得以岑毓英奏报在先，稍存成见。李珍国及办团绅管等，在省尤应质证明确等因。臣等查李瀚章既经奉有寄谕，自必钦遵办理。惟威妥玛现又有照会前来，相应请旨饬令李瀚章，迅将该使臣照会各情一并查明，据实复奏，务期供证确凿，俾有以折服其心而消边衅。谨奏。

光绪元年八月二十九日。

总署奏陈中外交际往来情形请旨明白宣示折

总理各国事务恭亲王奕䜣奏，为缕陈中外交际往来情形，请旨明白宣示，以释众疑

而防嫌衅事。

本年五月间，臣衙门奏请预储熟悉洋务人才，当经奉旨准行，嗣复奉有候补侍郎郭嵩焘、二品顶戴・直隶候补道许钤身出使谕旨。伏查臣等前此奏请预储熟悉洋务人才，原不仅为办理中外交涉事务起见，而出使往来各节，亦均寓其中。诚以人心必无暌隔，方不致互有牴牾，而欲无抵牾，必先洞悉情形。同治六年间，臣衙门志刚、孙家穀出使各国差旋，即据述及曾与外国各衙门大臣往来交接。而各国驻京大臣亦迭次向臣等称说前事，并言：各国大臣在京，各部大臣均未与之往来；在官者既与疏远，无怪民庶不以外国官民为重等语。臣等查各部院大臣向不与之往来，固属恪循无外交之义。惟中外修睦日久，现又派员出使，今昔情形不同，虽不能悉照泰西款待使臣之事，似亦不必竟无往来。应请旨由臣衙门与各部院大臣商订往来节目，俾得尽悉缘由。庶往来者不致因周旋之际，或生嫌忌之端。即未与往来者，亦可渐知中外交涉情事。此臣工往来交涉道理，不可不令中外咸知也。从来与国相交，本无轩轾，乃外国不知者，每见钞录谕旨内，于某与国字样未经抬写，疑有尊卑之分，且恐启中国官民轻视之渐。虽迭经告以上谕系专谕中国臣民，例不抬写；若国书则无不抬写，即如历次国书内，两国君上彼此均系抬写，而某大国字样亦系抬写。况各国条约内所刊尤足为凭，何致疑有尊卑。惟此节虽经讲释，究未明白宣示，仍难使中外人人明悉，且恐无知匪人以此挑生事端。此两国往来交际道理，不可不令中外咸知也。以上两层，臣等公同商酌，深恐彼此不能体察其所以然之故，但强事虚文，不防实弊，势必愈求近而愈疏，愈求益而愈损，于中外交涉事务极有关系。用敢缕晰上陈，仰恳恩准宣示，以释群疑而维大局。谨奏。

光绪元年八月二十九日奉旨：著照所议办理。

鄂督李瀚章奏赴滇查办英员马嘉理被戕一案途次筹办情形折　附上谕

湖广总督李瀚章奏，为遵旨筹办情形先行密陈事。

窃臣于八月初十日在湖南桃源县途次，奉七月二十八日上谕：英国马嘉理被戕一案情节甚重，李瀚章甫于七月十八日起程，即著迅速驰抵滇省，会同刘岳昭、岑毓英，将此案实在情形查究明确等因。旋于八月十六日在沅陵县，接准总理衙门密咨，以英使威妥玛照会缕述案情，钞粘附送前来。臣详加核阅，该使所述马嘉理被戕、柏郎被阻各情，前此照会皆以李珍国为主使，此次又谓其侄叔君统带兵勇，又据喀乾土人所云，中国官员杨大人调兵拦阻英官，约会札赖土司协助等语。于李珍国外添出杨姓，谓其居心构怨，诡谲恍惚其词，固难遽信。第马嘉理、柏郎由缅入滇，该地方官员有无调兵阻击情事，实为紧要关键，必须查出确情，方足以折服彼族之心。臣到滇之后，万一岑毓英

受其属吏蒙蔽，彼时察访綦难。诚如圣训所云，倘稍涉含糊，致彼族有所藉口，岂能当此重咎？查有湖南绥靖镇总兵李胜，心地明白，谨慎耐苦。臣已密札饬该总兵改装易服，由川东取道，径赴腾越蛮允一带，逐细密访：是否杨姓调派官兵？抑系地方团勇士兵？李珍国之侄是否在场？马嘉理究系何人所害？一一查清根底，再行进省面禀，庶可脚踏实地，相机措置。臣现抵辰州，日内即行起程，迅速赴滇。谨奏。

光绪元年八月二十九日奉上谕：李瀚章奏马嘉理被戕一案遵旨筹办情形一折。本日又据总理衙门奏，续据英国使臣照会，请饬迅速确查等语。此案查办已逾半年，耽延日久，枝节愈多。现在英国使臣照会，即以杨玉科所查各节系属虚诬，并谓马嘉理被害及调兵拦击柏郎等情，皆由中国官员所致。而于李珍国之外，复又牵连杨姓，确系一面之词，必须确切查明，罪当情真，始足以服其心而杜其口。李瀚章现已派总兵李胜潜赴腾越、蛮允一带逐细访查，即著严密查明，是否有杨姓截杀情事，李珍国之侄是否在场，马嘉理究系何人所害。滇省前次拿获凶犯九名，是否实系正凶。查明根究，不可含糊，务使证供确凿，不令彼族有所藉口，方为妥善。

清季外交史料卷三终

清季外交史料卷之四

光绪元年九月至十二月

总署致英使请派员往滇会查通商事宜照会

为照会事。

所有云南边界贸易一事，业经本衙门允准商办，已于九月初一日达知贵大臣在案。兹本爵查得此事，中国将来应行派员前往云南边界，查看贸易情形；贵国亦应派员到彼处，与中国所派之员详细会查后，由本衙门与贵大臣妥议章程办理。为此照会，须至照会者。

九月初八日

总署奏请申明各国条约饬令各省照办折　附上谕

总理各国事务恭亲王奕䜣奏，为申明各国条约，请旨饬令各省查照，俾有遵循而免歧异事。

窃查各国条约于洋人入内地行走一节，均载明必须请有执照，盖用中国印信。此项持有执照之人，经过地方，随时呈验放行，不得拦阻留难。其于遗失执照，或执照讹误，或有不法情事，亦载明就近交领事官办理，沿途只可拘禁，不可凌虐。并于约内载明，执照惟准给与体面有身家之人，或另于约外申明；凡非体面和厚之人，万不许给照各等因。各国条约所载大同小异，总不外使地方官于此等执有护照之人，得以细核条约本意，分别办理。

今云南边境有英国翻译官马嘉理被害一案，钦奉谕旨派李瀚章前往查办。究系如何被害，将来自不难水落石出。惟未经查明之前，诚恐各省地方官因有此案，未明条约本意，互相猜疑；遇有应行保护者，转因畏难而亦不保护，甚或民间以讹传讹，别生枝节，均不可不预为防范。相应奏明请旨，饬下各直省大吏转饬地方官，于各国执有护照之人入境，务须一体细核条约本意，妥为分别办理，以安中外而杜衅端。如蒙俞允，除

臣衙门前已将各国条约咨送各省外，再由臣衙门将约内所载执照游历分别保护办法各条约摘出，专钞分送各省，仍令转给地方官一律照办。谨奏。

光绪元年九月十二日奉上谕：总理衙门奏申明各国条约，请饬各省遵照一折。洋人入内地游历，各国条约内均经载明，必须请有执照，盖用中国印信，经过地方随时呈验放行。倘有不法情事，亦载明就近交领事官办理，沿途只可拘禁，不可凌虐。若非体面有身家之人，概不许给与执照。条约本极明晰，地方官不难分别办理。近有英国翻译官马嘉理在云南边境被戕一案，其为何人戕害，业派李瀚章驰赴查办。嗣后，各省督抚务饬地方官细核条约本意，遇有各国执持护照之人入境，必须照约妥为办理，以安中外而杜祸端。

英使复总署云南一案本国期在澈究并格参赞赴滇请保护照会

为照复事。

照得九月十一日接准贵亲王来文，内开光绪元年九月十一日奉上谕：总理衙门奏申明各国条约，请饬各省一律遵照一折。洋人入内地游历，各条约经载明，必须请有执照，盖用中国印信，经过地方，随时呈验放行。倘有不法情事，亦载明就近交领事官办理，沿途只可拘禁，不可凌虐。如非体面有身家之人，概不许给与执照。条约本极明晰，地方官不难分别办理。近有英国翻译官马嘉理在云南边境被戕一案，其为何人戕害，业派李瀚章驰往查办。嗣后各省督抚务当通饬所属地方官，细核条约本意，遇有各国执持护照之人入境，必须照约妥为分别办理，以安中外而杜衅端。钦此。相应恭录谕旨，钞录原奏，照会贵大臣可也，等因前来。

本大臣即将来文缘由，咨会本国总理各国事务丞相德一体知悉。查本月初八日已接德丞相电咨，嘱本大臣，以云南一案本国所期在于澈底根究等语，转致贵亲王查照。现在德以格参赞刻期起程前往云南缘由，备文咨复本大臣，实所甚幸。一面订于本月十三日本大臣起程前往上海，向格参赞嘱咐一切。当饬先行驰抵云南省城，到彼时谅必与李总督相会后，由格参赞自行酌定时日，前往蛮允，不拘该处有无他项应办事件，总须将惨遭杀害之马翻译官尸骸妥为收殓。此后，或由原路东行旋回湖北，或由去岁十一月间马翻译官所经之路过界，前赴缅国新街，应听格参赞临时酌定。若系过界前往缅国，格参赞即当先行函达本国印度大臣派驻新街之领事官知悉，以便仿照前次办法，由该处派队前来缅国边上，妥为接迎。此本大臣应向格参赞面为嘱办之大概情形也。

溯查本年七月二十二日，接准贵亲王来文，内开：将来贵国官员执有护照由滇赴缅，自应饬令该处官员实力保护，俾得平安出境等因在案。兹格参赞起程前往，所有应

行咨会滇省大吏照办之处，谅贵亲王无不预为筹备，以尽妥协也。须至照会者。

九月十二日

滇督岑毓英奏拿获凶杀英官案犯并赃物折

云贵总督岑毓英等奏，为拿获劫杀英国翻译官马嘉理案内凶犯，并追出赃物，听候审办事。

窃臣前据署腾越同知吴启亮禀称，署提督杨玉科派参将李珍国等，带兵查拿劫杀马嘉理案内凶犯，已拿获九名，追出赃物数件。当经臣于七月二十八日具奏在案。嗣据吴启亮禀称，前拿获凶犯九名，讯明均系野人；内有六滥干、阿用二名先带重伤，已在监病故；尚存而通凹、而排腊、而样双、施奶、六滥当、而排干、阿弄共七名，仍监禁厅狱。据供，此案凶犯首从共计二十三人，除已拿获九名暨前被官兵格杀二名外，尚有尔同巴等十二犯在逃未获，拟拿获一并起解。并准署提督杨玉科咨呈，探闻该犯等聚在户宋山后之云岩硐，山深林密，路径崎岖，难于搜捕。复加派署腾越镇总兵蒋宗汉，酌带练军，督同参将李珍国、干厓土司刁盈廷等，前往查拿。据报，于八月初二日行抵云岩硐山，该犯等胆敢拒捕，伤毙补用千总郭珠宝及兵丁二名。蒋宗汉亲督官兵四面围攻，并挑派奋勇弁兵，于初三日黎明，乘其防守稍懈，攀藤附葛而上，破入岩硐，匪等纷纷坠岩而逃。当时格毙四名，生擒尔同巴等八名，搜出马嘉理骑马二匹，暨零星赃物四十余件，解至腾越厅城。署提督已督催署腾越同知吴启亮、参将李珍国，同派往守催之署永昌协副将和耀曾，将前后拿获凶犯共计十五名，及马匹赃物，亲身押解，于八月十九日自腾越起程，来省候讯等情，并据蒋宗汉、吴启亮禀报前来。臣查腾越距省一千七百余里，和耀曾同吴启亮、李珍国等押解赃犯按站行走，于九月中旬定可到省。现探闻钦差湖广督臣李瀚章已入黔境，约计九月下旬亦可抵滇，俟到时审讯明确，分别首从，应如何办理，再详细具奏，不敢稍涉含混。谨奏。

光绪元年九月二十四日。

粤督英翰奏秘鲁换约事竣闽粤拐卖人口应按约严禁片

英翰片。

再，奴才恭奉七月初十日密寄，以秘鲁换约事竣，闽粤二省拐骗人口亟应严禁，饬令督同官绅，按照条约妥议章程奏明，实力照办等因。

伏查粤省各口拐骗人口，为向来积弊，深堪痛恨。奴才到任后，当以澳门招工局虽

经暂停，而各口岸暗中贩卖之风实犹未已，历经密饬文武从严查禁。其荷兰国、法国请于省城招工，及英商请于汕头招工，亦皆设法答复，未遽开办，以杜影射。现在秘鲁甫经定约，奴才于接奉密寄后，加倍慎密，未敢宣露。而法国领事达伯理已有申陈前来，并向洋务委员裕庚面称，秘鲁国现有官员至香港，拟在粤省开办招工，询问总理衙门通行章程曾否颁到。当复以章程尚未通行到粤，该领事日内始未来催问。揣度情形，是秘鲁于粤省招工一事，其意甚亟，而法人向与之勾结，久思于中取利。既未能遽杜远人，则内地拐骗一节，更宜早申禁令，用绝窥伺。近日澳门西洋人专引内地奸徒，以贩卖人口为业，一经开招，必将藉端影射，逞其故智。查被拐人口出洋后，所受凌虐耳不忍闻。此等匪徒实较之劫盗聚众杀掳尤堪发指。粤省以前拐贩案件，悉照新章就地正法，系经瑞麟、蒋益澧奏定有案。诚以立法不惮从严，杜弊必期经久。与其博宽大之名，而转轻民命；莫若褫奸民之魄，而明示典刑。定章本极严密，嗣经张兆栋以拐匪稍知敛迹，于去岁冬间将此项章程改照旧制办理。省局所讯拐贩之案大半以被拐者情甘出口成谳，皆得量从末减。当平居无事之时，已滋流弊，今值开办伊始，奸民勾结堪虞，不可不慎之又慎。可否仰恳饬下新任督臣刘坤一，体察情形，悉心酌核，仿照新定章程，俾犯法奸徒得以随时就地惩办，不至渐成厉阶，致酿隐患，实为地方之幸。谨奏。

光绪元年九月二十九日奉旨：该衙门议奏。

总署奏马嘉理案与英使往来辩论情形折

总理各国事务恭亲王奕䜣等奏，为英国翻译官马嘉理在滇被戕一案，谨将该国使臣由津回京，与臣等往来辩论情形，恭折密陈事。

窃臣等前因英国使臣威妥玛由上海等处旋津，奏派李鸿章、丁日昌，与该使臣就近将滇案在津商办。经李鸿章将该使臣要求事件七条，函寄臣等。当即备具节略，逐条寄回答复，业经奏陈在案。旋奉上谕派郭嵩焘、许钤身出使英国，复由李鸿章奏请明发谕旨，钦奉上谕：郭嵩焘、许钤身出使英国，随带人员著与李鸿章商办等因。臣等又请宣示谕旨体制，及各国驻京使臣准与中国部院大臣往来，暨申明洋人执照之条，请饬分别妥办，均经钦奉上谕，宣示中外。

而此案详细辩论情形，尚未缕陈也。查威妥玛要求事件七条，臣等前寄答复节略中，于所称派队护送洋员之条已经允许。八月十三日，该使臣及该国汉文正使梅辉立到京，先准该使臣照会，请出使大臣暂且缓行。及到京后，遣梅辉立来臣衙门屡次面论，总以前奉上谕内英国二字并未抬写。是以该国为卑，以中国为尊，使中外见之，视彼为中国藩属。要请明降谕旨，将英国字样抬写，或将前奉上谕撤回。谓此层最关紧要，如不能允许，他无可议。臣等告以上谕万无撤回之理，按中国体制，谕旨内亦万无抬写英

国字样之理。层层晓谕，持之甚坚，明示以即欲因此决裂，亦不能稍有通融。其议及责问滇抚上谕请予发钞一层，则告以此案俟李瀚章查明奏结，上谕奏折自然发钞。又议及中国大臣往来及各口通商、滇省边界通商事宜，臣等均分别答复。于大臣往来，谓可勉强答应；各口通商，则谓应商定彼此有益办法；滇省边界通商，则应俟马嘉理一案办结，大可商办。诚以从前办理洋务，每有持之过甚，不肯稍示通融，以致决裂，故不得不权衡轻重，略示羁縻。

乃该使臣犹以为未足，仍递照会，以若无妥洽凭据，不令格维讷往滇，并将在京本国人员出京等词，显为挟制。臣等亦不为动。该使臣乃自作转圜，谓：英国字样抬写，既关中国体制，即不强求；惟大臣往来须请宣示中外，庶各省不致轻视各国，此层定准再议。各口通商、云南通商事宜，迭据威妥玛、梅辉立来臣衙门要请甚切。至询以通商各事宜，该使臣等仅携有洋文节略，臣等即令总税务司赫德与之面译大略，并告以如系彼此有益无损，即令该税司详议呈核。所译通商各节，大致谓云南边界通商先各派员会查。一谓税单，华洋人一律准执；一谓整顿厘税，租界内先禁抽厘；一谓洋药收税，各口须办划一章程；一谓沿江、沿海、沿湖添开口岸。臣等以所请诸条中多窒碍，均非一时所能定议。而大臣往来一层，该使臣既知抬写之万难照允，专就此为更端之请。倘再严斥峻拒，必致老羞成怒，竟成衅端。若一经允许，而在我或不免掣肘，又启彼得步进步之机，亦不可不虑。所以由臣等酌允陈请，姑纾其急。复由臣文祥专缮节略，交该使臣阅看，预伐其萌，故有宣示体制及准大臣往来之请也。

旋于钦奉上谕后，正拟恭录照会该使臣，适递来照会，以面晤时声明三节须得妥合答复为凭等语。其意以大臣往来为一端，以所议税单等四事约而谓整顿本国货物抽征事宜为一端，以派员会查云南边界贸易事务为一端。今大臣往来一端，既奉上谕宣示，以为乘机求进计无不遂矣。遂请将其二端即为定议，甚至照会中限定日期以相逼迫，冀中国不及深求，即可尽满所欲。臣等给予照复，显斥其克期相迫之非，而于所称二端，总持定彼此有益方可办理之说。庶此时稍留余步，日后或藉以挽回一二，不至尽撤其藩。复经赫德往来传述辩论各节，拟给照会两件：一以整顿货税事宜，允即札令赫德详议彼此有益之处，申请核办。一云南边界贸易事宜，彼此派员会勘情形。

正在议办间，该使臣以责问滇抚上谕发钞一层，未遂所愿，降格以求，乞将约内所载游历执照事宜，由臣衙门奏请谕饬各省照约保护，以免将来再有如马嘉理被害之事。其时适李鸿章来京与威妥玛相晤，威妥玛复申此议，臣等与之公同商酌。揆该使臣所请虽在所要三端之外，而其事尚在条约之中，既经略有头绪，似不致因此一节议败垂成；遂于两件照会外另给一函，允其具折陈请，所以有申明洋人执照条款请饬分别妥办之奏也。

伏查该使臣于此案节节要求，多有在滇事本案之外者，经臣相机持论，至此始免目前之衅。而究之此案归束之处，全在讯办凶犯实事求是，俾无藉口，方能了结。至该使臣所求通商等事，蓄谋已非一日，而特于滇案发之。自庚申定约以来，迄今十有余年，

各使臣觊觎中国，屡欲扩充，均经臣等力持而止。谋之于修英约而未遂，谋之于修法约而未遂。即英之欲由缅甸至云南通商，法之欲由越南至云南通商，屡谋之而俱未遂。今日滇案之兴，适触其机，几至一发不可收拾。是以就洋情而论，则所求各节为本图，而滇案其藉端也。就滇事而论，则讯办案犯为本义，而所求各节其枝叶也。此所求各节之难于终阻，而查办本案之为尤急也。自洋人执照条款一折钦奉上谕，经臣等恭录照会威妥玛去后，据其照复，令格维讷赴滇观审。该使臣已于九月十三日出京，前往上海等处；并据其先期来臣衙门辞行声称，俟封河前回京，商论未尽事宜。此时李瀚章等计将到滇，筹办一切亟应悉心查访，切实讯办，以期早结。除由臣衙门钞录历次往来照会、信函及面论节略，寄交李瀚章等查核，并嘱其迅速办理外，所有此次英国使臣威妥玛自津来京后往来辩论情形，理合缮折密陈。谨奏。

光绪元年十月初七日奉旨：知道了。

闽督李鹤年奏福州厦门电报买回自办折

闽浙总督李鹤年奏，为福州、厦门电线议定合同条约买回自办事。

窃照总理衙门具奏闽省设立电线一折，于光绪元年正月二十三日奉旨：依议。钦此。咨行钦遵到闽。查闽省因上年日本构兵台湾生番，重洋远隔，文报需时，经臣沈葆桢奏准于台海设立电线。而丹国电报公司蒂礼也因议请由马尾至南台设立水线，由南台至厦门设立陆线。马尾之线当经安设，通厦一线以道路阻长，应由地方官经理，反复商议，滞碍颇多，日久相持未决。嗣准总理衙门咨饬办理，始于本年四月十七日定立合同，共价银十五万四千五百圆，马尾电线并允一律买归中国。正在核实饬议间，旋接总理衙门来函，买回之后，其权总当归中国主持。即经饬局申明前约，照会该公司及美国领事木兰那，与之定议：厦门电报由该公司代中国造办，工竣之后，逐段点交中国验收管理，于安设电线地方自行分别委员照料。其马尾电线，仍依原议，给价四千圆，一并买归中国；暨在南台番船浦两线归并处所，设立大电报局一所，约数月乃可竣工。因并议将马尾一线暂交公司恒宁臣经理，以五个月为期，津贴用费一千五百圆；电线如有损坏，归其修整，所得来往信资归中国承收；统俟厦门电线工竣，另行择派经理。合计厦门电线六百里，马尾电线五十里，两次合同开载洋里及电线名目、机器件数、洋馆更寮间数，由通商局司道开折详请奏咨，并声明：此案曾经郭嵩焘与该公司往复函商、会议等情前来。臣等复核无异，除将清折分送总理衙门及南北洋通商大臣查照外，谨会同两江督臣沈葆桢，合词恭折具陈。谨奏。

光绪元年十月初九日奉旨：该衙门知道。

兵部左侍郎郭嵩焘奏参岑毓英不谙事理酿成戕杀英官重案折 附上谕

署兵部左侍郎嵩焘奏，为特参酿成事端之抚臣，请旨先交部复议事。

窃臣考《周礼》一书，百官之职皆有事于宾旅，而大宗伯以宾礼亲邦国，列之军、嘉二礼之上。行人所司之飧食，掌客所供之牲牢，至优至渥，六官所掌诸典礼，无若是之详者。环人行夫送迎宾客，一以礼将之，未尝不叹三代圣王享国长久，其源皆在于此。何也？远方宾客，万里之情毕达，邦国之事宜，生民之疾苦，巨细自得以上闻。春秋列国以礼相接，文辞斐然，其立国或远在唐虞之前。秦汉以来，此礼日废，国祚之久长，亦远不及三代。我朝深仁厚泽，经列圣之培养，一以爱民恤下为心，圣祖、世宗、高宗以至仁至明之德，权衡天下，登之上理。臣历考史册，唐虞三代之隆，差可仿佛，而万不能继世承一百七八十年，若是之悠久。

顷年以来，西洋诸国环集中土，事故繁多，乃稍讲求三代宾客之礼；而其强兵富国之术，尚学兴艺之方，与其所以通民情而立国本者，实多可以取法。洋人又乐与中国讲求，助之兴利，以蕲至富强。此正列圣在天之灵，所以佑启国家，相与激发，以立亿万年无穷之基者也。而士大夫蔽于见闻，不考古今之宜，不察理势之变，习为高论，过相诋毁，以至屡生事端，激成其怒。近日云南蛮允一案，抚臣岑毓英举动乖方，臣在闽臬任内，屡接云南信报，多云：云南抚臣岑毓英探知英官柏郎带有缅兵入境，檄饬腾越厅镇防备；腾越厅镇又檄饬南甸一带土兵练勇防备，辗转相承，浮言滋起，以致无故杀毙翻译官马嘉理一员，贸焉构难，全失该抚檄饬防备之本意。岑毓英意存掩护，又不查明肆杀情由，据实奏报，而一诿其罪于野人。臣远隔万里，细心探考，终亦不能知其详，而据所闻情形，与岑毓英奏报实远不相符。臣查岑毓英有大功于云南，总兵杨玉科、参将李珍国均属股肱将帅之选，一言贻误，至于逞凶；并杨玉科、李珍国亦牵连案内，日夜忧惧，以寒功臣之心，而违议功之典，臣实悼之。

推原其故，皆缘岑毓英以肃清云南全省之功，自恃强武，并不一研考事理，深求善处之方。封疆大吏与国同休戚，尤非士大夫虚持议论者可比。责以酿成事端之咎，该抚复何辞以自解？应请饬下李瀚章，查明臣所闻情节，据实推求，期使功罪各不相掩，以服洋人之心。并请旨将岑毓英先后酿成事端之处，交部严加议处，以为恃虚骄之气，而不务沉心观理、考察详情，以贻累国家者戒。臣蒙被圣恩，饬在总理衙门行走。事理之得失，天下之利病，臣皆与有咎责，有所见闻不敢缄默。若俟之入署供职之日，一切事件均应会商，未宜专折奏事。用敢于奉旨后，先将数月以来访求云南滋事情形，具折参劾。谨奏。

光绪元年十一月初八日奉上谕军机大臣等：郭嵩焘特参酿成事端之抚臣，请旨严惩一折，据称马嘉理被戕一案，岑毓英意存袒护，归罪野人，并不查明实情奏报，亦不研求事理，详筹善处之方。着李瀚章查明复奏。

鄂督李瀚章等奏查办英员马嘉理被戕一案请将办理不善之文武官革审折 附上谕

湖广总督李瀚章、侍郎薛焕、署云贵总督岑毓英奏，为恭报臣等到滇日期，并合筹大概情形，请旨先将办理不善之文武地方官革职审讯事。

窃于光绪元年五月二十三日钦奉上谕：本日有旨，派李瀚章前往云南查办事件，著即迅速赴滇，将马嘉理被戕一案，会同该督抚秉公讯结。钦此。八月初八日奉上谕：著吴棠传知前侍郎薛焕，迅速赴滇，帮同李瀚章办理一切，以资得力各等因。钦此。臣等恭报起程后，遵即按站前进。臣瀚章于十月十六日，焕于十月二十三日先后抵滇，沿途明查暗访，到省后会晤臣毓英，面询大概情形，并调核全案卷宗，将提到已获各凶犯迅速派委干员，研讯确情具奏。

臣等伏查马嘉理前次由滇赴缅，执有总理衙门护照，沿途地方妥为护送无误。嗣该洋人等由缅回滇，中隔野人土司地界，该处向多匪徒，与野人勾结劫掠行旅。其时腾越绅民纷纷传播，谓洋人等带有洋兵多名将入关内。该绅民素未识洋兵举动，恐其入境欺辱，是以集团自卫身家。而不法匪徒乃与野人伺隙乘机劫杀，酿成事端。虽该洋人自缅境折回，未先知会地方官派人迎护，而腾越厅同知吴启亮于绅民聚团时，未能开导弹压，预防其渐；及至中途失事，经臣毓英严檄勒拿，数月之久始行获犯，缉捕迟延，致外国有所藉口，实属办理不善。署腾越镇总兵蒋宗汉于专辖地方出此巨案，毫无觉察，亦有应得之咎。相应请旨，将腾越厅同知吴启亮、署腾越镇总兵蒋宗汉一并撤任，暂行革职归案审讯；如查有调兵阻止及指使戕害情事，再行照例从严究办。臣等连日会商，意见相同，谨合词恭折具陈。再，云贵督臣刘岳昭至今尚未回任，是以未经会衔。合并陈明。谨奏。

光绪元年十一月十二日奉上谕：马嘉理被戕一案，现经李瀚章明查暗访，调核卷宗，派委干员秉公研讯。据奏，由滇至缅，中隔野人土司地界，该处向多匪徒勾抢。其时，腾越绅民闻洋人带有洋兵多名，将到关内，是以集团自卫。马嘉理由滇至缅，执有护照，沿途地方妥为护送无误。嗣因由缅回滇，未经知会地方官派人护送，以致不法匪徒伺隙戕害各情。腾越厅同知吴启亮于绅民聚团时，未能开导弹压，先事预防；失事后，经岑毓英严檄勒拿，乃数月之久始行获犯，实属办理不善。署腾越镇总兵蒋宗汉于专辖地方出此巨案，毫无觉察，亦有应得之咎。均撤任暂行革职，归案审讯；如查有调兵及指使戕害各情，即著李瀚章确切研求，以成信谳。

总署复英使声明中国明发上谕及寄谕办法照会

为照复事。

光绪元年十一月十八日，准贵大臣照会，内称来文所载似指上谕，与寄谕颇有区别。溯查前于五月二十一日照会本大臣文内所载，五月十六日奉上谕：李瀚章著驰驿前往云南查办事件等因。钦此。别无所言。现于本月十三日准来文，内将李大臣等折文钞送前来。查李大臣等有云：光绪元年五月二十三日，钦奉上谕：本日有旨，派李瀚章前往云南查办事件，著即迅速赴滇，将马嘉理被戕一案，会同该督抚秉公讯结。钦此。则五月十六日本有谕旨两道，乃照送本大臣者有其一，无其二。又阅李大臣等所奏一切，即知八月间四川总督传知前侍郎薛焕，赴滇办理一切事由，亦系奉有上谕。复查前于七月二十二日准总理衙门节略，内有云：前滇省督抚是否迟延之处，统由李总督一并查明办理等因在案。前于本月十五日，以岑督迟延等事照会内，原应叙明此语，现在顺为敷陈，祈为查照等因前来。

本爵查来文内所称上谕与寄谕颇有区别等因。查中国体制，有只发上谕不用寄谕者，有既发上谕兼有寄谕者。上谕有发钞、不发钞之别，寄谕则一概不发钞，发钞者一概行文，不发钞者未便一概行文。本衙门前于五月二十一日照会贵大臣，所有恭录上谕乃系发钞例准行文者，所以照会贵大臣有其一也。李大臣等所称五月二十三日钦奉上谕，乃寄谕不发钞向例不准行文者，所以照会贵大臣无其二也。来文又称八月间四川总督传知前侍郎薛焕赴滇办理等因。查前侍郎薛焕赴滇，系由奏调奉准即行寄谕传知之件，本衙门是以未便照会。且钦差大臣奉旨后，往往有请派帮办奏带随员之事，而主稿则专归钦差大臣一人。来文又称，准七月二十二日本衙门节略内称：滇省督抚是否迟延之处，统由李总督一并查明办理等因。查此次李总督等折报，系将大概情形入奏；以后李总督如何办理之处，当俟李总督等续奏到日，如奉有明发谕旨，再行照会贵大臣查照。又，同日准来文称：九月间又饬本国副领事官达文波，随同格参赞前往云南，并备函布达李总督等因。除由本衙门咨达李总督等外，相应照复贵大臣查照可也。须至照会者。

十一月十二日

英使致总署此次拿讯滇案凶犯怀疑甚重照会

为照会事。

照得昨据本国五印度节度大臣本年九月二十四日来文，内开：兹接驻扎缅甸新街领

事官详文，内称：七月下旬，据本处中国商民报云，腾越厅地方官近奉大宪谕饬，将杀害马翻译官案犯查拿解讯，现在已将李姓华民一人并野人奴才数名，在于蛮允地方拿获，解往腾越；而李姓等实非案内正犯，惟属顶凶而已云云。嗣据蛮允前来之华民一人报称，所拿顶凶等已受截去手指之刑等情，到本大臣前来。

查此次公文内所开各缘由信息，业已通达本国，颇觉令人撼动。其言虚实之处，本大臣一时自无须悬揣，惟既有所闻，自当据情照会贵亲王一体悉知。溯查前因本国官员等执有总理衙门盖印护照，前来中国地方，卒被兵勇攻击一案，虽案内陷害一员情由姑且勿论，而已令本国怀疑甚重。今通国官民齐心立意，务使案内人等均坐惩处，非谓显报本案情由，实欲本国人民在中国者嗣后尤赖护全矣。本大臣追思前于本年二月间将出京南下之时，曾经备文照会贵亲王，声明本大臣所派官员查问一切，倘或稍觉怀有限制、不许足尽之情，本国揣度事理，定必深弗允怿等因在案。现核情节，似应再将前言申明，请为查照。盖于查讯案情之间，如或竟滋矫饰迁就之疑，难免关系綦重。相应照会贵亲王查照可也。为此照会，须至照会者。

十一月十三日

总署奏请派员出使美日秘国保护华工折　附上谕

总理各国事务恭亲王奕䜣等奏，为美利加等国现有交涉议办事件，拟请先其所急，派员出使，以资得力事。

窃前因保举出使人才，将陈兰彬等九员呈请简用，并奏准由各督抚大臣，及饬在廷王大臣等，遴选奏保在案。迄今仅据山东抚臣丁宝桢奏保薛福成、黎庶昌两员，此外均未据奏复。即臣等所指各员中，尚有应令随时练习之处，未敢率请简派。揆度情形，凡有约各国，应行遣使交涉事件者虽多，不能不审其缓急，逐渐酌量举行。前因云南边界戕毙英国翻译官马嘉理一案，臣郭嵩焘及许钤身已奉有出使英国之旨。此外，如日斯巴尼亚所属古巴岛虐待华工一案，经臣衙门奏派前刑部主事陈兰彬，前往查明种种被虐情形，累与日国使臣及各国使臣往返辩论，日国使臣虽允将有身家人及疾病伤残者送回中国，尚未定议。微论各华工势难全行送回，即现在未经送回之先，亦不可无中国官员在彼经管。又，日国古巴岛而外，尚有秘鲁一国，前经李鸿章派令同知容闳前往密查，略有梗概。秘国议约时，于查办华工一节立有专条，声明换约后由中国派员查办，是秘国尤不可无中国官员在彼经管。诚以日国、秘国于华工多方虐待，若不派员驻扎，随时设法拯救，不独无以对中国被虐人民，且令各国见之，亦将谓中国膜视民命，未免启其轻视之心。

臣等参考各国情形，必须照约于各国就地设领事等官，方能保护华工。既欲设领事等官，必先简派大臣出使彼国，方能呼应。古巴境地暨秘鲁国之地，均与美国相近，秘

鲁国凌虐华工情事，曾经美国使臣据词代向臣等申诉，其对于日国招工事件亦持公论。且近年奏选学生出洋肄习西学，所驻哈富即系美国境地，亦有交涉应办之件。此时欲遣使日国、秘国，必先遣使美国，方能取程前进，逐层开办。是美国及日国、秘国遣使一层，均难稍缓。而三国同时遣使，不易骤得多人，似以请派使臣二员，合办三国事宜为较便。其如何次第开办，及以何处为驻扎地方，应随时相机酌定办理。

查有四品衔花翎·候选郎中·前刑部主事陈兰彬，忠奋笃实，本系管带学生出洋肄习之员，嗣经派往古巴，备历艰险，所取各工人口供呈词等件，于虐待情事历历如绘。该员差旋后，本拟奏请优奖。又查有三品衔同知容闳，于密查秘国华工之役，能殚心竭力，不辞劳瘁，亦应酌予奖励。并据李鸿章称，容闳熟于洋语、洋律，办事奋勉，堪备出使之选。所有三国情形，该员等业经涉历，较为熟悉。可否以陈兰彬作为出使美国、日国、秘国大臣，而以容闳帮办一切事宜；并陈兰彬等应如何酌量加恩之处，恭候命下，遵由臣衙门行知该员等，并将应办事宜逐一详议妥筹。至李鸿章议复海防事宜折片所称，日本国及泰西各国应行遣使之处，一时尚未得人，应由臣等于择定人员后，再行奏明办理。再，办理交涉事件人员除丁宝桢奏保二员外，内外臣工尚未据复奏。因就臣衙门前次单开各员，择其熟谙美、日、秘等国情事者，惟陈兰彬一员，又续经选访容闳一员，敬拟二员，请旨遵行。谨奏。

光绪元年十一月十四日奉上谕内阁：二品顶戴·候补三四品京堂·军机章京·刑部郎中陈兰彬、三品衔同知容闳，著充出使美国、日国、秘国钦差大臣。容闳并著以道员用，赏给二品顶戴。总理衙门查照出使英国成案，照会各国，嗣后均照此办理。

总署奏闻美西两国有在古巴用兵之事由陈兰彬探明片

奕䜣等片。

再，陈兰彬现经拟请派往美国及日国、秘国，为出使三国大臣，办理交涉事件。日国交涉事件，以古巴招工一节为最要。现据总税务司赫德探称，美国与日国为古巴事，恐有军务之举等语。臣等查赫德所称，大约即为古巴黑奴之事，与中国查办华工亦有关涉，至用兵与否尚未可定。今陈兰彬如蒙简派出使三国，自应将应办事宜逐层筹办。设古巴地方有美日两国用兵之事，届时可否前往，应由陈兰彬随时探明，相机行止；并由臣等探有确音，另行具奏。至前派出使英国一事，经臣等照会英国使臣威妥玛，据其照复，请暂缓行。现在威妥玛到京，云南一案枝节尚多，臣郭嵩焘等或来春开河后登程，或滇案议结后前往，或到英国后就近兼充他国使臣之处，均由臣奕䜣等随时酌度情形，奏明办理。谨奏。

光绪元年十一月十四日奉旨：知道了。

英使致总署李瀚章等查办滇案折奏极不妥协照会

为照复事。

照得十一月十三日接准贵亲王来文，内开：光绪元年十一月十二日，准湖广总督查办云南事件大臣李等奏，查办马翻译官被戕一案大概情形，请将办理不善各员先行革职审讯一折，相应先行钞录原奏，恭录谕旨，照会贵大臣查照等因前来。既准照会前情，则折文暨前钞谕旨各件，自属确鉴无疑。本大臣即当译录，寄至本国总理各国事务丞相德查照，并将后开查核各情节，一面咨会声明。

窃以详阅此次折文所载，似觉曾于八月初八日早有谕旨，令前侍郎薛焕会同李总督办理一切。查前侍郎薛已于多年前为疆省大吏，后又在总理衙门行走，向为本国所闻。是以此次既膺简命，似非不无专意。而此事迄今本大臣并未接有知会文件，尚以为怪。且见折文内并列岑署总督之衔，不免同觉诧异。缘思指为办理不善各员之中，岑署总督亦居其一，既于事前失防，又于事后迁延，纵无情罪较重，而已于中国定例，咎有应得。案查前于七月二十九日，本大臣接准来文，恭录谕旨内已以迟延之咎，责岑署总督各情在案。兹李总督奉命查办之件，岂非关系岑署总督举止？何仅岑署总督麾下属员也？乃身系此项情事之员，而会合奉命查究大臣，将己身事端核议入奏，此诚素所罕闻。至李总督暨薛侍郎此次查讫入奏之速，原足令人惊讶。况检阅本年七月二十二日总理衙门节略内所开，案未办结之前，明降谕旨骤难施行之语，乃此次折文发钞之情，殊属难解。

即就折文内所报一切，有云马翻译官由滇赴缅，沿途地方妥为护送等语，此言本非真确。案查前据马翻译官于去岁十二月十一日从蛮谟寄达禀件，本大臣前于二月二十日公文中业已声明在案，禀内陈明：卑职在滇省起程时，由岑署总督派委员二人护送；卑职已抵永昌，即由永昌独身驰往腾越，复从腾越前进蛮允，面见李协台，承其款待各等情节。此马翻译官并非沿途护送之实情也。又，折文内所开，自缅境折回，未先知会地方官派人迎护等语，亦非真情。查马翻译官于初抵滇省时，已携有总理衙门咨文、护照各件，为岑署总督所目击。是马翻译官迎接本国官员，由缅回滇各情，为岑署总督所熟知。而马翻译官行抵蛮允时，屡与李协台畅谈一切，既到蛮谟后，于去岁十二月十二三等日，即向李协台并腾越厅官宪分别专函，将不日动身折回事由声明通达。此本大臣曾于七月二十一日公文内叙及在案。

总之，以上歧异各端，所关紧要之处尚属较轻。今李总督、岑署总督暨薛侍郎此次合报大概情形之折，本与夏间岑署总督奏报总兵杨玉科、道员陈席珍等查访各情形，大同小异。既于六月二十九日曾准来文声明前来，本大臣随以杨、陈二员所报各情碍难稍

行凭信之处，于七月二十一日、二十二日两次公文内，曾经详细言明在案，应请贵亲王再行查阅为祷。因思前项公文内所列情事诸端，核与此次所报事由相较，是本大臣不得已而以李总督等折奏一切，视为极非妥洽之件。此语若能不使本大臣出诸于口，寸衷诚为甘悦，而酌核以上情节，尚觉分所应言，谅本国朝议大臣亦无不同称意见相合也。相应照会贵亲王查照可也。须至照会者。

十一月十五日

英使致鄂督李瀚章马嘉理案英国君民异常不平函

敬启者：

溯查本年正月间，有五印度节度大臣派委数员，持照前往云南游历，惜被攻击，马君系随从之翻译官，亦遭戕害各等情。当经贵国朝廷允必查究，本大臣即派二等参赞格前赴该省从旁观审，此贵大臣早经知悉。查此案本国切以主使为重，均须按律拟办为要。近于本月十一日再奉谕旨，内有业派李瀚章驰往查办等因。钦此。原属此意。兹本国总理各国事务丞相德，早已咨会本大臣，以云南凶案各节总须全行查明等因，转咨中国总署在案。本月初八日，又准德丞相由电线文催本大臣复将前言重达。本大臣抵沪，经将贵国新定守信之凭咨会本国。本月二十四日，复准德丞相由电线来文，以此次新定凭言嗣后是否遵行，本国自宜详为留意，日后重修旧好皆在守信与否而定，贵大臣希再转咨等由。准此，查德丞相所提新定之凭言，系本大臣在此两月以来与总署商定之件，总期此案情节得以详查明晰，正犯务皆按名惩办。

本国视为最要有二：一则解案各犯原属确实；一则见证供词无不可靠，未能虚饰。本大臣所虑定案之后，或有生疑之处，为此专派格参赞观审，期免后论。即已备文照会恭亲王，以格参赞先赴省城，面晤贵大臣之后，在省留待之日多寡，均由格参赞自行酌定行止；后赴蛮允地方，因马翻译官被戕系在该镇一带。格参赞到彼查察，即使果无别情，尚应将马翻译官尸身收回。事毕，格参赞或由内地回鄂，或过滇界前赴新街，亦听其便。自蛮允至新街，即上年马翻译官经过之道，本年七月二十二日接准恭亲王来文内，以英官持照自滇至缅，必令滇省各宪随时保护等意。今将恭亲王来文钞录转给格参赞收执，日后或有前往新街之议，一面转请贵大臣设法妥办，一面函知驻扎新街之英国官，俾得缅兵前赴缅国交界处所，接护前进。此即仿照上年马翻译官之举。

总之，云南凶案本国君上、官民无不异常不平。格参赞或在观审，或在审毕之后，均赖贵大臣全行护助。倘不如是，反有失助之处，关系未免綦重。本大臣不得不为贵大臣切言之。再者，格参赞随带之官达副领事、贝翻译官二员，或同赴新街，抑由内地回鄂，均归格参赞酌行。专此奉致，烦贵大臣查照。

顺颂日祉！

十一月十五日

总署复英使李瀚章查办滇案尚有薛焕岑毓英帮同办理照会

为照复事。

光绪元年十一月十三日，准贵大臣照称，李大臣查办马翻译官被戕大概情形，请将办理不善各员革职审讯一折，合请将原奏折件钞赐一份。又钞报有李瀚章等字样，敢问会同李总督仍有一位或数位，祈明示见复等因前来。本爵查李大臣等查办马翻译官被戕大概情形，业于本月十三日钞录原奏，恭录谕旨，备文照会贵大臣在案。钞报内所称李总督等者，查本年八月间奉上谕：著吴棠传知前侍郎薛焕，迅速赴滇，帮同李瀚章办理一切。钦此。此系寄谕，本衙门向不行文。再查中国特派钦差大臣往各省查办事件，如寄谕内有会同该省督抚字样者，则联衔会奏，而主稿则专归钦差大臣。钞报内所称等字，系李大臣、薛大臣、岑大人耳。相应照复贵大臣查照可也。须至照会者。

十一月十六日

总署致英使条复李瀚章等查办滇案情形并经转致滇督照会

为照复事。

光绪元年十一月十五日，准贵大臣照称接准来文，内开：准湖广总督·查办云南事件大臣李瀚章等奏，查办马翻译官被戕一案折文所载，觉于八月初八日早有谕旨，令前侍郎薛焕会同李总督办理一切。本大臣并未接有知会，尚以为怪。且见折文内并列岑署总督之衔，不免同觉诧异。查前于七月二十九日，本大臣接准来文恭录谕旨内，已以迟延之咎责岑署总督各情在案。乃身系此项之员，而会合奉命查究大臣将己身事端核议入奏，此诚素所罕闻。至李总督暨薛侍郎此次查讫入奏之速，原足惊讶。况检阅本年七月二十二日总理衙门节略内所开，案未办结之前，明降谕旨骤难施行之语，乃此次折文发钞之情殊属难解。即就折文内云，马翻译官由滇赴缅，地方官妥为护送；并云自缅境折回，未先知会地方官派人迎护各等语。此言非真确。今李总督、岑署总督暨薛侍郎会报大概情形，本与夏间岑署总督奏报总兵杨玉科、道员陈席珍等查访各情形，大同小异。本大臣以杨、陈二员所报各情碍难稍行凭信之处，于七月二十一日两次公文内，曾经详细言明在案，应请再行查阅等因前来。

本爵查来文所称前侍郎薛会同李总督办理本大臣未接知会，暨折内并列岑署总督之衔各节，已于本衙门本月十六日照会内缕复。来文又称迟延之咎已责岑署总督，乃身系

此项之员而会合奉命查究大臣将已身事端核议入奏一节。查岑署总督迟延已奉谕旨申饬，朝廷命李总督查办者云南正案，并非查办岑署总督迟延；此次系奏报正案大概情形，岑署总督即非不应会衔之人也。来文又称入奏之速固足惊讶，且案未办结折文发钞，殊属难解各节。查李总督等此次入奏，诚为不迟。因中国大臣遇有钦差查办事件之旨，往往于未启程以前派人先往密查一次，再于途次自行访察；且李总督等奉有倘再任意迟延，岂能当此重咎之谕，故到滇后，先将大概情形迅速入奏，并有沿途明查暗访等语。至案未办结折不发钞一层，此次李总督等折文，系请将署腾越镇总兵蒋宗汉、腾越厅同知吴启亮暂行革职。查中国定例，微末之员奉旨革职，间有不发钞之时；若总兵等官职较大，兼有职守遇革职归案审讯等事，必应发钞，庶各衙门有所遵循，亦中国体制攸关。此与七月二十二日本衙门节略内不发钞云云，并行不悖。

来文又称折内所云马翻译官由滇赴缅、自缅回滇等情，皆非真确各节。查同治十三年间，本衙门发给马翻译官护照，行文云南等省大宪妥为照料。现且不必说及各处如何照料，即如来文内所云岑署总督派员二人护送之语，总督为封疆大吏，一经派员护送，则按站传报，及各府州县皆得预知到境日期，细心照料。马翻译官因以安抵缅甸，不可谓滇省官员非真心妥为护送。来文谓：马翻译官到蛮谟后，即向李协台并腾越厅官宪分别专函，将不日动身折回事由声明等语。当时马翻译官曾否专函知会，腾越地方官曾否接收此函，腾越地方官应于何时派人、应到何处迎护？虽经先期声明不日动身折回，而临期曾否遣人先行知照地方官，李协台有无派令地方官迎护之权；及来文所云分别专函，是否果为知会保护情事，及如何折回各情，本衙门均未便悬揣。李总督等谓未先知会地方官派人迎护，料非臆度之词。来文又称此次合报大概情形，与杨、陈二员大同小异，其碍难稍行凭信之处，应请再行查阅一节。查李总督等既奉旨查办，自当认真询究，案关中外大局，公是公非，当有定谳。本爵之意，一俟贵国所派观审官员到滇后，李总督等定能秉公审讯，以期水落石出。惟贵大臣尚觉不得已视为极非妥洽之件，自应将贵大臣所叙各情详细转致滇省，俟李总督等奏咨到日，再行照复。相应先此照会贵大臣查照可也。须至照会者。

十一月二十日

总署奏英使回京并驳辩滇案情形折

总理各国事务恭亲王奕䜣等奏，为云南马嘉理一案，所有英国使臣由津回京后照会往返辩论情形事。

窃臣衙门前因英国使臣威妥玛八月间回京，与臣等往返辩论滇案各情形，于十月初六日缮折密陈在案。惟时威妥玛于案外要求各节议有大略，遂令格维纳等赴滇观审，威

妥玛旋亦出京，前往上海等处。至十一月初一日，接据李鸿章函述威妥玛到津晤论滇案情形。据称已派员携带全案文牍，附轮船驰回英都，面陈一切；直由电信请示本国政府准其暂假回京，该国丞相德以办理各节均妥，滇处正案未了，属令暂留，只得回京。经李鸿章告以滇省闻已拿获凶犯，搜出马嘉理所骑马匹各节，威妥玛犹谓虚诳，总以为事由岑毓英指使，曲加掩饰；并云秋间议定各事及各省未结要案，务请早日逐件议办，勿待催问；此次赴京绝不催索，惟愿此案能趁早议办妥结，必于中国有益等因。

威妥玛旋亦到京，来臣衙门谒晤，果未提及滇事。并据候补道许钤身由津到京面陈，威妥玛与李鸿章晤论，意在静候中国于开河前办理妥贴，言外流露要挟之意。是以自知秋间在京议办此案，咆哮急迫，计无可加，故为此镇静之态，以示不测其实。云南正案，必须俟李瀚章查究明确，方有根据；至案外牵涉要求各节，亦须正案得有归束，始可核定办法也。

自威妥玛到京后，接据十一月十二日照会一件，声明更正前议；谓英国官员在滇界所失行李大半解回，副将李姓阻止一层非由五印度节度大臣电咨，应正前误。复于十三日接据照会二件，请钞示李瀚章等原奏，并询上谕内等字所指，及声明李姓实非案内正凶等情。经臣衙门恭录所奉上谕知照，并另给照会，告以钦派前侍郎薛焕会同办理缘由。复于十五日接据照会一件，以薛焕会办未经知会；岑毓英有迟延之咎，何以将己身事端核议入奏；李瀚章查奏太速，至与岑毓英奏报情形大同小异，极非妥协；暨英国官员由缅回滇曾经专函声明等节，层层辩诘。均经臣等逐一谕解，冀祛其疑。并以李瀚章奏报所称，由缅回滇未经知会之说料非臆度，允将照会所叙各情详致滇省。威妥玛复以前奉上谕令李瀚章查办，又奉上谕令李瀚章会同该督抚查办，及寄谕吴棠传知薛焕赴滇会办，有知照及未知照之处，还以相诘，其注意尤在岑毓英迟延查明办理一层。亦经臣等详加剖别，并复以此案应俟李瀚章等将如何办理之处续奏到日，再行照会等因。

伏查威妥玛此次到京，时已三旬有余，仅诣臣衙门一次，且于晤时故置滇案不提。于本案未能确有归结，则案外所议通商各端，无从定局。然若概从缓议，威妥玛又得以不准不办为词。且其性情躁急，此次除照会辩论外，并未面为催迫，亦难必其别无诡谋。除由臣等一面谕令总税务司赫德，将通商各节详细核议，并俟李瀚章续有奏报，再行相机办理外，所有英国使臣此次回京后往返照会辩论情形，理合缮折密陈。谨奏。

光绪元年十二月初十日奉旨：知道了。

总署奏各国驻京使臣新年拟与各部院大臣互相道贺片

奕䜣等片。

再，臣衙门于本年八月二十九日，奏陈中外交际情形，请旨明白宣示，以释众疑等

因一折，钦奉上谕：总理衙门奏请宣示谕旨体制，及酌定各部院大臣与驻京各国使臣往来一折等因。钦此。臣等伏查各国使臣驻京办事以来，向于中国新年，各国使臣皆订期来臣衙门，与臣等相晤。是日彼此各道寒暄，不论公事，若中国之贺年者。然至各国新年，臣等亦如其礼以答之。今当中国各部院大臣与各国使臣往来之始，拟请以光绪二年为开办之日。现当穆宗毅皇帝国制期内，应停止贺年。故事，惟时值新岁，彼此均有首先订见之日。拟就各国使臣于开岁订定初次来见时，由臣衙门先期知照各部院大臣，届期至臣衙门与臣等一同接见；并由臣等与各部院大臣于接见后，商定日时前往各国使臣寓馆回答。是否有当，伏候训示遵行。谨奏。

光绪元年十二月初十日奉旨：依议。

总署奏西班牙国更换使臣片

弈〔奕〕䜣等片。

再，臣衙门于九月初九日，接据日斯巴尼亚使臣法乐德函称，现因回国就医，特派本馆副参赞贾斯理办理本馆之事等因前来。十月十九日，接署日国使臣赫海达照称，准本国电信，特派署理钦差大臣，现已到京等语。旋即来署谒见，臣等照章款接。所有日斯巴尼亚国更换使臣缘由，理合附片具陈。谨奏。

光绪元年十二月初十日奉旨：知道了。

日使复总署朝鲜虽中国属邦其地不隶中国照会

为照会事。

本大臣于明治九年一月十日晤会贵王大臣，详述朝鲜背约拒使。况在江华炮击我船，今我政府犹遣主和使臣，往彼问事，恐其仍前芥蒂而偾事也。命本大臣告知贵国，以昭两国睦邻之谊等情。据贵王大臣云，朝鲜虽曰属国，地固不隶中国，以故中国曾无干预内政，其与外国交涉亦听彼国自主，不可相强等语。由是观之，朝鲜是一独立之国，而贵国谓之属国者，徒空名耳。彼此为邻，加我暴戾，而今不得不遣使以责之，且为我国人民自尽保安海疆之义。因此凡事起于朝鲜、日本间者，于清国与日本国条约上无所关系。兹本大臣临事，决意回明本国如此。相应备文照会贵王大臣查照可也。须至照会者。

十二月十九日

鄂督李瀚章等奏查办滇案审讯情形折

湖广总督李瀚章、侍郎薛焕奏，为查办英员被戕、被阻一案，先将讯究情形具陈事。

窃臣到滇后，查核英人马嘉理被戕、柏郎被阻情由，派员提犯研究，并请将办理不善之文武地方官先行革审，会同云南抚臣岑毓英合词具奏在案。旋经臣等饬派随带各员，将已获犯十一名逐一提讯；适腾越厅同知吴启亮解犯来省，都司李珍国亦经抚臣岑毓英催提到案，臣等一并饬令归案审讯。该犯等于劫杀马嘉理及伙截柏郎情节，均已供明；惟于听从谋杀一节，并未承认。吴启亮、李珍国呈递亲供，亦称并无主谋及集团聚兵等事。臣等复以该犯等供词未确，且吴启亮身任地方，岂能毫无闻见？李珍国系英人指称授意之人，尤为案中紧要关键。因添派奏调各员督同提犯，隔别严讯，并将吴启亮、李珍国二员委婉开导，冀得一二实情，而各该犯坚供如初，毫未松口。吴启亮坚称，实未授意绅团阻截。李珍国则称，马嘉理于正月间行抵蛮允，该都司尚在猛卯办理解散三海等事，实未会合兵团有心构难，亦无子侄带兵之事。更番驳诘，矢口不移。

臣等伏思，英人所注意者专在主使一层。若仅得劫杀击阻之犯供，而于所指主使各使各节全无着落，不惟中国案件无此含糊办法，亦无以服彼族之心。惟欲究主使须有确凭在，各犯并未刑求，即将纠众劫杀等情供认不讳，一诘以何人驱使，无不摇首推辞。该犯等自知身陷重辟，何竟一口同声，绝不攀连卸罪？吴启亮、李珍国现为洋人指名，屡经多方开导，若系听人指挥，何以始终隐忍，代人受过？是以主使之说，臣等不敢信其绝无，亦难遽断其必有也。

昨接李鸿章函，称威妥玛过津，坚以追究主使为请，并云业已另获凭据，此时未便给阅等语。臣等思其所谓凭据，如仅得自传闻，或彼族私记，自难执为铁凭。若竟系确凿，则质之犯众自可俯首无词，较之凭虚苦索尤为得力。是以臣等公同商酌，一面函请总理衙门王大臣，向威妥玛将凭据索出，寄滇考究。一面仍饬督审各员设法研鞫。总兵蒋宗汉前已参撤，腾越距省二十余程，日内计可来省，应与吴启亮、李珍国一并严讯，务得实情，以成信谳。谨奏。

光绪元年十二月二十日奉旨：该衙门知道，片并发。

鄂督李瀚章等奏遵谕严切查讯片 附上谕

李瀚章片。

再，正缮折间，钦奉十一月十二日寄谕：本日已明降谕旨，将办理不善之总兵蒋宗汉、同知吴启亮暂行革职，归案审讯。即著李瀚章等认真查办，务将案内紧要情节一一研究明晰等因。钦此。臣等惟有严切查讯，务期脚踏实地，不使洋人别滋口实。至该国派来观审之格维讷，据报于十月杪尚在湖北荆州地方，其行甚缓，大约岁底始可到滇。臣等拟赶紧查究明晰，俟格维讷到时，期早定谳。理合附片密陈。谨奏。

光绪元年十二月二十日奉上谕：李瀚章奏，前署云南南甸都司李珍国于马嘉理被戕一案，据供，腾越众绅闻洋人带领多兵前来，齐团各保，曾与通信等语。是否另有情节，亟应澈底根究。李珍国著先行革职，交李瀚章亲同已革总兵蒋宗汉、吴启亮分别研鞫，以成信谳。

总署奏日本使臣来称欲与朝鲜修好折　附节略

总理各国事务恭亲王奕䜣等奏，为日本国使臣到京，据称欲与朝鲜修好，谨录往来节略事。

窃本年九月十五日，先据日本国使臣郑永宁函称：接本国外务大臣电报，我国炮船往朝鲜弥也古沿海测量水程，因彼开炮击我，次日进船诘问是何主意，复被炮击；遂致交战，毁其炮台，收兵回国。相应照送查阅等因。嗣据直隶总督李鸿章咨称，日本新任使臣森有礼自烟台由陆路赴京。本月初九日，即据署使臣郑永宁照会，驻京全权大臣森有礼于本日到京，拟即晤会。当经臣衙门照复，准于初十日在署相候。森有礼遂于初十日，偕同署使臣郑永宁，来臣衙门会晤。臣等亦即先后前往答拜。森有礼于十四日复同郑永宁来臣衙门，面递节略一件。臣等公同查阅，仍系因朝鲜开炮击其兵船之事，现在已派办理大臣往问朝鲜政府，为两国永保亲好之意。臣等遂亦答复节略，送交森有礼收阅各在案。臣等查朝鲜虽隶中国藩服，其本处一切政教禁令，向由该国自行专主，中国从不与闻。今日本国欲与朝鲜修好，亦当由朝鲜自行主持。惟森有礼既到臣衙门面递节略，自应转行朝鲜，俾得知有此事。如蒙俞允，即由臣衙门照录往来节略、照会，咨送礼部，备文转交朝鲜。谨将日本国使臣森有礼面递节略一件、臣衙门答复节略一件，照录清单，恭呈御览。谨奏。

光绪元年十二月二十一日奉旨：依议。

附总署复日本国使臣森有礼节略

昨准贵大臣交到节略一件，内称贵国船至高丽江华，将需淡水，被岸上炮击，现在国遣员前往，意在和好等因。查此事前准贵国署大臣郑函报，以测水致有此事，各新闻纸亦缕〔屡〕及之，今复准贵大臣节略详述各情。朝鲜自有国以来，斤斤自守，我中国

任其自理，不令华人到彼交涉，亦信其志在守分，故无勉强。即以理揆之，朝鲜必非独与贵国有所芥蒂。今因前事，贵国欲遣使前往，为两国得保亲好，具见意在息兵。即此次贵大臣推念中国和好之情，详述用意，无非信守我两国《修好条规》，敦陆不渝。中国之于朝鲜，固不强预其政事，不能不切望其安全。日前，贵大臣晤称：办事固要按照条约，但须看日本与高丽和好，是有道理无道理。如今高丽不愿和好，便是他无道理等因。朝鲜如无故称兵他国境内，自不得谓为有理。朝鲜如与他国往来，而独不愿与贵国往来，亦当不得谓为有理。贵大臣既云办事按照条约，唯希贵大臣转致贵国政府，不独兵不必用，即遣使往问一节，亦须自行筹画万全；务期两相情愿，各安疆土，终守《修好条规》中两国所属邦土不相侵越之言，是则本王大臣所切盼者也。

总署奏与日本交涉朝鲜事情片

奕䜣等片。

再，查同治四五年间，据英国使臣阿礼国、威妥玛等照会：英国拟派轮船赴中国海面迤北等处察看海岸形势，至朝鲜海边一带，务须协力设法。又以英国水师轮船近沿朝鲜境内海边游历，朝鲜民人不敢售卖食物，请为劝谕。并据法国使臣伯洛内照会：朝鲜国王将法国主教传教之人杀害，本国兵船不日齐集，暂取其国，以十年间为期。据美国使臣镂斐迪面递节略，以美国船只往来必由朝鲜洋面经过，未知朝鲜认识美国旗号否？拟请水师提督带兵船，前往商议各等因。均经臣衙门先后奏明各在案。嗣闻美、法两国兵船往攻朝鲜，均未得志。近数年间，西洋各国使臣亦未以前往朝鲜之说，来臣衙门饶舌。今日本国使臣森有礼复以修好为词，由日本国派员前赴朝鲜，森有礼并有自行派人由中国前赴该国之说。日本与朝鲜共隶东洋，邻封密迩，构衅甚易。且日本国近已改从西洋政俗，衣冠正朔全行变易，闻甚为朝鲜人所鄙夷。此次日本构衅之谋，或因为朝鲜轻视，积羞为怒；抑或西洋各国前以皆未得志于朝鲜，因而怂恿日本以图报复，均未可知。且日本国近日一切改从西法，人心不齐，莠民乱兵时思窃发，朝廷不能驾驭，或者其国兵民欲逞志于朝鲜，政府因而曲从，亦未可定。惟查李鸿章前与该国订立《修好条规》，第一条载明：两国所属邦土亦各以礼相待，不可稍有侵越等语。朝鲜向为中国藩服，日本自应恪守条规，不得占其邦土。现在使臣森有礼来臣衙门，多有辩论。臣等总本条规之言力为阻止，能否就我范围，殊难逆料。以后如续有与日本使臣辩诘之处，仍当随时奏闻。为此附片密陈。谨奏。

光绪元年十二月二十一日奉旨：知道了。

总署复日使声明朝鲜为我属国照会

为照复事。

光绪元年十二月十九日，准贵大臣照会一件，以日前贵大臣来本衙门，议及贵国欲与朝鲜和好各情，谓本王大臣曾有：朝鲜虽曰属国，地固不隶中国，以故中国曾无干预内政，其与外国交涉亦听彼国自主，不可相强等语。本王大臣查朝鲜为中国属国，隶即属也，既云属国，自不得云不隶中国。且日前回复贵大臣，并无不隶中国之说。《修好条规》内载所属邦土，朝鲜实中国所属之邦之一，无人不知。至中国向不勉强各情，已于本月十八日具复节略中，备言其义。今准贵大臣照会，本大臣仍应声明：合照《修好条规》所属邦土不相侵越之意，彼此同守，不敢断以己意，谓于条约上无所关系。相应照会贵大臣查照可也。须至照复者。

十二月二十二日

日使复总署朝鲜虽中国属邦徒系空名照会

为照会事。

明治九年一月十八日，接准贵大臣复文，内称：《修好条规》内载所属邦土，朝鲜实中国所属之邦之一，无人不知；合照《修好条规》，邦土不相侵越之意，彼此同守，不敢断以己意，谓于条约上无所关系等语。本大臣实未能明解其意所在。因思贵王大臣所以引条规，所属邦土不相侵越之意者，盖就将来我国与朝鲜国交涉。凡有该国政府及其人民向我所为之事，即由贵国自任其责之谓也。若谓不能自任其责，虽云属国，徒空名耳。则我国自不得不伸其理，于条规有何关系哉！相应照会贵王大臣，希即明白见复可也。须至照会者。

十二月二十三日

清季外交史料卷四终

清季外交史料卷之五

光绪二年正月至四月

总署奏日使因朝鲜事辩论拟请照会咨送礼部续行该国折 附照会及节略

总理各国事务恭亲王奕䜣等奏，为日本国使臣因朝鲜事屡向臣衙门往复辩论，拟请将照会等件照案咨送礼部，续行该国，俾资审度事。

窃臣衙门前据日本国使臣森有礼呈递节略，以朝鲜开炮击其兵船之事，现派大臣往问朝鲜，为两国永保亲好等情。经臣等面论，亦具节略答复，并钞录前项节略二件，于上年十二月二十一日奏陈，拟由臣衙门照案咨行礼部备文，转交朝鲜等因。奉旨：依议。钦此。由臣衙门知照礼部，转行朝鲜在案。臣等所复节略原谓：朝鲜志在自守，中国素不勉强；并据中国与日本订换《修好条规》所称，两国所属邦土不相侵越之言，告以不但兵不必用，即遣使往问一节，亦须筹画万全。至与森有礼面论之辞，亦不外乎此。讵森有礼复递照会，谓朝鲜之为中国属国，徒空名耳。彼既为邻，加我暴戾，不得不遣使责之。因此，凡事起于朝鲜、日本间者，于条约无所关系等语。复经臣等声明：《修好条规》彼此同守，不敢断以己意，谓于条约无关。照复去后，旋又据森有礼照会，其意谓：既引条规不相侵越之意，将来日本与朝鲜交涉等事，即由中国自任其责；若不能自任，于条约并无关系。正在拟给照复间，森有礼有欲赴保定见李鸿章之请。其时，森有礼先欲派同中国官前往朝鲜，则答以向来无此办法。又欲中国代为递寄朝鲜信函，则告以曾经礼部奏准：凡外国文信，概勿转递。至其欲见李鸿章，自系为复申各说起见，臣等俟其由保定旋京给予照复，仍申明属国分际及条规应守之义。森有礼又递照会，仍以前称属国为空名，于条约为无关之说为答。适接李鸿章来信，并录与森有礼问答节略，其所告之言与臣等用意略同。臣等因其问答词中，有徒伤和气，及将转商设法等词达到之说，拟就此暂作收束。遂于森有礼遣郑永宁来臣衙门，问及李鸿章来信之际，微露前接节略业经钞录奏明，由礼部转行朝鲜一层，仍声言：朝鲜接到行知后如何办法，中国不能勉强等因。然后再给照会，略示其意。兹接其照复，虽犹引及前说，尚不至全无领会。臣等公同商酌，以上彼此议论情形，自应续行朝鲜国王，俾资审度。谨

将臣衙门与森有礼来往照会，及李鸿章钞送问答节略录呈御览。一面由臣衙门照案钞录照会及问答节略等件，咨送礼部转行朝鲜国王查阅。谨奏。

光绪二年正月三十日奉旨：依议。

附日使致总署声明朝鲜不能承认为中国属邦照会

为照会事。

明治九年一月二十九日，接准贵王大臣复文，内称：朝鲜为中国属国，中外共知；属国有属国之分际，古今所同；朝鲜实中国所属之邦之一，即中国之自任也，岂得谓属国为空名？岂得谓于条约无所关系？等语。本大臣查所谓中国自任一语，言短意微，其所自任者果何事？实犹未能明悉其意。又谓属国不空名，而其不空名之实似亦不曾见。又频以两国所属邦土不可稍有侵越等语见教，是何可遽以侵越为言哉？此等之处本大臣实未能解，又不敢以己意自解。为本大臣前次照会所称，我国与朝鲜国交涉，其该政府及其人民向我所为之事，贵国能否自任其责之处，其前其后并未获一确断之言；则本大臣仍当以前次所称，朝鲜是一独立之国，贵国谓之属国亦徒空名，而凡事起于朝鲜、日本间者，断谓于清国与日本国条约上无所关系等语为准耳。仍应照会贵王大臣，希即分别示复可也。须至照会者。

正月初七日

附总署复日使声明朝鲜系中国属邦照会

为照复事。

光绪二年正月初七日，接准贵大臣照会，仍谓中国自任一语未能明悉，其意属国不空名之实似不曾见，又以前引《修好条规》，谓何可遽以侵越为言？而以事起于朝鲜、日本间者，于条约上无所关系等因。本王大臣查朝鲜为中国所属之邦，与中国所属之土有异。而其合于《修好条规》两国所属邦土不可稍有侵越之言者，则一概修其贡献，奉我正朔，朝鲜之于中国应尽之分也；收其钱粮，齐其政令，朝鲜之所自为也。此属邦之实也。纾其难，解其纷，期其安全，中国之于朝鲜自任之事也。此待属邦之实也。不肯强以所难，不忍漠视其急，不独今日中国如是，伊古以来，所以待属国皆如是也。本王大臣照会所引不稍侵越之言，正以不侵越者厚期于贵国，非遽以侵越为言也。贵大臣谓：事起于朝鲜、日本间者，断为与条约无与，则《修好条规》言之甚明，未能讳也。惟中国之于贵国，友邦也，邻国也。朝鲜，则中国属国也。中国之望其相安无事，则一也。今贵国之于朝鲜犹期无事，而于中国先开办难之端，揆之事理，似非所宜。至于中国，苟有可为之处，自由本王大臣早筹酌办，以期彼此相安，正不待贵大臣再三言之也。相应照会贵大臣查照。须至照会者。

正月十八日

附日使复总署日本已派使至韩照会

为照复事。

明治九年二月十二日，接准贵王大臣复文，逐层阅悉。本大臣查前论朝鲜一节，极称本国遣使以期无事，原夫朝鲜实具独立之体，其内外政令悉由自主，我国亦以自主对之。是以除该国自主政令外，其与贵国间所有关系事理，我国决不顾及，贵国亦不得引条规中侵越等字节加诸我国。故曰：所谓属国徒空名耳，凡事起于朝鲜、日本间者，以条约上固无与也。今阅来文，既以纾难解纷为中国自任之事，复称中国苟有可为之处，自由本王大臣早筹酌办，以期彼此相安等语，是与日本大臣所期望于邻国者正相符合，曷胜额庆。现在本国已派钦使往韩，自可乐观其成矣。相应照复贵王大臣查照。须至照会者。

正月二十日

照录李鸿章与森有礼问答节略

郑署使传森大臣语，致仰慕之意，答云：岂敢！森大臣致谢道途款洽，答云：因得总理衙门信，知森大人要来，故遣弁相迓。因问：森大臣在京总理衙门，见过各位中堂大人否？森大臣云：见过。问：见过王爷否？森大臣云：见过。问：森大臣多少年纪？森大臣云：整三十岁。问：森大臣到过西洋否？森大臣云：自幼出外国周流，在英国学堂三年，地球走过两周，又在华盛顿当钦差三年，现在外务省官大辅。问：中西学问何如？森大臣云：西国所学十分有用，中国学问只有三分可取，其余七分仍系旧样，已无用了。问：日本西学有七分否？森大臣云：五分尚没有。问：日本衣冠都变了，怎说没有五分？郑署使云：这是外貌，其实在本领尚未尽学会。森大臣云：敝国上下俱好学，只学得现成器艺，没有像西国从自己心中想出法儿的一个人。答云：久久自有。森大臣云：在美国时，识得贵国容闳、郑兰生二人，极有学问。答云：容闳现派驻美国钦差大臣。森大臣云：极好。又答云：郑兰生现调回天津当委员，明年森大人过天津可以访他。森大臣云：在美见许多中国幼童，均极聪明。答云：是遣去外国习学的，闻他们尚肯读书。森大臣云：这起人长大学成，将来办外国事是极好的。又云：当初游历各国，看地球并不大，未在局中。看各国事极清楚，如贵国与日本同在亚细亚洲，可惜被西国压住了。答云：我们东方诸国中国最大，日本次之，其余各小国均须同心和气，挽回局面，方敌得欧罗巴住。森大臣云：据我看来，和约没甚用处。答云：两国和好，全凭条约，何说没用？森大臣云：和约不过为通商事，可以照办；至国家事，只看谁强，不必尽依著条约。答云：此是谬论，恃强违约，《万国公法》所不许。森大臣云：《万国公法》也可不用。答云：叛约背公法，将为万国所不容。因指棹上酒杯告郑署使云：和是和气，约是约束人的心，如这酒杯围住了这酒，不教泛溢。森大臣云：这和气无孔不

入，有缝即去，杯子如何拦得住？答云：森大人年少气盛，发此谬论。郑署使是我们立约时的人，须要详细告他。森大臣云：敝国与中国的和约是中堂定的么？答云：是我与贵国伊藤大人商定，伊藤现在何处？森大臣云：伊藤现在退居林下，朝廷给他俸禄，自来和约定约之人去了，便靠不住。答云：约书奉有谕旨，盖用国宝，两国臣民子子孙孙当世守之。森大臣云：也有在约内的，也有在约外的，不变通如何办得去。答云：未及十年修约之期，不能议及变通。森大臣云：高丽与印度同在亚细亚，不算中国属国。答云：高丽奉正朔，如何不是属国！森大臣云：各国都说高丽不过朝贡受册，不收其钱粮，不管他政事，所以不算属国。答云：高丽属国几千年，何人不知。和约上所说所属邦土，土字指中国各直省，此是内地，为内属，征钱粮，管政事；邦字指高丽诸国，此是外藩，为外属，钱粮、政事向归本国经理，历来如此，不始自本朝，如何说不算属国？森大臣云：日本极要与高丽和好，高丽不肯与日本和好。答云：不是不肯与贵国和好，是他自知国小，所以谨守不敢应酬，其于各国皆然，不独日本。森大臣云：日本与高丽是邻国，所以必要通好，高丽如何不肯？答云：平秀吉扰高丽之后，恐不能无疑虑。郑署使云：平秀吉之后，日本与高丽也曾往来，中间忽然断了；前数年与高丽约定接待使臣，后因日本改变衣冠，国书字体也变了，他就不受。答云：这个自然。高丽不敢与西洋相通，日本既改西制，他自应生疑，恐与日本往来，他国随进来了。郑署使云：从前不过拒使，近来日本兵船至高丽海边取淡水，他便开炮伤坏我船只。答云：你兵船是去高丽海口量水，查《万国公法》，近岸十里之地即属本国境地，日本既未与通商，本不应前往测量，高丽开炮有因。森大臣云：中国、日本与西国可引用《万国公法》，高丽未立约，不能引用公法。答云：虽是如此，但日本总不应前往测量，是日本错在先，高丽遽然开炮，也不能无小错。日本又上岸毁他的炮台，杀伤他的人，又是日本的错。高丽不出来滋扰，日本只管去扰他做甚么？郑署使云：日本臣民俱怀愤恨，要与高丽打仗。森大臣说：前看高丽能谨守不与外国相通，尚是可爱之国，今可恨了。答云：既知是可爱，便不要去扰他，日本是大国，要包容他小国。郑署使云：森大人也是此意，所以压住本国不要用兵，自请到中国，以为高丽是中国属国，必有上策，令高丽与日本和好。答云：高丽非不欲与日本和好，但恐各国相因而至。中国若代日本说项，将来各国都要中国去说，所以料得高丽未必答应。森大臣云：西洋各国均无必通高丽之意。答云：这谁保得！森大臣云：我可保。答云：须日本国家保得。森大臣云：日本国家亦可保。郑署使云：森大人来到中国，有三宗失望的事。一是不能保全要与高丽和好的意思。一是总理衙门不明白他要和好的心思。一是恐本国臣民知道中国不管，定要与高丽打仗。答云：总署不是不明白，实是要和好的意思。凡事不可一味逞强，若强，人能让过，天不让过，若天不怕，地不怕，终不为天地所容。从前我两国甫经换约，未及半年，日本即用兵台湾，我曾责备柳原，他亦无辞，如今不可又错了。森大臣云：台湾之事，日本原不能无差错，但因误听人言生番系中国化外之地，尚属有因。后来接著总

理衙门的信，国家即派大久保前来说明。郑署使云：森大人来意，本望中国设法，俾日本与高丽无事。答云：高丽断不出来寻事，日本不可多事。郑署使云：日本现又遣使往高丽，仅使臣一人前去与之商量。看他如何，如果可商，并不要与他通商，不为多事。只要议定三件：一、高丽以后接待我使臣；一、日本或有被风船只，代为照料；一、商测量海礁，不要计较。如果使臣到彼，再不接纳，该使回到本国，必不能无事，一定要动兵了。答云：遣使不纳，古亦有之。元时两次遣使至日本，日本不纳，北朝时宗并将元使杀了。森大臣不答，但云：以后恐不免要打仗。答云：高丽与日本同在亚细亚洲，若开起仗来，高丽系中国属国，你既显违条约，中国怎样处置？我们自生疑衅，岂不被欧罗巴笑话？森大臣云：欧罗巴正要看我们的笑话。答云：为甚么要他笑。森大臣云：这也没法，日本百姓要去打仗，恐国家止不住。答云：日本是民政之国，抑君主之国？郑署使云：是君主之国。答云：既系君主之国，则君与大臣为政，如何任听百姓违了条约行事？尚得为君主之国乎？郑署使云：森大人因总署说中国不管高丽内政，所以疑不是属国。答云：条约明言所属邦土，若不指高丽，尚指那〔哪〕国？总署说的不错。森大臣云：条约虽有所属邦土字样，但语涉含混，未曾载明高丽是属邦，日本臣民皆谓指中国十八省而言，不谓高丽亦在所属之内。答云：将来修约时，邦土句下，可添写十八省及高丽、琉球字样。郑署使云：总要求总理衙门与李中堂设法，令高丽接待日本使臣。答云：日本炮船被击，固有不平之气。高丽炮台被毁，兵士被杀，谅亦有不平之气。高丽虽小国，其臣民之意一也。正在气头上，即旁人解说，亦无益。我劝日本此事且可缓议，俟一二年彼此气平后，再通好亦不迟。森大臣云：西国人言日本办事性过急，中国办事性过缓，急性遇著缓性，难以商量。答云：事有宜急宜缓，如学机器技艺等事，此宜急者也。如两国相争，急则不相下，缓则气自平，所全者大。森大臣云：承教，承教。试思日本就得了高丽，有何益处？原是呕气不过。答云：高丽地瘠，取之诚无益。且闻俄罗斯听见日本要打高丽，即拟派兵进扎黑龙江口。不但俄国要进兵，中国也难保不进兵，那时乱闹起来，真无益处。因书徒伤和气、毫无利益八字，授郑署使。郑署使与森大臣阅毕，即将原纸携去。森大臣云：此指与高丽伤和气而言。答云：若真要打仗，非但伤高丽和气，连中国也怕要伤和气。因于纸尾加书忠告二字，授之曰：我为两国相好，开心见诚奉劝，非有别意。森大臣、郑署使首肯云：日本打仗亦可暂时压住，务求中堂转商总署，设一妥法劝说高丽。答云：总署回复你的节略，明是无可设法，但你既托我转说，我必将这话达到，看从缓商量可有法否。遂辞去。

正月二十日

总署奏酌定开办琼州通商日期折

总理各国事务恭亲王奕䜣等奏，为琼州通商酌定开办日期，并请查照粤潮两关成案

办理，以归划一事。

窃查广东琼州作为通商口岸载在咸丰八年条约。自南北洋各口通商后，惟琼州一口未经开办。同治七年，英国议修新约，载开温州口岸通商，琼州作为罢论。嗣因新约均未照行，温州亦未通商。同治十年十一月，臣衙门迭奏英、法、美、俄、德国驻京使臣照会，请照咸丰年间条约，琼州准其通商。当经臣等奏明，饬下南洋大臣、广东督抚，派员前往相度形势，并责成该管道府，督饬地方官讲求中外交涉事件办法，并臣衙门札行总税务司，会同该员等妥议一切应办事宜。十一年五月，据总税务司将所议章程五条申报，并据前任两广督臣瑞麟分别复核，咨送前来。

臣等查阅五条内洋商入内地游历及完纳内地税两条，咸丰八年条约本有订定明文，自应照约与通商各口一律办理，毋庸另议章程。其海口租用民房作为行栈一条，据该督臣咨称，海口距琼州府城十余里，现以该处为各国通商口岸开办之始租用民房，拟租海口之裕昌德广行后座三进，为洋人居住之所，俟一年后再行租地，开造洋楼等语。应请准如所议办理，惟应查照英国前驻京使臣卜鲁士通行明文，不准洋商在内地开设行栈。又，洋商船只在厦门按：琼州亦有厦门，一名下门。一带湾泊一条，据该督臣咨称，厦门系琼州府属海面，洋商船只准在该处湾泊，其内地商船在港销货，及遇风雨猝至，亦准在该处一同停泊等语。查内地商船与洋商船只，一同停泊之时，难免该商人等有私自剥卸货物，希图影射偷漏各情弊。应如何分别界限，以防弊混，仍由该地方官会同该口税务司，再行酌议。又，洋商船只起下货物，完纳税钞，照潮州、汕头新关，系照省城大关章程酌定。兹琼州口照潮州新关章程，应即照行等语。应请准如所议办理。以上三条，均俟开办后，先行试办一年。如有窒碍之处，应令该地方官等详加商议，由臣衙门核定施行。

至总税务司以洋船前往琼州，须在硇州雇用引水之人，请将硇州改属雷州府海康县。据该督臣咨称，事关定制，未可更张，嗣后洋商雇募引水之人，应由雷琼道移知高廉道，饬属照办。其洋船往来琼州、海口，经过硇州水东北海等处，凡非通商口岸地方，偶寄椗取水，俱不准起下货物，以符条约等因。

臣衙门于本年正月分别咨札转饬遵照去后，现据总税务司申称，琼州开办之始，租用海口裕昌德广行一节，该行房屋如洋商不敷居住，或不愿在彼居住，应准洋商在海口地方，自行与该处民人另行租赁房间。硇州一处，现已常有香港轮船开往法国，在越南新开之三口者往来停泊。该处距琼州百余里外，海岛屿孤悬，请照津海等关税务司派员驻大沽口等处各章程，俟琼州关税务司察看情形，酌核办理。惟该口现在不但已有领事官前往，即各商船只亦渐多在彼停泊。查各关三月初七日系第六十三结之始，即以是日定为琼州开办之期，实为至便等因。臣等查洋商在通商各口居住赁房，条约本所准行，惟应饬令照约均按民价公平定议，不得互相勒措。至由琼州关税务司派员驻硇州一节，系为稽察偷漏起见，应令查照津海等关章程，即饬该关税务司酌定，由总税务司申报臣

衙门，查核所有该关开办日期。据总税务司声称，三月初七日为各关第六十三结之始，应请即以是日定为琼州关开办之期。该关收支税钞等项，拟令两广总督、粤海关监督及总税务司，查照粤潮两关成案，三个月汇结一次，分别奏咨呈报，以凭考核。惟该关开办伊始，经理一切事宜，前据两广督臣瑞麟咨称，琼州新关税务应仿照潮州成案，由该督臣委员前往，会同税务司照章妥办。至地方如有交涉事件，即由雷琼道督饬各地方官，按照条约办理。应请饬下两广总督，即行遴选熟悉税务之员，前赴该关，将收税各事会同税务司妥为经理；其一切交涉事件，均责成雷琼道督饬各该地方官照约核办。此外，尚有应行、应议未尽事宜，统由该督等转饬详细酌定，随时奏请办理。谨奏。

光绪二年二月十五日奉旨：依议。

总署致英使英商在上海筑路请细核条约照会

为照复事。

光绪二年二月十八日，准贵大臣照称：上海蕴草滨修筑铁路一节，除日内另行详细照会外，查此事所有地段一带，置者匪止英国商民，而原定议之际均以安抚民价照给；且外国租主现将此地使用之处，核与各国条约文义毫无相背，至苏松太冯道、宝山县冯令于此案举止诸见未洽，应咨行南洋大臣妥为转饬等因。二月二十二日，又准贵大臣照称，现查此事最要者原有二端：一则现已开工之地，本系外国人早经照章承租，讵冯道向本国麦领事官声言，倘或领事官弗能禁止，本道自行设法相阻等语。二则所有前于同治十三年九月二十日订租地亩一段之业户，及经手地保人等，被宝山县提案从严杖比，业户数日后交保回家，在途殒命。查本国商人承租此项车路各地段，麦领事官照例函请冯道盖印，为凭，不料冯道亦未允照办，应请转饬盖印，以符定章等因前来。查条约十一、十二各款内载，英商并英国人民在各口租地等语，并无修筑铁路字样。更查同治元年华官在洋泾滨办理抽捐一事，当以上海英商所住之地，中国并未卖与英国，亦未典与英国，不过是准英国人在此居住，俾有相聚而居之益。英商在上海租住之地仍属中国之地，中国官仍收该地钱粮，所以举行抽捐之事。可知上海租界虽租英商，地归中国冯道统辖；上海地方英商怡和行欲开铁路，应由上海领事官照会冯道，俟冯道申详照准，方可举行。乃据冯道照会麦领事官文内称，贵领事来函所言筑路铁器函请免税，但谓车路之用，并未声明径筑火轮车路等语。是此铁路之举办于应行照会地方官者，并未由麦领事官照会；且麦领事官亦明知此事应行照会地方官，因以似是而非之语托以函知。冯道有地方责任，其对麦领事官极意辩论，阻弗使行，自是地方官责所应尔。况前次火轮车路曾经商议，中国以诸多不便，未能允行，嗣即作为罢论。无非以中国地方中国当有自主之权，条约中所不载，地方上所难行，中国未便勉强相从，外国亦未便勉强中国而有

是举。盖中国铁路向来未有，一旦开筑，骇人听闻，民心惊动，关系所在，不止上海一处。倘属不关紧要之事，则冯道早当体念商情，乐为允准，正无俟申详咨复，由本衙门向贵大臣照会一切也。所有开筑铁路一节，仍希贵大臣揆情酌理，细核条约，俾释群疑。至订租地亩各情，虽据冯道禀呈转咨，究竟其中情节实在如何，当由本衙门咨行南洋大臣查照转饬详细酌核。相应照复贵大臣查照。须至照会者。

二月二十七日

朝鲜国王咨礼部谢与日本国使臣交涉事宜文

朝鲜国王为咨复事。

光绪二年二月二十一日，承准礼部咨行主客司案呈，准总理衙门咨称：日本国使臣因朝鲜事与本衙门往复辩论，请将照会等件由礼部转行朝鲜等因一折，光绪二年正月三十日奉旨：依议。钦此。应咨行礼部，密速备文，转交朝鲜，俾资审度等因前来。相应钞录总理衙门原奏，及与日本国使臣森有礼往来照会七件，并北洋大臣与该使臣问答节略一件，咨行朝鲜国王查照等因。一一承领外，窃念小邦厚蒙皇朝恩眷，每有缓急之事关涉各国，辄藉总理衙门暨部堂大人曲念深护，排难解纷，非止一再，铭镂在心，何日可忘！今者自有日本事件，再荷飞咨指示机要，不惟照会往复辩论精详，至若北洋大臣问答说话，委曲恳挚，顾恤小邦，靡不用极。虽使小邦人自为之说，何以加是！析理之明快，立论之正大，一团忠厚荡然于纸墨之间，徒伤和气、毫无利益八字及忠告二字之书授，竟使日本使臣感动承教，其为小邦万全，周画乃至于此！仰惟诸大人，体圣朝庇覆怀绥之至仁盛德，费辞用力，迥出寻常，小邦君臣受赐多矣。小邦与日本修好立约，才已详述咨复，而今承荐咨尤切感颂，谨申表谢之忱，先兹奉复，烦乞礼部照详转奏施行。

光绪二年二月二十九日。

总署致英使上海筑路请转领事与关道商酌照会

为照会事。

光绪二年三月初九等日，接准南洋大臣、江苏巡抚函咨，内称：上海蕴草滨英商怡和行开筑铁路一事，前经上海道向麦领事官辩论，麦领事官允许暂停火车一个月，现尚未届一个月，竟将轮车生火运行等因。查上月二十七日，曾经本衙门照会，以上海洋行租界仍属中国地方，英商欲开铁路，应由领事官知照上海道商妥，方可举行；中国铁路

向来未有，一旦开筑，不免惊动民心，务希贵大臣细核条约，俾释群疑等因在案。兹准南洋大臣、江苏巡抚所称，麦领事官未届一个月，业将轮车生火运行等语。是开筑铁路，应由麦领事官知照于前者，麦领事官已不预先知照；其由麦领事官允许于后者，麦领事官又不实践所言。似此情形，殊非和衷办事之道。相应据情照会贵大臣，希转饬麦领事官与该关道和平商酌，毋稍偏执可也。须至照会者。

三月十三日

桂抚严树森奏越南国王正贡届期请示何时进关折 附上谕

广西巡抚严树森奏，为越南国王以丁丑年正贡届期，请示何时进关，据情恭折奏闻事。

窃臣接据越南国王阮福时呈递咨文，内称：光绪三年丁丑，正届贡期，遵例遴委陪臣恭赍方物仪品呈进，祈准于何日进关？咨请复文遵办等情到臣。查越南国例定四年一贡，上年皇上登极，该国王赍表庆贺，恭进方物。经前任抚臣刘长佑奏奉谕旨，毋庸呈进，钦遵转行在案。现值正届贡期，据该国王请示前来，是否准其进关？相应据情奏闻请旨，如蒙恩准，饬令该国陪臣于来年何时到京，以便按程计算，酌定进关日期，照会该国王遵照。谨会同两广总督刘坤一循例恭折具奏，并照录该国王咨呈原文，敬呈御览。谨奏。

光绪二年三月十五日奉旨：著庆爱查照向例进关之期，行令该国王遵照办理。

总署奏上海英商就旧租马路擅筑铁路拟论辩禁阻折 附上谕

总理各国事务恭亲王奕䜣等奏，为英国商人在上海租地擅欲开筑铁路，谨将臣等与英国使臣往返照会辩论情形具陈事。

窃臣衙门于本年二月十三日，接据南洋大臣沈葆桢来函，并钞苏松太道冯焌光禀件，以英商怡和行就旧租马路地界，并添租张华滨塘脚、蕴草滨北岸地亩，擅欲开筑铁路。英国领事麦华陀并未照会商办，仅据函称洋船运来铁器等件，备吴淞车路之用，请予免税。经该道函诘，并据申报纸所载吴淞铁路开工兴筑各情，及事非条约所有，迭次驳辩，并将该商租地契据扣不盖印。领事坚执条约内并不禁止此事之说相抵，往返争论。麦华陀以详请英国使臣示遵为言，又令将火车暂停一月候信，筑路一事未肯停止。沈葆桢以为若不极力阻止，不特日后通商各口援案照行；且吴淞、宝山所辖并非通商码头，其地为炮台海塘所在，均关紧要。咨由臣衙门照会英国使臣饬禁等情。

臣等查开筑铁路为中国未有之事，而为洋人久蓄之谋，利害固应通筹，行止尤应自主。今英国并未与中国商定，遽尔兴办，自应按约据理力争。当经臣等照会英国使臣威妥玛，以交涉事件当据条约为凭，不得谓为条约所不载，即为条约所不禁，应即转饬领事严行禁止。旋据威妥玛两次照复，谓此事所有地段皆按价值给置，核与条约无背；且牵涉云南、四川诸案，谓憎恶心术复见一端。并来臣衙门面议，总执定租界为词，并云：若在租界外修路，不待中国禁止。且谓铁路无损华民，转以该道冯焌光等为不合。经臣等谆切辩论，复给予照会，以英商在上海租住之地，仍属中国之地；此次铁路之举办，领事并未照会地方官，该道有地方责任阻弗使行，责所应尔。况火轮车路中国诸多未便，未能允行。中国地方中国有自主之权，条约所不载，地方上所难行，中国未便勉强相从，外国亦未便勉强中国等语。

又因沈葆桢等函咨，内称：上海道及领事前议暂停一个月火车之期，现在英商怡和行未届一个月，竟将轮车生火运行等情。复由臣等照会威妥玛相诘，仍嘱其转饬领事与关道悉心商酌，毋稍偏执。威妥玛于此事虽明知英商之非，而于饬禁一层，不但未允照饬，且谓专派彼国汉文正使梅辉立前往上海，与其本国水师提督协同办理。其照会亦有自行保全之说。晤论时，又有冯焌光以领事如不拦阻英商，他便自己拦阻。若果如此，本国必不甘心，必要竭力保护等语。其情已可概见。臣衙门迭据沈葆桢及江苏巡抚吴元炳咨函，尚未议有定局。

臣等往返照会辩论各情，亦经随时知照沈葆桢等，转饬冯焌光遵照，以期内外一气，协力维持。正办理间，又据吴元炳来咨，据冯焌光禀称，美国领事晏玛太函称：虹口租界马路一条，工部局欲添地接长，请饬估价。经该道以欲租之地有碍民居坟墓，函复阻止，恐亦为将来开筑铁路地步；亦经臣等照会美国使臣西华，转饬禁阻。其有无异词，尚难预料。臣揆度情形，英国既倡于前，难保他国不踵其后，在臣等当与各使臣执理相争，尤在南洋大臣等饬令该道，酌度相机妥办。现据威妥玛函称，梅辉立业经出京赴沪，已由臣等函知沈葆桢，转饬知照。除由臣等随时向英国使臣论辩禁阻外，应请饬下沈葆桢、吴元炳妥为筹画，并密饬冯焌光详酌机宜，悉心办理，务期力杜后患而免衅端。谨奏。

光绪二年三月十九日奉上谕：总理衙门奏，英国商人在上海租地，擅欲开筑铁路，请饬相机妥办各折片。据称此事现经该衙门，与英国使臣威妥玛往返辩论，令其转饬禁止。该使臣未曾允从，且谓专派梅辉立前赴上海，与该国水师提督协同办理等语。开筑铁路，该国领事麦华陀并未照会商办，遽行兴筑，自应据理驳斥。著沈葆桢、吴元炳妥为筹画，并密饬道员冯焌光详酌机宜，悉心办理。至张华滨弓背形地及蕴草滨北岸地亩，麦华陀致冯焌光函，既有允其备价收赎之条，正可乘机开导，令其退回。著沈葆桢相机筹办。美国领事在虹口添租地亩一节，亦恐为开筑铁路地步，著沈葆桢等设法禁阻，妥为办理。

总署奏上海吴淞铁路须妥筹归宿之法片

奕䜣等片。

再，泰西各国恃铁路火轮车，争行路运物之速。近年，日本亦仿而行之。中国于此事无论害多利少，窒碍难行；即欲仿照西法办理，亦当权由自主。各国使臣官商屡经怂恿中国，冀得便利。臣衙门亦百计拒绝，并于英国修约时详陈，核议在案。

今英国明知直言之无益，遂为此欺蒙挟制之计；在我之理固直，而在彼之意良坚。查同治五年二月间，英国使臣阿理国曾向臣衙门面称：上海黄浦江地方洋商起货不便，请由海口至该处于各商业经租就之地，创修铁路一道，计三十里，由外国捐资，不必中国相助。浦江淤浅，挑挖不易，铁路修成，水路挑挖无关紧要，行止听便等语。即经行查上海通商大臣，旋据复称开筑铁路妨碍多端，作为罢论。前年议欲挑挖黄浦江未果，各洋商起下货物未能便捷，始决意舍彼就此。是以官商一气，与我相持，其能否废然中止，殊无把握。一经举办，则将来以次展拓，及各国效尤，实有不可思议者。此臣等与沈葆桢等不能不力争故也。惟上海道冯焌光与英国领事彼此争持，不留余力，至势难中止。咨由臣衙门与威妥玛再相驳诘。

揆诸现在情形，虽拟仍与力争，恐未必就我范围。威妥玛经臣等逐次论辩，曾谓：风闻沈葆桢疑虑英商造成此段，必然渐至他处；不知租界以外，断不许英商办理此事；如将来中国以铁路为有益，仍听中国自主。梅辉立谓：吴淞口地基何者可租，何者不可租？只得租至某处，不可多占。此等事上海道如不许租，威妥玛必行文领事，令与上海道商酌办理各等语。臣等因函致沈葆桢等妥筹办法，能即禁止固妙，设或不能就范，亦必设法归到中国自主一层。至蕴草滨等处地址，威使等既有前言，近接沈葆桢来文钞附领事麦华陀致冯焌光函件，亦有张华滨弓背形地及蕴草滨北岸地亩，允其备价收赎之条，谅可乘机开导，令其退回。应请饬下沈葆桢等密饬该道相机筹办，如能力持前议，自是正理，否则亦须妥筹归宿之法，俾得操纵由我。庶不至漫无限制，贻患无穷也。谨奏。

光绪二年三月十九日奉旨。

总署奏滇省马嘉理案英使派人往查请饬李瀚章切实拟议以资结束折　附上谕

总理各国事务恭亲王奕䜣奏，为云南马嘉理一案，续据报称观审洋员格维纳到滇，

并陈英使威妥玛来往议论情形，请饬李瀚章等切实拟议，以资结束事。

窃臣于本月初八日接据李瀚章、薛焕来函，均称格维纳等已于二月十一日到滇。据格维纳声称，英员马嘉里被戕一案，无论何等罪犯，总须俟两国家公事议定后方可处治，应先照此言给一文凭，方能谈论。经李瀚章等给予照会，旋据英使威妥玛订期于十四日来署面谈，先询格维纳到滇晤见李瀚章后如何情形、各犯口供曾否送来，继复彼此辩论办案迟延及通商诸事未办各层。又据称格维纳观审后，即须到缅甸去，或由缅甸仍由内地回京，或由海道北来，现须先行议定办法。如不肯行，自有办法等语，隐含挟制之意。查上年原议，格维纳赴滇省观审，并无办事之权，且据称须至边界查看贸易情形。威妥玛函致李瀚章，曾有案犯须俟议定再行处治之说，与此次格维纳在滇所说相同。惟现称格维纳于观审后不久赴缅，诚恐其一经赴缅，办理益无凭藉，将来案犯罪名各节，及案外议及通商事件，暨威妥玛蓄意推求之端，势必枝节横生。除通商事件之在各省者，应由臣衙门与之面议外，其余事宜非由李瀚章等切实拟议，无从著手。且恐格维纳由滇回京后，威妥玛凭其一面之词，百端狡执，届时如再往返咨查，此案更无了期。臣等公同悉心商酌，拟请饬下李瀚章等查办此案情形，务须处处实事求是，并须就格维纳未经赴缅之先，将案中紧要关键及罪名各节，逐一切实拟议，有以折服其心，再行奏明办理。至格维纳前赴缅甸，除照原议派兵护送外，应派明干文员伴同前行，即作为查看边界贸易情形，至滇缅交界为止，庶几议办有藉，而归束可期。谨奏。

光绪二年三月十九日奉上谕：总理衙门奏，观审洋员到滇，并陈英国使臣议论情形一折。威妥玛赴该衙门辩论此案，据称格维纳观审后，须到缅甸，或仍由内地回京，或由海道北来，俟接其文书后，说出办法。如不肯行，自有办法等语，意存挟制。惟格维纳一经赴缅，则办理益无凭藉，势必枝节横生。且恐其回京后，威妥玛信其一面之词，百端狡执，更形棘手。着李瀚章、薛焕悉心查办，趁格维纳未经赴缅之先，将案中紧要关键及罪名各节，逐一切实拟议，有以折服其心，再行奏明办理。至格维纳将来赴缅时，并派明干文员伴同前行，即作为查看边界贸易情形，至滇缅交界为止，以示防护。

川督李瀚章等奏查明英员马嘉理在滇被戕情形折 附函

四川总督李瀚章、前侍郎薛焕等奏，为遵查英员被戕、被阻详细情形，请饬筹议定拟，以成信谳事。

窃臣等自上年十月到滇后，提讯戕害马嘉理之犯供，并密查卸署都司李珍国显有计阻英员之意，当经据实奏参。奉旨：李珍国著先行革职，分别研鞫等因。钦此。数月以来，臣等督饬奏调道员丁士彬、知府蒋铭勋等，会同云南布、按两司，更番审讯后，由臣等亲提审问。现经英国参赞格维纳等来滇观审讫，谨将全案颠末及查究情形详悉

具奏。

查马嘉理于同治十三年十一月到滇，先经兼署云南督臣岑毓英，遵照总理衙门文函，饬属妥护。已革腾越总兵蒋宗汉、已革腾越同知吴启亮，奉文后商派都司徐成林迎护；到腾会晤款洽，仍派兵役护送出境。马嘉理濒行，有致蒋宗汉谢函为证。讯据蒋宗汉、吴启亮供称，马嘉理只言往迎柏郎，并无何日回腾嘱令迎护之说，去后亦无文函知会等语。此马嘉理初次过腾，平安出境之情形也。

马嘉理由腾赴缅境新街后，与柏郎会合，初拟由拱硐南坎入滇之永昌府；一路行走，迨至拱硐，被驮货野人损坏行李，复折回新野，改由蛮谟前进，于光绪元年正月十三日行抵南平河。有路人告知护送英员之缅官，谓户宋河有匪徒拦路，柏郎惑之。马嘉理以途皆已经，径自进发，十五日住宿蛮允之缅佛寺，次日意欲往迎柏郎，行到户宋河，即遇久惯路劫之山匪。而通凹、腊都等纠约硐伙，附以逃犷地匪约百余人，向索过山礼。马嘉理开枪毙其伙匪一名，匪众一齐上前，将马嘉理及其宾从四人一并杀害，劫去随行马匹什物及缅佛寺内行李。看守之汉人一名当时逃去。此马嘉理在户宋河被戕之情形也。

柏郎自马嘉理由南平河分身后，越日亦即前进，行至雪列地方，因行囊食物未到，仍回南平；留从人石雨田在雪列，与马嘉理先行带往、后留在彼听信之通事李含兴等，候前途消息。柏郎于十七日在班西山下，被众三面合围，阻其去路。经护送印度缅甸各兵开枪，击毙数人，并于后路树林放火，始各溃散。其在场目击者，即劫杀马嘉理之腊都，因南平驮载甚多，复纠伙往劫。据供其中有就地山匪，有内地逃出汉奸，及业已正法逆犷李帼论之子李发羽党，不期而会者共约近二千人等语。此柏郎在南平河被阻之情形也。

当马嘉理之既西也，腾民闻地方官示谕，洋员往来照约护送，本无他意。惟腾境自犷逆倡乱十有余年，赖阖境有国初时旧立都团，名为十八练，杀贼克城，已革副将衔参将李珍国实为团首，即英驻京使臣威妥玛照会所称李协台即李四者也。因频年剿散余匪潜伏关外，时图报复；腾民恐其谍知英员带兵来滇，乘机混入；以李珍国正在干崖坝尾，奉札解散波三、海马二股匪事宜，函促回腾齐团保境，检查绅众。原函只嘱李珍国会团守卫，初非计阻洋兵。奈李珍国并不回腾，竟自居间发难，布置截阻，挥霍犒金，欲为摊索资费地步。赍函绅众极力铺张，绅等力难禁遏，遂各自集团防守境内。据总兵李胜密访，及蒋宗汉、吴启亮等同供，该练地实无团勇出境。李珍国原信已据绅众呈缴研讯，蒋宗汉、吴启亮佥供：李珍国秘谋事前实不知情，事出之后，始闻人言及之。此查出李珍国计阻洋人入境之情形也。

臣等查英国驻京使臣威妥玛照会，总理衙门所称马嘉理被戕、柏郎被阻情形，旁观传述不无所闻异辞，而核其地界及起事日期，与臣等所讯各节尚属相符。至照会内称，喀乾土人告知柏郎闻中国官场调兵拦阻一节，讯据蒋宗汉等供称，该处带兵员弁实无杨姓其人。至开化镇总兵杨玉科，是年正月半后始由京回至省城，更无干涉。又，照会内

称，拦击柏郎之汉兵执械呐喊，声言系李协台亲侄叔君一节，讯据李珍国供称，该革弁全家均死猸匪之难，只有族侄李含兴；此次随同英员由缅回腾，别无子侄名唤叔君及与叔君二字同音之人。又，照会内称马嘉理被害后，割取首级悬挂厅城一节，讯据蒋宗汉、吴启亮供称实无此事，众目昭彰，断难掩饰。凶犯腊都等供称，实系杀死后就便抛弃户宋河内。臣等檄饬现署腾越总兵、同知等，悬赏购求尸首，认真设法打捞。据禀实因日久漂没，连捞八日之久，未能捞获等语，尚属实情。至照会内指称李珍国串通某头目拦阻英官，不许进入中国，及额游客从孟磨起程，风闻李珍国已在各土司地方布置兵勇，驻扎各等语。经臣瀚章派往密查之总兵李胜，亲赴腾越蛮允访查道路之口，均称系李珍国所为。而该革弁研讯十余次，始终狡避。是以英国使臣威妥玛照会内所称，喀乾土人斩取击毙首级之汉兵；又，蛮允司棉官函述杀害马嘉理之中国人；又，告诫缅人毋与英人同行之华姓、顺姓，或宗姓、刘姓；又，从腾越下来，未进蛮允城，夜间人声嘈杂，约带三四千兵，亦系刘姓、顺姓，或宗姓；又，告知缅国探子俄玛姓，谓由打英人地方回来之中国某姓官员；又，李珍国在孟磨不允派队护送额游客时，一律阻挠之某头目；又，事后未能杀尽英官及跟同之汉人、缅人，惩办统兵官等之驻蛮允中国杨〈姓〉官员。各种情节，各项人等，均无凭拘传讯究。且照会内亦未能指出名字，或名姓俱无，势难将凡与同姓及毫无把柄之人妄拿追究，徒滋纷扰。

惟各路之布置，皆李珍国一人之主谋，无由治其胁从，应即咎其主使。李国珍虽坚不承认，其寄腾城绅众一函，并蒋宗汉、吴启亮亦供，事后闻李珍国实有在路布置之事，凭证昭然，已同铁案。按照众供确凿，即同狱成之例，予以应得之罪，百喙奚辞！蒋宗汉、吴启亮讯无调兵拦阻情事，李珍国秘谋事前实不知情；惟明知英员将由缅甸来滇，徒以未据马嘉理先期知照，未能预筹迎护；迨案出以后，又不能赶紧拿办；虽后来带兵捕获犯赃，尚知愧奋，究属疏忽于前，业经臣奏参，暂行革职。野山地居土司界外，匪徒分硐争雄，群呼为野人官，麕聚出没，为害行旅。此次劫阻英员之犯，除上年官军往捕，格毙裴六、而都、而糯、雷大、裴小陀、而敢干等五十余名，并就擒后在腾越监毙六滥干、阿用二名，在省监毙麻干一名，又起解在途脱逃蔺小红一名，途次因伤身故而挑干、阿弄二名；节将解到匪犯而通凹、腊都、而腊惑、而肝、陆滥当、而干、尔同已〔巴〕即而腊、而刚干、而挑腊、而样双、施奶等共十一名。分别译讯，并未刑求，该首犯而通凹、腊都供认，起意纠抢拒杀马嘉理及其跟随四人。腊都又供认纠伙前往南平河，图抢柏郎。从犯而腊惑、而肝、陆滥当、而干、尔同已〔巴〕即而腊、而刚干、而挑腊、而样双、施奶，供认户宋、南平两处分投纵劫各不讳。亟应明正典刑，庶野匪稍知敛迹，缅滇道路可期通畅。

惟案关中外交涉，臣等未便遽行拟结，谨将查究详细情形，据实胪陈，请旨饬下总理衙门详慎筹议，会同刑部分别定议，以成信谳。除饬将已革总兵蒋宗汉、已革同知吴启亮，妥慎看管；已革都司李珍国，及匪犯而通凹等十一名，分别监禁；讯无不合之通

事李含兴，交保候传；在逃之匪犯蔺小红，咨由兼署云贵总督臣岑毓英勒缉，务获归案办理。起获马嘉理马匹什物共五十六件，已点交英国参赞格维纳等收回，取有单据。并将全案供招李珍国寄绅众原信，咨送总理衙门备查。谨奏。

光绪二年三月二十六日奉旨：该衙门议奏。单二件、片三件并发。

谨将李珍国致绅众原信照录呈览

阖厅总局各位：

统照曾于客岁肃达一函，计日谅邀青睐矣。弟自接诸公来函，即将诸山野贯一律调齐，大加犒赏，取具刀标木刻为凭，令并各司出具印结，均交蛮允收存。惟查洋人之事，弟又由腊撒、陇川、章凤街三处传聚诸路野贯，以牛马银物按数给之，亦各欢喜，各于要隘堵截。但此番大事，较之发匪，甚于十倍关系阖厅。弟念切桑梓之邦数万生灵起见，昼夜筹画，费尽心力断绝阴谋大患，方将蛮幕、腊撒、陇川诸路安排妥当，但一路赏耗用去银一二千金。又率兵于腊月二十七日行抵猛卯司署，据报称：该等羽党数十现到该司坝尾驻扎，数日往拱洞顾〔雇〕脚驮运各货，直由猛卯、陇川前进。弟到司署，刻即差早腊三官赴彼探听，并令约会各路山贯努力截杀。适遇野夷，将该等货驮抢去数驮。又闻弟带兵驻扎猛卯，是以畏惧兵威，不敢前进，已折回新街，意欲仍由蛮幕经过。惟是弟在允令雪列官、蔺小红及各路山贯堵截各口，谅难逃脱。弟思古云：谋事在人，成事在天，焉能操必胜之券？猛卯料理此盘〔般〕大事，一俟安妥，弟即起马由南坎而进，招呼散往各处。惟蛮允路途遥远，碍难援应，若蛮允有事，待信到局，务望诸公迅速接应，希勿延宕片刻，有误大事也。尚冀查照，是所切祷。

同治十三年正月初二日自猛卯申。

谨将腾越绅众致李珍国原信二件照录呈览

密启者：

顷闻英国派钦差三员由缅入滇，并由京派翻译官马嘉理赴缅甸交界迎接，不日到腾城，太尊已札沿途办站人等，妥为护送在案。查若辈垂涎我省非一日矣，此来断无好意，其至一处设天主堂以传教，设领事官以通商，蔓延既多，恣横日甚。我等遭乱十九年，其慷慨赴义之心当不分乎夷汉。为今之计，如马嘉理过境，即防护前进；倘藉故逗留，欲传教、通商，即仿照河南、广西、湖南数省，聚集多人围之鼓噪，责以大义，动以危言，使不能施其伎俩，求官排解，始得远遁。如此办理，庶可以报二百余年水土之恩，亦可以拒窥伺岩疆之意。此事虽督抚有心遏抑，亦视民之自为何如，盖众怒难犯也。至于关外野人，不通教化，不必与谋，只要各土司联合，慎之于始，自能杜其萌芽。阁下谋猷出众，凡全腾历年军务皆赖台驾一人主持，方延残喘。矧此番渠等之来，全腾之祸福攸关，伏惟阁下在彼明以大义，晓以利害，务使家喻户晓，勿拘汉夷，切不

可与交头接耳，包藏祸胎。倘能设法驾驭，使渠等不敢入境，则阁下一人之鸿裁，诚为全腾万家生佛也。是否情形，伫望回玉。谨此密布。城乡十八练绅管共事人等同顿。

同治十三年十一月二十五日。

启者：

昨曾肃芜函，谅邀青盼〔眄〕矣。刻下因洋人由缅入腾之事，合腾衿民酌议，于本月初六日共联总团，众心一举，以御外侮而安百姓，诚恐司地坏人误入其党，贻害匪轻。今特商定月之初六七日，合厅齐团相约，七司联为一气，使外匪无从得入。窃思我腾遭发匪之乱，经今十八九年，不知几经辛苦，几经战斗，耗费帑金数百万，方能一律肃清。兹有洋人入境之患，伊等此来，其心莫测，若非先事预防，较之发匪更甚万倍。今特请云龙熊、品中黄二位前来劝驾，务祈阁下定于初六七日前来会团，预为防备，以固梓乡。此事关系紧要，倘若漠视，一有疏虞，则阁下十八九年之苦心，将亦付之东流也。余难尽叙。城乡十八练绅管共事人等同顿。

同治十三年十二月初三日。

川督李瀚章等奏英使馆参赞离滇情形片

李瀚章等片。

再，英国派来观审之参赞格维纳行抵滇境日期，前经臣瀚章附片奏报在案。该参赞及副领事达文波、翻译官贝得禄旋于二月十一日到省，先经臣等将案情面述，并将供词给阅，遂订于二十五日提审，使其旁坐观听。该参赞等于供词未明之处谘询极细，而于犯供外不置一辞。迨至二十七日，来臣等公厅辞行，亦只将未查出各节逐条指述，别无商办之事。即如该参赞此去，明系查看滇缅交界情形，预为通商之计。臣瀚章于上年五月钦奉寄谕，饬将此事会同督抚臣筹度妥办，原期该参赞等谈及，徐与商议，藉为正案转圜。及屡次引逗，而该参赞总不提及，经于三月初一日起程赴腾越出关去讫。臣等已商由兼署云贵督臣岑毓英派委弁兵护送前往，以免疏失。谨附片密奏。

光绪二年三月二十六日奉旨：览。

川督李瀚章等奏马嘉理案请就近与英使妥议片

李瀚章等片。

再，臣等奉命来滇查办此案，现已赃犯确实，理应按律拟结。惟去岁威妥玛致臣函，谓此案无论官民各项人犯，均俟臣一面具奏，一面由格维纳具详该使臣酌夺后，始

行处治。本年正月，又遣梅辉立赴总理衙门面述：滇案均须随时知照商量，方可定议，但凭外省一面讯断，不特无益，而且有损等语。格维纳到滇后，首先即将此层与臣等要约，互相照会为凭，否则不肯观审，即便赴缅。臣婉为开导，彼意甚坚，又未便因此决裂，致正案外更添枝节，只得给与照会应允。揣威妥玛之意，要索甚奢，特借滇案为枢纽。如得厌其欲，滇案究易了结；如所求未遂，无论何等办法，始终挑剔。即如李珍国系该使臣屡次照会指斥之人，后乃意似稍解。格维纳到滇观审后，仅将拦击之众略为翻驳，于李珍国毫无间言，其为威妥玛授意已可概见。臣等若径行定拟结案，不惟威妥玛目前多一藉口之端，即总理衙门将来少一转身之地。是以臣等再四筹度，只得将全案情形详细胪陈，请饬下总理衙门，会同刑部定拟罪名，庶就近与威妥玛互相妥议，以期一了百了。此臣等斟酌事机，权宜办理不得已之苦衷也。至臣等具奏后，案已无可再查。若威妥玛以案情未确为辞，臣等即另行查复，该使臣亦断不见信，且恐议难处决，臣等亦无羁滇观望之理。臣瀚章蒙恩移督蜀疆，已另疏吁请陛见迎折北上，日内即率随带各员启程东行。臣焕力疾来滇，沉疴未脱，亦于拜折后启程回川，藉资调理。谨奏。

光绪二年三月二十六日奉旨：览。

川督李瀚章奏遵旨查复郭嵩焘奏参岑毓英酿成事端折

四川总督李瀚章奏，为遵旨密查复奏事。

窃臣前准军机大臣密寄光绪元年十一月初八日奉上谕：侍郎郭嵩焘奏，特参酿成事端之抚臣，请旨严惩一折等因。钦此。维时臣甫抵滇，未敢率行复奏，现在马嘉理被戕一案业经英员观审，所有详细情形另折具奏，遵将郭嵩焘所参岑毓英各条逐一查核。马嘉理前次由滇赴缅，执持护照通行无阻，迨与柏郎由缅回滇随带缅兵、洋兵多人，绅民闻听谣传，聚团自卫，乃致关外匪徒乘机劫杀。实地方文武所不及防，岑毓英查无先期檄饬文据。腾越各土司辖境向以八关为限，马嘉理被戕地方在铜壁关外二十五里，丛峰竦峙，爨僰杂居，乃化外羁縻之地。其人有在岩硐者，亦有被虏汉民及败猓窜入者，既在野山界内，不能细加区别，一概呼为野人。现讯拿获各犯供认抢劫不讳，委非归罪于野人也。腾越在云南极边，距省窎远。马嘉理被戕后，岑毓英迭饬严拿，一经报获，即行具奏；其时犯未勘审，只能据禀入告，致与现讯供情稍有未符，尚非有心掩护。杨玉科署理提督在事出之后，本与此案无干。李珍国嗾众阻拦，供证确凿，并有密函可据，不得谓之牵连在内。伏查岑毓英肃清滇省，其功诚不容没，惟身任督抚，于此等重大案件未能迅速办结，责以迟延之咎本属无词。若如原参各条，似得之远道传闻，未为允当，臣不敢代为掩饰。至宾旅为五礼之一，古先哲王垂为钜典，我朝所颁《会典》《通典》诸书，于内外蒙古及俄罗斯交际事宜，胪列至为详备。居今稽古，学礼从周，正士

大夫所宜究心者。近日东西各国环集中土，变通尽利存乎其人，尤为当务之亟。郭嵩焘湛深经术，探本立言，凡在臣工目击时势，均宜互相勖勉，共济艰难，不得故为高论，致违国家怀柔远人之意。谨奏。

光绪二年三月二十六日奉旨：知道了。

川督李瀚章奏马嘉理案拟原情酌理核办片

李瀚章片。

再，办理中外交涉案件，固当脚踏实地，方足以折服远人。然中国臣民往往激于义愤，逞一时之气，致罹重咎，而不知其情亦甚可悯。此案腾越绅士与李珍国来往信函，均实有阻阨洋人之意，若竟照原函究办，不惟李珍国获罪太重，即绅士亦株连无已，于国体、民情两有关碍。滇民久撄祸乱，粮匮援绝，誓无二心，锋镝余生，知圣心尤为矜恻。臣等通盘筹画，只得以绅团系防内患，非御外侮为词。李珍国虽系边材，瑕瑜参半，此事实为祸首，凭证昭然，法无可贷。现在彼族意似稍解，犹冀将来末减，出死入生。此臣等权宜办事之隐衷，君父之前不敢稍有欺饰。谨奏。

光绪二年三月二十六日奉旨：览。

直督李鸿章奏请派员赴德国学习陆军片

李鸿章片。

再，臣遵旨筹布海防，迭经筹款定购西洋新式后膛枪炮，分发各营，督饬操练，并转托德国克鹿卜炮厂，代雇德国都司李励〔劢〕协来津，与之订立合同，议明三年为期教习克鹿卜后膛铜炮。该都司悉心指授炮队操法，日臻娴熟，现届期满，销差回国，由臣优给川资。并商令李励〔劢〕协，带同花翎游击卞长胜等七人，赴该国武备院学习水陆军械技艺；俟学成回华，再分拨各营教练，以期渐开风气。李励〔劢〕协性情忠笃，与卞长胜等相习已久，慨然允行；业与议定章程，饬卞长胜等会同李励〔劢〕协，于三月二十一日由津附搭轮船起程。窃维外交之道，与自固之谋相为表里。德国发奋为雄，其军政修明，船械精利，实与英、俄各邦并峙。而该国距华较远，并无边界毗连，亦无传教及贩卖洋药等事。臣前晤该国驻京使臣巴兰德，谓：中国如派人前往学习船政军政，彼国必当尽心教导。是该国素敦友谊，亟应及时联络，师彼长技助我军谋。近年闽、沪各局奏派学生赴英、美等国游历肄业，无非为实事求是，力图自强起见。兹臣所派游击卞长胜等久历行阵，素谙洋器，更令出洋精求博览，兼有李励〔劢〕协援引照

料，遍赴德国各厂局、军营及炮台、兵船，切实考究，以增益其所不能，似亦造就人材之一法。所需出洋用费，应在海防经费内核实支销。其德国都司李励〔劢〕协尽心教练，著有成劳，拟请旨赏给二等宝星佩带回国，以示优异。谨奏。

光绪二年三月二十九奉旨：著照所请，该衙门知道。

朝鲜国王咨礼部与俄国尚无战事文

朝鲜国王为咨报事。

光绪二年三月十五日，据咸镜道观察使李会正、节度使金永求麟次驰启，备会宁府使沈宜丰、高灵佥使李熙寅呈称：本年二月十九日完市撤还，上国人复来称有因宁古塔副都统知会，侦探朝鲜与俄人打仗，是否有无云。故以本不通涉，无所相诘，而若是顾念，诚极感幸之意，送回答公文等因。窃念小邦恪遵成宪，饬励边郡保有疆土，莫非宠灵攸暨。今兹塔城衙门特令监市员弁中路，复来侦探边圉之有无事端，莫非仰体天朝怀绥之德意，感颂铭佩，曷以名喻！现今边界虽幸无扰，实未知俄人情形之如何，惟仰中朝诸大人随机轸察，先事提警，不胜感祝之至。兹将事情以备鉴谅，为此合行移咨，请照验施行。

三月二十九日

朝鲜国王咨礼部报遣使日本修好文

朝鲜国为遣使日本事。

议政府状启，准判中枢府事申櫶等启，开日本使臣黑田清隆等说称：交邻之谊，先察规制风俗，然后方可两相便宜。贵国先事解送人员详察物情，则我国之为此修好积费心力自可洞悉，且我国人民十分孚信云云等情。准此，臣等窃念日本使臣来款修好，复请信使，其在讲信修睦之道允，宜准许依其愿差遣信使，仍将所据情实具咨转报上国等因。据此，窃照小邦既与日本重寻宿好，理合交聘，特差修信使礼曹参议金绮秀，拟于开月装束发送。而凡于事情不容不上闻天朝，为此合行移咨，请照验转奏施行。

三月二十九日

总署奏日本已与朝鲜换约折

总理各国事务恭亲王奕䜣等奏，为日本已与朝鲜换约事。

窃臣衙门前因日本国使臣森有礼，以朝鲜开炮击其兵船一事，现派大臣往问朝鲜，永保两国亲好等情，屡向臣衙门呈递节略、照会，并往见李鸿章，往复辩论。臣等于上年十二月二十一日、本年正月三十日，先后由礼部转行朝鲜国王知悉，各在案。嗣于二月十七日，据日本使臣森有礼函报，接本国外务大臣电信，于日本国二月二十七日已与朝鲜订定和约，钦使言旋等语。十九日，据英国使臣威妥玛函报，接本国驻东洋大臣电咨，东洋与朝鲜立约一事闻议定，准由东洋简派大臣驻扎朝鲜，察看情形，将海口各处开为通商码头等语。三月十六日，接德国使臣巴兰德函送日本与朝鲜所立合同洋文新闻纸一份，当即交译汉文，系两国和约共十二款，大致与英国使臣威妥玛函报相同。三月二十四日，日本使臣森有礼偕其书记郑永宁至臣衙门，呈出钞录日本与朝鲜新立条约十二款，与巴兰德送到译出之件，词虽异而意相符。复于三月二十七日准礼部咨，钞录朝鲜国王原咨，虽未据将条款钞送，而所称办理条约，现在弭兵修好等情，大致亦属相同。并据日本使臣森有礼照会，内称该大臣暂时回国，其间一切交涉事宜，即交书记官郑永宁暂作署理钦差大臣等因。森有礼亦即于三月二十六日出京。谨奏。

光绪二年四月初六日奉旨：知到〔道〕了。

驻藏大臣松溎奏披楞人欲来藏通商设法禁阻折　附上谕

驻藏大臣松溎奏，为披楞租地修路，意欲来藏通商，派员驰往会同设法禁阻事。

窃据布鲁克巴部长禀称，去年秋间披楞头人纳尔萨海寄来夷信，内云：带领从人在噶勒噶达夺结岭地方，约会小部长至巴桑卞尔面商事件。小部长因披、布两家向无面晤之条，若不照来信前往，恐披楞人众行至我境，难以接应，且乘间窜入藏地，为害不浅。小部长无奈，于去年十月内前往巴桑卞尔晤面。据披楞头人云：噶尔萨岭一带地方离藏尚近，就便欲往西藏通商贸易，你们若能开修道路，纵要若干工价赏需并应用器具，概能付给；除前议每年例给地租钱五千文外，今再加增银钱三十千文，务要依允修路通商，不得推诿等语。小部长当即回复：布属地方窄狭，人民稀少，素无胆量，兼之各处寺院时有水火灾异，你处纵能发给工费赏需器具等项，我们实不敢认承修路。披楞头人云：尔属若果不便开修，我们自有人修理。小部长又说：布属地僻山险，路径丛杂，夏来涨水，冬间出火，各路岩桥随修随塌。且百姓愚蠢刁恶，往往出头生事，难以

往来通商。披楞头人又云：披、布两家和睦，嗣后遇有此等百姓，即须速为惩办；我尚有要事往别处会议，明年二月内来此定妥。小部长在彼驻站十余日，多方开导，披楞头人再三不允，起程去讫。现查披楞人等已将器械、鸟枪等物预备齐全，并将夺结岭各处河道添设浮桥以便行走。所有哲孟雄价值赏需，现在修路交拜来往，暗中引进。披楞因达赖喇嘛圆寂，商上乏人，是以借道通商，不识是何居心？实难挽回，恳乞奏明。小部长人等系天朝百姓，又与唐古忒同教，自应尽心帮助，无奈地方褊小，不能抵敌披楞，务求迅速派人前来指示办理等语。

臣当即译行代办商上事务济咙呼图克图，传集噶布伦等妥为筹议。旋据复称：披楞向不同教，亦无来藏交易之章；今租地修路通商，居心叵测，与佛教大有关碍，恳乞作主等情前来。奴才查布鲁克巴为唐古忒西南门户，与哲孟雄、披楞毗连。现据该部长禀称，哲孟雄要布鲁克巴认租修路，难免不暗中勾结引进；该布鲁克巴弹丸小地，力弱势孤，未能阻止。而披楞必欲借道通商，若严加遏禁，恐披楞恃强激成他故；倘任其修路来往，日后必致衅端迭起。奴才再四思维，一面现饬布鲁克巴部长，迅速届期前往与披楞头人会晤，申明旧章，各守疆界，谕以唐古忒地方山川险阻，乏产珍货，且习教不同，徒劳跋涉，妥为解释不必修路来藏交易。并拣派熟悉边务、精明谙练之西藏粮员通判周臻，督同琫札喜达结等，随带通事、番弁、兵丁驰往布属，会同相机弹压，剀切开导，设法禁阻；并顺至哲孟雄一体办理，总期各守界限，彼此相安，可消患未萌，以冀仰副圣主慎重边陲之至意。谨奏。

光绪二年四月十二日奉上谕：松溎奏披楞租地通商设法禁阻一折，据称披楞头人现向布鲁克巴部长租地修路，意欲来藏通商，松溎已派粮员周臻前往设法禁阻，并饬该部长妥为解释。惟布鲁克巴与哲孟雄毗连，哲孟雄既已认租修路，难保不暗中勾结引进。著松溎妥慎筹办，相机开导，务令申明旧章，各守疆界；并饬周臻等剀切劝谕，勿任往来勾结，遂其诡谋；仍一面弹压地方，不准滋事生端。

驻藏大臣松溎奏廓尔喀禀请进贡请旨示遵片

松溎片。

再，廓尔喀来禀，请示贡期。奴才伏查定例，廓尔喀国每届五年差人赴京，呈进表贡一次。同治十一年例贡曾经奉旨免进，扣至光绪三年系届五年例贡之期，前因奉旨著于二十七个月后再行呈进，计于明年五月届期。奴才译阅该国王所禀，情词恭顺，恳切输诚，理合奏闻。是否准其按期呈进，抑或暂缓之处，奴才未敢擅便，伏候训示遵行。又据该国王禀称生有一孙，具禀来藏。奴才亦即回檄称贺，并寄去恩赏蟒缎二卷，奴才外加大缎一卷作为赏贺之仪，以副朝廷怀柔远人，有加无已之至意。谨奏。

光绪二年四月十二日奉旨：著按期呈进。

闽督抚文煜丁日昌奏德国安纳船主及大伙被人谋杀获审片

文煜等片。

德国安纳船主并大伙二人，被水手华民杨细细等在洋谋杀一案，业经获犯审拟，另折具奏。因首犯杨细细异常刁健，坚不承招，照例请旨定夺。伏查该犯杨细细因被洋人虐打，辄起意谋杀二命，并于杀人后起货寄顿，意图独吞，皆有翁正梅、施大灼等指质确凿。揆其情形，实较强盗尤为凶狠，且洋人二命被戕，船货全失，岂肯甘心？臣等于二月初一日，专派道员陈维汉往西洋山一带查办，处处预先布置。嗣后，迭接总理衙门咨函，德国公使已藉词要挟，即各处新闻纸亦频频言及，该国派有兵船数号来中华理论此事。三月二十一日，该国厦门领事克荣亦到臣日昌处求见，初时辄谓杀毙洋人二命，弃尸吞货以及拆毁船只，情节较之云南马嘉理案为尤大，延宕至今，伊国家极不甘愿。经臣日昌节节开导，辩论三时之久，始能略就范围。惟于赃物一事，彼执定要赔，臣日昌但允以追出多少，尚相持未下。自当一面设法羁縻，以期不至决裂。于条约中所能行之事，为之照办；则条约外所难行之事，方可力持。至杨细细罪应斩决枭示，不即惩办，非独无以服洋人之心，且不足以儆戒将来，相应请旨饬部迅速核覆，俾可早正典刑，庶海岛愚顽不致再蹈复辙。谨奏。

光绪二年四月十三日。

清季外交史料卷五终

清季外交史料卷之六

光绪二年五月至六月

川督李瀚章侍郎薛焕奏密陈英员马嘉理被戕情形折

四川总督李瀚章奏，为遵旨密陈事。

窃臣等于四月十二日行抵四川泸州属纳溪县，途次接准军机大臣密寄，光绪二年三月十九日奉上谕：总理衙门奏，观审洋员到滇，并陈英国使臣议论情形一折等因。钦此。臣等遵查英员被戕、被阻详细情形，及格维纳等观审后启程赴缅日期，业于三月初七日由驿具奏，请饬总理衙门会同刑部筹议定拟，并声明臣瀚章起程东行，迎折北上，臣焕亦即回籍调理。拜折后，遵于三月初十、十七日先后起身，四月十二日同抵纳溪县界。适奉寄谕，仰蒙圣训周详，曷任钦佩！

伏查臣等查办此案，计阅五月之久，沿途周咨博访，并调派湖南绥靖镇总兵李胜，改装易服，亲赴蛮允地方详密询问。到滇后，提集各犯，饬委研讯十数次，供吐如绘。格维纳等观审毕，询以能否悦服，仅据将无从查考数条略为指述；及臣等逐条辩驳，格维纳又谓彼无议辩之责，早经威妥玛嘱咐为词。臣等查威妥玛满腹奢望，特以滇案为波澜，无论如何查办，均难保其到京毫无翻异。若就案情而论，臣等在在实事求是，无可再查。威妥玛所最重者马嘉理被戕、柏郎被阻，必须究出主使及犯证供词无不确凿。现在首从各犯何人起意、何人下手直认不讳。革弁李珍国计阻洋人入境，亦查出致团绅信函，足为铁据，并有与马嘉理、柏郎同行目击之李含兴为证，均系紧要关键。其余照会所指未能查出数条，或传闻互异，或名姓全无，在彼族强指为关键，于案情实不为紧要。臣等势不能捕风捉影，妄拿追究，纷挠徒滋。

至罪名一层，盗贼行劫得赃，武弁敛财生事，律有明条。臣等前奏所以不遽援引定拟者，缘事关中外交涉与内地案件不同。威妥玛去岁来函，及梅辉立赴总理衙门面述，谓此案若但凭外省讯断，无益有损。格维纳等抵滇，又首先索取照会，不得遽行处治。臣等倘将罪名按例断定，万一威妥玛横加驳斥，岂能改易爰书？尤恐总理衙门因此转行棘手。臣等筹商再四，实有万不得已之苦衷，业经密陈，定邀洞鉴。

格维纳等此次西去，明系查看情形预为通商地步，臣等亦早虑及。原议面商办法，

藉作转圜，乃引逗多方，该参赞等始终不提一字，臣等势难强聒与语。且其行甚急，臣等若固留之，彼必缄默如故，且恐波折横生，愈无以仰纾宵旰。是以该参赞等赴缅，照章派员护送，并未提明查看贸易。滇缅向以蛮允为界，若许其通商，似以此地为适中，臣等与前署云贵总督臣岑毓英密商已久。迨臣等启行时，岑毓英适值闻讣丁忧，当即详细告知云南布政使潘鼎新，密授机宜，令其预为规画。此次钦奉谕旨，复经密饬遵照。新任云南督臣刘长佑计日应可到滇，一俟暑退瘴销，即可徐为勘办。臣等在途迭接地方官禀报，格维纳等已过大理，日内可达缅界，印委各员妥为保护，谅无疏失，足慰宸廑。谨奏。

光绪二年五月初三日奉旨：该衙门知道。

总署奏德国船主在闽洋被戕案业已办结请饬各省照章保护中外船只折

总理各国事务恭亲王奕䜣奏，为闽省现拟举行保护中外船只遭风遇险章程，请饬各省通行查照办理事。

窃查德国安纳船主在闽省洋面被杀并抢夺货物、拆毁船只一案，上年臣衙门据德国驻京使臣巴兰德照会，当即咨行闽省督抚等查办，并迭次行催。本年四月间，据福州将军臣文煜等以拿获此案凶要各犯，审明拟办等因，奏奉谕旨：刑部速议具奏。钦此。并据福建抚臣丁日昌函，称此案据闽省德国领事官克劳申陈，该船被毁、被抢各件共三万七千七百八十元零二尖，奉驻京使臣札饬，总须如数收讫。现经追出赃物，共估价折银一万三千八百八十元，已交领事查收。又称：从前在江苏时定有救护中外船只遭风遇险章程，俟此案办妥后，晓谕闽省仿照举行，以弭后患。并将章程五条底稿钞送前来。臣等伏查各省沿海地方中外船只遭风遇险事所常有，该处居民人等认真保护者有之，乘机抢夺者亦有之。该抚臣所定救护章程五条，不独福建一省当即照行，即沿海各省亦应一律查照办理，庶中外船只往来洋面可免抢夺之虞，而海滨人民皆知劝戒。除该省审明安纳船一案各犯罪名应由刑部定拟复奏，及此案未经追出赃物，应由臣衙门咨行闽省，再行设法尽力追缴外，相应钞录该抚臣所定章程五条，恭呈御览，请旨饬下南北洋大臣及各省将军、督抚，晓谕所属沿海地方文武官员人等，一体实力遵行，以期相安无事。谨奏。

光绪二年五月初四日奉旨：依议。

闽督文煜等咨呈军机处闽省电线买归自办文

署闽浙总督文煜、福建巡抚丁日昌为咨呈事。

窃照闽省设立电线，前经总理衙门奏明买归自办，业将议定合同条约大概情形，奏奉谕旨：该衙门知道。钦此。旋于上年七月十五日兴工。讵开工未久，民间即以有碍田园、庐墓节节阻挠。而福清地方又有聚众鼓噪及抢毁器物，殴伤工匠情事。屡次派员开导，民情总未翕然。既不能迅速竣工，又不克停工以待。公司复以失去物件耽误工程，逐款索价，枝节丛生。欲行则民情不愿，必致酿变多端；欲止则合同既立，势难自我失信。几有岌岌不可终日之势。

本兼署部堂因与本部院熟商，另定办法。适丹国总办电报公司哈伦巴自其国来闽，到船政衙门求见，初时颇欲盛气相向，经本部院节节开导，始就范围。时有总办招商局道员唐廷枢，自香港挑选学生来闽。该员熟悉洋情，操纵有法，因派令与该公司哈伦巴、恒宁臣等妥议，往复辩论十数次，始允将上年所立合同作为废纸。彼此当面涂销，另立议约，将所有水陆电线、机器、木料、房屋、契据等件，一律派员照合同点验收回，由官自办，应给价值亦即分期还清；由官自选中国学童，延请该公司教习一年，一年之后请与不请由官自主；将来电线之做与不做，亦无庸干预，该处电线亦不另请他国洋人再造。其该公司屡被百姓抢窃，失去物件并误工利息初索取三万余圆。经唐廷枢再三开导，甫允补银八千圆，即以未造房屋、未用华工内应扣之七千圆抵补。其罗星塔至南台一路已设之电线，先经买定由公司代为经理，并即一律收回，归并罗星塔通商分局办理。即由该委员专管，暂延洋人一名，月给工食银五十余圆，代司其事。面议四个月为期，俟艺童学有成效，再行酌拨更换。均经分别订立议约，本年三月二十五日由局盖印画押，各执存据，即由局照会丹国领事官央士，转饬该公司知照，取有回文存查。其点收电线物件，委员陈汝实已于五月初一日自厦门回省，据称所收一切物件业已分别存储，由通商局司道照录各款清折详请奏咨前来。

查电线达信，顷刻万里，为西国行军必用之物。然闽省民情惑于风水，动以有碍田园、庐墓为词，兴化、泉州一带民情尤为凶悍，往往睚眦纠斗，动辄毙命以数十计。同治十三年夏间，署盐法道陆心源擅与领事戴兰偲定议，自省至厦准其设立电线，相距几至五六百里，兴、泉所辖乡村为必经之地，是以当该公司开办时，百姓即纷纷遍贴告白，肆行毁夺，积不相能。迨至上年夏间议立合同后，由官买回，仍雇洋人代办。该处乡民又复踵沿旧习，阻挠不已。若听其自然，无知百姓势必激成中外龃龉之变，流弊胡可胜言？是以此次查照总理衙门来咨，将该电线一律收回，选派中国聪颖子弟认真学习；将来察看民情，如能贴服遵办，固属有益；即使不能遵办，操纵由我，作辍由我，

亦不至于有损。除恭折具奏外，相应咨呈贵衙门查照。

光绪二年五月初七日。

总署奏英使对于办理马嘉理案均不同意折　附旨寄

总理各国事务恭亲王奕䜣等奏，为云南边界戕毙英国马嘉理一案，据李瀚章等查明奏到后，谨将臣等与英国使臣往返辩论情形密陈事。

四川总督李瀚章等奏，遵查英员被戕、被阻情形一折，光绪二年三月二十六日奉旨：该衙门议奏。钦此。臣等正将李瀚章等咨送全案供招，及李珍国原信等件公同查阅间，即据英国使臣威妥玛于二十七日照会，以此案该使臣未与臣衙门议定之先，慎无发钞宣示。当即照复，俟将供词详细查核，再与订期面谈。四月初八日，臣等往晤威妥玛，告以此案。应由总理衙门会同刑部定拟具奏。威妥玛时已接到格维纳详信，得悉在滇讯办梗概，遂谓：马嘉理被杀及柏郎即柏乐被阻，其根由在朝廷大吏均以攘外为心，所以李珍国是奉宪谕，岑毓英是奉旨，今惟有问之中国，国家如何去攘外之心？如何保其将来？是日，并据其呈递照会，以滇省问案直同儿戏，经臣衙门照复辩驳。因查案内李珍国及腾越绅董来往信函最为确凭，除钞送刑部外，复于四月十五日威妥玛遣其汉文正使梅辉立来见，即将李瀚章等折奏及各供词并前项信函，钞交带回给威妥玛阅看。

溯查威妥玛议办滇案，除正案查办外要请三端，其第三端之整顿税厘又有四事，均经详细奏陈在案。要请之端，则除大臣往来一节外，余皆注意商务，是其意本期于滇案，商务均遂所欲。滇案意在岑毓英主使，今见查办折到未议及岑毓英，以为岑毓英所为是必甚合国家之意，就此发议设难，以岑毓英主使为启衅根由。自将各钞件交阅后，就正案上极力挑剔，屡次会晤，谓复奏情节与印度访查各节，迥不相符。答以访查得之传闻，查办确凭供证。谓李珍国与回有仇，岂能共为一事？则答以起意并不同谋，击阻适在同时。谓绅众初致李珍国信函，及岑毓英所批李珍国详称，何以未经钞示？则答以初次信函未经搜获，中国既肯将两信钞给，何必另有秘隐？李珍国供职边远，未奉批示，迨岑毓英批令无事张皇，奉到之时已在案出之后；且绅众信中有上宪遏抑，众怒难犯之言，其非岑毓英主使可知。威妥玛执定岑毓英必有札文给镇厅各官，但令呈缴核验便自明白，则诘以如有此等确据尽可取出为证，若臆定为然，何以服人？甚且谓岑毓英以及各官、各犯必须提京审讯。李瀚章、薛焕查办不实，亦应一并处分。复以危言悚听，谓中国如不照办，是国家愿自任其咎，自取大祸。所言甚肆，臣等直截驳复，告以万不能办。

威妥玛窥见所持甚坚，于面晤及照会中声言，必讨妥当补救之法。臣等告以严办现时之案，即为补救日后之凭。原冀杜其案外要求，然商务各节各国均蓄意已久，而美

国、德国为尤甚。威妥玛于日本兵扰台湾一案议结时，即请扩充，经臣等力持而止，即无滇案亦将别开难端。况上年曾有三端之议，又谓今多查办不实一层更须益谋偿补。本案复未遂所欲，于是其谋益炽。五月初一、初四、初六等日，迭据照会，以大臣往来及整顿税厘两事牵入滇案，一并催询。并以滇案查办全属子虚，如将李瀚章等折及刑部复奏，发钞列入邸报，视为反觉增剧。并另函声称即日南下。臣等复以大臣往来业经开办，滇案无他办法，惟商务只能照上年所议商办。因该使臣照会内，涉及总税务司赫德申复整顿货税节略。此项节略分商、政、讼为三务，内有碍难办理之端，恐一经牵涉，更多费手。是以只就与该使臣原议四事言之，告以须与南北洋大臣商定。现当未定之际，该使臣如欲相商，亦可先议。渠仍屡以滇案应提京讯办为言，明知其不能允，而必借此以助彼。

累经往返议论，至五月十一日据称有办法六条，并谓优待大臣一节，俟将来本国自行办理或与各国公议。至现议办法，则一为由臣衙门奏述惋惜马嘉理，及该使臣愿请勿将各犯惩办并保护洋人晓谕各处，张贴告示，请旨后通行各省。一为听英国派员前往各处查看所贴告示，中国派员同往。一为中国人有伤害英人案件，准英国派员观审。一滇省边界商务派员会商。一英国派员在云南大理府或他处驻居，四川重庆府亦然。一请华洋各商均领税票，在沿海、沿江、沿湖多开口岸，如奉天大孤山，湖南岳州，湖北宜昌，安徽安庆、芜湖，江西南昌，浙江温州，广东水东、北海等处；未必处处洋商长住，惟宜昌须长住，且急须开办。各项洋货在本口完纳正税，可以销售，不再重征，入内地请领税单，再完半税。俟以上六条定明后，钦派使臣前往英国，国书内声明滇案不无可惜之意。偿款一节，有马嘉理家属、柏乐文遗失行李、印度派兵护送之费、前后多调兵船等费，听本国核定数目。越日又递清单，于第一条约所及勿将案犯惩办等情详言其意，以示见好，并请叙入折内。

臣等查第一、二条所称事尚可行。第三条观审一层，滇案已经照办，如系关涉命案，自可通融。第四条滇界会查商务，上年业经订明，俟结案后举办。应将案内抚恤家属、赔补遗失行李款项一并与滇案议结后，再办此节。其石雨田等家属应行抚恤之处，亦应酌给，此外所称各款不能与闻。第五条，大理、重庆非通商地方，不应派驻领事。第六条华商、洋商准其均领税单。至宜昌口岸，前与法国、德国议约，均经请开未允，今威妥玛犹为力争。揆其情形，此口若不允准，则该使臣为众商所迫，有不欲决裂而不能者，只有将宜昌一口照准即行开办，其余各口仍不允准。洋货若在口仅完正税，不再重征，则中国即无厘可征，势难照允。即具节略，分别准驳，于十三日交给该使臣阅看。渠即忿激异常，谓此事已无可商办。

至十五日，梅辉立来臣衙门面递节略，仍是六条办法，而将遣使、偿款两层仍分列二条，遂为八条。旋又同威妥玛来晤，以多开口岸为请，而将划定口界与正子并交两层，请中国商定为补救之法。兼定口界其说始于赫德申复节略中商务之议，欲将各通商

口岸划定界限。臣等以为洋人于租界早若视为己有，倘另定口界，亦何独不然？且展拓处必多，其弊不可胜言。参之南北洋大臣所议，意见亦复相同。此层既必不可允，若就正子并交之议，虽于厘有损，而其义尚正。惟仍欲多开口岸，亦难照办。遂于十六日缮就节略，仍与前复六条略同，惟第五条派员暂居大理、重庆一节，言明非通商地方不能驻领事；亦一并允准其定口界及正子并交之说，明驳其定界，而浑许以妥定章程。威妥玛仍于是日遣梅辉立来，申请定口界一层，臣等力持未允；遂据呈递照会两件，一催请提京审讯，一历叙述议论大略，并称不能再延，立刻起程前往上海。

臣等因令赫德来见，将以上各情告之，赫德拟请开北海、温州、芜湖三处，臣等未允。至次日又与商论，始允添温州一口。旋于二十日据赫德面称，威妥玛以为未足。臣等以添开口岸亟应慎重，惟念厘务所关非细，如稍添一二口，而于租界免厘一层可以罢议，则得失轻重之间，尚觉彼善于此。遂告以或再允添北海一口，令其向威妥玛商论。而威妥玛即于是日照会，催促提京一层之照复。又于二十一日照会即日往沪，并有一函辞行，又一函称：起行之后，如有迅办之件，交参赞傅磊斯办理。臣等探知是日威妥玛未行，即于赫德来署回复前议时与之相商。赫德请由臣等函致该使臣，以前议八条不妨明白函复。其关涉商务之件，威妥玛愿由总理衙门照会各国，商定划一办法；俟商定后，再将臣衙门议开之宜昌等各口一并办理，再由臣等将第一条所请代为表白，及将来保护之折底即日商定，令其前往商议。旋据复称：威妥玛允就此请本国完案，惟不能作该使臣担承完案；如中国另有好法，该使臣便可担承作为案已完结。随称：如能召见该使臣，谕以马嘉理可惜，或奉上谕以为马嘉理可惜，遣总理衙门及各部院大臣前往英馆宣示此意，则威妥玛可将此层告之本国，滇案作为完结。臣等告以两层均难声请，且惋惜之意奏折内可叙，国书内亦有成式可以提及。旋即定于次日将信缮给，并约梅辉立来署面议结案一切办法。讵梅辉立来见，谈论各节，多方挑剔后，指八条中之末条偿款听本国定夺一节，谓：如果由本国作主，则无论索偿数千，或少至数万，或多至数百万、数千万，中国必当应允，无可商量。即告以并非此意，查偿款一节，威妥玛曾谓：如由我定，可定银二十万，总署先将凭证交付，将来本国所定不到此数亦未可知，要之有少于此无多于此，惟此层不愿自定等语。复据威妥玛函称：所云二十万，兵船等费并不在内。今梅辉立忽作此语，是与威妥玛二十万云云不符，当将威妥玛所言告之，并谓：顷间所言英国必不出此，中国亦不能照办。梅辉立谓：如果不能照办，他条皆作罢论。旋即怫然而去。臣等公同商酌，即将威妥玛二十万等语，缮函给该使臣以为根据。二十四日，该使臣忽函致臣等，将从前所议全为罢论，竟于是日申刻出京。

臣等查此次议办滇案实已不遗余力，乃该使臣于议论已就之际忽尔全翻，殊出意外。该使臣出京后，又复照会，以滇案如不与该使臣先商径自办理，该使臣亦不待商酌独自办理，其意仍似有待。臣等亦办给照复，以示仍与相商之意，并给一函叙明二十三日臣等与梅辉立所论各节，以免参差。除由臣等函致李鸿章于该使臣到津，设法开导，

相机挽留，并将臣等致该使臣信函照会转行外，谨将历次往来辩论情形恭折密陈。谨奏。

光绪二年五月二十七日奉旨寄李鸿章：本日据恭亲王、沈桂芬面奏，英国马嘉理一案，迭经该王大臣与英使威妥玛辩论，该使借此一事多方要求。其有尚可通融〈者〉，业经酌量允准；其碍难准行者，悉经驳斥。该使未遂所求，遽于昨日出京等语。着李鸿章，如该使行抵天津，谈及此事，该督即可相机开导，就近商办。至该使到津后径欲南行，该督亦须与之晤面，早了此案，不至迟延。至应议条款，经总理衙门陆续知照该督，谅必能妥筹办法也。

直督李鸿章奏英使过津不允续议马嘉理案业已南下折 附上谕

直隶总督李鸿章奏，为英使威妥玛过津会晤，无可商办，该使现已启行赴沪事。

窃臣承准军机大臣密寄五月二十五日奉上谕：本日据恭亲王、宝鋆、沈桂芬面奏，英国马嘉理被戕一案，迭经该王大臣与英使威妥玛办〔辩〕论，该使借此一事多方要求。其有尚可通融者，业经酌量允准。有碍难准行者，当经驳斥。该使未遂所求，遽于昨日出京等语。此案经总理衙门王大臣与威妥玛反复辩论，力持大体。今该使遽行出京，自是意存要挟，如该使行抵天津，往见李鸿章，议及此事，该督即可相机开导，就近商办。如该使到津后，径欲南行，该督亦须与之晤商，冀可早了此案，不至迁延。本日寄去谕旨一道，如该使索看凭据，著另行恭录，给予阅看，俟事竣后，仍缴还军机处备查。至应议条款，业经总理衙门陆续知照，谅必能妥筹办理等因。钦此。

先是，臣迭准总理衙门来函，钞示近日议论滇案节略条款，方冀渐次就绪，忽闻威妥玛所欲未遂，遽尔出京，正深诧异。臣曾于五月初五日函致总理衙门，以滇事总须该使在京议商方易转圜，若听其自去，岂肯回京再议？该使既称此案查办不实，即使过津晤谈，亦必枘凿不入，窃虑事机更难收束等语。总理衙门亦深知事势紧要，曲予通融，甚欲调停补救，续议八条大致已将合拍。该使性情反复，加以梅辉立从中播弄，乃至二十四日全行翻变，不辞而行，其意殊为叵测。

事关大局，苟臣力所能尽，敢不设法斡旋？闻命之下，恐该使悻悻，未必来谒，嘱令候补道许钤身密探该使于二十六日晚抵津，许钤身即于二十七日巳刻往晤，述及臣处有公事相商，询其来见与否？该使约定二十八日辰初来晤，辩论两时之久，臣多方开导，欲就原议八条复与议准，以冀早了此案。该使坚称：前在京时所议八条，本系从轻通融办法，而总理衙门忽拒忽允，嗣后将预拟结案奏稿及整顿通商税厘照会文稿给阅，皆与该使本意不符。赔款一节亦有争较，只有另请本国酌办。臣告以此次可再商酌改订，既经通融于前，何不可通融于后？该使谓：出京之日业经函告总理衙门，以前所论

事宜不再续议，作为罢论，已将交出节略取回注销，兹断无在津复议之理。至马嘉理一案，迭经照会恭亲王，请其提京复讯，除提京外亦别无可商。臣复就提京一层，与之反复剖析利害，不但中国无此办法，亦与英国将来边境通商有碍。该使悍然不顾，语甚决绝。且以上年八月臣奉旨在津会商，曾议将前此责问岑毓英办理迟延谕旨发钞，俾众共晓，迄未明发，谓为权柄不足，外间所允，京中未必定行。臣告以可否发钞，本非臣下所敢擅定，兹既奉旨商办，其稍可通融者，但经允行，总理衙门无不照办。该使谓：马嘉理案我已有定见，请恭亲王速即照复，将岑毓英等员提京审讯，余无另行会商之处。言毕辞去。

臣于是日戌刻前往该使寓所答拜，再三劝说，令其暂留数日公同妥商，该使执意不允。晚间又送来一信，词意与面谈略同。二十九日酉刻，臣因赴紫竹林之便，顺道往晤威妥玛，仍欲设法挽留。该使谓速往上海奏报本国，俟国王回示，方有办法；届时恐须多添条款，或由中国简派全权便宜行事大臣赴上海商办，或该使仍回京议办，均未可定，此时实在无可与商。并称是夜登舟，三十日早间开行矣。臣窥该使大意，无非藉端要挟，若不即开兵衅，亦须多得便宜，此后断不止前议八条所能了事。时艰孔急，挽救无方，徒增焦愤。该使既经南下，无可商办，所有前奉谕旨一道，应缴还军机处备查。威妥玛来信一件，照钞呈览。谨奏。

光绪二年闰五月初一日奉上谕：李鸿章奏，英使过津会晤，无可商办，现已起程赴沪，将其来信钞录呈览一折。该使狡诈性成，遇事反复，此次或因电催回国，或等候格维纳由缅回沪，别逞狡谋，均未可知。既以听候该国回示为词，其在上海必有暗为布置之事。著沈葆桢密饬上海道慎密察看，或派委明干之员赴沪，查察该使作何举动，详细奏闻。沈葆桢或藉地方公事之便，前赴上海，就近体察情形，设法转圜，以慰廑系。

顺天府府丞王家璧奏马嘉理一案请明白宣示俾知是非所在折

顺天府府丞王家璧奏，为近日洋情，我愈秘密，彼愈要挟，不如明白宣示，使万国皆知其非，无所施其狡诈事。

臣闻英员马嘉理被戕于云南边外户宋河一案，业经钦差李瀚章、薛焕亲提正凶并地方官绅审问复奏；英员格维纳亦在滇观审，并无异辞，自可由总理衙门会同刑部公平奏结。乃闻英国使臣威妥玛多端要挟，不肯完案，不思马嘉理为野夷逃犯所劫杀，与内地民人无干。署总督岑毓英乃能派兵出边弋获而通凹、腊都等正凶多名，无非仰体朝廷柔远绥边至意，不避艰险，切实严办。其地非腾越辖境，镇厅各官宜无失察处分，李珍国因乡党疑虑，齐团自卫，并非有意伤及英员。英人加以计阻之名，已属文致其罪，况因而重之乎？圣明天纵，必已洞察其冤。臣愚以为，我堂堂中国，若曲徇外国使臣喜怒，

颠倒是非，使臣民含冤无可告诉，由此推而上之，更何所底止？窃揣国势，断不衰弱至此。况我愈曲徇，彼愈要挟乎？至重庆、宜昌等处码头，与马嘉理事有何干涉？乃威妥玛因此要求添设，且声言不允必致决裂。此内地痞民藉人命图赖之所为，岂堂堂大英国之使臣，素称识大体者，而竟出此？亦欧洲诸国知礼者所不取也。窃查各国通商已久，决裂则利少害多。威妥玛之所要挟，他国亦不以为然，特我愈秘密，彼愈得施其狡诈耳。夫天地生财止有此数，此盈则彼绌，自然之理。汉口添设码头以来，合各口计之，彼之获利亦未大胜于前。可见多设码头无益，码头愈多，货易得则价愈贱，彼亦何苦处处敛怨添设，徒取纷扰乎？臣愚以为威妥玛若要求无厌，拟请圣明裁断，将此案颠末及该使臣要求万难允准各节，明白宣示，或敕交王大臣六部九卿会议奏结，使中外臣民咸知朝廷处置如青天白日；万国各议政院闻之，亦知真是真非之所在，不致为所鼓动摇惑。此实国势盛衰安危枢纽，惟恃圣明裁断，以定国是而回天心。谨奏。

光绪二年闰五月十一日。

总署奏中英交涉不能预料请整顿江海防务折 附上谕

总国〔理〕各国事务恭亲王奕䜣等奏，为云南边界戕毙马嘉理一案，英国使臣出京后虽经乘机挽回，尚无把握，拟请饬下南北洋大臣体察沿江、沿海情形，据实密陈，悉力整顿，以期有备事。

窃臣衙门于本年五月二十七日奏陈，滇案自李瀚章奏报后，臣等与英国使臣往返辩论情形一折，奉旨：知道了。钦此。维时英国使臣威妥玛业已出京，经臣等飞致李鸿章相机挽留。旋准李鸿章函称，英国使臣到津接见，仍复固执。越日又据函称，英国汉文正使梅辉立过津谒见，经李鸿章婉切开导，梅辉立以英国使臣既经出京，仅就前议八条立论必难转圜。如能觐见英国使臣，谕以马嘉理可惜，或奉上谕以马嘉理可惜，遣部院大臣前往英馆宣示此意，或可允议结案。仍与前此赫德所称两节相同。李鸿章告以觐见一层现时无从陈请，其第二议或可商办。经李鸿章函商臣等，即由臣等函复，属其一面告知英国使臣等，一面即由李鸿章奏明请旨。李鸿章于接信后，即令候补道许钤身前往烟台晤梅辉立，告知前议。讵梅辉立谓：威妥玛之意仍有未足，复欲希冀觐见。所议未就，许钤身亦即回津。其为另有狡谋可知。

臣等因八条中之第六条专论商务，因令总税务司赫德来臣衙门晤商，赫德亦愿居间前往上海与英国使臣面商，冀有转圜。所议各层，大致在洋货进口、土货出口、华洋各商如何领单完正、子各税，及在口岸内抽厘应照子税数目议定划一办法，及在海口开官信局、官银号，由该税务司管理等事。揆诸利害重轻，尚可商办。臣等即令其由津赴沪，一面函致李鸿章，于赫德过津晋谒时，与之逐一商论。赫德即于十五日自京起程。

所有赫德陈说各层，均由臣等陆续函致李鸿章并沈葆桢备酌。近接南洋大臣沈葆桢来函，述及英国使臣到沪后，经苏松太道冯焌光探称，曾赴电信局寄信，所言虽未得其详，大致有议及税事，并由印度调兵船来华等语。本月二十二日接李鸿章函，称赫德于十九日到津商议整顿商务各节，二十日自津起身赴沪。濒行，据赫德称，持此往议亦只有一二分可望，应请速遣使臣赴英国理论，以为缓兵之计等语。李鸿章拟俟该总税务司六月初间回信，如仍无转机，当即奏明请旨。当许钤身在烟台与梅辉立面议时，梅辉立云：到上海面晤英国使臣后，当给回信。兹并据李鸿章函称。近接梅辉立十二日自沪复许钤身函，前议仍作罢论等情。

臣等查英国使臣此次出京，虽无显与决裂之语，而究竟决裂与否殊不可恃。臣等揆其用心，将来如何始有转机，亦实不能预料。似此情形，不能不为有备无患之计。拟请饬下南北洋大臣，不动声色，悉心筹画，将现在海防、江防实力整顿，万一竟致决裂，务期足资备御，以绥疆圉而顾全局。谨奏。

光绪二年闰五月二十三日奉上谕：总理衙门奏滇案尚无把握，请饬南北洋大臣体察沿海、沿江情形，密筹防务一折。威妥玛以要求不遂出京赴沪，梅辉立、赫德先后驰往与之商议，能否转圜，正不可料。据沈葆桢探闻，英使有调印度兵船之信，其为藉兵恫喝亦在意中。亟宜预为防范，以杜诡谋。著李鸿章、沈葆桢将现在海防、江防实力整顿，庶几有备无患。昨据侍郎袁保恒奏，海防不足深恃，宜讲求陆战以求实用一折，所陈不为无见。沿海地方为洋人往来必经之路，筹防不可疏虞，免启外人窥伺，至为久远之谋。即陆路战兵，亦当就中国之所长，勤加训练，俾成劲旅，以辅海防之不足。著李鸿章、沈葆桢酌度情形，妥筹具奏。

总署奏西班牙国更换公使已到京接见片

奕䜣等片。

再，前日斯巴尼亚国使臣法乐德因病回国，派令博海德署理钦差大臣，经臣衙门于光绪元年十二月初十日附片具奏在案。本年正月十一日准日国博海德照称，本国派伊署理钦差，旋于五月初二日函称现已到京各等因。正拟具折陈奏间，复于闰五月初五日准博海德照称，本国特派嘎克勒斯为钦差大臣，今已到京，该署使臣现已交卸。又据嘎克勒斯照称，请定期谒见等语。当经臣等定期照复。嘎克勒斯遵即来署，照章款接，察其词色，尚属恭顺，理合附片具陈。谨奏。

光绪二年闰五月二十六日奉旨：知道了。

直督李鸿章奏英使因滇案要索不遂出京接据赫德由沪来函奏明请旨折 附函及上谕各二件

直隶总督李鸿章奏，为接据总税务司赫德上海来信，奏明请旨事。

窃英国使臣威妥玛以滇案要求未遂出京，经总理衙门派令总税务司赫德赴上海，与威妥玛商议。赫德过津时曾声明，俟有回信，即寄由臣处转递总理衙门核办。六月初二日，津海关税务司马福臣来谒，面呈赫德自上海闰五月二十五、六日洋文密信。该税司一面译述，臣即一面笔记，当将信稿钞寄总理衙门酌核。顷接总理衙门王大臣公函，赫德回信既称威妥玛现往烟台，拟请旨派大臣前往商办，应由臣赶紧具奏等因。

先是，闰五月初间，英国汉文正使梅辉立过津晤商，谓若准召见英使面谕马嘉理可惜，或派部院大臣往该使公馆宣述惋惜谕旨，二者可得其一，英国面上过得去，此事或掉转得来。臣告以召见一节此时断办不到。至马嘉理案，朝廷不无可惜，若请谕旨明发显出此意，派一二大臣往英使馆述知，亦非必不能行之事。随即缄商总理衙门，亦以为然，谓若可定议，由臣奏明请旨。旋经函致梅辉立转商威妥玛去后，十九日接梅辉立上海复信，已向威妥玛详细告陈，仍候本国复音再取定止。嗣赫德往沪，臣亦将此意告知。今赫德信内第五条，威妥玛尚嫌一正一副太少，必要多派，即指此也。至信内第九条，据云所议通商章程，威妥玛尚称允协。至开口岸一事，除总理衙门已允宜昌、温州、北海三口外，仍求添芜湖一口，且恐此外尚有别项要求之处，即特派大臣赴烟台会商，势亦难尽厌其欲。惟赫德二十六日信内亦称，此系尽头一著，若不照议，实无别项和睦办法。

事关大局，臣何敢壅于上闻，谨照钞赫德来信恭呈御览，伏候圣裁。该总税司信内求请旨派臣前往，或同别位大员。臣自顾庸愚，实不敢当此责任，筹防紧要亦未便越境耽延。查总理各国事务大臣皆熟练洋情，深知体要，倘蒙俞允，可否量加简派，稍重其事权，以取信于外国，或于和局有裨。谨奏。

光绪二年六月初八日。

附译总税务司赫德在上海寄来洋文密信恭呈御览

一、总税务司闰五月二十四日早辰到上海，下半日见过威大臣。

二、威大臣仍是从前一样意思，业经全行报明本国，听候本国主意。格参赞已于闰五月二十五日起身往本国去了。

三、威大臣大约过一个礼拜要往烟台。

四、如中国派大员往商，威大臣必可见他。但所奉上谕若仅如从前妥商马嘉理一案

字样，尚觉不够，该大员须奉有全权便宜行事之谕旨；此大员必有新样主意，商办事件要大方，不要让一步又站进一步。若不照此办理，虽派大员往商，亦徒枉费工夫。

五、听威大臣口气，所议部院大臣往英使公馆宣述谕旨一节，若仅派一正一副，太少，必要多派，英国方觉体面。

六、听威大臣口气，英国实在看此事甚为要紧，恐不肯从权轻易了结。遣派使臣至英国一节，总税务司已经累次向总理衙门陈说。平日各国皆派钦差驻扎他国，为照应本国交涉事体，遇有办法之处，可将本国办法意思说明。现在云南重案虽派使臣，可望有益，但该使臣必自知所说之话俱系确切可靠，才能有济。若该使臣所说之话，日后威大臣呈出凭据，英国查明该使话内有不符之处，转致有损无益。

七、总税务司再三筹画，拟求李中堂奏明请旨，即派李中堂一人，或派李中堂同别位大臣，到烟台与威大臣会商。谕旨内要叙明：办理此事可以有权柄作主，无论若何办法可以作为定准。如此或能办结。总税务司虽不敢保其必定，但十分盼望李中堂愿照此办理。别位大臣往烟台，不如李中堂亲自一行。若奉旨允准，应请于六月十二三日到烟，不宜过迟误事。

八、总税务司所议通商章程，于闰五月十四日呈递总理衙门，有四样办法内，第二办法威大臣尚谓妥协。至添开口岸，除宜昌、温州、北海三口外，总税务司意见求添芜湖一口，从前本准芜湖开口，现又不准，大有妨碍。外人皆谓李中堂是安徽人，不肯添开。

九、西国情形现为土尔其事日有变动，英国朝廷愿趁此机会，叫别国看明白该国力量，既能在西洋作主，又可在东方用兵，随意办事。

十、现因威大臣拟六月初四五日至烟台，所以总税务司暂驻上海等候，惟此事关系重大，总税务司再四求李中堂六月十二三早到烟台。若此次不在烟台议妥，不但英国以后必添要多款，难保各国不一律要求。

闰五月二十六日

今日总税务司又见威大臣，并在别处查明目下实在情形，所有二十五日信内第十条所说之话，真实可靠。英国有意乘此机会，使别国知道，既能防备西洋，尚有余力来中国保护声名。若李中堂到烟台，同威大臣商量明白，威大臣即可奏报本国，请英国照所商量办法了结。此系尽头一著，若不照此议，实无别项和睦办法。威大臣不愿在上海商量，又不肯回天津、回北京。就是李中堂往烟台必要替中国设想，从前两国交涉利害光景，比对目下强弱情形，处以和气大方，所有不免相让之处，不妨善让，莫要推辞。

闰五月二十六日

光绪二年六月初八日奉上谕：李鸿章奏，接据总税务司赫德来信，钞录呈览，请旨办理一折，已降旨派李鸿章为全权大臣，与威妥玛会商一切事务。该督熟练洋情，必能操纵合宜，相机开导，以期早就范围。即著懔遵谕旨，驰赴烟台与该使会晤，就总理衙门前议，参以赫德此次来信，斟酌情形，妥为筹定，奏明办理，以免另生枝节。此外如

有非理要求，仍当力拒，不可稍涉迁就。本日寄去谕旨一道，如该使索看凭据，另行恭录给予阅看。事竣，此旨仍缴军机处备查。

同日奉上谕：大学士、直隶总督李鸿章著作为全权大臣便宜行事，即赴烟台与英国出使大臣威妥玛会商一切事务。

直督李鸿章奏中国人才财政均无把握不宜因滇事与英国失和片

李鸿章片。

再，臣奉闰五月初五、二十三日密谕：整顿沿海防务，并将袁保恒折钞给阅看等因。查西洋各国财力雄富，专以练兵制器为事，所向无敌。中国自粤、捻平后，虚耗已极，其生财致富之术不及外洋，向来兵制军械亦相去悬绝。臣于同治十三年冬间议陈海防折内谓：非变法与用人，不足以自强。盖盱衡数十国之情势，阅历数十年之闻见，乃敢为此创论也。上年奉旨筹办海防，臣即缄商总理衙门，以此事造端宏大，头绪纷繁，必以筹饷为第一难事。旋准户部会同总理衙门，指拨各省关税、厘金每年银四百万两。沈葆桢到任后，以北洋议设水师咨令各省尽解臣处，自上年七月至本年闰五月已一年之久，统计各省关仅陆续解到银七十余万两，实不及额拨十分之二。是以沈葆桢函商，试购铁甲船一只，价银须百万以外，尚未敢率允定购，其他更可类推。无财则百事不能办，况海防专备御侮者耶？今各省困穷若此，既欲进图新疆，又须大办海防，必至穷兵黩武，继以颠覆，心窃危之。而袁保恒不一考究事实，乃谓十余年来全力注重海防，度支经费不遑再顾陆路。又谓专用中国长技制夷、破夷，确乎可恃。稍知时务者，当能辨其欺妄也。此次威妥玛有调印度兵船之说，赫德密信亦称：英国欲趁此机会，既在西洋做主，又可在东方用兵，随意办事。是其以兵挟我情见乎词。目下南北各海口，虽有防兵，均嫌单薄；虽筑炮台，多未竣工。况口岸穹阔空虚之处，尤属防不胜防，恐未足言制胜。惟臣忝膺拱卫，设有惊变，自应激励将士决一死战，而胜负之数既不可知，国家安危要当预计。臣之愚见：此事究因滇案而起，似不值竟开衅端，且时势艰难，度支告匮，若与西洋用兵，其祸患更有不可测者。伏维皇太后垂帘听政，无时不以息事安民为念，尚祈扩怀柔之大度，屏悠谬之浮言，委曲求全，力持定见，天下幸甚，大局幸甚！谨奏。

光绪二年六月初八日。

左都御史景廉奏天津绅民因李鸿章赴烟台人心惶恐请另简员折

左都御史景廉奏，为奏闻请旨事。

据前任浙江布政使沈兆澐等，联名遣抱张升以督宪出省，津民惶惑等词，赴臣衙门呈递。臣等共同查阅，内称：窃本月初间，民间纷纷传说爵阁督宪李将赴烟台，与威公使议事。愚民不知底细，无稽之言以疑传疑，人情汹惧。至十二日，谣言四起，咸谓督宪即日起行，职等恐民言浮动，致滋事端，当即具呈督宪，代陈该百姓等攀留迫切之意。督宪谕以烟台之行并无他虑，尔等不必疑惧等因。当将宪谕传知乡里，并晓以督宪安内靖外悉有机宜，岂容小民轻吁？府宪县尊亦多方劝谕。无如人心淆惑，浮言益炽。现在商民惶恐，即乡间老弱妇女，亦络绎来城，群赴督辕泣留。佥称：中堂一日启节，则百姓情愿随往。闾阎万口一辞，各怀疑虑。职等伏念津民平日与外国交涉，全赖督宪恩威孚洽，方能相安。倘宪节远出，猝有无知小民，欲与外国为难，群情乌合，一呼万应，性命身家亦所不顾，万一再蹈同治九年五月故辙，后患何堪设想？是弭患转以贻患，睦邻转以绝邻。大局所系，挽救已迟。职等目击急切情形，既已百端开导，未能解释群疑，更不敢缄默不言，坐视酿成事变。不得已联名具呈，遣抱星夜来都，取具同乡京官印结，环吁代奏，请旨饬下总理衙门，照会驻京公使，劝威公使体恤津郡舆情，由烟台来津，与督宪妥商一切；抑或奏请另简大臣，前往烟台会商公件等语。

臣等以该职沈兆澐等呈称，津郡百姓因李鸿章将赴烟台与外国议事，群言浮动，众志惊疑，该职等恐滋事端，当即具呈代陈百姓攀留之意，虽经李鸿章及府县等官多方晓谕开导，莫能解释闾阎惶恐。佥称：总督启行，则众愿随往。该职等深虑该督远出，愚民无知酿成事变，环吁据情代奏等情。事关大局，臣等不敢壅于上闻，应如何办理之处，恭候钦定。谨奏。

光绪二年六月十七日。

旨寄李鸿章著赴烟台会商滇案并择要宣示以释群疑

旨寄李鸿章：本日据恭亲王将李鸿章致总理衙门信一件，暨钞录津郡告白一件呈览。该处绅民以李鸿章将赴烟台，心怀疑虑，分递呈禀恳留。该督深恐违众即行，不免邪说讹传，致生事故；先派道员许钤身等前赴烟台，面见威妥玛，邀其来津会议。该使能来与否，正不可知。此次李鸿章系奉旨派往之大臣，必须前往会商，不令有所藉口。该督将此次寄奉谕旨择要宣示，剀切晓谕，俾津郡绅民知李鸿章此行系遵奉谕旨前往，不能中止；且到烟台不过会商事件，并无他故，无所用其疑虑。庶人心安贴，不致滋生事端。该督谅能筹画妥切也。威妥玛十五日准抵烟台，是该督未起程之先，已可得许钤身回报，即可相机酌度，定期起程，迅速蒇事。

六月十七日

直督李鸿章奏遵旨赴烟台会商滇案倘有要求请预示应付办法折 附上谕

直隶总督李鸿章奏，为迭奉谕旨，驰赴烟台预筹事宜，请旨裁夺事。

窃臣承准军机大臣密寄，六月初八日奉上谕：已派李鸿章为全权大臣等因。钦此。并奉谕旨一道，另备与威妥玛阅看。仰荷特恩倚畀，训示周详，臣才智短绌，惧无以勉副责望。闻命之下，兢惕莫名。惟念滇案日久未结，英使要挟多端，值兹主忧臣劳，无论于事是否有济，敢不竭力驰驱！臣正在料理起程间，忽闻津郡绅民到处张贴告白，齐集议事，十二三四等日，迭据合郡绅商士民分递呈禀挽留，词意甚为肫切。当即多方开导，该绅耆等转求道员许钤身、天津府知府马绳武，带同前往烟台面见威妥玛，邀其来津会议。臣察看舆情，碍难违众遽行，一面驰函总理衙门，请其酌度转奏去后。旋钦奉六月十六日寄谕：李鸿章系奉旨派往之员等因。钦此。顷据许钤身等十八日禀报，带同绅耆黄世熙、严克宽等四十人，搭坐轮船于十七日驰抵烟台，面晤东海关道龚易图、美国领事官施博，询悉威妥玛仍在上海，有十六日起程来烟之说。烟台现有英国兵船二只，又闻前调吴淞之铁甲兵船数只，均调赴烟台对面之大连湾海口驻泊。该道等与绅商在烟稍候，俟该使抵烟，即公同往见等语。是该使行踪诡谲，尚属游移无定。前据总税务司赫德来信，拟请臣于六月十三日以后十八日以前到烟，今至十八日威妥玛尚无起程准信，但闻多调兵船驻大连湾，不知是何诡谋？该官绅等邀请来津，恐该使故作身分，拒而不纳。臣之此行诚如圣谕不能中止，惟事预则立，有不可不先为筹及者。

伏读谕旨有云：就总理衙门原议，并参以赫德此次来信，斟酌情形，妥为筹定。查总理衙门议允八条，威妥玛出京时，已声明作为罢论；即与赫德续议各条，仍就原议第六条商务一节推阐言之，并非另立新议。而赫德抵沪后，该使仍不愿就此转圜，其必欲多增条款显而易见。至赫德闰五月二十五日信内，以派员往英馆宣述谕旨一节，必要多派大员，此则该使在京时总理衙门所未允行，臣后与梅辉立议及者也。添开口岸除宜昌、温州、北海之外，欲添芜湖一口，此亦英国新约所未允行，此次在京未曾议准，而赫德从旁代求者也。以上二节，总理衙门六月初四日复臣信内，谓非必不可允，自须届时相机酌办。但威妥玛从前过津面晤三次，察其语意，即有欲添多款，请派全权大臣赴上海会商。嗣见久未奉派，乃由赫德转请。而赫德闰五月二十五日信内云：此大员必有新样主意，不要让一步又站进一步。所谓新样主意，必又有新样条款，似尚非派员宣述谕旨及添开口岸所能了事。臣姑就近数月内威妥玛在京、在津议论所必欲得者，约略揣测，计有三端：

一、优待驻京大臣。该使谓奉旨准与部院大臣往来，今春仅在总理衙门会晤一次，

嗣后彼此往还多不拜会，有意轻藐。此次议请派部院大臣往该使公馆宣述惋惜，欲藉以挽回前事，而彼尚未必满足。前曾屡恳召见，臣等已据理坚却，倘再求另筹优待之法，何以应之？此须预筹者也。

一、滇案偿款。总理衙门初只认抚恤马嘉理家属、柏郎遗失行李两项，此外印度派兵护送、前后多调兵船等费不能与闻。嗣因五月二十三日梅辉立肆行挑斥，恐滋衅端，仍照威妥玛原议二十万，复准在案。然当时威妥玛即有兵船等费不在二十万两内之说。自该使出京后，在沪发电报，调兵船种种需费。洋人嗜利如命，必更添索巨款，又将何以应之？此亦须预筹者也。

一、滇案提京。该使援浙江杨乃武之案，哓哓渎辩却之，正恐无辞。沈葆桢前奏宜明告以滋事凶犯不难提京，若长官非有实在授意札谕为凭，万不能无端追问，似尚不为无见。臣前屡与辩驳，请将凭据交出。该使谓：须岑毓英到京后，乃能面交质对。其闰五月二十六日照会总理衙门文内谓格维讷回报，更觉实有证据，其意虽藉词要挟，而我拒之愈坚，彼必索之愈力。本案既久悬莫结，他端更枝节横生，若因此而大减厘税，多添口岸，加赔兵费，已觉不值。若因此而遂开兵端，扰乱国家大局，更觉不值。议者或谓不妨吁请寄谕岑毓英，令其克日来京，赴总理衙门与威妥玛面为质对。如威妥玛果呈出证据，岑毓英甘愿承认，则自作自受，再由刑部按律究办，亦得事理之平。否则，虽准提京，尚于国体无碍，该使亦不得于案外另加挟制。设臣前去，诸事议有端倪，而该使仍以滇案不提京不能了结，又将何以应之？此亦须预筹者也。

凡此皆威妥玛处心积虑所在，将来辩议所必及。臣既奉旨作为全权便宜行事，该使必执此据以相挤迫。若一味遵旨峻拒，议论不合，势须折回。彼或以兵船邀我半途，或尾之入津，中外兵端自此而开。既为理之所有，即难谓为事之必无。应请敕下军机大臣，会同总理衙门，将以上所陈三端迅速妥筹，作何通融，如何限制，分晰行知臣处。俾得酌量机宜，届时遵办，庶免事后追悔，局外谤议。若必令待临事请旨定夺，万赶不及矣。此外亦难保无别项要求，但微臣思虑所不到，不敢预为拟议，只有当机审断，再行随时奏明。至津郡绅民自有人赴烟台后，臣迭加开导，大致业已静谧，俟许钤身等回津，询其情形若何，臣即克期起程，再遵旨剀切晓谕，冀不致滋生事端。谨奏。

光绪二年六月二十三日奉上谕：李鸿章奏预筹驰赴烟台事宜一折，所称优待使臣及调兵等费并提案到京三端，著军机大臣会同总理衙门迅速具奏，俟奏明即行知李鸿章妥筹办法。该督惟当明白晓谕居民，不必过生疑虑，一面弹压地方，毋任滋生事端。

粤督刘坤一等奏请于小马滘洲地方设关征税折

两广总督刘坤一、粤海关监督文铦奏，为长洲关口移设附近澳门之小马滘洲，稽征

各下府往来澳门货税，以顺商情而重税务事。

窃照各商船贩运进口货，向应赴大关报验输税，前因各下府商船装载油、糖、杂货等项，潜往香港、澳门，绕越偷漏，当经臣文铦会同前督臣瑞麟变通办法，于长洲、佛头洲二处洋药税厂代粤海大关稽征，由香港往外府等处货物收税给单缘由奏明在案。自开办以后，各商贩均遵照输纳。惟澳门一带奸商因无关卡，仍复进出绕漏，私卸私销，迭经巡船查获，均以该处并无关卡为词，多方狡辩。若必勒令赴大关报税，而澳门离省较远，亦未便强以所难。正在酌核筹办间，据澳门各商联名禀请，就近设关稽征以便商旅，并请按部颁旧例输纳等情前来。当查道光年间澳门关因事裁撒〔撤〕，改移黄埔之长洲口，该口原非赴澳要路，现在已同虚设。而洋药税厂之小马溜洲附近澳门，为商船往澳必由之路。臣等详加体察，拟将长洲关口移设小马溜洲，就近征税，所有商船由各下府载货往澳，及由澳载货往各下府，并改往别口稍售者，均赴该关卡报验输税。如此一转移间，在商贩较为利便，而防闲私漏亦昭周密，于税务、商情两有裨益。再，查澳门关，当日原有西洋额船二十五号，往来外国地方贸易，内地土货亦均由此出洋。现在外国洋船皆停香港，所有内地土货均由香港出洋。澳门并无西洋国洋船，该处货物多赴内地销售。该商船所禀请照旧例输纳，系因今昔情形实有不同。臣等会同商酌变通办理，所有各下府运赴澳门货物销售内地者，照部颁旧例征收，遇有出洋土货并进口洋货，仍照洋税新例征收，以顺商情而求实是。臣等会商妥定，当即示谕各商遵照，于光绪二年五月初一日开关试办，除俟试办一年期满，征收税数归入大关常税奏报外，理合会同恭折具陈。谨奏。

光绪二年六月二十四日奉旨：知道了。

总署奏遵议李鸿章赴烟台会商滇案预筹办法折 附上谕

总理各国事务恭亲王奕䜣等奏，为遵旨速议具奏事。

直隶总督李鸿章奏驰赴烟台预筹事宜一折，臣等公同商阅，原奏所称大意以此次遵旨驰赴烟台与威妥玛会商一切，似非派员宣述谕旨及添开口岸所能了事，约略揣测，计有三端：一、优待驻京大臣，一、调拨兵船等费，一、滇案提京质讯。凡此皆威妥玛处心积虑，将来辩议所必及，请饬下军机大臣，会同总理衙门，将以上三端迅速妥议，作何通融，如何限制，分晰行知等因。

臣等查英国条约第四款，本载驻京各国大臣应有优待之处。惟应行如何优待，并未分晰载明。上年八月间，英国汉文正使梅辉立到总理衙门，面称优待事宜有准令驻京大臣随时觐见及近派王公与之接晤，并禁地准其游历暨与各部院大臣往来各条。当经与之辩明前三条中国一时难以举行，惟末一条尚可商办。曾于上年八月二十九日经总理衙门

奏明请旨，奉上谕：所奏与各部院大臣往来之处，著照所拟办理等因。钦此。钦遵办理在案。嗣威妥玛仍以未能照约优待，屡向总理衙门饶舌，迭经往返辩论。至本年五月间，威妥玛照会总理衙门，文内有和约第四款所载一切事项，应否索为全行照办，或由本国自行启议，或会同各国办理，如何相宜本国自当酌夺等语。是以五月十五日梅辉立交到威妥玛节略，所开八条，并未有优待一条在内。今李鸿章虑及到烟台后，威妥玛再求优待之法，诚应预为妥筹。惟觐见一节，此时碍难奉行，李鸿章亦经据理驳却。至与近派王公接晤并游禁地两层，均属有碍体制。此外或有无碍体制而足以为优待之端，应由李鸿章酌量施行，相机办理。

至调兵等费，查泰西各国之例，两国交兵，彼胜此败则败者赔偿胜者兵费。今中国并未与英国接仗，而英国无端多调兵船前来，照泰西之例，亦无偿给兵费之理。本年五月十五日，梅辉立到总理衙门转述威妥玛之言，谓：赔补之费滇案初起时曾说过十五万之数，现在比较还要加增，缘本国又添出许多花费，即以二十万为率，或本国不要赔补亦未可定，大约能少不能再多等语。十六日，威妥玛致总理衙门臣崇厚函，称所酌偿款内原无船费一项。今李鸿章虑及威妥玛添索巨款，自难保其必无。惟照泰西各国之例，中国未与接仗，不应遽索兵费。此端一开，将来各国遇事效尤，更属不成事体。或于二十万两之外另有名目，稍予加增，以免遽起衅端，应由李鸿章临时酌夺。

至滇案提京一节，臣等查威妥玛迭与总署面议并文函往来，其意总欲中国若允予案外补救办法，其正案即可咨请本国就结。若不照允案外补救办法，其正案即不能作为完结，必须提京再讯。其提京再讯之意，犹重在将前任滇抚岑毓英提京，伊即在旁观审。盖彼明知此举有碍中国体制，中国决不能允，故以此为挟制，以便遂其需索之计。现在总理衙门业于案外议允八条，嗣李鸿章与梅辉立面晤，复允以派部院大臣往英馆宣述谕旨惋惜一节，亦可商办。又，芜湖一口经赫德面求，亦拟添开。是于案外补救之法，不可谓不至。虽威妥玛出京时，曾有八条作为罢论之说，但臣等窥其意见仍是藉端需索，并非真作罢论。此次李鸿章前赴烟台，大约仍本原议条款相与持论。威妥玛若另有要求，势必仍以滇案提京为说，此李鸿章所以不能不预为筹及也。但滇案提京后，谓威妥玛即能于案外别无需索，断难凭信。况提京质讯，又不知威妥玛将如何设法刁难，仍难议结。即如原奏所称，吁请寄谕岑毓英来京，赴总理衙门与威妥玛面为质对，似尚无伤体制。第臣等揣度威妥玛桀骜之气，岑毓英到京，伊必仍执观审之说。彼时拒之不能，听之不可，更觉无以措手。如万不得已，亦只能将案内各犯及业经革审各员提京，断不能提质该省抚臣。此则姑为预筹，威妥玛必不允从。而臣等注意犹在原议条款，或稍予扩充，使之就范。诚以威妥玛只是藉滇案为词，并非案一提京，诸事均可不论也。

总之，此案李鸿章既奉派为全权大臣，前赴烟台与威使会商一切，断难保其必无多方要求。该大臣深思远虑，先事预筹，诚为慎重交涉事务起见。惟平时坐论与当机立断不同，以上三事及此外或另有要求，应令该大臣统将现在办理及将来究竟情形，权衡缓

急轻重，凡属无碍体制，并中国力所能行者，即行斟酌妥办，以维大局而免衅端。谨奏。

光绪二年六月二十五日奉上谕：前因李鸿章奏预筹驰赴烟台事宜，当令军机大臣会同总理衙门妥议具奏，兹据奏称，就李鸿章所筹三条分别酌议，请饬妥办等语。此次李鸿章前赴烟台与英使威妥玛会商一切，难保不无多方要求。如优待驻京使臣一节，但使无碍体制，尚可酌量允准。赔款一节，或于原议二十万外酌加若干，亦尚可行。至滇案提京一节，事多窒碍，且该使特借此为案外要挟之计，非必注意于此。该使诡谲性成，非常情所能逆料，李鸿章惟当临机审断，权衡缓急轻重情形，妥筹办理以维大局。

直督李鸿章奏驰赴烟台与威妥玛会商一切折

直隶总督李鸿章奏，为遵旨驰赴烟台起程日期，恭折具报事。

窃臣前奉旨即赴烟台与威妥玛会商一切事务，业将预筹事宜专疏驰陈，钦奉寄谕密行知照在案。六月二十二日，道员许钤身、天津府知府马绳武，带同津郡绅耆由烟台回津。据该道等面称，梅辉立于二十日到烟，该官绅往晤，告知来意；梅辉立但将绅民公呈代收，谓俟威使到时转交，劝令不必等候；该官绅见梅辉立毫无允意，只得折回等语。二十四日，接据英国驻津领事孟甘函称：威妥玛由兵船送来公文内称，该使接到恭亲王函，开以臣奉旨作为全权大臣便宜行事，并著在烟台与该使商办一切。该使情殷晤谈，属询明何日起程前往会商。该使到烟后，于二十二日前赴营口，二十四日旋烟等因。是其不愿来津就商之意，已在言外。臣思滇案久悬莫结，深虑枝节横生；威妥玛既到烟台，有信来约，自应遵旨克期前往，早图蒇事。津郡绅民虽诚切攀留，经臣督同地方官连旬详加开导，并节录十六日谕旨剀切晓谕，使知此行系奉旨派往会商事件，并无他故，无所用其疑虑。日来人心颇为安帖，臣又谆饬镇、道、府、县随时认真弹压，密饬津沽各营镇静巡防，当不致滋生事端。臣即于二十八日带同翰林院编修黄彭年、户部主事钱荣增、道员许钤身、朱其诏、直隶州知州薛福成、知县徐发铨、诸可权等，乘坐招商局丰顺轮船及闽厂镇海、琛航各船，由津起程，放洋东驶，约两日可抵烟台。会商威妥玛，察酌情形，妥筹办理，随时奏闻。臣起程后，所有地方日行公事仍饬藩司代印代行，通商寻常公事即交津海关道就近代行。嗣后如蒙寄谕，应请由驿递天津行馆，交轮船转递，庶无迟误。谨奏。

光绪二年六月二十九日奉旨：览奏均悉。该督到烟台后，所有应议事件，著仍遵前旨，酌度情形，妥筹办理。

清季外交史料卷六终

清季外交史料卷之七

光绪二年七月至八月

驻藏大臣松溎奏委员阻回披楞藏边一律安堵折　附廷寄

驻藏大臣松溎奏，为委员阻回披楞，边界一律安堵事。

窃奴才前于二月间，因布鲁克巴部长欧柱汪曲禀称，披楞屡欲租地修路，入藏通商；当即派委前藏粮员周溱，督同戴璋、札喜达结等，随带通事、弁兵驰往布哲一带，会同该部长相机弹压，设法阻止。业经奏明在案。旋据周溱禀称，自藏起程后，沿途层峦叠嶂，山路崎岖，加以瘴气风寒，头晕作痛，力疾驰至布鲁克巴；接见该部长欧柱汪曲，会商二十余日，面令通事详细传谕。该部长诸事明悉，颇知大义。据称惟因布属弹丸，披楞强悍，势不得不与彼善处。而该夷时欲入藏通商，虽经连年具禀驻藏大臣以及商上，均蒙温谕劝勉，从未委员来办，亦未示知定章。是以该夷日形骄纵，欲肆饕餮，竟有不可遏抑之势。幸蒙委员来办，藉有主持，人心大定，实感再生之德等语。当经周溱重加赏赉，善言劝勉，令与披楞头人纳尔萨海会见，百般开导。告以各奉一教，实难共处，而唐古忒之地向不出产奇珍，无足易货。今经奏派委员到此，申明旧章，各安边界，勿得再举。此意诸多不便。力劝数日，该夷始犹未信，既而得悉，乃云既系向无是例，又有委员来阻，只可依允，率众而回。周溱令将边界鄂博石堆，逐一添补，以清界限，并谕该部长等好好固守，候札遵行。遂转程至哲孟雄，接见该部长吐多朗结，见其人亦明白；而其地比较布属穷瘠尤甚，势不得不与披楞立约认租，沥请作主，方可固守。而另股披楞到哲，亦经该委员等善言阻回，并劝谕该部长，令其固守，优加赏赉等因。奴才立即严札该部长等，令其固守边界，彼此相安，不准私行出入，往来勾结，亦不可藉有所恃，寻复滋事。如能始终如一，必将尔等格外鼓励等语。

奴才伏查商上情形，惟知奉佛念经，于一切事务诸多畏难，观望退缩，以致外夷志意日骄，竟置布、哲之门户而不问。若非此次查办，几起边衅。该委员周溱精明练达，办事详慎，与戴璋等均能耐受烟瘴，辛苦备尝，尤能不动声色，消患未萌，实属著有微劳。该弁兵等亦能当差节用，险途跋涉，其所用赏需以及汉番官兵口粮，均准于藏饷内作正开销，以示体恤。除该弁兵等由奴才酌量鼓励外，谨将委员周溱等另缮清单恭呈御

览，伏候恩施，以昭激劝而策将来。并请将布鲁克巴部长欧柱汪曲、哲孟雄部长吐多朗结一并赏给虚衔，以结其心而广皇仁。可否之处，出自逾格鸿慈。谨奏。

光绪二年七月初四日奉廷寄松溎：披楞屡欲入藏通商，松溎委员阻回，仍著加意防范，谕令该部长等固守边界，勿任滋事。通判周溱等均著赏戴花翎。

直督李鸿章奏与英使在烟台议结滇案折

附改定条款原议条款并照会函稿

直隶总督李鸿章奏，为行抵烟台后，与英使会商一切事务，现已议立条款，画押互换，作为滇案完结事。

窃臣前奉谕旨派为全权大臣，驰赴烟台与威妥玛会商一切，当经奏报于六月二十八日由津乘轮船起程东驶，二十九日申刻行抵烟台。威妥玛已先到烟台，初三日会晤议商云南戕害马嘉理一案。该使坚求将全案人证提京复讯，若不允行，他事无可商办。其注意尤重在岑毓英主使，谓观审之格维纳由滇回缅沿途查访情节更真。彼已令格维纳于闰五月杪回英面陈，又将全案文卷、证据赍送该国查核，约一月内该国必有办法回信，此时即与议商，仍须咨请本国作主等语。臣与反复驳辩，以滇案业经钦差大员往查，讯取供证确凿，断无再行提京复讯之理。必欲提质，须将所得岑毓英指使文札、信据，或的确可靠见证交出查验，当据以请旨定夺。若听信传闻之言，并无真凭确证，遽将督抚大员提审，中外各国皆无此办法。该使允将格维纳所记簿据译送，日久总未送交。初五、初八等日，威妥玛、梅辉立来晤。十一日，臣又赴威妥玛处会商，仍执前词，以相抵拒。该使又提及，去秋在总理衙门议定办理滇案、优待驻京大臣、整顿通商事宜三大端，须一并议办，乃能结案，其欲甚奢而所言甚肆。适俄、德、美、法、日、奥六驻京使臣，及英、德两国水师提督，均会集烟台。臣故示整暇，往来谈燕，并诣其铁甲大兵船阅看操练，该兵官等迎送礼仪恭谨。臣等因于十二日万寿圣节，邀请各国公使、提督至公所燕饮庆贺，自威妥玛以次各举觞起立称颂，情谊颇为联络。于是各国使臣公论亦谓无确实凭据，擅请提京为非。

十三日，威妥玛始允另议办法，谓：前在京拟有八条，英国臣民皆不满意；现格维纳到后，朝议尚未知如何。若另商办法，必较八条所要更多更重，方可服英人之心。所议条款须全答应，即转请本国结案，不必再说提京等语。十五日，该使先送来一函，坚明要约以条款当通盘合并酌议，如不允行，决然停议。如可允行，彼此画押为凭。臣即复函，以如于彼此有益无损，各省地方均办得动，自可酌允。倘有中国体制所未协，力量办不到者，亦未便勉强允行。俟定议后，再据情具奏，奉旨定夺各等语。十七日，该使来寓，先译述英文大略。十八日，将译汉条款送交臣逐加查核。其昭雪滇案六条，皆

总理衙门已经应允，惟偿款银若干未定。其优待往来三条：一、京外两国官员会晤礼节，似因今春部院大臣往来多未拜会，各省督抚接见外国官员仪制互有歧异，欲商订以免争论。一、通商各口会审案件，一、中外办案观审，两条可合并参看。查近来各口关道与领事虽照约有会审之名，仍归承审者定断，会办亦属虚文。若照所拟分别妥议定章，或稍经久。观审一节，亦经总理衙门于八条内允行矣。

至通商事务，原拟七条：一、通商各口请定不应抽收洋货厘金之界，并欲在沿海、沿江、沿湖地面添设口岸。该使以道光二十二年江宁和约第十款，英国货物在海关纳税后，准中国商人遍运天下，经过内地税关，照旧轻纳，不得加增等语。厥后因此议改子口税，为他口毫不另征之据。是第一子口似应在内地旧设常关处，所谓必须离海口若干里，或百余里，定为子口界址。其界内免再收洋货厘捐，名为照约，似亦近情。臣查各省厘捐，多在通商口岸百货鳞集之处，若准定子口界，所失过多，断不可行。一、请添口岸分作三项：以重庆、宜昌、温州、芜湖、北海五处，为各领事官驻扎。湖口、沙市、水东三处，为税务司分驻。安庆、大通、武穴、陆溪口、岳州、马纳斯六处，为轮船上下客商货物。长江一带竟欲一网打尽，用意极为贪狡。以上二条，系该国注意多年，所必欲得者，迭与总理衙门议论未就。本年德国修约，又嗾令合力要求，几有不允不休之势。一、洋药准在新关并纳税厘。一、洋货半税单请定划一款式，华洋商人均准领单，洋商运土货出口商定防弊章程。一、洋货运回外国，订明存票年限。一、香港会定巡船收税章程。一、各口未定租界请再议订。以上五条，如洋药厘税由新关并征，既免偷漏，亦可随时加增土货报单，严定章程，冀免影射冒骗诸弊。香港妥议收税办法，均尚于中国课饷有益，其余亦与条约不背。该使又拟明年派员赴西藏探路，请给护照，因不便附入滇案、优待、通商三端之内，故列为专条。臣缘该使先既约定各条须通盘合并酌议，有允、有不允，则即停议，恐又事败垂成，因就其稍可通融者，酌量允行，改添字句，免滋弊混；而全力专注定子口界、添设口岸两事，与之反复争论。该使忽允忽翻，自十九日起，逐日会议至二十四日，彼始肯确允免定口界，仅于租界免抽洋货厘金。臣查洋人租界为地无几，各通商口岸惟上海租界有抽厘局卡，他处厘局皆在租界之外；且指明洋货，则土货仍可抽收，将来洋药加征，稍资拨补，似于大局无甚妨碍。

至添口岸一节，总理衙门已允宜昌、温州、北海三处，赫德续请添芜湖口，亦经臣奏准在案。今仍坚持前议，准添四口作为领事官驻扎处所。其重庆派英员驻扎，总理衙门已于八条内议准未便即作口岸。臣知川江峡滩险阻，轮船万不能行，姑声明候轮船能上驶时再行议办。至沿江不通商口岸上下客商货物一节，自长江开码头后，轮船随处停泊载人运物，因未明定章程，碍难禁阻；该使既必欲议准，似不在停泊处所之多寡，要在口岸、内地之分明。臣今与订上下货物皆用民船起卸，仍照内地定章，除洋货税单查验免厘有报单，土货只准上船，不准卸卖，其余应完税厘由地方官一律妥办等语，是与民船载货查收厘金者一律。旋与赫德密商，据称如此办理，该总税务司敢保洋税毫无偷

漏，厘课并无耗损，只须各地方关卞〔卡〕员役查察严密耳。该使先请湖口等九处，臣与厘定：广东之水东系沿海地方，不准骤开此禁。岳州距江稍远，不准绕越行走。姑允沿江之大通、安庆、湖口、武穴、陆溪、沙市六处，轮船可暂停，悉照内地抽征章程办理。臣复与德国使臣巴兰德议及该国修约添口，即照英国定议办理，亦一举两得之计也。威妥玛谆请半年后开办口岸，俾英人知滇案有此贴补，早沾利益。租界免洋货厘，洋药并纳厘税，须与各国熟商再行开办。因准其另为一条，倘以后各国不允，亦与我无损。至派员赴西藏探路一节，将来恐有棘手，而条约应准游历，亦无阻止之理。臣于原议内添由总理衙门、驻藏大臣查度情形字样，并与言明如有阻滞，切勿勉强，致有后悔。该使颇以为然。届时应由总理衙门妥慎筹酌，纵难阻其弗往，但属沿途加意护送，自无他虞。其余节目关系尚轻，兹为迅速结案起见，未便过于拘执，致因小故或生他变。

迨至诸议就绪，商及滇案偿款一节。该使谓不敢自专，须请本国定款，惟去冬专为此事，调来飞游帮大兵船四只保护商民，计船费已近百万，难保不向中国讨取等语，意极闪烁。臣谓两国并未失和，无认偿兵费之例，谆嘱其定数，乃可结案，庶几一了百了。该使谓吴淞铁路正滋口舌，如臣能调停主持，彼即担代仍照原议二十万。臣思铁路一事，洋商既经购地兴筑，岂肯中道而废？若久搁亦属可虞，当允派员往商。该使遂欣然定议矣。因订于二十六日，率同中外在事各员齐集公所，将缮就会议条款华、英文各四分，较〔校〕对无讹，彼此画押盖印互换。该使复具结案照会，由臣转咨总理衙门照办。除照录威妥玛与臣十四、十六等日订约往复函稿一折，威妥玛原议条款节略一折，臣与威妥玛会议改定条款一折，威妥玛允即结案照会一折，恭呈御览；并将画押条款二分，一咨送总理衙门查核，一存臣处备案。再，臣拜折后料理起程，即日回津。威妥玛亦即回京。谨奏。

光绪二年七月三十日奉旨：该衙门知道，单四件并发。

谨将与英使会议改定画押互换条款录呈御览

大清钦差便宜行事大臣·文华殿大学士·直隶总督·一等肃毅伯李，大英钦差驻华便宜行事大臣·勋赐二等宝星威，为会议条款事，现在本大臣等会商一切。因本年春间，威大臣接准总理各国事务丞相·伯爵德上年十二月初五日来咨，嘱将各节若何办理，共有三端：一则以滇案妥为昭雪；二则上年所定中外大臣往来相待一节，妥为办理，以昭信守；三则上年八月议定整顿通商事务，一律照办各等因。现威大臣会同商办，总以力守此件咨文为主，所有以上三节，威大臣前与总理衙门往返商议各件，无须赘述，今与李大臣议定办法，分条开列于后：

第一端　昭雪滇案

一、威大臣另有拟作为滇案奏稿大概底本，先与李大臣商定，或由总理衙门，或由

李大臣具奏均可；惟于出奏之前，须将折稿交威大臣阅看会商妥当。

一、奏明奉旨发钞后，由总理衙门将折稿、谕旨恭录知照，由总理衙门通行各省将此次折件、谕旨详细列入告示，一并照会威大臣查照。威大臣即照复声明，限两年为期。由英国驻京大臣随时派员分往各省查看张贴告示情形，将来或由英国驻京大臣行文，或札行各口领事官转为照会，即由地方大吏派委员会同前往各处查看。

一、所有滇省边界与缅甸地方来往通商一节，应如何明定章程，于滇案议结折内，一并请旨饬下云南督抚，俟英国所派官员赴滇后，即选派妥干大员会同妥为商订。

一、自英历来年正月初一日，即光绪二年十一月十七日起，定以五年为限，由英国选派官员，在于滇省大理府或他处相宜地方拨给一区驻寓，察看通商情形，俾商定章程得有把握；并于关系英国官民一切事宜，由此项官员与该省官员随时商办。或五年之内，或俟期满之时，由英国斟酌订期开办通商。至去年所议由印度派员赴滇，曾经发给护照，应仍由印度节度大臣随时定夺派员妥办。

一、所有在滇被害人员家属应给恤款，以及缘滇案用过经费，并因各处官员于光绪二年以前办理未协，有应偿还英商之款，威大臣现定为担代共关平银二十万两，由威大臣随时兑取。

一、俟此案议结时，奉有中国朝廷惋惜滇案玺书，应即由钦派出使大臣克期起程前往英国；所有钦派大臣衔名及随带人员均应先行知照威大臣，以便咨报本国；其所赍国书底稿，亦由总理衙门先送威大臣阅看。

第二端　优待往来各节

此端即指驻京大臣等及各口领事官等，与中国官员彼此往来之礼，以及两国审办案件各官交涉事宜。

一、案查光绪元年九月十一日，总理衙门奏折有云：预储熟悉洋务人才，原不仅为办理中外交涉事务起见，而出使往来各节均寓其中等因。现因两国官员往来会晤以及文移往返一切事例，京外尚有未协之处，自宜明定章程，免启争端。兹议应由总理衙门照会各国驻京大臣，请其会同商订礼节条款，总期中国官员看待驻居中国各口等处外国官员之意，与泰西各与国交际情形无异，且与各国看待在外之中国官员相同。缘中国现有派员出使之举，此项章程亟应定明，方昭妥协。

一、咸丰八年所定英国条约第十六款所载，英国民人有犯事者，皆由英国惩办；中国人欺凌扰害英民，皆由中国地方官自行惩办；两国交涉事件，彼此均须会同公平审断，以昭允当等语。查原约内英文所载，系英国民人有犯事者，由英国领事官或他项奉派干员惩办等字样，汉文以英国两字包括。前经英国议有详细章程，并添派按察司等员在上海设立承审公堂，以便遵照和约条款办理。目下英国适将前定章程酌量修正，以归尽善。中国亦在上海设有会审衙门，办理中外交涉案件；惟所派委员审断案件，或因事权不一，或因怕招嫌怨，往往未能认真审追。兹议由总理衙门照会各国驻京大臣，请将

通商口岸应如何会同总署议定承审章程，妥为商办，以昭公允。

一、凡遇内地各省地方，或通商口岸，有关系英人命盗案件，议由英国大臣派员前往该处观审。此事应先声叙明白，庶免日后彼此另有异辞。威大臣将前情备文照会，请由总理衙门照复，以便将来照办缘由声明备案。至中国各口审断交涉案件，两国法律既有不同，只能视被告者为何国之人，即赴何国官员处控告；原告为何国之人，其本国官员只可赴承审官处观审。倘观审之员以为办理未妥，可以逐细辩论，庶保各无向隅，各按本国法律审断。此即条约第十六款所载会同两字本意。以上各情，两国官员均当遵守。

第三端　通商事务

一、所有现在通商各口岸，按前定各条约，有不应抽收洋货厘金之界。兹由威大臣议请本国，准以各口租界作为免收洋货厘金之处，俾免漫无限制。随由中国议准，在于湖北宜昌、安徽芜湖、浙江温州、广东北海四处添开通商口岸，作为领事官驻扎之所。又，四川重庆府可由英国派员驻寓，查看川省英商事宜；轮船未抵重庆以前，英国商民不得在彼居住、开设行栈，俟轮船能上驶后再行议办。至沿江安徽之大通、安庆，江西之湖口，湖广之武穴、陆溪口、沙市等处，均系内地处所，并非通商口岸。按长江统共章程，应不准洋商私自起下货物。今议通融办法，轮船准暂停泊，上下客商货物皆用民船起卸，仍照内地定章办理；除洋货半税单照章查验免厘，其有报单之土货，只准上船，不准卸卖外，其余应完税厘，由地方官自行一律妥办；外国商民不准在该处居住、开设行栈。

一、新、旧各口岸，除已定有各国租界应无庸议，其租界未定各处，应由英国领事官会商各国领事官与地方官商议，将洋人居住处所划定界址。

一、洋药一宗，威大臣议请本国准为另定办法，与他项洋货有别。令英商于贩运洋药入口时，由新关派人稽查集存栈房或趸船；俟售卖时，洋商照则完税，并令买客一并在新关输纳厘税，以免偷漏。其应抽收厘税若干，由各省察勘情形酌办。

一、洋货运入内地请领半税单照，各国条约内原已订明，自当遵办。嗣后，各关发给单照应由总理衙门核定划一款式，不分华洋商人，均可请领，并无参差。洋商将土货由内地运往口岸上船，条约内亦有定章，英商完纳子口半税，请领单照即可运往海口。若非英商自置土货，该货若非实在运往海关出口，不得援照办理。所有应定章程免致滋生弊端之处，威大臣即愿会同总理衙门设法商办。至《通商善后章程》第七款载明，洋货运入内地及内地置买土货等语，系指沿海、沿江、沿河及陆路各处不通商口岸，皆属内地，应由中国自行设法防弊。

一、咸丰八年所定条约第四十五款内载，英商若将已经完纳税项洋货复运外国，禀明海关监督，发给存票，他日均可持作已纳税饷之据等语。原约并未定有年限，今订明三年为期，限满不得将此项存票持作完纳税项之据。

一、香港洋面粤海关向设巡船稽查收税事宜，屡由香港官宪声称，此项巡船有扰累华民商船情事。现在议定，即由英国选派领事官一员，由中国选派平等官一员，由香港选派英官一员，会同查明核议，定章遵办，总期于中国课饷有益，于香港地方事宜无损。

一、以上议准添开通商各口岸及沿江六处准起卸货物一节，应由李大臣奏奉旨准于半年期限开办；各口租界免洋货厘金及洋药在新关并纳厘税两节，俟英国会商各国再行定期开办。

另议事件

现因英国酌议，约在明年派员由中国京师启行，前往遍历甘肃、青海一带地方，或由内地四川等处入藏，以抵印度，为探访路程之意；所有应发护照并知会各处地方大吏暨驻藏大臣公文，届时当由总理衙门察酌情形，妥为办给。倘若所派之员不由此路行走，另由印度与西藏交界地方派员前往，俟中国接准英国大臣知会后，即行文驻藏大臣查度情形，派员妥为照料，并由总理衙门交给护照，以免阻碍。

光绪二年七月二十六日，即西历一千八百七十六年九月四日，在山东烟台缮就华、英文各四份，盖印画押。

大清钦差便宜行事大臣李押，大英钦差驻华便宜行事大臣威押。

谨将英使威妥玛原议条款节略底稿照录恭呈御览

本大臣现与贵中堂会商一切，推原其故，因本年春间接到本国总理各国事务德丞相上年十二月初五日来咨，嘱本大臣若何办理，共有三端：一则以滇案妥为昭雪；二则〈以〉上年八月所定中外大臣往来相待一节，妥为办理，以昭信守；三则以上年八月议定整顿通商事务，一律照办各等意。此件咨文一面发给本大臣，一面知照本国国会。现在本大臣与贵中堂会同商办，总以力守此件咨文为主。所有以上三节，前与总理衙门往返商议之处，不必赘述，今本大臣所要办法分款开列于后：

第一端　昭雪滇案

一、本大臣现在另有节略，拟作为滇案奏稿大概底本，俟办妥后，或由恭亲王，或由李中堂具奏均可；惟于出奏之前，须将折稿送交本大臣阅看妥当。

一、奏明奉旨发钞后，由恭亲王将折稿、谕旨恭录知照，并将总理衙门通行各省咨文一并照会本大臣查照。本大臣即当照复声明，限两年为期，由英国驻京大臣随时派员分往各处查看张贴告示情形，将来或由英国大臣行文，或札行各口领事官转为照会，即由地方大吏派委妥员，会同前往各该处所查看。

一、所有滇省缅甸地方来往通商一节，应如何明定章程，由恭亲王奏请明降谕旨，饬派干员，会同英国选派官员妥为商订。

一、自英历来年正月初一日，即光绪二年十一月十七日起，定以五年为限，由英国选派官员，在于滇省大理府或他处相宜地方拨给一区驻寓，以便察看通商情形，俾商定章程得有把握；于关系英人一切事宜，由此项官员与该省官员随时商办。或五年之内，或俟期满之时，由英国斟酌订期开办通商。至去年所议由印度派员赴滇，曾经发有护照，自当仍由印度节度大臣随时定夺，派员妥办。

一、所有在滇被害人员家属应给恤款，以及缘滇案用过经费，并由各处官员办理未协有应行偿还商民之款，共应偿交英国若干，英国大臣未便遽定，应由英国朝廷作主。

一、俟此案议结时，奉有中国朝廷惋惜滇案玺书，应即由钦派出使大臣克期起程前往英国；所有钦派大臣衔名及随带人员，均应先行知照英国大臣，以便知照本国；其所赍国书底稿，亦应先送英国大臣阅看。

第二端　优待往来各节

此端即指驻京大臣等及各省地方官员彼此往来之礼，以及两国审办案件各官交涉事件。

一、案查光绪元年九月十一日，总理衙门奏折有云：预储熟悉洋务人才，原不仅为办理中外交涉事务起见，而出使往来各节均寓其中等因。现因两国官员往来会晤，以及文移往返一切事例，京外均有未协之处。自应明定章程，免启争论。应由总理衙门照会各国驻京大臣，请为会同商订礼节条款，总期中国官员看待驻居中国各口等处外国官员之意，与泰西各与国交际情形无异，且与各国看待在外中国官员相同。缘中国现有派员出使之举，此项章程亟应定明，方昭妥协。

一、咸丰八年所定英国条约第十六款所载，英国民人有犯事者，皆由英国惩办；中国人欺凌扰害英民，皆由中国地方官自行惩办；两国交涉事件，彼此均须会同公平审断，以昭允当等语。查原约内英文所载，系英国民人有犯事者，由英国领事官或他项奉派干员惩办，汉文以英国两字包括。前经英国议有详细章程，并钦派按察司等员在上海设立承审公堂，以便遵照和约条款办理。目下英国适将前定章程酌量修正，以归尽善。中国年前亦在上海设有会审衙门，办理中外交涉案件；无如所派委员审断案件，本无妥当定章，或因事故不一，或因怕招嫌怨，往往不肯认真审追。兹议由恭亲王照会各国驻华大臣，请为会同总理衙门，即将通商口岸应如何议定承审章程，妥为商办，以昭公允。

一、万一内地各省地方，或通商口岸，有关系英人身家案件，听由英国大臣派员前往该处观审。此义应先声叙明白，庶免日后彼此各有异辞。英国大臣即将前节备文照会恭亲王，由恭王照复以将来照案缘由声明备案。至中国各口审断交涉案件，两国法律既有不同情形，只能视被告者为何国之人，即赴何国官员处控告；原告为何国之人，其本国官员只可赴承审官员处观审。庶保各无向隅，各按本国法律审断。此即条约第十六款所载会同两字本意。以上各节，两国官员均当遵守。

第三端　通商事务

一、所有现在通商各口岸，按前定各条约，有不能抽收洋货厘金之界。兹由英国大臣议请本国准定界址，俾免漫无限制。随由中国议准，在于沿海、沿江、沿湖地面添设口岸，所添口岸分作三项：一则领事官驻扎处所，商民即可开行居住。二则未必一定派委领事官驻扎处所，只可由中国各关派委管理税务外国人驻寓，稽查上下货物，经理税务事项。若无领事官驻扎，英国商民无庸定以开行常住之例。三则领事官及管理税务外国人等，均不驻寓，只准轮船上下客商，货皆由该地驳船起卸。

一、前款所开添设口岸分作三项：其一则四川重庆、湖北宜昌、浙江温州、安徽芜湖、广东北海五处，作为领事官驻扎处所。二则江西湖口、湖北沙市、广东水东三处，作为派委管理税务外国人驻寓处所。三则安徽大通、安庆，湖北武穴、陆溪口，湖南岳州码头六处，作为轮船停泊、上下客商货物处所。重庆一口，本可派领事官驻扎，惟轮船未抵重庆之先，英国商民不得在彼开行居住。

一、所有新、旧各口岸地方，应由地方官会商英国、各国领事官查明洋货免收厘捐界址，明定限制。至洋药一宗，英国大臣议请本国准为另定办法，与他项洋货有别。令英商于贩运入口时，先将洋药存放官栈；俟售卖时，洋商输纳关税，买客一面将厘金输纳，以归核实。

一、洋货运入内地请领半税照，嗣后各关发给单照应有划一款式，不分华、洋商人，均可请领，并无参差。洋商将土货由内地运往口岸上船，条约内原有定章，英商完纳子口半税，请领照单即可运往。若非英商自置土货，该货若非实在运往出口，不得援照办理。所有应定章程免致滋生弊端之处，英国大臣即愿会同中国设法商办。若有英商自置土货，雇令内地船只，由未开通商地方运往通商口岸上船，准由英商请领半税单照起运。

一、咸丰八年所定条约第四十五款内载，英商若将已经完纳税项货物复运外国，禀明海关监督，发给存票，他日均可持作已纳税饷之据等语。原约并未定有年限，英国大臣议请本国订明三年为期，限满不得将此项存票持作完纳税项之据。

一、香港洋面粤海关向设巡船稽查收税事宜，屡由香港官宪声称，此项巡船有扰累华民商船情事。现在议定，即由英国选派领事官一员，由中国选派平等官员一位，由香港选派英官一员，会同查明定章遵办，总〈期〉于国课无碍，于香港地方事宜无损。

一、新、旧各口岸，应由英国领事官会商各国领事官，与地方官商议，将洋人居住处所画定界址。

另议专条

现因英国酌议派员，由中国京师启行前往，遍历甘肃、青海一带地方，入藏以抵印度为探访路程之意；所有应发护照并知会各处地方大吏，暨驻藏大臣公文，届时当由总理衙门妥为办给。倘若所派之员不由此路行走，另由印度与西藏交界地方派员前往，中国接准英国大臣知会后，即当行文驻藏大臣派员妥为照料，并发给护照以免阻碍。

谨将英国使臣威妥玛允即结案照会照录恭呈御览

为照会事。

照得本月十四日，本大臣以如何愿与贵大臣商议之情形，备函逐细达知在案。现在彼此会议条款均经商定，正待画押。本大臣尚愿将前次所酌商各情内结案紧要一层，酌量变通办理，曾于昨日会晤贵大臣时已经声明。溯查月之十四日，本大臣公函内有云：所具条款，倘或贵大臣幸荷允从，彼此画押为凭，本大臣咨报本国，请作为完案之据等因在案。兹数日以来，彼此会商一切，本大臣仰体贵大臣遇事真诚相待，特愿于原议之外另为设法，俾得结局有期。特拟于现经所定条款画押完竣时，本大臣即当起程赴京，俟将回京日期布达恭亲王知照后，务望即将所有现议条款内应奏折文、应降谕旨等件刻即发钞宣示。以上各件发钞后，本大臣即当一面请将条款内所订照会本大臣，暨通行照会各国驻京大臣之公文，分别钞稿预送本大臣查核。俟接有以上各项公文并条款内所订应立行举办各件，本大臣即以滇案一事今由本大臣自行担代结局等因，发寄电咨回国查照。至本大臣现议变通办法，与本月十四日酌定情形较有利益之处，已知贵大臣无不洞悉。按月之十四日所订办法，滇案一事，当由本国朝廷酌核，或将全案情形始终复行究论亦可。而本大臣若以案已议结情形发文咨报，则不至复行究论之语，本大臣声明尚似无不允洽。乃思声明此语，本大臣所担责任颇重，非先有以上开列各项凭据到手，本大臣碍难查照所议声明结局。因欲妥防，不致稍有误会，特将所请于本大臣到京后，由恭亲王照送各件开列清单呈阅，俟此项各件接到时，本大臣所约自当立行照办结局。为此照会，须至照会者。

七月十八日

计粘送清单一纸

兹将各项折文、谕旨并请由恭亲王照送各件开列清单：

一、现与李中堂会议条款由李中堂奏明奉旨允准一件

一、李中堂因滇案折文一件

一、滇案折文所奉谕旨一件

一、总理衙门通行各省出示咨文一件

一、滇案边界通商所奉谕旨一件

一、偿款二十万两汇票一件

一、惋惜滇案玺书底稿一件

一、出使大臣等各衔及应于何时起程前往情形由总理衙门照会一件

一、议往来礼节条款总理衙门通行各国驻京大臣照会一件

一、议各口承审章程通行各国驻京大臣照会一件

一、本大臣以派员观审一节照会恭亲王由恭亲王照复一件

谨将与英使威妥玛来往函稿照录恭呈御览

径启者：

本月十三日，本大臣与贵中堂面晤谈论一切，当经本大臣将如何愿与贵中堂商议之情形声明，以达尊知。兹欲妥防不致稍有错会，特将此项情形具函奉布贵中堂洞悉。

查本国与贵国目下所办大端，本大臣曾已允为详细列明始末，呈达贵中堂知照。俟接阅后，方以本大臣所要将前任云南岑巡抚等员及绅士各人提京一节，当否奏明请旨照办之处，由贵中堂酌核情节定夺也。今前项始末节略本大臣正在办就，而贵中堂因念允从提京一端碍难办理，可否改议另设办法，屡请本大臣酌定。本大臣遂已应允，将拟办条款列明送呈台览。此项条款自应克期呈达，一俟贵中堂定期会晤，本大臣即将所拟条款与贵中堂通盘合并酌议。俟熟商后，若贵中堂意中以为不可允从，本大臣自宜随为决然停议，并将停议情事由电线咨报本国德丞相知照。因查所有近时一切公牍，月前已经咨送回国，约八月初八日可以递到。设若彼时贵中堂与本大臣仍无说合之议，当归本国朝议大臣将如何办理之处酌定，请旨谕令本大臣遵行。兹本大臣所具条款，倘或贵中堂幸可允从，彼此画押为凭。本大臣一面咨报本国，请作为完案之据；一面订明仍由贵中堂将所定条款咨呈恭亲王，由恭亲王入奏请旨，以贵中堂商定事宜，逐层依议为要。迨奉旨时，由恭亲王恭录照会本大臣知悉，并以商定条款内所有应行克期举办各端，定当立时举行等语，当于照会内一并声明，以昭慎重。如或恭亲王未愿请旨，或降旨后，万一应行克期举办之端，恭亲王未愿立时举行；既有此项情事，则本大臣与贵中堂会同议定各款，当视作废纸。其应若何办理之处，即由本大臣随时制宜，自行定夺举行。特此布达。

顺颂日祉！

七月十四日威妥玛来函

径复者：

顷准七月十四日来函，以滇案提京一节本大臣碍难办理，今拟另设办法，由贵大臣拟办条款，克期送交与本大臣，通盘合并酌议。俟熟商后，若本大臣谓不可允从，自宜决然停议，由电线咨报贵国。倘可允从，彼此画押为凭。贵大臣一面咨报本国，请作为完案之据；一面由本大臣将所定条款，咨请恭亲王入奏，逐层依议。迨奉旨时，由恭亲王恭录照会贵大臣知悉，并声明商定条款内，所有应行克期举办之端，定当举行；如未愿举行，则本大臣会同议定各款当视作废纸，即由贵大臣自行定夺办理等因。

准此。查本月十三日本大臣与贵大臣面商，云南一案业经钦派大员查讯复奏，碍难再将岑抚台等员及绅士各人提京复讯，议请另设办法，以全两国和好。当蒙贵大臣面称各节悉与来函语意相符，既经订明，自应逐一照办。因思贵大臣驻华多年，情形熟谙，素有爱护中国、笃念友谊之心。此次拟办条款，如皆于彼此有益无损，于各省地方均办得动，将来不至窒碍难行，本大臣自可酌核应允，即总理衙门亦易克期举办。倘有中国

体制所未协及力量办不到者，本大臣自未便勉强允行，仍应与贵大臣妥议熟商，以期迅速结案。俟定议后，当再据情具奏复命，请旨定夺，并照录来函，咨请总理各国事务王大臣查照。专此布复。

顺颂日祉！

七月十六日复威妥玛函

直督李鸿章奏滇案拟结情形并请出示保护远人折

直隶总督李鸿章奏，为请旨事。

窃查同治十三年六月间，经英国驻京大臣以印度派来官员由缅入滇，并派翻译官马嘉理前往迎接，商请总理衙门照案发给盖印护照，并咨沿途各省及云南督抚一体知照。旋经英国大臣声明，翻译官马嘉理已于是年十二月由滇安抵缅甸新街地方，迎接印度派来副将柏郎等折回滇境。迨光绪元年正月十七日，马翻译行至腾越所属之蛮允地面，遽遭戕害。十八日，柏副将等被人持械击阻等因。五月间，钦派湖广总督臣李瀚章前往查办，并派前侍郎臣薛焕会同办理；一面由英国驻京大臣选派参赞格维纳等，往滇观审。二年三月，李瀚章等查明复奏，据称：英国翻译官被戕，系因野匪索取过山礼不遂，致被杀害；其同行各员被阻，系由已革南甸都司李珍国主谋；案关中外交涉，未便遽拟罪名，请敕下总理衙门会同刑部议复。奉旨允准，由总理衙门恭录照会英国大臣，并将李瀚章等原折及供招信函等件，一并钞送知照。查该革员李珍国及各犯等，各有供证可凭，自应酌照中国定例，分别科罪。惟据英国大臣开送节略，内称：将参赞格维纳等所报情形逐层核对，查湖广督臣李瀚章等原讯供证，指出李珍国等为案内要犯，虽按中国律例可作为定罪之据，若按英国例法评议，仍似难称信谳。如将前项人犯治罪，英国未能视为允协，转恐更滋疑虑。此案被戕、被阻皆系英员，因思西国教理所重，倘仅责其既往，莫若保其将来，切请将现在带案候办之人，毋致惩办等语。

臣钦奉谕旨驰赴烟台，与英国大臣会商，中西律例既殊，办法亦异，似应据情权宜拟结。除署腾越镇总兵蒋宗汉、腾越厅同知吴启亮，业经革职毋庸议外，其已革都司李珍国及匪犯而通凹、腊都等十一名，可否仰恳天恩，特施法外之仁，俯如英国大臣所请，酌予宽免罪名，伏候圣裁。第念翻译官马嘉理系我和好之国所派职员，复经发有护照，遭此戕害，其同行之员并被击阻，未免有伤两国睦谊。朝廷笃念邦交，自必深加惋惜，拟请旨宣示中外，俾释群疑。况中国与各国早经立有条约，彼此均当恪守。上年九月间，总理衙门具奏申明条约，将各国人民请照游历保护之条通行各省，务须细核条约本意，分别办理。应请旨饬下各省督抚臣，懔遵上年九月十一日谕旨，再行严饬所属，仰体国家敦睦友邦之意，嗣后遇各国执有护照之人往来内地，于条约应得事宜务必照约

相待，妥为保护；若不认真设法，致有侵凌伤害重情，即惟该省官吏是问。并于各府厅州县张贴告示，使之家谕户晓，洞悉中外交际情形，以后衅端自可不作。如蒙俞允，即由总理衙门拟定告示，咨行各省照办。所有滇案拟结缘由是否有当，伏乞训示施行。谨奏。

光绪二年七月三十日奉旨。

直督李鸿章奏上海铁路拟由关道及中外官员妥定办法片

李鸿章片。

再，本年三月间，接准总理衙门函钞上海洋商擅筑铁路奏稿奉谕旨一道，属为妥商归宿之法。其时适英国汉文正使梅辉立过津晤谈，令其自向南洋大臣与上海道商办，该酋旋因所议未就北旋。现据上海道冯焌光迭禀，火车开行后，六月间有压毙人命之事，经该道会商英领事饬令停止行驶。嗣该领事照称：奉威妥玛传谕，暂停行驶，听候该使在烟台与臣会商等语。连日威妥玛、梅辉立屡向臣处饶舌，谓既奉旨会商一切事务，此事若不过问，以后必生衅端。该使总以铁路系各国通行善举，洋商自在通商口岸租地置造，希冀中国仿行，非中国所宜阻止，即英国亦断不令其中止。而沈葆桢暨冯焌光来函又皆欲阻止其事，彼此相持不下。以我之境地，听客之所为，久之竟无归宿之方，倘或激生事端，转贻后累。现在滇案通商各事既经议结，中英和局大定，威妥玛再三吁请臣处派员与上海道、英国官员会商调停妥办，似未便过分畛域。臣拟拣派随同来烟之道员朱其诏、盛宣怀驰往上海，与该关道详酌机宜，设法操纵；俟威妥玛所派之员到沪，会同妥筹，并函告该使，务在保我中国自主之权，期于中国有益而洋商亦不致受损。除由关道及中外官员妥定办法章程，分报查核，并咨明总理衙门、南洋大臣查照外，合再附片具陈。谨奏。

光绪二年七月三十日奉旨：知道了。

直督李鸿章奏请饬各省讲求条约遇有交涉事件勒限办结片

李鸿章片。

再，此次办理滇案年余之久，英国使臣威妥玛反复要挟，忽请提京，忽请免罪，且牵连通商，多增口岸。臣虽权宜拟结，实属愤恨填胸。若使此案未出之先，该省督抚详慎开谕地方官绅，何敢如此横肆？迨案出后，即为办获正凶，何至该使得以藉口？乃前云南巡抚兼署云贵督臣岑毓英，始则漫不经心，延不奏报；迨经寄谕饬查，总理衙门迭函咨询，又未能据实奏办，以致外国疑为指使，议论繁多，几开兵衅。是该抚原有应得

之咎，惟既经权宜办结，该使于李珍国及腊都等犯，尚为请免罪名，此时复将该抚请予处分，恐又启该使之疑。应否加恩免议之处，臣未便擅拟。

惟查各口通商以来，各省口岸及内地遍设教堂，均有洋人杂处，且时有执持护照外国官员人等游历往来，愚氓无知，岂能尽谙法纪？或缘细故而启忿争，或因传伪而致滋闹人命案件，本难保其必无。窃维朝廷丕冒之仁，中外既无歧视，情法自应持平。自来地方命案，办理速则怨忿易消，办理迟则讹言易起。况洋人性多贪急，尤宜杜其借端。臣闻上年日本有戕杀德国领事官之事，该君臣立即抚慰德国驻日公使，数日内办获正凶，其案遂结。今年土耳其国属地，同时戕杀法、德两国领事，亦不过数月之间，已获犯偿款完案。况中国素为万国所尊仰，若我滇案办理迅速，自不致波澜迭起，上烦圣廑。各省地方官吏于洋务隔膜既多，当此时势艰难，又罕能为国家分忧远虑，倘均如岑毓英之任性贻误，诚恐后患方长。应请旨严饬各直省督抚，督饬所属地方官，讲求条约，先事防维。倘遇有外国官民被戕之事，迅即饬属查明，严缉真正凶犯，勒限办结。倘有任意迁延虚饰等弊，致开边衅，立予重惩。庶期消患未萌，免蹈前辙。臣为事关大局，附片密陈。谨奏。

光绪二年七月三十日奉旨。

直督李鸿章奏滇边通商请饬妥订章程片

李鸿章片。

再，上年九月间，曾经总理衙门照会英国驻京大臣，以云南边界贸易中国将来应行派员前往查看情形，英国亦应派员到彼处会查，妥议章程办理等因。本年五月在京所议八条内亦有此节，今臣会议条款于滇边通商一事，自应照案准行，以昭大信。现在滇案既可拟结，合无仰恳天恩饬下云南督抚，俟英国所派官员赴滇后，即选派妥干大员前往边界会同查看情形，妥为商订章程，随时奏明办理。谨附片具陈。谨奏。

光绪二年七月三十日奉旨。

直督李鸿章奏英使请宽宥李珍国等罪名片 附廷寄

李鸿章片。

再，拟结滇案底稿按照威妥玛所拟节略，大致叙入先与阅看，会商妥当。本年五月间，总理衙门业经允行，乃该使任意挑剔，以为声叙未协，此即出京罢议之一端。此次会议，该使复申前请送来节略，与在京面递者大意无殊，而词气稍顺。臣即查照妥晰声

叙，仍略参以己见，期于中国体制稍合。该使索阅后，字字推敲，往复数日而后定，成议之难实非局外人所得知。此案刑部尚未复奏，该官犯等罪名出入，本与内地寻常办法有别。臣初拟将李珍国及而通凹等，请旨酌予减等发落，威妥玛执意不肯，必欲改为宽免罪名。询其何故，则以此事实系腾越官绅唆怂李珍国为之，而官绅又系禀承岑毓英意旨。今既不惩办岑毓英与腾越官绅，断不可专办李珍国与野匪。谈次并谓：李珍国家属现为缅境新英领事留养，难保非其家属藉词狡赖，图为李珍国乞恩。而该使遂深信不疑。惟李珍国从前守腾越城，久著劳绩，兹因一时冒昧，遽罹法网，其情亦有可矜。野匪而通凹等化外愚顽，更无足论，可否恳恩，即如该使所请，概从宽宥，免致复有饶舌？至滇边通商一节，据该使面称，英国拟暂缓开办，但虑中国将来失信，求于结案谕旨之末带叙一层，则因办通商而免罪较为有词。该使奉到后，即敬谨译出英文寄呈本国以为光荣，并乞俯准施行。谨附片密陈。谨奏。

光绪二年七月三十日奉廷寄：本日据李鸿章奏，驰赴烟台与英国使臣合办滇案各折片，已照该督所议明降谕旨宣示，并令军机处将此旨钞录一通，寄与该督阅看，另折及会议改定条款均著照所议办理。

同日奉廷寄：李鸿章奏遵旨驰赴烟台，与英国使臣会办滇案各折片。英国翻译官马嘉理前在云南边界被戕，该处地方文武不能留心保护，咎有应得，本应分别惩办。既据李鸿章奏，该使臣以为责其既往，莫若保其将来，请将案内各犯宽免等语。著照所请，署越腾〔腾越〕镇总兵蒋宗汉、腾越厅同知吴启亮，业经革职，毋庸议外；已革都司李珍国及匪犯而通凹、腊都等十一名应得罪名，均著加恩宽免。惟马嘉理系英国所派职员，由云南前赴缅甸，发有护照，往返均应保护。乃猝遭戕害，同行之员都被击阻，殊失朝廷和好之意。嗣后各直省督抚，当懔遵上年九月十一日谕旨，严饬所属，凡遇各国执有护照之人往来内地，均须照约相待，妥为保护。如有违约侵陵伤害情事，即惟该省大小官吏是问。并著总理衙门拟定告示，咨行各省遵照办理。各该地方官均宜讲求条约，以期中外相安，倘有外国官民被戕，迅即查拿正凶，勒限办结，不得任意迁延，致干咎戾。马嘉理一案现已办结，云南边界通商事宜，俟英国派员到时，即著云南督抚选派妥干大员，前往该省边界查看情形，商订章程，随时奏明办理。

总署致英使奉谕马嘉理案已结嗣后当照约保护照会

为照会事。

光绪二年七月三十日，内阁奉上谕：李鸿章奏，遵旨驰赴烟台，与英国使臣会办滇案各折片。英国翻译官马嘉理前在云南腾越边界被戕，该处地方文武不能留心保护，咎有应得，本应分别惩办。既据李鸿章奏，英国使臣威妥玛以为，责其既往，莫若保其将

来，请将案内各犯宽免等语。著照所请，除署腾越镇总兵蒋宗汉、腾越厅同知吴启亮，业经革职毋庸议外，已革都司李珍国及匪犯而通凹、腊都等十一名应得罪名，均著加恩宽免。惟马嘉理系英国所派职员，由云南前赴缅甸，发有护照，往返均应保护。乃马嘉理猝遭戕害，同行之员并被击阻，殊失朝廷和好之意。嗣后各直省督抚当懔遵上年九月十一日谕旨，严饬所属，凡遇各国执有护照之人往来内地，务须照约相待，妥为保护。如有违约侵陵伤害情事，即惟该省大小官吏是问。并著总理衙门拟定告示，咨行各省遵照办理。各该地方官均宜讲求条约，以期中外相安。倘有外国官民被戕，迅即查拿正凶，勒限办结，不得任意迁延，致干咎戾。马嘉理一案现已办结，云南边界通商事宜，俟英国派员到时，即著云贵总督、云南巡抚选派妥干大员，前往该省边界查看情形，商订章程，随时奏明办理。钦此。又，进呈会议条款，奉旨：著照所议办理。钦此。除会议条款另日再行钞录函送外，相应恭录谕旨，照会贵大臣查照可也。须至照会者。

八月初一日

英使致总署在烟台议定各款请恭录照知以便咨回本国照会

为照会事。

照得本大臣今早回馆，接准贵亲王于光绪二年七月三十日来文，内有恭录上谕一道并送李中堂折件，均已敬悉。可见所有李中堂同本大臣在烟台议定各款，于七月二十六日彼此各将公缮四分，盖印画押；李中堂早已奏邀圣鉴，想必经奉谕旨批准。合请贵亲王立为恭录照知，以便本大臣咨回本国转为入奏。此请深为紧要，自无庸切切覙缕也。为此照会，须知照会者。

八月初四日

总署复英使烟台议定各款业经奉旨允准恭录照会

为照会事。

光绪二年八月初四日，接准贵大臣照称本大臣接准来文，内有恭录上谕一道并送李中堂折件，均已敬悉。可见所有李中堂同本大臣在烟台议定各款，彼此各将公缮四分盖印画押；李中堂早已奏邀圣鉴，想必经奉谕旨批准。合请立为恭录照知，以便咨回本国等因。查七月三十日李中堂进呈会议条款，奉旨：著照所议办理。钦此。是此项条款业经奉旨允准，本衙门即于是日恭录照会贵大臣在案。兹准前因，相应照会贵大臣查照可也。须至照会者。

八月初六日

总署致各国公使送优待通商条款函

径启者：

本月初一日，本衙门曾经备文照会恭录谕旨两道，并称会议条款另日再行函送在案。兹特送条款一本，希即察收。所有优待、通商等款，除有应行与贵大臣商议，暨各国驻京大臣会商外，先此函布。

顺颂日祉！

八月初六日

总署致英使钞送告示底稿希见复照会

为照会事。

案准北洋大臣与贵大臣会议条款，于光绪二年七月三十日奉旨允准在案。查条款内载此次折件、谕旨详细列入告示，一并照会贵大臣查照等因。兹将拟就告示一纸钞粘照会贵大臣查照，即希照复以便办理可也。须至照会者。

八月初六日

大清国皇帝致大英国后帝惋惜马嘉理国书

大清国大皇帝问大英国大君主五印度大后帝好。

朕诞膺天命，寅绍丕基，眷念友邦，永敦和好。光绪元年正月间，贵国翻译官马嘉理持有护照，由缅甸至滇省边境被戕，并将同行副将柏乐文击阻。朕特派湖广总督李瀚章前赴滇省秉公查办，并降旨令各直省督抚通饬所属地方官，遇有执持护照之人入境，照约妥为办理。经李瀚章查明奏请，将都司李珍国等分别治罪。二年六月，朕又特派文华殿大学士・直隶总督・一等肃毅伯李鸿章，为便宜行事大臣，前赴山东烟台，会同贵国钦差大臣威妥玛，将前案筹办完结。经李鸿章复奏，贵国钦差大臣威妥玛以为，惩其既往，不若保其将来。朕特降旨，著照所请，将李珍国等应得罪名加恩宽免。仍谕令各直省督抚懔遵上年谕旨，照约保护，并著总理衙门拟定告示咨行各省遵办，以期中外相安。惟马嘉理持照入滇边境，惨遭被害，不但有关生命，并致几伤和好，朕深为惋惜。兹特简钦差大臣・署礼部左侍郎・总理各国事务大臣郭嵩焘，前赴贵国代达衷曲，以为真心和好之据。朕知郭嵩焘干练忠诚，和平通达，办理中外事务甚为熟悉。务望推诚相

信，得以永臻友睦，共享升平，谅必深为欢悦也。光绪二年八月初六日。

总署致英使出使大臣郭嵩焘起程日期照会

为照会事。

光绪二年七月三十日，准钦差便宜行事大臣·大学士·直隶总督李奏结滇案一折，并进呈与英国威大臣会议条款。奉旨：著照所议办理。钦此。本衙门业经备文恭录谕旨，并函送条款各在案。查条款内开：俟此案议结时，奉有中国朝廷惋惜滇案玺书，应即由钦派出使大臣，克期起程前往英国；所有钦派大臣衔名及随带人员，均应先行知照威大臣，以便咨报本国等语。现在钦派出使大臣郭，定于本年九月内择吉启程，除俟定有启程日期，并酌定随带员数衔名，再行知照外，相应先行照会贵大臣查照可也。须至照会者。

八月初八日

英使致总署关于英人命盗案件派员观审一节请见复照会

为照会事。

照得本大臣于七月二十六日，与李中堂盖印画押议定条款，内载：凡遇内地各省地方或通商口岸，有关系英人命盗案件，议由英国大臣派员前往该处观审。此事应先声叙明白，庶免日后彼此另有异词。本大臣即将前情备文照会，请由总理衙门照复，以便将来照办缘由声明备案等因。本大臣现在应请贵亲王，按照前款之意见，复本大臣查照为荷。为此照会，须至照会者。

八月初八日

总署复英使嗣后遇有英人案件当照约办理照会

为照复事。

光绪二年八月初八日，准贵大臣照会，以七月二十六日与李中堂议定条款，凡遇内地各省地方或通商口岸，有关系英人命盗案件，议由英国大臣派员前往该处观审。此事应先声叙明白，庶免日后彼此另有异词。威大臣即将前情备文照会，请由总理衙门照复，以便将来照办缘由声明备案等因。现在应请按照前款之意见复等语。查来文所开此项条款，李大臣已于本年七月三十日进呈，奉旨：著照所议办理。钦此。经本衙门备文恭录谕旨照会贵大臣在案。今准贵大臣照会前因，查此条款既经奏明，奉旨照准，自应

由本衙门通行各处。嗣后内地各省地方及通商口岸，如有关系英人命盗案件，一体查照条款所载办理。为此照复贵大臣查照可也。须至照会者。

八月初八日

总署致英使滇案恤款二十万两请派员支取照会

为照会事。

案查光绪二年七月三十日，据钦差便宜行事大臣·大学士·直隶总督李奏结滇案一折，并进呈与英国威大臣会议条款。奉旨：著照所议办理。钦此。查条款内开：所有在滇被害人员家属应给恤款，以及缘滇案用过经费，并因各处官员于光绪二年以前办理未协，有应偿还英商之款，威大臣现定为担代共关平银二十万两，由威大臣随时兑取等语。此项银两经李大臣奏明，奉旨照议办理，自应照数给发。本衙门现定将前项关平银二十万两，咨由北洋大臣全数兑交。相应照会贵大臣，随时派员前往支取；并由贵大臣转饬各领事，将光绪二年以前凡有应偿英商款项各案，一律销案可也。须至照会者。

八月初八日

总署致英使关于礼节条款及承审章程应会同商办照会

为照会事。

光绪二年七月三十日，准钦差便宜行事大臣·大学士·直隶总督李奏结滇案一折，并进呈与英国威大臣会议条款。奉旨：著照所议办理。钦此。查条款内载：案查光绪元年九月十一日，总理衙门奏折有云：预储熟悉洋务人才，原不仅为办理中外交涉事务起见，而出使往来各节均寓其中等因。现因两国官员往来会晤以及文移往返一切事例，京外尚有未协之处，自宜明定章程，免启争论。兹议应由总理衙门照会各国驻京大臣，请其会同商订礼节条款，总期中国官员看待驻居中国各口等处外国官员之意，与泰西各国交际情形无异，且与各国看待在外之中国官员相同。缘中国现有派员出使之举，此项章程亟应定明，方昭妥协。又载〔据〕咸丰八年所定英国条约第十六款所载，英国民人有犯事者，皆由英国惩办；中国人欺陵扰害英民，皆由中国地方官自行惩办；两国交涉事件，彼此均须会同公平审断，以昭允当等语。查原约内英文所载，系英国民人有犯事者，由英国领事官或他项奉派干员惩办等字样，汉文以英国两字包括。前经英国议有详细章程，并派按察司等员在上海设立承审公堂，以便遵照和约条款办理。日下英国适将前定章程酌量修正，以归尽善。中国亦在上海设有会审衙门，办理中外交涉案件；惟所派委员审断案件，或因事权不一，或因怕招嫌怨，往往未能认真审追。兹议由总理衙门

照会各国驻京大臣，请将通商口岸应如何会同总署议定承审章程，妥为商办，以昭公允等因。查以上二条，业经直隶总督李奏明奉准在案，本衙门应行照会贵大臣及各国驻京大臣，会同商办，以期妥协，相应照会贵大臣查照可也。须至照会者。

八月初八日

英使复总署会议条款列入告示甚为妥洽照会

为照复事。

照得八月初六日接准贵亲王来文，内开案准北洋大臣与贵大臣会议条款，于光绪二年七月三十日奉旨允准在案。查条款内载，此次折件、谕旨详细列入告示，一并照会贵大臣查照等因。兹将拟就告示一纸，钞粘照会贵大臣查照，即希照复以便办理等因。准此，当经本大臣于八月初八日前赴总理衙门，与列位大臣面为参酌。查所拟告示底稿甚属妥协，相应欣为照复贵亲王查照可也。为此照复，须至照会者。

八月初九日

总署致各国公使中外会审案件请各国会商划一章程照会

为照会事。

光绪二年七月三十日，准钦差便宜行事大臣・大学士・直隶总督李奏结滇案一折，并进呈与英国威大臣会议条款。奉旨：著照所议办理。钦此。本衙门业经备文恭录谕旨并函送条款各在案。查条款内称：咸丰八年所定英国条约第十六款所载，英国民人有犯事者，皆由英国惩办；中国人欺陵扰害英民，皆由中国地方官自行惩办；两国交涉事件，彼此均须会同公平审断，以昭允当等语。查原约内英文所载，系英国民人有犯事者，由英国领事官或他项奉派干员惩办字样，汉文以英国两字包括。前经英国议有详细章程，并添派按察司等员在上海设立承审公堂，以便遵照和约条款办理。目下英国适将前定章程酌量修正，以归尽善。中国亦在上海设有会审衙门，办理中外交涉案件；惟所派委员审断案件，或因事权不一，或因怕招嫌怨，往往未能认真审追等语。以上均系专为申明英国条约第十六等款会审案件而言。除由本衙门照会威大臣外，至此条款内又称：兹议由总理衙门照会各国驻京大臣，请将通商口岸应如何会同总署议定承审章程，妥为商办，以昭公允等语。意在嗣后遇有中外会审案件，可否定一各国划一办理章程，应请贵大臣先与各国驻京大臣会同商议。俟议妥后，再行照会本衙门公同核议可也。须至照会者。

八月初九日

总署致各国公使往来礼节条款请会商见复照会

为照会事。

光绪二年七月三十日，准钦差便宜行事大臣·大学士·直隶总督李奏结滇案一折，并进呈与英国威大臣会议条款。奉旨：著照所议办理。钦此。本衙门业经备文恭录谕旨并函送条款各在案。查条款内开：案查光绪元年九月十一日，总理衙门奏折有云：预储熟悉洋务人才，原不仅为办理中外交涉事务起见，而出使往来各节均寓其中等因。现两国官员往来会晤以及文移往返一切事例，京外尚有未协之处，自当明定章程，免启争端。兹议应由总理衙门照会各国驻京大臣，请其会同商订礼节条款，总期中国官员看待驻居中国各口等处外国官员之意，与泰西各国交际情形无异，且与各国看待在外之中国官员相同。缘中国现有派员出使之举，此项章程亟应定明，方昭妥协等语。此项条款系表明朝廷实心和好之意，自当酌度情形，会同商订，以期中外交际益昭友睦。相应照录条款，照会贵大臣及各国驻京大臣，从容商议。俟议定后，再行照会本衙门，公同核议可也。须至照会者。

八月初九日

总署致各国公使租界免收洋货厘金洋药税厘两款俟各国会商妥协后见复照会

为照会事。

光绪二年七月三十日，准钦差便宜行事大臣·大学士·直隶总督李奏结滇案一折，并呈进与英国威大臣会议条款。奉旨：著照所议办理。钦此。本衙门业经恭录谕旨并函送条款各在案。查条款内称：所有现在通商各口岸，按前定各条约，有不应抽收洋货厘金之界。兹由威大臣议请本国准以各口租界作为免收洋货厘金之处，俾免漫无限制等语。又，条款内称洋药一宗，威大臣议请本国准为另定办法，与他项洋货有别。令英商于贩运洋药入口时，由新关派人稽查封存栈房或趸船；俟发卖时洋商照则完税，并令买客一并在新关输纳厘税，以免偷漏。其应抽收厘税若干，由各省察勘情形酌办等语。查中国向因军需吃紧开抽厘金，或在内地，或在通商口岸，将土货以及尚未请领半税单之洋货一体抽厘。而各国商人向称洋货已完正税，未至子口之前不得加征厘捐。彼此意见不同，屡滋辩论。现经议定条款，由威大臣议请本国会商各国，准以各口租界作为免收洋货厘金之处，原欲杜日后异词起见。其洋药一宗，准为另定办法，以便在新关税厘并

征。其应抽收厘税若干，由各省酌办以重税项。此节未经议定以前，仍行照旧办理。惟各口租界免收洋货厘金、洋药税厘并征两款议明，俟英国会商各国，再行定期开办。合行照会贵大臣，请将前款会同妥议，并转咨贵国核酌办理。一俟各国会同议妥后，再行照会本衙门公同核办，是所至祷。须至照会者。

八月十一日

总署奏滇案议结拨给恤款折

总理各国事务恭亲王奕䜣等奏，为滇案议结应给恤款等项，请旨拨给以符条款事。

窃查直隶总督李鸿章奏结滇案录送会议条款，内开：所有在滇被害人员家属应给恤款，以及缘滇案用过经费，并因各处官员于光绪二年以前办理未协，有应偿还英商之款，现定为关平银二十万两，随时兑取等因。此项银两自应预为指拨，以便随时兑付。惟现在各省饷需均未充裕，且于京协各饷之外指拨此款，诚恐辗转需时。查光绪元年六月间，臣等遵议指拨海防经费，曾经会同具奏，请将镇江、九江、江汉三关应提四成洋税，仍令全解部库。其余粤海等关应提四成洋税，光绪元年七月为始，统令解交海防大臣在案。又于本年五月间，因部拨西征饷银二百万两应行归还，遵议在于所拨海防经费内行令各关，自本年七月为始，以一半批解海防大臣，以一半解还部库，奏准亦在案。此次应给恤款等项，臣等因一时实无款项可拨，当经函致李鸿章，即在各省所解海防经费内，先行提银二十万两，以便应付。旋经李鸿章复称，请将前议提还部拨西征项内，分别各拨若干，迅速解津归款等因。臣等公同商酌，此次银二十万两既由海防经费项下先行提付，所有前议由粤海等关解还部拨西征饷银二百万两，应令扣还海防经费银二十万两；仍自本年七月为始，核计应共解还部拨西征饷银一百八十万两，俟解清后，即由各关统解海防大臣兑收。此一转移间，于海防经费仍无窒碍，而于要需可期应手。如蒙俞允，即由臣等行知南北洋通商大臣，转饬各海关遵照；一面由总理衙门知照英国使臣威妥玛，定期派员前往天津兑取。谨奏。

光绪二年八月十三日奉旨：依议。

总署奏英员马嘉理被戕一案各官犯既经宽免会同刑部定议之处勿庸置议片

奕䜣等片。

再，前据四川总督李瀚章等复奏，查明英员被戕、被阻各情形，以各路布置皆李珍

国主谋，请予以应得之罪。野人而通凹等供认起意纠抢、拒杀马嘉理等，而腊感等供认分投从劫各不讳。案关中外交涉，请饬下总理衙门，会同刑部分别定议等因。光绪二年三月二十六日，军机大臣奉旨：该衙门议奏等因。钦此。臣衙门遵即咨行刑部核议在案。嗣于七月三十日奉上谕：英国翻译官马嘉理前在云南腾越边界被戕，该处文武不能留心保护，咎有应得，本应分别惩办等因。钦此。臣等查已革都司李珍国及匪犯而通凹等，前据李瀚章等查明，均有应得之罪，请饬下臣衙门会同刑部定议。现在钦奉谕旨，悉予加恩宽免。此案业经完结，所有臣衙门会同刑部定议之处，应请毋庸置议。除由臣衙门恭录谕旨知照刑部外，理合附片陈明。谨奏。

光绪二年八月十三日奉旨：知道了。

英使致总署滇案了结已电达外部请饬京外将应办事宜切实遵行照会

为照会事。

案查光绪二年七月二十五日，本大臣在烟台备文内开：特拟现经所定条款画押完竣时，本大臣即当起程赴京。俟将回京日期布达恭亲王知照后，务望即将所有现议条款内应奏折文、应降谕旨等件，刻即发钞宣示。以上各件发钞后，本大臣即当一面请将条款内所订照会本大臣，暨通行照会各国驻京大臣之公文，分别钞稿预送本大臣查核。俟接有以上各项公文，并条款内所订应立行举办各件，本大臣即以滇案一事，今由本大臣自行担代结局等因，发寄电咨回国入奏等意，并附清单，内开应办文件，照会李中堂在案。早悉系由李中堂咨会总理衙门知照。兹查所有前项数件均已办齐，本月初十日贵亲王惠临敝馆时曾面陈。本大臣亦应履践前言，同日即将滇案了结，不便追询之语，自己担代向贵亲王述明等词，由电线咨会我国总理各国事务丞相德。俟咨复到日，即当再为备文照会。窃思如此承办咨回本国转奏，尚望批示，办理合宜。惟此举本大臣原属自取其权，必在贵亲王洞鉴之中，我君民于滇案何非同心念系？经已屡次言明，此际无论上君下民核夺。本大臣自议结案之计务为咨询，不过如此取偿，能否必保英民性命嗣后不再遭其害一语而已。敝见中国应答之理不在语言，须宜确有实迹。本大臣在烟台将云南巨案、两国接待、整顿商务三层与李中堂会同商定，各条均已具奏；既皆钦奉谕旨准行，总在严饬京外各处，所有刻即应办事宜，务必立为遵行，毫无延搁为要。此本大臣不能不切切陈布者也。为此照会，须至照会者。

八月十五日

英使致总署英国君主议加隆号函 附照会

径启者:

本月二十四日，本大臣前赴贵署，曾与沈中堂言及，本国君主现在议加隆号。今日，本大臣照会恭亲王公文内，一切业已声明。现在合请列位大臣，将所拟赍往本国御书内，加缮五印度大后帝字样，俟加缮后，原稿尚希送还。专此布恳，顺颂日祉!

八月二十六日

附英使照会

为照会事。

照得本大臣前在上海侨寓，五月初十日接准我国总理各国事务丞相德来文，内将伦敦京都邸报于四月初五日，刊颁恩降宣示向用尊号，现定加崇特谕一道，咨行转达贵国同闻。本大臣恭读谕旨之下，因思内有应扩词句其应如何译著汉文，一时未能详定，只得暂行敬存，俟回京缓为拟议，俾得尽臻善美。斯意贵亲王谅能朗鉴，差可洞原。现将钦奉特谕英文刊单一纸遵送，尚容酌赘数语，细译晰明。窃查本国定例之权在上、下两院，凡遇商议定章，先由两院奏闻，所拟条议准否，成例均候君上主裁。此原贵亲王素所深悉。惟爱尔兰陪邦，七百余年来久为英国统属，虽无别建君长，尚准另设上、下两院，凡有议会，总须转奏英国主上，听其准驳。如此一政两途，析办多年。迨嘉庆五年，酌拟合并，爱尔兰事务嗣皆可上英京两院会参，奉谕允为。此君上更易前用尊号，当时纂例以及宣诏所载崇称，迄今奉行无异。兹五印度所有英属地方，年前系英商大公司承我朝廷代为办理，近有变更，是贵亲王亦所甚知。盖英商大公司罢后，所有该处英属境土厥地广阔，均由特派五印度节略大臣总理，专为代国行权。五印度业已如此改办，今燮理赞襄诸臣酌议，奏请尊号可否隆增，示明易辙之理，以昭共晓。两院照常会同入奏奉准，除由独关英国内地公牍列注数件之外，其余各件，一律准其备议加于常例，期必指明我君主实为五印度上主之称。斯号既定，而本大臣翻译原有所难，尤在我君上称制现为女主，敝见设我国家男主当阳，而汉文隆号或合取用，贵国历代相承大皇帝字样，实无不可。只缘事位偶殊，诚恐他人误译，再四思维，谨译音为大后帝字样，似属合宜。嗣后贵国文件内，有称我大君主之处，如遇事涉本国五印度自主之词，希即缮书五印度大后帝为幸。为此照会，须至照会者。

八月二十六日

清季外交史料卷七终

清季外交史料卷之八

光绪二年九月至十二月

礼部奏朝鲜与日本商办开埠通商据咨转奏折　附咨文二件

礼部尚书宗室灵桂等谨密奏，为据咨转奏事。

光绪二年八月二十七日，准朝鲜国王李熙特遣赍奏官李容肃赍到咨文一件，臣等公同查阅，系因该国与日本商办开港通商事宜，恳请转奏等因前来。谨钞录原咨恭呈御览。至该赍奏官役，业经安置会同四译馆，其例赏银两，及停止筵宴仍颁给羊酒桌张，应由臣部照例办理。为此密奏请旨。光绪二年九月初二日。

照录朝鲜国王咨文一

朝鲜国王为咨报与日本商办开港通商，详陈颠末事。

光绪二年三月初九日，小邦差送修信使曾銮议金绮秀于日本缘由，已有具咨转报于上国。而修信使始于六月初一日无事竣还，详探日本事情，则方与十七诸国通商。而小邦复修旧好之后，值此信使之来，邀接馆饩，照例无亏。外务卿、政府大臣俱各设宴施襟，而国君引见劳问。其大臣贵官以鲁西亚占据地方，逼近朝鲜北界，深以为忧，密语叮嘱，使之归告本国，早为备御之策。又言：将以开港商办细节目事，派遣理事官，当在修信使还国后旬日之内。

乃于六月初九日，该理事官宫本小一之船来泊通津府前洋。小邦遣校理李喜元延接，馆饩于都城外公廨，礼曹之宴飨，王宫之召见，政府之接对，一依彼国之例。以政府堂上赵寅熙差定讲修官逐条讲确。该理事官以从小邦陆路来往上国事，及都城内开馆以同驻，及外道八处随意行商等事为请。其云从陆路来往上国，此非小邦之所敢擅许，而此语一开，后弊无穷，实为中朝外藩之断不可许者。其云都城开馆驻官员，虽曰各国通商章程，小邦原无他国使臣留驻都城之例，开馆一事尤非可论。上项二件事不宜许施。八处行商事，春间既约以二处开港，到今只宜量定二处开港而已，不宜滥及于约条之外。且论逐利走不如安坐交易，惟当拣定二处便宜港口云尔。则该使臣亦未领会，而姑未拣定二港，先以港口开馆，须得划定界限，以为任便行止于界限之内，请以十里为

准。且言彼国十里即小邦百里云尔。历日靳持，竟紧小邦里尺划定十里，毋得行走于界限之外，严立条约。釜山、草梁则三百年开馆之地，许以仍旧留驻；而距东莱府为三十里，彼欲特许往来行商，故依愿听施外，他约条节目斟酌便宜作一册子，钤印交付以为凭信之资据。赵寅熙呈称，本月初八日，该日本使臣竣事发还等因。

窃伏念我圣朝东顾藩服，庇覆隆厚，近紧邦之交邻得失，每行宸衷轸虑深远，天高地厚，曷以为报！亦惟总理衙门及部堂大人，为小邦万全周画，迥出寻常，小邦君臣何以得此？兹将与日本商办开港通商等事略，具颠未〔末〕仰备崇鉴，专差司译院副司直李容肃赍咨前去。为此合行移咨，请照详转奏施行。

照录朝鲜国王咨文二

朝鲜国王为咨复，与日本办理条约，照旧修好，详述颠末事。

光绪二年正月十一日，承准礼部咨：节该主客司案呈，准总理衙门咨称：具奏日本国使臣到京，据称欲与朝鲜修好一折。光绪元年十二月十一日奉旨：依议。钦此。相应钞录总理衙门原奏，及该衙门与日本国使臣往来节略各一件，由五百里飞咨朝鲜国王，酌办可也等因。奉此除将钞录原奏及往来节略，一一承领，稍待日本修好事件酌办完了后，备陈本末之意先行咨复外；窃照日本使臣报总理衙门节略内，致疑于小邦，一则遣使致书不见接受也，一则船到港口开炮遭击也。凡此纷纭盖有其故。小邦之于日本讲信修睦行且三百年矣，交聘之仪，贺慰之礼，马岛之接信，莱馆之通商，各遵式例，不失邻谊。同治七年，该国政令新有变迁，投书契以相告知，而称号文字有违旧式。小邦边吏之司其出纳者诘其违式，不敢遽受。而前此同治六年，有日本人名八户顺叔诪张虚罔之说，蔑辱邻国，无复人理。幸赖总理衙门悯虑小邦之被诬被兵，至有礼部之据奏驰咨。而小邦臣民愤惋之极，疑阻万端，其使之不接，其书之不受，职由于此。江华岛者，国都之门户也，海港之厄口也，为防暴客之窥觇，恒有炮台之堵御。前岁九月，忽有黄旗异①船不曾碎，人不曾伤，而彼乃起怒轰炮，烧薄永宗镇城，小邦尚不知其为日本船也。乃于客岁十二月，日本使臣黑田清隆、副使臣井上馨等先通起程消息，遂来要修旧好。小邦遣判中枢府事申櫶、副总管尹滋承，接见于江华府中，一口答办，祈历日相持。彼以八户顺叔认是新闻谎说，非其国所知。以江华开炮实因不辨旗号，明非恶意相加。竟以旧谊之素厚，居然疑嫌之开释，重寻宿好，条约有具。以其称号之有所嫌疑，故大事小事只有两国臣僚平等通信。以其互市交易非今始行故，许其港口通商，划有界限以安主客。以其混淆无别易致滋事，故不许携带他国客商及奇技淫巧物事。纲领节目大略如是。而据申櫶等呈称，本月初五日樽俎之享，既洽醉饱，缟丝之物互有贻

① 此处漏以下文字“船突如闯入，则守卒开炮，只示有备”。参见权赫秀编著：《近代中韩关系史料选编》，世界知识出版社，2008 年，第 127 页。

赠，日本国使船并即发还等因。

窃念小邦厚蒙圣朝洪恩，非可一二数计也。今兹邻国修好，亦惟总理衙门暨部堂大人切盼其筹画万全，各安疆土，遂至转禀皇旨纾恤缓急驰咨兼程，天高地厚，何以为报！遣使伸表谢之忱，而滋〔兹〕交好日本，办理条约等款，略具颠末，仰尘崇鉴，烦乞礼部照详转奏施行。

总署奏议结滇案按照烟台会议条款分别次第办理折

总理各国事务恭亲王奕䜣等奏，为按照烟台会议条款分别次第办理，并据威妥玛照会，滇案了结咨报本国转奏事。

窃直隶总督李鸿章奏结滇案，将会议条款咨送到臣衙门，内开昭雪滇案及中外官员往来应议礼节并通商事务共三端，均应查照原议办理，以昭信实。除第一端第一条所开奏结滇案折稿，已由李鸿章与英国使臣威妥玛商定具奏。第三条所开滇省边界通商一节，业经李鸿章于议结滇案折内，声请钦奉谕旨饬下云南督抚遵照外，其余各条，臣等谨按现在所应行办理者，先后照会英国使臣暨各国驻京使臣，并分别咨函知照外省各督抚臣查照。其条款亦经臣衙门刷印订本，通行京外各衙门及各国使臣，以资信守。其应给恤款等项及出使经费，应如何拨给应付之处，亦经先后奏明在案。至条款内开，由英国派员在滇省大理府等处，察看通商情形一节，原议载明，自光绪二年十一月十七日起，应俟英国派员知照到日再行办理。又，洋货运入内地所领税单，应议划一款式；又，洋商由内地置土货运往口岸，应议定章；均须详细查核，期无流弊，应由臣等以次会商各国使臣办理。又，专款所开，英国约在明年派员，前往甘肃、青海一带地方探访路程各节，应俟届时再行分别知照。

查英国使臣威妥玛于八月初三日到京，初七、初八两日先后来臣衙门会晤，并于初八日偕英国水师提督赖德蓝、贝尔两员暨参赞官同来。臣等均照常接待，谈次亦谨〔仅〕商办条款内应议事宜，尚未于条款外滋生异议。惟上海洋商兴筑铁路一事，为条款所未载。李鸿章前次奏结滇案，曾附片奏明威妥玛吁求，请派员前赴上海会商妥办，当派道员朱其诏等驰往会办在案。此次威妥玛来臣衙门复申前议，并称于初十日派汉文正使梅辉立赴上海会办等因。臣等仍按照李鸿章前奏与之持论，一面函致两江督臣沈葆桢，转饬妥为筹办商务，期于转圜之中仍寓限制之意。初十日、十二日，臣奕䜣等先后答拜，据威妥玛面陈，已将滇案了结之语咨回本国。十五日，复来照会备述结案一节，并请将会议各条严饬立为遵行。臣衙门当即办给照复，除俟沈葆桢等将铁路一案如何议结情形，另行奏明办理外，谨将臣衙门办理情形恭折具陈。谨奏。

光绪二年九月初四日奉旨：知道了。

总署奏英使请嗣后中国致英国御书加缮五印度大后帝字样片

奕䜣等片。

再，查直隶督臣李鸿章奏议结滇案，并进呈条款一本，于本年七月三十日奉旨：著照所议办理。钦此。查条款内开，俟此案议结时，奉有中国朝廷惋惜滇案玺书，应即由钦派出使大臣克期起程前往英国；其所赍国书底稿，应由总理衙门先送威大臣阅看等因。嗣由臣衙门查照同治九年间臣崇厚前往法国所赍国书成式，拟就底稿，送给英国使臣威妥玛阅看。旋接威妥玛照会，内称：嗣后贵国文件内有称我大君主之处，如遇事涉本国五印度自主之词，希即缮书五印度大后帝等语。并将臣衙门所拟国书底稿附函送来，据称请将所拟赍往本国御书内，加缮五印度大后帝字样。臣等窃维此次钦派大臣赍奉国书出使英国，原为修辑和好起见，既据威妥玛照请加缮字样，自应准其所请。臣等未敢擅便，谨照录威妥玛照会、信函各一件恭呈御览，伏候命下遵行。谨奏。

光绪二年九月初四日奉旨：知道了。

总署奏川省民教滋事请饬迅速持平办结折　附上谕

总理各国事务恭亲王奕䜣等奏，为川省民教滋事各案，请旨饬下该省大吏迅饬持平办结，以弭衅端事。

窃本年五月初七日，据成都将军魁玉等函述，江北厅教民、团民挟嫌构衅，现饬查办情形。十一日，即据法国驻京使臣罗淑亚照会，内称四川重庆地方现在人民滋事等因。当经臣等函致川省，嘱将此案查明实在情形，作速妥办。并一面照复罗淑亚去后。六月二十七日，据魁玉等函称，此案起衅缘由早经讯明，原不难于了局，现须与该主教妥议善后章程等语。七月十三日，据法国参赞赫捷德来署面交节略，内开：四川江北厅民教不和一案，本参赞曾函致范主教，饬其劝谕教民与四川民人永远和好。请函致四川总督等饬属一体办理。复经臣等照录节略函致川省，以此案业经数月，务希早行了结，以弭后患。岂料自致函后迄今月余，尚未据该省咨报此案如何议结。兹于八月二十九日，据法国新任驻京使臣白罗呢照称，现接四川来函，该省教务情形势甚危急等语，并附到钞单三件。查阅单内所开，一系教士与教民等呈报被害情形，一系被害教民指报团民等各日期，一系该处主教范若瑟呈诉教民冤抑情状。查核所开情节，伤毙教民至二十余命，抢毁教民至二百余家，与该将军前次函报各节不尽相同。此外，该省如邻水、南充、巴州、营山等处，本年六月间据法国参赞赫捷德函报，洪主教开送该处民教滋事共

有四案。臣等当即函致成都将军等按照查办。七月间，据该将军等函复，已饬巴州等属分别查明办理。八月二十一日，据该将军等函报，内江县有团民殴毙教民之案，邻水县有教民杀毙团民之案，均有拆毁教堂之事。即据法国使臣白罗呢照会，以邻水教案请为保护，等因。臣等又经函致该将军等查办。以上各案，现俱未据咨报如何一律完结。查该省民教不能相安已非一日，现在滋事之案层见迭出，似此互相寻仇势难两立；若不早为妥办，诚恐酿成事端，贻患非小。相应请旨饬下成都将军、四川总督转饬各该地方官，将以上各案秉公查明，妥速办结，以清积案而弭衅端，是为至要。谨奏。

光绪二年九月十二日奉上谕：总理衙门奏川省民教滋事各案，请饬该省迅速持平办结一折。川省民教仇杀，据法国使臣称伤毙教民二十余命，抢毁二百余家，与魁玉等函报该衙门情节不甚相同。此外，该省邻水、南充、巴州、营山等处民教滋事尚有四案。川省民教积不相能，日与寻仇，深恐酿成祸患。现在魁玉等函报，该衙门内江县有团民杀毙教民之案，邻水县有教民杀毙团民之案，均有拆毁教堂之事。法国使臣即有邻水教案祈为保护之词。亟应迅速持平办结，以弭衅端。近来中外交涉事件甚多，措置稍有不当，即致枝节丛生，不可收拾。该省教案层见迭出，尤当设法妥办，早为完结，以靖地方。著魁玉、李瀚章、文格严饬各该地方官，迅将该处各教案秉公查办，妥速办结，毋得日久耽延，致贻后患。

总署奏日本欲由朝鲜来往中国与日使面论情形请饬转行朝鲜折

总理各国事务恭亲王奕䜣等奏，为接准礼部来文，日本欲由朝鲜来往中国，谨将臣衙门前与日本使臣森有礼等面论情形，恭折密陈，请饬礼部转行朝鲜知悉事。

光绪二年九月初七日，军机处钞交礼部奏据咨转奏一折，奉旨：该衙门知道。钦此。同日准礼部知照前来。据礼部原奏内称：钞呈朝鲜国王李熙特遣赍奏官李容肃，赍到咨文，内称与日本商办开港通商颠末。并称：日本理事官以从小邦陆路来往上国为请，此非小邦之所敢擅许，而此例一开，后弊无穷，实为中朝外藩之断不可许者等语。臣等伏查本年三月间，据日本使臣森有礼呈出与朝鲜新立条约十二款，旋准礼部咨报相同，经臣衙门奏明在案。兹朝鲜咨文所称，与日本商办开港通商颠末各事，现已均由礼部据咨转奏。惟朝鲜咨文内称，日本欲由该国陆路来往中国一节，非敢擅许等因。该国自为思患预防起见。

臣等溯查本年三月十二日，据日本使臣森有礼等来臣衙门面称：日本与朝鲜已经立约，将来如由朝鲜往来中国，应如何领给凭照？臣等当告以臣衙门所给游历执照，只能用之于中国境内，不能用之于朝鲜。朝鲜如有此项执照，亦不能用之于中国。该使臣遂询及，朝鲜人来往中国如何办理？臣等告以中国派员前往朝鲜，向由礼部行文该国王遣

员于交界地方迎护。朝鲜贡使来京，每年均有一定时候，寻常不准民人往来。该使臣又称：嗣后驻朝鲜之日本使臣倘欲前来中国，用朝鲜凭照行至交界处所，由何处衙门领中国执照？臣等告以再商。是日本欲由朝鲜来往中国一节，该使臣森有礼等来臣衙门议论，核与朝鲜咨文内所称，日本理事官以此事为请等语，大意正复相同。臣衙门前于此事未经允许，原恐往来路径一开，易滋事端。现在日本使臣森有礼早经回国，其署使臣郑永宁于本月初七日函报由该国回京，请定期来见。倘仍将来往中国一事向臣等面论，臣等自当设法与之办结，以防流弊。惟能否阻止，实无把握。除以后此事如何办结，臣等随时奏明办理外，谨将臣衙门前与日本使臣森有礼等面论情形，缮折具奏，请旨饬下礼部转行朝鲜，俾得知悉。并请将臣衙门此折，钞交朝鲜此次赍奏官李容肃赍回，以昭慎重而期妥速。谨奏。

光绪二年九月十二日奉旨：依议。

桂抚涂宗瀛奏报越南国使臣进关日期折

广西巡抚涂宗瀛奏，为恭报越南国使臣进关日期事。

窃照越南国王阮福时，前曾呈请贡期，经护抚臣庆爱遵旨酌定，于本年八月初一日开关照会该国王遵照；并经臣派委补用道倪懋礼、知州王德昕、巡检朱森溪等，咨会提臣冯子材，遴委游击汪定元前往镇南关，接护来省赴京。旋据该国王咨呈表奏各稿并据署太平府知府李世椿具报，该国使臣斐文禩等，恭赍贡品已于八月初一日进关，将所进贡品与陪臣姓名开单呈送前来。臣现饬接护文武各委员沿途加意照料，约计九月内可抵省城，休息数日，仍令由水路行走，妥为护送前进，以仰副圣主怀柔远人之至意。谨奏。

光绪二年九月二十日奉旨：礼部知道，单四件并发。

驻藏大臣松溎奏廓尔喀王呈递表文译缮代奏折 附表文

驻藏大臣松溎奏，为廓尔喀国王呈递表文代奏事。

窃奴才接据廓尔喀额尔德尼王苏热达热毕噶尔玛萨哈来禀，内称：奉到驻藏大臣檄谕，惊闻大行皇后崩逝，该国王及部落臣民等均感覆育重恩，同深哀恸，遵于闻信之日穿孝举哀，东向叩头焚香诵经，稍尽蚁忱于万一。谨具恭请圣安表文一道，恳请转奏等情前来。奴才译阅该国王所递表文，情词恳切，出于至诚，理合循照旧案据情代进，并将该国王表文译缮妥协恭呈御览。谨奏。

光绪二年九月二十四日奉旨：知道了。

附呈廓尔喀额尔德尼王表文

小臣廓尔喀额尔德尼王苏热达热毕噶尔玛萨哈九叩跪奏：

如天覆育，如日月照临，抚育万国，寿如须弥山坚固，至大至尊文殊菩萨大皇帝宝座前，恭请圣安。窃小臣部落自前辈投诚以来，迄今数十余载，仰蒙圣恩，年岁丰登，百姓安乐，小臣惟有诚心归顺。从前历遣使臣恭进方物，小臣承袭后，亦曾专差噶箕头目人等赍贡到京，觐瞻天颜，真如日月照临，不遗草木。仰蒙赏给敕书，小臣受恩深重，实在钦感不尽。今接奉驻藏二位大人檄谕，光绪元年二月二十日寅刻，大行皇后崩逝，小臣及果敢王衔总噶箕藏格巴都尔，并大小头目、阖部人民，惊悉之下，莫不悲哀。无奈因地方遥远，不能稍尽蚁忱，惟有恭设神位，敬向东北叩头，穿孝献供，焚香诵经，聊尽小臣一点虔心。所有哀慕微忱，谨具表文，由驻藏二位大人代为恭进，伏乞大皇帝御览。惟请将小臣同奴辈一般施恩看待，小臣永远承受天恩，则沾感圣慈于不朽矣。为此于光绪二年六月十一日自阳布跪奏。

甘督左宗棠奏俄新交涉请暂由新疆主办片

左宗棠片。

再，新疆与俄境毗连，疆埸之事一彼一此。现当边务交涉，议论方滋，不独措置乖方，遇事动多妨碍，即语言交际偶尔失当，亦足启猜嫌争执之萌。臣奉恩命督办新疆军务，身在事中，边防利害之分，百年安危之计，既不敢不引为己任，自当权其先后缓急，审机宜以泛应，合局势以通筹，庶期久远相安，诈虞可泯。察看俄国情形，虽权出尊而事多分属，其来中国者暂虽驯谨有加，似无寻衅生端之意。然不慎之于始，固有难策其终者。现在边防将军、都统各大臣，除金顺外，臣多未尝谋面，一切因应之宜，有缄牍所不能详者，亦有未可形诸缄牍者。相距过远，并有各处业已见之行事，而臣犹无所闻者。事关中外交涉，诚虑议论纷歧，无以示远人而昭画一。合无仰恳天恩饬下将军、都统各大臣，于俄人交涉事件，除现行事宜本有定章各照常办理，此外遇俄事干涉新疆者，应咨臣定见主办，不必先与商议，致远人无所适从。庶期径路绝而轨辙可寻，论说少而争辩自息，似亦省事省心之一道也。是否有当，伏乞圣鉴训示施行。谨奏。

光绪二年九月三十日奉旨：新疆与俄境毗连，时有交涉事件，轻重缓急自当审慎以图，嗣后遇有与俄人交涉之事，著荣全先行知照左宗棠酌核情形，由该大臣主持办理。

德使致总署提出免除厘金复出口税禁运现钱三事请饬遵行照会

为照会事。

查修改本国条约开议前后多日以来，本大臣屡将德国旧约内所有未行照办，以及明违定章各等情事，详细知照贵王大臣在案。惜所有本大臣请办、请止各节，贵王大臣至今未能遂本大臣之意。查极力设法不令本国人等受累，此正系本大臣分内所应为者，相应再请贵王大臣，即将各节必照旧约明文办理。至本国现与贵国商议修改本国条约一事，并将来贵国若有与各国商议之各节，此皆应俟商定之后方应照办者。惟所有本国人等应照已定旧约能得之各利益，本大臣必不再容由中国各官擅自另出别意，以致皆废。今将不急之事暂行不论，不过先将三件提出：一、所有上海洋商租界内德商进口之货，虽已卖与华商手内，自此不可再抽厘金，自应立刻严禁以便遵行。二、发给存票以三十个月为限系擅自定者，自此德商所有进口之货，如若欲复出口，虽限期已过亦应发给存票。三、德商前往内地采买土货，将现钱运入内地之禁立刻开除。此三者均请贵王大臣立饬各处地方官，即照此意办理。贵国若连此数节，再不肯照旧约札饬各处遵行，则本大臣惜无他法，应于本月十九日出都，与本国在东海各船水师统帅会商设法，以免本国人等受累也。为此照会，请贵王大臣至迟于本月十八日晚上见复。须至照会者。

十月十六日

总署复德使所提三事俟酌定后即行知照各国照会

为照会事。

准贵大臣照会称：修改本国条约开议以来，旧约内所有未行照办及违章各等情事，至今未遂本大臣之意。应再请即将各节，必照旧约明文办理。本国人照旧约能得之利益，必不再容由中国各官擅自另出别意。今将不急之事暂行不论，先将三件提出，若连此数节，再不肯照旧约札饬各处遵行，本大臣应出都设法，以免本国人等受累等因前来。

查两国和好，自以遵条约为要。除不急之事，诚如贵大臣文称，暂且勿庸议外，若贵国人旧约应得之利益，中国官擅自另出别意，非特贵大臣不允，即本衙门亦断不能准。兹将来文所开三件，为贵大臣分晰言之：一、上海租界内不再抽厘一节。查上海洋商租界内，凡有洋商进口真正洋货，无论卖与华商、洋商，但在租界内售卖，自可准不抽厘，并明定开办日期。二、存票定限一节。查凡有真正洋货已完进口正税后，如欲仍

运往外国，实系原包原货并无拆动抽换，应明定开办日期，核计该货进口之日，到该货出口船之日，在三十六个月限内，准其请领存票，或将存票换领现银，听商自便。其未定开办日期以前，发给存票，不扣限期，准抵税银，不换现银。三、禁运现钱立刻开除一节。查铜钱不准运出外国，不准各商民以此口运至彼口，善后条约第五款业经详细载明，应遵照条约办理。其中国人民，如有恃众倚势强索勒取，及私运销毁情事，地方官理应禁止，与洋商无涉。此次天津县出示一节，本衙门未据咨报有案，已咨北洋大臣转饬查明，按约办理，不得有阻挠洋商按条约应行之事。以上三条，本衙门与贵大臣酌定后，即行照会各国大臣，并通行南北洋查照办理。相应照复贵大臣可也，须至照会者。

十月二十一日

德使致总署来文所提三事均甚妥协照会

为照会事。

顷接来文备悉一切，其内所开上海租界内不再抽厘一节，甚为妥协。惟洋药并不在不应抽厘货物之内，此已由本馆阿翻译转达，应再特为知照。至来文所开存票定限一节，亦属妥善。又，前因洋商运用现钱一节，若实系准洋商将自己铜钱运往内地采买土货，亦无不妥善矣。为此照会，须至照会者。

十月二十二日

使英郭嵩焘奏办理洋务宜以理势情三者持平处理折　附乾隆四十一年上谕

出使英国大臣郭嵩焘奏，为办理洋务机宜不越理、势、情三者，宜一切持平处理，使中外诸臣不生异议事。

窃惟圣祖绥定区宇，规模远大。其时俄罗斯、准噶尔皆用敌礼相接。而于准噶尔之暴虐则征之。于俄罗斯始终书问款待，与通情好，审时度事一出至诚。自道光之季办理洋务，圣虑深长，酌古准今，曲示周旋，权衡至当。中外诸臣无能仰窥此意，相为猜议。其实洋人于中国，未尝不尊崇结纳，而以富强相期，要在知所以处置之法而已。大学士直隶督臣李鸿章、两江督臣沈葆桢、福建抚臣丁日昌，于西学求之至勤，行之至力，诚有见于立国之深谋至计；而其处置洋务，亦即能深中窍要。故臣以为洋人之情在于通商，沿海居民谙习西洋语言文字，多能知之；洋人之势极于富强，天下臣民皆能知之；而不足与办理洋务，则明理审几之才固不易得也。知情与势，而后有以处人，猜疑之见自不生于其心。知理而后有以自处，即矜张无实之言，亦不屑出于其口。是以办理

洋务非有他长也，言忠信、行笃敬以立其礼，深求古今之变、熟察中外之宜以致其用，轻重缓急权度在心，随事折衷使就绳尺。能知处理洋务，以之纪纲万事，经营国计，必皆裕如矣。

窃以为中国办理洋务三十年，议论纷繁，至今未息，朝廷亦为之瞻顾避就。若以为迫不得已与之交接，一切谋所以掩护之。是以气日靡，而无识者之议论亦日嚣，甚非所以昭示天下为制国之经，以立久远无穷之基者也。臣查西洋行政，分内政、外政二者，其体制皆称丞相，若唐之两省、宋之两府，略分事任，而计议施行一皆通筹合办。所谓外政府，即今总理衙门是也，同为军国重计，必不可生歧视。此等上关朝廷本原大政，非臣下所敢置议。至于与洋人交接，必不可持掩护之见，以滋异议。其应行者约有数端：

一、凡洋务颁发上谕，应一体发钞，使其利病得失天下晓然，咸喻其旨。其与各国交接无间，既可释天下之疑；即有参差，亦得以考览其事之原委。而辨知其情伪，以存是非之公，而息人言之幻。其必应行一也。

一、洋人沿海通商，内达长江以及江西、安徽、湖北，今又议通商云南，而由宜昌以窥四川，山陕各边俄人出入以为常，河南、四川、贵州各省交涉教案无处无之。必通知洋务，而后能据理处断，使中外人民交听其约束；否则顾盼周章，茫无主见，其始一意猜嫌，其终必至受其挟制，而贻累无穷。臣见各省处置洋案，无有一二能合机宜者，专恃朝廷核实推求。不独封疆大吏举动得失不宜漠视，下及道、府、州、县亦当以洋务为课最，分别功过赏罚，使不致任意贻误。其必应行者二也。

一、洋人以通商为义，凡商情之利病，国计之盈虚，办理通商口岸者皆应详知。臣在总理衙门见湖北添开宜昌一口，议归江汉关道兼管，既非其所属地，相隔又千余里；而责成兼管亦由道府，无能通知商务，遂至相与惶惑如此。臣愚以为应令荆宜施道驻扎宜昌，并列为关道，请旨简放。云南通商关系尤为重大，商情、国计均应深求。而凡保举关道之员，亦应责成研习各国通商条约，随时考查，以资历练。其必应行者三也。

一、出使各国有保举派充者，亦有宜简派二三品大员者，应著为定例。凡内廷行走各员，及有各项紧要差使，年逾五十之二三品堂官，无庸开列，其余一例开送听候简派。庶使人人视为平常差使，无敢设法规避，而亦不能不相与考求洋务以备任使，免致故为高论，一唱百和，茫无知晓。其必应行者四也。

一、凡交涉洋案，宜一准例案办理。例案所不载，亦当推合案情，比照成例，示以大公。各省交涉洋务，动辄积成衅端，但使据事明发上谕，应议处者议处，应宽免者宽免，中外贴然，孰敢不心服？廷臣持之愈坚，则洋人之嚣张愈甚，外间之议论亦愈烦。此次滇案累及国家添开口岸，加给恤银，而岑毓英始终未一议处。臣过天津，李鸿章见示云南钞案，自岑毓英开缺回籍，一切底蕴毕出，有甚骇人听闻者。使非烟台通融定议，恐穷于办法。而臣此次出京，威妥玛以前往谢过为辞，逼迫百端，又复驰至上海以

相催促。凡臣今日之辱，未尝不为辱国，而实缘免一岑毓英议处之故，此亦足证其得失矣。其必应行者五也。

臣恭查乾隆四十一年，广东抚臣李质颖以讯结洋商债项咨部备案，经部臣奏驳。其时绝无生衅端倪，而圣谕煌煌，直举近数十年办理洋务情形，洞烛几先。而所处置至精至当，允协人心、天理之公。圣人与天合德，大公至正，规模具在。谨录呈御览，亦足窥见圣德之深宏，至情至理，更无所容其掩护。应恳密敕军机大臣、总理衙门查照办理，所以处置洋务事宜必加周密，而所以保全国体亦必多矣。臣于洋务绝无所知，恭读列祖实录，准以汉唐以来交涉中外事迹，而有以辨知其利病得失，于世俗议论略无所动于心，而冀幸以其昏愚，稍裨国家之万一。谨奏。

光绪二年十月二十七日奉旨：该衙门知道，单片并发。

照录乾隆四十一年上谕倪宏文欠英商款着查产变抵偿还以昭国体

乾隆四十一年十一月二十四日奉上谕：刑部奏驳李质颖咨称，革监倪宏文赊欠英吉利国夷商嗡兴顿等银万余两无还，问拟杖责未协，议将倪宏文改拟杖流监追一案，已依议行，并明降谕旨，将李侍尧申饬，李质颖交部察议，令将倪宏文查产变抵，仍勒限一年监追，再照部议发遣。如该犯限满不完，即令该省督催司道及承办此案之府州县官，于养廉内照数摊出，并传朕旨赏给该夷商收领归国，以示体恤。此等夷商估舶冒越重洋，本因觅利而至，自应与之公平交易，使其捆载而归，方得中华大体。若遇内地奸民设局赊骗，致令货本两亏，尤当如法讯究。乃李质颖仅将该犯拟以薄惩，而欠项则听其自行清结。所谓有断无追，竟令外洋孤客负屈无伸，岂封疆大臣惩恶绥遐之道？幸而刑部奏驳，朕始得知其详，为之更正。若部臣亦依样葫芦照复，其错谬尚可问乎？中国抚驭远人，全在秉公持正，令其感而生畏，方合政体。若平时视之如草芥，任听地棍欺凌，而有事鸣官又复袒护民人，不为清理；彼既不能赴京控诉，徒令蓄怨于心，归而传诸岛夷，岂不轻视督抚，鄙而笑之？且或虑粤商奸恶，备至呼吁，仍复成空，将来皆裹足不前，洋船稀至，又复成何事体？

且朕此番处置非只为此事，盖有深虑汉、唐、宋、明之末季，多昧于柔远之经。当其弱而不振，则忽而虐侮之；及其强而有事，则又畏惧而调停之。姑息因循，卒致酿成大衅而不可救。宋之败、明之亡皆坐此病，更不可不引为殷鉴也。方今国家全盛，诸属国震慑威稜，自不敢稍生异志。然思患预防，不可不早杜其渐。英吉利夷商一事，该督抚以为钱债细故，轻心掉之，而不知其关系甚大，所谓涓涓不息将成江河者也。朕统御中外，一视同仁，如内札萨克诸藩恭顺诚服，其辈行本小，朕皆抚若儿孙，每至必欢欣踊跃，与旧满洲、蒙古之执役无异。而新附之准夷、回部，年班来此，朕亦必联之以情，待之以礼，厚其饩赉而遣之，众亦莫不怀德戴恩，几与内札萨克相等，皆内外臣工所共知者。即如伊犁与哈萨克昌买马一节，办理亦须妥善，或哈萨克所驱至者本不皆善

马，原不妨如法择而取之。若既是可用之马，即当按其所值与之市易，始能经久无弊。设或所给缎匹轻薄，暗减其价，致所得不偿所售。哈萨克贸易已非一日，皆能悉其底里，口即不言，而心岂能允服？即违立法通市之本意，其流弊且无所底止。朕每以此廑怀。该伊犁将军不可不实力办妥，以裕永远之规。若听其日趋日下而不知返，朕一有所闻，惟该将军是问，恐不能任其咎也。

又如朝鲜、安南、琉球、日本、南掌及东洋、西洋诸国，凡沿江、沿海等省分，夷商贸易之事皆所常有。各该将军、督抚等并当体朕此意，实心筹办，遇有交涉词讼之事，断不可徇民人以抑外夷。即苗疆番境诸省，亦当推广此意妥行。若仍视为具文，再有此等事件，一经发觉，或经朕得闻及为言官纠劾，必将该将军、督抚重治其罪，不能似此之仅予议处也。将军、督抚皆朕委任之人，惟有善体朕意，毋怠毋忽，自可寓久安长治之计。即我世世子孙敬体朕训，守而勿失，亿万年无疆之庆，讵不在是耶？此旨著传谕各将军、督抚，一体遵照，并著入于交代，令各后任永远遵行，勿稍玩忽。并另录一分交上书房，俾皆恪循罔懈。

使英郭嵩焘奏举使才片

郭嵩焘片。

再，出使西洋为今日创举，而关系中外大局。以立国家久远之基，诚莫急于洋务，出使亦其一端。窃见廷臣内怀畏难之心，而外引以为耻，即能稍知洋务，亦必诟毁洋人以赴一时趋向，求获免于交涉，保全身名，朝廷亦不能不为之迁就顾惜。臣素钝于言辞，周旋应对绝非所长，又老病衰颓，志气消落，奉命出使，只益惭惶。窃见编修何如璋、许景澄皆能以词臣致身通显，而不惮出洋之行，所见诚有过人者。又如李鸿章办理洋务委员候选同知薛福成，博学多能，通于西洋地势、制度，条举缕分，精习无遗，而性情纯朴笃实，一无虚饰。刑部主事黄贻楫高才远识，遇事考求，并为有用之才。何如璋现充日本副使，此外各员以之充公使，办理皆能裕如。兵部主事潘骏德、候选知府杨昉，于西洋制造机器及化学之理皆能研习。臣曾见潘骏德语及洋务，所言亦多中窍要。据称杨昉之才更为优赡，皆可备出洋之选。臣稍有所知，不敢壅于上闻，仰恳敕下总理衙门，存记其名，以资录用。谨附片具奏，伏乞圣鉴。

光绪二年十月二十七日奉旨：览。

总署致英使租界免厘及存票限期定为三年照会

为照会事。

案查北洋大臣李与贵国威大臣在烟台会议条款，前经本衙门照会各国大臣，并分别咨札筹议办理各在案。兹本衙门于威大臣会议条款所载，各口租界作为免收洋货厘金之处，及发给存票订明三年为期两节，与德国巴大臣先将上海租界内洋货不再抽厘，暨发给存票期限面议开办日期，并准巴大臣面称业经会商各国大臣。应将开办日期开列于后：一、租界免厘。查新、旧各口岸，除尚未定有各国租界，应照条款会商画定，再行将洋货免厘一事定期开办外，其上海一口已定有洋商租界，现议自光绪三年正月初一日起，凡有洋商进口真正洋货，无论卖与华商、洋商，上海租界内不再抽收厘金。二、存票限期。查凡有真正洋货已完进口正税后，如欲运往外国，实系原包原货并无拆动抽换，自光绪三年正月初一日起，核计进口之日，到该货船出口之日，在三十六个月限内准其请领存票，并准该商将存票换取现银均听其便。其光绪三年正月初一日以前发给存票，不扣限期，准抵税银，不换现银。以上两条，除由本衙门照会各国大臣，并通行南北洋饬属遵照办理外，相应照会贵大臣查照可也。须至照会者。

十月二十七日

总署致德使租界免厘及存票立限换银两节定期开办照会

为照会事。

前经本衙门以上海租界免厘、存票立限换银、禁运现钱三节，于十月二十一日照复贵大臣在案。兹查铜钱一项系旧约载明之款，只须申明条约通饬遵办，毋庸照会各国大臣外，其上海租界内不再抽厘，及发给存票以三十六个月为限，准洋商换取现银两条，定于光绪三年正月初一日开办。除由本衙门照会各国大臣，并通行南北洋大臣饬属办理外，相应照会贵大臣查照可也。须至照会者。

十月二十七日

总署致各国公使上海租界免厘存票定限换银已饬属遵办照会

为照会事。

本衙门现与德国巴大臣面议洋商出售洋货，在上海租界内免其抽厘，及发给存票准其以三十六个月为限各开办日期。准巴大臣面称，曾经会商贵大臣在案。应将开办日期开列于后：一、上海租界内不再抽厘。查新、旧各口岸，除尚未定有各国租界，应俟会商画定，再行将洋货免厘一事定期开办外，其上海一口已定有洋商租界，凡有洋商进口真正洋货，无论卖与华商、洋商，自光绪三年正月初一日起，上海租界内不再抽收厘金。二、存票定限。查凡有真正洋货已完进口税后，如欲运往外国，实系原包原货并无

拆动抽换，自光绪三年正月初一日起，核计该货进口之日到该货船出口之日，在三十六个月限内准其请领存票，或将存票换取现银，听商自便。其光绪三年正月初一日以前发给存票，不扣限期，准抵税银，不换现银。以上两条，除由本衙门照会各国大臣，并通行南北洋大臣饬属遵照办理外，相应照会贵大臣查照可也。须至照会者。

十月二十七日

谕古尼音布著派员会同俄国委员补立界牌

上谕：古尼音布等奏补立界牌，请派员会办等语。宁古塔等城所属之托阿察河口等处，与俄国分立界牌，既据查明，有被水火冲毁之处，古尼音布已照会俄国会同补立。著派宁古塔副都统双福、三姓副都统长麟、珲春协［协］领穆锦，就近查照分界原案，俟该国派员到日，即亲往该处会同勘办。

十月二十八日

总署奏租界免厘存票立限议定开办日期折

总理各国事务恭亲王奕䜣等奏，为租界免厘、存票立限议定开办日期事。

窃直隶总督李鸿章奏结滇案，将会议条款咨送到臣衙门，当将分别次第办理缘由，于本年九月初四日奏明在案。查条款第三端所开，通商各口岸准以各口租界作为免收洋货厘金之处，及英商已完税项洋货复运外国，禀明海关监督发给存票，订明三年为期各节，并未载明何时开办。惟既经议定条款，未便日久延宕，致滋口实。且德国使臣巴兰德与臣衙门议修条约，亦屡以前事为言；谓按照旧约，洋商在租界内售卖洋货，本不应抽收厘金；其发给存票一事，谓不必立期限，并欲准洋商以存票支取现银。其要求各端虽不止此，而于此尤为注意。臣查英国新约，本有准洋商以所领存票持赴本关换现存银一款，因即允其照办。而发给存票不立限期一层，迭经辩论，臣等终未应允。九月十六日，巴兰德致臣衙门照会，词气激烈，几有即欲出京之意。十八日，又来论前事。二十日，复遣其翻译官阿恩德到臣衙门商议。臣等当以洋商在租界内售卖洋货，准其免厘，烟台条款业已载明，自可照允。乃巴兰德欲于年内，即将上海一口开办。臣等因为时太促，复相与辩驳。其发给存票期限经臣等再四辩论，巴兰德始允遵照三年之限定期开办，惟欲迟至明年二月间办理，其未定期开办以前仍不遵三年限制。臣等当以租界免厘、存票定限两事既经开办，应归一律。现均议定于光绪三年正月初一日为始，在上海租界内洋商售卖洋货不再抽收厘金。此外通商各口岸应俟将租界会商画定，再行开办免厘事宜。洋货进口已完正税，如在三十六个月限内仍欲运往外国，准其请领存票，并准

其以存票换取现银。其光绪三年正月初一日以前发给存票，不扣限期，准抵税银，但不准换取现银。巴兰德尚无异词。至巴兰德十六日照会内铜钱一节，本申明条约之事，除由臣衙门将租界免厘、存票立限两事照会各国驻京公使外，谨将来往照会六件钞录恭呈御览，请旨饬下南北洋通商大臣转饬遵办，以符条款而免藉口。谨奏。

光绪二年十月二十八日。

直督李鸿章等奏买回上海铁路折

直隶总督李鸿章、两江总督沈葆桢、江苏巡抚吴元炳等奏，为上海铁路会议买断，谨陈办理情形事。

窃查本年春间，上海英商于租地内擅筑铁路，行驶火轮车直达吴淞。臣葆桢、臣元炳严饬关道，照会英国领事阻止，该领事麦华陀坚不允从。又咨总理衙门照会饬阻，该国使臣威妥玛复一味偏执。延至数月，迨经冯焌光驳诘催禁，始据英领事复称，奉该使传谕暂停，俟就烟台会商等语。鸿章在烟台时，威妥玛果以此事饶舌，欲派英员前往商办；当以滇案将结，未便复以此事龃龉，即经附片奏明，并派道员盛宣怀、朱其诏驰晤江海关道冯焌光，详酌机宜，会同英员妥筹办法。适威妥玛所派之汉文正使梅辉立，于八月十八日亦到上海，会议数次。该正使先欲中外合股集资同办，继欲中国买后仍归洋商承管，反复把持，迄无成说。九月初一日，该道等复约该正使前来江宁筹议，当向逐细剖辩，以中国地方外人未便擅造铁路，通融给价已属格外体恤，倘再生枝节，则曲不在中国而在西洋。经该道等往复筹商，始于九月初八日议明买断，行止悉听中国自便，洋商不得过问。惟一年限内价未付清，暂由洋商办理，只准搭客往来，不得违章装货，亦不得添购地段推广铁路。订立条款，由臣葆桢核定，照缮两分，梅辉立与冯焌光等均各画押，以一分交上海英领事查照，以一分归江海关衙门备案。该道等旋与梅辉立回沪，于九月十七日将条款盖印，各执为凭。

所有条款内应办事宜，系先议一年限内暂行火车，保护章程经麦华陀画押，由上海道出示晓谕。一面会查铁路价值，饬据公司开呈账目，各邀中外公正商人逐款清查，大加厘剔，凡涉不实不尽，分别驳减。其有细账留在英国未经寄到者，恐汇核有需时日，亦公同定一总数。将各项包括在内，统计买此铁路共需规平银二十八万五千两。复立议据，定于一年限内分三期付清。该铁路地亩、车辆、器具等件，以及成本用款价银细数，分缮洋文清单二纸，亦于十月二十八日由英领事签押送道存查。应付价银，在江海关洋税项下作正开支，分期交英领事转给。俟光绪三年九月十五日一年届满，价银付讫，即将地亩、车器各件照单由中国收管，行止悉由中国自主，永与洋商无涉。兹据该道等会详请奏前来，除将全案照录，咨送总理衙门查照外，所有办理铁路现经买断缘

由，合词具陈。谨奏。

光绪二年十二月初五日奉旨：该衙门知道。

江督沈葆桢奏美国旗昌公司愿并归招商局折 附上谕

两江总督沈葆桢奏，为美国旗昌公司愿并归招商局，议定轮船、码头、栈房各项价值，款虽甚巨，机不可失，恳饬浙江等省通力合作，以壮商气而收利权事。

窃臣承准军机大臣字寄，光绪二年十月二十四日奉上谕：太常寺卿陈兰彬奏，中国自创办招商局以来，洋人不能尽占中国之利，为中外大局一关键。惟宜昌等处新添口岸，招商局船少力薄，宜厚集其势以为富强之本。请饬南北洋大臣，督饬局员认真经理，并加拨江浙漕米以资揽运。所奏不为无见，著李鸿章、沈葆桢体察情形，悉心筹办等因。钦此。仰见朝廷博采嘉谟，长驾远驭之至意。

查各口通商以来，轮船之利为外国所独擅，华人无敢过问者，间或赁一二船以尝试，辄为所排挤，不胜其亏累而止。上海洋行轮船最著者，美国曰旗昌，英国曰太古。旗昌捷足先得，几以长江为专家之利。太古继起，互相倾轧，装货搭客随时跌价，虽亏本有所不计，揣其意非并吞不已。迨同治十一年，直隶督臣李鸿章奏明设立招商局，初议仅承运江浙粮米，逐渐推广通行各海口，于外国洋行轮船外别树一帜。于是太古、旗昌两洋行，又合力以倾我招商局，各项水脚减半，甚且减三分之二。该洋行意在陷人，不遑自顾。陈兰彬折内所称，三年来中国之银少归洋商者，约一千三百余万，非虚语也。然招商局既与争衡，即不能不随之跌价。既随之跌价，即不能不共其亏折。以商本而论，似未足以抗洋行。而该局所以尚能支持者，则以漕粮水脚稍补跌价之亏，而本年北洋又酌拨官帑以济之也。然该局商股所以仍未能踊跃者，则又以从前所发之官帑息有定额，如贡者较数岁之中以为常，于跌价之时，商既亏于所跌之价，不亏于偿官之息也。

今春，旗昌已有归并之意，其尚犹豫未决者，盖窥招商局亦在勉强支持。且无专走长江轮船，该洋行尚可擅汉口、九江之利；自江宽、江永两船到，而旗昌气夺矣。臣于本月十三日接据招商局禀称，旗昌公司甘心归并，开价二百五十余万，当于病榻传见局员盛宣怀、朱其诏、徐润等，告以中国利权所系，当极努力为之，第须咨商北洋会筹具奏。旋据面禀，洋人以冬至后十日为岁终，即中国之十一月十七日也，公司主办三年更换一次，今年适届期满；若逾十七之期，则受代人来，即无从更议。失此机会，恐彼国复集巨商以倾我，则非力所能支。臣诘以旗昌并后，尚有太古、怡和倾轧，仍复未已。据称太古、怡和船少，旗昌业已归并，他族势当降心相从；纵使依旧争衡，而我所得之旗昌码头、栈房已据便地，迥非从前迁就者比，主客之不敌人人所知。且船至二十七号

保险可归本局，是又开一利源也。臣因饬盛宣怀等，即日由轮船回沪，向该公使坚明约束。续据禀称：议定码头、轮船、栈房、船坞、铁厂，及一切浮存料物、器皿等项，一概在内规银二百万两。又，汉口、九江、镇江、宁波、天津各码头、洋楼、栈房及花红，一切规银二十二万两。已于十一月十八日公商定议，即于十九日付给定银二十万两，并约于十二月十八日付银二十万两，明年正月十七日再付银六十万两，即行交盘统归招商局经理。其余一百二十万两分别按期归结，大致已定。惟需款至二百二十二万，各商尽力攒凑只能集成银一百二十二万两，所短之数，拟请南洋各省协力筹拨官本银一百万两，发交招商局，免其缴利，分作十年归还公款，禀请具奏前来。

臣惟招商局奉特旨允行，且为中华创举，万一中途蹉跌，忌我者传笑，任事者寒心。况圣谕煌煌，方饬认真经理，而臣狃苟安之习，避专擅之嫌，此心何以上对君父？且长江新添码头两处，起卸六处，稽查偷漏防不胜防，倘能归我华商，弊窦自当较减。明知筹拨帑项归并洋行，为数百年来创见之事，必有起而议其后者，且江南各库罗掘殆尽，岂有余力以挽利权？然不可失者，时也；有可凭者，理也。论时则人谋务尽，适赴借宾定主之机；论理则天道好还，是真转弱为强之始。所请官本一百万两，臣既毅然许之，自应先为其难，拟饬江宁藩司认筹银十万两，江安粮道认筹银二十万两，江海关道认筹银二十万两。据该司道面禀，一时皆不敷应拨。臣责成其如有进款，即陆续解济，勿误正月十七日之期。其余五十万两，查沿江、沿海各疆臣，均留心时务，不分畛域；且此举成后轮船较多，江、鄂等省装运漕粮，均可通融酌办。仰恳饬下浙江抚臣筹拨银二十万两，江西抚臣筹拨银二十万两，湖北督抚臣筹拨银十万两，作为各该省发交官本。其乞免息银一节，臣以为难予准行，朝廷一视同仁，农民且不能溥免钱粮，岂容于商偏厚？第息有定额则官任其利而不任其害，群疑挖商本以保官息，何怪其裹足不前？是宜甘苦与同，官商一体，商得若干之利，官亦取若干之息，仿助法之意以行之，庶几上下交而其志同矣。江北州县毫无积谷，金陵仅存仓谷三万石，今冬碾分各路煮赈，未逾月而罄，哀鸿满野，棘手焦心。将来拟以此次息银，尽数买谷存仓，以备荒歉。其北洋大臣从前所发官帑，可否饬令并照官商一体之意，以广招徕而坚民信，出自逾格鸿慈。再，北洋大臣直隶总督臣李鸿章业经咨商，尚未接到复文，是以未经会衔。谨奏。

光绪二年十二月初五日奉上谕：沈葆桢奏，美国旗昌公司愿归并招商局，议定各项价值，请饬拨款一折。旗昌公司轮船、栈房等项现在议定价值，概行并归招商局。惟需款甚巨，除各商集成银一百二十二万两外，不敷银一百万两，沈葆桢拟由该省藩司筹银五十万两，并请饬浙江拨银二十万两、江西二十万两、湖北十万两，即著李瀚章、翁同爵、刘秉璋、杨昌濬迅速照数拨付，毋稍迟误。至所备官本息银不限定额，官商一体等语，即著照所议行，并著李鸿章将北洋从前所发官帑，照此办理，以广招徕。

谕礼部奉天沙河子地方逼近朝鲜边境现在筑城建署著崇厚等严禁越界

上谕：本日礼部据朝鲜国王咨转奏一折，据称沙河子地方逼近朝鲜边境，现在筑城建署，恐彼此民人易致混藏潜越，请严立禁令等语。前因奉天整顿吏治，曾据实奏请于东沟一带择地设官建署，并声明边界地方立定限制以杜潜越，已照准所拟办理。现在该处事宜是否兴办？应如何严立禁令，俾免民人越界滋事？著崇厚、恩福查明具奏办理。

十二月初六日

闽督文煜等奏审明谋毙英人各犯分别定拟折

署闽浙总督文煜、福建巡抚丁日昌奏，为审明致毙洋人凶要各犯分别定拟事。

窃查同治十二年间，英国满得利商船在洋失事一案，臣等饬据泉州道府县悬立重赏，分头购线严缉，并派道员方勋驰往确查督办。先后报获黄润即阿卯、骆阿致即致司、李阿扁、庄来成即方成四名，解浙讯供后，提同要证行户庄祺一名押解回闽。复据台湾府厅县禀报，缉获郑党即阿党、蔡麟即老陈二名，一并解省，饬发福州府审办。其满得利原船，已由方勋在泉州提讯黄润，供明早已冲礁沉没；有英国翻译官费立士，及佛力各兵船将官都布邑，在旁观听犯供，并无异言。方勋尚欲派员会赴沉船洋面打捞，该翻译官等以时阅三年，必已飘没无存之言向阻。兹据署福州府知府张梦元提犯讯明，议以解由臬司复审，会同通商局司道具详解勘前来。

臣文煜亲提复鞫无异，随会同查核，郑党、黄润、骆阿致分隶晋江、惠安等县，素作洋船水手。同治十一年五月间，英国满得利船主在上海寻雇水手，黄润先在该船有年，即荐郑党、骆阿致及蔡麟、庄来成上船，并荐李阿扁在船煮饭，均无行家担保。船上仅洋人一名即为船主，带有广东不识姓名妓女一人，并非要为妻妾。该船主性暴嗜酒，水手动被殴辱。其船系两桅布帆，受载八百石，船主无甚资本，而在上海、汉口揽载客货，往来行驶。该船主每次俱有在吴淞口外贩盐，至黄州一带偏僻地方私卖，并未报税。十二年正月，该船在汉口装就金针、木耳、石膏、药材等货，于二月初三日开驶前往上海。十八日，至苏州宝山洋面，因搭客黄秋桂即真头桂，系郑党表兄，误将水桶失落海中；该船主瞥见，即行殴踢黄秋桂落海淹毙。适骆阿致在船头探水，见向理论，船主悍殴骆阿致，顺用探水船锤殴伤其右耳根。郑党闻知，赶向船主劝阻，不依。该船主用棍乱殴，郑党闪避，顺取柴斧砍其颈项，跌倒毙命。当将尸身连柴斧丢弃海中。时

妓女在旁喊骂，并称将来定行投报洋官究治。郑党恨该妓平日向船主挑唆，致遭凌虐，触动旧恨，起意致死灭迹；扭住妓女发髻掀倒在船，骑坐背上，顺取麻绳打成活结，套入妓女颈项，两手用力拉住绳头。该妓女挣扎不脱，登时气绝殒命。郑党又将尸身丢弃下海。时黄润、蔡麟、庄来成船后作工，李阿扁在舱内打睡，均不在场。嗣闻声趋视，经郑党告知前情。旋将该船驶至浙江松门地方停泊，黄润、郑党一同上岸买物，郑党先自走回。黄润经过素不相识之庄祺杂货行，起意将货出售以作船中食用，随进捏称浙商伙友，将牌单给阅议卖货物。庄祺不知实情，当即承买，计付价银英洋三千八百余元。黄润将货驳交清楚，回船开驶。讵至福州黄歧洋面遭风触礁，船被击破。郑党与骆阿致、蔡麟、庄来成、李阿扁，即放下小杉板船，登岸走散；黄润抱持船板凫水，遇救得生。船内货价杂物一并沉失。

经宁波领事馆查报，由公使照会总理衙门咨行饬查，并由浙省究出犯名，委员来闽会商。臣即饬据泉州道府县悬赏购线严缉，又派道员方勋驰往督办，先后获犯解浙，讯供提同要证庄祺解回闽省，由府司提集审拟详解复鞫，供悉前情不讳。并经通商局司道照会福州领事官柏威林，派委翻译官卫察理前来观审在案，应即拟结。此案郑党在洋船充当水手，因其表兄黄秋桂被洋人殴踢，落海淹毙，辄与骆阿致共殴，致伤洋人身死，系该犯斧砍颈项一伤为重，又独自用绳勒毙妓女一命，自应从重问拟。郑党合依故杀者斩监候律，拟斩监候。黄润事后起意盗卖船内客货，与船户行窃商民无异。查盗卖赃银二千两零，合依盗赃一百二十两以上绞监候律，拟绞监候。该犯等犯事在同治十三年十一月十五日恩旨，暨光绪元年正月二十日恩诏以前，郑党系故杀拟斩，在部议不准减免之列，应不准其减免。黄润照窃盗拟绞，在部议酌入缓决之例，应请入于秋审缓决。骆阿致系共殴余人，蔡麟、庄来成、李阿扁三名事后知情不首，各有应得之罪，惟事在赦前，应与误买客货之庄祺均免置议。尸弃海中，无从捞获，亦无庸议。失察各文武逢恩免查，其拿获要犯出力员弁，俟查明另行核办。除备录全案供招咨部，并咨呈总理衙门暨分咨查照外，谨合词恭折具陈，伏乞敕部核复施行。再，福州将军系臣文煜本任，毋庸会衔。谨奏。

光绪二年十二月十五日奉旨：刑部议奏。

谕刘长佑等着将滇省通商事宜妥为筹画

上谕：刘长佑、潘鼎新奏滇省通商请暂缓办理一折，览奏已悉。该督等所陈滇省有碍通商各情，亦为思患预防起见，已谕知总理衙门酌办矣。惟该省边界事宜，前经李鸿章与英使威妥玛商订，自本年十一月十七日起，以五年为限，由英国派员前往会商，或五年之内，或期满之时，订期开办。已有成议，岂能遽行更易？此时与之辩论，恐亦未

有把握。且此事势难中止，即暂缓数年，将来亦必议办。著刘长佑、潘鼎新妥为筹画，如英国派员到日，仍选派干员前往边界查看，会同商办。

十二月二十日

直督李鸿章奏查明天津英法租界占用内务府差地租项分别津贴豁征折

直隶总督李鸿章奏，为查明天津通商口岸英、法两国租界占用内务府差地，租项分别津贴豁征事。

窃准内务府咨开，英、法两国占用坐落天津县内务府差地，请将盈余租项作为津贴该县通商之需，应自行奏明办理。至咸丰十年、十一年租项，应查明如何拖欠，其占剩地亩未便除租等因。

当经转饬去后，兹据天津县知县萧世本详称：英、法两国租界，占用庄头李连成等差地一顷八十亩二分四毫四丝，并议每亩交租钱一千至一千五百文。按庄头原交内务府每亩租银二钱八分，稍有盈余。惟该县办理中外交涉事件需费甚多，业经前通商大臣崇厚饬将此项盈余租钱，作为津贴该县通商之需。历年照办有案，原系以公济公，仍于内务府原额每亩租数，并无欠缺，自应照案办理。至该两国虽自咸丰十年占用地，至十一年始能勘办，同治元年始据认租，其咸丰十年、十一年租项本未认交。迄今事隔多年，更难凭空令其补纳，应请免议。至占剩庄头李连成等余地八十八亩八分四厘一毫一丝，内有紫竹林庙地五亩，又庙前街道同房基地五亩七分五厘，又小道二段合地一亩六分八毫，自通商以来均成往来大道；又两国于咸丰十一年先后起盖洋房，取土烧砖，已成沟濠，即洋行起卸货物，已成大路地二十三亩一分六厘八毫一丝；又无主坟地三亩，房基地十亩三分一厘三毫，虽不在占用之内，而地近洋行，久已挖毁。以上共地四十八亩八分三厘九毫一丝，招佃多年，无人承认，实系废坏，不堪耕种，计每年应完租银十三两六钱六分四厘。又，法国仁慈堂、生利洋行车道压占庄头李玉玺差地五分一厘六毫，每年应完租银一钱五分五厘。自咸丰十年起，均应一律豁除，以免民累。其余李连成等地四十亩二毫，又李玉玺地六分三厘七毫五丝，尚堪耕租，应仍自咸丰起按年催追租项等情，具详前来。臣复核系属实情，应如所请，分别办理。除饬将应征租银如数征解外，理合恭折具奏，伏乞敕下内务府查照。谨奏。

光绪二年十二月二十二日奉旨：该衙门知道。

闽抚丁日昌奏西班牙因有船在台搁浅破坏调兵来华筹议对付办法片

丁日昌片。

再，臣在后山行次承准总理衙门密函，以日国索伯拉那船同治元年在台湾遭风搁浅破坏一案，据总税务司赫德面称，伊近见洋新闻纸，知日使已请本国调兵船三只前来中国；并称日国无理逞强，与日本国大致相同，恐其效日本前年逞兵台湾故事，不可不预为之防，嘱随时探听，严密防范等因。

查此案臣阅香港新闻纸，知日国有在小吕宋调拨兵船来华一事，当经附片密陈在案。现据赫德所称情节，与新闻纸正同。查日国索伯拉那船在台湾遭风被抢，本在未经换约以前之事，即按照条约，官员只能追办，不能赔偿。该国妄肆要求，诚如总理衙门所云蛮不讲理。臣到台后查悉，台湾口岸太多，随处皆可泊船，即随处皆可登岸；炮台仅设一二处，而大炮又未置备齐全，实属防不胜防。且各路瘴疫大作，兵勇疲敝不堪。上年沈葆桢驻台督办海防，奏调提督唐定奎一军，旋以丧亡过多，饷需不继，业经遣撤。现在并无大枝劲旅足资备御，此陆路之大略情形也。至于闽厂所造轮船，仅足供转运粮饷之用，若与外国新造之铁甲船对敌，实属相去悬殊。臣前奏请购买中小铁甲船数号，并置办水师一军，以资台防备御，尚未悉南北洋大臣能否筹有经费，且亦缓不济急，此又水路之大略情形也。当此事机紧急之时，远军既难骤调，新募又尚需时。查福建署陆路提督孙开华勇敢精明，不避艰险，除咨请兼署督臣文煜，飞调该署提督督率所部三营练勇，于十日内来台驻扎基隆、淡水等处，以顾北路。又，潮州镇总兵方耀忠勇过人，所部勇丁均属精锐，其弟福建候补道方勋久于行阵，并即札饬回籍将方耀所部勇丁，慎选三数营，于半月内带来台，驻扎南路。倘遇事机紧急，仍恳饬下广东督抚臣行知方耀，亲自统领全部接续前来，以壮声威而资联络。并函商李鸿章、吴赞诚将新到小蚊船龙骧、虎卫二号，并扬武等船，分饬来台，以资防范。咨札中仍以防剿生番为词，庶不动声色，免致纷纭，仍求密饬南北洋大臣，并闽省将军、督臣，迅筹饷项，俾资接济。

伏思日国恃蛮要挟，无非虚声恫喝。现在台湾诸口各国兵船潮来汐往，登岸游历者无日无之。将来日国兵船到台时，若仅泊船登岸，自当派营就近驻扎，密为防维，久与相持，彼自困敝。倘果无理肆扰，然后声罪致讨，俾各国共晓然于曲直之所在。一面再由总理衙门邀齐各国公使与之评理，以静制动，以柔克刚，庶几能发能收。若恐其兵船登岸，即先行开炮阻之，无论口岸多而炮台少，防不胜防，而衅端一开，兵连祸结，将来更费经营。届时臣当相度情形，嘱夏献纶邀同领事与之辩论，或冀化大为小。一切拟

办情形是否有当，仰乞圣慈指授机宜，俾免陨越。惟是台湾孤悬海外，物产丰饶，久为外人所觊觎，若不速筹经费，广集人才大举整顿，诚恐一波未平一波复起，敷衍终无了期。理合会同将军兼署总督臣文煜附片密陈。谨奏。

光绪二年十二月二十二日奉旨。

总署奏西班牙调兵来华陈明筹办情形折

总理各国事务恭亲王奕䜣等奏，为风闻日斯巴尼亚国调兵船前来中国，谨将先事筹备情形密陈事。

窃本年十一月间，风闻日斯巴尼亚国为索威拉纳船只遭风在台湾被抢一案，有调兵船来中国之事。嗣接福建巡抚臣丁日昌来函，并有日国在小吕宋调拨兵船来华，并述新闻纸内载，日国现派卞耳门兵船驻扎中国，将以示威等语。本月十九日，总税务司赫德来臣衙门，乘便探询，据称前阅新闻纸内载，日国现调兵船十四只来中国。嗣晤日国使臣伊巴里，据云：已将前次与总理衙门所议古巴招工章程不合缘故，咨回本国，业经接到回文，嘱伊不必再议论此事。伊国在小吕宋本有兵船二十余号，水师三万，即系前次攻打苏禄海岛者；现由本国调集前来，俟十数日后兵船到时，即将此事交与水师总督办理等语。查日国古巴招工一事，本年与伊巴里商定章程，只为保护将来，并非责其既往，乃伊巴里未能稍就范围。臣等因拯救华工不容稍缓，又设法与商，于十月二十六日送去拟定条款，迄未答复。兹忽闻有调兵船来中国之说，夷情叵测，虚实难定，不得不先事预筹。除飞函密寄南北洋大臣，闽省将军、督抚，盛京将军，随时探听，严密防范外，谨将风闻日国调派兵船前来中国，先事筹备情形恭折密陈。谨奏。

光绪二年十二月二十五日奉旨：知道了。

总署奏四川民教滋事请饬该省大吏迅查结案折 附上谕

总理各国事务恭亲王奕䜣等奏，为四川民教滋事，请饬下该省大吏，迅速查办清结以弭衅端事。

窃本月初五日据成都将军魁玉等函报，四川涪州南门各团民有聚众打教之事，将教中医馆打毁，幸教民与司铎先期闻风远飏，尚无伤人重情，业已严饬查拿首先滋事之人在案等语。十三日，又准法国公使白罗呢函称：四川重庆府涪州教民赵东顺等，具有呈词并清册，均希查阅转致总督公平办理，附清折一扣、清册一本。查清折内开：教民赵泰〔东〕顺等世居涪州，今本地豪恶效江北打教之风，于五、六两月劫毁教民一百余

家，杀死男妇十余命。十月十九日，劫毁教堂，拆烧教民房屋一百余家，将州属一带教民概行驱逐，去归无路，是以吁恳转达赏拿首恶，追赔财物以伸法纪等语。后附清册开列被害教民姓氏计三百余家各等因前来。

臣等查川省民教不能相安，已非一日。前因川东教民滋事，于本年九月十二日，由臣衙门奏请饬下该省大吏，迅饬持平办理，迄今未据咨报完结。兹复准法国公使函述涪州民教滋事情形，查与该省所报不尽相符。惟民教互相寻仇，一波未平一波又起。且据称被害教民至三百余家之多，虽不无张大其词，亦未必全无影响。若不持平迅结，诚恐别滋事端，致贻后患。相应请旨饬下成都将军、四川总督，转饬该地方官确切查明，秉公妥办以弭衅端而靖地方。谨奏。

光绪二年十二月二十五日奉上谕：总理衙门奏四川涪州民教滋事请迅速查办一折，据魁玉等函报，涪州南门外团民，有聚众打毁教中医馆之事。法使白罗尼〔呢〕函称，该处恶众劫毁教堂，驱逐教民，并呈递清册开列被害教民三百余家，与该省所报不尽相符等语。川省民教不能相安，已非一日，前因川东迭次滋事，谕令该将军、总督妥速办理，未据奏报完结。此次法使函述被害教民至三百余家，虽不无张大其词，亦未必全无影响。若不持平迅结，难保不别滋事端，致贻后患。著魁玉、文格饬令该地方官确切查明，秉公妥办。丁宝桢到任后，即著会同魁玉迅速办理，以弭衅端而靖地方。将此密谕丁宝桢，并由五百里密谕魁玉、文格知之。

清季外交史料卷八终

清季外交史料卷之九

光绪三年正月至三月

江督沈葆桢奏研讯皖南教案分别示惩折

两江总督沈葆桢奏，为研讯皖南教堂滋事确切情形，分别示惩事。

窃本年五六月间，皖南民教寻仇，起于建平之欧村，延至宣城、宁国、广德，教堂均遭打毁。非惟入教者归狱何渚，即宣城、宁国地方官初禀，咸以何渚父子为之魁。臣一面咨呈总理衙门，一面派正定镇吴长庆统兵驰赴宁郡，督同各印委严密查拿何渚父子，解省讯办。旋据禀称，何渚已于闰五月二十三日赴县投案，闻奉查拿，自愿前来金陵，随即带同余应龙、吴永廷〔庭〕、何大田投到，其子何炳三亦遵提前来。臣饬司道隔别研讯，据供实未纠人滋事，惟变起仓卒，罪所应归，身充董事，情甘就戮。至所控黄之绅、杨琴锡各劣迹，并非污蔑，矢口不移。

臣窃思毁打教堂，出自一时公愤，原难骤得主名，但将何渚父子骈诛，甚足以快教民之心而杜其口。第念乡民捆送白会清之际，何渚尚为之劝解，其无心与教堂为难可知。明知董事死无可逃，岂反甘作茧自缚？查宣城、宁国、广德被毁之日，正何渚父子投案之时，其为虚诬又何待辩？纵疆吏欲借以销案，奈圣世不应有冤民，且使何渚死非其辜，客民之愤之也愈深，其发之也必愈烈，铤而走险，急何能择！因教民而怨及纵容之洋教士，因洋教士而怨及徇庇之地方官，仇杀相寻，伊于胡底？是其快教民之心者，适以厚教民之毒也。从来办民教互争之案者，无不曰持平，然持平易，得情难；不得情，则所谓持平者欺人之语耳。臣饬司道一面虚衷讯鞠，一面详加采访，任受延迟之咎，勿蹈卤莽之愆。穷累月之力，然后知滋事魁首为监生胡秀山，客民陈士柯、李才华：其左道惑众以肇衅者，则教民白会清也。请撮举颠末，为我皇上言之。

皖南自兵燹后，遗黎十不存一，垦荒者多外籍客，与土不和，客与客又不和而树党，故人稀土旷而教堂独多。然行教者不一其人，而而黄之绅、杨琴锡独被恶名，则非教之累其人，而人之玷其教也。本年夏间，翦辫事起，建平之民亦知此系白莲教妖术，与天主教无涉也。乃该处被翦者甚众，皆未从教之民，而从教者不与焉。于是白莲教党混入天主堂之说，啧啧然兴矣。白会清受翦辫之术于杨琴锡。至闰五月十六日，易景怀

等追拿翦辫之人，白会清驰马阻之，何相值之巧！易景怀等将白会清送县，黄之绅持名片索之，谓非通同一气，百喙奚辞？

阮光福、安定山者，河南光山人，年二十余岁，本年始来建平，董事余应龙荐与吴永庭帮工。闰五月十六日，阮光福辫亦被翦。二十日，一共九人正在薅草，阮光福、安定山谈起翦辫之事，谓是欧村教堂所为，适杨琴锡路遇闻之，互詈而去。傍晚，黄之绅骑骡，与杨琴锡率二十余人而来，众人奔逃，而阮光福、安定山被捉。二十一日，吴永庭向教堂求其放出，情甘陪礼，教堂不允，乃退而求余应龙。二十二日，余应龙行抵欧村，则教堂火起，追拿翦辫之人，业已不期而会，汹汹难遏。黄之绅、杨琴锡虽焚尸剉骨，然其毙于群箠，则众目共睹。而阮光福、安定山踪迹渺然，于是有谓何渚、余应龙等捏造子虚乌有之名，藉以抵制者。迨陈炳发到案，而后信阮光福、安定山实有其人。王立周到案，而后信阮光福辫之被翦实有其事。郎贻富到案，而阮光福、安定山被捉入堂情形，历历如绘。陈么哥到案，而阮光福、安定山致死灭迹情形，又历历如绘。至下手加功之陈么哥，尚以为造孽可怜，亦可见天良之不容尽泯矣。

夫欧村肇衅，尚曰阮光福、安定山枉死耳，黄之绅、杨琴锡首祸耳。乃波及于宣城、宁国、广德各教堂，至有撬开停放年余之棺，将枯骨抛出棺外。此必有匪徒因以为利者，其撬开棺，盖疑其私藏金银也。宣城之人历历见其从袁州来，向宁国去，是所有教堂被毁皆此辈所为。而胡秀山于水东欲杀教堂之陈先生，大众为之求情，讹索洋钱十五元始释；陈士柯、李才华于欧村各攫一骡，尤确凿可据者。彼其意以为，乘教民与何渚有隙，借其名而播之，人人倾信，获利自我，抵罪有人。其计甚深，其心甚毒，此辈不除，皖南之人得安枕乎？白会清左道惑众，形迹昭然，其所拦放者为何如人，不能举其姓名住址，此为翦辫党类，非真正教友可知。倘稍事姑容，则民教互相猜疑，无时或释。除李才华一犯飞咨河南，一体严密访拿，俟获到日另结外，所有胡秀山、陈士柯二犯谨按土匪例，白会清一犯谨按妖匪例，立予正法。

其致死阮光福、安定山，听从加功之陈么哥，受杨琴锡毒打、意图随众报复之王立周，怀疑往打杭村教堂、并未伤人亦未得赃之何大田，拟各予杖一百、流三千里，以示惩儆。所有被打、被毁各处，除系强占民居者，勒令清还原主管业外，其实为教士所契买起造者，遴委干员会同地方官，按照轻重量予抚恤，以彰公道而靖人心。至何渚宣讲圣谕，系遵行功令，其刊刷天地君亲师牌位，乃民间常行之事，并非与天主教为难；欧村滋事，与余应龙均系董事，弹压不及，实属力不从心。吴永庭因雇工被捉，隔夜不归，向教堂求情理索，乃其分所应尔。何炳三随其父在押，并未前往宣城、宁国、广德。胡秀山在宣城县，有何渚带信叫伊去打教堂之供，索其原信无可呈缴，其为凭空嫁祸毫无疑义。何渚、余应龙、吴永庭、何炳三应免置议。堂中妇女胡宋氏、谭兰英、李再姑、戴贞姑、刘三妞，被黄之绅、杨琴锡愚弄入堂，其失身也，由于威胁，并非出自本心，应一并免其置议；与孀妇刘吴氏幼女侯佑妞、白香妞、郑么妞、李六毛，均发还

建平县，饬令具领干证。陈炳发、郎贻富、何正喜、程科儿、陈添和、陈宋氏、刘元顺、殷树南、闵香山、翟厚培、李炳坤，均予省释。出外贸易未经到案之易景怀、易登礼、王侉子，均免再提，以省拖累。交出之纸人、纸马，系天主教应有之物，并非翦辫所用，亦非何渚等所能造。惟孩脚经仵作验明确系胎骨，且两脚虽分左右，而大小并非一副；黄之绅、杨琴锡已死，亦无从讯究矣。合将讯结皖南教堂滋事缘由，会同安徽抚臣裕禄恭折驰陈。谨奏。

光绪三年正月初六日奉旨：该衙门知道，片并发。

江督沈葆桢奏皖南教民滋事立予正法以安良善片

沈葆桢片。

再，皖南教民之悖如此，客民之横如此，不予严惩无以安良善，而烧毁教堂之案从无办到教民者。臣若审拟具奏，静候部议，各教士必怂恿公使向总理衙门哓渎，公使不能却，必动以兵船挟制，转致部中准驳两难。臣不揣冒昧，立予正法，以绝其望。万一西邻责言，臣愿以一身当之，不敢避专擅之嫌，以巧为自全之计。合再密陈。

光绪三年正月初六日奉旨：览。

鄂督翁同爵奏宜昌添开通商口岸应设税关监督折

兼署湖广总督·湖北巡抚臣翁同爵奏，为湖北宜昌添开通商口岸，应设税关监督，请将荆宜施道移驻兼办事。

窃臣承准总理衙门咨北洋大臣奏在烟台议结滇案一折，又与英国威使会议条款一本内第三条，湖北之宜昌府准设添通商口岸，又沿江武穴等处准洋船停轮起下货物。于光绪二年七月二十七日具奏，奉旨：著照所议办理。钦此。钦遵将原议条款刷印咨送行令，饬属遵办。并督饬地方官会同总税务司，将议添口岸应如何开办各事宜，及沿江起卸货物之处应如何派员常川驻扎稽查，遵旨统限于半年内筹度妥协，奏明办理各等因。

臣查添开通商口岸必须设关征税，而设关首在派定监督，方足以资治理而专责成。初以宜昌与江汉关同在一省，拟援照福建、广东等省海关监督兼辖通商子口办法，将宜昌关务统归江汉关道一手经理，不必另设监督，冀免糜费。继思汉口距宜昌路程千里，相隔太远，窃恐鞭长莫及。且宜郡初开码头，该处人民与洋商素未见惯，交涉事体必多；非令该管道员充当监督，难资镇压。荆宜施道向驻荆州，例应防护万城大堤，而宜昌系其辖境，实有地方之责，自应循照汉黄德道改驻汉口成案，将荆宜施道移驻宜昌，

兼充宜昌关监督，责成经征洋税，办理通商事宜，庶可呼应较灵。荆施相去甚近，所有原设荆州关税务及修防万城大堤，仍可饬令该道就近妥慎办理。查现任荆宜施道孙家谷，老成练达，办理谨慎，曾在总理衙门当差多年，熟悉洋务，堪以委充宜昌关监督。除先行檄委并饬令将移设衙署及一切应办事宜，悉心妥筹详议外，应请旨将湖北荆宜施道移驻宜昌府城，责成监督宜昌关税务及办理通商事件；并请敕下礼部，铸造宜昌关监督铜质关防一颗，颁发来鄂，以便转发钤用而昭信守。理合会同南洋通商大臣・两江总督臣沈葆桢，恭折由驿具奏。

光绪三年正月初十日奉旨：该衙门议奏。

盛京将军崇厚等奏遵筹奉边与朝鲜交界处所严禁越垦折

盛京将军崇厚等奏，为遵旨筹议奉省东边外与朝鲜国交界处所，严立禁令以杜彼此民人私越事。

窃奴才等承准军机大臣字寄奉上谕：礼部据朝鲜国王咨转奏一折等因。钦此。奴才等伏查从前凤凰边门外特留一段间荒，禁民耕种，原欲隔截中外，以免民物混杂。嗣因边境防范难周，流民开垦日众。同治年间，经钦派升任侍郎延煦等出边履勘，维时边外已经耕种殆遍，该侍郎等曾与朝鲜委员在于边界会商。旋据奏称，朝鲜所虑在于民物混杂，而欲除混杂之弊在于边禁之严，不在空地之广，或因山因水挑濠筑墙为界，并详拟边禁章程奏明在案。惟历年以来总未妥办，近则愈垦愈多，直抵江沿，并无旷土。所以前署将军・尚书崇实有划江为界之请，并清出贡道，挑濠定界。其于沙河子地方设官驻扎者，正恐彼此流民或有私越，官得就近稽查，以昭严密。今该国王虑及沙河子筑城设衙，与伊国只隔苇杭之水，彼此人民易致混藏交易货物，自易潜越，请严立禁令，另行防遏各情。

查奉省边界情形节经升任侍郎延煦等，前署将军・尚书崇实迭次查勘，详细奏陈，自可毋庸再议。惟严立禁令一节，自应查照升任侍郎延煦等前议章程，由该管各官随时查明，如有中国流民私越过江，一经拿获，即于讯明后就地正法，将原拿官兵酌予奖励，失察各官治以应得处分。如讯有私卖、私种情弊，应与私越同科。倘各项匪徒扰及朝鲜边境，即为中国犯法之民，准该国王随时拿获，解交盛京将军，奏明即在江边正法；敢拒捕者，准其格杀后，咨明盛京将军据情代奏。如有朝鲜国民违禁越境，亦即解回朝鲜办理。至于朝鲜入境贸易，向由盛京各部派出中外监督，在凤凰城征收税课，以便稽查。并由将军每年派员带兵，在中江台并头道沟守卡换防戍守；按季派委城守尉、协领作为统巡，与朝鲜会哨，藉得联络声气，彼此相通。遇有中外应办之事，随时会商，禀请办理。现在一切向章应请悉仍其旧，除由奴才等严饬该管各官认真稽查，并出

示晓谕禁令外，相应请旨饬下礼部咨复朝鲜国王，彼此如有私自侵越之人，即行遵照以上章程办理，以绥藩服而示怀柔。谨奏。

光绪三年正月十一日奉旨：礼部知道。

闽抚丁日昌奏西班牙将派兵船来台请调兵预防片 附上谕

丁日昌片。

再，日斯巴尼亚国因索伯拉那船遭风旧案，声称欲派兵船来台一事，前阅新闻纸，有日使落旗出京，添调兵船十四号来华。续阅新闻，又云此案经德国使臣说妥，日使业已回京等语。传闻无据之词，均难信以为实。惟昨据管带扬武练船·记名提督蔡国祥文称：扬武自新加坡游历至小吕宋，探闻日国内乱未靖，帑乏兵疲，举国兵船约有四十号；与台湾毗连之小吕宋，只有旧坏兵船一号，现在修葺。迨扬武回轮时，见其有兵轮船二号，由大吕宋驶来，每船配炮三尊，其陆路步兵、马队约三千名，惟日日操练。该提督与水师兵官晤谈，据说来年春夏时要到中国云云，察其情形不为无因等语。禀达前来。

查日国本属中落，近来与其国叛臣构兵获胜，频年争战，兵势渐强。其属岛小吕宋之北，即连台湾之南，海中山势断续相接，较之日本尤为迫近。故常有狡然思逞之意。闻本年五六月间用兵苏禄、小吕宋，虽损失不少，而苏禄亦被攻破，可见该岛存心并非良善。况与台地境壤相接，故觊觎尤深。台防因专注抚番，分兵散扎恶毒之地，死亡相继，存者亦疲弱不堪。兹欲备御强敌，必须大加整顿，淮、楚各军不服水土，现因疫重，似难远入瘴乡。查记名提督·潮州镇总兵方耀，干练精明，不避艰险，前经调其弟候补道方勋招募三营来台；并奏明如遇事机紧要，即请敕下广东督抚臣，饬方耀督率所部十余营全行来台，以资抵御。惟闽中此时艰窘万状，饷需不继。沈葆桢驻台时，所调淮军一切饷需，皆仍由李鸿章筹给。刘坤一、张兆栋顾全大局，与李鸿章无异。合无仰恳天恩，饬令转催方耀，亲自统率所部全军，携带所有后门枪，早日来台。声势一张，敌谋自弭。其一切饷需，可否仿照淮军事例，仍行由粤发给之处，伏候圣裁。

至台湾民情浮动，少有警报，人家纷纷搬徙，内乱即乘之而起。现因番情反复，又兼外患频仍，难保内山奸宄不潜伏机牙。是以臣一面照常催集生童考试，以示镇定，仍俟探查该国有无实在消息，再行奏报。谨奏。

光绪三年正月二十二日奉上谕：丁日昌奏，查勘台湾北路，回抵郡城布置大略各折片。台湾地方以郡城为根本，自应先事筹防以杜窥伺。丁日昌既于炮台附近添设营垒，派兵联络防守，并调轮船驻扎澎湖，扼其险要，布置尚妥。着即督饬各营认真操防，以期有备无患。日国有调兵船来台之说，虚实固不可知。然未雨绸缪，断不可置为缓图。

丁日昌拟购中等铁甲船三号，以及水雷、大炮、快枪，预练精锐二三十营，以备缓急。惟需饷不少，著文煜、何璟、吴赞诚统筹全局，暂将他款截留，移缓就急，俾资购买之用。并著沈葆桢、杨昌濬将前调之登瀛洲、元凯轮船二号，迅饬赴台调遣，俟台郡情形稍松，仍令各回原处。炮位为海防所必需，丁日昌请饬李鸿章拨借格林炮二十尊、克虏伯炮二十尊，并配齐子弹、水雷十具；沈葆桢拨借克鹿伯、博潢两式四十磅至一百二十磅子大炮各六七尊，并格林炮二十尊。著该督等照数拨给，由轮船载运赴闽，将来或由闽省将炮价归款，或另购时原炮归还，着丁日昌酌量办理。另折奏总筹台湾全局，拟开办轮路矿务，另片奏请另派熟悉工程大员各等语，著总理衙门议奏。

总署议复鄂督翁同爵奏宜昌添开通商口岸请将荆宜施道移扎兼办折

总理各国事务恭亲王奕䜣等奏，为遵旨议奏事。

署湖广总督翁同爵奏湖北宜昌添开通商口岸，应设税关监督，请将荆宜施道移扎兼办一折。光绪三年正月初十日，军机大臣奉旨：该衙门议奏。钦此。钦遵由军机处钞交前来。

臣等伏查咸丰十一年十月，臣衙门议复湖广督臣宜〔官〕文奏请汉口设关折内，声请将该关即由汉黄德道管理，其汉口建关一切事宜，即督同该道妥议章程办理等因。奉旨：依议。钦此。十一月间，据该督臣等奏请于汉口设立江汉关，并须铸监督关防各等因。经臣衙门会同户部分别议准各在案。兹据该署督臣奏请，将荆宜施道移扎宜昌府城，责成监督宜昌关税务及办理通商事件。臣等核与汉黄德道管理江汉关成案相符，应如所请办理。惟宜昌新开一口岸，该处左通湘蜀，旁连豫陕，将来商贾辐辏，利之所在，弊易丛生；其一切税务及交涉事宜，必须预先妥为布置。据该署督臣奏称，现任荆宜施道孙家谷，曾在总理衙门当差多年，熟悉洋务，堪以移扎宜昌委充监督。臣衙门现已札令税务司赫德，于开河后即赴该关，会同该监督，将所有应行应办事件，参照条约章程，悉心核议，仍由该督抚奏明办理，以臻妥协。至该署督臣请敕下礼部，铸造宜昌关监督铜质关防一颗，颁发钤用；应请查照江汉关成案，准其另铸关防以昭信守；俟命下之日，由户部移咨礼部遵照办理，并敕下湖广总督、湖北巡抚，转饬该关道按照约章认真经理，并将一切开支经费力求撙节，以专责成而昭核实。谨奏。

光绪三年正月二十七日奉旨：依议。

总署奏宜昌等关新开口岸开办日期片

奕䜣等片。

再，查烟台条款议定添开通商各口岸及沿江六处起卸货物，准于半年期限开办，光绪二年七月三十日奉旨：著照所议办理。钦此。现计至本年二月已届半年期限，臣衙门查本年二月十八日，系各关第六十七结之期，拟于是日作为开办日期。当经札令总税务司前往各处口岸，将应行应议事宜，会同各该地方官妥筹办理；并面谒南洋大臣，将沿江六处起卸货物各章程，商酌定议，以便转饬各该地方官，查照办理等因在案。嗣据总税务司申称：宜昌、芜湖、温州、北海四处新添口岸，以本年二月十八日作为开办日期，各关税务司已经派定，无难届期开办。惟沙市等沿江六处应如何办理，俟与南洋大臣商定后，再为订期开办等语。臣等查烟台条款内开，新添宜昌、芜湖、温州、北海通商口岸四处，安庆、大通、芜湖、武穴、陆溪口岸起卸货物码头六处。原应遵照谕旨同时定期开办，惟通商口岸一切事宜本有约章可循，该四处如新添口岸，亦可参照他关允行事宜先为试办，且经总税务司将该四关税务司派定，应即以光绪三年二月十八日作为该四关开办日期。除宜昌一关，臣衙门会同户部另折奏陈外，其芜湖、温州、北海三关一切开办事宜，应令总税务司会同各该监督妥为核议，仍由各该督抚等奏明办理。至沿江六处，按照旧章，本不准商人起卸货物，今既立有条款，自应妥议章程，以免流弊。总税务司请与南洋大臣商定，再为订期开办，系为慎重公事起见。应令该大臣，俟将六处起下货物章程，与总税务司商议妥办，即行酌定开办日期，一并奏明请旨核夺。如蒙俞允，臣衙门遵即咨行南北洋大臣及各该省督抚，札行各关监督，并札知总税务司，一体遵照。谨奏。

光绪三年正月二十七日奉旨：依议。

总署奏秘鲁国呈递国书请予复书折 附国书及照会

总理各国事务恭亲王奕䜣等奏，为秘鲁国呈递国书，照译进呈，并请给予复书以示酬答事。

窃臣衙门前据美国参赞何天爵代递秘鲁国洋字国书照会二函，当即照译汉文，公同查阅，系秘鲁国伯理玺天德卜剌陀国书一件，并管理外务省大臣葛尔西耶照会二件。其国书内称，秘鲁国众庶遵法新举卜剌陀为国主，报知中国，永敦和好等语。其照会一系恳请代呈国书，一系将其授职各部执政衔名，开送查照各等因。臣等查西洋各国，遇有

更换国主及简派使臣来华，向均缮具国书交使臣亲赍臣衙门代为呈递，并经奉旨颁给书函，以示往来交际之谊。兹秘鲁国国书，自应一律办理，以免歧异。惟迭次各国使臣所呈国书皆有蜡印，系各国君主亲交之件，中国所答书函向由军机处备办，均用满汉合璧文字，钤用御宝，发交臣衙门转给祗领。此次秘鲁国所递国书，系由外务大臣照会转呈，并无蜡印，与向来式样稍有不同；应复书函，似未便仍照向章备办。臣等公同商酌，所有中国给予复书，即由臣衙门用黄笺拟缮，无须满汉合璧及请用御宝，以示区别。除将秘鲁国呈递洋字国书照会封送军机处备查外，谨将照译国书照会暨臣衙门谨拟复书及照会一并缮具清单，恭呈御览。谨奏。

光绪三年正月二十七日奉旨：知道了。

照录秘鲁国国书

大秘鲁国遵法新举大伯理玺天德卜剌陀问大清国大皇帝好。本伯理玺天德既被众庶甘心公举，复由国会出示宣扬，业于本月初二日照例矢誓登极为国主，相应将此情告知大皇帝。本伯理玺天德存心无他，只有恭从历代前辈之遗政，孳孳设法，使敝国与伯理玺天德意笃情殷，惟愿大皇帝福祉日增，贵国黎庶永绥迪吉，是所祷祝！

大伯理玺天德手书，总理大臣葛尔西耶画押为证。

照录给秘鲁国国书

大清国大皇帝问大秘鲁国大伯理玺天德好。总理衙门接贵国大臣葛尔西耶递到来书，奏经朕览。欣悉大伯理玺天德现为众庶公举，复由国会出示宣扬奉为国主。披阅之余，实深庆贺，从此贵国与中国益敦友谊，尤为欣幸。朕寅承天命，抚驭寰区，中外一家，罔有歧视。嗣后愿与大伯理玺天德永敦和好，同享升平，实有厚望焉。

照录秘鲁国照会

为照会事。

照得将军卜剌陀现被秘鲁众庶遵法公举为本国伯理玺天德，复由国会宣扬，随于昨日接印视事，其授职各部执政大臣如左：

一、简派阿里纳斯为刑部尚书，兼理教学各政，是为首相。

一、简派贝纳非达斯为工部尚书，兼理捕盗安民各政。

一、简派布斯达满德为兵部尚书，兼理船政。

一、简派兰尼巴尔为户部尚书，兼理通商政务。

一、简派本大臣为外务部尚书，总理各国交涉事务。

查秘鲁与往来各国向日无不守义遵约，祗敦和好，是所共知。此等政令原出于众庶

乐道好义之忱，而历代执政无不谨遵，以迄今日。盖以民心为心，以民益为务，兹虽遇更换执政，而于各国交际之间，其心志无或稍异也。除将更换执政各情，照会贵国王大臣外，相应藉便问候。须至照会者。

谕着沈葆桢派员密查道员许厚如有无在沪议借洋款招摇撞骗情事

上谕：总理衙门奏道员在沪议借洋款，请饬确查虚实，严密究办一折。据日本国使臣森有礼声称，委员候补道许厚如在上海同日本领事商借洋款。复据总税务司赫德面述，接到上海钞来合同底稿，系许厚如经手，并写明由各关扣还等情。经沈葆桢函称，许厚如系金顺派令守领沪饷委员等语。借用洋款必须奏明请旨办理，何得由委员擅行议借，是否实有其事，亟应严密确查。著沈葆桢密派委员前往上海，会同江海关道确切查明，许厚如倘有在沪招摇撞骗情事，即行奏请革职严行审讯，不得稍有泄漏，致该员乘间远飏。并著金顺迅速奏闻，左宗棠亦就近查明此事是否有因，即行具奏。

二月初四日廷寄。

总署奏福建前借洋款未成原立用印议单并未收回应由原办各员理处赔偿折

总理各国事务恭亲王奕䜣等奏，为遵旨议奏事。

查署福州将军兼署闽浙总督文煜奏，前借洋款未成，原立用印议单迄未缴还一折。光绪三年二月十四日，军机大臣奉旨：该衙门议奏。钦此。钦遵由军机处钞交到臣衙门。据原奏内称：同治十三年夏秋之间，因海防大臣办理台防，需款紧迫，奏准借用洋款。尚未定议，前督臣李鹤年谕令藩司，饬试用同知文绍荣向渣甸洋行商借，该行允借银五百万两。因台湾催饷火急，仓猝之际，先借六十万应用，立有议单，呈请盖用关防，以便交付。乃印单付给而银迄未交付，支吾延宕，迨借款已作罢论，而六十万之用印议单捺搁不还，冀图将来需索。请饬总理衙门照会英国使臣，径饬渣甸洋行将前项用印议单交还；抑或知照出使大臣郭嵩焘，在英国议院揭明前事，商令该国外务大臣严饬缴还。并将议单、照会全稿咨送查核等语。

臣等查光绪元年八月间，据前任闽浙督臣致臣衙门函称前事，并称英国使臣威妥玛到闽已将详细情形照会，请其将印单取回注销，以杜日后葛藤。如威妥玛到京谈及此事，即请照此函情节回复，附钞照会等稿函送前来。臣等查阅钞单内所开议立借银条约八款，其第八款有不用税务司印押一句。当经函复，以深知洋行底细者，莫过于税务

司，是以向来借银，须用税务司印押。今不令彼知，无怪该委员等堕其术中。且以中国借贷之事论之，亦当见银然后付券，否则亦必银券并交。今开办时既属草率从事，嗣该行应付之六十万两已经逾期不交，其时承办委员不能迅将印单追回，以致辗转耽延，使彼族藉端狡赖。此时如舍原办之委员，另责成于他人，更属无从著手。应仍严饬原办委员等，赶紧设法办结，万勿稍有迟误，致启彼族希冀之心。将来如有索赔等项，原办委员岂能置身事外？威妥玛因此件本非本衙门经手，是以来京并未论及等语。

函复去后，迄今事阅年余，并未据闽省文函提及。臣等以此事系李鹤年原派办理之件，方谓李鹤年接信后，业将此事转饬办妥清结。兹据文煜奏称前因，是该前督及该委员等迟延玩误，已可概见。查此事前者原未经臣衙门与议，臣衙门与英国使臣文信往来及会晤时，彼此亦从未有一言提及；现已将届三年之久，自未便率尔照会，致该使臣转得有所藉口。至该将军所称，或知照出使大臣郭嵩焘，商令该国外务大臣严饬缴还一节，查此件臣衙门既未便照会英国使臣，即未便遽由出使大臣向英国外务衙门议办。所有议借洋款印单，自当仍由原办委员一手经理。除由臣衙门将此案知照郭嵩焘，以防该国先向饶舌，或英国驻京使臣来臣衙门索偿，由臣等随时相机办理外，应请旨饬下该将军及闽浙总督、福建巡抚严饬原办委员，并另委贤员赶紧设法追回，以免别生枝节。复查福州英领事照会福建布政使文称，据义和行英商禀，本行代中国议借洋款，商量此事之时，尽费本行之力，并耗本行之财，现须中国官赔补此款等语。是其意存讹索已在言外，现在若不迅速完结，致该洋行有藉此索赔等事，除将原办委员严行参办外，应责令原派之该管官，及议单内率行钤用关防之各员，与该委员分赔完案，以惩疏玩而儆将来。谨奏。

光绪三年二月二十四日奉旨：依议。

总署奏议复新疆俄商课税章程片

奕䜣等片。

再，据塔尔巴哈台参赞大臣英廉奏，西路渐就疏通，商民往来贸易，请照旧制试办税课等因一片。光绪三年正月二十九日，军机大臣奉旨：该衙门知道。钦此。钦遵由军机处钞交到臣衙门。据原折内称，塔尔巴哈台旧制，原有贸易税课，乃自收复后，陆续前来之买卖，多系安集延、哈萨克俄商；检查俄国陆路通商章程，议定两国边界贸易在百里内均不纳税，是以税务未经举办。今乌鲁木齐等处肃清，道路渐就疏通，中外商民自必往来贸易，应抽税课亟宜试行举办。所有由内地贩来茶货等项及俄商转贩出境牲口货物，均宜照新疆税课定例，每三十分抽税一分，并应收地基房租。自明年正月为始，一律派员试办，至应设边界卡伦、建盖税务公所及公费饭食等项事宜，仍当酌核办理等语。

臣等因该大臣所称，查照新疆税课定例试行举办，事关蒙民贸易。臣衙门无案可稽，当经片查理藩院去后，旋据复称：商人出外贸易领取部票，均有例载明文，至塔城贸易税课旧制作何办理，本院亦无案据，俟咨查绥远城将军将原案钞送到院，再行转送等因。臣等查咸丰元年，经伊犁将军奕山等奏定《伊犁塔尔巴哈台通商章程》，内开通商原为两国和好，彼此两不抽税；又称俄罗斯商人带来羊只，每十只内官买二只，每羊一只给布一匹，其余一切货物均在贸易亭听两国商人自行定价交易，概不由官经营各等语。嗣后伊犁将军、塔尔巴哈台参赞大臣迭经按照通商章程，将该处俄国商情按月奏报，并据伊犁将军于奏报中外商情折内声称：伊犁与俄国通商以来，定有条约，两不抽税，凡本处贩买该国货物，只向本处商人抽厘，向不抽该国税课，久经照办在案。又因俄国匡苏勒官来文，内有抽换羊只该国民人吃亏之语。经该将军奏称，以价昂之布换无用之羊，中国本无裨益，而该国动谓于彼有损，莫若示以大方，酌拟停止各等因。均经奉旨遵行在案。是俄商贸易向不抽税，既经条约载明，即互换羊、布，亦据奏明停止。实因伊犁、塔尔巴哈台等处，原非通商口岸可比，止准往来贸易，并不纳税，免致商货屯集，藉开通商之渐。检查条约所载及伊犁奏办成案，均于体恤俄商之中隐寓限制之意。

兹据英廉奏称，塔城中外商民往来贸易，均照新疆定例抽收税课，既于陆路通商章程有边界贸易均不纳税之语，未经查照办理，且于条约成案均不相符，自未便遽议更张，致俄国有所藉口。即照塔城旧制抽收贸易税课，亦应征自华商，不得牵涉俄商，致与约章不合。惟据该大臣奏请抽收税课及应收地基房租等项，俱自正月为始，一律派员试办。现在自必业经举行，亟应分别查明，以免枝节。现据理藩院复称，咨查绥远城将军钞送原案，自系内地蒙民交易章程，亦与俄商无涉，应无庸俟其辗转查复，致滋延误。相应请旨饬下塔尔巴哈台参赞大臣英廉，迅即查照前次奏定伊塔通商章程办理，如别无应抽俄商税课明文，即毋得抽收俄商税课，其内地华商应征税课仍应查照旧制核办，毋稍牵混，以符约章而谧商情。至该处地基房租应否抽收，及边界卡伦税务公所等项事宜，塔城设立俄国商圈已历多年，自有旧章可循，应由该大臣查照旧章妥核办理，勿稍更张，是为至要。谨奏。

光绪三年二月二十四日奉旨：依议。

总署奏颁给出使美日秘等国使臣国书折

总理各国事务恭亲王奕䜣等奏，为出使美国、日国、秘国使臣，拟请颁给国书以昭慎重事。

窃臣衙门于光绪元年十一月十四日具奏，请派陈兰彬为出使美国、日国、秘国大臣，以容闳帮办一切事宜一折。当日奉上谕：陈兰彬、容闳着充出使美国、日国、秘国

钦差大臣等因。钦此。当经臣衙门知照陈兰彬，并札行容闳，文内声明：原奏内系拟请以容闳帮办一切事宜。行令遵照在案。彼时适值日斯巴尼亚国因招工一事议论未合，藉口未换约以前，商船在洋被劫，欲起波澜，势难亟于出境。现在为日已久，未便久待，拟即商令陈兰彬克日成行。至泰西各国互派使臣，向以国书为重，拟请照案颁给美、日、秘各国国书，用昭慎重。并请查照臣衙门光绪元年十一月十四日奏案办理，即于美、日、秘国书内填写陈兰彬衔名，合并声明。谨奏。

光绪三年二月二十四日奉旨：知道了。

闽抚丁日昌奏西班牙窥伺台湾情形片

丁日昌片。

再，臣正拜折间，钦奉光绪二年十二月二十二日上谕：日斯巴尼亚国已有调拨兵船来台湾之信，不可不先事预防等因。钦此。查日国欲效倭人故智，称兵台湾，据总税务司赫德向总理衙门陈说，中外新闻纸亦屡次述及。又据提督蔡国祥禀称，该提督上年在小吕宋晤其兵官，云本年春夏间当有兵船来华。合之众论，当非无因。虽日国内乱甫平，兵力未足，现与中国争执二案，皆彼无理而我有理之事，何敢遽尔轻启兵端？详揣情形，当系德国为之簧鼓。

盖自通商以来，法以安南为口岸，英以香港为口岸，俄以黑龙江外为口岸。德国来华经商船只虽不及英，而多于美、法、俄诸国数倍，独无口岸可以泊船，故其觊觎台湾较之他国为尤甚。此次播弄日人开衅，无非存鹬蚌相持渔人得利之见。故中国自强之计一日不坚，则彼族窥伺之心一日不息。臣前请办矿务、垦务、水雷、铁甲轮船、铁路、电线诸举，未知总理衙门、南北洋大臣如何议复？能否筹有经费？夫轮路成，英、法、美必喜，喜者，喜台湾商务之将盛，而余利可分，盖英、法、美仅志在通商故也。德、日、倭必骇，骇者，骇台湾兵事之将强，而垂涎无益，盖德、日、倭则志在得地故也。倭虽内乱，然英法竭力助倭，萨人未必能支，萨亡而我之边患殆将日棘。筹办轮路不能不借洋款，譬如英假重款于台，遇有缓急，势必出全力以卫之。犹之商贩一有亏折，富家必株累故也。现在日本称兵之消息，当视我兵之强弱为转移。我强则抵制有术，力能发而亦能收；我弱则无厌之求，一波平而一波又起。

惟强兵必先足饷，兹据台湾道夏献纶详称，台湾月饷自上年正月至今，闽省已欠解八十余万两。无米之炊，诚非微臣所能搘拄。顷已咨请闽省督臣、将军遴员来台，确查现在月饷，何者应裁，何者应留，何者应增，核定准数，按月如数解足，庶几危局合力搘撑，免致军情涣散。闽省穷窘已极，臣所素知。惟台湾不靠闽省筹饷，更靠何人？台湾支收本系夏献纶一手经理，顷据禀任重饷艰，请另派大员接办。合无仰乞天恩，于闽

省大员专派一员，督办台湾后路粮台，兼可随时来台查察会商，以资核实而免隔阂，感戴鸿慈，实无既极！再，臣商同船政大臣吴赞诚，酌派游击吕文经作为商人，前往小吕宋买木料，并确访该岛近来究竟自日国到有兵船若干，是否新式铁甲抑系旧船，枪队若干，炮队若干。一俟该员二月底回台，即当将所探消息随时驰奏。

光绪三年二月二十八日奉旨。

使英郭嵩焘等奏报抵英呈递国书折

出使英国大臣郭嵩焘、副使刘锡鸿奏，为恭报微臣行抵伦敦日期，及呈现递国书情形事。

窃臣于光绪二年十月十七日自上海出洋，曾经由驿陈奏，计期五十一日，至十二月初八日抵英都伦敦。凡行四万里，所历之国十有八，而英国属地约居三分之一。迨抵伦敦，其君主出居温则行宫，旋至阿思本行宫，相距二百余里。外部丞相德尔比告言：十二月二十六日，为西历二月初八日，其上下议政院始相聚议事，名曰开会，君主应于是时回伦敦，可以请旨接见。至二十四日酉刻，据外部函称，二十五日未刻君主由阿思本回宫，是日申刻呈递国书。臣等即于是时恭奉国书至其柏金哈恩宫，见其君主，诵致通好之辞；其君主亦有复辞，谨并录呈御览。谨奏。

光绪三年二月二十八日奉旨：知道了。

使英郭嵩焘奏国书并无充当公使文据请改正颁发折

出使英国大臣郭嵩焘奏，为微臣奉使英国，呈递国书惋惜滇案，并无充当公使文据，亦未列副使名，应请旨遵办事。

窃查西洋公法，遣派公使驻扎各国，皆以国书为凭。而臣所奉国书专为惋惜滇案，无充当公使之文。经其外部丞相德尔比知照，录示奉使敕书，但能含糊应之。其本意欲得公使驻扎，以通和好，尚无相难之意，遂亦不加深考。而以臣愚见揆之，西洋以邦交为重，盖有春秋列国之风；相与创为《万国公法》，规条严谨，诸大国互相维持，其规模气象，实远出列国纷争之上。日本一允通商，即倾诚与之相结，诚有见于保国安民之计，于此有相维系者。中国以远人为大忌，以和为大戒，锢蔽于人心。自南宋以来数百年，而其虚骄之气一折无余。稍一滋生事端，其势又不能挟以自固，朝廷委曲之意无能体谅昭示，臣民何能远及数万里之外？故于邦交之义，有难以遽言者。

臣在总理衙门曾陈美国及日本各海口，中国流寓数千人至数十万人，交涉纷繁，遣

派公使尚有关系。此外各国均无，应在本国办理事件；其机要全在各省督抚察理于几先，消患于事始；使臣驻扎徒滋烦费，无益事局。盖臣愚见所及如此，可否遵照国书惋惜滇案，无庸驻扎；抑应补颁国书，充当公使驻扎三年之处，伏候圣裁。至候补京堂刘锡鸿，奉命充当副使，而国书并未一列其名，其外部据国书为言，阻其接见君主，实无辞可以相难。反复筹商，始获随臣一递国书，而刊刻各国公使名单列入刘锡鸿名，而不详其职任。其言以为非补递国书，于例不得认为公使，如仍令充当副使驻扎，应恳天恩，于补颁国书内兼列正副使臣名衔，以昭信据。臣于奉到国书后，未能深加考察，请旨示遵，以致贻误，咎实难辞；不得援仓猝成行，领到国书未及详审为辞，以自解免，应请将臣交部议处，伏乞圣鉴。谨奏。

光绪三年二月二十八日奉旨：该衙门议奏。

副使刘锡鸿奏辞驻英副使折

钦差英国副使刘锡鸿奏，为驻英副使可以裁省情形事。

窃臣行抵伦敦，及呈递国书日期，业偕正使臣郭嵩焘陈报在案。缘所赍国书专为惋惜滇案，未有驻扎明文，故该国外部索观文凭，只能含糊答之。迨送国书底本后，外部又谓无臣姓名，例不得同见该国君主。经郭嵩焘与威妥玛往返函商，始获同见。而刊刻各国公使名单，又只列臣名而不详其职守，郭嵩焘现已奏请补颁国书。在该国当无诘难之意，然臣查西洋通例，凡因事特遣之使不限人数，而驻扎公使则各国均只一人，并无副名目。此次设立公使，系援外洋《万国公法》创为此举，原无旧章可循，似亦可以从众。且以臣观之，中国人民无在伦敦经商者，情形与美利坚、日本等国不同。即正使相与联络周旋，亦无多交涉应办之事；复又添设副使，不特于事势为无益，且此三年中多费国帑数万金，亦殊觉其可惜。此时惋惜滇案已毕，驻扎使臣尚未奉颁发国书，可否请旨俯赐将臣撤回，即无庸另行简派，似亦撙节之一道也。谨奏。

光绪三年二月二十八日奉旨：该衙门议奏。

西班牙公使致总署因夹板船失事请设法赞助照会

为照会事。

光绪三年三月初九日，准贵衙门照会内称：索威拉纳夹板船失事，系未经换约以前案件，此案不能赔偿之处，本衙门前次照会业经详细声明，自无庸再为复述等因。查《世理公法》及《万国公法》均载遭难之船急宜往救，此正索威拉纳一案之谓也。且此

理不论有无条约，必应遵守，海宇名士皆以为然。即如《恒费德万国公法》第七十九款云：此系仁政所必有者，凡有教化各国必须照办者，每遇不幸自当其咎等语。与英国一千八百五十四年《英国行船章程》及《卜伦遮理万国公法》第三百三十三款，均属相符。试问前于索威拉纳一案，照此办否？

再，《卜伦遮理万国公法》第三百三十四款内载：船上难民身家物件不准扣留，亦不准扰害。而索威拉纳失事之时，始则抢掠物件，继则折毁船只，终且拘羁难民，必待交出赎银三百圆始行释放。本大臣现存该民人收银字据，非悬揣之词也。至来文云夹板船失事系未经换约以前案件一语，殊与《万国公法》迥不相侔，本大臣已屡言及之。且《万国公法》更云每遇失事，如未逾限，船东均可索偿。而索威拉纳失事一案，当时业由本国驻扎澳门总领事、驻扎厦门领事官二员，与该地方官详商请偿，岂得谓为逾限乎？《万国公法》又云：沿海各国均应尽力设法，不分畛域，拯救被灾之船，优待遭难之民，保护伊等身家产业等语。当时已未照办，今虽将未能获盗之官参革数员，即得谓办理尽力乎？《万国公法》以及英国一千八百五十四年《行船章程》第四百七十七款又云：如有某处滋生事端之事，自应著落在某处众人身上等因。本大臣前次照会请贵衙门，或令地方赔偿，或另行筹款以为养赡者，即此意也。且索威拉纳一船，价值既属甚巨，船上所载绸缎、铜磁、东洋杂货、干果等类，又系贵重之物，均有英国江海关所具清单，在本大臣处存案，亦可奉付贵王大臣验之也。今贵王大臣屡言，失物无存，岂能赔偿。而本国国家必令本大臣请偿，此诚进退维谷之势也。本大臣惟有仰体本国主睦邻盛情，自应急敦友谊；且据本大臣设法帮办，为此现拟派本国兵船一只，并派本国一员前往该处，与贵国所派之员将应行办理各节会同办妥。推此意也，一为本国敦好，凡贵国乐为之事，无不极力赞襄。再，按照《世理公法》及《万国公法》有必须请偿者，是以竭尽心力而为之，想贵王大臣当必以为不谬矣。查中国素以仁政为心，贵王大臣自应将本大臣前次照会所称哀恤茕独之事，再为熟思可也。为此照会贵王大臣查照，请即见复。须至照会者。

三月十一日

总署复西国公使夹板船失事业经切实查办照会

为照会事。

所有贵国索威拉纳夹板船在福建台湾南岭洋面失事一案，其失事年月情形及中国如何办理分际，一切业经屡次详细照会贵大臣，并与贵大臣面谈，贵大臣均已深悉。兹者古巴华工会议条款，贵大臣深念睦谊，与本衙门同心筹议妥章，彼此雅意相让。本衙门又于此项船只失事一案悉力设法，屡经行催闽省将军、总督、巡抚切实查办。除将失事

地方官议处外，复为破格体念船主，就贵大臣所称加惠施仁之意，特由闽省送给洋银一万八千圆完结此案。相应照会贵大臣查照销案，并照复本衙门，以凭咨行闽省查照销案可也。须至照会者。

三月十四日

总署奏请补发使英郭嵩焘等敕书折　附上谕

总理各国事务恭亲王奕䜣奏，为遵旨议奏事。

窃臣衙门于二月二十八日，接军机处交出郭嵩焘奏奉使英国呈递国书，无充当公使文据，亦未列副使名，请旨遵办，并因奉到国书未能深察，自请议处一折；刘锡鸿奏驻扎英国副使可以裁省一折。均同日奉旨：该衙门议奏。钦此。

臣等查泰西各国遣派使臣，有专因要事特派者，有循章派员互驻办理交涉各件者。中国与各国换约，各国使臣往往索看全权文凭。至其届期来华驻扎办事、呈递国书，大略皆其所派之员素所信任，乞中国与之和平办理交涉事件，此外亦无另有文据。至中国派员出使各国，若志刚、孙家谷，本非指定驻扎何国，亦未分正副使之职，国书内系与蒲安臣三员并称。若崇厚出使法国，专为同治九年天津教案，未有驻扎办事之议，彼时所至各国，除赍递国书外，亦未据各国索看另项文据。

今郭嵩焘本因议结滇案钦派前往英国，照案颁给国书。刘锡鸿系属副使，国书内未经列名。现据郭嵩焘奏称，英国外部丞相德尔比知照录示奉使国书，其意欲得公使驻扎，以通和好。可否遵照国书惋惜滇案，无庸驻扎；抑应补颁国书，充当公使驻扎三年之处，请旨遵行。现在英国交涉事件亟资经理，拟请补颁国书，俾充驻扎英国办理交涉事件大臣。并一面由臣衙门援督抚、学政颁给坐名敕书之例，知照内阁一律颁给敕书，以昭慎重。此后奉使有约各国大臣，应即照此办理。再，查有约各国，除英、美、日本等国业经简派出使大臣，瑞、比、丹、荷、义、奥各国暂可无庸专派外，其余如俄、法、德三国交涉事件较繁，似不能无中国使臣在彼驻扎。现副使刘锡鸿以国书未列其名，经英国先阻后，允随郭嵩焘一同接见；如果仍令充当副使，自应一体颁给敕书。既据刘锡鸿奏陈副使可裁情形，可否俯如所请，即将刘锡鸿撤回，抑另有简派之处，及郭嵩焘所称领到国书未及详审自请议处，可否加恩免其处分，统候圣裁。谨奏。

光绪三年三月十七日奉旨：郭嵩焘著免其议处，余依议。

同日奉上谕：前经简派三品衔候补五品京堂刘锡鸿充出使英国副使，著改派该员充出使德国钦差大臣，著赏加二品顶戴。

清季外交史料卷九终

清季外交史料卷之十

光绪三年四月至七月

使英郭嵩焘等奏请禁止鸦片折 附上谕

出使英国大臣郭嵩焘、副使刘锡鸿奏，为鸦片烟为害中国，西洋设立公会相劝禁止贩运，急应由中国设法办理事。

窃查西洋通市广东已越千年，从无侵扰。明季利玛窦游历中国，历国朝汤若望、南怀仁继之；适我圣祖讲求天文、算学，得与燕游侍从；亲王及诸大臣亦时咨访所学，相待以宾友。及我高宗召见马格立，特准行西洋礼，至今西洋人士言之，犹相与敬叹。其人类皆多学好礼，于中国历无嫌怨。道光二十年议禁鸦片烟，遂至失和，辗转相寻，以有今日。是西洋与中国构怨之源，实自鸦片烟始。推原祸端，创巨痛深，宜如何疾首蹙额相为禁戒，以示无忘国耻之义？

而就臣等耳目所及言之，自道光时定立鸦片烟罪名，设法严禁；官吏奉行不能如法，但藉以为差役讹诈之资，始终未惩办一人。所定罪名亦苦太重，遂至相与玩视。咸丰九年，议开鸦片烟之禁，而于在官人员与应试士子及营兵，仍不准其吸食，则但视为具文，无知有禁令者。因查鸦片烟之禁始自雍正时，其初但充药品贩运内地，所恃政教修明，官吏称职，民间懔懔畏法，无敢吸食。至道光初，而其风始炽，浸寻由印度传至云南，而南土具矣，辗转传至四川而有川土，及传至甘肃而有西土，由是而至贵州，由是而至陕西、山西。一二十年来，废田而种罂粟，岁益浸广，而西洋贩运中国亦逐渐增多，足见开种日繁，即吸食者日众。势将尽中国之人皆至失其生理，槁项黄馘，奄奄仅存，无异残废。

西洋人士知鸦片烟为害之烈，与中国受害之深也，相与设为公会，广劝禁止栽种贩卖。臣至伦敦，其地世爵夏弗斯伯里，及议政院绅士马克斯求尔德，及教士里格、丹拿、毕士等五十余人，相就论此，义形于色。其议政院阿什伯里遍游各国，所至风土人情照相记之，而于中国为男女僵卧吸食鸦片烟之象，以取笑乐。臣甚愧之。窃以为禁止鸦片烟，不在繁为禁令，在先养士大夫之廉耻，而其要尤在官之稽查督察，使不能有所宽假。宜先示限三年，责成督抚分饬州县，多制戒烟方药施散，劝谕以满三年为期，逾

期不能戒者，官吏参革，生监、举人褫斥其官，不举发同罪。凡文武应试士子例具五童互结，宜以鸦片烟为首禁，容隐者一并除名。童生吸食鸦片烟，皆先停考试。滥保入场者，廪保坐黜。廪生吸食鸦片烟，皆先停止。保人滥保者，教官亦坐黜。至于三年期满，学校中不准复有吸食鸦片烟者，用以激励士民之心，而作其气亦在使知所耻而已。

其川、滇、甘、陕各省栽种罂粟，则必以课吏为先。臣闻种罂粟一亩，所出视农田数倍，工力又复减省，州县之添设陋规，私收鸦片烟土税，亦数倍于常赋，官民皆有所利。以至四处蔓延，积久而种罂粟者男妇相率吸食，不能如印度所出烟土，严禁其民吸食也。因以积成偷惰之性，饮食费用虚耗日多，遂使田赋常供亦多不能输纳，卒致官民交困而夺民食之需，以空仓廪之藏。广种罂粟流毒无穷，岂复能有自存之理？因查雍正年间，谕饬广东禁止栽种甘蔗，谆谆以民食为忧。甘蔗制造糖食，日用所需，圣心犹隐虑之，何况鸦片烟为贻害国家之具？其产出印度，而与南洋附近之暹罗、东洋之日本，皆有厉禁，民间无吸食鸦片烟者。独中国贩运销行，每年课税至数千万，为英国入款一大宗。而其地士绅会议，犹谓烟土贻毒中国，引以为咎，倡言禁止。中国人民肆行吸食，略无悔悟，其势非严督抚处分以督率州县，不能望有转旋。伏乞皇上坚以持之，宽以期之，以三年之期，责成各省学政整顿学校，责成各省督抚整顿属官；而于栽罂种粟，又须由督抚责成州县，劝谕绅民整顿所属地方，观摩渐化。更需以二十年之期，尽民人而变革之，求实效而不为虚语，务力行而不责近功。其道无他，在疏通民气而已矣。窃见西洋各国，官民一心，急使远戍而不以为苦，烦征厚敛而不以为苛。所以然者，为无不通之情故也。中国民情常苦隔阂，利病好恶之私，州县能体及者鲜矣，累积而至督抚，则益旷远不相及。自古言善政者，必以勤恤民隐为先，仰窥列圣之成谟，严以察吏，宽以驭民，于民情尤加曲体。雍正时，民间疾痛疴痒曲折毕达，莫能壅隔，是以其时无不除之弊，无不行之政。臣以为禁止鸦片烟，当使教化转移之意多，防禁操切之术少，使天下臣民喻知此意，自有不敢不禁，不忍不禁者，存乎皇上一心之运用，中外人心无不响从。

臣等正月内接据粤绅唐德俊等禀称，咨请总理衙门转奏；其后屡见英国士绅力陈鸦片烟之害发于至诚，又复会集多人陈述此义；又接粤绅桂文灿、温清溪等二禀。人心向善之机，想亦列圣在天之灵所默鉴。是以不敢不据实缕陈，并就臣等知识所及略陈办法，以期实有稗益，无任悚息屏营之至。谨奏。

光绪三年四月初二日奉旨寄郭嵩焘：据奏鸦片烟为害中国请饬禁止一折，已谕令各省将军、督抚办理矣。自鸦片烟贩入中国以来，贻害无穷，自宜设法禁止。惟欲禁吸食必先阻止贩运，现在西洋既经设立公会，劝禁栽种贩卖，诚为善举。即着郭嵩焘与英国官员妥为筹商，果使外洋烟土不入内地，则中国栽种罂粟之风，不难自行禁止，而吸食亦可永绝。并著该大臣认真商议。

使英郭嵩焘等奏请饬总署会商驻京公使严订神甫资格以免发生教案片

郭嵩焘等片。

再，西洋传教一节，最为中国人民所深嫉。近年河南、福建、安徽、四川教案迭出，甚至与居民互相仇杀，地方办理多未如法，正以西洋行教本末未能周知故也。臣等查天主教创自摩西，耶稣基督始立教名，数百年而阿剌伯回教兴，又千余年路得演立西教而耶苏教兴。希腊教〔为〕西洋文字之祖，亦缘饰基督之教为希腊教。其原皆出于摩西，各教教规互异，而礼拜、诵经、敬奉天神实同。天主教传自犹太，而盛行于罗马，西洋奉之以为教皇，实在各教之先，愤各教之互起争胜也，遂一以行教为业，求使人宗主其教以示广大，积久而奉耶苏教者亦仿而行焉。盖西洋立教各有宗主，德、义、日近罗马，皆习天主教；德、瑞以西至英、美，皆习耶苏教；土耳其以东习回教；俄国最北，自习希腊教；截然各立界限，或君民异教，强使从之，辄至滋生事端。如土耳其本天主教地，而习回教，各部时有畔者。然同在一城之中建立礼拜堂，必归一教，无相搀乱。

独中国圣人之教，广大精微，不立疆域，是以佛教衍于汉初，天主教、回教传于唐世。唐初，大秦国阿罗本来献经像，因是立大秦寺，而有《景教流行中国碑》。寺僧景净云，其教起自拂菻，则正摩西生长之犹太也，所奉袄神即天主教。其时佛教方盛行，洋教传入中国，信从者鲜。至明季，利玛窦东来，徐光启舍宅为天主教堂，其教始遍行天下。国初，犹准洋人营建天主教堂，而禁民人入教。所以然者，由洋人建天主教堂，中国人民从之，于义为无取也。是以雍正初，并天主教堂而禁之。而回教礼拜堂不禁，则以自为教，与强人民以从教，其事不同耳。然自明传至今百余年矣，未闻民人与为仇憾。窃揆摩西立诫之旨，禁人之欲，劝人之善，与圣教初无参差也。咸丰九年始开天主教以护教为名，恃其权力以纵庇之。于是作奸犯科，一倚教堂为抗官之具，至有身犯重罪，入教以求庇者；有与人为仇，依附教士以逞其毒者。府县厅镇凡有建天主教堂者，地方辄不能安其生。而教士之势乃张，其为祸乃至无穷，川黔两省此害尤烈。是以各省人民一闻天主教堂之名，莫不怀愤，思与为仇，诚有以取之也。

臣等以为各种教士传习异教之国，西洋所必不能行者也。中国不禁异教，可以勉强行之。纵教民为奸恶，动辄挟制地方，枉法宽容以屈抑良民，亦现立之条约所必不能行者也，急应设法补救，以求与人民相安。窃计西洋与中国通商三十余年，情形事务渐已熟悉，应先除去彼此猜嫌之见，坦然一示以公。伏恳皇上通饬各省督抚，明定章程，晓谕所属地方，一应教民人等无得歧视；各州县交涉教案，一一据理为断，稍有徇庇，立

予参办。并各知照天主堂教士，以行教所以劝善，非以保奸，以此招揽百姓之深怨，反躬必所不安，以此违失主教之本旨，即耶苏天主亦必不许。西洋有西洋律法，中国有中国律法。苟为洋人，应依洋律处理；苟为中国人，应依中国律处理，不得因习天主教，稍分轻重。

抑臣在西洋所见，教士传习天主教，谓之神甫；传习耶苏教，谓之牧师。其人类皆博学多能，勤勤向善。凡传教中国者，皆神甫也。而闻其传教，以人数多少为课最。是以广立神甫，四处招延盗贼奸民，能招致多人，即授以神甫之名。所收奸民愈多，则良民愈以为耻，稍有知者皆远避之。是以传教二十年，所立神甫徒为中国所贱恶，而自辱其神甫之名。加之无赖奸民听从指嗾，以与地方为仇，亦恐为西洋各国所羞称。并恳饬下总理衙门，会商驻京公使，斟酌妥议，必系传教信士，确守教规，不至恣行奸恶，始准充当神甫，移送其名于府县，准其接见。教民稍有违犯，责成神甫禁饬，庶使所在地方，昭然于教堂劝善防恶之心，自不至多生嫌怨。若无故干犯教堂，地方官亦得按例惩办，责成赔修。其与百姓为仇者，但能照案轻重处理，不得托辞赔修以相诘难。臣等为各省教案交涉繁杂起见，是否有当，伏乞圣鉴。谨奏。

光绪三年四月初八日奉旨：该衙门知道。

浙抚谭钟麟奏温州通商征收事宜已遵章办理片

谭钟麟片。

再，前奉总理衙门，咨行烟台会议条款通商事务各条，内称：中国议准在于湖北宜昌、安徽芜湖、浙江温州、广东北海四处，添设通商口岸。又，光绪三年二月十八日，即外国四月初一日，系各关第六十七结之始，拟于此日作为开办日期，并请另颁监督关防，由户部移咨礼部铸造铜质关防一颗颁发，以昭信守。光绪三年二月二十七日奉旨：依议。钦此。并奉发各国通商条约税则一部。经前抚臣杨昌濬饬据温处道方鼎锐筹议试办章程，并以温州通商口岸名为瓯海关，所有中外各商应完浙江瓯海关税银两，即于光绪三年二月十八日起，一律遵照新章稽征。将征收各国洋税开办日期，由该道方鼎锐具详前来。前抚臣杨昌濬未及核办，卸事移交到臣，复核无异。除行令该道将新关事宜妥为办理外，惟查监督关防尚未颁发来浙，所有该关现在行文一切事宜，自应暂用温处道原有关防，以昭信守，一俟部颁监督关防到日，再行开用。仍将截止日期详咨报部，以便稽核。谨附片陈明，伏乞敕部查明施行。谨奏。

光绪三年四月初八日奉旨：该衙门知道。

滇督刘长佑等奏借款开矿购器铸钱折

云贵总督刘长佑、云南巡抚潘鼎新奏，为借款开矿、购器、铸钱，冀以舒民困而裕饷源事。

窃维滇省远居天末，山多田少，稼穑艰难，舟车不通，百物昂贵，论赋税则以滇地为最轻。而山川含蕴，地势盘亘，五金并育，甲于中原，论物产则以滇地为最富。此天之所以酌盈剂虚，而补其缺乏也。承平之时，例贡京铜六百数十万斤，各省采买铸铜，亦准以余铜通商，以及金、铁、铅、锡之听民间采者，尚不在此数内。以偏隅之物力，供各路之取携，其裨益于天下也大矣。军兴二十余年，人民凋敝，厂地荆榛，欲举办而无资，遂致生计日窘，野无五谷之繁殖，市鲜百货之贸迁，村郭萧条，人烟零落。甚至资生无路，迫而为走险之谋，往往因微薄之资，遂蹈杀身之祸，法无可宥，情实可矜。

臣等忝司民牧，坐令货弃于地而不能取，民困于野而不知救，匡时乏策，内疚良深。况各属糜烂既久，百废待兴。其所以为民谋者，固不能同；而所以取于民者，尚不能缓。即如钱粮、盐课、厘金三大宗，竭尽小民之力，岁仅获银五六十万两，其余不敷之数尚多。专赖邻封协济，毋论山头廷尉不胜求取之难，即或杯水车薪，亦非缓急可恃。似此官民交困，内外俱穷，势将束手边垣，事事均难整顿矣。夫物极必反，固无盛而不衰，而穷则必通，亦无往而不复。居今日而为滇计，惟有因地之利，开财之源，力兴矿厂，兼筹鼓铸，为救时之急务也。第此次试办京铜，仅于各省欠滇协粮内提拨银一百万两，工本未能裕如，采办诸形棘手。今拟另筹巨款，本省则臣鼎新促襟露肘，势处万难；外省则挹彼注兹，未遑兼顾。倘非别开生面，终致坐困一隅。

窃见陕甘督臣左宗棠以军粮支绌，曾由英商借银五百万两，两江督臣沈葆桢亦以置办轮船借银三百万两，皆由各海关陆续拨抵。彼时臣鼎新在藩司任内，即与前抚臣岑毓英筹议，仿照该两省现办章程，挪借洋款专备开矿之用。故于上年迭经函嘱直隶候补道盛宣怀、江苏候补道李振玉、候选道魏纶先等，在沪探询，以期收集思广益之效，大利所在，益以杜他人觊觎之心。兹据盛宣怀复称：现与布国领事璧斯玛面议订借现银三百万两，援照陕甘、福建前办成案归银行经手，仍以各省海关收税相抵。岁计三四厘起息，分二十年归还，第一年至十年，每年归本银十万两。第十一年至二十年，每年归本银二十万两，拔本带利，本渐轻而利亦迭减。滇省即按各海关每岁拨还之数，将铜斤照定价合计如数运还户部，在海关以应解户部正税拨还洋款，在户部即以岁获滇省之解铜抵收关税。既于铜政大有裨助，亦于税务毫无所损。其所费于目前甚微，而收效于日后者为甚大也。

况闽省借款，将来皆以军粮、船械报销，滇省采铜铸钱虽衰旺靡常，难保无亏折之

事，究系实在有着之款，情形固自不同耳。惟各厂开采全恃人工，游民藉以营生，不致流而为匪；砂丁加以人伍，并可用以即戎。然斧凿锤敲攻取良非易易，且有经年搜采而不能获一矿者。今拟参用西洋采矿机器，以助人力之不足，并延雇熟习矿路之洋匠，以补中法之未备。如其获矿丰旺，自以鼓铸为铜铅销路。光绪二年，户部议奏，京畿道监察御史刘国光奏，直省制钱日少，请饬各省分一律鼓铸制钱等语。滇省虽经开炉试铸，而铜少本微，究难遽期成效。兹并拟购用西洋机器就厂鼓铸制钱，铜愈多则钱愈广，铸愈广则用愈足。此外更有金、银各厂，且铜、锡内亦带有金、银，苦不得其拣炼之法。有此机器兼可采煎金、银，即照西法印铸金、银各钱，以广资利用。所以济民生而通泉货者，此其利，岂特滇南一省已耶？

臣长佑于上年四月间奏奉谕旨：云南五金并产，据有矿山之利，自设法开采，随时体察情形奏明办理。钦此。兹臣等博访周谘，体察既久，未敢畏难而稍涉因循，惟有竭诚以力图补救。如蒙俞允，候奉谕后，臣等即札饬盛宣怀等，就近禀商南北洋通商大臣，再与布领事遵照前议妥筹定夺。至觅雇洋匠、购置机器，多与海关交涉，应请旨饬下两江督臣，转饬江海关道，随时会商照料，俾利进行。谨奏。

光绪三年四月十二日奉旨：该衙门议奏，片并发。

滇督刘长佑等奏滇省办矿雇用矿师有五可虑片

刘长佑等片。

再，筹款开矿之议，自肃清以后，滇之官绅蓄意已久。惟博采舆论，怂恿者半，劝阻者亦半。先事不厌详求，利害相形，不能不预为筹及。

康熙年间，前抚臣石琳奏称，矿场非同田地，有耕有获钱，办此乃全凭造化，有无难必等语。今拟借款举办，若厂情变旺，利属无穷。设矿硐艰难，借款日须生息，则彼此不足以相偿，而消长益无把握。此其可虑者一也。

昔年办场惟官本是赖，岁给例价之〈外〉，多所逋欠。缘发款之数既多，则领本之人亦众，亏折逃匿在所不免。雍正初年，抚臣奏陈铜矿利弊，有云二年之内办铜一百数十万斤，厂欠一万二千余两。乾隆年间，先后查出各厂积欠，统计约有九十余万两及百万之多，分别追赔豁免。是有厂而即有欠，有利而即有亏。维时从容，尚易通融筹计。今以洋本开办，倘厂民稍有拖欠，究由何处追赔？更属无从豁免。此其可虑者二也。

滇省开厂全恃人工，兵燹既久，地旷人稀，工价昂贵。今拟参用开山机器，数万里购自外洋，是否合用究不可知。近来湖北、福建等省及沪、津各局，亦曾不惜巨款购买挑河、开山各项机器，并仿照西洋自行创造，每有不合用处，辄为废弃。即洋人创办器械，亦多以屡试而成。滇省艰窘情形，若一发不中，更换既需时日，弥补亦费周章。况

山径崎岖，机器之重者，或数千斤或数万斤，搬运尤难施力，不知能否就厂制造？倘有一件不全，则全厂停工以待。此其可虑者三也。

厂废日久，当年熟习开采、认识矿苗者至今已不获其人。今拟雇用洋匠一二人，名曰矿师。该道盛宣怀现与上海洋行施亚士约订：照日耳曼矿务学堂出身，并领有该国主考复试头等考单者，每月议给银五百两，雇令来滇试办。其赴华川资，及预付一年薪水兼购化学器具，需银一万两，所筹似尚周妥。惟臣昔在江苏军营，初用炸药火箭，延洋人为教习，辄数易而不得一。当相习既久，中国灵巧之将弁转胜洋员。至精于地学之人，中外尤不可多得。如在该国素称得力，必将厚给薪资，岂复转售来华，舍近求远？若其技艺平常，匪特经费虚糜，矿务亦难期成就。此其可虑者四也。

边省情形与中土不同，蛮夷杂处，俗尚嚣凌，重利轻身，动生事故。即如上年腾越、顺云变起仓猝，而附近之宁台一厂，炉户、砂丁闻警逃散，炉灶、器具遗弃无存。然工本较少，赔补尚易为力。今则资本既重，保护尤难，设有疏虞，赔累匪浅。此其可虑者五也。

夫救弊固贵乎兴利，而创始尤难于图终。臣等所以筹之数年，而不敢轻于一试者，职是故耳。惟是一筹莫展，终无补于时艰，再四思维，别无良策。以上所虑各条，机器、矿师尚可设法调办，稽核弹压亦可先事预防。只厂情之衰旺靡常，断难全凭人事。所幸曩年办有成效，犹冀天道好还，虽创办之初，用人、制器需费较繁，但能厂旺铜多，不难取偿于日后。惟有仰赖圣主鸿福，百灵效顺，山泽呈祥，俾万里遐陬，菁华竞出。此微臣与全滇人民所日夜仰望而祷切者也。谨奏。

光绪三年四月十二日奉旨：览。

闽抚丁日昌奏拟将省城电线移至台湾片

丁日昌片。

再，电线一项，所以达要报而速军情，为用至要。惟前议由福州造至厦门，系由洋人操纵，太阿倒持，未免害多利少。臣到闽后，当经买回拆毁，仍将电线留存，延请洋人教习学生，曾经分别奏陈在案。台湾南北路途相隔遥远，文报艰难，设立电线尤為相宜。臣现拟将省城前存陆路电线移至台湾，化无用为有用，一举两得；并拟即派学生六品军功苏汝灼、陈平国等专司其事，定于四月动工，先由旗后造至府城，再由府城造至基隆。目前暂不雇用洋人，倘于理有窒碍难通之处，即翻译泰西《电报全书》以穷奥妙，或随时短雇洋工一二人，以资参核。

中国之言工也，儒者穷其理，匠人习其事。故理与器两不相谋，形上与形下终难一贯。今惟因器穷理，即理成器，庶几格致之学渐有端倪。将来仍拟将洋字改译汉字，约

得万字可敷通报军情之用，然后我用我法，遇有紧急机务不致漏泄。惟从前收存电线机器，皆系臣一手经理，必须臣亲自来省交代，并分派学生添购物料，装运轮船赴台，庶免贻误。除俟电线设造有成分别奏报外，理合先将移线购料及分派学生来台缘由，附片陈明。谨奏。

光绪三年四月十四日奉旨。

总署奏请将条约发交州县各官以凭交涉折　附上谕

总理各国事务恭亲王奕䜣等奏，请将条约交州县各官以凭交涉事。

窃臣衙门承办中外交涉事件，所恃惟在条约。虽各国意在得步进步，其条约内有便于彼者力为之持，便于我者曲为之说。然欲舍此则凭藉无由，违此则衅端立起，全在任其事者悉心体会，遇事始有规矩可循。现在各省地方，无论地居通商口岸事理较繁，即在内地以及边方，亦不免有传教、游历等事，地方官若于条约未能详核，办事将何所凭依？臣等于光绪元年八月间议奏薛福成条陈海防密议十条折内，请将所议发交条约诸书使各州县官随时观览，俾办事交涉之际，不至措置乖方等情。请饬李鸿章等汇入海防事宜，一并酌度筹办；并由臣衙门咨行各省督抚，各将条约刊刻，发给道府厅州县各地方官，详细查阅，庶遇有外洋交涉事件，可以照约办理。现虽各省将自行刊印各国条约，陆续咨送样本前来，惟云南由川省借报刊刷，亦经声明咨复。又经臣衙门以奉天所属亦有交涉事件，一体咨行照办，已准咨复刊印颁发。

惟恐条约虽经发交，地方官仍未能详阅，束之高阁，或间一浏览，而不能深求事理之要。虽家置一册，案设一编，亦复何裨？近由军机处钞交四月初三日闽浙总督何璟片奏，内称：闽省华洋交涉事件甚多，必须有深悉洋情、讲习条约者，专司其事。闽省办理洋务之人本属无多，求其熟于各国通商条约者盖鲜等因。一省如此，各省可知。臣等窃念防患必于未萌，办事必求有据；裕之于素，则临时自有准绳；澈乎其原则，处事自无隔阂。应请饬下各省将军、督抚，札饬所属各地方官，于条约诸款详研熟识，融会贯通；其余各省考试所属各官及接见属吏时，亦即举以询问，观其辨难，试其才识，毋得视为具文。各地方官如能实心请求，平日熟精窍要，遇事办理妥洽，准其据实保擢。或平日不加考订，猝遇交涉各事，措置乖方，亦即从严参办。庶几人有劝惩，事有体要，于办理中外交涉事务不无裨益。谨奏。

光绪三年五月初七日奉上谕：总理衙门奏请饬各省讲求条约一折，中外交涉事件关系大局，全在坚持条约，庶不至措置乖方。前经总理衙门咨行各省，将条约刊刻发给各地方官详细检阅。惟恐条约虽经颁发，该地方官平时不能详阅，临事仍无准则。着各该将军、督抚、府尹，再行严饬所属，务将条约详研熟识，能令贯通，以期深明窍要，遇

事办理妥协。并于考试各官及接见属员随时询问，观其辩论，试其才识，分别举劾，俾知劝惩。原折均着钞给阅看，将此各谕令知之。

总署奏德国议修条约未能就绪德使业已出京折

总理各国事务恭亲王奕䜣等奏，为德议修条约未能就绪，德国使臣现已出京，恭折密陈事。

窃查德国使臣巴兰德与臣衙门议修条约，要挟多端，经臣等与之往返辩论，先将租界免厘、存票立限两事定期开办，业于上年十月间奏明在案。查巴兰德所要求者，在大孤山添开口岸、鄱阳湖拖带轮船、吴淞上下货物三端，而尤注意于大孤山添设口岸一节。因臣等未予允准，遂以中国不遵旧约为词，谓洋货入内地不领税单，德国条约并无遇卡抽厘明文。臣等当以善后条约第七款所载各子口即系厘卡，并引《通商章程》第一款载有明文，与之辩驳。数月以来，或文信往来，或订期会晤，臣等仍执前议。而巴兰德狡执不已，谓洋货抽厘须与各国商办，并欲臣衙门给予照复，声明洋货入内地抽厘一事，愿与各国商办，并不愿带声明未领税单字样。臣等始终未允。该使臣前此本属有出京之说，意存恫喝，至本月初九日遂偕翻译官阿恩德出京。除由臣衙门将议约情形及巴兰德出京缘由，详细函致南北洋通商大臣外，理合恭折密陈。谨奏。

光绪三年五月十二日奉旨：知道了。

使英郭嵩焘等奏保荐伍廷芳折

出使英国大臣郭嵩焘、副使刘锡鸿奏。

窃维英人寄迹中华视他国为多，故其交涉事务亦倍纷繁。间遇案件，或应由驻扎使臣向其外部辩论，非得熟习英律之员相为赞助，无以中其肯要。臣等出都时路过天津，闻有粤人伍廷芳，在英学律数年，经英人考验拔取律师。及到伦敦后，适伍廷芳来见，言数日前接出使美国大臣陈兰彬电报，许以充当领事，令其迅速回粤相候，正在料理启行。臣等观其人明白俊爽，尚有可用，曲意留之。经遣人往商，见其所欲过奢，臣等到英伊始，呈递国书尚无期日，一切未暇深考。又以经费宜节，不敢多有支销，以致因循，未能定议，听从启程而去。其后察看英国办案别有例法，相需实殷，因查伍廷芳所习者英律，各国律法互有异同，置诸美、日、秘三国，正恐迁地弗能为良。陈兰彬出洋多年，于华人之熟悉洋务者，早已搜罗殆尽，度亦无所需于伍廷芳一人。英国本少华民寄居，伍廷芳外更无有通其语言兼谙其律例者。陈兰彬心念国家大局，亦必不肯专顾一

隅，有所较论。应请饬下陈兰彬，无论伍廷芳行抵何处，令速回英，藉资襄助。伍廷芳以熟习律法，不甘小就，应否即派充三等参赞官，俾得尽其志意，并候圣裁。谨奏。

光绪三年五月十二日奉旨：着照所请，该衙门知道。

闽督何璟等奏琉球遣使入贡日本梗阻请旨办理折　附上谕

闽浙总督何璟、福建巡抚丁日昌奏，为琉球遣使入贡，日本梗阻，请旨办理事。

窃臣等于四月初四日，据福建布政使详据福防同知转报，琉球国土小船一只内配官伴、水手三十九员来闽陈情，护送进省，委查船内并无土产方物。据该国通事林世功同陪臣索中官向德宏、都通事蔡大鼎等，奉国王命遣陈国情，去年十月二十五日放洋，因风色不顺，本年二月二十九日始抵福州。随据该陪臣赴司赍报该国王密咨一件，并禀请吁恳详咨给凭，赴部沥陈等语。除饬照例安插供膳外，合将该陪臣等原禀该国王密咨，照录详请核遵等情前来。

臣等会核咨禀，备悉日本阻贡情事。伏念我朝抚绥万方，不宝远物，即或琛航濡滞，从无诘责之文，所以怀柔远人者至优且渥。至外藩如有事故申陈，例得由督抚臣据情代奏。查琉球国世列外藩，岁修职贡，较诸国最为恭顺。兹以日人中梗，方物稽期。该国王旰夕忧危，力难抗拒，深恐失修贡土，上负累朝覆载之恩；且虑日本闻知构衅，因饰为遭风漂泊到闽，冀得剖露真诚，用心良苦。该臣等衔命远涉，欲诣关陈情，以纾该国之难，其情亦可矜悯。若不代为陈请，何以宣朝廷绥远之恩，慰藩服瞻依之愿？

臣等伏查前代所隶外藩，或因其山川险阻足以拱卫藩篱，或因其物产丰饶足以供给赋税，是以招携怀远，不惜烦兵力而扩版图。今琉球地瘠民贫，孤悬一岛，本非边塞握要之地，无悍御边陲之益，有邻邦酿衅之忧。以其恭顺二百余年，何忍弃诸化外？且此次委曲陈情，颇昭忠悃，若拒之过甚，转恐泰西各国谓我不能庇护属邦，益启群岛以携贰之渐。合无仰吁天恩，饬知出使东洋侍讲何如璋等，于前往日本之便，将琉球向隶藩属，该国不应阻贡，与之剀切理论；并邀集泰西驻日诸使，按照《万国公法》与评曲直，趁该国内乱有求于我之时，因势利导，庶几转圜较易。如竟意存叵测，则在使臣临时斟酌，总期于无隙可寻。是否有当，伏候圣裁。至现在该国使臣，应否给凭准其入都，及取道水陆，抑饬令该陪臣先行回国，暂留通事等官数人在闽恭候谕旨遵行？臣等未敢擅便。除将该国王密咨及该陪臣原禀，照钞咨总理衙门备查外，所有琉球国因日本阻贡，密遣陪臣赴闽陈情缘由，理合据情会同密陈。谨奏。

光绪三年五月十四日奉上谕：何璟、丁日昌奏，日本梗阻琉球贡物，请旨办理一折。琉球此次贡献方物为日本所阻，该国王遣陪臣等前赴福州投递密咨，恳请给照赴部沥陈。琉球世守藩服，岁修职贡，日本何以无故梗阻？是否藉端生事，抑或另有别情？

着总理衙门即传知出使日本大臣何如璋等，俟到日本后，相机妥筹办理。至琉球使臣及通事人等，着何璟、丁日昌饬令先行折回，毋庸守候。

总署奏塔城讯办俄属哈萨克办理未协请饬妥筹折 附上谕

总理各国事务恭亲王奕䜣等奏，为塔城讯办俄属哈萨克办理未协，请饬妥筹以弭边衅事。

窃臣衙门前准军机处钞交塔尔巴哈台参赞大臣英廉具奏，塔境住牧俄属哈萨克持械抢劫业经拿获正法一片，奉旨：该衙门知道。钦此。钦遵钞交前来。臣等查原奏内称：塔城境内原有俄属哈萨克住牧，迭经行文俄官令其收回，迄未办理。上年六月间，拿获持械抢劫哈萨克二名，送交俄官惩办，并于文内声明：再展限六个月，令将该哈萨克收回，如逾限不收，遇有抢劫命案，即照我国法律治罪。昨于四月二十八日，额鲁特弁兵见有骑马行劫哈萨克，当即拿获绰兰一名，讯据供认抢劫属实，讯明后当将该犯就地正法。并拟嗣后拿获此等盗匪，无论蒙民、外夷，均于讯明后即行处斩。仍行文俄国，或照人随地归章程办理，或将俄属哈萨克收回以肃边境等因。

臣等当以该哈萨克如系俄国所属，一经拿获即行惩办，并不知照俄官，诚恐俄人援据条约为词，致滋口实。且阅片奏内称：嗣后此等盗匪无论蒙民、外夷，即行处斩等语。似又不专指哈萨克而言，更恐别启衅端。当即函致该参赞英廉，嘱其加意慎重，并宜行文俄官，令将俄属哈萨克收回，如不收回，或与议明，按人随地归章程办理等因去后。嗣接英廉复称，该哈萨克投顺俄人，将塔属地方蹂躏，现复屡次抢劫，不得不从严惩办等语。

臣等正筹办间，俄国驻京使臣布策暨翻译官柏百福，于上年十二月间果以哈萨克为俄国所属，中国不应正法之言来相辩论。本年四月间，柏百福又来署催问，并称此案甚为紧要等语。复经函致英廉暨陕甘总督左宗棠、伊犁将军金顺等，查明此项人众，是否系从前分界时随地分归俄国，抑本系中国所属私自投顺俄国？随将从前勘办西界章程第五条钞录，密令该大臣等详细查明，妥筹办法去后。现尚未据函复。臣等查条约内载：若有杀人抢劫等重案，查明系俄罗斯国人犯者，将该犯送交本国按律治罪。又云：遇有大小案件，领事官与地方官各办各国之人，不可彼此妄拿、存留、查治等语。又查《勘分西界章程》内载：地面分在何国，其人丁即随地归为何国管辖。嗣后倘有由原住地方越往他处者，即行拨回，免致混乱各等语。此案哈萨克如果私自投顺，究为俄国所属，遇有抢劫重案自应照约送交俄国，不得妄拿查治。该参赞未经知照俄官径行正法，核与约章既多不符；即按人随地归章程，以人在何处住牧，即归何处管辖等语，与之争辩，恐亦不足以资折服。前次俄国使臣屡来催问，臣等俱以行查答复。五月间，俄国使臣布策复经来函，以塔尔巴哈台参赞大臣专擅恃权，将哈萨克人正法，前经查办，迄未回

复。现准斜米巡抚报称，该参赞曾与该抚文稿内称：中国带兵官所拿哈萨克，已凭其令将其人正法。视其显然无疑之据，何以日久未问该参赞违法行事之罪？特请妥协办理，再勿耽延等语。是其注念此案，意存挟制，已可概见。阅其函称，该参赞给予行稿已持为问罪之据，倘筹办稍疏，于中国体制尤有妨碍。

近年俄商在玛那斯地方被抢，俄国指系营员徐学功所为，请为查办。又，俄官博大尼等至喇嘛库伦地方被人欺凌，请饬究查。又，俄商按照与伊犁将军金顺所立合同，供运官兵粮米，内有二帮在附近石河及玛那斯被抢，曾请设法究办。去年俄商被害及除边界官忧虑各案，均经臣衙门屡次行查，尚未筹定办法。俄国使臣遇有商办各事时，迭经提及以上各案，务于交收伊犁以前妥为办结，庶于安边贸易事宜方为有益。兹该参赞擅办哈萨克人犯，即或未必遽启衅端，恐于议办交收伊犁各事时，彼族多一藉口之资，中国即增一棘手之事，尤不得不妥速筹办以弭隐患。臣等于接此函后，当以行文催办函复，并又函知英廉迅速声复以凭办理。惟事关中外交涉，总须先自确查，始可定筹办之方。此案哈萨克如系中国所属投顺俄国，则辩驳稍有依据。倘系分归俄国，即属俄国之人，则办理殊觉棘手。且中国与俄国所属，必先查有实据，毋稍欺饰，方足以资辩论。应请旨饬下陕甘总督左宗棠、伊犁将军金顺、塔尔巴哈台参赞大臣英廉，迅将此案哈萨克究系私投俄属，抑系分归俄境，确切查明，会同核议，据实复奏。仍即查照约章设法区处，就近行知俄官妥筹办结，以弭衅端。谨奏。

光绪三年六月初二日奉上谕：总理衙门奏，塔城讯办俄属哈萨克办理未协，请饬妥筹一折。上年四月间，塔城拿获骑马行劫哈萨克二名，当经讯明正法。旋据俄国使臣以哈萨克为俄国所属，中国不应正法之言赴该衙门辩论。事关中外交涉，必须迅速确查，始可定筹办之方。此案哈萨克是否中国所属私投俄国，抑系分归俄境之人，亟须查有实据，毋稍欺饰，方足以资辩论。著左宗棠、金顺、英廉即行确切查明，据实复奏。仍即查照约章设法区处，就近行知俄官妥筹办结，以弭衅瑞。

总署奏德使巴兰德被劝回京修约情形片　附照会三件

奕䜣等片。

再，德使巴兰德前因修约未能就绪，于五月初九日出京，经臣衙门于十二日奏明，将议约情形及巴兰德出京缘由，详细函致南北洋通商大臣在案。旋于十三、十五、十六等日，连接北洋通商大臣李鸿章来函，据称：巴兰德于十一日抵津，十二日与其会晤，询问何以出京，巴兰德具言修约不成，及此次未能商改照会之故。经李鸿章反复开导，告以彼此意见不能尽合，何妨再商，不值因此小节致误和局，劝令回京会议。并于十三日前往答拜，谈论间，巴兰德之意不肯遽尔回京，欲李鸿章从旁调停，将照复文底拟妥

转致臣衙门照办，再定行止。李鸿章先将臣等未肯允改各层向其驳辩，再将复文底稿与之商定；一面将文底钞录，函送臣衙门办理。臣等即将送到文底核定，照缮照会一件，并巴兰德前退还之辩论洋货抽厘原照会一件，一并寄由李鸿章交收去后。嗣于十九日据李鸿章函称，照会二件已备函送交巴兰德，复称二十日起程回京等语。兹于二十四日臣衙门接到巴兰德照复二件，并据德国翻译官阿恩德致臣衙门章京，函述回京等因。除由臣等将修约文及洋货税厘各节，与巴兰德相机办理，并随时函致南北洋大臣商办外，谨将臣衙门与巴兰德来往照会三件，照缮清单恭呈御览。谨奏。

光绪三年六月初二日。

附总署复德使洋货抽厘系照条约办理无庸再议条款照会

为照复事。

光绪三年二月三十日，准贵大臣照会，以逢关纳税、遇卡抽厘，系咸丰十一年与英国卜大臣、德国布大臣订定章程，自应先与德国秉权大臣商定，方可使德国商民遵守。今昔皆宜如是，况在昔德国条约已立乎？至洋货如何征税一事，本国愿同各国与贵国重议章程。其抽厘之弊为害已甚，若会同商订此节，本大臣实所乐为。请即示复等语。

查洋商运洋货入内地及入内地置土货，领有单照者，除完进出口正税外，只完半税一次，以免沿途各关卡厘税；不领单照者，沿途逢关纳税，遇卡抽厘。条约、章程历有明文，所以便商情，裕国课，两者不可偏废也。若谓咸丰十一年本衙门与英国卜大臣、德国布大臣订定之章，贵国商民未便遵守。查德约第四十款载明：中国今后所有恩施别国，德国一体均沾。日后如查税，则关口税、吨税、过关税、出入货税，无论何国施行改变，一经通行，德国商民等亦一体遵照，无庸再议条款等因。缘中国与各国共敦睦谊，所有利益各国商民章程，自应一体均沾。且当时将此章程通行各国商民，均无异议，何独德国商民不能照行？况自咸丰年间即通行此章，至今已十余年之久耶？除洋货征抽之事另行备文照复外，相应照复贵大臣查照可也。须至照会者。

四月二十七日

附总署致德使洋货征税办法俟复到再议照会

为照复事。

光绪三年二月二十八日，准贵大臣照会，以洋货如何征税一事，本国愿同各国与贵国重议章程。其抽厘之弊，若会同商订，本大臣实所乐为等语。查货物征抽厘税均关中国度支之用，至洋货运入内地未完子口半税者，各关卡亦本有征抽厘税之事。今贵大臣照会，拟与各国会同中国商订等因。除进出口税外，所有洋货征抽之事，中国允为相商。应俟将如何会商之处，照会本衙门再行商议可也。为此照复，须至照会者。

四月二十七日

附德使致总署洋货征税请秉公商定以期裨益均沾照会

为照复事。

光绪三年五月十八日天津行次，接准贵王大臣四月二十七日来文，内将洋货抽厘之事，仍照贵王大臣原来之意再为叙述。查本大臣之意见，贵王大臣早已洞悉。且同时又准来文内称，除进出口税外，所有洋货征抽之事，中国允为相商等因。事既如此，本大臣自无庸再为置辩。至于相商之时，若将此事秉公商定，以期各国暨中国裨益均沾，凡向费周折之处，自此悉绝根株。此则本大臣所深望者，谅贵王大臣亦非不同此意志耳。总之，相商有成，彼此合意，均属美举否？或于未商之前别生枝节，以至于相商一事终成罢议，则临时将本国照约拟行如何办理之处，仍行照会贵衙门未为晚也。为此照会，须至照会者。

五月二十四日

甘督左宗棠奏借定洋款请饬总署分别知照折

督办新疆军务·陕甘总督左宗棠奏，为借定洋款，请旨饬下总理衙门，分别知照，以期迅速集事，恭折驰陈。

窃臣军饷项奇绌，上年春间奏奉谕旨，准借洋款五百万两。臣因已蒙恩饬拨部款二百万两，又饬各省提前解饷三百万两，尚资接济，不必多借洋款，耗费息银。是以于上年夏间奏请缓借，仍饬上海采运局道员胡光墉随时与各洋商筹议。以今岁成交，明年按次还款，庶于军饷有益，而各省之力亦纾。均经奏明有案。前因洋款事多夹杂，久无确音，不得已于四月内有筹拨部款之请。兹接据胡光墉禀称，洋商知许厚如不足信，臣处借用洋款事均仍旧，疑虑顿释。因向汇丰银行借定五百万两，彼国电报已先以银二百五十万两装船，余俟装船有期再报。惟洋商狃于同治十三年闽省所借洋款，先收烂番后还实银故事，计息虽少，获利转饶，固以比照闽省案为请。胡光墉与之再四斟酌，彼借此还均用实银，按每月一分二厘五毫起息，由浙海、粤海、江海、江汉四关出票；作七年匀还，每年还两次，每次以六个月为期。洋商犹虑胡光墉或蹈许厚如前辙，无以取信远人；胡光墉亦以东西洋事故迭生，虑有中变；遂各议罚银十五万两，如三个月内开票不到，则罚银归胡光墉承认；如三个月内洋款不交，则罚银归汇丰银行承认。此等曲折，固非华商常例也。

臣维南路用兵局势实为顺利，只因粮饷转运筹措艰难，未能应于戎机，遂因而稍滞。兹据胡光墉禀陈前情，是秋深尚可望巨款到甘，虽议息较前稍重，固未可吝小费而忽远猷也。以七年计之，每岁还其本银不过七十余万两，每次尚止三十余万两。初年息

银甚微，末年稍增。以四省匀还，起初数年每省岁不过二十余万两。而四省协济甘饷，浙江每岁一百四十余万两，湖北、江苏、广东皆岁协九十余万两内外。从中划拨归款，既各省力所优为，又时日尚舒，不致以迫促为苦。而臣军得此巨款，除还陕、甘、鄂、沪借款外，尚不致束手无策，坐失机宜。遂饬其如议赶办。除将胡光墉原禀钞稿咨呈总理衙门外，惟向章洋行付银，必须由该国驻京公使、总税务司知会各关领事官、税务司，又必以各关印票为凭。合无仰恳天恩，俯念边军待饷孔殷，饬下总理衙门，咨行广东、浙江、江苏、湖北四省督抚，暨监督关道，迅将前项借银五百万两，作七年匀还本息银两，分别出具关票，加盖督抚、关道关防，仍照会英国总税司转饬四关税司，一律盖印签押，交上海采运局道员胡光墉妥速办理；并由总理衙门知照驻京英使，分别知照上海英领事暨汇丰银行照付银两。盖关票早到，借银可以早提，而西事亦得以早为部署。臣不胜激切待命之至。谨奏。

光绪三年六月十一日奉旨：该衙门知道。

总署奏定出使日德等国大臣薪俸片

奕䜣等片。

再，查前奉派出使日本国大臣·升用翰林院侍讲何如璋、出使德国大臣·光禄寺少卿刘锡鸿，均应遵照上年九月间奏定出使章程，作为二等。又，查奏定章程内开出使各国大臣月给薪水，请照现在实职官阶支给，二三品充二等钦差者，月给俸薪一千二百两；四品充二等者，月给一千两各等因。惟于五品充二等钦差人员未经议及。今何如璋、刘锡鸿俱系五品官阶，其每月应支俸薪，臣等公同商酌，拟请均照四品充二等者，月给银一千两以示体恤。如蒙俞允，仍应遵照臣衙门上年奏定章程，自到某国之日起，各按应得银数支给。嗣后遇有奉派出使前项品级人员，均按照此次奏案办理。谨奏。

光绪三年六月十五日奉旨：依议。

粤督刘坤一等奏北海开设通商口岸折

两广总督刘坤一、粤海关监督俊启奏，为广东廉州府属北海地方添开通商口岸，谨陈办理情形及开办日期事。

窃照光绪二年九月初七日，承准总理衙门咨行北洋通商大臣奏，在烟台议结滇案，并进呈与英国会议条款，奉旨：着照所议办理。钦此。查条款第三端通商事务各条内称：由中国议准，在广东北海添开通商口岸，于半年期限内开办。相应咨行遵照办理等

因。当经饬据廉州府督同合浦县，亲赴北海地方察看该处地势民情，将开办通商一切事宜，分别议禀咨呈总理衙门查照。嗣准咨行，以续据总税务司赫德呈报新开口岸应行筹议各事宜，已调派税务司速赴新任，会同地方官商办，并拟各关第六十七结之始为各该处开办之期等因。复经查照潮州、汕头、琼州、海口开设新关成案，派委试用同知祁兆熙，前往会同地方官及税务司吉德，将设关收税等事会商开办在案。兹据署廉州府知府冒澄、署合浦县知县谢镜澄，会同税务委员祁兆熙禀称：北海新关已于本年二月十九日开办，所有通商应办事宜，均经筹商办理；并声明：开办通商以后，商民安堵，地方静谧等情前来。除饬该府县委员等，将征收关税以及中外交涉各事，随时会商妥办，并咨明总理衙门及户部、南北洋大臣外，理合恭折具陈。谨奏。

光绪三年六月二十二日奉旨：该衙门知道。

总署奏请派左宗棠专办新疆中俄交涉片　附上谕

奕䜣等片。

再，本年正月间因议修《陆路通商章程》照会俄国使臣布策，告以西路运茶应俟新疆一律肃清、伊犁交收后，由左宗棠议明商办。旋据照复，以西路贸易等事，应办在交收伊犁之先。往返照会数次，未有归宿。臣等接左宗棠来函，知该督与俄官索思诺福斯齐辩论通商诸事，声明由中国盖造行栈，不得夹带枪械，用兵护货等节；并告以互市定议总在逆贼殄除之后，应由该国派职分相当得力大员，会商收回伊犁、互市诸议。至于布策议改陆路章程，系专指由恰克图至天津而言，若西路贸易，则应另立专章。布策请将两国各路贸易统立总章，臣等未允，只于照会及面议间，隐示以西路贸易之可商，而仍与交收伊犁相贯注。总是一面交收伊犁，一面商办各事之意。自吐鲁番等处克复后，臣等与布策面议，告以现在军事渐定，所有俄国应商各事，须由俄国派一大员以便会商。布策则以边界各案尚未办结为词。臣等答以节略内所开各案，彼此意见容或不同，今除总理衙门应与俄国使臣商定之事外，其余各案均由左宗棠与俄国派员商办，自然易了。布策唯唯而退。

现在西路军务既有起色，边界各案自应逐件清厘。且揆度情理，如塔城收税及将哈萨克正法等事，亦有不能不认真查办者。今各城将军、参赞于交涉事务，容有不能措施悉当之处。今西北军务渐臻底定，新疆各城与俄境毗连，交涉诸务甚多；若由左宗棠与该国所派大员会商核办，责成既专，措置较易。应请饬下左宗棠，所有交收伊犁事宜及现议各案，并以后西北各城交涉事件，统由该督相机筹办。并请饬令将军、都统各大员等，与俄人交涉事件，有非寻常照章可办者，一并先行知照该督主持办理，以一事权而期得力。谨奏。

光绪三年七月初三日奉旨：嗣后各城凡与俄人交涉事件，有非寻常照章可办者，着金顺、额勒和布、车林多尔济、杜嘎尔、英翰、保英、英廉、明春、金贵，一体先行知照左宗棠主持办理，以一事权而免贻误。所有边界交涉各案，着左宗棠确切查明，妥筹办理。其交收伊犁及一切应办事宜，着俟俄国派员到后，酌度情形，与之开诚布公相机筹办。

总署奏请饬左宗棠等办理接收伊犁并西北边界交涉事宜折 附上谕

总理各国事务恭亲王奕䜣等奏，为西征军务渐定，应与俄人议交伊犁及边界交涉各案，拟请饬令陕甘总督左宗棠相机筹办，并由各城将军、都统各大臣等遇事知照，以一事权而期得力事。

窃查同治十年俄人代收伊犁城池，经臣等与俄国前使臣倭良嘎里〔哩〕屡次晤论。倭良嘎里〔哩〕以边界多事，贼匪未灭，若遽将伊犁交还，恐中国力量不能保守，于俄国有害；且于通商等事乘机要求，复称俄兵尚欲前进等情。臣等当阻其进兵，告以商议各事与交收伊犁皆应同办。往复持议，始订一面接收伊犁，一面从容商议各事，办具节略存案。其时，伊犁将军荣全奉旨办理接收伊犁事宜，与俄国所派之官员博呼策勒傅斯奇面议不合。嗣以乌鲁木齐、玛纳斯等城未复，空议接收无益，俄官亦不愿与荣全议办，暂置未催。迨上年乌鲁木齐、玛纳斯克复，本年正月间因议修陆路通商章程，照会俄国使臣布策，提及西路运茶应俟新疆一律肃清、伊犁交收后，由左宗棠议明商办。旋据照复，以西路贸易等事，应办在交收伊犁之先，并于二三月间往返照会数次。臣等执前议节略为证，谓商议各事应与交收伊犁一并施行。布策仍谓，交收伊犁应在商议各事之后。未有归宿。此臣等先与倭良嘎哩，后与布策议办交收伊犁之辩论情形也。

布策所称西路贸易一事，臣等接据左宗棠来函，知有俄国官员索思诺福斯齐在甘晤论通商诸事。该督臣与之声明，应由中国盖造行栈，不得夹带枪械，用兵护货等节，告以互市定议总在贼逆殄除之后。又谓：俄人见湖广、川、陕之茶，必由甘肃始达于边；而大黄为甘肃所产，川中丝绵亦必由甘肃始达于边；嘉峪关地居冲要，是以俄人注意在是；应由该国派职分相当得力大员，会商收回伊犁、互市诸议。光绪元年七月初九日，军机处交出左宗棠折，称：索思诺福斯齐此次请经销茶引，一取捷便，固有益于俄；而中国藉此厘定行茶章程，于国计亦大有益等情。同日奉上谕：俄官所请经销茶引，着俟边境肃清后，由该大臣酌夺情形办理等因。钦此。此左宗棠与索思诺福斯齐议论西路贸易，奉旨筹办之情形也。

至于布策议改陆路章程，臣等曾酌允可通融者四条。查陆路章程专指由恰克图至天津而言，若西路贸易，则应另立专章。布策请将两国各路贸易统立总章，意在牵混扩充

贸易地方，期于无界可限，否则亦期有口可添。臣等于添口一层执未允准，只于照会及面议间隐约示以西路贸易之可商，而仍与交收伊犁互相贯注。总是一面交收伊犁，一面商办各事之意。此臣等于布策所请陆路添口未经允准，而以西路贸易与交收伊犁一事隐相抵制者也。

倭良嘎哩从前所称商办各事，有已办者不复置论。布策效其故智，又增新案，仍斤斤以边界案件未办为词。其所指各案：一、以荣全张贴告示激伊犁人民不遵俄国之令，则答以事已行查。一、以乌里雅苏台官员擅责俄人为背约，则答以擅责应查，而被责之俄人所犯强奸幼女罪名应先究办。一、以俄人鹅生船碰沉民船，江汉关道擅行扣船；则答以事关人命，关道办理有因，并已札知该关道以后当照约办理。一、塔尔巴哈台参赞大臣英廉将哈萨克车隆正法，及在该处征收俄商税课；则告以两事已行左宗棠、金顺查办。一、饬停止游历官坡塔宁被抢案，则告以查无知照游历公文。一、俄商运粮被劫案，则告以查系图走捷径，不按台站，致遇窜匪抢劫，现饬赶紧查办。其辩论最久而未结者，则俄商在石河被劫，俄国指为徐学功所为一案，则告以事因军务稽延，近亦议有办法。以上各案，惟鹅生船一案，应咨行南洋大臣酌办，其余有已经知照左宗棠查核者，有未经知照者，允其一律行由左宗棠切实办理。此数年来交涉各案俄国使臣所藉口，而臣等迭与辩论之大略情形也。

自吐鲁番、达板、托克逊克复后，臣等订期与布策面议，告以接据左宗棠来信，以现在军事渐定，所有俄国应商各事须由俄国派一大员以便会商，报由总理衙门与之酌定。布策以伊犁一事俄国原为和好起见，今中国与交涉事件似非实心愿办，此时必须中国将交涉各事办结，先有真心愿与俄国和好凭据，方可议及。臣等喻以交涉各事中国亦均实心办理，若必执交涉各案为词，中国纵不相疑，自他人视之，难保不疑俄国不肯交还伊犁，故以各案相难。此外则就以上各案彼此辩驳，计会晤两次，议论各执。旋又与布策订期晤论，先告以不必徒费辩驳，于事无济。议论间，布策虽欲逞辩而遏未使畅，因谓：左宗棠办事明决，西路交涉事件都可归其核办，嘱布策咨请本国派员会商。布策遂谓：送来节略，原欲逐条辩驳，不过多为辩论，无裨于事。臣等答以，节略内各案，彼此原有意见不同处，今除与总理衙门应与俄国使臣商定各事外，其余各案均由左宗棠与俄国派员商办，自然易于了结。布策唯唯。此近日面告布策，以接据左宗棠来函，催由俄国派员会商，彼此辩论略有端绪之情形也。

伏查俄人于交收伊犁一事，居心原不可测。现在西路军务既有起色，自应查照前与倭良嘎哩议具节略与之商办。臣等所拟以西路贸易事宜与交收伊犁相抵，度布策亦早料及，故所欲在是；或所欲尚不止是，而此时转不汲汲于是，姑以边界各案为言，固是该使藉口之端。然各事未得了结，半因军务未平，现在本应逐件清理；且揆度情理，如塔城收税及将哈萨克正法等事，亦有不能不认真查办者。各城将军、参赞于交涉事务，容有不能核实办理、措施悉当之处，若统归左宗棠核夺，似属一气呵成。

查光绪二年九月三十日，军机处钞交左宗棠片奏：新疆与俄境毗连，现当边务交涉，议论方滋，不独措置乖方，遇事动多妨碍，即言语偶尔失当，亦足启猜嫌争执之萌。并以奉命督办新疆军务，身在事中，边防利害之分，百年安危之计，不敢不引为己任，仰恳饬下将军、都统各大臣，与俄人交涉事件除现行事宜本有定章者，各照常办理外，其有遇俄事干涉新疆者，应否咨该督臣定见主办等因。其时于交收伊犁事宜，尚有地暌势隔之处，钦奉俞允，先饬令荣全遇事知照。今西北军务渐臻底定，新疆各城与俄境毗连，交涉诸务甚多，办理稍有未协，彼即执为口实。兼之交收伊犁，及布策所称商办各事业与订定，由左宗棠与该国所派大员会商核办。该督臣地处就近则审察较真，事专责成则歧途免出。除由臣等一面将布策面议各案逐件函致左宗棠核实查办，一面催促布策请派大员与左宗棠会商，及陆路章程由臣等另与布策商办，西路贸易事宜业奉谕旨外，相应请旨饬下陕甘总督·钦差大臣左宗棠，所有交收伊犁事宜及现议各案，并以后西北各城交涉事件，统由该督臣相机筹办。并请饬令各城将军、都统各大臣等，与俄人交涉事件有非寻常照章可办者，一体先行知照该督臣持重办理，以一事权而期得力。所有臣等与俄国使臣往来照会七件、节略二件，谨一并钞录恭呈御览。谨奏。

光绪三年七月初三日奉旨寄左宗棠、金顺等：交收伊犁一事，经总理衙门与俄使订定派员与左宗棠会商，著左宗棠等俟派员到后相机筹办。西北各路与金顺交涉事件，金顺等知照左宗棠主持，所有边界交涉各事由左宗棠确查妥办。

总署奏英国与喀什噶尔互相遣使折 附照会

总理各国事务恭亲王奕䜣等奏，为英国与喀什噶尔互相遣使，经出使英国大臣照会诘问，未据声复，谨将出使大臣函述情形恭折密陈事。

窃臣等于光绪三年七月十二日，接据出使英国大臣郭嵩焘、前副使刘锡鸿函称：数月前，此间已有遣使喀什噶尔之言，见之新闻报，而未能译出。三月内，雅谷刊按即喀什噶尔，译音殊也 有使臣名赛尔德雅古布者至伦敦，屡于公会见之。其人数数传语求得一见，当以虽见无益谢之。月前新闻报内载，印度孟买已遣沙敖充当公使，驻扎喀什噶尔。始据以照会外部，惟以事理相诘问，至今尚无复文。外部于此件似难置对，有暂停派公使之议。然其总理印度外部尚书沙乃司百里，极意调处喀什噶尔，以防俄人从中谋利为言，屡托所亲导意，当面乃全不提及；并称：先向其外部侍郎定得敦询以有无其事。定得敦以前四年所定条约，已有互相遣使之言相复。并钞给英国外部照会，内称：喀什噶尔本中国辖地，设立办事大臣，中国方谋经理关外诸地，该处应在收复之列，并无允准自立一国明文。英国遣使驻扎，与中国用兵之意相违，于英国体制亦替，应转致节制印度大臣再加斟酌，收回驻喀什噶尔明文等情。词义亦为严正。

查上年英国使臣威妥玛，为窃踞喀什噶尔之安集延回酋阿古柏居间说降，向臣衙门及李鸿章言之甚切；均经严拒，告以如果该酋实系悔罪投诚，应由左宗棠酌办。此闻诸俄国翻译官柏百福谓：英国已有遣使喀什噶尔之事。今据郭嵩焘函称前因，是英国未稔顺逆，有意庇援，已有实证。英国外部迟未置复，固由艰于措词，其能否因此停使，似未可必。现在左宗棠乘屡胜之后，进规南路各城，兼之白逆尚未伏诛，声罪致讨，复我版图，自无所用其瞻顾。惟筹画必统全局，谋虑要出万全，庶不致将来枝节横生，而于西陲军务亦可为一劳永逸之计。除由臣等函复郭嵩焘，俟英国外部如何声复相机立论外，拟请饬下陕甘总督左宗棠随时留意，以资筹画而杜衅萌。谨奏。

光绪三年七月二十六日奉旨：依议。

附郭嵩焘等致英外部请转照印度大臣收回驻扎喀什噶尔明文照会

为照会事。

照得本大臣日来见新闻报内称：印度孟买来信，因阿密尔之请，派沙敖充贵国驻扎大臣，前赴喀什噶尔等因。自系出自节制印度大臣之意，本大臣于此窃疑与《万国公法》微有不合。查喀什噶尔本中国辖地，设立办事大臣。前因中国内乱，兵饷匮乏之时，阿密尔乘势攘取其地，遂使关外十余年扰乱无已，百姓深受残害。近年内乱既平，中国方谋经理关外诸地，喀什噶尔应在中国收复之列，并无允准自立一国明文。现在中国正当用兵规复，而贵国特派大臣驻扎，则似意在帮同立国，与中国用兵之意适相违左。本大臣心甚疑惑。恐节制印度大臣但凭阿密尔文移，据喀什噶尔为新立国之名，遣使驻扎，无相妨碍。本大臣以为喀什噶尔本属中国地名，为阿密尔占据一时，中国例应收复，并非无故构兵，而贵国遣使驻扎，体制亦觉稍替。阿密尔自属浩罕部落，尤不应以侵占中国地方借据为名。此等关系实亦重大，不得不一陈论。相应咨请贵伯爵，转照节制印度大臣，再加斟酌，收回驻扎喀什噶尔明文，深为公便。

七月二十六日

总署奏议复左宗棠奏派员确查处治行劫哈萨克片

奕䜣等片。

再，塔尔巴哈台参赞大臣英廉将行劫之哈萨克处治一事，现据左宗棠奏，派副都统李云麟、知州刘祥汇，前往确查实在情形，以凭察核。查此案英廉于行劫之哈萨克业经就获，并不知照俄官，遽行正法；复行文俄国斜米巡抚，认为俄属之哈萨克，而欲据人随地归章程与之理论。不知人随地归，为系指当日分界而言。此项人众是否分界时随地分归俄国，抑系中国所属私自投俄，亟应查明。如果该哈萨克私自投俄确查得实，或尚

有理可执。今左宗棠奏称：《勘办西北界章程》第五条，所有人随地归指由原牧地方之民人而言，非窜入内地行劫可比。住牧尚是民人，行劫则是盗贼，要自有别等情。并函致臣等，所论略同。又以按俄例，三十金偿命似亦可将就了结等语。查行劫与住牧民人固有分别，而行劫之犯业经就获，如确系随地分归俄国之哈萨克，按约自当行文俄官办理。俄国使臣布策所执甚坚，并函致臣等，剖别人随地归章程甚晰。至以银偿命，在各国虽有是例，而自交涉以来，遇有外国人被中国人杀毙命案，从未能照此办理。其故由各国条约内，有中国人照中国法律办理之语。若中国官员不照条约，擅杀外国有罪之人，恐难照偿命之例，即允完结。现经左宗棠派员往查，仍请饬下该大臣详查妥办，以免藉口而消积牍。谨奏。

光绪三年七月二十六日奉旨：依议。

清季外交史料卷十终

图书在版编目（CIP）数据

清季外交史料：全10册／王彦威，王亮辑编．—长沙：湖南师范大学出版社，2015.5
ISBN 978－7－5648－2133－3

Ⅰ.①清…　Ⅱ.①王…　②王…　Ⅲ.①外交史—史料—中国—清代　Ⅳ.①D829
中国版本图书馆CIP数据核字（2015）第099721号

清季外交史料（全10册）　Qīngjì Wàijiāo Shǐliào

辑　　编　王彦威　王　亮
点校整理　李育民　刘利民　李传斌　伍成泉

策划组稿　刘苏华
责任编辑　刘苏华
特约编辑　柳　沁　胡王俊雄　豆　晴　李奕源　吴思瑶
责任校对　孙雪姣　江洪波
封面设计　多米诺设计·咨询　吴颖辉
出版发行　湖南师范大学出版社
网　　址　http：//press.hunnu.edu.cn
地　　址　长沙市岳麓山（410081）
营销部电话　（0731）88873071
经　　销　湖南省新华书店
印　　刷　长沙超峰印刷有限公司
版　　次　2015年5月第1版
　　　　　2015年5月第1次印刷
印　　数　1—1000册
开　　本　787 mm×1092 mm　1/16
印　　张　393.75
字　　数　9098千字
书　　号　ISBN 978－7－5648－2133－3
全套定价　2980.00元

如有印装质量问题，请与承印厂调换。
（厂址：长沙市金洲新区泉洲北路100号，邮编：410600）